www.lenos.ch

Ibrahim al-Koni

Die Magier

Das Epos der Tuareg

Aus dem Arabischen
von Hartmut Fähndrich

Lenos Verlag

Arabische Literatur im Lenos Verlag
Herausgegeben von Hartmut Fähndrich

Der Übersetzer
Hartmut Fähndrich, geboren 1944 in Tübingen. Studierte Vergleichende Literaturwissenschaft und Islamwissenschaft in Deutschland und in den Vereinigten Staaten. Seit 1972 in der Schweiz, seit 1978 Lehrbeauftragter für Arabisch und Islamwissenschaft an der ETH Zürich. Für Presse und Rundfunk tätig. – Der Übersetzer dankt der Präsidialdirektion der Stadt Bern und der Erziehungsdirektion des Kantons Bern für die grosszügige Unterstützung seiner Arbeit an diesem Buch.

Die Übersetzung aus dem Arabischen wurde unterstützt durch die Gesellschaft zur Förderung der Literatur aus Afrika, Asien und Lateinamerika e.V. in Zusammenarbeit mit der Schweizer Kulturstiftung Pro Helvetia.

Titel der arabischen Originalausgabe:
al-Maǧūs

Satz und Gestaltung: Lenos Verlag, Basel
Umschlag: Anne Hoffmann Graphic Design, Basel
Foto: Alain Sèbe
Printed in Germany
ISBN 3 85787 315 9

Für Mûssa al-Koni,
den Derwisch dieser Zeit

Inhalt

Erster Teil

Zweiter Teil

Dritter Teil

Vierter Teil

Anhang

In diesem Sinne muss jede Nation, wenn sie für irgend etwas gelten will, eine Epopöe besitzen, wozu nicht gerade die Form des epischen Gedichts nötig ist.

Johann Wolfgang von Goethe, *Dichtung und Wahrheit*

Erster Teil

I. Der Südwind

Der Wind geht gen Mittag, und kommt herum zur Mitternacht, und wieder herum an den Ort, da er anfing.
Das Alte Testament. *Der Prediger Salomo 1,6*

1

Nie wird den Geschmack des Lebens kosten, wer nicht die Luft der Berge geatmet hat.

Hier, auf den nackten Gipfeln, nähert er sich den Göttern, befreit sich vom Körper und vermag seine Hand auszustrecken, um den vollen Mond zu pflücken oder die Sterne abzulesen.

Von dieser Stelle aus beobachtet er gern die Menschen tief unten, wie sie ameiseneifrig umherwuseln, so dass man glauben könnte, sie würden Wunder vollbringen. Und wenn er hinabsteigt auf ihre Erde, stellt er fest, dass sie wirklich armselige Geschöpfe sind, ernsthaft suchend, jedoch nichts anderes erntend als Vergeblichkeit. Wie lächerlich und hässlich doch ihr Streben von weit oben erscheint!

Von der stolzen Akakûs-Kette haben sich zwei legendäre Berge getrennt und sind durch die Wüste geirrt. Einer von ihnen lagerte sich im Süden, unweit der Mutterkette, und scheint, trotz zweier gigantischer Formationen, niedriger als sein irrender Bruder, mit dem er den Ehrgeiz teilt, den Himmel zu erreichen. Der nördliche Berg, der am anderen Ende der Ebene ruht, spaltet mit seinen traurig-rätselhaften Gipfeln, die wie vier Türme aufragen, majestätisch den Raum.

Die Abenddämmerung überflutete die weglose Westwüste mit purpurnem Licht. Nutzlose Wolkenfetzen trieben am Horizont. Auf der Ebene, hingebreitet zwischen den beiden Bergen, erschien eine Karawane. Einige Personen gingen ihr zu Fuss voran, ein von Dienern umgebenes Kamel führend, auf dem eine prächtige Sänfte schwankte. Diesem folgten andere Kamele, beladen mit dem Gepäck. Doch von hoch oben auf dem Gipfel wirkte die Pracht des Zuges lächerlich. Er bemerkte, dass der Berg alles, was auf der Erde wichtig und majestätisch erscheint, in Spielzeug verwandelt. Stolze Mehri-Kamelhengste werden zu Mäusen. Ehrfurchtgebietende verhüllte Männer, aufgeblasen wie Pfauen, werden zu Figürchen, die entweder Heiterkeit oder Mitleid erregen. Sogar der edle, blaugewandete Stammesführer, der in den Seelen Ehrfurcht weckt, erschien ihm von seinem hohen Standort wie ein amüsantes, hilfloses Püppchen. Auch bemerkte er, dass das Spiel des Gipfels mit den Dimensionen der Menschen und ihres Tuns desto unerbittlicher wurde, je ernsthafter und erhabener sie sich gebärdeten. Und oft, wenn er wichtigtuerischen Notabeln die Hand schüttelte, dachte er: Wartet nur, bis ich auf den Berg gestiegen bin. Von dort sehe ich, ob ihr wirklich Götter seid oder doch nur Mäuschen! Das Geheimnis bewegte und erregte ihn immer wieder aufs neue. Welchen Grund hatte der himmlische Gipfel, die Grossen und Stolzen zu verspotten und sie zu elenden Geschöpfen zu machen? Doch eine Eingebung versicherte ihm, der Gipfel sei unfehlbar, und wenn er die Stolzen als Püppchen erscheinen lasse, so sei dies die Wahrheit. Die Ebene sei es, die die Menschen verfälsche und sie zu einer Illusion mache. Jene geschäftigsten von allen Kreaturen erscheinen komisch, weil sie sich in der Wirklichkeit auf Erden mehr als alle anderen dem Wahn hingeben und ihre Seelen dem Satan überantwortet haben.

Die Ernsthaften sind ein leichterer Happen für den Teufel.

Und wie der Berg die Gebetsnische der Götter ist, so ist die Ebene das Reich der Teufel.

2

Am Fusse des Berges liess sie anhalten. Die Kamele zerstreuten sich, getrieben von ein paar Negern, in den Wadis Richtung Osten. Andere Männer begannen mit der Errichtung des Lagers. Tênere ging hinaus in die weite Wüste, um sich die Beine zu vertreten. Das lange Eingesperrtsein in der Sänfte hatte sie das Gehen verlernen lassen und ihre Beweglichkeit gelähmt. So stolperte sie, den engen, steilen Taleinschnitten folgend, die von den Höhen des Berges herabführten, und diese Schwierigkeit mit ihren Füssen überraschte sie; sie lachte heiter auf.

„Zum erstenmal höre ich eine Frau über sich selbst lachen." Seine Stimme kam aus dem Unbekannten; sie blickte sich verwirrt um, sah aber nichts. Flüsterte einige Zauberformeln und fragte laut: „Bist du der Teufel?"

„Nein, ich bin der Engel."

Ein kräftiges Lachen. Dann trat er aus seinem Versteck hinter dem Felsen hervor und entschuldigte sich galant.

Sie stand lange da und betrachtete ihn, ohne seinen Gruss zu erwidern oder auf die Entschuldigung für sein kindliches Spielchen zu reagieren. Ein feines Lächeln zeichnete sich auf ihren Lippen ab. Sie beeilte sich nicht, ihr schönes Gesicht zu bedecken. Ein seltsamer Ausdruck lag darauf. Der unverfrorene Ausdruck von Menschen, die ein Geheimnis haben. Ihr Lächeln offenbarte zwei gleichmässige Reihen Zähne. „Auf dem Berg erscheinen nur Gespenster oder der vermaledeite Teufel", meinte sie boshaft.

„Der Teufel wohnt auf der Ebene, und die Gespenster bewohnen die Berge des Nordens, dort oben."

Er wies mit dem Finger zum Îdenan. Zog das Ende seines Turbantuches um den Mund fest und liess seiner Geste ein Lachen folgen. Eine widerspenstige schwarze Strähne kam aus ihrem Versteck unter dem Tuch hervor. Sie rutschte herab und fiel über ihre Brust. Sie beeilte sich nicht, sie zurückzuschieben. Beobachtete ihn neugierig. Dann stieg sie weiter den steilen Hang hinauf. Überwand ihre anfänglichen Schwierigkeiten und schritt aufrecht und stolz weiter. Udâd ging neben einer Frau aus der Welt der Märchen, einer Paradiesjungfrau oder einer Dschinnenfrau. Er wusste es, und das Gefühl der Majestät und der Scheu liessen ihn erschauern.

„Ich hatte nicht erwartet, in dieser weiten Wüste einem menschlichen Wesen zu begegnen", sagte sie, ohne ihn anzuschauen.

„Menschen gibt es überall, sogar unter den Steinen und auf den höchsten Bergen."

„Ab heute zweifle ich nicht mehr daran. Wohnst du auf dem Gipfel oder in einer Höhle?"

„Wenn ich mich einmal anzusiedeln gedenke, werde ich keinen angemesseneren Ort finden als den Gipfel. Die Höhlen sind zum Ersticken."

Sie unterdrückte ein Lachen. „Wie der Mufflon", sagte sie.

Er wickelte das grüne Stück Tuch um sein Gesicht. Begann, seine Scheu zu überwinden. „Wie der Mufflon." Seine Bestätigung klang kindlich heiter.

Der Hang führte jetzt gerade hinauf. Sie wurde langsamer, dann setzte sie sich auf einen Felsen. „Bist du völlig allein hier?" fragte sie ihn.

Er wies nach Westen, wo die Sonne als grosse, runde Scheibe niederging. „Das Lager des Stammes ist dort." Er schwieg einen Augenblick, dann fügte er plötzlich hinzu:

„Wenn Ihr auf alles verzichtetet und mein Gast auf dem Berge würdet, bliebe ich am liebsten auf immer dort."

Sie starrte ihn an, wortlos. Ihr Gesichtsausdruck wurde noch geheimnisvoller und zauberhafter. „Du bist wie ein Kind", bemerkte sie schliesslich. „Ich bin noch nie einem Kind wie dir begegnet."

„Ein Kind zu sein ist besser als ein aufgeblasener Mann, der auf der Ebene wohnt. Die Leute da unten sind zwar Männer, aber sie sind Sklaven. Und was ist besser, Sklave oder Kind?"

Sie lachte auf und band das Tuch vor ihrem Gesicht fest. „Alle Männer sind Kinder. Alle Menschen sind Sklaven."

Die Dunkelheit am Horizont wurde dichter, vom Süden schoben sich schwarze Wolken heran.

„Die Luft kündigt Regen an", sagte Udâd. „Eure Ankunft ist ein gutes Omen."

„Das glaube ich nicht", erwiderte sie kühl. Dann lächelte sie traurig.

Nach einigem Schweigen sagte er: „Entschuldigt, dass ich erst jetzt frage: Kommt Ihr aus Aïr?"

„Kannst du auch das Verborgene lesen?"

Die Antwort verwirrte ihn, doch sie kam ihm mit einem Scherz zu Hilfe. „Ich komme tatsächlich aus Aïr. Ich suche ein Obdach, das mich vor dem Wind schützt. Kennst du eine Höhle, die mich gegen den Südwind schützt?"

Er schlug sich mit der Hand aufs Herz und konterte den Scherz mit einem Scherz: „Hier kann ich Euch ein Obdach bieten, das sicherer ist als alle Höhlen. Dieser Käfig ist der einzige Ort, in den der Wind nicht eindringt."

Sie schenkte dem Scherz keine Beachtung, betrachtete den trüben Horizont.

3

Nachdem er das letzte Glas Tee leergetrunken und eine lange Ausführung über Noblesse und Krieg abgeschlossen hatte, bekräftigte der Stammesführer die Notwendigkeit, den Brunnen zu befestigen.

Er übertrug Ocha die Aufgabe.

Ocha gehörte zu den Notabeln. Er war mit dem Stammesführer verwandt, war gross, schlank, begabt, schrieb Gedichte und verfasste Lieder. Er war ein Mehri-Reiter und hatte schon an drei Expeditionen zum Koko-Fluss* teilgenommen. Die Scheichs lobten und priesen seine Heldentaten. Alle jungen Mädchen liebten ihn und warteten darauf, dass er seinem Stolz entsagte und sie ihn zum Ehemann gewännen.

Er durchquerte das Wadi und erklomm die Anhöhe, umringt von einer Schar pfauengleich aufgeplusterter Begleiter. Auf den Hügeln im Süden, rechts vom Lager, verteilten sich die Sklaven und die Gefolgsleute und riefen laut durcheinander. Sie trugen Beile und Hacken und scharten sich zusammen. Einige von ihnen ordneten sich in langer Reihe hintereinander, wie die Gazellenherden bei ihren Wanderungen.

Die Wüste verrunzelte sich, der Horizont legte die Stirn in Falten für den folgenden Tag. Am Himmel verdichtete sich fahle Dunkelheit. Die Türme des Îdenan verschwanden hinter einem Wolkenturban.

Doch Kenner versicherten, dass in der in Dunkelheit und Trauer gehüllten Wüste die regenschwersten Wolken ihre Entschlossenheit rasch aufgeben und den Rest dem Südwind überlassen. Denn die beiden ewigen Widersacher teilten vor Urzeiten die Wüste unter sich auf, so berichten die Alten.

*Alter Name des Niger

Die Südliche Wüste fiel an den Südwind, der Regen dagegen erhielt die Hammâda im Norden, und nur selten brachen die beiden Seiten den Pakt. So selten, dass die Menschen in der weiten Wüste diese Fälle in ihre Herzen einschrieben und damit ihr Leben in der Wüste datierten. Auch soll der Klang der Trommeln, die das Unbekannte in den Sandkörnern schlägt, nichts anderes sein als der Ruf der Sandwüste nach Regen, ihre brennende Sehnsucht nach Wasser, nach Leben. Zuzeiten ist diese traurige Melodie mehrere Nächte hintereinander zu hören, und oft schon hat sie sich im Morgengrauen in ein Klagen und Stöhnen verwandelt. Dann beten die Frommen und bitten Gott, dem Sand Geduld zu schenken, sein elendes Los zu ertragen. Manche schlachten gar Opfertiere, um die Wüste des Südens von dem tyrannischen Pakt zu befreien, der ihnen die lebensspendenden Regenwolken vorenthält.

Doch das Herz der Götter in den Himmeln ist unerbittlich, und der Fluch des Durstes ist ewiglich. Selbst bei den wenigen, schon weit zurückliegenden Malen himmlischer Regenspenden, nach denen die Menschen ihr Leben datieren, geschah dies durch einen Fehler, den das Schicksal beging, oder aufgrund eines vorübergehenden Streits zwischen den beiden Wüsten, der Sandwüste und der Bergwüste, nur selten entsprang es einer intriganten oder mörderischen Aggression einer der beiden Seiten. Bei dergleichen Konfrontationen wurde die Sandwüste so mit Wasser gesättigt, dass es durch die Wadis strömte und von den staubbedeckten Höhen floss. Doch wenn sich der Kampf zugunsten des Südwinds entscheidet, erwarten die Wüste unerbittliche Jahre. Dann gerät der Südwind ausser Rand und Band und tyrannisiert sie für Wochen und Monate, vielleicht länger. Er überfällt die Höhen der Hammâda mit ränkesüchtigen Angriffen, die auch den Dschebel Nefûssa nicht verschonen, ja über ihn hinausreichen bis in die Dschafâra-Ebene, die Küsten der Meere im Norden treffen und die gezackten Wolken auf Jahre hin auflösen.

Am Brunnen wartete eine Überraschung auf Ocha. Eine Karawane umlagerte dicht das Becken und drängte sich nach dem Wasser. Ein Stamm von hageren schwarzen Männern mit erschöpften Gesichtern umstand die Tiere. Einige waren damit beschäftigt, das Wasser aus dem Brunnen zu schöpfen, andere sorgten sich um die Kamele und verteilten das Wasser. Ochas Gefolgsleute und Neger kamen und bildeten einen schweigenden Gürtel von Männern auf dem Hügel, von dem aus man auf den Brunnen hinuntersehen konnte.

Aus der Karawane der Fremden trat ein würdiger alter Mann hervor, auch er hochgewachsen und offensichtlich erschöpft. Allein ging er auf Ocha zu, richtete sein Gesichtstuch und schwieg lange. Schliesslich tat er den Mund auf. Er sei der Gesandte der Prinzessin und wolle mit dem Führer sprechen.

4

„Ich wusste gar nicht mehr, was ich tun soll", erklärte Tamghart der Seherin. „Die Ebene sei das Nest der Satane, hat er gesagt, aber die Satane sind in seinem Kopf. Die Losungen des seligen Fakîh will er verloren haben, ich aber bin überzeugt, dass er sie vorsätzlich vernichtet hat. Ich habe auf den Rat der weisen Frauen gehört und wollte ihn mit dem einzigen Strick binden, der einen Mann an das Land fesseln kann: die Frau. Ich habe ihn mit der Tochter des Âmma verheiratet, einem wohlgeratenen Mädchen, dem nichts fehlt ausser eben der Erfahrung. Sie hat ihn gehen lassen, noch bevor die sieben Tage vollendet waren. Er hat sich mit den Kamelen zur Pilgerfahrt aufgemacht und ist zwei Monate im Tâdrart geblieben. Hast du in der Wüste je von einem Mann gehört, der nach nicht einmal einer Woche das Lager seiner jungen Frau verlässt und in die Berge flieht?" Sie band sich das schwarze Tuch um den Kopf und schob den Korb aus Palmblättern, den sie mitgebracht hatte, näher zur Seherin. „Ich habe der Törin gesagt", fuhr sie fort, „dass die Frau ihren Mann nicht durch Schönheit hält und auch nicht durch Koketterie, sondern allein durch diese beiden ..." Sie schlug sich mit den Händen auf ihre dürren Schenkel. Das mürrische Gesicht der Seherin verzog sich zu einem säuerlichen Lächeln. „Und jetzt will ich", fuhr Tamghart fort, während sie den Korb der alten Negerin vor die Füsse leerte, „dass du einen Talisman schreibst, der ihn von seinen Türmen auf den Bergen runterholt und ihn wieder auf die Erde und zur Vernunft bringt."

Die Seherin setzte zum Widerspruch an, doch Tamghart liess ihr keine Gelegenheit dazu: „Keinen geschriebenen Talisman. Er wird ihn genauso vernichten wie den Schutz des seligen Fakîh. Etwas anderes, etwas, das ich ihm mit Wasser, Tee oder Milch zu trinken geben kann."

Die Seherin beobachtete ihre Besucherin, die ihre Geschenke auf einem Stück Stoff ausbreitete. „Ich bin schon vor einiger Zeit davon abgekommen, mich mit dergleichen zu befassen. Du weisst das."

Aber die Besucherin war taub für den Widerstand. „Das Mädchen ist ins Haus ihrer Eltern zurückgekehrt, und er hat sie seither nicht wiedergesehen. Ich habe ihn aufgefordert, zu ihren Leuten zu gehen, sich zu entschuldigen und sie zurückzuholen; aber er ist eigensinnig, ist dickköpfiger als ein Schafbock oder ein Mufflon. Er behauptet, die Frau fessle die stärksten Männer mit einer Kette von siebzig Ellen Länge, mein Gott!"

„Mein Gedächtnis ist altersschwach geworden, mein Blick trüb. Es ist lange her. Ich habe das Metier vergessen."

„Wenn er so weitermacht und der Berg von ihm Besitz ergreift, werde ich ihn auf immer verlieren." Sie schob den Korb zur Seite und zeigte ihre Geschenke: ein Fläschchen mit Parfüm, ein Spiegel, Räucherwerk und vier Hühnereier. Tamghart war die erste, die den Mut hatte, in der Wüste Hühner zu züchten. Sie erfuhr deswegen lange Zeit die Verachtung des Stammes. Und wenn man sich bereit machte weiterzuziehen, gewann sie die Jungen mit Eiern und allerhand Versprechungen, damit sie ihr hülfen, am Tag vor dem Aufbruch die Hennen einzufangen, die sie dann in Körbe aus Palmzweigen sperrte und mit ihrem Gepäck auf dem Rücken der Kamele transportierte.

Die schlaue Tamghart wusste, dass die Seherin Eier mehr als irgend etwas sonst in der Wüste liebte, und so versuchte sie, sie mit den vier Eiern dazu zu bewegen, das Amulett zu bewerkstelligen. „Der Fakîh ist tot", sagte sie ermutigend, „und ich bin nicht geschwätzig."

Die Seherin starrte auf die leuchtendweissen Eier. Dann streckte sie die Hand aus und zog das Tuch zu sich heran. „Gott sei dem Toten gnädig", sagte sie, „aber ich habe ihn nie gefürchtet."

Plötzlich flatterten und schlugen die Zeltenden.

Feiner Staub wirbelte umher. Aus der Zeltecke tauchte der Derwisch auf.

II. Der Ordensscheich

Sehet euch vor vor den falschen Propheten, die in Schafskleidern zu euch kommen, inwendig aber sind sie reissende Wölfe.
Das Neue Testament. *Das Evangelium des Matthäus* 7,15

1

Um die Samen der Wahrheit auszustreuen, wandte sich der Fakîh zunächst gegen die Sterndeuter, die Priester und die Praktiken der Magier. Auf dem Weg zurück in sein Land, nach Twât, kam er mit einer Karawane aus Mursuk. Er gehöre dem Kadirîja-Orden an, erklärte er, und sein Ziel sei es, die Menschen auf den rechten Pfad der Freiheit zu führen. Und wie er sich so einführte, vergass er auch nicht hervorzuheben, was ihn von den Fakîhs der Sunna unterschied. „Auf diesen Unterschied weise ich nicht hin, um mich bei euch einzuschmeicheln und mich als integer hinzustellen", erklärte er dem Stammesführer Âdda, der ihn bei sich aufnahm, „weil ich weiss, in welchem Ausmass die Stämme der Wüste durch sie im Namen der Religion schon ausgeplündert wurden, sondern weil hier ein Unterschied in der Methode vorliegt. Sie haben die Religion der Sprache der Andeutung beraubt und die Lehren in die Buchstäblichkeit und die Gesetzlichkeit übertragen. Sie haben den Satan aus seiner Festung in der Seele geholt und die einfachen Menschen aufgefordert, ihn in der Welt zu verfolgen, in der Absicht, ihn zu töten; doch er hat sich ihrer bemächtigt, und so verloren sie das wertvollste Juwel, das Gott jedem Geschöpf mitgegeben und das Er zum Wesen jeder Religion gemacht hat – die Freiheit." Dieser Fehler sei es gewesen, glaubte der Scheich, der das Zeichen verkehrt habe, und so habe der Satan die Oberhand über sie gewonnen und ihre Bemühungen auf dieses Leben gelenkt, wodurch sie verdorben wurden und sich alle in Nimrods verwandelten, und die Religion wurde wieder etwas Fremdes, wie sie es einst gewesen war.

Der Stammesführer war hocherfreut und schlachtete seinem Gast zu Ehren ein paar Tiere. Drei Tage lang sassen die Scheiche und die Notabeln mit ihm zusammen, und die Mädchen des Stammes unterhielten ihn mit Gesang und einfacher Musik. Am vierten Tag beriet sich der Stammesführer mit den Oberhäuptern der Familien und bat danach den Ordensscheich in ihrem Namen zu bleiben, um ihnen all das darzulegen, was ihnen von den Geheimnissen der Religion verborgen war, und ihre Kinder den Koran zu lehren. Der Scheich erbat sich Bedenkzeit. Danach ersuchte er um Erlaubnis, in sein Land, nach Twât, zu ziehen, um seine weltlichen Angelegenheiten zu regeln; in zwei Monaten wolle er zurückkehren und dann auf immer bei ihnen bleiben. Die Notabeln geleiteten ihn und stellten ihm Kamele, beladen mit Vorräten und Wasser, ausserdem Diener zur Verfügung. Doch schon auf halbem Weg besann er sich anders. Er kam zurück und erklärte seinen Sinneswandel damit, die Angelegenheiten dieser Welt rechtfertigten nicht die Strapazen der Reise und wer andere auf einen neuen Pfad führen wolle, müsse damit beginnen, sich von sich selbst zu befreien.

Nun waren den Bewohnern der Wüste die Auseinandersetzungen zwischen den verschiedenen islamischen Gruppierungen unbekannt, weshalb sie nicht verstanden, was er mit dem Unterschied zu den Lehren der Sunna meinte, und fortfuhren, ihn Fakîh zu nennen. Er beschloss, mit der Ausbildung von Anhängern zu beginnen, lehrte die Kinder den Koran und legte grossen Wert darauf, dass sie die Lehren rein übernahmen, ohne einen Mittler. Dann beschloss er, einen Schritt weiter zu gehen. Er formte aus den Jüngern der Wahrheit Gruppen, die ihm bei der Bekämpfung unislamischer Neuerungen und der Kulte der Magier behilflich sein sollten. Dafür hatte er einen Plan entworfen. Allen Jüngern hängte er ein Amulett um den Hals und forderte sie auf, die Seherin Têmet mit Steinen zu bewerfen. Oben auf dem Hügel, von dem aus man den Brunnen überblickte, errichtete er ein Zelt und machte daraus einen Ort für Dhikr-Sitzungen, Koranrezitation und die Versammlungen mit seinen Jüngern. Oft hörte man von dort Trommelklänge und die Stimmen von Sängern, die Sufigebete psalmodierten. In dieser göttlichen Klause entwarf der Fakîh die Methoden der Führung zum Pfad der Erlösung und der Freiheit. Nachdem er sich von der Konkurrenz der Seherin befreit und sie gezwungen hatte, sich von den Leuten fernzuhalten und von ihrem Metier zurückzuziehen und hinfort nicht mehr das Unsichtbare zu lesen und Teufelslosungen zu verfassen, schickte er seine Jünger ins Lager hinab, um den nächsten Schritt der Missionierung in die Tat umzusetzen. Zuvor führte er in Âddas, des Stammesführers, Zelt mit den Würdenträgern und Notabeln eine Versammlung durch und mahnte sie, wenn sie des Paradieses teilhaftig werden wollten, bei sich selbst zu beginnen. Ihnen war nicht wohl zumute, und sie warfen sich ratlose Blicke zu. Als der Scheich des Kadirîja-Ordens sagte: „Es ist an der Zeit, dass ihr von den Beutezügen in den Dschungel und zum Fluss ablasst“, wuchs die Überraschung noch.

„Und was sollen wir ohne Gefangene und ohne Sklaven tun?“ fragte der Stammesführer.

„Jeder, der etwas sein Eigentum nennt, macht sich selbst zu dessen Eigentum. Und als solches kann niemand die Seligkeit der Freiheit erwarten.“

„Aber wir erjagen auf unseren Beutezügen nicht allein Gefangene und Sklaven. Wir bringen auch die frohe Botschaft des Islam."

„Nicht kann die frohe Botschaft des Islam verbreiten, wer die Knechte Gottes wie Vieh jagt, um sie für sich selbst zu Sklaven zu machen."

Schweigen herrschte. Dann ging der Scheich in seinem Angriff einen Schritt weiter. „Das ist aber noch nicht alles", sagte er, und sie schauten ihn missbilligend an. „Ihr müsst auch jede gefangene Magd und jeden geraubten Sklaven freilassen", fuhr er unbeirrt fort.

Nach langem Schweigen ergriff der Stammesführer ein weiteres Mal das Wort. „Vorbei ist vorbei. Was vergangen ist, hat Gott vergeben."

„Im Gegenteil, alles ist auf wohlverwahrter Himmelstafel aufgeschrieben."

„Aber die meisten dieser Edlen haben ihre Gefangenen zu Konkubinen gemacht, andere haben sie zu Frauen genommen, entsprechend dem Gesetz Gottes und seines Gesandten."

„Die Gefangenen sind verboten, und die Frauen sind mit Gewalt genommen, mit dem Schwert in der Hand."

Langes finsteres Schweigen. Dann versuchte es der Stammesführer ein weiteres Mal. „Wir sollen uns von ihnen scheiden?"

„Je rascher, desto besser."

„Aber die Scheidung ist von allen erlaubten Dingen Gott am verhasstesten."

„So ist es, aber nur, wenn die Verbindung in gegenseitigem Einverständnis erfolgt ist."

„Und wenn die Sklaven deine Freiheit ablehnen und im Schutz des Herrn zu bleiben verlangen, was sollen wir dann tun? Sollen wir sie zwingen, uns zu verlassen?"

„Selbstverständlich! Sie müssen gezwungen werden. Jeder Mensch zieht es vor, sich in der Knechtschaft zu verstekken, um der Freiheit zu entfliehen. Die Befreiung ist eine grosse Last, und ihr müsst mit euren Sklaven anfangen, wenn ihr wirklich andere werden und das geheiligte Werk beginnen wollt."

„Deine Lehren sind erbarmungslos."

„Nicht kostet den Geschmack der Seligkeit, wer nicht zweimal geboren wird. Alle Lehren des Herrn sind erbarmungslos."

Wie der Stammesführer vorausgesehen hatte, erwies sich die Befreiung der Sklaven als nicht einfach. Diese lehnten nämlich die Freiheit ab und scharten sich auf der Ebene zusammen. Ihnen schlossen sich die geschiedenen schwarzen Frauen an, die ihre zurückgewiesenen Kinder mitbrachten. Sie zogen zum Zelt der Dhikr-Sitzungen, wo sie schreiend und Steine werfend demonstrierten. Die Jünger stellten sich ihnen in den Weg, und man wurde mit Stecken, Stökken und Fäusten handgemein.

Einige Verwundete und ein Toter waren das Resultat des Zusammenstosses. Die dem Kadirîja-Orden feindlich gesinnten Notabeln frohlockten, aber der Scheich beschloss, der Situation mit den beiden wertvollsten Mitteln zu begegnen, die sich zu jeder Zeit und an jedem Ort erfolgreich gezeigt hatten: Geduld und Tücke. Als sie sich am folgenden Tag vor dem Zelt versammelt hatten, trat er hinaus und sprach zu ihnen: „Ich weiss, dass es nichts Schwereres gibt, als sich selbst zu besiegen. Aber vergesst nicht, dass die Belohnung nur nach Massgabe des Gegebenen erfolgt. Hier haben wir die Gefährten des Propheten zum Vorbild. Sie haben den Tod verlangt, und die Wohltat des Lebens ward ihnen zuteil. Wenn ihr heute nicht geboren werdet, so werdet ihr auch morgen nicht geboren …"

Mehr als eine Stimme unterbrach ihn. „Wir wollen aber nicht morgen geboren werden. Lass uns in Ruhe und zieh ab!"

„Frei wurden wir geschaffen ...", fuhr er geduldig fort.

„Wir wollen keine Freiheit", schallte es ihm aus vielen Mündern entgegen. „Zieh ab! Wir wollen unter unseren gütigen Herren leben."

„Euer Herr ist Gott, und das Paradies liegt zu Füssen der Freiheit."

„Wir wollen kein Paradies! Lass uns und zieh ab!"

„Das sagt ihr nur, weil ihr den Geschmack der Freiheit nicht kennt. Gebt mir eine Woche Zeit, und ihr werdet selbst sehen, wie ihr auferweckt werdet."

Einige Augenblicke herrschte allgemeines Schweigen. Als er sich dann anschickte fortzufahren, hielt ihm eine hünenhafte Frau ihr weinendes Baby vor das Gesicht und rief: „Du hast unsere Kinder zu Waisen gemacht und sie der Fürsorge ihrer Väter beraubt."

„Wir wollen zurück zu unseren Ehemännern", fuhr eine andere fort.

Der Scheich schwieg. Er hörte das Schluchzen und das Fluchen, und er wusste nur zu gut um die Erbarmungslosigkeit seines Vorhabens, doch er beschloss, nicht auf halben Wege umzukehren. Unter den Frauen erblickte er die Seherin und hörte eine schmerzvolle Stimme: „Wir wollen zurück zu unseren Geliebten. Wir wollen nicht mit Ketten beladen in dein Paradies gehen."

Mit beiden Händen wischte er sich den Schweiss vom Gesicht und murmelte verzweifelt: „Ich flehe zu Gott. Vertraut auf Gott. Es gibt keine Kraft und keine Macht ausser bei Gott." Fast wäre er verzweifelt und hätte die Niederlage eingestanden, doch da eilten ihm die Frauen der Notabeln zu Hilfe.

2

Das Elend der Notabelnfrauen hatte eine lange Geschichte. Es ging auf einen Beutezug zurück, den der Stammesführer in den Urwald unternommen hatte. Für die Frauen begann die Katastrophe an jenem traurigen Tag, an dem sein Bote auf dem Rücken eines gazellenschlanken, gescheckten Mehri erschien, um ein Kamel mit Wasserschläuchen zu holen und es den Kämpfern zu bringen, die vom Lager noch etwa eine Tagesreise entfernt waren. Von früheren Fällen, wenn die Reiter von Beutezügen gegen andere Stämme zurückkehrten, wussten die Frauen, dass der Bote nur kam, um ihnen die Ankunft der Kämpfer anzukündigen und ihnen Gelegenheit zu geben, sich für den Empfang der siegreichen Männer angemessen herzurichten. Dann eilen sie, sich Hände und Füsse mit Henna zu färben, sich zu waschen und ihre Körper mit wilden Kräutern zu behandeln und sich mit dem kostbaren Têdit-Parfüm wohlriechend zu machen, diesem Parfüm, das sie sich ausborgen und dessen Fläschchen, speziell für derlei Gelegenheiten versteckt, bei allen verheirateten Frauen im Lager die Runde macht. Auch an jenem Tag geschah es so.

Sie legten ihre prächtigsten Gewänder an: die leuchtendweisse Rafeghat, darüber den blauen Târi, am Schluss den purpurnen Tabarekamt-Mantel. An hennagefärbten Fingern leuchteten silberne Ringe. An allen Ohren baumelten Gehänge. An schlanken Handgelenken klingelten Armreife. Und bunte Perlenketten hingen um jeden Hals. Goldschmuck vermieden sie mit Bedacht, wegen des Unheils, das dieses satanische Metall anzieht. Sie richteten die Trommeln und hielten ihre Zungen für die Jubeltriller und ihre Kehlen für die sehnsuchtsvoll traurigen Lieder bereit.

Alle gingen früh hinaus. Der prächtige Zug bewegte sich über die nackten Hügel und die akazienbestandenen Wadis nach Süden bis an jenen Punkt, wo sich die Gipfel des Akakûs-Gebirges trutzig gen Himmel erheben. Doch wie gross war ihr Erstaunen, als sie die Beute in ihrem ganzen Ausmass erblickten. Neben den Herden von Kamelen, Rindern, Schafen und Ziegen zog ein anderer Zug: eine lange Reihe schwarzer Männer und Frauen, wie das geraubte Vieh getrieben von hünenhaften Gefolgsleuten. Da erstarben auf ihren Lippen die sehnsuchtsvollen Lieder.

Das Monster der Eifersucht erwachte. Es ist ja nicht schwer für eine Frau, die schon im Schatten des Mannes eine Nebenfrau sieht, mit der sie um ihn buhlen muss, die Gefahr zu erkennen, die von den Abessinierinnen, grossen, mythischen Gestalten, für Männer ausgeht, deren schwache Seelen ihr aus Erfahrung bekannt waren. Kam ihnen doch schon eine hochgewachsene Akazie im Licht des Vollmonds wie eine gertenschlanke Paradiesjungfrau vor.

Sie teilten die Beute auf und stritten sich lange um die Gefangenen. Der Stammesführer schaltete sich ein und liess bei der Verteilung seine Weisheit walten. „Die Gerechtigkeit verlangt", erklärte er, „dass die Entscheidung durch das Los erfolgt; dieses hat, soweit wir wissen, in der Wüste noch nie jemandem Unrecht getan." Die pompösen Turbane bewegten sich zustimmend, und die Fäuste zitterten an den Schwertknäufen. „Jede Gefangene", fuhr der Führer fort, „entspricht dem Wert dreier Sklaven. Gibt es dagegen einen Einwand? Also, mit Gottes Segen."

Als die Verteilung beendet war, begann die Mühsal der Frauen.

Am dritten Tag nach der Rückkehr lud der Stammesführer einen wandernden Fakîh ein und verheiratete ihm eine hünenhafte abessinische Gefangene. Darin sahen die Männer ein Startzeichen, und einer rascher als der andere gingen sie bei den gefangenen Frauen ein, entsprechend dem Gesetz

Gottes und seines Gesandten und in Hör- und Sichtweite ihrer Frauen und Kinder.

So bahnte sich das Elend seinen Weg in die Seelen der glücklichen edlen Frauen.

3

Kaum hatten die Frauen nun von der Aufforderung des Fakîh, des Scheichs des Kadirîja-Ordens, gehört, Seele und Sklaven zu befreien, da priesen sie Gott und flehten Ihn an, diesem Messias, den sie schon so lange erwartet hätten, den Sieg zu verleihen, damit er die Männer zur Vernunft und auf den rechten Weg zurückbringe und sie selbst von der Tyrannei der schwarzen Nebenfrauen befreie.

Einige Notabelnfrauen suchten das Zelt der Dhikr-Sitzungen auf, wo eine von ihnen das Wort ergriff. „Ich hatte in der Illusion gelebt, frei und edel zu sein, und niemals geglaubt, eines Tages könnte ich Sklavin einer schwarzen Gefangenen werden."

Eine andere bestätigte ihre Worte. „Wir hatten angenommen, Herrinnen zu sein, doch dann sind wir niedrige Sklavinnen geworden."

Da rief der Scheich erleichtert aus: „Ich suche Vergebung bei Gott! Wir sind doch alle nur Sklaven des Einen, des Einzigen."

„Nur wir nicht", klagte weinend eine junge Frau, die wohl erst kurz verheiratet war, „wir sind Sklavinnen des Sklaven."

„Gott bewahre!"

Wieder ergriff die erste Frau das Wort: „Gefällt es dir etwa, dass die freie Frau Sklavin einer Sklavin wird?"

„Da sei Gott vor! Die Freiheit ist meine Religion. Aber höchst mühsam ist es, dass der Mensch sich selbst befreit."

„Wir werden dir beistehen. Wir werden dir zur Verfügung stellen, was wir besitzen. Du befiehl, wir werden gehorchen. Wir sind erniedrigt, unsere Ehe ist entweiht worden von den Gefangenen aus dem Urwald. Unser edler Same ist in Gefahr, im Negerblut zu verschwinden, Herr!"

„Ich habe meine Meinung darüber schon in aller Öffentlichkeit gesagt."

„Gott verleihe deiner Religion den Sieg, o Herr Fakîh!"

Und die ganze Gruppe wiederholte die herzzerreissende Litanei: „Gott verleihe deiner Religion den Sieg, o Herr Fakîh! Möge Gott uns und dich von jedem garstigen Feind befreien! Amen!"

Sie erhoben ihre Hände und sprachen die erste Sure des Korans, die Fâtiha.

So überliefern es die Geschichten, die über jenes geheime Treffen erzählt werden. Doch niemand weiss, ob da nicht noch andere, geheime, Klauseln in jenem Pakt enthalten waren oder ob das, was im Lager verbreitet wurde, nur eine der vielen Übertreibungen ist, die man in derlei Fällen kennt.

Sicher ist jedenfalls, dass sich am folgenden Tag die Gaben über das Zelt der Dhikr-Sitzungen nur so ergossen. Der Fakîh empfing Ringe, Reife und Silberschmuck. Gefolgsleute und Jünger brachten ihm Nahrungsmittel und Speisen. Ganze Bollwerke aus Säcken mit Weizen, Gerste, Zuckerrohr, Mais und Datteln. Junge Mädchen kamen mit Töpfen voller Kuskus auf dem Kopf. Und bis heute weiss niemand, welchen Zauber die edlen Herrinnen benutzten, um das Heer der Sklaven zu überreden, dem Fakîh gehorsam zu sein und die Befreiung zu akzeptieren. Aber alle fanden es, wegen der allgemein bekannten Feindschaft zwischen der Seherin und dem Fakîh, abwegig, Têmet könnte eine magische Rolle gespielt haben.

Der Scheich errichtete draussen in der Wüste hinter dem Brunnen ein Lager für seine neugewonnenen Anhänger. Einige Tage später war man im Stamm überrascht, als er die Fâtiha las und vierundzwanzig junge Männer, alle aus dem Kreis seiner Jünger, verheiratete und sie als Ehemänner den freigelassenen schwarzen Sklavinnen zuführte. Diese Verehelichungsaktion setzte er fort, bis die meisten Gefolgsleute hübsche Frauen erhalten hatten. Bald war nur noch eine geringe Anzahl der stolzen Abessinierinnen übrig, die freiwillig im Zelt der Dhikr-Sitzungen Dienst taten und den Scheich inständig baten, sie als Sklavinnen anzunehmen. Wie ein Lauffeuer gingen Gerüchte um, wonach sie nichts anderes seien als seine Konkubinen. Bösartige Gerüchte, die die Eifersucht der Notabeln, ihrer ehemaligen Ehemänner, weckten, die daraufhin vom Stammesführer verlangten, die Angelegenheit mit dem Schwert regeln zu dürfen. Doch der weise Mann beschämte sie, indem er ihnen in aller Ruhe sagte: „Wer zu Beginn akzeptiert, in einem Spiel Partei zu sein, muss am Ende auch die Ergebnisse ertragen."

Der Überraschungen waren aber noch mehr. Denn kaum war der Stamm erwacht (besonders die Männer des Stammes), als die Notabeln auch schon einen Schlag erhielten, der für sie schlimmer war als alles Bisherige.

4

Von Anfang an begriffen sie, dass er es darauf angelegt hatte, ihren Stolz zu treffen. Er lud sie ins Zelt der Dhikr-Sitzungen, das inzwischen zum Zentrum des Lagers der Helfer geworden war, und liess sie am Eingang auf dem Boden Platz nehmen. Keiner wagte zu protestieren. Vielleicht spürten sie, dass schon ein Protest eine weitere Stufe auf der Treppe des Abstiegs bedeuten würde. Denn die Erniedrigung richtet sich nicht gegen dich, solange du sie nicht zur Kenntnis nimmst und die Aufmerksamkeit anderer darauf lenkst. So steht es im Sprachschatz der Nobilität. Sie übergingen schweigend die Schande, und selbst der Stammesführer ertrug es geduldig, auf dem nackten Boden neben dem Zeltpflock sitzen zu müssen. Aber ihnen entging nicht das Lächeln, das während der ganzen Sitzung nicht von seinen Lippen wich.

Der Scheich ging weit in der Quälerei. „Meint nicht, dass ich euch schlecht behandle, weil ich die Regeln der Gastfreundschaft nicht kenne", erklärte er. „Nein, ich habe euch ganz bewusst auf der Erde am Eingang des Zeltes Platz nehmen lassen, damit ihr eine Erniedrigung kostet, die noch gestern das Geringste war, was eure Sklaven und Gefolgsleute von euch ertragen mussten."

Der Hinweis auf die Erniedrigung bestätigte diese. Die Schande hing ihnen auf immer an. Der Stammesführer versuchte, die Situation durch seine Weisheit zu retten. „Bisher sehe ich keinen Grund, dass wir uns erniedrigt fühlen müssten. Unter unseren Gefolgsleuten und unseren Sklaven auf dem nackten Boden zu sitzen hat schon immer zu unseren Gepflogenheiten gehört. Wir, geschätzter Fakîh, sind bereit, jedweden Preis zu entrichten, der geeignet ist, unsere Seelen zu befreien und uns in die Grundlagen der Religion einzuführen."

„Gut gesprochen! Gut gesprochen!" rief der Scheich. „Warum übernehmt ihr nicht die Weisheit eures weisen Stammesführers und folgt seinem Beispiel? Das erste, dessen sich entledigen muss, wer an die Religion der Wahrheit und der Erlösung glaubt, sind Hochmut und Stolz. Stolz steht allein Gott in den Himmeln zu, und Überheblichkeit über die Knechte Gottes ist ein Charakteristikum des vermaledeiten Satans. Nie wird jemandem die Erlösung zuteil, in dessen Herz auch nur ein Körnchen Hochmut oder Falsch ist."

Er schwieg eine Zeitlang. Die Notabeln blickten sich an. Dann sprach er weiter: „Mit den pompösen Turbanen und den Pfauenkleidern werden wir uns in Bälde beschäftigen. Heute habe ich euch für etwas Wichtigeres hergebeten."

Eine abessinische Sklavin brachte ihm einen Becher Dickmilch. Er trank zwei Schluck und wischte sich danach den Mund mit dem Ende seines schäbigen Gesichtstuchs ab.

„Nachdem ihr euer Haus vom Verbotenen gereinigt habt", fuhr er fort, „müsst ihr nun euern Besitz reinigen und die Almosensteuer entrichten."

Das Schweigen wurde gespannter. Eine Fulât-Sklavin kam und bot ihnen Tee an. Keiner brachte auch nur einen Schluck hinunter. Sie pflanzten die Becher vor sich in die Erde und starrten auf die Schaumbläschen.

Schliesslich nahm der Stammesführer seinen Mut zusammen und wandte ein: „Wir haben die Erfüllung dieser Pflicht nie versäumt. Wir haben zu jedem Fest die Almosensteuer entrichtet."

Der Scheich schien diesen Einwand erwartet zu haben. „Die Almosensteuer zu Festen ist eine Sache", erklärte er, „diejenige zur Reinigung des Besitzes eine andere. Das Geld hinzugeben ist das Geringste für jemanden, der seine Seele vor dem Satan retten möchte. Ich glaube nicht, dass unter euch ein einziger Reicher ist, der mit seinem Geld auf dem Wege Gottes knausrig sein will." Er griff in seine Tasche und holte ein kleines Heft heraus, aus dem er die Einzelheiten des erstaunlichen Gesetzes vorlas, das die Errichtung eines Schatzhauses ebenso vorsah wie die geregelte Erhebung von Steuern aus Einkünften und Vieh, ausserdem weitere Abgaben, die Handelskarawanen zu entrichten hätten.

5

Die Notabeln befürchteten Schlimmes für die Zukunft des Stammes. Es bedrückte sie zu sehen, wie das tyrannische Gesetz seinen Weg zur Verwirklichung nahm und so die tatsächlichen Befugnisse an den gerissenen Scheich übergingen. Sie wiesen darauf hin, dass die Verwirklichung dieses Gesetzes einen Angriff auf die Herrschaft des Stammesführers und seine Machtbefugnisse bedeutete. Doch dieser sagte zu ihnen im Ratszelt: „Nur der Wahnsinnige stellt sich dem Strom entgegen."

Der Stammesführer ertrug die Heimsuchung am gefasstesten von allen. Er sprach viel von der Notwendigkeit, um der Erlösung und der Erlangung des Paradieses willen mit allen Besitztümern Opfer zu bringen. Ihn erschreckte nicht, wie gebrochen sie waren, und auch nicht die Niederlage, die aus ihren Augen sprach. Einer von ihnen wurde unwillig. „Wir haben ihm unsere Kinder gegeben, damit er sie im Koran und in den Grundlagen der Religion unterweise, und er hat aus ihnen Gefolgsleute und Jünger für sich gemacht."

„Er hat aus ihnen ein Heer von Helfern gemacht, die gegen uns kämpfen sollen", pflichtete ihm ein anderer bei.

„Er hat die Sklaven gegen uns aufgehetzt", rief ein dritter. „Und er hat uns gezwungen, uns von den Frauen zu trennen, die wir mit dem Schwert erobert haben. Die Religion sagt: ‚Und was eure Rechte besitzt.' Wie kann da einer behaupten, für die Religion des Propheten zu werben, während er zur Scheidung aufruft, die Gott von allem Erlaubten am verhasstesten ist?"

Als der Stammesführer lächelte, klagte ein vierter. „Aber damit nicht genug, er ist noch weiter gegangen und hat uns unsere Ehefrauen gestohlen."

„Welche Schande!"

Nun nahmen die Eiferer ihren Mut zusammen und riefen: „Angesichts dieses Schwindlers nützt nur das Schwert. Nur Blut tilgt diese Schande."

Und einer der edlen Scheiche sagte provozierend: „Ihr habt noch entwürdigendere Taten übersehen. Habt ihr vergessen, dass er die Absicht hegt, euch nach all dem auch noch euren Besitz zu rauben?"

Langes Schweigen. Dann ereiferte sich ein junger Mann, dessen Haupt ein prächtiger Turban krönte. „Und schlimmer als all das, er will unsere Häupter ihrer Verhüllung berauben, und das unter dem Vorwand, den Hochmut und die Hochmütigen zu bekämpfen. Ich möchte lieber sterben, als im Lager entblössten Hauptes umherzugehen wie die Sklaven aus dem Urwald."

„Jawohl", fuhr ein würdiger Notabler fort, „uns ist kein Zeichen unserer Manneswürde geblieben." Er wandte sich an den Stammesführer. „Wie kannst du, Hochverehrter, wollen, dass wir zu all dem schweigen? Wir sind jetzt Sklaven, ja, wir sind schlimmer dran als der jämmerlichste Sklave."

Über ein Symbol gebeugt, das er mit dem Finger in den Staub zeichnete, antwortete Âdda ruhig: „Begehrt ihr denn das Paradies ohne einen Preis?"

„Wir wollen kein Paradies um den Preis der Erniedrigung. Da ist der Tod ehrenvoller", schrie einer, und zornerstickte Stimmen riefen: „Die Ehre ist verloren. Da ist der Tod ehrenvoller."

In diesem kritischen Augenblick erhob sich ein Mann, der während der ganzen Versammlung schweigend in einer Ecke gesessen hatte. Er trat vor und offenbarte ein Geheimnis. „Vor einigen Tagen begegnete ich auf den Weiden des Tassîli einem Fakîh. Und wisst ihr, was er über die Religion unseres Fakîh gesagt hat?" Er erfasste alle anwesenden

Notabeln mit einem Blick und flüsterte dann: „Er sagte, er werbe für die Religion der Magier."

„Die Religion der Magier?!" erkundigte sich der Stammesführer überrascht.

Die Notabeln aber waren unfähig, etwas dazu zu sagen.

6

Der Stammesführer fühlte sich einsam, von allen verlassen und vergessen. Darum bat er den Scheich des Ordens um Erlaubnis, in die Hammâda-Wüste zu gehen.

Der Scheich dagegen brachte die Wege der Karawanen unter seine Kontrolle und verdoppelte die von den Händlern verlangten Abgaben; ausserdem bekriegte er die anderen Stämme, machte Überfälle in den Dschungel und raubte Gefangene, Sklaven und Herden. Doch dabei unterlief ihm ein fataler Fehler: Er soll von den Händlern der Karawanen aus Timbuktu ein Geschenk angenommen haben, ein Kästchen voller Goldstaub.

Bis heute weiss niemand, wie dem weisen Scheich entgangen sein konnte, was es mit diesem unheilvollen teuflischen Metall auf sich hat. Einige elende Kreaturen boten eine Geschichte herum, wonach die Seherin ihm diese Falle gestellt hatte und jener Händler ihr nur als Instrument diente, um den magischen Talisman in die Hand ihres alten Widersachers gelangen zu lassen. Auch hätten die Leute das rätselhafte Kästchen nicht mit einer solchen Aura des Besonderen umgeben können, hätte der Scheich selbst das Geschenk nicht wie einen Talisman behandelt. Er trug es bei sich, wohin auch immer er ging. Ja, er schob es unter sein Kopfkissen, wenn er sich zur Ruhe legte, und oft beobachteten ihn seine Helfer und seine Jünger, wie er sich das Kästchen während der Dhikr-Sitzungen unters Gesäss schob. Das überraschte seine Gefolgsleute, die bei ihrem Scheich keine Liebe zu Schätzen und zu deren Anhäufung gekannt hatten. Im Gegenteil, oft hatte er materiellen Besitz ebenso verflucht wie diejenigen, die sich ihm unterwarfen, und verschiedene Aussprüche wurden von ihm überliefert, in denen das gelbe Metall als Wurzel allen Übels der beiden Welten beschrieben wurde. Seine Jünger waren verunsichert und sagten oft, dieses Kästchen berge noch ein anderes Geheimnis als den unheilvollen Goldstaub.

Schliesslich kam der Tag des Auszugs nach Timenôkalen. Es war der Tag, an dem die unbekannten Mächte einen Schlag gegen das Reich des Scheichs führten und es ein für allemal beseitigten. Alle, die diese seltsame Schlacht überlebten, wurden zu Derwischen und verloren den Verstand oder versanken in ewigem Schweigen und verloren ihr Gedächtnis.

Dem denkwürdigen Tag voraus gingen umfassende Vorbereitungen für einen Kriegszug, von dem der Scheich behauptete, er werde die Geschichte der Wüste verändern. Doch wie es seine Gewohnheit war, wenn er seine schicksalhaften Entscheidungen traf, gab er keine Einzelheiten preis.

Oft haben seine Feinde in dieser Politik der Geheimniskrämerei und der Verdunklung das Geheimnis seines Erfolges gesehen. Auch bei diesem Kriegszug, dem die geheimnisvollen Mächte nicht bestimmt hatten, dass er erfolgreich sei, glaubten die Kämpfer, er werde sich nach Süden richten, gegen den Dschungel, doch im letzten Augenblick überraschte sie der Scheich mit einem anderen Plan. Es kam der Befehl, kehrtzumachen und nach Nordwesten zu ziehen. Und beim Îdenan, dem Irrenden Gefährten, teilte sich das Heer und umschloss, vorbeimarschierend, den rätselhaften, einsamen Berg und umklammerte die himmlischen Türme auf den Gipfeln, ein endloser Zug von Menschen, beladen mit den mörderischsten Waffen der Wüste, der sich in die weite Wüste ergoss, einem unbekannten Feind entgegen.

Beim Brunnen von Timenôkalen hielt man an, und der Scheich befahl, die Wasservorräte aufzufüllen und den Tieren Gelegenheit zu geben, sich zu erholen und sich ebenfalls mit Wasser zu versorgen, in Vorbereitung der Fortsetzung der geheimnisvollen Reise.

In diesem Augenblick vernahmen sie ein Getöse, ein Sturm kam auf, und das Gemetzel begann. Unbekannte Feinde, deren Gesichter niemand sah und gegen die es keinen Widerstand gab, erhoben die Schwerter wider sie und schlachteten sie ab wie Schafe. Der Scheich war der erste, der fiel. Auch durch Flucht konnte sich keiner retten, und selbst die wenigen, die entkamen, waren so gut wie tot. Das Heer aus dem Reich des Unbekannten, nahm man an, habe die Körper auf der Suche nach noch lebenden Verwundeten durchkämmt, darauf bedacht, alle, in deren Brust noch ein Quentchen Leben war, vollends zu erledigen. Niemand wusste, wer jene Soldaten waren, auch nicht, was sie wollten, und niemand erfuhr, ob der Scheich das Heer zusammengestellt hatte, um sie zu bekämpfen, oder ob es andere Feinde waren. Was die in den Zelten zurückgebliebenen Scheiche, die Krankheit oder Alter gehindert hatte, sich dem Heer anzuschliessen, ratlos machte, war das Fehlen jeglicher Spur dieser Feinde. Sie waren verschwunden, wie sie gekommen waren. Aus dem Nichts aufgetaucht und ins Nichts zurückgekehrt. Und was alle besonders beschäftigte, war das Verschwinden des Kästchens.

Deshalb war es nicht abwegig, dass man die Katastrophe auf den verfluchten Staub zurückführte.

7

Âdda, der Stammesführer, kehrte aus seinem Exil in der Hammâda zurück. Er sammelte seine noch verbliebenen Anhänger und die Helfer und Scheiche, die ihm die Treue bewahrt hatten, um sich und sass mit ihnen einige Tage zusammen. Danach kehrten die Ausgewanderten und die Exilierten, die in der Wüste verstreut waren, in die Ebene zurück. Und der Stammesführer herrschte nach der Sitte der Wüste und der alten Tradition.

III. Der Gesandte

Und Kain erkannte sein Weib, die ward schwanger, und gebar den Henoch. Und er baute eine Stadt, die nannte er nach seines Sohnes Namen Henoch.
Das Alte Testament. *Das Buch Genesis 4,17*

1

Der durchsichtige Turban, mit dem sich der Irrende Îdenan das Haupt verhüllte, wurde finsterer und senkte sich von der obersten zur dritten Stufe in himmlischer Höhe. So beraubte ihn der Kibli aus dem Süden seiner Majestät, seiner Rätselhaftigkeit und seines Hochmuts und zwang ihn, sich mit Demut zu schmücken und es seinem niedrigeren südlichen Kollegen gleichzutun.

Über der Ebene schwebte finster brütend eine Wolke. Sie verweilte einige Tage. Dann brachte der Horizont Staubschwaden hervor. Am ersten Tag fegten sandlose Windstösse dahin, aus verschiedenen Richtungen. Die Sandkörner blieben irgendwo in der Luft und fielen erst am zweiten Tag von den unbekannten Himmeln herab. Gleich der erste Wind riss die Zelte im Lager nieder, liess Kleider und pompöse Turbane davonfliegen, füllte Münder, Ohren und Augen, warf Greise und Kinder zu Boden und zerstreute die Herden.

Am Morgen erinnerte er sich einer alten Arglist und begann, den Brunnen zu verschütten.

In der Senke versammelte sich um die Öffnung herum eine Anzahl Männer. Einige baumelten an einer Leiter aus Palmfaserstricken im Brunnen. Ein Korb, mit dem sie den feuchten Sand vom Grund des Brunnens hochholten, wanderte von Hand zu Hand. Andere waren ausserhalb des Brunnens damit beschäftigt, Befestigungen aufzuschütten und um die Brunnenöffnung einen Mauerring zu errichten, der aussah wie die Gräber der Ahnen. Von der Senke zum Berg im Süden zog sich eine lange Reihe aus Sklaven und Gefolgsleuten mit entblössten Armen, die Steine heranschafften, sie von Hand zu Hand bis in die Senke weiterreichend.

Auf dem Hügel stand, in blauem Gewand, Ocha. Die Hand am Schwertknauf, verfolgte er, wie ein Gespenst vom Besessenen Berg, die Arbeit der Männer. Der Wind blähte in provozierenden Attacken sein weites Gewand, trieb es nach unten, dann wieder nach hinten in die Höhe. Aber seine Rechte liess nicht den Schwertknauf los. Er schien drauf und dran, angesichts des Windes die Waffe zu zücken.

Die Dunkelheit des Abends kroch heran, aber der Wind liess nicht nach.

Ein armseliger Mann kam näher; er trug einen dürftigen, völlig verstaubten schwarzen Turban. Wortlos blieb er neben ihm stehen. Schweigend standen sie da, in der Dunkelheit des Staubs und des Abends, wie der Îdenan und sein Irrender Gefährte.

Lange Zeit verging, bevor der aufgeplusterte junge Mann eine geheimnisvolle Würde spürte und merkte, dass die armselige Gestalt der Gesandte aus Aïr war.

2

Weit weg, auf der anderen Seite der Ebene, neben dem südlichen Îdenan, hoben sich die Sklaven der Prinzessin gegen den Himmel ab; auch sie bauten. Am Morgen nach ihrer Ankunft hatten sie sich am Fusse des Berges verteilt und begonnen, neben den Zelten Steine aufzuschichten. Die

Prinzessin hatte sich in ihr grosses, mit Verzierungen und Talismansymbolen geschmücktes Lederzelt zurückgezogen, dessen Pflöcke die Neger gemeinsam festigten. Während der Nacht hatte der Wind es mit einem Gürtel aus Sand umgeben, den am Morgen die Gefolgsleute in Säcke füllten, die sie mit ihren Kamelen fortschafften; dann kehrten sie mit den Tieren zurück und banden sie zu einem Ring zusammen, zum Schutz des Zeltes vor den Attacken des Sands; danach schafften sie Bausteine von den Bergen heran.

Die geduldigen Kamele knieten nieder, käuten wieder und lauschten dem Pfeifen des Windes in der Finsternis. Der Gesandte eilte zwischen der Ebene und dem Fuss des Berges hin und her und inspizierte das Treiben und den Gang der Arbeit.

Zwei Tage später empfing er eine weitere Karawane, die aus Aïr kam. Die Wüste quoll über mit Männergestalten.

3

Im Zelt herrschte Schweigen, die Ratszeremonien begannen. Der Südwind beruhigte sich, die Flammen und der Geruch von geröstetem Fleisch stiegen auf.

Der Stammesführer hustete zweimal, bevor er die Rituale des Willkomms abschloss und die Vorrechte der Führung wahrnahm. Er befestigte den blauen Schleier um sein Gesicht. „Ich habe erfahren, dass ihr um Erlaubnis nachsucht, Nachbarn zu werden und euch anzusiedeln."

Der Gesandte fuhr mit seinem mageren Zeigefinger den Dreiecken des Kelims nach und antwortete nach einem gewichtigen Schweigen: „Recht."

Einer der Gefolgsleute kam und bot den Versammelten die erste Runde Tee an. Der Stammesführer schlürfte davon und stellte das Glas neben sein Sitzkissen. „Aber wir sind ein Volk“, fuhr er fort, „das es nicht erträgt, an einem Ort sesshaft zu werden; ein fester Platz entspricht uns nicht. Heute sind wir auf der Îdenan-Ebene, morgen unterwegs ins Tâdrart, und vielleicht ziehen wir in die Hammâda am äussersten Ende der Welt, wenn der Nordwind sich erhebt und uns gute Nachricht von regenreichen Zeiten bringt. Das ist ein altes Gesetz.“ Er schwieg einen Augenblick und fragte dann plötzlich: „Könnt ihr dieses Gesetz anerkennen?“

„Das Urteil des Gastes liegt in der Hand des Gastgebers. Von heute an gilt für uns euer Gesetz.“

„Aber eure Prinzessin hat schon begonnen, Gebäude zu errichten. Das steht in klarem Widerspruch zum Gesetz. Das Errichten von Bauwerken heisst sesshaft werden, und das heisst schlaff werden, heisst Fessel und Sklaverei. Das ist das Gesetz.“

„Wir haben das nur gemacht, um uns gegen den unheilvollen Wind zu schützen. Der Südwind ist ein Fluch, der uns verfolgt, mein Herr. Gott ist mein Zeuge.“

„Nach unserer Sitte ist das etwas Gutes, das etwas Schlechtes nach sich zieht. Wenn du Rettung suchst vor Wind, Regen oder Sonne, indem du ein Gebäude errichtest, schaffst du für dich, ohne es zu wissen, ein Gefängnis. Du fliehst vor einem kleinen Unheil und wirst Opfer eines viel grösseren.“

„Aber man muss doch etwas unternehmen.“

„Gerade die Religion hat die Hartnäckigkeit und die Hartnäckigen verurteilt, und Gott hat sie die Brüder der Satane genannt.“

„Er hat aber auch gesagt: Sag: Tut etwas!“

„Er hat aber nicht gesagt: Tut etwas gegen Seine Gesandten und gegen Seine Zeichen.“

Die Männer folgten dem Wortwechsel mit Interesse. In der Ecke sass der Imam, aber er mischte sich nicht ein. Die

Gefolgsleute gingen mit frisch gerösteter Leber an langen Spiessen herum.

„Die Karawanenhändler haben mir oft von deiner Weisheit berichtet", lenkte der Gesandte ein. „Sie haben auch deine Philosophie vom Festhalten des Stabes in der Mitte gepriesen."

„Ohne diese Philosophie sässe ich jetzt nicht vor dir."

„Ja. Ich habe von Geschöpfen erfahren, die wollten, dass ihr sesshaft würdet und denen ein elendes Geschick zuteil wurde."

Die Männer warfen sich unter den Turbanen hervor Blicke zu.

Der Stammesführer neigte das Haupt und schwieg lange, bevor er auf die Bemerkung einging: „Du spielst auf unser Pech mit dem Ordensscheich an. Ich hatte erwartet, dass das zur Sprache kommen würde."

„In meiner Anspielung liegt auch nicht ein Schatten von böser Absicht. Gott weiss es. Aber sein Einfluss hat Aïr und Adâgh erreicht. Er hat Völker und Stämme erniedrigt, und unter seinen Überfällen litten die Gebiete des Dschungels und die Länder der Schwarzen."

„Ein Abenteurer, der behauptete, zum Kadirîja-Orden zu gehören. Er versprach, unsere Seelen aus der Gewalt des Teufels zu befreien. Wir gaben ihm eine Position über uns und gestatteten ihm, uns die Grundlagen der Religion zu lehren. Doch er war verdorben und er verdarb, er wandelte auf Abwegen und wollte uns zu Sklaven machen."

„Wie es im Leben so geschieht." Der Gesandte fuhr mit seinem Zeigefinger den weissen Dreiecken auf dem Kelim aus Twât nach und fuhr dann fort: „Etwas beginnt aufrichtig und gerecht und endet beim Gegenteil."

Ein weiteres Mal heulte der Wind auf. Die ganze Wüste lag in Finsternis.

„Warum endet alles beim Gegenteil?" fragte der Stammesführer. „Die Aufrichtigkeit bei der Falschheit, das Gerechte beim Verderbnis? Grosser Gott!"

Der Imam schaltete sich noch immer nicht ein.

„Du hast recht", fuhr der Gast fort. „Das Gute kommt vom ordentlichen Weg ab, sobald es sich in einen Orden verwandelt. Das Gute bleibt gut, solange es unschuldig ist und sich in der Weite frei und ungehindert bewegen kann. Sobald jedoch die Hand der Menschenkinder es anrührt und ein Orden sich seiner annimmt, verwandelt es sich in sein Gegenteil. Es ist wie bei Wasser und Luft. Wenn du das Wasser festhältst, wird es brackig, wenn du die Luft einschliesst, wird sie muffig."

Da rief der Stammesführer mit plötzlicher Begeisterung: „Deine Religion siegt. Bist du ein Seher?"

Der Gesandte ging nicht auf die Frage ein: „Das Gute ist ein mit einem Talisman versiegelter Schatz. Es ist ein Geheimnis, das sich uns entfremdet, wenn wir uns von uns selbst entfremden."

Der Stammesführer wiederholte seine Begeisterung: „Ich habe dich verstanden. Das Geheimnis liegt in jener Frucht, die der Grund für unsere Vertreibung aus dem Paradies Wâw war, oder sehe ich das falsch?"

Als der Gast ihm im matten Licht einen rätselhaften Blick zuwarf, wiederholte der Stammesführer nochmals mit Nachdruck: „Bist du ein Seher?"

Doch der Gast kehrte zurück in die Zeit des verschwundenen Ordensscheichs: „Ich habe erfahren, dass ihr euch bei der Heimsuchung mit der Geduld der Propheten schmücktet."

Der Stammesführer neigte das Haupt und stützte sich mit dem Ellbogen wieder auf das Kissen neben der Zeltstütze. „Das ist kein Heldentum", sagte er. „Ich sah mich lediglich gezwungen, mich zurückzuziehen, und ging weg. Wenn du nicht mit den anderen mithalten kannst, ist es das Beste, das Haupt zu neigen, bis der Sturm vorüber ist."

„Die Menschen der Mitte finden Seligkeit."

In der Ecke regte sich der Imam. Er zog sein weisses Gesichtstuch nach oben; seine Augen glänzten geheimnisvoll.

4

Der Wind hörte zu heulen auf. Das Lager schlummerte, als der Stammesführer den Gesandten hinausgeleitete. Schweigend schritt er neben ihm, stiess mit seinen Sandalen die Steine an und murmelte allerhand Losungen. Sie stiegen den Hügel hinauf, von dem aus man die Gebäude der Neuankömmlinge überblicken konnte. Plötzlich blieb er stehen und überraschte seinen Gast: „Ich habe erfahren, dass ihr von der Religion abgefallen seid und den rechten Weg verlassen habt."

Das Gesichtstuch und die Dunkelheit – zwei Schleier, die gemeinsam das Geheimnis verbargen, das der Stammesführer mit seiner Provokation zu lesen hoffte. Zwischen den beiden richteten sich Schweigen und finstere Weglosigkeit auf. Leichte Südwindstösse spielten mit den Gesichtstüchern und blähten die Kleider.

„Das weckt unsere Beunruhigung", nahm der Stammesführer den Faden wieder auf. „Ich will es dir nicht verhehlen."

Das Gespräch zwischen den beiden zog sich hin. Der Staub ergänzte die Dunkelheit mit einem weiteren Schleier. Oben auf dem Hügel liess sich der Gesandte auf seine Zehenspitzen nieder. Der Stammesführer wartete einige Augenblicke, dann tat er es ihm gleich.

Der Gast beschloss, sein Herz zu öffnen. „Ich leugne nicht, dass manche Völker und Stämme nach der Ausbreitung der Lehre und dem Verschwinden des Goldstaubs aus dem Land von ihrem Glauben abgefallen sind. Doch es gibt da eine Minderheit, die am rechten Wege festgehalten hat, auch wenn sie für ihr Diesseits wirkt."

„Gold und Gott passen nicht zusammen im Herzen eines Menschen."

„Das Verschwinden des Goldes ist eine Katastrophe, die die Schwachen erschreckt hat; so sind sie von der Religion abgefallen. Wir dagegen haben uns mit wenigem zufrieden gegeben und sind mit unserer Religion weggezogen. Hast du nicht gesagt: Weise ist, wer das Haupt neigt, wenn der Sturm bläst?"

„Ich streite nicht ab, dass das Exil ein Schutz für die Unterdrückten ist, aber vergiss nicht, dass der Goldstaub ein vom Teufel geschaffener Zauber ist."

„Ich weiss um eure ablehnende Haltung gegenüber diesem Staub, und das trotz der vorzüglichen Rolle, die ihm bei eurer Befreiung vom Scheich und seinem Orden zufiel, aber in geringen Mengen ist er ein irdischer Gewinn, der den Glauben und die Religion stärkt."

„Auch in kleinen Mengen ist verboten, was in grossen Mengen trunken macht. Die Ansicht des Gesetzes über Erlaubtes und Verbotenes ist klarer als die Sonne."

Plötzlich setzte der Wind zu einem neuen Angriff an. Er blähte die weiten Gewänder und spielte mit den Gesichtstüchern. Schweigend erhoben sich die Männer und standen da, gegen den Sturm gewandt.

„Ich kann nicht umhin, den Ausgewanderten den Willkomm zu entbieten, aber ich halte an meiner Ansicht fest: Nie habe ich gehört, dass die beiden im Herzen eines Geschöpfs zusammenpassen …"

Der Gesandte sagte nichts. Er stemmte sich dem Wind entgegen, und der Stammesführer ergänzte: „... Gott und Gold."

Die Worte verloren sich im Staub des Südwinds und in der finsteren Weite.

5

Auf dem Rückweg kam der Gesandte in der Nähe des Brunnens vorbei. Dort wechselten sich die Männer im Kampf gegen die Sandwogen ab. Er wich ihnen aus und bog nach rechts. Überquerte eine Anzahl Hügel, bevor er den Bergfuss im Süden erreichte. Auch dort schliefen die Männer nicht. Sie arbeiteten im Wechsel an den Gebäuden. Zündeten Fackeln und Feuer an, die der Wind löschte und die sie unverdrossen wieder in Brand setzten. Unterhalb der rauhen Felsen des Bergfusses erhoben sich Mauern aus Steinen, überdeckt mit Palmwedeln und Akazienästen; ausserdem stand da eine sauber ausgerichtete Reihe von Gebäuden.

Er überstieg Steinhaufen, entstehende Strassen und Mauern, auf denen Sklaven und Gefolgsleute herumkletterten wie die Fliegen. Im flackernden Licht erschienen sie wie böse Geister. Eine plötzliche Welle schob ihn zurück an eine niedrige Steinwand, an der er sich festhielt. Ein scharfer Geruch attackierte seine Nase. Mit beiden Händen machte er seinen Turban fest, bis die Staubwelle vorüber war. Der Geruch wurde aggressiver und schärfer. Ihm wurde übel, er wandte sich um und fand über seinem Kopf einen hünenhaften Neger, der mit der Hacke einen Stein spaltete und versuchte, ihn sorgfältig in die Mauer einzupassen. Er verstopfte sich die Nase mit dem Ende seines Gesichtstuchs und sprang zur Mauer gegenüber, spuckte Staub und Speichel aus und betrat ein palmen- und akaziengedecktes Haus. Die Aussenseite bestand aus dünnen Steinplatten, innen war es ein Lederzelt, verziert mit den Symbolen der Zauberer und den Talismanen der Seher.

Der ganze Raum war durch verschiedenartige Vorhänge aus Teppichen von Twât und farbigen Wolltüchern vom Dschebel Nefûssa unterteilt. Im Hintergrund schien ein Licht. Er blieb stehen und machte sich durch ein Hüsteln bemerkbar. Nach wenigen Augenblicken erkannte er eine Gestalt in der Dunkelkeit, die Gestalt einer alten Frau, der ein armseliger Neger folgte, angetan mit einem grauen Turban. Neben der steinernen Wand blieb er stehen und starrte ihn im Dunkeln mit einem geheimnisvollen Blick an. Erwartete, dass er etwas sagen würde, doch er äusserte kein Wort. Als er sein Gesicht dem Schein des Lichts zuwandte, verschwand die Gestalt. Tênere trat aus ihrem Zeltteil. „Was tut die Dschinnin hier?“ fragte er sie.

Sie lächelte in die Finsternis, bevor sie antwortete: „Es ist keine Schande, wenn der Fremde sich die Zeit vertreibt und mit den Leuten plaudert.“

Er setzte sich auf einen mit einem Kelim bedeckten Sandhaufen und sagte unfreundlich: „Du weisst, dass ich Seher und Seherinnen nicht mag?“

„Aber sie ist anders als die anderen Seherinnen. Sie spielt Imsâd und kann Gedichte rezitieren.“

„Ich traue keiner Seherin, auch wenn sie sich göttlicher Gaben erfreute.“

Die Dienerin kam, und die junge Frau erkundigte sich, ob sie ein Feuer anzünden solle. Er ignorierte die Frage und sagte in anderem Ton: „Gesegnetes Bleiben! Ich bringe frohe Botschaft.“

Sie hiess die Dienerin Feuer machen, ging in ihren Zeltteil und kehrte, in eine dicke Decke gehüllt, zurück. Setzte sich ihm gegenüber und sagte lächelnd: „Es ziemt sich nicht, die frohe Botschaft im Dunkeln zu feiern." Sie wartete, bis die abessinische Dienerin verschwunden war, um Brennholz zu holen, dann fuhr sie in der Sprache der Seher fort: „Das zieht das Böse an."

Er lauschte dem Heulen des alten Feindes in der weitherzigen Wüste und lächelte kummervoll; er versuchte, die Erinnerungen zu vertreiben, und sprang zu einem anderen Gedanken: „Ich sagte ihm, das Gute wie das Richtige sei ein Engel, der sich frei im Freien bewegt. Wenn ihn aber die Hand der Menschenkinder ergreift und ihn in eine Flasche steckt, verwandelt er sich in einen bösen Dämon. Das sei das Geheimnis der Verwandlung des Ordensscheichs gewesen."

Sie zog die Decke fester um ihren Kopf, ihr Gesicht zeigte keinerlei Reaktion.

„Er war so erfreut über die Erklärung", fuhr er fort, „dass er mich für einen Seher hielt."

Sie neigte lachend ihren Kopf nach hinten: „Er kennt deine wirkliche Beziehung zu ihnen nicht."

In der Ecke stiegen Feuerzungen und Rauch empor. Sie erkannten einander im Dunkel, und sie nahm eine Blässe auf der einen Wange wahr, die unter dem grauen Gesichtstuch sichtbar wurde. Er festigte das Tuch um seine Augen und fügte ungerührt hinzu: „Aber ich will dir nicht verhehlen, dass er mich gewarnt hat."

Sie schaute ihn fragend an.

„Er sagte", fuhr er fort, „beide passten nicht in das Herz eines Menschen, Gott und das edle Metall."

Als er ihr einen raschen, forschenden Blick zuwarf, zog sie die Decke schützend um sich. Die abessinische Dienerin begann, neben der steinernen Wand den Tee zu bereiten.

„Die Karawane aus dem Norden wird nicht mehr lange auf sich warten lassen. Du musst die Schmiede antreiben,

Dinge vorzubereiten, mit denen wir sie beeindrucken können. Der erste Schritt beim Handel hat magische Wirkung."

„Sie können nicht im Freien arbeiten. Wobei sie nicht der Südwind hindert, sondern die Augen der Leute."

„Wir dürfen nicht auf die Barmherzigkeit des Südwinds hoffen. Er wird in den nächsten Tagen noch stärker werden."

„Wie abscheulich! Keiner kann seine Absichten vorhersagen."

„Aber wir müssen in jedem Fall auf das Schlimmste gefasst sein."

„Es gibt nur einen Schutz gegen ihn, den Berg. So sagt die alte Prophezeiung. Und hier sind wir in seinem Schutz."

„Ich glaube nicht an die Seherprophezeiungen."

Schweigen. Der Rauch stieg auf. Eine neue Welle erhob sich, als nähme der Wind am Gespräch teil. Er liess einen Schleier aus Staub herab, deren hartnäckige Körnchen das Licht des Feuers zu umhüllen versuchten. Die Dächer bebten, die Zeltplanen flatterten.

„In Situationen wie dieser", sagte er plötzlich, „nützt nur, sich zu verschwägern." Unter seinem Gesichtstuch hervor beobachtete er sie, war aber nicht in der Lage, ihre Reaktion auszumachen. Der Sandschleier verbarg ihr Gesicht. „Ich glaube nur an den Brauch und an das alte Erbe. Dieses Gesetz versichert, dass die Blutsbande stärker sind als Vertrag, Versprechen oder Pakt." Er schwieg, dann fuhr er fort, die Hände über der Brust gekreuzt und durch einen Spalt hinaus in die Finsternis schauend: „Denn die Blutsbande sind ein himmlischer Pakt."

Sie betrachtete ihn neugierig.

Da sah er das Leuchten in ihren Augen.

IV. Der Irrende Gefährte

ad-dunja en tasîdert tkarras
wud esékîm ar Îdenan ghâs
wissás kûd jarâ âdu jaghlajas
ed kumbat sâbada tekrâs follâs

O Welt, geschaffen für Geduld und Wahn
Es erträgt deine Last nur der Berg Îdenan
Gleichgültig, was der Wind ihm getan
Legt er kein Gewicht auf den staubgen Turban

Gedicht eines unbekannten Tuaregdichters

1

Auf der Flucht vor dem Wind lösten sich die beiden Gefährten von der Mutterkette des Akakûs und kamen überein, der Îdenan solle die Erforschung der Wüste übernehmen. Er zog gen Norden, die gewaltigste Berggipfelformation, die die Wüste kannte. Kaum hatte er die Ebene durchquert, als ihm der Dschinnenkönig entgegentrat und ihm einen Vorschlag machte: „Auch wir Dschinnen haben beschlossen, sesshaft zu werden und für unsere Zerstreuten eine Wohnstätte zu schaffen", erklärte er. „Das Umherstreifen in der offenen Wüste hat uns erschöpft, und auch unter der Tyrannei der vermaledeiten Menschen haben wir gelitten. Nie zuvor gesehene Fremde sind gekommen, Abenteurer und Diebe. Sie haben die Wüste misshandelt und ihre Schätze geplündert. Auf dem gesamten Wüstenkontinent haben wir nirgends einen geeigneteren Wohnsitz und eine sicherere Bleibe gefunden als diese gewaltige Formation, die dein Haupt bildet. Bist du bereit, dich an uns zu verkaufen, wenn wir dir dafür Schutz vor dem Südwind und dem Sand garantieren?"

Lange dachte der Îdenan über das Angebot nach; dann wollte er wissen, ob es denn eine Kraft gebe, die dem Südwind entgegentreten könne.

„Ja", erwiderte der König, „eine einzige, die Dschinnen."

Nochmals dachte der Îdenan nach und meinte dann zweifelnd: „Ich glaubte immer, er sei der Gesandte der Götter."

„Er ist weder Gesandter noch Schicksal", entgegnete der König. „Und den Dschinnen stellt sich nichts entgegen."

Da kratzte sich der ehrfurchtgebietende Îdenan an seinem majestätischen Haupt und fragte spöttisch: „Was zwingt euch eigentlich, nach einer Bleibe zu suchen, wenn ihr nicht einmal das Schicksal fürchtet?"

Der weise Dschinn lachte sich halbtot, bevor er antwortete: „Wisse, dass es weder im Himmel noch auf Erden jemanden gibt, der von sich behaupten könnte, keine schwache Stelle zu haben. Und in diese Regel kannst du selbst die Götter einbeziehen. Was uns angeht, so liegt unsere schwache Stelle beim Menschengeschlecht. Die Menschen sind schlimmer als der Südwind und als die Götter, ja, selbst als das gewaltige Schicksal."

Da war der Berg perplex und dachte wiederum lange nach. „Was haben denn die Menschen getan?" fragte er.

„Was hätten sie nicht getan?"

Schweigen.

„Wenn ein Mensch einem anderen etwas Böses anhängen will, bezeichnet er ihn als Dschinn. Dabei wäre es viel angemessener, ihn als Mensch zu bezeichnen. Wir nämlich tun kein Unrecht. Wir achten den Bund, und wir glauben an die Götter. Doch jenes Geschlecht tut untereinander Unrecht. Sie brechen jeden Bund und glauben an keinen Gott. Mögen sich die Götter unser erbarmen und uns vor dem gewaltigen Übel schützen, das sie anrichten. Sie haben mit der Wüste Missbrauch getrieben und haben sich ihrer Schätze bemächtigt."

„Genügt denn mein Haupt, um eure Schätze zu schützen?"

„Es genügt, weil es sicher ist. Kein Mensch wird es je erreichen. Wir haben lange beratschlagt, bevor wir schliesslich hierher gekommen sind."

„Wenn ich euch meine himmlische Formation zur Verfügung stelle, fürchte ich, mich selbst zu verlieren."

„Du wirst dich selbst verlieren, wenn du unser Angebot ablehnst. Schutz vor dem Südwind und seinem Staub gibt es nur für den, der bei uns um Hilfe nachsucht. Schau nur, was er mit der Mutterkette, dem Akakûs, getan hat. Schau nur, wie die Götter die Kette im Wadi al-Adschâl gestraft haben, als sie sich hilfesuchend an sie wandte. Sie haben sie gestraft, indem sie alle ihre Häupter stutzten. Nun steht der Berg allseits hilflos in der Wüste, kahl und nicht mehr imstande, den Regen herbeizurufen; kein Tropfen ist dort seit vierzig Jahren gefallen."

„Man erzählt aber auch, das Ausbleiben des Regens seit vierzig Jahren sei ein Ausbleiben der Gerechtigkeit."

Wiederum lachte der gewaltige Dschinn. „Willst du noch einen stärkeren Beweis für das Ausbleiben der Gerechtigkeit. Vierzig Jahre lang haben die Götter bei euch mit Regen gegeizt und haben gleichzeitig eure Feinde mit Meeren von Sand und Staub versorgt. Wenn du das Angebot ablehnst, werde ich zu meinem Bedauern diese gewaltige Formation bald nicht mehr sehen. Schau nur, was der Sand jetzt mit deinem Gefährten macht. Er beginnt, von hinten an ihm hochzuklettern." Er lachte wild.

Das Echo hallte von allen Bergen der Wüste wider. Da weinten die Berge auf dem kahlen Kontinent und wandten sich flehend an den Îdenan, das Angebot anzunehmen. Es sei besser, sagten sie, wenn auch nur ein einziger dieser Berge gerettet werde, denen die Götter eine himmlische Formation gewährt hatten, als wenn ihre Familie ausstürbe und ihre Gattung ganz aus der Grossen Wüste verschwände.

Der Îdenan sagte zu und verkaufte seine Seele. Die Dschinnenstämme kamen und nahmen ihn zum Wohnort. Sie legten über seine ehrfurchtgebietende quadratische Formation einen ewigen Wolkenturban und untersagten es dem Staub des Südwinds, sich ihrer neuen Heimat zu nähern. So wurde der Îdenan seinem Gefährten im Süden fremd und überliess es ihm, sich allein dem Feind entgegenzustellen.

2

Jene Bewohner des Unsichtbaren plappern viel in einer zwar deutlichen, aber unverständlichen Sprache, und die Bewohner der Ebene sagen, sie wählten die tiefen, finsteren Nächte für ihre langen, rätselhaften Unterhaltungen. Und in den seltenen Zeiten des Jahres, wenn der Regen prasselt, reissen die Fluten, die sich vom quadratischen Gipfel ergiessen, Zweige und Stämme von Palmen und trockene Äste von Feigen- und Granatäpfelbäumen und von Weinreben mit und schieben sie über den Fuss des Berges hinaus bis auf die Ebene. Auf die Eindringlinge aber und die Neugierigen, die sich verleiten lassen, den Berg zu erklimmen, stürzen sich die Bienenschwärme. Niemand hätte an die Existenz dieser Geschöpfe in der Wüste geglaubt – Geschöpfe, über die sich der Koran lobend auslässt –, wenn nicht mehrfach Wanderer oder Umherziehende zu den Zelten gerannt gekommen wären, nachdem sie den todbringenden Boten am Fuss des Berges gegenübergestanden hatten.

Dann bemächtigte sich der Berg der Gazellen und gab

auch dem Mufflon Wohnung. Wenn er die Tiere zum Weiden auf die umliegenden Ebenen hinausliess, rannten die Jäger um die Wette zu ihnen. Dass es besessene Tiere waren, merkten diese Jäger erst, nachdem die Unbelehrbaren unter ihnen krank und siech geworden waren. Und bis heute erzählen die Bewohner der Ebene Geschichten vom Verhalten dieser Geschöpfe. Nachdem sie zuvor dem Menschen gegenüber höchst scheu gewesen waren, wurden sie zutraulicher als Ziegen und Kamele. Die Verwandlung begann, als Amanâj, der berühmte schwarze Jäger, auf eine Herde Gazellen traf, die friedlich und ruhig auf der weiten Ebene nächst dem Fuss des Îdenan ästen. Er krempelte die Ärmel an seinen erprobten Armen hoch und beschloss, ein Festmahl ins Lager mitzubringen. Doch er verschoss alle Pfeile, die er in seinem Köcher mit sich trug, ohne auch nur eine einzige Gazelle zu treffen.

Er berichtete den Vorfall dem Stammesführer. Die Gazellen, erzählte er, weideten in aller Ruhe im bleichen, wilden Gras, ohne sich um seine Pfeile zu kümmern, ja, die Kitze seien bei jedem Schuss laut blökend in die Luft gesprungen. Danach hätten sie den Kopf wieder ins Gras gesteckt. Doch der alte Jäger liess sich nicht beirren. Er unternahm weitere, ebenfalls vergebliche Versuche, was ihn schliesslich, gegen Ende seiner Tage, zum Wahnsinn trieb, bevor ihn eine Krankheit erfasste, die ihm nicht mehr viel Zeit liess.

Muchâmmads Geschick war noch schlimmer. Ihn rammte ein Mufflon mit seinen legendären Hörnern und riss ihm den Leib auf.

Die Bewohner der Ebene erfuhren die Wahrheit, aber weder die Zaubersprüche der Fakîhs noch die Talismane des Imam nützten etwas. Man verbot die Jagd auf die Tiere des Berges, und die Jäger waren gezwungen, in den Bergen des

Tâdrart zu jagen oder in Massâk Satfat oder in den Tälern von Massâk Mallat. Der besessene Mufflon aber begann, die Schafherden zu begleiten und mit den Böcken zu kämpfen. Die Gazellen wurden zutraulich und gingen mit den Ziegen in die Pferche und in die Zelte.

3

Danach ging es um die Schätze. Die Dschinnen vom Berg fanden es nicht schwer, die Leute auf der Ebene zu überlisten und ihnen ihre Goldgegenstände zu stehlen. Sie folgten nämlich dem alten Weg, den Usurpatoren, falsche Fakîhs und die Anhänger der Orden gespurt und mit Hilfe dessen sie sich des Schmucks der Frauen und des Erbes der Kinder bemächtigt hatten, wobei sie die Unwissenheit der Bewohner der Wüste in ihrer Religion und ihre Entfernung von Mekka ausnützten. Jeder, der ein paar Verse oder Gebete aus dem Koran auswendig konnte und in der Lage war, eine Eselin oder eine Kamelstute zu reiten, war imstande, sie aufzusuchen und ihnen mit der Behauptung, sie die Grundlagen der Religion zu lehren und sie zurück auf den rechten Weg zu bringen, das Geld aus der Tasche zu ziehen.

Diese Art List blieb auch den Dschinnen nicht verborgen. Sie kleideten ihren Weisen in eine grobe, weite Dschubba, wie sie die Anhänger der Sufiorden in der Wüste tragen, schickten ihn hinab auf die Ebene, um den Bewohnern der Wüste eine neue Religion zu verkünden, und noch immer erzählen sich die Scheiche und die Verständigen die weisen Worte, mit denen der Weise der Dschinnen seine Predigt einleitete. „Jeder, der etwas sein Eigentum nennt", sagte er, „macht sich selbst zu dessen Eigentum. Wisset das! Wer immer Gold besitzt, den besitzen wir, den entstellen wir, den suchen wir heim. Wisset das! Gold und Gott passen im

Herzen des Menschen nicht zusammen. Wisset auch das!" Er erklärte, Anhänger des Tidschanîja-Ordens zu sein. Dann attackierte er seine Ahnen vom Kadirîja-Orden und beschuldigte sie vor den versammelten Stammesführern, die allesamt dem Kadirîja-Orden zuneigten, wider den Propheten gehandelt und seine Überlieferung verfälscht zu haben. Auch erklärte er, dass sie ihre Behauptungen den Schriften der Juden und dem Evangelium der Christen entnähmen, nicht aber dem Koran. Und schliesslich sagte er noch, dass die Prophetie der Erlösung voraussetze, dass sie sich vom gelben Metall befreiten und die Frauen ihren goldenen Schmuck ablegten. Die Leute vernahmen von seinen Lippen die abscheulichsten Beschreibungen dieses Metalls, ebenso die schönsten Worte über die Erlösung und die Süsse der Enthaltsamkeit. Alles, was die Leute später immer wieder von der Seelenruhe, dem inneren Frieden und dem Kampf gegen irdische Glücksgüter erzählten, ging auf diesen begnadeten Tidschanîja-Prediger zurück. Ohne dessen göttliche Begabung hätte kein Geschöpf auch nur eine einzige Frau dazu zu überreden vermocht, freiwillig auf ihren Goldschmuck zu verzichten und hinzugehen, um ihn mit eigener Hand in einem Loch am Fusse des Berges zu vergraben, wie es die Frauen der Wüste an jenem Tag taten. Doch nur wenige Tage nach dem „Tag der Reinigung" entdeckten die Leute das Verschwinden des Predigers. Überall suchten sie, doch nirgends fanden sie eine Spur von ihm. Einigen kam die Sache zweifelhaft vor, und die Neugierigen boten viele Geschichten herum, die versicherten, dass der fremde Besucher niemand anders gewesen sein könne als einer jener Dschinnen, die auf dem himmlischen Berg wohnten. Sie hätten, sagten sie, seine Spur verfolgt und festgestellt, dass er einen Eselshuf besitze. Die weite, auf der Erde schleifende Dschubba habe nur dazu gedient, die Wahrheit über seine Füsse zu verbergen. Einer der Glücklichen, denen es vergönnt war, nach Mekka zu reisen und zum Hause Gottes zu pilgern, soll gar gesagt haben, seine Dschubba habe mit der Bekleidung der Sufis nichts zu tun, und er habe unter den koptischen Christen in Ägypten Priester gesehen, die dergleichen trugen, während sie auf dem Markt beim Suwaila-Tor in Kairo umherschlenderten.

Lange Diskussionen entstanden über die ewige Weisheit: Wer immer Gold besitzt, den besitzen wir, den entstellen wir, den suchen wir heim. Die Wolltegern-Fakîhs hielten sich bei diesem Zungenschlag auf und fragten sich, warum er gesagt hatte, den besitzen wir, den entstellen wir, den suchen wir heim, und welche Kreatur ausser einem Satan und einem Dschinn denn das Recht habe zu sagen, sie entstelle, sie besitze, sie suche heim.

Aber die Verständigen hielten an dem Vermächtnis fest und nannten ihn einen Gesandten, einen Bringer froher Botschaft und einen Mythos. Sie errichteten ihm in ihren Herzen eine Gedenkstätte und blieben seinem Andenken treu. Und von jenem Tag an war den Frauen in der Wüste untersagt, Goldschmuck zu tragen, weil man sich schliesslich darauf einigte, dass, wer Gold sein Eigentum nennt, sich zu dessen Eigentum macht und seine Seele zur Puppe in der Hand der geheimnisvollen Mächte wird.

4

Als das geheimnisvolle Heer die Herrschaft des Ordensscheichs vernichtete, wies der anklagende Finger zum Berg, denn der Fehler des Ordensscheichs bestand darin, nicht zu wissen, was es heisst, im Besitz eines Kästchens mit Goldstaub zu sein.

V. Der Paradiesvogel

Genaue Zugrichtung unbekannt, aber wahrscheinlich zu den zentralen und südlichen Oasen.
Zugvogel. Möglicherweise auch Nestbauer.
Der von Hartert angenommene Nestbau wurde von anderen nicht bestätigt. Die genannten Ornithologen sprechen nur von einem unregelmässigen Gesang, sind aber nie auf Nester gestossen.
Augusto Toschi, *Introduzione alla ornitologia della Libia*

1

Wer nie die Berge zu erklimmen sich sehnt, wird nie den Geschmack des Lebens kosten.

Mit der Wendigkeit eines Mufflons stieg er von den Gipfeln herab. Der Wind hatte sich gelegt, und der ewige Henker war erwacht. Er herrschte mit den Peitschen des Feuers und überspülte seit dem frühen Morgen die Ebene mit den legendären Fluten der Fata Morgana.

Am Fuss des Berges begegnete er einem majestätischen Mufflon mit geschwungenen Hörnern auf dem Kopf, der mit dem Stolz eines Bockes einherschritt. Als er ihn mit einem geheimnisvollen Blick anschaute, lächelte Udâd, der in ihm einen Mufflon aus den Herden des Irrenden Berges erkannte. Dann ging er weiter zum Lager. Auf dem Weg dorthin überquerte er die Hügelkette und schritt durch eine Ziegenherde. Der Geruch von Böcken und Staub überfiel ihn. Er nieste und hielt sich mit seinem schäbigen Gesichtstuch die Nase zu.

Unten in der Senke sah er die Männer an der Befestigung des Brunnens arbeiten. Er blieb stehen, als entdeckte er die Ebene zum erstenmal. Als er sein Haupt nach links wandte, erblickte er satanische Gebäude aus Stein, gekrönt von Lüftungsschächten, Gebäude in langer Reihe. Die Söhne der Fremden hasteten durch die Strassen. Niemand ausser den Dschinnen vermochte so trefflich zu planen; niemand ausser dem Teufel vermochte derart gut zu bauen.

Die Ebene war vom Teufel beherrscht.

Ihm wurde elend zumute, und er floh zu seiner Mutter. Sie hockte im Schatten des Zeltes und flickte ihr altes Kleid. Er warf sich zu ihren Füssen nieder, aber sie erwiderte seinen Gruss nicht. Einige Augenblicke sass er da, dann ging er ins Zelt. In einer Ecke zog er sich um und hörte ihren Versöhnungsvorschlag.

„Noch nie hat die Wüste zu Beginn des Frühlings den Südwind gesehen."

Wenn die Bewohner der Wüste keinen passenden Einstieg für ein Gespräch finden, nehmen sie das Wetter zu Hilfe.

Er antwortete nicht, hörte aber, wie sie sich dem Zelt von der anderen Seite näherte. Sie schürte das Feuer und begann mit der Zubereitung des Essens. Er kam aus seiner Ecke und liess sich neben dem Zeltpflock auf den Rücken fallen, zog sich den Gesichtsschleier über die Augen, ohne dabei den Säulengipfel des Îdenan dem Blick zu entziehen. Dieser trug noch immer seinen ewigen Turban, hoch und stolz, geheimnisvoll und traurig, und war so seinem armen Gefährten im Süden fremd. Das sei das Schicksal von jedem, der sich verpfändet und seine Seele verkauft, sagte Âdda, der Stammesführer. Der Gipfel im Süden schien glücklicher, trotz des erbarmungslosen Südwinds und des herankriechenden Sandes. Wie elend doch der Îdenan war!

2

Als sie den Teller mit dem Essen vor ihn hingestellt hatte, kam der Derwisch. Er betrachtete Udâd mit seinem schielenden Auge und wischte den glitzernden Speichel weg, der ihm an den Lippen hing. „Wie oft wirst du mir noch versprechen“, begann er zornig, „mich auf den Gipfel des Berges mitzunehmen, und dann dein Versprechen nicht halten?“

Udâd lachte. „Lass das auf sich beruhen, bis wir fertig gegessen haben“, schlug er vor. „Willst du mitessen?“

„Ich will dein Essen nicht. Ich will, dass du mir auf meine Frage antwortest.“

Udâd dachte einige Augenblicke nach, dann beschloss er, dem Südwind die Schuld zu geben. „Der Südwind. Der Südwind ist schuld. Die Bewohner der Ebene können dem Wind nicht einmal in der Ebene die Stirn bieten, wie könnten sie ihm da auf den Gipfeln der Berge trotzen?“

Der Derwisch schwieg, und Udâd freute sich über die Antwort.

„Du wirst jetzt mit mir essen“, wiederholte er seinen Vorschlag. „Über den Berg können wir anschliessend reden.“

Der Derwisch hockte sich auf die Erde, aber er meinte schmollend: „Ich werde nicht mit dir essen.“

„Bist du nicht hungrig?“

„Doch, ich bin hungrig, aber ich will nicht in der Ebene bleiben.“

„Das verstehe ich nicht.“

Er schwieg einen Augenblick, dann sagte er: „Wenn du mir ein letztes Mal versprichst, mich mit auf den Berg zu nehmen, werde ich dir ein Geheimnis anvertrauen.“

Udâd lachte nochmals und griff nach dem Löffel. Doch der Derwisch liess nicht locker.

„Wenn du es mir endgültig versprichst", sagte er, „erzähl ich dir etwas, das dich sicher interessiert."

„Also sprach der geschwätzige Vogel zur Nebenfrau der Tânis*, als die Arme sich daranmachte, das Fleisch ihrer eigenen Tochter zu verzehren."

Zum erstenmal lachte der Derwisch. „Richtig", rief er, „richtig. Genau so ist es. Auch du wirst es gleich so machen."

Sie lachten miteinander, aber Udâd nutzte die Unaufmerksamkeit des Derwischs und schob sich einen Bissen in den Mund. Als er zu kauen begann, rückte der Derwisch näher und flüsterte ihm etwas ins Ohr. Da sprang Udâd auf und hielt seinen Kopf zur Seite.

Lange beugte er sich vornüber und erbrach sich.

3

Er lehrte ihn, wie man singt und wie man die Berge erklimmt. Aber er sah ihn nie. Zum erstenmal hatte er ihn gehört, als er, damals noch ein kleiner Junge, in den Tälern von Matchandûsch die Zicklein weidete. Es war Mittag, und der ewige Henker der Wüste geisselte ihn mit Peitschen aus Feuer. Er suchte den Schatten einer hohen, mit dichtem, grünem Pelz bekleideten Akazie. Um ihn herum drängten sich die Zicklein. Der Südwind wehte und verbrannte ihn

* In der Geschichte von Tânis kam Molla-Molla (ein kleiner schwarzer Vogel mit einem weissen Punkt auf dem Kopf) zur Mutter der bösen Nebenfrau von Tânis, die dabei war, Fleisch zu essen, das sie von Tânis als Geschenk erhalten hatte und von dem sie nicht wusste, dass es sich um das Fleisch ihrer Tochter handelte; er sagte ihr: „Gib mir ein Stück, und ich werde dir ein Geheimnis erzählen." Die Mutter der Nebenfrau weigerte sich, worauf Molla-Molla das Geheimnis für sich behielt und ihr nicht mitteilte, dass sie tatsächlich das Fleisch ihrer bösen Tochter verzehrte.

mit dem Feuer der südlichen Wüsten. Er trank aus seiner Wasserflasche und besprengte sein Gesicht mit einigen Tropfen.

Doch als der Südwind immer heftiger wurde, räumte er das Feld und suchte nach einem Unterschlupf in den Höhlen. Er trieb die Zicklein in das Wadi und stieg die schwarzen, einsamen Anhöhen hinauf, bis er ins Reich der Höhlen und der Märchen gelangte. In die erstbeste Höhle ging er hinein. Sie war nach beiden Seiten offen, und obwohl die Südöffnung den Wind einliess, verwandelte die Höhle die Gluthitze des Kibli doch in kühle Brisen. Alle Höhlen sind kühl. Drinnen liess er sich auf den kühlen Sand sinken und beobachtete die vorwitzigen Zicklein, die vom Nordeingang aus die finstere, tunnelähnliche Höhle durchquerten. In die Wände hatten die Ahnen farbige Zeichnungen geritzt – Giraffen und Gazellen, Einhorn und Mufflon, verschleierte Jäger und entschleierte Götter. Darüber, an die Höhlendecke, hatten sie in Tifinâgh Symbole gezeichnet und Prophezeiungen geschrieben. Zaubersprüche und Hinweise für Menschen, die nach Wasserstellen suchen. Als Kind, kaum entwöhnt, hatte ihn die Mutter an der Hand genommen, um ihm die Wüste und die Höhlen zu zeigen. Sie war mit ihm die bemalten Wände entlanggegangen und hatte ihm erklärt, das sei die Wurzel und die Geschichte. Sie hatte ihm viel von den ausgestorbenen Tieren erzählt und von der Bedeutung der Symbole und der Wörter. Zu jedem Tier und zu jedem Menschen, die die Ahnen auf den Höhlenwänden verewigt hatten, kannte sie ein Märchen. Danach ging sie mit ihm zurück nachhause, um ihn das Alphabet zu lehren und mit ihm Tifinâgh zu lesen.

Seit jener Zeit eilte er, wenn ihn sein Weg durch ein neues Wadi führte, immer gleich zu den Felsen, um auf den Steinen nach den geheimnisvollen, prächtigen Spuren zu suchen. Er wischte den Staub von den Steinplatten, um die Zeichnungen freizulegen und den Schatz zu entdecken. Und wenn er zurückkam, erzählte er ihr, was er auf den Steintafeln der Altvordern gesehen hatte. Dann ermutigte sie ihn, segnete seine Schritte und sagte: „Solange du nach deiner Wurzel suchst, braucht man nicht um dich zu fürchten." Er verstand das nicht. Es war nicht wichtig, dass er es verstand. Noch lange Zeit sollte verstreichen, bevor er begriff, dass es da einen Zusammenhang zwischen seiner ewigen Sehnsucht nach der Vergangenheit und jenem geheimnisvollen Durst nach dem Unbekannten gab.

Die Fata Morgana wurde greller, die Erde begann zu kochen, der Tag ging zurück, die Wüste wurde ruhig und ergab sich der Tyrannei des Henkers.

An jenem Mittag, in jener geheimnisvollen Stille vernahm er die Melodie. Anfangs meinte er, es sei die grobe Stimme des Südwinds, der durch die Spalten der Berge oder durch die Tiefen der Höhlen pfiff. Doch der klagende Gesang wurde deutlicher, als der Wind nachliess und alles noch tiefer in der mittäglichen Stille versank.

Ein unbekannter, trauriger Gesang, der die Wüste noch rätselhafter, die Berge noch majestätischer erscheinen liess. Er weckte in der Brust ein Gefühl von Einsamkeit und störte eine wilde Lust auf. Er sprach das Unbekannte aus und deutete das Geheimnis von Leben und Tod an. Mal entfernte er sich und verschwand, dann wieder kehrte er zurück und stieg auf, bis Udâd den Eindruck hatte, der Paradiesvogel stehe direkt über ihm. Was ihn aber am meisten überraschte, das war seine Fähigkeit, von einer Melodie zur anderen überzuwechseln, und jede Melodie schien kummervoller und süsser als die vorhergehende. Er schaute sich unruhig und verzückt um, kroch hierhin und dorthin und suchte auch ausserhalb der Höhle. Doch dort verbrannte ihm der glühendheisse Boden die Sohlen, und er kehrte zurück und leckte sich die Füsse. Erst am Abend ging er wieder hinaus und suchte aufs neue. Aber der Vogel hatte zu singen aufgehört und war verschwunden.

4

Auf der Suche nach Wasser und Futter zogen sie ins Tâdrart. Dort, Monate später, hörte er ihn wieder. Die Verschiedenartigkeit der Melodien überraschte ihn, ebenso das Doppelspiel und die Vielfalt von Saiten und Instrumenten. Es klang, als wären es zehn Vögel, nicht ein einzelner. Er sang ihm die Lieder nach und kletterte hinter ihm her die steinernen Kamine hinauf. Einmal sah ihn seine Mutter hinter dem Vogel her eine senkrechte Felswand der Formationen des Tâdrart hochsteigen. Sie schrie auf, wandte sich der Sonne zu und sprach, um ihn vor dem Absturz zu bewahren, einige Zauberformeln in der Sprache der Dschinnen und auf Haussa. Lachend kam er zu ihr zurück, aber sie weigerte sich, mit ihm zu reden. Lange ging er auf dem Rückweg hinter ihr her. Dann beschloss er, sie mit einem Lied zu versöhnen. Er hob an, den unbekannten Vogel nachzuahmen, und das zauberhafte Echo klang nach auf den himmlischen Gipfeln, die Höhlenöffnungen nahmen es auf und gaben es ins Wadi zurück. Mythische Klänge. Die Feen tanzten in den Paradiesen, und die Dschinnenfrauen klagten in den Kaminen der Berge. Als er stehenblieb, bemerkte er, dass seine Mutter weinte.

In der Finsternis des Zeltes, nachdem sie sich schlafen gelegt hatte, fragte sie ihn: „Wer hat dich diesen Gesang gelehrt? Wer hat dir die Stimme der Himmel gegeben?“ Er lächelte in der Finsternis und tat, als ob er schliefe.

5

Das Geheimnis in seinen Liedern war nicht die Vielzahl der Instrumente, der Stimmen und der Melodien, es war vielmehr ein seltsamer Kummer, der ihn in die Himmel hob und in die Vergangenheit und die Legenden zurückführte.

Die Einsamkeit löste sich auf, und er erkannte das allergewaltigste Geheimnis, jenes Geheimnis, das er ständig spürte und niemals erfasst hatte. Das Geheimnis des Lebens und der Wüste und des Todes. Ein Gesang, neben dem das Pfeifen des Windes in den Nischen der Felsen zum Heulen wurde und die kummervollen Lieder der Frauen, am Abend und bei bestimmten Anlässen gesungen, jammervoll klangen. Und so entschloss er sich, der Stimme der Dschinnenfrauen nachzujagen und den Vogel zu entdecken.

Die Verfolgung lehrte ihn, glatte Felswände zu erklimmen, die Nachahmung vervollkommnete seine Stimme, er erwarb die Kunst des Gesangs.

Den Vogel aber sah er nie.

„Der geheimnisvolle Vogel sagt, was ich fühle, doch wo finde ich ihn?" fragte er eines Abends seine Mutter.

Sie lächelte und wiegte sich beim Buttern hin und her; da fragte er nochmals: „Welcher Vogel könnte wohl ausdrükken, was Menschen fühlen?"

Ohne das rätselhafte Lächeln abzulegen, antwortete sie sachlich: „In der Wüste gibt es nichts und es gibt alles."

„Sagen die Märchen etwas über einen solchen Vogel?"

Keine Antwort.

„Erzähl mir von den Vögeln. Welcher Vogel besitzt eine Stimme wie jener unsichtbare Vogel?"

„Die Nachtigall."

„Ist die Nachtigall ein unsichtbarer Vogel?"

„Du kannst sie im Frühling im Gebüsch sehen."

„Erzähl mir von anderen Vögeln, den unsichtbaren Vögeln."

Wieder lächelte sie, aber sie erzählte nichts von den Vögeln.

In finsteren Nächten, wenn die Welt aus der Wüste verschwand und die rätselhafte Stille des Todes sie ganz umfing, bat sie ihn: „Warum lässt du mich nicht deine Stimme hören? Ich möchte gern den Gesang hören, den dir dein unsichtbarer Vogel vermacht hat."

Da sang er. Brach in die Verstecke der Dschinnenfrauen in den Höhlen. Tanzte mit den Feen im Paradies. Erhellte die finstere Nacht. Suchte nach dem Leben in den Zeichnungen der Altvordern auf den Steinen und holte die Wüste aus ihrer Reise durch das Nichts.

6

Einmal hörte ihn seine Cousine irgendwo draussen singen. Da weinte sie und wurde fieberkrank. Mehrere Tage ging sie nicht hinaus, aber auch ihrer Mutter verriet sie ihr Geheimnis erst einige Wochen später. Keine Salben nützten, und keine Zaubersprüche wollten fruchten. Die Mutter lud die jungen Nomadenmädchen ein und beschloss, ein Fest auszurichten.

Um die Mitte des Monats, als der Mond voll war, parfümierten sich die jungen Mädchen mit Räucherwerk und Essenzen, wie sie die Karawanenhändler aus Kano mitbrachten; Hände und Füsse wurden mit Henna gefärbt. Im Licht des Mondes gingen sie, gekleidet in bestickte Gewänder, hinaus und nahmen auf der weiten Ebene Platz.

Die Dichterin spielte auf der Saite des Imsâd, und die Negerinnen schlugen die Tende-Trommel. Aus den Kehlen stiegen Lieder in die Nacht. Da kamen die Jungen und die

Burschen. Doch der Durst der kranken Cousine wurde nicht gelöscht. Weinend wiegte sie sich mit den tanzenden Mädchen, dann erfasste sie ein Wahnsinnsanfall. Als Udâd erschien, hielt die nächtliche Unterhaltung inne. Er bat die Dichterin, ihn allein auf dem Imsâd zu begleiten, und er sang die Lieder des Vogels aus dem Reich des Unbekannten. Alle hielten den Atem an, die Wüste und die Menschen. Die Stille wurde noch dichter, und das Licht des Mondes flutete noch kräftiger herab. Die Sehnsucht flammte auf, und die Liebenden flogen hinweg, um in mythischen Welten zu leben.

Die Krankheit wich aus dem siechen Körper, und das Mädchen fühlte sich wie ein himmlischer Engel.

„Ich werde niemals einen anderen heiraten als diesen Dschinnen Udâd", erklärte sie ihrer Mutter.

7

Als sie zum grossen Lager auf der Ebene gelangt waren, zog er fort, um mit den Kamelen im Tâdrart zu leben.

Die Cousine mühte sich, ihn zu gewinnen, und er mühte sich, einen Blick auf den Paradiesvogel aus dem Reich des Unbekannten zu erhaschen.

Die Mutter stellte ihn zur Rede: „Und deine Cousine? Wem lässt du sie zurück?"

„Ich ertrage es nicht mehr. Die Luft hier in der Ebene ist drückend."

„Sie ist ebenso dickköpfig wie du. Sie ist entschlossen, keinen anderen als dich zu heiraten. Wem also lässt du sie zurück?"

„Die Ebene ist voll von Männern, und ich möchte den Vogel sehen."

„Aber sie ist dickköpfig."

„Ich habe nicht die Absicht, eine Familie zu gründen."

„Du wirst es tun, wenn nicht heute, so morgen. Verschieb es nicht auf morgen!"

Ihre Boten folgten ihm zu den Gipfeln des Tâdrart. Jeder Hirte, der in die Akazienwadis kam, brachte ihm eine Aufforderung von ihr. Schliesslich nahm sie Zuflucht zu einem Trick und drängte die Hirten, ihn zu überreden, indem sie ihm erklärten, sie sei die schönste junge Frau, gross, schlank, hellhäutig, mit einem runden Gesicht und grossen Augen, sie könne wundervoll singen und Poesie vortragen. Ein Engel, von dem die edelsten Reiter aus dem Ahaggâr und aus Aïr träumen, und wenn er noch länger säume, würden sie von dort kommen und sie ihm wegschnappen. Wenn er sie entschwinden lasse, sei das Los des Sohnes der Gefolgsleute irgendeine Äffin aus dem Stamm oder eine Negerin aus dem Urwald. Einer dieser begabten Hirten hatte sogar ein Lobgedicht auf die Schönheit des jungen Mädchens verfasst, das Udâd in Unruhe versetzte und in seinem Herzen die Sehnsucht nach menschlichen Paradiesjungfrauen und nach den Göttinnen der Ebene weckte.

Noch ein paar Tage verfolgte er den Vogel auf den Gipfeln, dann stieg er hinab in die Ebene und legte sein Haupt der liebenden Jungfrau zu Füssen.

8

Die jungen Männer freuten sich mit ihm. Sie richteten ihm eine Hochzeit aus, die eines Edlen würdig war. An der Tanzvorführung beteiligten sich die geschicktesten Mehri-Kamele und die gewandtesten jungen Reiter.

Aber in der Hochzeitsnacht war er unfähig zu singen; er hatte seine Stimme verloren.

Diese Entdeckung machte er zufällig, als Ocha zur Runde trat und ihn bat, ihm ein Lied zu singen.

„Mich hat mein Schicksal nicht glücklich gemacht", sagte er, „mach mir die Freude und lass mich die Stimme der Dschinnenfrauen hören!"

Er wartete seine Antwort nicht ab, sondern schickte den Derwisch, um die Kehlen der Frauen zum Schweigen zu bringen. Darauf bat Udâd die Dichterin, ihn auf dem Imsâd zu begleiten. Doch als er den Mund öffnete, um mit der Stimme des Vogels zu singen, kam kein Laut heraus. Schweiss brach ihm aus und nässte sein Gesichtstuch, seine Wangen liefen rot an, er entschuldigte sich und ging fort. Den Derwisch, der ihn einholte, bat er, der Festversammlung zu erklären, er sei erkältet und bitte, man möge ihn entschuldigen.

In der Nacht sass er tief besorgt auf dem Sandthron neben der Zeltstütze, und auch als man um Mitternacht die Hand der liebenden Paradiesjungfrau in die seine legte, erwachte er nicht aus seiner Scham.

Woher sollte er wissen, dass der Paradiesvogel sich von einem Liebenden zurückzieht, der sein Herz einem anderen Wesen verpfändet hat?

9

Nur drei Tage ertrug er es. Dann schlich er sich in der Finsternis aus dem Zelt und floh. Er kehrte ins Tâdrart zurück und blieb auf den Gipfeln, auf der Suche nach der verlorenen Stimme. Die Mutter schickte ihm die Hirten hinterher, da ging er in die Bergwüste und erklomm die hängenden Felsen von Matchandûsch.

Erst drei Wochen später wurde ihm Verzeihung gewährt. Das Verhalten der jungen Frau auf der Ebene versetzte die

Leute in Verwunderung. Die Geschichte erregte den Spott der Neiderinnen, und die Anhänger des Ordensscheichs machten sich lustig. Ein eingebildeter und unverfrorener junger Mann aus diesem Kreis liess ihr durch einen Boten einen Antrag zukommen; doch müsse sie sich erst zum Imam begeben und sich scheiden lassen.

Taffâwut wappnete sich mit Geduld und scherte sich nicht um die Provokationen. Am folgenden Vollmondfest teilte sie den jungen Mädchen mit, sie habe bekommen, was sie wollte. Sie habe einen Erben erhalten, dem seine Stimme und die grünliche Farbe seiner Haut zuteil werden würden. Und inmitten der überraschten Mädchen lachte sie lange, dann fügte sie ebenso heiter hinzu: „Wehe der Frau, die nicht gelernt hat, das Liebesverlangen des Mannes in einen Sohn umzuwandeln. Wenn er mir einen Sohn schenkt, brauche ich ihn selbst nicht."

Tanâd starrte sie ungläubig an. Sie war überrascht, dass drei Nächte in der Umarmung des Mannes genügt hatten, aus einem flatterhaften Mädchen eine weise Frau zu machen.

Und die junge Frau verriet nicht, dass sie diese Weisheit von den Lippen ihrer Grossmutter übernommen hatte.

10

Sie verlangte keine Scheidung. Sie zog mit ihrer Familie zu den Weidegründen von Massâk Mallet. Auch er ging nicht zum Imam, um sich von ihr scheiden zu lassen. Er kletterte weiterhin auf die Felsengipfel, um dem Paradiesvogel zu lauschen, und aus seiner himmlischen Höhe betrachtete er die Ebenen.

Monate später brachten ihm die Hirten die frohe Botschaft. Die Verlassene hatte ihm den Erben geboren, den er unter ihrem Herzen zurückgelassen hatte.

VI. Die Renegaten

In dieses Königs Herrschaftsbereich liegt auch die Goldstaubwüste. Alljährlich bringen sie ihm den Goldstaub; sie, das sind heidnische Barbaren, die er, wenn er wollte, sich unterwerfen könnte. Doch die Könige dieses Reiches haben die Erfahrung gemacht, dass in jedweder dieser Goldstädte, wenn sie unterworfen und darin der Islam eingerichtet und der Gebetsruf gesprochen wurde, das Goldvorkommen zurückging und dann völlig verschwand, nur um danach im Lande der Ungläubigen wieder zuzunehmen.
Ibn Fadlallâh al-Umari, *Das Reich Mali und seine Nachbargebiete*

1

Der schwarze Türhüter trat ein; er war dürr wie ein Schilfrohr. Der Reisende bitte, vorgelassen zu werden.

Der Sultan sass vorne in der Halle im blauen Festgewand. Um seine Hüfte lag ein lederner Gürtel; daran baumelte ein Schwert, dessen Scheide mit Mustern und den Dreiecken der Tanit verziert war. An seinem Handgelenk war unter dem blauen und weissen Hemd ein grimmiger Tuba-Dolch befestigt, der ebenfalls in Schlangenleder steckte. Um ihn herum in der von Säulen und Bögen islamischer Architektur gestützten Halle sassen die Stammesältesten im Kreis, die Häupter gekrönt mit blauen Turbanen, jedoch ohne Gürtel und mit schwertlosen Hüften. Sie beobachteten einander genauestens und warfen sich unter den blauen Gesichtsschleiern hervor verstohlene Blicke zu; es herrschte finsteres Schweigen.

Auch der Sultan bewahrte während der Sitzung Stillschweigen. Er verfolgte mit seinem schlanken Finger die Linien des Kelim aus Twât und hielt demütig das Haupt gesenkt. Wenn die Diener Tee brachten, schlürfte er schweigend aus dem Glas, immer darauf bedacht, die Blicke der Stammesnotabeln zu meiden. Als der Türhüter die Ankunft des erwarteten Gastes meldete, sprang er auf, und auch die Scheiche erhoben sich. Er schritt ihnen voran, ihn zu empfangen, aber der Gast betrat die Halle mit ausgreifenden Schritten, als durchquere er noch immer die Weiten der Wüste. Ein edler alter Mann, hochgewachsen, hager, streng, in den Augen die Entschlossenheit und die Güte der ewigen Wanderer. Seine Wangenknochen traten unter einem grauen, dünnen Gesichtstuch hervor. Seine Haut war von der mörderischen Sonne verbrannt. Um die Hüfte lag ein Kattungürtel, und in der rechten Hand hielt er einen alten Stock aus Lotusholz. Der Sultan trat auf ihn zu und umarmte ihn lange, dann trat er zwei Schritte zurück und machte den Scheichen Platz. Auch sie umarmten ihn herzlich. In den Augen einiger der alten Männer blinkten Tränen. Tränen der Treue, Tränen auch über die Treulosigkeit der Zeit und über die Erinnerung an Vergangenes.

Der Sultan nahm neben dem Gast Platz. Alle schwiegen lange, sehr lange. Die Diener brachten Tee. Man schlürfte ihn schweigend.

Der Gast betrachtete das lederne Amulett, das den Turban des Sultans krönte. Dann eröffnete er das Fragezeremoniell. Sie sprachen lange über die Heimsuchung: die Dürre in der Wüste und das Verschwinden des Goldes aus den Minen im Urwald.

„Das Verschwinden des Goldes hat dem Handel einen Schlag versetzt", klagte der Sultan. „Der Karawanenverkehr mit dem Norden ist zum Erliegen gekommen. Unsere Speicher sind leer, und die Menschen hungern."

Doch der Gast ergriff die Gelegenheit. „Als Freie zu sterben", begann er, „ist für Menschen leichter zu ertragen, denn als Sklaven zu leben."

Sie wechselten Blicke mit dem Sultan, als hätten sie den Angriff erwartet, und der Ankömmling fuhr bitter fort: „Als Sklaven der Stämme der Bambara, dieser Magier."

„Ein Waffenstillstand ist unumgänglich", warf der Sultan, nicht sehr überzeugend, ein. „Der Hunger ist ein Fluch."

Der alte Mann wandte sich ihm zu. „Hast du unsere alte Losung vergessen?" fragte er unwirsch.

Der Sultan senkte das Haupt und folgte weiter dem Muster des Teppichs, während der Gast hinzufügte: „Die Geduld. Das Wertvollste in der Wüste. Ohne sie ertrügen wir nicht einen einzigen Tag. Die Geduld ist das Los dessen, der frei leben will."

„Die Geduld ernährt nicht die Hungrigen", entgegnete der Sultan hilflos.

Plötzlich lachte der alte Mann. Ein nervöses, zorniges Lachen. Aus seinen Augen sprach Verachtung: „Du willst beide Seligkeiten gewinnen, die der Erde und die des Himmels. Du willst die Menschen lieber an den Gott der Magier verkaufen, als sie der Prüfung die Stirn bieten zu lassen. Wenn du heute den Waffenstillstand annimmst, beginnst du morgen, dich zurückzuziehen, und schliesslich gibst du auch noch deine Religion auf."

„Der Waffenstillstand erlaubt uns, einige Minen im Urwald und in ihren Gebieten auszubeuten. Das gibt uns das Leben zurück. Die Karawanen werden aus dem Norden zurückkehren."

Aber der alte Mann liess nicht locker. „Du hast unser Land verkauft", fuhr er unbarmherzig fort. „Das Land Gottes und des rechten Glaubens, und zwar an die Satane des Goldstaubs, du Magier!"

Das Gesicht des Sultans lief rot an. Das Blut der Scham füllte seine Wangen. Er sprang auf und griff zum Schwert, das er zückte. Die Scheiche eilten heran, ihn zurückzuhalten. Doch der alte Mann kümmerte sich nicht darum. Ungerührt und unerbittlich fuhr er fort: „Wer das Schwert gegen Vater oder Vaterbruder erhebt, stellt sich ausserhalb des Gesetzes. Ab heute sind wir geschiedene Leute. Ihr alle mögt dafür Zeuge sein."

Ein Scheich, der auf die hundert zuging und der während des ganzen Gesprächs in einer dunklen Ecke gesessen hatte, ergriff das Wort: „Vor wenigen Augenblicken, grosser Scheich, hast du noch von unserer Losung gesprochen, mit der wir die Wüste besiegt haben. Warte also, bei Gott!"

Doch der Gast war aufgestanden und wiederholte: „Wir sind geschiedene Leute. Ihr alle mögt dafür Zeuge sein."

2

Das Land im Südwesten von Timbuktu haben die Almoraviden erobert und danach im Urwald unter den Stämmen der Neger den Islam gelehrt. Sie machten Timbuktu zur Hauptstadt der Wüste und der daran anschliessenden Teile des Kontinents, soweit ihre Eroberungen reichten. Bevor sie dann Richtung Nordwesten zogen, um die Meerenge zu überqueren auf dem Weg in das Land jenseits des Wassers, setzten sie den weisen Chatamân zum Sultan ein. Und wenn die Eroberer die ersten waren, die den Islam in die unbekannten Gefilde des Kontinents brachten, so gebührt Chatamân das Verdienst, die erste islamische Ordnung auf einem Kontinent der Magier-Neger errichtet zu haben. Das Sultanat gedieh und erfreute sich während der Jahre seiner Herrschaft der Stabilität. Er erliess Gesetze, um die Grundlagen der Gerechtigkeit zu verankern. Er legte Übereinkommen zwischen den Stämmen fest und formulierte eine Charta mit den Bambara-Stämmen, kraft derer der Staat den

Sklavenhandel verbot, als Gegenleistung aber die Neger das Sultanat mit so viel Goldstaub versorgten, wie dieses brauchte, um die dauernde Zufuhr und damit die Fortsetzung des Handels mit den Städten im Norden der Wüste zu garantieren. Er förderte die Landwirtschaft entlang der Ufer des Flusses und auf regenbewässerten Landflächen. Er organisierte die Vermarktung landwirtschaftlicher Produkte, wodurch der Warenaustausch florierte und für Fremde der Aufenthalt im Lande angenehm war. Er verbot die Verehrung des Gottes Amanâj und umschloss ihn mit einem Hag aus Steinen, forderte die Leute auf, das Regengebet in den Moscheen zu verrichten und den Gott des Himmels um Wasser zu bitten.

Obwohl er völlig vom Ausbau Timbuktus in Anspruch genommen war, das er zur Hauptstadt des Goldes und zum Bagdad des schwarzen Kontinents zu machen wünschte, und obwohl ihn der Aufbau des Staates der Gerechtigkeit völlig in Beschlag nahm, war er doch auch stets darauf bedacht, den Kontakt mit der Wüste nicht zu verlieren. Er war der erste jener Sultane, die verdienstvollerweise diese treffliche Tradition verankerten, die seine Erben fortsetzten. Und die Regenzeit im Frühjahr verbrachte er alljährlich draussen in der Wüste.

Er erliess auch ein Gesetz, das vorsah, dass die Notabeln von Timbuktu ihre Kinder, sobald sie das sechste Lebensjahr erreicht hatten, in die Wüste schickten, wo die begabten Hirten und die weisen ewigen Wanderer sie erwarteten. Diese lehrten die Jungen die Weisheit, das Speerwerfen und das Reiten auf Mehri-Kamelen. Den Mädchen vertrauten sie die Zicklein an, nicht damit sie sich im Weiden übten, sondern damit sie die alte Losung der Wüste lernten: die Geduld. Denn die Bewohner der Wüste kennen nichts Nützlicheres als die Zicklein, um Geduld zu lehren, und nichts Vorteilhafteres für den Heranwachsenden, als die Weisheit zu lernen.

Zu diesem Vorgehen sei er gelangt, erklärte Chatamân, nachdem er lange die Erfahrungen der Alten studiert und sich die Rituale der Altvordern vor Augen geführt habe.

Die alten Männer aus seinem Gefolge berichteten, der weise Chatamân habe sich, als die Arbeit getan war, auf seinem Bett zur Ruhe gelegt und sich die Decke übers Gesicht gezogen, all das in bester Gesundheit; sein letztes Vermächtnis habe gelautet: „Nun sind wir mit dem Spiel am Ende, jetzt wird es ernst.“

In der folgenden Nacht sei er gestorben.

Es war nicht seltsam, dass die Verständigen und die Fakîhs eine derart extreme Einstellung bei einem Mann für verdammenswürdig hielten, den sie nur als weise und ausgewogen gekannt hatten. Aber bald darauf sprachen sie alle diese Worte, kaum dass die Zeit gekommen war und sie dem Ewigen gegenübertreten mussten.

Der Ausdruck verbreitete sich wie die Pest und trat immer häufiger auf die Lippen Sterbender.

3

Die Erben Chatamâns waren zwölf an der Zahl. Erst übernahm sein Neffe Dûkan, der Sohn seiner Schwester, die Macht, nach ihm dessen Neffe namens Aknâr, nach ihm Amûd, auch er ein Schwestersohn. Ihm folgte Dschabbûr, dann Chatamân II, dann Muchâmmad, dann Assûf, dann Âchmad, dann Achnôchan, dann Chatamân III, dann Assaghûn. Der letzte schliesslich war Hamma. Er war es, der mit der ältesten Tradition brach; er gab sein Amt auf und verzichtete auf die Sultanswürde zugunsten seines Neffen Oragh, des Sohnes seines Bruders, als ihn die Sehnsucht nach dem Unbekannten wie eine Krankheit packte und er beschloss, in die Wüsten von Adâgh und Asdschirr zu ziehen, um wandernd in der Weite zu leben. Obwohl Hamma der einzige Sultan war, dem Gott keine Schwester schenkte, die ihm einen Erben hätte gebären können, verzieh man ihm das nie, und alle sagten, er habe die Menschen in die Hand eines Mannes unbekannter Abstammung gegeben, er habe der Frau der Fremden vertraut und so eine Torheit begangen, indem er der verlogensten Kreatur Glauben schenkte. Bei ihrem abendlichen Zusammensitzen beschrieben sie den neuen Sultan als „Bastard" und erwarteten aus seiner Herrschaft Unheil.

4

Keine Krankheit auf der Welt, wie unbekannt und geheimnisvoll sie auch sein mochte, könne einen Sultan zwingen, auf den Thron zu verzichten, glaubte man. Und so liefen in den Strassen von Timbuktu Gerüchte um, und eine Geschichte, von den Verständigen bestätigt und von den Törichten einstimmig für wahr gehalten, wurde immer aufs neue erzählt. Oragh, hiess es, habe sich mit den schrecklichen Zauberern von Kano verbündet, um seinen armen Onkel zu zwingen, auf den Thron zu verzichten und ins Exil zu gehen. Wie sollte man sich sonst erklären, dass ein Mensch im Vollbesitz seiner Verstandeskräfte freiwillig der Herrschaft entsagt und in die Wüste ins Exil geht? Dieses Gerücht fand allgemeine Zustimmung, und zwar wegen der dubiosen Art, wie sich die Abdankung abgespielt hatte.

Eines Nachts waren die Leute durch einen ungewöhnlichen Lärm im Palast erwacht. Augenzeugen berichteten am nächsten Morgen, der Sultan habe plötzlich einen Anfall gehabt, ähnlich den Anfällen der Verzückung, wie sie junge Männer in Nächten der Feste und des Erzählens durch den Satan der Kunst und der Musik überkommen. Wie ein Epileptiker sei er zu Boden gestürzt, habe sich lange gewunden, und Schaum sei ihm auf die Lippen getreten. In seinen Augen habe Überraschung, kindliche Unschuld und Leere gelegen. Dann sei sein Körper härter als ein Akazienstamm geworden. Einige Personen aus dem Gesinde erzählten, Oragh sei als erster zur Stelle gewesen. Er habe dann während der ganzen Zeit neben seinem Onkel gestanden, assistiert von einer beängstigenden Anzahl von Magier-Zauberern, die nur zur Durchführung dieses Plans aus Kano gekommen waren. Später hiess es – auch das aus dem Mund des Gesindes –, der Sultan habe von einem Feuerbrand gesprochen, der sich in sein Herz gesenkt und in dessen Licht er Gott geschaut habe. Nur wenige Tage später verkündete der Herold den Rücktritt des Sultans und seinen Verzicht auf die Herrschaft zugunsten seines Neffen, des Sohnes seines Bruders.

Da es das nun in der Geschichte der Wüste noch nie gegeben hatte, dass ein Herrscher auf seine Herrschaft verzichtete, ebensowenig, dass die Schlüssel des Sultanats von Timbuktu auf einen Brudersohn zweifelhafter Herkunft übergingen, waren die Leute überzeugt, dass da eine Verschwörung seitens jener Magier-Zauberer in Verbindung mit der Frau der Fremden im Gange war; darum erwarteten sie noch schlimmeres Unheil.

5

Man musste nicht lange warten. Kaum war Hamma fortgezogen und in der Wüste verschwunden, da gewannen die Zauberer von Kano und die fremden Seher das Hofgesinde und steuerten die Politik im Sultanat. Und wiederum verging nur kurze Zeit, bis sie die Ämter der Berater und Helfer von den Einheimischen übernommen hatten, mit hohen Stellungen betraut waren und alle massgeblichen Funktionen wahrnahmen. Zu dieser Zeit war die Wirtschaft auf einem so tiefen Stand, wie ihn Timbuktu seit den Eroberungen nicht mehr erlebt hatte.

Die Führer der Bambara-Stämme und diejenigen in den Ländern der Magier sahen die Schwäche und den Niedergang im Sultanat, was sie dazu ermutigte, sich der Zahlung der Kopfsteuer zu entziehen. In den Schatzhäusern ging das Gold zur Neige, und der Karawanenhandel mit dem Norden kam zum Erliegen. Die Märkte stagnierten, und die Regale in den Läden blieben leer. Das war die Gelegenheit für Wucherer und Spekulanten; sie beuteten die Leute aus und versklavten sie. Es wurde viel geplündert und gestohlen, und die Strassen waren bei Nacht nicht mehr sicher.

Zum erstenmal in seiner Geschichte klopfte der Hunger an die Tore von Timbuktu.

Und zur selben Zeit, da die Zauberer von Kano und die fremden Magier die Schlinge immer enger zogen, einigten sich die einheimischen Seher darauf, dass der Grund für die Katastrophe im Brudersohn liege. Sie entschlüsselten heidnische Symbole, wonach der Schutz des Erbes durch das Blut nur über den Schwestersohn garantiert sei und die Aufgabe dieses Prinzips Unheil nach sich ziehe. Der einzige, der an die Frau der Fremden glaubte, war ein Derwisch.

Was geschehe, so hiess es, sei ein Hinweis auf den Beginn des Niedergangs des Sultanats von Timbuktu. Dann beeilten sie sich, insgeheim den Armen Almosen zu spenden und Opfertiere zu schlachten.

6

In jenem Jahr wurde die Dürre allgegenwärtig, und das Feuer verbrannte die Wüste.

Die strengen Asketen wissen dem zu begegnen. Wann immer aber einer von ihnen die Absicht hat, seine Seele zu reinigen und hinaus in die Wüste zu fliehen, um Gott zu begegnen, tritt ihm der vermaledeite Teufel mit einem garstigen Trick entgegen und führt ihn zurück ins Reich dieser Welt.

Der alte Ufûs gehörte zu jenen harten Asketen. Er nahm sich Hammas an und führte ihn auf einer mageren Kamelstute durch die weglose Wüste von Adâgh, die ihm zur Heimat geworden war, nachdem ihm Sultan Assaghûn, der Bruder von Hammas Mutter, die Freiheit geschenkt und er beschlossen hatte, sich dieser Freiheit in der gewaltigen, ewigen Weite zu erfreuen. Obwohl er nur sprach, wenn er auf eine Frage antwortete, konnte er doch seine Glückseligkeit darüber nicht verbergen, dass er der einzige Sklave war, der die Freiheit vom Sultan für seine Treue und seine noble Haltung erhalten hatte. Deshalb zeigte er sich vor Hamma sehr erfreut über das Privileg und wiederholte immer wieder, wie stolz er sei, dass Gott ihm bestimmt habe, den Schwestersohn seines ehemaligen Herrn begleiten und mit ihm die Weiten des Nordens durchqueren zu dürfen.

„Ich kenne Brunnen, die selbst der Satan nicht kennt“, sagte er, und es war Teil seines Planes, sich dem Teufel entgegenzustellen. „Wenn wir genügend Wasser haben, ist für alles gesorgt.“

Auch Hamma hatte einige Zeit in der Wüste verbracht. Er hatte die Hirten begleitet und von ihnen das Speerwerfen, die Weisheit und das Reiten auf Mehri-Kamelen gelernt, entsprechend der alten Tradition, die der weise Chatamân verankert hatte. Dann zwang ihn die Krankheit, dieses

Wüstenleben abzubrechen und nach Timbuktu zurückzukehren. Doch blieb in seinem Herzen ein Kloss, und er litt an einer unerklärlichen Sehnsucht nach der Wüste. Die Zeit werde ihn von dieser Sehnsucht heilen, glaubte er, doch diese nährte und pflegte sie; sie nahm zu und wuchs immer mehr und wurde zur fixen Idee, zum Fieberwahn. Wenn er sich zur Ruhe legte und die Augen schloss, sah er die nackten Ebenen, die sich gnädig und unbarmherzig endlos dahinzogen. Wenn er schlief, besuchten ihn die geheimnisvollen Berge, und die Dschinnen in den Höhlen sprachen mit ihm. Oft sah er sich von unbekannten Stämmen umgeben, während er im Kreise der Scheiche sass. Manchmal musste er auf eine Frage antworten oder auf einen Scherz eingehen, dann überkam ihn in unpassenden Augenblicken der Drang zu lachen. Er bemerkte die Missbilligung und die Überraschung der Scheiche, und einmal sprach ihn der Älteste ganz offen darauf an. Die Leute zweifelten an seinen geistigen Fähigkeiten, erklärte er ihm, und sähen in seinem befremdlichen Verhalten eine Abnormität, die den Ruf des Sultans und des Sultanats schädigten. Doch er war nicht mehr imstande, sich zu verhalten, wie man es von ihm erwartete.

Der unbekannte Durst nach der Fata Morgana wurde immer intensiver. Die Bewohner des Unsichtbaren und der weiten Wüste wurden seine täglichen Besucher. Bei Nacht nahmen sie ihn mit, durchzogen mit ihm die angrenzenden Wüsten und brachten ihn vor Tagesanbruch zurück in den Palast. Und je tiefer er in ihrer Begleitung in die Wüste eindrang, desto weiter entfernte er sich von den Menschen; er hasste die Scheiche und verabscheute die Herrschaft und das Sultanat. Als dann die Bewohner des Unsichtbaren und der weiten Wüste beschlossen, ihm den Rücken zu kehren und ihn den Feinden zu überlassen, traf ihn ein Anfall, worauf Oragh mit seinen Zauberern und seinem Gesinde kam, um seinen Platz auf dem Thron von Timbuktu einzunehmen.

Hamma war, wie Ufûs, glücklich, in der Wüste zu leben. Einmal sagte ihm Ufûs: „Die Wüste ist wie die himmlischen Lieder; wenn du nicht an ihrer Melodie deinen Durst löschst, töten dich die Liebessehnsucht und der Wahnsinn."

Schliesslich befreite er sich von einer Ehre, an der er nie Geschmack gefunden hatte, und kehrte zurück, um seinen alten Durst zu löschen.

7

Die Wüste atmete weiterhin den Kibli aus dem Süden und das Feuer ein.

Von dem weisen Ufûs hatte er gelernt, dass keiner das Geheimnis der Wüste verstehen kann, der nicht in den Städten gelebt und den Geschmack der Knechtschaft gekostet hat. Aus eigener Erfahrung lernte er, dass es dabei nur eine einzige Ausnahme gibt: das Zeichen auf die umgekehrte Weise zu lesen wie die lokalen Zauberer. Er lebte das Gegenteil von Ufûs. Man formte ihn nach der Wüste und nährte ihn mit paradiesischer Freiheit. Dann, als ihn die Krankheit befiel, führten sie ihn wie ein Schaf weg und schlossen ihn in den Mauern von Timbuktu ein.

Nur kurze Zeit später verkündete der Herold den Hinschied des Sultans, und er fand sich selbst mit anderen Ketten gebunden. Er sass auf einem Kelim aus Twât, aufgeplustert wie ein Pfau, in den mit Koranversen verzierten Sälen, in Hallen und unter islamischen Bögen, er sass zusammen mit den Grossen, und die Scheiche machten ihm sogar für das Atmen Vorschriften. Er sprach gemessen und schwieg im passenden Augenblick. Wenn er sein Bedürfnis zu verrichten wünschte, nahm er sich zusammen. Wenn ihn ekelhafte Insekten attackierten, tat er, als sähe er sie nicht. Und wenn er müde war und gern ein Nickerchen gemacht hätte, stemmte er sich gegen die Macht des Schlafes. Und wenn er gar hustete oder rülpste, nahm die Sitzung ein schändliches Ende.

Die Unbarmherzigkeit der Rituale brachte ihn um, und schliesslich war er davon überzeugt, dass die Scheiche die eigentlichen Sultane waren, nicht er. Er begann, sich von der Versammlung fernzuhalten und das Zeremoniell zu meiden. Mal schützte er Krankheit vor, mal erfand er Jagdreisen. Mehrfach zog er an den nahen Saum der Wüste, aber die Scheiche verfolgten ihn mit Herrschaftsgeschäften, die ihn nicht tiefer in die Wüste eindringen und so weit gehen liessen, wie er wollte.

Die Fesseln wurden immer enger, und es kam ihm vor, als ersticke er. Dreimal suchte er das Kloster des Kadirîja-Ordens auf und nahm an einer Dhikr-Sitzung teil, und im Palast richtete er drei Abende für Imsâd-Musik ein. Das setzte ihn der Missbilligung durch die Scheiche aus, die ihm vorwarfen, nicht den nötigen Ernst zu zeigen. Als er dann dem Vorsitzenden seine Abdankungsabsicht eröffnete, sah ihm dieser mit einem langen rätselhaften Blick in die Augen.

„Ihr wisst nicht, was Ihr sagt", erklärte er. „Gott, der Allgewaltige, hat Euch das Sultanat auferlegt und es zu Eurem Schicksal gemacht, da Ihr der einzige von unseren Sultanen seid, dem keine Schwester zuteil wurde, die ihm einen Erben schenken kann. Wohin wollt Ihr fliehen? Ihr seid auf ewig unser Sultan. Wenn Ihr geht, geht das Sultanat auf ewig verloren. So spricht das Anhi."

„Wenn ich es heute nicht verlasse, werde ich doch eines Tages sterben."

„Das ist nicht Eure Sache. Der Tod liegt allein in Seiner Hand. Eure Aufgabe ist es, das Schicksal anzunehmen und anzuerkennen, was Euch bestimmt ist.“

Aber er nahm das Schicksal nicht an. Auch nicht die Knechtschaft. Und nicht die Kette, die man seit der Epoche Chatamâns weitervererbte, und die jetzt um seinen Hals lag, länger als siebzig Ellen. Er scherzte mit den Hirten aus früherer Zeit im Rat der Scheiche. Er reagierte auf die Erkundigungen der Bewohner der weiten Wüste in den Höhlen, während er die Gesandten der benachbarten Sultanate empfing. Unter ihnen sitzend, verschwand er in der Wüste und überliess sie ihren unbarmherzigen Zeremonien. Da erwachte bei Oragh der Appetit für die Herrschaft; Hamma ermutigte ihn mit Hinweis und Andeutung, bis er den Schritt wagte und das Zauberergefolge aus Kano und dem Land der Magier holte.

Das Eindringen der Magier in den Palast, der mit Koranversen ausgeschmückt war, weckte grosse Traurigkeit bei ihm. Aber der Ruf der Wüste war stärker. Er gab ihm nach und löste sich endgültig.

8

Trotz allem, was geschehen war, knauserte er nicht mit dem Besuch des Sultanats. Es waren unregelmässige und unfreiwillige Besuche, aber sie stellten die Scheiche zufrieden und gaben ihnen Trost in der Heimsuchung. Und die Elenden in den Gruppen des Kadirîja-Ordens empfingen ihn häufig wie den erwarteten Mahdi.

Es war nicht schwer für die weisen Scheiche, während dieser Jahre in seinem Verhalten die Spuren der Wüste zu finden. Er hatte Sympathie für sie und behandelte sie mit ebensolcher Sehnsucht und Milde wie sich selbst mit Härte und Brutalität. Er umarmte sie mit einer Wärme, wie sie ihn als Sultan nicht geziert hatte. In seinen harten Augen sahen sie bei jedem Abschied Tränen. Dennoch gelang es ihnen nicht, ihn zum Bleiben zu bewegen, was ihnen die Überzeugung gab, dass seine neue Weichheit nicht seine alte Hartnäckigkeit abgelöst hatte.

Bei ihrer Ratssitzung am Abend sprachen sie lange darüber und kamen zu dem Schluss, er sei der einzige, der nicht auf das Totenbett gewartet hatte, um den erbarmungslosen Asketensatz des Chatamân über Spiel und Ernst zu sprechen. Sie verhehlten auch nicht ihre Bewunderung für seinen Mut. War er doch der einzige, der es gewagt hatte, dem schrecklichen Gesandten entgegenzugehen, den alle Leute fürchteten und dessen Antlitz sie flohen. Aber sie wussten nicht, dass der unbekannte Gesandte der Ewigkeit sich ebenso seltsam verhielt wie die Menschen: Hinter den Feiglingen und Flüchtenden rannte er her, fürchtete aber die Mutigen und die Wackeren.

Von diesen halte er sich fern, so heisst es, weil sie sein Geheimnis im Herzen tragen.

9

Sogar die lokalen Seher verzweifelten an der Rettung und hielten inne, das Blut zu vergiessen. Der Älteste der Scheiche suchte Schutz im Kloster des Kadirîja-Ordens und ergab sich in das Schicksal. Am Horizont von Timbuktu sah man schlimmere Geister als den Hunger.

Dann, nachdem alles Gold aus dem Schatzhaus verschwunden war, bettelte der Sultan bei den Bambara-Stämmen um Frieden. Er schickte Gesandte an ihre Oberhäupter und suchte um Anleihen in Form von Säcken voller Goldstaub nach. Einige von ihnen entsprachen seinen Wünschen, doch es reichte nicht, um das Vertrauen der Händler zurückzugewinnen.

Das Chaos auf den Strassen und auf dem Markt hielt an, Diebe und Wegelagerer intensivierten ihr Treiben noch. Die Karawanen fanden andere, sichere Wege über Agades nach Nordosten, nachdem sie sich als Beschützer, Begleiter und Führer Reiter aus Asdschirr gedungen hatten. Der Sultan und seine Magier-Berater mussten einsehen, dass man Timbuktu unmöglich als Handelshauptstadt wiederbeleben konnte, ohne den Markt mit hinreichenden Mengen an Gold zu versorgen. Er sandte weitere Boten zu den Oberhäuptern im Urwald, um ein langfristiges Übereinkommen zu unterzeichnen, wonach er ihnen fruchtbare Landstriche im Süden des Koko-Flusses überliesse, sie ihn dafür mit genügenden Mengen an Gold versorgten, um das Leben und die Händler des Nordens auf die Märkte von Timbuktu zurückzubringen. Aber die Oberhäupter bedangen sich eine Bedenkfrist aus, weswegen der Sultan unter dem Druck des Bankrotts und des leeren Schatzhauses gezwungen war, weitere Soldaten zu entlassen, was wider Erwarten zu wachsendem Unmut und zur Erschütterung des Vertrauens in die Herrschaft bei der Bevölkerung führte. Ausserdem wurden dadurch die Führer der Magier ermutigt, die den Vorgang beobachteten und vom Waffenstillstand und der Bedenkfrist profitierten. Sie wurden hinterhältig, und als die Lage am schlimmsten war, schickten sie einen Gesandten, der dem Sultan die folgende Weisheit vortrug: „Nie verharrte die Welt unbeweglich. Die Lebendigen werden zu Toten, die Toten zu Lebendigen. Das Oberste wird zuunterst, das Unterste zuoberst gekehrt.“ Danach ging er in den Urwald zurück.

Der Sultan wurde zornig und verlangte von seinen Sehern, ihm den Sinn dieser Weisheit zu erläutern. Doch sie alle weigerten sich. Das war zu der Zeit, als es im Innern des schwarzen Kontinents brodelte und gärte. Die Hungernden fassten Mut und erhoben sich, geführt von Wegelagerern. Und der Sultan tappte in die Falle. Ein furchterregender Seher von Kano trat vor ihn und lieferte ihm freiwillig die Interpretation: „Die Könige des Urwalds sagen, dass sie bereit sind, alle Eure Forderungen zu erfüllen, unter der Bedingung, dass Ihr Euch zu ihren Gunsten von Land, Ehre und Himmel lossagt."

Der überraschte Sultan drohte, ihm den Kopf abzuschlagen, doch der gewaltige Seher fuhr mit seiner Lesart der einfachsten Symbole fort: „Das Land, das ist das mit dem Schwert Geraubte, im Süden des Flusses; die Ehre, das ist die hübsche Reihe Eurer jungen Mädchen; der Himmel, das ist die Wiedereinführung der alten Gottheiten und die Neubelebung der Rituale der Magier in Timbuktu."

Damit endete die Lesart des Verhängnisses durch den Seher.

10

Oragh war sicher, er werde den Vertrag niemals abschliessen können, solange Hamma noch am Leben war. Er hatte sofort zugestimmt, aber nur unter der Bedingung vollständiger Geheimhaltung, besonders über den zweiten und den dritten Absatz. Doch die Oberhäupter lehnten eine solche Geheimhaltung strikt ab und verlangten die Veröffentlichung aller Teile, dies in der festen Absicht, ihn zu erniedrigen, und als Rache für die alte Schmach, die ihre Ahnen zur Zeit der Eroberungen durch die Hand der Almoraviden erlitten hatten.

Die Einigkeit des Rats zerbrach, und es gelang dem Sultan nicht, den Ältesten unter ihnen zu überreden, seinen

Rückzug ins Kloster aufzugeben und in den Palast zurückzukehren. Er gewann die Scheiche einiger schwacher Sippen, deren Wort jedoch weniger galt als ihre Familien und deren Stimmen die Leute nicht zu überzeugen vermochten. Erst jetzt begriff er, dass Hamma zwar zu seinen Gunsten auf die Herrschaft verzichtet, dass er aber die spirituelle Macht mit in die Wüste genommen hatte. Nach seinem Bruch mit ihm hatte er Boten hinter ihm hergeschickt, aber Hamma hatte den Frieden abgelehnt und auf der Freisprechung und der Loslösung von der Blutsbande bestanden.

Der Sultan dachte lange nach. Dann überwand er sich selbst und schickte einen weiteren Boten.

11

Die Nachrichten liessen nicht lange auf sich warten. Die Hirten fanden sie getötet unter einer einzelnen Akazie. Hamma hatte das Gesicht Richtung Mekka gewandt und starrte zum fernen Horizont. Ufûs' Kopf lag neben demjenigen seines Gefährten, sein Körper ausgestreckt in die andere Richtung. In seinen Augen eine Leere und ein rätselhaftes Lächeln.

Was die Leute erregte und in die Moschee drängte, war eine Geschichte, die die Hirten übereinstimmend erzählten und wonach von keinem der beiden Körper ein Geruch ausgegangen sei; auch Würmer wollten sie nicht gesehen haben.

Nach dem Totengebet verliessen die Leute die Moschee und versammelten sich auf dem Marktplatz. Dort trug einer der Seher von Timbuktu eine Prophezeiung vor, die sich, so sagte er, im Anhi, dem verlorenen Buch der Altvordern, finde und die da laute: „Wer sich gegen das Blut stellt und ein Schwert erhebt, dass er Vater oder Vaterbruder töte, der ist ein Bastard, dessen Mutter log, als sie die Sohnschaft durch seinen Vater behauptete."

12

Am Tag, da der Bann um den Gott Amanâj aufgehoben wurde, erschienen sämtliche Oberhäupter des Urwalds, allen voran der Führer der Bambara-Stämme, getragen auf einer ledernen, mit Losungen und den Symbolen der Zauberer verzierten Sänfte, die ein Heer von nackten, mit vergifteten Speeren bewaffneten Kämpfern über die Köpfe hielt. Um den Hals des Häuptlings hing eine enorme, talismangleiche Kette aus Elefantenzähnen. Um seine Hüfte lag ein Gürtel aus den Muscheln des Flusses, von denen der Seher des Sultans sagte, auch sie seien Talismane. An beiden Handgelenken baumelten grobe Reifen aus kleinen, bunten, auf Schlangenhaut gestickten Perlen. In seiner Rechten trug auch er einen vergifteten Speer. Er war breitschultrig, gross und plattnäsig; seine rote Unterlippe hing herab wie eine alte Tamba-Sandale. Er verströmte einen scharfen Geruch, seine gefurchten Schläfen bedeckte flammendweisses Haar, das dem Betrachter wie eine Schaumschicht erschien, die an beiden Seiten herabhing.

Inzwischen hatten die Oberhäupter schon die erste Bestimmung in die Tat umgesetzt. Das Gold strömte und lockte die Karawanen an. Die Händler des Nordens rannten hinter ihm her, die Märkte füllten sich mit Waren, und Wucherer und Spekulanten drängelten sich. Die Schwachmütigen begannen Hoffnung auf ein Morgen zu schöpfen. Timbuktu atmete wieder und erholte sich, und das Leben kehrte in die Stadt zurück.

Am Tag, der der Ankunft der Magier vorausging, befahl der Sultan, die Halbmonde von den Kaminen zu entfernen und an den Moscheen und den Palastwänden die Koranverse zu tilgen; ausserdem verbot er den Gebetsruf und das Gemeinschaftsgebet. Am Abend desselben Tages trat der Führer der Leibgarde zu ihm und überbrachte ihm die frohe Botschaft, bei der Mauer, die im Norden der Stadt den Gott umschlossen hatte, sei eine Goldmine entdeckt worden. Da jubelte das Gefolge, und alle, die der Hunger in Angst und Schrecken versetzt hatte, freuten sich. Die Seher sprachen von einem Hinweis der Götter auf das Ende des Alptraums und den Neubeginn. Zur selben Zeit klagten die Jünger des Kadirîja-Ordens im Kloster und weinten über die Rückkehr der Menschen in die Finsternis.

VII. Wâw

Wâw-Oasen gibt es drei in der Wüste: Wâw al-kabîra, Wâw al-namûs und Wâw al-harîra. Das letztgenannte Wâw ist eine verschwundene Oase. Niemand hat sie je gesehen ausser jenen Verirrten, die jede Hoffnung auf Rettung aufgegeben hatten. Sie tränkt den Durstigen und den Irrenden und rettet nur den, der im Angesicht des Todes steht. Darüber sind sich alle die Seligen einig, denen sie ihre Tore geöffnet hat und die darin Gastfreundschaft, Gaben und Glanz genossen, dass sie auch in ihren Träumen nie eine Stadt gesehen haben, die jene an Schönheit und Reichtum übertraf. Und kein Mensch hat sie je betreten, der nicht beladen mit einem Schatz herausgekommen wäre, der ihn bis zum Tag seines Todes versorgt und menschlicher Hilfe enthoben hat. Doch sie wiesen auch darauf hin, dass jede Suche nach ihr vergeblich ist. Denn kaum habe der Gast ihre Mauern verlassen, da verschwänden diese auch schon. Und die Bewohner der Wüste besitzen von ihren Ahnen eine Überlieferung, wonach seit Tausenden von Jahren nach ihr gesucht wird.
Aus einer Sage der Tuareg

1

Dreimal stürzten die Befestigungsmauern um den Brunnen ein, aber der Kampf mit dem Wind ging weiter. Wochenlang brach er unablässig hervor, blies tagelang in Wellen, beladen mit Steinchen und Staub, dann liess er nach und verwandelte sich in einen heissen Hauch, der in Schüben kam. Manchmal beruhigte er sich, dann stieg dichter Staub auf, blieb in den weiten Himmeln hängen und schwebte über den Höhen. Einige Tage lang verhüllte er wolkengleich die Häupter der Berge. Dann plötzlich brach er auf und kehrte in Wahnsinnswogen zurück, alles zerstörend, was die Menschen auf der Ebene gebaut hatten.

Währenddessen gefiel es dem ewigen Henker, den Kopf zwischen den Staubwolken hindurchzustrecken und die Menschen in ihrem Elend zu betrachten, dann hämisch wieder zu verschwinden. Doch die Menschen auf der Ebene, die sich in alles fügen und jedwede Prüfung ertragen konnten, ausser der Verschüttung des Brunnens, hätten diesmal die Peitschen des ewigen Henkers der Katastrophe des Windes vorgezogen. Und jene, die schon den Durst erlebt hatten, verteilten insgeheim Almosen an Nachbarn und Bedürftige, um Gott gnädig zu stimmen, damit er den Wahnsinnssüdwind dieses Jahr besänftige.

Bei der Brunnenöffnung lösten die jungen Männer einander ab, als hätten sie beschlossen, die Wasserquelle statt mit Holzbrettern mit ihren Körpern zu schützen.

Der Stammesführer kam, um die Situation in Augenschein zu nehmen; ihm folgten der Imam und eine Gruppe von Scheichen. Hoch oben schwebte die Wolke aus Staub. Die Ebene erholte sich, und die Leute strebten, ihre Bedürfnisse zu verrichten und Atem zu holen. Im Südosten, am Fuss der Berge, stiegen Rauchsäulen von den Gebäuden auf; das Hämmern der Schmiede und die Rufe der Karawanenhändler erklangen.

Auf dem Hügel stand Ocha wie ein Gespenst. Dann schritt er dem Stammesführer entgegen, begrüsste ihn und führte ihn über den Fuss des Berges hinunter in die Senke. Gegen Süden erhob sich ein hoher Sandhügel, von dem aus man die Befestigungen betrachten konnte. Der Stammesführer ging mit lebhaften Schritten. Er durchquerte das runde steinerne Bollwerk, wo sich alle zusammenscharten. Und während er die Sandanhöhe erklomm, sagte er: „Das also ist der angeblasene Sand.“ Oben auf dem Hügel blieb er stehen und beobachtete das Treiben der Händlerkarawanen im Lager der Fremden. „Das Beste wäre wohl“, fuhr er fort, „ihr würdet diesen Sandhaufen entfernen, mit dem sich der Wind versorgt, statt oben herum Barrieren zu errichten.“

„Ich glaube nicht", erwiderte Ocha überrascht, „dass wir in der Lage sind, diesen Sandberg zu beseitigen."

„Wenn ihr dazu nicht imstande seid, werdet ihr in einigen Tagen kein Wasser mehr trinken."

„Wenn wir diesen Berg heute beseitigen, schafft der Südwind morgen einen anderen heran."

„Dann müsst ihr bereit sein, auch diesen zu bekämpfen."

„Die Leute werden uns auslachen."

„Wenn ihr Wasser trinken wollt."

„Die Sandhügel werden so lange wachsen, bis der Wind sich legt."

„Das ist unser Schicksal. Wenn ihr in der Wüste Wasser trinken wollt."

„Noch nie hat die Ebene einen Wind erlebt, der Wochen und Monate andauerte."

„Die Ebene hat schon alles gesehen. Die Wüste hat schon alles erlebt."

Schweigen. Nur die Rufe der Neuankömmlinge in ihrer Stadt waren zu hören.

„Was auch immer wir versuchen", sagte Ocha schliesslich, „den Hügel kriegen wir nicht in ein oder zwei Tagen weg."

„Dann eben in mehreren. Die Eile ist des vermaledeiten Teufels."

„Wird uns der Südwind Zeit lassen?" fragte Ocha zweifelnd.

„Das ist eine andere Frage", beendete der Stammesführer das Gespräch.

Er stieg auf der entgegengesetzten Seite vom Hügel hinab. Die Scheiche folgten ihm wie eine Schar von Gespenstern.

2

Die Stadt wurde nach dem Vorbild von Timbuktu errichtet. Anâj war es, der wünschte, dass sie der Hauptstadt des Goldes gleiche. Dies weder aus Kummer über den Verlust ihrer alten Reichtümer, noch weil er sich fremd fühlte und an Heimweh litt, sondern weil er sich nicht von dem Glauben abbringen liess, dass die Grosse Wüste nie eine Stadt hervorgebracht hatte, die mit Timbuktu an baulicher Schönheit, an Reichtum der Malerei, an Pracht der Kuppeln, Paläste und Minarette hätte wetteifern können.

Und wiewohl die neue Stadt erst im Entstehen war, waren sich jene Händler, welche die legendäre Hauptstadt am Rande des Urwalds kannten, schon einig, dass die neue Stadt ein Klein-Timbuktu war. Sie schmiegte sich an den Hang des südlichen Gefährten; die Gebäude erstreckten sich bis an den Fuss des Akakûs, dazwischen liefen ungepflasterte, gewundene Strassen, gesäumt von finsteren Öffnungen in Bogenform. Manche davon waren geschlossen durch Bretter aus Palmenstämmen und so zu einem Tor geworden, andere hielten ihr finsteres, den Höhlen des Tâdrart ähnliches Maul ständig offen, in Erwartung ihres Anteils an Baumstämmen, die die Karawanen aus dem Wadi al-Adschâl heranschleppten.

Doch die Minarette blieben bar der Halbmonde und der Koranverse. Ebenso blieben die majestätischen Kuppeln farblos, nur triste Bleifarbe kleidete sie.

3

Schon vor Vollendung der Stadt war der Markt lebhaft und wirkte hinaus auf die Ebene. Unablässig kamen und gingen Karawanen, und das neue Timbuktu wurde zum Halteplatz für sie. Die Händler aus Nord und Ost erkannten, dass der neue Ort ihnen hinlänglich Gold bot und dazuhin den beschwerlichen Weg abkürzte, der durch die Wüste bis an den Saum des Dschungels führte. So machte die Ebene Bekanntschaft mit Karawanen aus Kairuân, aus Tripolis, aus Barka, die über Mursuk, al-Kafara und Gadames kamen. Die Händler aus dem Westen dagegen – aus Marrakesch, Tanger und Fes – folgten weiterhin dem alten Weg nach der Mutterstadt Timbuktu. Auch der Verkehr in die entgegengesetzte Richtung belebte sich, und die Goldkarawanen aus den Tiefen des Kontinents ergossen sich über das neue Timbuktu. Manche kamen aus der Mutterstadt, andere aus Kano und aus Agades. Über all das frohlockten die Händler an den Küsten. Zum erstenmal eile das Gold ihnen entgegen und nehme ihnen den halben Weg ab.

Diese Umwälzung in der Wüste in Asdschirr, die in der Vergangenheit nur die ewige Ruhe gekannt hatte, liess den Stammesführer die erstaunliche Stadt als „das verlorene Wâw" bezeichnen.

4

Anâj begleitete seinen Gast bei einem Rundgang durch die Märkte. Sie überquerten eine weite, kahle Fläche, die die Stadt vom Berg trennte und die die Leute als Markt für Tausch und Handel benutzten.

Am späten Nachmittag begann sich der Platz mit Menschen zu füllen. Ein Gemisch aus Schwarzen und Weissen, aus Fremden und Bewohnern der Ebene, aus Karawanenhändlern und Nomaden. Auf den Dächern war das Geschrei der Bauleute zu hören, noch immer bei der Arbeit, auf dem Platz unten riefen die Händler ihre Waren aus. Aus den Häusern stiegen Rauchfahnen empor, und in der Menschenmenge auf dem Platz vermischten sich die Gerüche von

Ziegenböcken, Urin, Negern, Kräutern, Gewürzen und grünem Tee.

Sie gelangten ans Ende des Marktes, von wo sich eine weitere kahle Fläche bis zum Fuss des Akakûs erstreckte, die die Reihe der Gebäude vom Berg trennte und von den Hirten als Rastplatz für die Karawanenkamele benutzt wurde.

Sie hielten inne, um einen der Gefolgsleute zu beobachten, der einen jungen Mehri abrichtete und dabei versuchte, sich auf seinem Rücken festzuhalten. Doch das ungebärdige Tier warf ihn immer wieder ab und mühte sich verzweifelt, seinen Kopf aus der Trense zu befreien. Anâj gab ihm mit einem Zeichen zu verstehen, er solle das Halfter möglichst straff halten, aber der Mann verstand nicht, schwang sich wieder auf den Mehri und schaute, ohne auf das Halfter zu achten, die beiden fragend an. Der Mehri sprang hoch, warf ihn ab und schleifte ihn ein weites Stück über den Platz. Anâj lachte, der Gast stimmte ein. Dann wandten sie sich nach rechts und betraten eine enge, gewundene Gasse. Diese führte zu einer von Gebäuden umringten, überdachten Halle, vor deren bogenförmigem Tor mit Schwertern und Speeren bewaffnete Neger Wache hielten. Drinnen waren Hammerschläge auf Metall zu hören.

Der Gast brauchte einige Zeit, bis er sich an die Dunkelheit gewöhnt hatte und die schwarzen Schmiede erkennen konnte, die, ganz in ihre Arbeit vertieft, in kleinen Zirkeln zusammensassen. Noch längere Zeit verging, bis er entdeckt hatte, dass das, was da in ihren Händen blinkte, nicht irgendwelche unechten Schmuckstücke waren, wie er sie von den Märkten in Fes, Suwaila und Gadames kannte, sondern Schmuckstücke aus feinstem Gold. Anâj beobachtete ihn während des Rundgangs und freute sich über das Erstaunen, das er in den Augen des grossen Händlers sah.

Die Halle mündete in eine unüberdachte Passage, an deren Eingang sie ein riesiger Neger mit einem gestreiften Gesichtstuch empfing, den Anâj seinem Gast als das Oberhaupt der Schmiede vorstellte. Er schüttelte den beiden die Hand, während hinter ihm ein Junge mit einem Kupfertablett erschien und ihnen grünen Tee servierte. Sie hockten sich nieder, während der Riese im Dunkel der Halle verschwand.

„Ich wollte dir die Halle zeigen“, sagte Anâj, „damit du dir keine Sorgen um die Zukunft unserer Stadt machst.“

Der Gast lächelte. Er rückte den Tarbusch auf seinem Kopf zurecht. Strich sich über den Bart. Erwiderte aber nichts.

„Ich habe in Timbuktu gelernt“, fuhr Anâj fort, „dass das Vertrauen auf den Markt die wichtigste Waffe im Handel ist. Vor dir hat noch kein Gast diese Halle betreten. Und dich habe ich nicht nur eingeladen, sie dir anzuschauen, damit du uns mit Korn, Stoffen, Wollumhängen und mit anderem versorgst, was uns fehlt, sondern damit du selbst siehst, dass man uns vertrauen kann.“

„Ich habe daran nie gezweifelt“, sagte der Gast, noch immer lächelnd.

„Wir erwarten in den nächsten Wochen die Ankunft weiterer Karawanen. Du wirst das bearbeitete Metall um einen Spottpreis erhalten, und das auf halbem Weg zu seinem Herkunftsland.“

„Ich leugne nicht, dass ich mich glücklich schätze, der erste zu sein, den Gott zu euerm Markt gewiesen hat.“

„Bedingung ist jedoch, dass du die Sache für dich behältst.“ Als der Gast fragend aufschaute, fuhr Anâj fort: „Die Bewohner der Ebene handeln nicht mit Gold, und sie halten es für ein unheilvolles Metall. Ich möchte nicht, dass sie von dem Handel zwischen uns erfahren.“

Der Gast nickte zum Zeichen des Verstehens und verbarg ein Lächeln.

5

Auf dem Marktplatz, der sich unmittelbar an die Gebäude anschloss, stand der Stammesführer, neben ihm der Imam, während die Gespensterschar sich in der Menschenmenge auflöste. Die hochmütige Sonnenscheibe tauchte über dem Gipfel des Berges auf, nur um gleich wieder hinter den Wolken aus Staub zu verschwinden.

Sie schüttelten sich stolz und gelassen die Hand.

Einige Augenblicke standen sie so da, betrachteten das Menschengewühl auf dem Markt und vollzogen die Begrüssungsrituale. Dann hielt Anâj es für angemessen, dem Stammesführer seinen Gast vorzustellen: „Das ist Hadsch al-Bikâj, das Oberhaupt der Kaufleute."

Der Imam wandte sich, das weisse Gesichtstuch um seine spitze Nase zurechtziehend, dem Hadsch zu.

Der Stammesführer beobachtete die Menschen, die ihm wie eine Fata Morgana erschienen. „Es ist gut", sagte er, „Gadames, Mursuk, Tamanrasset und Tripolis auf unserer Ebene absteigen zu sehen. Nur die Händler können ein solches Wunder vollbringen, niemand sonst."

Das Lächeln kehrte auf das Gesicht des Hadschs zurück. Er trat einige Schritte auf den Stammesführer zu, um die Freundlichkeit zu erwidern. „Diesmal sind es die Leute der Ebene, die das Wunder vollbracht haben. Ihr habt uns Timbuktu aus dem Dschungel gebracht. Ihr habt das verlorene Wâw aus dem Unbekannten auferstehen lassen. Ja, ja, man hat mir erzählt, dass du es Wâw genannt hast." Er lachte. „Und ich bin völlig einverstanden mit dem Namen. Mein Haus ist zwar noch nicht fertiggestellt, aber es würde mir zur Ehre gereichen, wenn der Stammesführer es segnete, indem er es besuchte und dort Tee tränke."

Doch der Stammesführer zog das Ende seines blauen Turbans über seine Augen und entschuldigte sich: „Ich habe noch nie ein Haus betreten." Dann schwieg er und fügte nach kurzem hinzu: „Und ich sehe keinen zwingenden Grund, das zu tun, selbst wenn dein Haus im verlorenen Wâw stünde."

Alle lachten, und Hadsch al-Bikâj fragte: „Hast du dermassen Angst, die Gebäude könnten einstürzen?"

„Es ist nicht allein das Einstürzen. Die Häuser erinnern mich an eure Gefängnisse im Norden, von denen die Leute in der Wüste allerlei Geschichten erzählen."

Der Hadsch liess sein Lächeln verschwinden. „Du hast recht", sagte er zustimmend. „Nicht ohne Grund kommt der Mensch in die Wüste und lebt unter freiem Himmel."

Der Stammesführer wandte sich dem Berg zu. Hinter ihm setzte sich die ganze Schar in Bewegung. Anâj schritt neben ihm, der Imam und al-Bikâj folgten. Sie durchquerten den Markt am nördlichen Rand. Das Geschrei der Jungen vermischte sich mit dem Meckern der Ziegen und dem Rufen der Händler, die ihre Waren anpriesen. In der Luft lag ein scharfer Geruch von Ziegenböcken, Negern, Gewürzen, grünem Tee und dem Urin der Kamele. Auf dem freien Feld hinter dem Markt trieben einige schwarze Hirten stöcke- und peitschenschwingend Kamele mit zusammengebundenen Beinen auf die Weiden in den Akazienwadis.

Am Fusse des Betrogenen Berges nahm der Stammesführer auf der Erde Platz. Die anderen setzten sich im Kreis um ihn herum auf die Steine. al-Bikâj sass ihm genau gegenüber. Er wählte zur Eröffnung des Gesprächs das vorzüglichste Thema: „Noch nie hat die Wüste einen solchen Südwind erlebt wie dieses Jahr. Erwartet ihr kein Ende?"

Der Stammesführer spielte mit einem Stöckchen aus Holz. „An sich hatten wir erwartet, dass ihr, die Karawanenleute, uns Zaubersprüche von den Fakîhs der Oasen bringt. Oder sind sie dort nur dazu fähig, das Wasser vom Himmel zu verhindern?“

Das Oberhaupt der Kaufleute lachte. Er spielte mit seinem Bart, bevor er sagte: „Unser Scheich hat richtig gesprochen. Nie habe ich Personen gesehen, die wirksamere Amulette und Zaubersprüche gegen den Regen abfassten als sie. Selbst im Norden beklagt man sich über die Wirksamkeit ihrer teuflischen Zaubersprüche, nachdem die Hammâda in den vergangenen zwei Jahren unter der Dürre litt.“

Der Stammesführer blickte zu Anâj: „Nach einem Zauber, um den Südwind zu binden, musst du die Bewohner aus Aïr fragen. Aller Zauber der Wüste kommt von dort.“

Anâj antwortete lächelnd auf das Geplänkel: „Unser Zauber ist imstande, die frechsten Dschinnen zu binden, doch der Südwind ist der einzige Dämon, der uns überlegen ist.“

Der Südwind fand im Imam einen Verteidiger: „Auch der Südwind hat ein Recht auf Gerechtigkeit. Niemand kann seinen Nutzen leugnen.“

Ein schwarzer Diener kam mit einem Kupfertablett, auf dem Gläser mit schaumgekröntem grünem Tee standen, von dem er allen anbot. Nachdem er die Schaumkrone abgeschlürft hatte, fuhr der Imam fort: „ Er säubert die Erde von Krankheiten und bestäubt die Palmen in den Oasen und die Pflanzen in der Hammâda.“

„Doch er hat eine einzige schlechte Eigenschaft“, wandte der Stammesführer ein, während er das Teeglas in der einen Hand hielt und mit der anderen den Mund freimachte, um einen Schluck zu trinken, „die alle seine guten Eigenschaften überwiegt.“

Er schwieg und alle horchten auf.

„Er verweht die Wasserquellen und verschüttet die Brunnen", erklärte er, nachdem er getrunken hatte.

Der Imam gab sich noch nicht geschlagen: „Man sagt aber auch, dass er Verschüttetes ausgräbt."

„Sicher tut er das", fuhr der Stammesführer unbeirrt fort, „aber erst nach tausend Jahren. Nachdem Generationen zugrunde gegangen sind. Genau das ist mit unserem Brunnen in der Vergangenheit geschehen."

Danach herrschte langes Schweigen, durchbrochen nur vom Summen der Fliegen und dem Treiben des Marktes in der Ferne.

„Wenn wir keinen Weg finden, den Brunnen zu schützen", fuhr der Stammesführer fort, „so kann ich den Fortbestand von Wâw auf dieser Erde nicht garantieren. Vielleicht haben die Unsichtbaren dem Südwind ja die Aufgabe übertragen, ihre Stadt zurückzuholen", setzte er lachend hinzu.

Anâj verbarg seine Unruhe. „Und was schlägt der Stammesführer vor, um unsere Stadt vor dem Verschwinden zu bewahren?"

„Meine Antwort ist klar. Dass ihr aufhört, die Kamele am Brunnen zu tränken, und dass ihr eine Karawane ins Wadi al-Adschâl schickt, um der Ebene zu helfen und den Mangel an Wasser auszugleichen. Ausserdem müsst ihr Männer abordnen, um bei der Errichtung der Befestigungen und der Entfernung der Sandhügel zu helfen, statt immer grossartigere Gebäude zu errichten."

Anâj trank seinen Tee zuende „Ich sehe nichts, was gegen den Vorschlag des Stammesführers spricht", erklärte er dann. „Alle Vorsichtsmassnahmen werden sofort ergriffen."

Der Stammesführer blickte gen Himmel, als lese er die Nachrichten des Windes und sagte geheimnisvoll: „Der

Mensch denkt, und Gott lenkt. Der Südwind ist mitunter ein Gesandter, mitunter ist er ein Fluch." Und dann im Aufstehen noch: „Die Seherin hat es abgelehnt, dieses Jahr sein Geheimnis zu enthüllen. Probiert es also mit Gelübden!"

6

Der Staub fiel, bevor der Wind Luft holte. Die Gruppe zerstreute sich, der Markt löste sich auf, und Anâj schritt, um den Stammesführer zu begleiten. Sie gingen am Fusse des Berges entlang und überquerten die Hügelkette oberhalb des Brunnens. Dort drängten sich Karawanen, Frauen und Kinder. Sie stemmten sich gegen den Wind und versuchten, zu ihrem Anteil an Wasser zu kommen. Oben auf dem Hügel arbeiteten die Männer gemeinsam daran, den Sand zu entfernen. Sie füllten Säcke, Körbe und Taschen und verschwanden damit hinter der Anhöhe.

Der Stammesführer beobachtete sie durch den Sturm hindurch bei ihrer Arbeit, und es schien ihm unklar, ob sie es waren, die Sturmböen und Staubwolken aufwirbelten oder es ob der Südwind war, der sich ihnen auf seiner wiederaufgenommenen Reise entgegenstellte. Er blies mit wahnsinnigen Stössen. Löste die Knoten der Turbane, blähte die weiten Kleider und blies sie auf wie wassergefüllte Tierbälge, damit es ihm leichter werde, sich seine Opfer zu schnappen und sie über die weite Wüste zu stossen.

Der Stammesführer wehrte ebenso wie Anâj den Angriffen und erhob seine Stimme, um das Heulen des Windes zu übertönen: „Ich wollte mit dir allein sein, um über unser Projekt zu sprechen." Mit beiden Händen hielt er seinen Turban fest und fuhr mit derselben lauten Stimme fort: „Wir werden die Fâtiha lesen, um die Verbindung zu besiegeln, sobald der Südwind ein Einsehen hat. Du siehst ja, dass er dieses Jahr auf geheimnisvolle Weise beharrlich ist."

Eine neue Woge wehte heran und schubste die beiden Männer nach vorn. Die Enden der weiten Kleider klatschten. Sie trotzten dem Angriff mit dem Rücken.

„Und wenn der Wind nicht aufhört?" rief Anâj. „Du weisst ja, dass der Südwind das Schicksal der Wüste ist."

„Richtig. Aber er ist dieses Jahr auf geheimnisvolle Weise beharrlich. Die Natur in der Wüste ist es, die die Kalkulationen der Leute bestimmt, nicht umgekehrt. Ocha ist vom ersten Tag an mit dem Schutz des Brunnens beauftragt." Er schwieg, bis sich die Windwoge beruhigt hatte. Dann fügte er hinzu: „Heute habe ich in seinen Augen eine Traurigkeit gesehen wie nicht einmal in den schlimmsten Tagen unter der Herrschaft des Ordensscheichs. Auch nicht damals, als sein Vater bei den Kriegszügen ums Leben kam. Es war eine Traurigkeit, die keine Hoffnung kennt."

„Ich werde versuchen, etwas zu tun, ihm zu helfen. Aber man sagt, er sei auch einer von denen gewesen, die auf der Seite des Ordensscheichs am Kriegszug zum Fluss teilgenommen haben."

„Welcher junge Mann hätte nicht daran teilgenommen? War nicht selbst Umar, der zweite Kalif, in vorislamischer Zeit, bevor Gott durch ihn den Islam stärkte, einer der entschlossensten heidnischen Führer?"

„Aber ich sehe keinen Grund zu warten. Der Südwind ist schon seit Ewigkeiten das Schicksal der Wüste."

„Auch unser Schicksal. Die Wüste ist es, die unser Geschick bestimmt. Wenn uns der Südwind keine Pause gönnt, so liegt darin der Wille der Wüste." Er atmete rascher im Kampf gegen den Wind. „Es heisst, die Prinzessin treffe Vorbereitungen für ein Fest. Alle jungen Burschen warten auf das Fest von Wâw. Die Mehrheit hat es abgelehnt hinauszugehen, um die Kamele in der Wüste zu besichtigen, und hat es vorgezogen zu warten. Wann soll es stattfinden?“

„Sehr bald. Man wird nicht mehr lange warten müssen. Wir werden nicht zulassen, dass die Machenschaften des Südwinds die Gelegenheit verderben.“

Der Mund des Stammesführers füllte sich mit Staub, und so schwieg er.

7

Ein Neuankömmling fand sich auf der Ebene ein. Er kam mit dem Einbruch des Abends. Schleppte eine dürre Kamelstute hinter sich her. Der Wind blies seine weite blaue Gallabija auf, als versuche er, ihn von der Erde hochzuziehen und in die Luft aufsteigen zu lassen. Der Fremdling klammerte sich hilfesuchend am Zügel seines erbärmlichen Tieres fest. Er war mager und verbrannt, mit tiefen Pockennarben an Gesicht und Händen.

Er ging zum Fuss des Besessenen Îdenan, band dem Kamel die Beine zusammen und stieg hinauf, um in einer Höhle des Berges zu wohnen. Das erregte die Neugier der Leute. Der Stammesführer sandte ihm einen Boten, um ihn vor den Dschinnen zu warnen, worüber er aber spottete und erklärte, er sei ein Schatzsucher. Als er das erstaunte Gesicht des Boten sah, trug er ihm auf, dem Scheich mitzuteilen, die Familie der Goldsucher und die Unsichtbaren seien derselben Wurzel entsprungen. Sie seien von derselben Dschinnenfrau gesäugt worden, behauptete er frech und liess dann ein langgezogenes Lachen hören.

Obwohl die Ebene daran gewöhnt war, alltäglich Ankömmlinge, Fremdlinge und Wanderer zu empfangen, versetzte die Dreistigkeit dieses Gastes die Leute in Aufregung. Sie konnten sich nicht vorstellen, dass es in der Wüste jemanden geben sollte, der über die Dschinnen nicht im Bilde war und nicht wusste, dass sie sich den Îdenan zur ewigen Heimat erkoren hatten. In den folgenden Tagen sahen sie ihn am Abhang herumsteigen und die Spalten, Höhlen und alten Gräber inspizieren, in der Hoffnung auf Teilhabe am Reichtum der Dschinnen.

Er beschränkte sich indes nicht auf ruchlose Begierde, auf die Jagd nach dem unheilvollen Metall, sondern begann nach einigen weiteren Tagen zur Überraschung der Leute, den Wind zu rühmen und die Grosstaten des Kibli in der Wüste aufzuzählen. Er ging zu der Menschenmenge, die da im Kampf um die Rettung des Brunnens stand, und erklärte Ocha: „Sich dem Südwind entgegenzustellen heisst sich dem Schicksal entgegenzustellen. Was ist er denn anderes als ein Gesandter, der eine klare Botschaft bringt. Er reinigt die Wüste von Epidemien. Er befruchtet die Palmen und andere Pflanzen, und er legt euch die verschütteten Brunnen frei."

„Aber diesmal legt er nichts frei", hielt ihm Ocha entgegen, „er verschüttet nur."

Worauf der pockennarbige Besucher antwortete: „Wenn er etwas verschüttet, so ist dies der Wille des Schicksals. Nie wird Erfolg haben, wer das Schicksal bekämpft." Und als Ocha schwieg, fügte der Gast hinzu: „Habt ihr vergessen, dass es auch der Südwind war, der den Brunnen freigelegt hat? Er war mit Sand zugedeckt seit dem Zeitalter der Giganten. Seit Tausenden von Jahren."

Aber es gelang ihm nicht, Ocha zu überzeugen, und so band er sein zerrissenes, zerschlissenes Tuch fester um sein pockennarbiges Gesicht. Und brummte, während er zu seiner Höhle zurückging, immer wieder vor sich hin: „Verschütten hat seine Zeit, und Freilegen hat seine Zeit. Ebenso wie der Tod seine Zeit hat und wie die Geburt ihre Zeit hat. Weh über diejenigen, die sich dem entgegenstellen."

Das ist es, was der Derwisch berichtete, als er zwischen den Zelten im Lager umherlief.

8

Einige Gefolgsleute brachten auch die Packsättel der Esel mit. Sie füllten sie und machten sie auf den Rücken der Mehris fest, anstatt sie mit Seilen den Hang hinunterzuschleifen, wie es die Schwarzen mit den Säcken und Taschen taten.

Achmâd stand auf dem Hügel, ein Stoffband straff um die schmale Taille gespannt, und scherzte mit den armseligen Gefolgsleuten. Er sprach von Edlem und Schändlichem und richtete das Wort an Ocha: „Wenn du in der Wüste etwas Schimpfliches siehst, so suche zwischen den Felsen nach den Gefolgsleuten. Sie sind die führenden Köpfe bei allem, was die Tradition für töricht erklärt."

Einige reagierten auf den Scherz und lachten, hielten aber nicht inne, die Packsättel mit Sand zu füllen. Ocha lächelte, und Achmâd fuhr fort: „Die Packsättel der Esel sitzen fest auf dem Rücken der edlen Mehris. Ich werde es dem Derwisch erzählen, damit er die Nachricht verbreitet, und ich werde die Dichterin auf euch ansetzen."

Ocha lächelte weiter. Er versuchte, den Steinchengeisseln auszuweichen, die der Wind wie Schrotsalven auf die Gesichter losliess. Die Gefolgsleute lachten laut.

„Das wird ihnen eine Ehre sein", warf Ocha ein. „Sie schätzen es, zum Gegenstand des Spottes der Dichterinnen zu werden."

Der Hügel brüllte vor Lachen. Einer der Gefolgsleute trat zu den beiden. Hochgewachsen. Hager. Er trug ein schäbiges Gesichtstuch aus einem Stück grünem Chiffon, spuckte gekauten Tabak aus und spöttelte: „Wir sind nicht schlechter als ein Edler, der den Südwind in prächtigsten Kleidern empfängt und ihn mit dem Schwert bekämpft, als bekriege er die Stämme des Dschungels."

Der Scherz gefiel, und alle lachten. Achmâd wandte sich an Ocha und bemerkte: „Richtig ist's, dass er recht hat. Ich kann nichts zu deiner Verteidigung vorbringen."

Ocha stemmte sich noch immer hartnäckig mit den Geräten des Krieges dem Wind entgegen. Er trug die prächtigsten Kleider. Über seinem weissen Hemd lag die blaue Kora. Ein gewaltiger, ebenfalls weisser Turban umhüllte seinen Kopf wie die Schlangen des Dschungels, gekrönt von einem blauen Tudschulmust. Oben am Turban war ein in Leder gefalteter Talisman befestigt. Auf seine Brust fiel eine prächtige Kette aus Amuletten. Das Schwert, in einer von zarten Mädchenfingern bemalten Scheide steckend, baumelte von der Hüfte bis fast auf den Boden.

„Krieg ist Krieg", sagte er und zog sich das Tuch über die Augen, um seine Beschämung zu verbergen. „Wo liegt der Unterschied zwischen dem Südwind und den Stämmen des Dschungels?"

Doch der boshafte Gefolgsmann warf den Stein noch etwas weiter: „Wer sagte, er sei gerüstet und gekleidet, um den Angriff abzuwehren? Die jungen Mädchen sind verzweifelt, seit die Neuigkeit bekannt wurde, und die Prinzessin würde dich nicht weniger gern nehmen, wenn du in Säcke gekleidet wärst wie ein Derwisch. Es ist kein Grund mehr da, sich aufzublähen."

Eine neue Staubwoge wehte heran, hinter der Ocha sich versteckte, um seine Beschämung zu verbergen. Achmâd lachte im Sturm, bis der Sand seinen Mund verschüttete. Seine Zähne schmerzten, und ein Schauer erfasste seinen ganzen Körper. Er spuckte hinter sich und bestätigte den heiteren Gefolgsmann: „Es gibt keinen Grund mehr, sich aufzublähen. Und die Dichterin hat sogar schon ein Gedicht verfasst."

„Ich habe es noch nicht gehört", rief Ocha laut, um das Heulen des Windes zu übertönen. „Ist es ein Spottgedicht?"

Achmâd lachte und versuchte, durch den Staub hindurch Ochas Blick zu erhaschen: „Sie sagte, die Jäger seien unfähig und liessen die Gazelle in die Sandwüste entkommen. Es sind wundervolle Zeilen!" Er lachte schallend.

„Das sind doch Verunglimpfungen des Derwischs", protestierte Ocha.

„Trefflicher Derwisch, er lernt sie auswendig! Es sind wundervolle Zeilen!" Nochmals lachte er schallend.

Der Wind heulte mit einer neuen Welle heran. Die Kamele erhoben klagend ihre Stimme.

„Lass mich ein paar Zeilen hören", bat Ocha.

Wieder lachte Achmâd schallend: „Ich mache keine Poesie, und ich lerne keine Gedichte auswendig. Die Jäger waren unfähig, und die Gazelle entkam und rannte in die Sandwüste. Eine geglückte Anspielung. Der Spott gilt den jungen Mädchen." Nochmals lachte er.

Eine Gruppe von Frauen tauchte auf, in schwarze Gewänder gehüllt und von barhäuptigen Jungen begleitet. Der Staub legte sich auf ihre Gesichter und ihr Haar, das sie wie Hahnenkämme auf dem Kopf trugen. Achmâd nahm sich eine Gruppe von Schwarzen, um den Frauen beim Wasserschöpfen zu helfen. Noch immer bemühte er sich, sein Lachen zu unterdrücken.

„Durch meine Hilfe bist du aus den Fängen der Schakale gerettet worden", rief Ocha ihm hinterher, „andernfalls wärst du jetzt unter den Toten."

Der Sturm entzog ihn am Abhang seinen Blicken, und Ocha empfing ein paar Staubstösse in den Rücken, diesen folgte ein Haufen von dürrem, wildem Dorngebüsch, das durch die Luft flog. Er wandte sich nach links, um dem Haufen auszuweichen, und setzte seinen Weg fort.

„Hast du das vergessen?" schrie Ocha in die Staubfinsternis.

Aber auch diese Frage verlor sich in der Weite.

VIII. Die Schakale

Und wir haben aus dem Wasser alles Lebendige gemacht.
Der Koran. *Sure XXI,30*

1

Der Durst war Achmâds Schicksal seit seiner Geburt. Seine schwarze Amme erzählte ihm, er habe sich, kaum geboren, geweigert, sich von seiner Mutter säugen zu lassen, habe in der Luft herumgeschlagen und herumgetreten und dabei so geschrien, dass die weisen Frauen glaubten, er werde sich zu Tode weinen, und wie bei allen Geschöpfen der Welt, die ins Leben geschickt werden, dem Schicksal verpflichtet durch ein Gelöbnis oder ein Versprechen, kam die Rettung vor der Heimsuchung nur durch den Zufall. Die weise Frau begann seinen winzigen Körper mit verschiedenen Tinkturen aus wilden Kräutern einzureiben, und sie eilte zum Feuer und warf allerlei Räucherstoffe und Beifuss in die Glut, um die Dschinnen zu vertreiben und die Augen der Neider auszureissen. Der Rauch stieg auf und zog in die Ecke des Zeltes, wo das arme Kind fast erstickt wäre. Aber es weigerte sich, Ruhe zu geben, und fuhr fort, mit furchtbarem Geschrei seiner Angst vor dem Leben Ausdruck zu verleihen.

Den Rest erledigte der Zufall.

Als die Negerin sein blau angelaufenes Gesicht mit Wasser besprengte, um das Feuer darin zu löschen, fielen dem Jungen ein paar Tropfen auf die Lippen. Sofort hörte er auf zu weinen und leckte und schleckte gierig wie ein Jungtier die Flüssigkeit ab. Daraufhin erwärmte sie in einem Topf etwas Wasser und gab ihm löffelweise davon zu trinken. Als seine Mutter nach der Geburt wieder zu sich kam und von den alten Frauen erfuhr, was sich abgespielt hatte, war sie erst überrascht, dann traurig. Denn all denjenigen, die mit der Wüste im Herzen geboren werden, ist ein elendes Leben bestimmt.

Ocha glaubte diese Geschichte erst, als er Achmâd zum erstenmal bei einem Kriegszug zur Unterwerfung der „Seestämme" begleitete.

2

Um den Kaurisee herum vermochten die Neger ihre Stämme zu vereinigen und den stärksten Staat in den Gefilden der Wüste zu errichten. Dieser unternahm Angriffe gegen seine südlichen Nachbarn im Dschungel und Strafexpeditionen gegen die Stämme der Verschleierten im Norden und im Westen.

Schlimmer als die Dschinnen seien sie gewesen und hätten es an Heimtücke mit den wilden Schakalen aufnehmen können, heisst es in den alten Mythen. Einen Jungen hätten sie mit dem zehnten Altersjahr in die Welt der Männer eingeführt. Er sei von Vater und Mutter getrennt worden, habe gelernt, misstrauisch zu sein und Verrat sogar von den nächsten Angehörigen zu erwarten. Er habe das Haus verlassen und sei hinaus in die Weiten und die Wälder gezogen, um zu lernen, wie man im Stehen schläft. Zunächst hätte er sich gegen Baumstämme gelehnt oder auf Felsen gestützt, bis er schliesslich imstande war, freistehend genügend Schlaf zu bekommen.

Sie glaubten, dass der Mensch vor dem Bösen und vor der Heimtücke nur sicher ist, wenn er dauernd wachsam bleibt, ohne sich je hinzulegen oder zu entspannen. Der Schakal, so sagen die Bewohner der Wüste, sei immer auf der Lauer, wenn er einem anderen, selbst dem Bruder oder dem Vater, begegnet; er sei immer bereit zum Kampf und drehe einem anderen unter keinen Umständen den Rücken zu. Dieses Misstrauen, das in jedem Geschöpf einen Feind sieht, ermutigte die Bewohner der Wüste, jene Stämme „Schakale" zu nennen, zumal nachdem sie sich auf die Wüstenstämme gestürzt hatten und nach ihrem letzten Angriff gegen Asdschirr.

3

Vor ihnen hatte es kein Stamm auf dem Kontinent gewagt, einen Kriegszug gegen die blauen Ritter in ihrer Wüste zu unternehmen. Von Generation zu Generation wird berichtet, dass es die Bequemlichkeit war und die Gewissheit, im Besitz einer ewigen Wüste zu sein, von der sie weder Anfang noch Ende kannten, was sie besiegt und den bösen Schakalen in die Hand gegeben hat. Seit Tausenden von Jahren hatten sie einen einzigen, unveränderlichen Plan verfolgt, der den Angriff und die Überrumpelung der Feinde verlangte; wenn die Kundschafter hingegen auf die immensen Kräfte des Feindes hinwiesen, kehrten sie den Plan um, verwandelten sich in Luftspiegelungen und lösten sich in der Weite auf.

Nie vernachlässigten sie dieses Vorgehen, das sie von der Wüste selbst gelernt hatten und das immerwährende Kampfbereitschaft bedingte. Doch die Zeit lockte sie in die Oasen. Sie bestellten das Feld und stiegen hinauf auf die Palmen, um sie zu bestäuben; sie assen sich an Hammel satt, sorgten sich nicht mehr um das Wasser und entspannten sich im Gehölz.

Sie verrieten den Bund, und das Unbekannte setzte für sie den alten Zauberspruch ausser Kraft.

4

Die Satane begannen ihren Angriff von Südosten. Sie besetzten Mursuk und Suwaila und zogen hinunter ins Wadi al-Adschâl. Sie töteten Männer und Kinder, schändeten die Frauen und verbrannten die Hütten. Sie raubten die Besitztümer und legten Feuer an die Palmen. Dann ergossen sie sich über die Wüste wie die Pest.

Sie zogen von Adrâr hinab bis ins Tassîli und nach Gadames. Sie bemächtigten sich des gesamten Asdschirr, und ihren Vormarsch hielten erst jene Fremden auf, die in die Wüste vordrangen, dann nach Tamanrasset flohen, wo sie sich mit den Stämmen des Ahaggârs verbündeten und zum Gegenzug übergingen.

Seit jenem Tag schrieb das Blut die ewige Feindschaft mit den Schakalen. Die Mütter untersagten ihren Kindern, sie beim Namen zu nennen, und die Bewohner der Wüste fügten sie ihren ewigen Feinden hinzu: den Wölfen, den Schlangen und dem Südwind.

5

Doch trotz ihres Rückzugs zum See dauerten die Überfälle auf die Wüste an. Sie verübten Massaker, unterbrachen die Handelsrouten und raubten die Karawanen aus. Sie bemächtigten sich der Kamele der Hirten und konkurrierten mit den Bewohnern Asdschirrs bei der Aufteilung der Beute, die sie den Händlern abnahmen, und der Erhebung der Kopfsteuer, der Tribute und der Geschenke von den Karawanen aus dem Norden, mit denen sich diese den sicheren, unbehinderten Weg durch die Wüste erkauften. Doch sie begingen eine gravierende Sünde, die das Schicksal noch keinem Geschöpf auf dem Wüstenkontinent vergeben hat: Sie vergifteten die Brunnen.

Das Vieh in den südlichen Sandgefilden verendete, und die Hirten fanden in grosser Zahl den Tod. Das Unheil breitete sich aus und erreichte den fernen Norden.

Der Verkehr der Karawanen hörte auf; sie stellten ihre Reisen über Mursuk und Suwaila ein. Was blieb, war allein der weite Weg, der in Tripolis und Gadames begann, durch Asdschirr und Aïr führte und in Kano endete.

Das Schicksal wollte es, dass ihnen die Strafe durch den Scheich des Kadirîja-Ordens zuteil wurde.

6

Ocha geriet mit seiner Schar in einen Hinterhalt und war gezwungen, sich unter einer Wolke von Giftpfeilen zu den Bergen zurückzuziehen. Doch dorthin zu gelangen war nicht leicht. Sie mussten eine Ebene, zwei Hügel und drei Täler durchqueren, um auch nur bis an den Fuss des Berges zu kommen.

Der ewige Henker thronte hoch oben am Himmel. Der Schweiss rann in Strömen, und der Durst bemächtigte sich ihrer. Mehrere Male rief Achmâd: „Ich wusste nicht, dass sie so feige sind! Nur Feiglinge bewaffnen sich mit Pfeilen." Diesen Spruch wiederholte er so lange, bis Achnôchan ihn heftig schalt und ihn schweigen hiess, da er ihm den Reim seines neuen gefühlvollen Gedichts zerstöre.

Achnôchan war der berühmteste Dichter des Stammes. Seinen Spott fürchteten die Männer, und um seine Sympathie bemühten sich die Frauen. Doch wie alle Dichter besass er eine Merkwürdigkeit. Seine gefühlvollen Gedichte schuf er am liebsten im hitzigsten Gefecht, im Schatten der Schwerter. Die begabten Dichterinnen bezeugten seinen Gedichten, die er im Kriegsgetümmel schuf, Genialität. Seinen anderen Gedichten dagegen, die er in friedlicher

Einsamkeit schuf, versagten sie die Anerkennung. Einige schreckten nicht einmal vor der nun wirklich extremen Behauptung zurück, es zieme sich für einen Dichter seiner Begabung nicht, Verse ausserhalb des Schlachtfeldes zu schmieden. Und überraschenderweise unterstützte er diese Ansicht immer, obwohl er keinen einzigen Vers über den Krieg selbst verfasst hat. Als man ihn nach der Ursache dafür fragte, gab er seine berühmte Antwort: „Der Krieg ist dafür geschaffen, dass die Dichter darin Gedichte über die Jungfrauen verfassen." Die grosse Popularität und die leidenschaftliche Sympathie, derer er sich bei den Jungfrauen erfreute, gingen auf diesen kühnen Ausspruch zurück.

Während des Rückzugs pendelte Achmâd auf seinem Mehri zwischen Ocha und Achnôchan hin und her und begann in dem Augenblick über Durst zu klagen, als er aufhörte, sich über die Pfeile der Schakale zu beschweren. Diese Klage beunruhigte Ocha, der den Freund seit Kindertagen kannte. Mehr noch als Achmâds Kritik am heimtükkischen Feind quälte Ocha aber die dichterische Begabung Achnôchans.

Sie erklommen den ersten Hügel. Zu ihrer Rechten erstreckten sich kahle Wadis, bedeckt nur mit einer Schicht schwarzer, von der ewigen Sonne verbrannter Steine. Tief in den Tälern standen einige unerschütterliche Akazien, die sich, dem Tode trotzend, auf ihrem erhobenen Haupt einen grünen Pelz bewahrt hatten. Unter diesen Bäumen ereilte es einige Gefährten. Sie fielen durch vergiftete Pfeile des Feindes. Und der Rückzug ging weiter.

Die Schakale sassen ihnen auf den Fersen. Die einen auf Kamelen, die anderen zu Fuss nebenher. Ja, die Fusssoldaten waren gar noch schneller als die Berittenen.

Während er den Plan für den Kampf ausarbeitete, hatte Ocha nicht versäumt, sich all das zu vergegenwärtigen, was man über die Schakale erzählte. Die alten Frauen versicherten, sie seien die schnellsten Läufer auf Erden. Angeblich waren sie die einzigen, die Gazellen jagten, ohne dazu eine Waffe zu benötigen. Auch der Ordensscheich warnte ihn vor ihrer hervorragenden Ausrüstung, als er ihm die Führung der Truppe anvertraute und ihn beauftragte, sich dem linken Flügel der Horden des Feindes entgegenzustellen.

Oben auf dem Hügel traf ein Pfeil das Kamel eines Gefolgsmannes in den Schenkel. Der Mehri stolperte und prallte gegen einen Felsen. Dann brach er zusammen, seine Vorderbeine knickten ein, er geiferte wild, und von seinem Maul flogen dicke Fetzen von grellweissem Schaum. Der Reiter sprang herab und rannte den Abhang hinunter.

In diesem Augenblick sprang zu Ochas Überraschung Achmâd von seinem Kamel und rannte zu dem zusammenbrechenden Mehri. Zunächst glaubte er, Achmâd wolle dem armen Tier zu Hilfe eilen und es vor der Hand der Feinde retten. Doch er stürzte sich auf den am Sattel festgemachten Wasserschlauch und begann daran zu saugen wie ein Zicklein, ohne auf den vergifteten Pfeil zu achten, den einer der Schakale darauf geschossen hatte, so dass das Wasser herauslief. Ocha sprang ab und zerhieb den Wasserschlauch mit dem Schwert. Das Wasser ergoss sich und lief Achmâd über Gesicht und Kleider, während er verzweifelt die Tropfen aufzufangen versuchte, ohne sich um das Gift zu kümmern, das sich mit dem Wasser vermischte. Ein grässlicher Schakal mit vorstehenden Zähnen und roten Augen holte sie ein, ging auf einem Knie in Stellung, um einen Pfeil abzuschiessen. Niemand weiss, wie es Achnôchan gelungen war, von seiner Position auf dem rechten Flügel mit seinem Kamel heranzufliegen, den Feind zu erreichen und ihn mit einem Schwerthieb zweizuteilen. Er stiess einen frohlockenden Schrei aus, dann schalt er Achmâd: „Heute hinderst du mich wirklich beharrlich, die schönsten Gedichtzeilen zu komponieren." Doch Achmâd raufte in diesem Augenblick mit Ocha um den Wasserschlauch. „Hilf mir", rief Ocha. „Er weiss nicht, dass das Wasser vergiftet ist."

Der Streit verwandelte sich in einen Kampf. Achmâd gab erst auf, als auch Achnôchan sich eingeschaltet hatte und die beiden ihn gemeinsam mit Gewalt auf seinen Mehri setzten, bevor die Scharen der Angreifer sie eingeholt hatten. Sie erreichten den Berg. Dort stiessen die anderen Gefährten zu ihnen, und die Schakale umzingelten sie in einem Wadi, das den ehrwürdigen Berg in zwei Teile zerschnitt. Am Saum fanden sie einen Brunnen, doch Ocha hielt Achmâd, aus Furcht, er könnte vom Wasser des Brunnens trinken, in einer Höhle fest. Die ganze Zeit wiederholte er: „Schämen solltest du dich, schämen solltest du dich, weiss Gott!" Achnôchan war zutiefst betrübt und erzählte den Gefährten, Achmâd habe sein Gedicht ruiniert; das werde er ihm nie verzeihen.

Die Feinde postierten sich am Pass, dann verbarrikadierten sie sich in den Höhlen der Hänge. Sie versuchten, von Norden her anzugreifen, wo das Gelände vom Pass abfiel und sich in winzige Tälchen verwandelte, die zu den anderen Wadis und den Ebenen führten. Achnôchan übernahm die Verteidigung und trieb sie dorthin zurück, woher sie gekommen waren. Er war glücklich, zum zweitenmal seit dem Beginn des Kampfes sein Schwert gebrauchen zu dürfen. Denn sie hatten den Preis zu bezahlen für den Fehler der Kundschafter.

Diese waren einige Tage fort gewesen und hatten nach ihrer Rückkehr ins Lager dem Scheich berichtet, der Feind habe sein Heer in drei Abteilungen gegliedert: die Pfeilschützen, die Speerwerfer und die Schwertträger. Sie bezeichneten den Standort jeder Abteilung in der Wüste. In der Nacht las der Ordensscheich seine Koransuren. Am Morgen rief er Ocha zu sich, setzte ihn als Befehlshaber der Truppe ein und befahl ihm, Richtung Osten zu ziehen, um den rechten Flügel des Feindes zu zerschlagen und die Schwertträger zu vernichten. Als sie sich jedoch vor Sonnenaufgang auf das Lager stürzten, wurden sie von den schlauen Schakalen überrascht, die wohlvorbereitet auf der Lauer lagen und ihren Angriff erwarteten. Sie gerieten in einen Hinterhalt, und vergiftete Pfeile regneten auf sie herab. Eine grosse Zahl von ihnen fiel, viele andere flohen nach Westen, um sich dem mittleren Teil der Truppe unter der Führung des Scheichs anzuschliessen.

Ocha und seine Gefährten retteten sich in die Berge.

Aber der Kampf mit dem Schwert gegen Pfeilschützen ist vergeblich. Ocha war überzeugt, dass die Dschinnen des Sees dank ihrer Geschicklichkeit im Gebrauch der Pfeile in der Lage waren, die Wüste zu unterwerfen, und dass sie selbst ohne ihre Lederschilde verloren gewesen wären.

Achnôchan indes war die Rettung nicht bestimmt. Ihm war nicht vergönnt, sein schönstes Gedicht zu vollenden.

7

Während Achmâds Wahnsinn immer wilder wurde und er Ocha, der ihn daran hinderte, aus dem zweifelhaften Brunnen zu trinken, immer härter zusetzte, intensivierten die teuflischen Schakalsöhne ihre Attacken von den Höhen, brüllend wie wilde Tiere, bevor sie den Angriff mit den furchtbaren Pfeilen begannen. Ohne diese Waffe wären sie mit ihnen fertiggeworden. Unten am Pass waren drei Gefährten von den Stämmen der Gefolgsleute im Schutz der Felsen damit beschäftigt, wirksame Abwehr gegen die vergifteten Pfeile zu schaffen. Sie stellten Schleudern her und schossen mit Steinen zurück. Doch einer von ihnen fiel in dem Augenblick, als er ein Geschoss aus drei Steinen auf den Feind schiessen wollte.

Achnôchan übernahm den Schutz des unteren Eingangs zum Pass. Er vermochte einmal mehr, sich seines Schwertes zu bedienen, und er hielt ihre Angriffe auf, wobei er sich mit Hilfe des Schildes gegen die Pfeile schützte.

Ocha schlug vor, sich nach oben über den Passweg zurückzuziehen, um sich von dem vergifteten Brunnen zu entfernen. Als Achmâd sich widersetzte, rang er ihn nieder und fesselte ihn mit der Hilfe eines der Gefolgsleute. Achnôchan dagegen stürzte sich voll in den Kampf mit den Schakalen, um endlich das Gedicht in alter Reimform abzuschliessen, das Achmâd dort am Abhang seinem Kopf hatte entschwinden lassen. Er war hinter den Felsen verborgen, die poetische Weise singend. Plötzlich sprang er hervor wie ein Dämon, um einen vorwitzigen Schakal zu verfolgen, der oben am Steilhang stand und Steine herunterrollen liess, um sie zu zermalmen. Er fuchtelte mit einer Lanze in der Luft und knirschte drohend mit den Zähnen; Achnôchan antwortete ihm spöttisch lachend und singend.

Dann hielten sie mit ihrem Angriff inne und verschwanden.

„Haben sie sich zurückgezogen?“ erkundigte sich einer der Gefolgsleute.

„Sie werden sich niemals zurückziehen“, erwiderte Achnôchan, „ohne einen Plan auszuhecken, um uns zu vernichten.“

Ocha bestätigte das, achtgebend, dass ihn der durstige und wütende Achmâd nicht überrumpelte: „Warum mühen sie sich ab? Sie sind doch überzeugt, dass wir auf alle Fälle sterben werden, wenn nicht durch den Durst, dann durch das vergiftete Wasser.“

Achnôchan trug die einleitenden Zeilen des Gedichts vor. Danach sang er es mit lauter Stimme, doch er brachte die verlorenen Zeilen nicht zusammen, die er als seine wertvollsten bezeichnete.

In diesem Augenblick entschlüsselte einer der Gefolgsleute die Symbole, die in Tifinâgh in die Decke der Höhle geritzt waren, entfernte daraufhin eine Steinplatte in der finsteren Tiefe und erblickte am Ende des langen Tunnels Licht.

„Das ist die Rettung, die Rettung!" schrie er.

Die Wände der Höhle warfen den Ruf zurück. Ocha sprang auf, um ihm mit der Hand den Mund zuzuhalten. Achnôchan indes war die Rettung nicht bestimmt. Ein vergifteter Pfeil traf ihn in die Brust.

8

Zwei Gefolgsleute trugen ihn gemeinsam, während Ocha damit beschäftigt war, Achmâd durch den langen finsteren Gang zu schieben. Als sie am anderen Ende angelangt waren, begann Achnôchan sein Leben auszuhauchen. Ocha schickte einen der Gefolgsleute ins Lager, um Verstärkung zu holen, und beugte sich über den unheilvollen Pfeil: ein Stück Holz von weniger als einer Elle Länge, abgeschnitten von den Bäumen des Dschungels, sorgsam poliert und mit geheimnisvollen Symbolen verziert. Die vergiftete Spitze war nicht zu sehen, sie steckte in Achnôchans Körper, und er konnte nicht erkennen, ob sie mit einer Messingspitze verstärkt oder ob das Gift direkt auf das Holz gestrichen war.

Er entblösste die Brust und sah, dass die Stelle, wo ihn der Pfeil getroffen hatte, geschwollen war. Danach verteilte sich das Gift, der ganze Körper schwoll an, und Geschwüre breiteten sich aus.

Zum erstenmal sah er einen Menschen durch Vergiftung sterben.

Achmâd war verstört, und der Durst verliess ihn. Unter einem Felsen klagte er, als ob auch er im Sterben läge. Über ihm stand der zweite Gefolgsmann, der ein Stück Tabak kaute, als wolle er den Speichel in seinen Mund zurückholen.

Achnôchan begann zu lallen. Mal sang er, mal murmelte er unverständliche Worte. Schliesslich sagte er laut und deutlich, er werde nie verzeihen.

Er starb, noch bevor er sein letztes Gedicht abgeschlossen hatte.

9

Die Verstärkung kam, um die Wilden zu strafen.

Sie kehrten mit den Gefährten ins Lager zurück, doch Ocha bestand darauf, sie beim Vergeltungszug zu begleiten. Er überredete den Führer der Expedition, ihn bei der Erarbeitung des Plans mitwirken zu lassen. Sie liessen Wachen am Ausgang des Tunnels zurück und griffen die Schwarzen von drei Seiten an. Sie drängten sie in dieselbe Falle.

Die Belagerung dauerte mehrere Tage. Die Schakale setzten Pfeilschützen gegen ihre Gegner ein und versuchten, die Belagerung aufzubrechen, wurden aber gezwungen, sich in die Höhlen zurückzuziehen. Danach versuchten sie, den Gang zum anderen Ende zu durchqueren, doch die Wachen wiesen sie brutal zurück, wobei der schwarze Riese mit den vorstehenden Zähnen verwundet wurde.

Dann …

Dann tranken sie vom vergifteten Wasser.

10

Achmâd kam aus dem Lager und betrachtete gemeinsam mit Ocha die hässlichen Leichen, die das Gift ebenso verunstaltet hatte wie zuvor Achnôchans Körper.

Im verlorenen Anhi ist bestimmt, dass in der Wüste allein das Wasser das bewirken kann. Wer sich erdreistet, es zu vergiften und zu verderben, gegen den richtet sich das Übel, und er wird sich gezwungen sehen, von derselben Quelle zu schöpfen.

IX. Das Fest

Dies ist in allen Religionen geschehen. Ihre Stifter führten die Menschen durch die Wüste, fort von der ägyptischen Sklaverei; indessen haben später andere sie in ein neues Ägypten gebracht und es das Gelobte Land genannt.
Erich Fromm, *Psychoanalyse und Religion*

1

Die Seherin lenkte ein und kooperierte mit den Fakîhs der Ebene, um den Südwind zu binden. Keiner hätte zu hoffen gewagt, dass sie mit ihren alten Widersachern sanft und nachsichtig würde. Doch dann hatte sich die Prinzessin selbst eingeschaltet und ihren Einfluss auf die stolze Alte geltend gemacht.

Vor dieser Versöhnung war kein Bewohner der Ebene davon zu überzeugen, dass diese unbekannte Fremde, die sich des Reichtums und der Schönheit rühmen konnte, auch über Verstand verfügen sollte, ein Zweifel, der sich auf eine Überlieferung stützte, die auf das Anhi zurückging und wonach sich Schönheit und Verstand nicht in einer Frau verbinden. Doch Tênere berief sich bei ihrer Vermittlung zwischen den beiden Seiten auf dieselbe Quelle und sagte: Die verlorene Satzung der Wüste drängt die Getrennten, sich zusammenzuschliessen und den Hader zu vergessen, wenn derselbe Feind sie beide bedroht.

Die Bewohner der Ebene begannen die Rituale. Drei Tage vor Mitte des Monats schlachteten sie die Opfertiere. Die Seherin kam und verlangte den Schulterknochen jedes Tieres, um darin die Vorhaben des Feindes zu erkennen. Sie nahm die Knochen nachhause, zeichnete Talismane darauf und vergrub sie unter dem Zeltpfosten. Danach war es an den Fakîhs. Sie suchten Hilfe beim Koran, schrieben Amulette und Zaubersprüche und steckten diese in Hüllen aus Gazellenleder.

Der Imam errichtete vor seinem Zelt einen Pfosten aus dem Holz des Lotosbaums und hängte eine Zauberlosung daran.

Als der Wind nachliess, trafen die Leute Vorbereitungen für die Feierlichkeiten des Festes.

2

Der Zauber berührte die Ebene, und ihre Natur veränderte sich in wenigen Monaten.

Am Fusse des Betrogenen Gefährten liessen die Dämonen von Aïr eine Stadt aus Stein entstehen. Doch der Wind beschloss, im Wettstreit mit ihnen seinen eigenen Plan zu verwirklichen und die Wüste umzugestalten. Er wischte Sandzungen glatt, die er bei früheren Überfällen auf der westlichen Weite zu errichten begonnen hatte, und verlegte sie an neue Orte. Trotz Ochas unermüdlichem Widerstand hob der Wind den Hügel über die Schwellen des Brunnens empor und liess ihn auf die Erhebungen im Osten kriechen. Er umschloss das Lager mit Sandwällen und wirkte auch auf die Ebene zwischen Lager und Stadt, in klammheimlicher Absicht, sie durch Hügel und Erhebungen voneinander zu trennen.

Als die Zeit kam und der Augenblick des Festes näherrückte, eilten die Experten, um die für den Mehri-Auftritt nötige Arena festzulegen. Aber die Sandzungen hatten die Erde mit Falten verunstaltet, der Weite die Jungfräulichkeit genommen und Hindernisse auf der Ebene geschaffen. Schliesslich fiel die Entscheidung auf einen verbotenen Raum in unmittelbarer Nachbarschaft zu dem einzigen gegen den Sandangriff gefeiten Berg: dem Besessenen Îdenan.

Die Verständigen widersetzten sich, fügten sich aber am Ende, nachdem die Seherin erklärt und versichert hatte, es handle sich um keine Antastung des Abkommens mit den Bewohnern des Unsichtbaren. Die Rechtsgelehrten bestätigten es und gingen auf dem Platz umher, den Thronvers aus dem Koran rezitierend und, Inspiration erbittend, Losungen aus ihren vergilbten Büchern murmelnd.

Die Ebene zog um, und der Stamm begleitete seine Gäste auf das verbotene Land. Das Fest begann mit dem Tanz der Mehris.

3

Die Frauen versammelten sich in einem Kreis am Fuss des Berges. Sie waren in purpurne Tabarekamt-Mäntel gehüllt. Ihre Zöpfe waren gecremt und geflochten, ihre braunen Brüste mit Perlen geschmückt. Reifen, Ringe und Gehänge blinkten an Handgelenken, Ohren und Fingern.

Hinter ihnen, nicht weit entfernt, sass eine Reihe junger Männer, gekrönt mit blauen Turbanen, aufgebläht durch ihre langen, weiten Hemden. Sie thronten da, würdig, mit gekreuzten Beinen, schweigend, als zählte einer des anderen Atemzüge. Rechts von ihnen stand, in noch geringerem Abstand, eine Schar Jungen, einige von ihnen mit spärlichem weissem Turban, die anderen barhäuptig, das Haar auf der einen Seite des Kopfes wegrasiert. Eine weitere Gruppe hatte das Haar an beiden Seiten entfernt und nur einen Kamm gelassen, der sich über den ganzen Kopf zog. Auf dem Hügel im Westen hockten die Scheiche, in der Mitte der Stammesführer mit Anâj, seinem Gast. Einige von ihnen waren ganz in Blau gehüllt, andere hatten sich damit begnügt, den Ledergürtel um den Bauch zu binden und die Halsketten mit den Amuletten anzulegen, die in Lederstükken versteckt waren.

Die Mehri-Reiter standen sich gegenüber. Auf dem fernsten Teil der kahlen Ebene, im Westen, machte sich eine Gruppe fertig, auf Kamelen, schlank wie Gazellen. Ihnen gegenüber, ganz im Osten, auf der Seite des Irrenden Gefährten, stand eine entspechende Anzahl von Mehris, deren Ledersättel mit Bildern und Talismanen geschmückt waren. An jedem Sattel hing ein langer, farbiger Köcher, auch diese verziert von den Fingern unbekannter schöner Frauen und unten geschlossen durch ein Stück Fell. Die Zügel waren sorgsam geflochten aus verschiedenfarbigen Riemen. Auf den Sätteln sassen die Reiter wie die Pfauen. Sie machten sich, barfüssig, bereit zum Wettlauf und zum Tanz.

Die Augen der Mehris funkelten kampfbereit und traurig zugleich.

4

Ein einziger Tänzer verdarb die Harmonie des Tanzes. Er kam herab aus seiner furchterregenden Höhle im Besessenen Berg und verschwand hinter den Hügeln im Osten. Kurze Zeit später tauchte er plötzlich auf seiner mageren, armseligen Kamelstute auf, der er einen alten, zerschlissenen Sattel aufgelegt hatte, dessen Fäden ausgebleicht waren und dessen Farben und Verzierungen die Sonne ausgesogen hatte. Er betrat die Arena von Osten her und schloss sich den drei Mehris an, die ruhig und majestätisch nebeneinander liefen, um auf ihre drei Partner zu treffen, die auf der anderen Seite losgetrabt waren. Sein Eindringen machte die Anzahl gerade, plötzlich waren es vier statt drei, die Harmonie war gestört, was die Frauen verwirrte. Sie hielten inne. Das Fehlen der Musik und des Gesangs raubte den Mehris ihren Elan, einer lief protestierend um den Kreis der Frauen. Der Reiter versuchte, ihn zurückzulenken. Doch er rebellierte, scheute und verliess die markierte Arena. Als sich ihm einige junge Männer entgegenstellten, trat er sie, wurde immer wilder, Schaum troff von seinen Lippen. Und als der Reiter mit der Peitsche auf ihn einschlug, sprang er in die Luft und warf ihn ab.

Die Männer eilten herbei, aber der rätselhafte Eindringling nahm keine Notiz davon. Er zog, elend, wie er aussah, auf der mageren Kamelstute weiter Richtung Westen, durchschritt den Raum der Reiter auf der anderen Seite der Ebene und verschwand im Unbekannten, wie ein Dschinn, der den Horizont durchqueren will auf dem Weg zu der unerreichbaren Scheibe.

5

In der Nacht ging das Fest weiter. Auch der Gesang hörte nicht auf.

Die Mondscheibe schwamm im Raum, umhüllt von einem Schleier aus Staub. Doch das matte Licht ergoss sich in die Wüste.

Nie wird den Geschmack des Lebens kosten, wer nicht die Luft der Berge geatmet hat.

Lange war er nicht in die Niederung herabgekommen. Die Hirten hatten ihm von den Vorbereitungen erzählt, aber sie erwarteten das Fest nicht in naher Zukunft, da der Südwind weiterblies. Sie hatten auch nicht erwartet, dass sich die alten Feinde versöhnen, die Seherin sich mit den Fakîhs verbünden würde, um den neuen Feind zu bekämpfen. Doch der Wind beruhigte sich, und man meinte, der

Kibli habe sich gelegt, um sich zur Fortsetzung seiner langen Reise nach Norden mit kurzen Atemzügen zu versorgen.

Am Abend sah er sie puppengleich von seiner Formation hoch oben. Die hohen gazellenschlanken Mehris waren auf das Ausmass von Mäusen geschrumpft. Ihre Reiter sassen darauf wie Kinderpüppchen. Die riesigen, stolzen jungen Männer mit ihren von weiten Kleidern aufgeblasenen Körpern waren zu einer Ameisenkolonne geworden. Die Jungen krochen wurmgleich auf der Erde.

Er beobachtete sie vom Gipfel herab durch den Staubschleier hindurch und lachte dabei wie wahnsinnig. Er dachte über seinen himmlischen Gipfel nach, der den Hochmut missbilligt, der die Stolzen und Eitlen entstellt und sie in Mäuse, Würmer oder Käfer verwandelt. Den Gipfel, der sich nicht nur der magischen Fähigkeit zur Verwandlung, sondern auch eines spöttischen Geistes erfreut.

Er beschloss, in die Niederung hinabzusteigen. Auch er würde die Gestalt einer Ameise annehmen, würde zu einem Wurm oder einer Maus mutieren. Nein, nein. Der Wurm ist ekelhaft, und die Maus gefrässig und verschlagen. Die Ameise ist das ehrenwerteste Geschöpf auf der Ebene, stolz, tüchtig und unermüdlich. Die Religion der Wüstenbewohner ist auch die Religion der Ameisen. Die Ameisen sind den in der Wüste Umherirrenden und den Pionieren der Berge am ähnlichsten. Also lass mich eine Ameise sein, himmlischer Gipfel der Himmel. Er lachte laut.

6

Das Leben hatte sich in das verbotene Stück Erde gedrängt. Die Frauen schleppten die Kleider über den Boden. Die Jungfrauen bewegten sich zwischen den Gesangkreisen hin und her. Auch die jungen Männer schlenderten gruppenweise in langen weitärmeligen Hemden umher, auf der Suche nach neuen Liedern. Die alten Männer scharten sich auf dem verlassenen Hügel zusammen und entfachten Feuer, um Fleisch zu rösten und Tee zu kochen.

Er durchschritt eine Schar von Männern: Neger, Gefolgsleute, Jungen, und ging am Besessenen Berg entlang. Irgendwo weinte ein Imsâd eine traurige Melodie. Ein Lied klang von der Frauengruppe auf der Westseite herüber. Die mythischen Melodien aus Aïr. Die Leute aus Aïr sind auch beim Singen Zauberer. Einige exzentrische Weise aus Asdschirr führen die Wirkung ihrer Magie gern auf ihre aussergewöhnliche Begabung in der Musik und der Poesie zurück. Ihr Gesang soll sogar die stummen Steine singen und in Verzückung fallen lassen, erzählt man.

Ein Staubschleier zog vorbei und verhüllte den Mond. Der Derwisch erblickte die Ansammlung der Gefolgsleute und mied sie. Er liess sich leiten von einer Stimme, die in der ältesten Sprache redete und das wertvollste Geheimnis andeutete. Das Herz tanzte, und ein Schauer durchzog seine Glieder. Der Schleier schwebte weiter, und der Vollmond erschien.

Der Derwisch erkannte ihn, wie er da auf ihn zukam. Er trat ihm in den Weg. Er trug ein weisses Tuch um den Kopf, welches das Gesicht freiliess. Er entblösste seine vorstehenden Zähne, der Speichel lief auf die Erde, ein langer, im Mondlicht glänzender Faden. Er drehte sich mit seinem Körper nach links und betrachtete ihn prüfend mit seinem schielenden Blick, bevor er das Angebot enthüllte.

„Dort hat der Singwettstreit begonnen. Auf der ganzen Ebene gibt es ausser dir kein Geschöpf, das mit den Teufeln aus Aïr wetteifern könnte."

Udâd widersprach: „Aber ich gehöre nicht zur Ebene."

Der Derwisch lachte, und nebeneinander gingen sie weiter.

„Aber auch du bist ein Mensch. Und jeder Mensch muss irgendwann einmal auf die Ebene herabsteigen."

„Ich steige aus keinem anderen Grund hinab, als um meiner Mutter eine Freude zu machen."

„Wo wirst du hinfliegen? Selbst die Falken lassen sich in die Tiefen hinab. Sie nisten auf den Gipfeln, aber sie sterben auf der Ebene." Er lachte. „Nur die Engel sterben im Himmel. Bist du ein Engel?" Er lachte nochmals.

Sie kamen zum Kreis, und Udâd tanzte das Herz in der Brust. Die Wärme durchzog ihn, ein heftiges Beben überlief ihn. Er fieberte, aber er geriet nicht in Verzückung. Einige Schritte vom Kreis entfernt hockte er sich nieder. Zu seiner Rechten sass eine Schar beturbanter Gestalten. Über der Ebene schwebten vielerlei Gerüche. Parfüme, Rauch und der Duft der Frauen. Niemand sonst weiss, dass die Frau den kräftigsten und angenehmsten Geruch hat, nur ein Bergmufflon wie er. Wie anziehend doch der Duft der Jungfrauen ist! Wie wohlklingend die Stimmen der Sängerinnen! Die Fieberhitze stieg an.

Mitten im Kreis entdeckte er im Licht des Vollmonds ein Gesicht. Ein Gesicht, das er schon vor seiner Geburt gekannt und das er doch seit der ersten Begegnung nicht mehr gesehen hatte. Rund. Wangen und Lippen mit karmesinrotem Taftast geschminkt. Über der Brust dicke, baumelnde Zöpfe aus pechschwarzem Haar, rebellisch der Gefangenschaft durch das Kopftuch entschlüpft und gebogen und gebunden. Mein Gott! Niemand sonst weiss, welcher Zauber und welche Verführung in dieser Kunst liegt, nur ein Mufflon, der gerade vom Berg herabgestiegen ist. Der Körper war fieberglühend, doch er entschwand nicht in die Verzückung.

Am Handgelenk, zart wie Ebenholz, lag fest ein Armreif aus Silber, kunstvoll geflochten, als wäre er aus Leder. Zum erstenmal sah er ein Handwerksstück dieser Feinheit. Auch die Schmiede aus Aïr sind Zauberer.

In ihrem Schoss ruhte ein Imsâd. Die Zeichnungen darauf konnte er im matten Licht unter dem vorüberziehenden Staubschleier nicht erkennen. Doch das Leder war dick, vielleicht gar doppelt auf seinen kleinen ovalen Körper gespannt. Es war kleiner als üblich, sein Klang war einzigartig melodisch. Das Herz brannte, er roch die Speisen, die über dem Feuer standen. Er taumelte und vernahm in den Gärten den Paradiesvogel:

iddâran wîlanên têlamên de mnâs
iddâran wiwatlanên âr tigharrâs
arrasghan daidagh asigdan dûnfâs

Lebendig ist auch, wer nichts an Geld besitzt
Lebendig ist auch, wer nichts als Atem besitzt
Denn Nahrung ist des Menschen Teil, solange
Atem seine Brust füllt

Seine Stimme spaltete die Himmel. Hoch oben auf dem Îdenan merkten die Dschinnen auf und lauschten. In den Höhlen des Tâdrart stimmten die Dschinnenfrauen ihre Jubeltriller an, und in den Paradiesen des Unbekannten tanzten die Jungfrauen.

Die Ansteckung zog weiter und entflammte die Körper der Edlen. Schweigen breitete sich aus. Sogar die alten Männer auf dem verlassenen Hügel lauschten, und die Kinder hielten bei ihren Müttern den Atem an.

Die Finger der Prinzessin bewegten sich geschmeidig über die gespannte, göttliche Saite. Der Rausch zerriss ihn, und die geheime Sehnsucht nach dem Unbekannten zerschnitt ihm das Herz. In seiner Stimme lag das Verlangen und der Drang, das Geheimnis der Wüste und des Lebens zu ergründen.

Udâd erhob seine Stimme ein weiteres Mal, seinen unbekannten Vogel nachahmend:

ad-dunja en tasîdert tkarras
wud esékîm ar Îdenan ghâs
wissás kûd jarâ âdu jaghlajas
ed kumbat sâbada tekrâs follâs

O Welt, geschaffen für Geduld und Wahn
Es erträgt deine Last nur der Berg Îdenan
Gleichgültig, was der Wind ihm getan
Legt er kein Gewicht auf den staubgen Turban

Ocha wiegte hin und her. Achmâd und drei Gefolgsleute taten es ihm gleich. Gepresste Klagelaute entwichen ihrer Brust, schmerzvoll zum Himmel klagend über den ewigen Verlust und das erbarmungslose Gefühl des Fremdseins in Gottes weiter Wüste. Doch Udâd liess eine noch schmerzvollere und noch süssere Klage aufsteigen.

Er bemerkte nicht das reine Nass, das der Prinzessin in die Augen trat, das auf das seltsame Instrument fiel, ohne dass sie innehielt, mit ihren durstigen Fingern über die klagende Saite zu streichen. Die Melodie stieg auf, folgte dem Gesang des Paradieses. Lied und Melodie vereinigten sich mitunter in einer göttlichen Sure, bis die Herzen zerrissen und die Tränen rauschhaft den Augen entströmten. Mitunter auch ging der Imsâd zurück und gab der Stimme Raum, die aus dem Paradiesgarten gesandt war. Doch auch das Gegenteil konnte geschehen: Dann zog sich die Stimme zurück und überliess den Platz dem zauberhaften Gefährten. Und niemand in der Wüste weiss, warum allein der Gesang jene einzigartigen Wunder wirken kann, die Würde der Edlen verschwinden, die Schamhaftigkeit der Jungfrauen dahinschmelzen zu lassen. Der Hochmut zerstreut sich, Rituale und Zeremonien verflüchtigen sich, die Hartnäckigen geraten in Verzückung, die Mädchen und Frauen beginnen zu schluchzen.

Plötzlich sprang er auf.

Die ganze Ebene zitterte und wiegte und erleichterte sich von den schmerzvoll brennenden Rufen. Udâd strebte dem Berg zu; da trat ihm der Derwisch entgegen und stellte sich ihm in den Weg.

„Du hast mir versprochen", sagte er, während er sich mit dem Handrücken den Speichel abwischte, „mich mit auf den Berg zu nehmen; du hast mich angelogen. Bei Gott, lehre mich singen. Ich werde nichts weiter von dir verlangen, wenn du mich das Singen lehrst."

Doch wer durch das Tor des Unbekannten tritt und von der Quelle des Geheimnisses schlürft, kann das Geflüster der Derwische nicht vernehmen.

7

Er stiess mit ihm im Gedränge der Menschen zusammen. Der Vollmond neigte sich der Erde zu und drohte der Ebene mit der Dunkelheit. Dennoch spürte Anâj einen Schauer, als er die pockennarbigen Wangen sah. Aber nicht allein sie waren die Ursache für den Schauer, sondern auch die Augen, in denen ein geheimnisvoller, spöttisch-dreister Blick lag. Anâj ging noch einige Schritte weiter, dann blieb er stehen und drehte sich um. „Du?" rief er zu seiner eigenen Überraschung.

Die hagere Gestalt lachte und hob das untere Ende des Gesichtstuches, um den Schleier über der Nase zu befestigen. „Ja, ich."

Anâj erschauerte. Mit einem Satz war er neben ihm und erkundigte sich ein weiteres Mal: „Du?"

„Ja, ich."

Anâj brachte seine Emotionen unter Kontrolle und spürte, wie ihm ein Feuer in den Kopf stieg. Sein Atem ging rasch, dann sagte er, weil ihm nichts Besseres einfiel: „Wie konnte es mir nur entfallen. Wie … wie konnte ich vergessen, dass du das einzige Geschöpf bist, das sich für den Wind einsetzt? Wie konnte ich nicht darauf achten, als von einem Schatzsucher die Rede war?"

Die Gestalt trat näher und fasste ihn am Handgelenk. „Wer sagt dir", flüsterte er heiter, „dass ich nicht nach Gold suche?"

Anâj zog seine Hand zurück, als wollte er sich von einer Schlange befreien: „Wann war je der Schatz das Anliegen des Sehers?"

„Und was lässt dich wissen, dass ich nicht meinen Charakter und auch mein Metier geändert habe?"

„Und wann hätte der Seher je seinen Charakter oder sein Metier geändert?"

Der andere lachte. „Bravo! Auch du hast dich nicht verändert. Hartnäckig und boshaft."

„Du wagst dich ins Land der Fremden vor. Du betrittst die Tanzarena mit einer krätzigen Kamelstute, um das Fest zu ruinieren."

„Mit einer mageren Kamelstute. Sie ist nur mager."

„Die Beschreibungen passen zu ihr, wenn der Seher ihr Herr ist."

„Aber alles ist gut ausgegangen, und du schlenderst hier herum und geniessest dein Fest." Er lachte.

„Du hast den edelsten Mann hier zu Boden geworfen und fast seine Rippen zerschlagen."

Der andere lachte. „Aber seine Rippen sind, Gott sei's gedankt, nicht gebrochen."

Anâj schnaufte wütend, der Fremde unterdrückte ein gemeines Lachen. Da packte Anâj sein Handgelenk und führte ihn weg in die offene Wüste. „Es ist das beste, wenn du sofort gehst", fuhr er ihn zornig an. Und als der pockennarbige Seher lachte, fügte er hinzu: „Weg. Irgendwohin. Die Wüste ist weit."

„Ich fürchte, das werde ich nicht können", sagte der Seher ungerührt.

„Du wirst es können. Die Ebene erträgt uns nicht beide."

Der Seher befreite seine Hand aus Anâjs Griff und erklärte unschuldig: „Ich fürchte, du wirst vor mir weggehen." Und lachend ergänzte er: „ Betrachte das nicht als Prophezeiung."

„Ich werde ihnen die Wahrheit erzählen", drohte Anâj. „Ich werde dem Stammesführer die Wahrheit über dich erzählen."

„Die Wahrheit über mich?"

„Ich werde erzählen, dass du ein Seher aus dem Lande der Magier bist."

„Dann werde ich die Wahrheit über dich erzählen. Ich glaube, sie haben genug von dem Wind. Der Südwind ist dieses Jahr ungewöhnlich hartnäckig, ohne dass sie dafür eine Ursache wüssten."

„Du weisst nicht, wie verhasst ihnen die Magier und die Seher von Kano sind."

„Ich weiss, wie verhasst ihnen der Südwind ist und der erbarmungslose Sand. Ach, wenn sie wüssten, dass du die Ursache dafür bist."

Anâj verlor die Beherrschung: „Schweig, du Feind Gottes!"

Der andere lachte. „Die Götter wissen wohl, wer von uns beiden ihr wirklicher Feind ist. Also lästere nicht."

Anâj schwieg. Er forderte sein Gegenüber auf, sich zu setzen.

Der Vollmond trat die Reise des Untergangs an. Die Männer zogen sich in Gruppen zurück, und allmählich leerte sich der Platz auch von den Frauen. Im Osten schlugen einige Mädchen die Trommeln und versuchten, den Durst der Verzückten zu stillen.

Anâj machte ein Angebot. „Was willst du? Was würde dich zufriedenstellen, um mich in Ruhe zu lassen?"

Der Seher zog das Ende seines Gesichtstuches hoch und bedeckte seine Nase, bevor er antwortete: „Du weisst, worum es geht. Amanâj ist es, der will, nicht ich, und meine Aufgabe ist es, um seine Gunst zu bitten."

„Lassen wir Amanâj!"

„Ich will nichts. Ich habe gerade bekannt, dass der Seher nicht auf Schätze aus ist."

„Misch dich nicht in meine und Amanâjs Angelegenheiten. Ich habe auch noch kein Angebot gemacht, dich zu kaufen."

„Ich mische mich nicht ein. Alles, was mich interessiert, ist der Versuch, den Südwind zu stoppen. Ich will mein Land vor dem heranschleichenden Verderben retten. In der Vergangenheit griff er, wenn Leute wie du eidbrüchig wurden und die Gelübde nicht erfüllt haben, das Niltal an, bildete das grosse Sandmeer im Osten und schuf ein gewaltiges Meer aus Sand im Westen. Und heute will er die Wüste in zwei Hälften spalten und wegen dir ein weites Meer in der Mitte schaffen."

„Du willst nicht nachgeben. Ich werde dich verraten."

„Nichts wirst du tun, sonst werde ich ihnen dein Geheimnis preisgeben.“

Der Schmerz in der Brust der Verzückten wuchs. Die Kehlen der Sängerinnen versuchten, Erleichterung zu verschaffen.

Der Seher wiederholte seine Warnung: „Nichts wirst du tun, sonst werde ich ihnen dein Geheimnis preisgeben.“

X. Die Vision

Grenznachbarn der Nasamonen sind die Psyller, die zugrunde gegangen sind auf folgende Art: Der Südwind kam und trocknete ihnen alle Zisternen aus, und ihr Land, das ganz innerhalb der Syrte liegt, war wasserlos. Da zogen sie nach gemeinschaftlichem Ratschlusse gegen Süden zu Felde (hier sage ich, was die Libyer sagen), und als sie in der Sandwüste waren, kam der Süd und verschüttete sie. Nach ihrem Untergange haben nunmehr die Nasamonen das Land inne.
Herodot, *Historien*

1

Amanâj, der Gott des Südwinds. In einen Durchgang hoch oben zwischen zwei Bergen nördlich von Timbuktu hat der Wind ihn gegraben. Sein Haupt trägt einen Turban und einen steinernen, mit einer Kieselschicht verzierten Schleier, der die Augen bedeckt und über die stolze, nach oben, gen Himmel, gerichtete Nase herabgelassen ist. Obwohl die Augen hinter dem Schleier verborgen liegen, verrät seine ganze Gestalt doch Strenge und Stolz. Er hockt auf einem steinernen beweglichen Sockel, nach Süden gewandt, zur Stadt, in völliger Ruhe. Doch wenn er hungrig ist und ihn nach Opfern verlangt, weckt er den Sturm, wendet sich mit seiner ganzen oberen Hälfte nach hinten und blickt gen Norden, wo am Sockel, beim Durchgang, sich ein Abgrund auftut, dessen Tiefe niemand kennt. Der Südwind hält erst inne und der Gott kehrt erst in seine natürliche Stellung zurück, wenn die Bewohner der Wüste heraneilen und ihm die schönste Jungfrau in den Abgrund werfen.

So geht das seit Generationen, und keiner weiss, seit wann.

2

Der Häuptling beschränkte sich nicht darauf, mit den ersten Mädchen in Timbuktu zu verkehren. Er wählte noch eine weitere Jungfrau aus, um sie dem Gott zum Opfer zu bringen. Und weder das Flehen der Verständigen noch der Einspruch der Scheiche vermochten ihn davon abzubringen, die Gefühle der Muslime durch seine Magierriten zu verletzen. Und gegenüber der Glaubensdelegation, die zu vermitteln gekommen war, wiederholte er seine alten Losungen, die er aus der Sprache der Zauberer übernahm und die vom unbeständigen Gericht und von der verräterischen Zeit handelten. Dann fügte er noch eine neue Zeile hinzu, die diejenigen nicht überraschte, die ins Gesetz der Dschinnen eingeweiht waren: „Wer Gold besitzen will, verzichtet auf alles. Das ist die erste Bedingung."

Die Elenden kehrten in die Häuser zurück und dachten über die Lehren des Anhi, der weisen Quelle, des verlorenen Gesetzes, nach und dessen Ausspruch, den die Generationen weitergaben: „So in einem Lande Gold glänzt, so wird die Seele der Menschen jenes Landes blind und die Bewohner verlieren Führung und Verstand; dann wird nur allzu leicht verbotenes Blut vergossen, und der Frevel macht nirgends mehr halt." Der Häuptling entfernte den Bann um Amanâj und belebte eine alte Sitte neu, der die Bewohner des Dschungels vor den Eroberungen anhingen: den wilden Tanz der Neger vor ihm. Und während der Staub aufstieg, stiessen sie die schönste Jungfrau von Timbuktu in die Tiefe.

Die Gläubigen in ihren Klöstern sehnten Hammas Zeit zurück, während sie den Einfluss seines Neffen dahinschmelzen sahen. Und niemandem blieb verborgen, dass der Häuptling der Bambara der tatsächliche Herrscher war.

3

Der Häuptling nahm die Macht zurück in den Dschungel und liess Oragh mit einigen kläglichen Vollmachten im Palast zurück. Doch der alte Gott beschloss, sich auch nach seiner Befreiung zu rächen.

Nur ein Jahr später erhob sich in Timbuktu ein Sturm, der Tag und Nacht ununterscheidbar machte und zu einer Finsternis verschmolz, die mehrere Tage währte. Die Scheiche schmerzte der Anblick der Zerstörung, die über die Hauptstadt des Glaubens hereinbrach, und sie machten Oragh dafür verantwortlich, der für das unheilvolle Metall die Stadt den Magiern verpfändet habe. Und nicht genug damit, dass er Erde und Ehre aufgegeben hatte, er mischte sich auch in die Seelen ein und erlaubte dem Gesindel, heidnische Riten zu vollziehen. So fiel er von der Religion Gottes ab. Das Kadirîja-Kloster litt unter der Repression, und die Jünger verliessen es und zogen nach Agades, nach Asdschirr und ins Ahaggâr. Und dem Schicksal gefiel es, dem Grossscheich einen Termin mit seinem Herrn festzusetzen. Er starb am nämlichen Tag, da Amanâj freigelassen wurde, weshalb es die Verständigen nicht abwegig fanden zu glauben, der Arme könnte aus Kummer gestorben sein.

Diejenigen, die ihrem Glauben treu blieben, zogen sich in ihre Häuser zurück, und die Weisen suchten Trost im geduldigen Abwarten. Nur eine sehr geringe Anzahl schwacher Seelen hielt die Beziehung zum Sultan aufrecht.

Nach dem Sturm lud Oragh sie in den Palast, um sich mit ihnen zu beraten. Doch sie waren überrascht von der einflussreichen Rolle der Magier-Zauberer. Lange diskutierten sie über das Zeichen und erklärten es als eine Laune des Gottes.

Sie debattierten, stritten und einigten sich schliesslich, bei ihrem spirituellen Führer im Dschungel um eine Entscheidung nachzusuchen und den Scheichen von Timbuktu nicht zu gestatten, eine Ansicht zu äussern.

Wenige Tage später kam aus dem Dschungel der pockennarbige Seher als Bote der Häuptlings.

4

Die Wurzeln Idikrâns reichen nach Timbuktu zurück. Seine Ahnen zogen weg nach Kano, nachdem sich der Islam in der Hauptstadt des Goldes eingerichtet hatte. Kenner der Geschichte der Eroberungen behaupten, der Ahn habe Timbuktu nicht freiwillig verlassen. Chatamân sei es gewesen, der ihn vertrieben habe, aus Furcht vor seinem spirituellen Einfluss auf die Leute. Denn nie hatte die Südliche Wüste einen Seher mit seinem Scharfblick und seiner Einsicht in den Sinn des Unbekannten erlebt. Mit seiner ungeheuren Begabung habe er sogar seine eigene Rückkehr in die Heimat vorausgesagt, verkörpert in seinem Nachfahren Idikrân Jahrhunderte später. Und noch immer erzählen sich Leute, die nichts Besseres zu tun haben, zum Zeitvertreib, was sich zwischen ihm und dem weisen Chatamân abgespielt hat, als dieser befahl, ihn fortzuschaffen, und selbst mit hinausging und ihn in Würdigung seines Einflusses auf den Weg ins Exil geleitete. Der Fakîh nämlich, der den Zug begleitete, erinnerte die Gläubigen an den edlen Prophetenausspruch: „Die Astrologen lügen, selbst wenn sie die Wahrheit sagen." Dann fügte er seiner Provokation noch eine weitere hinzu: „Endlich wird das Juwel der Wüste gesegnet und erlebt die Wohltat der Erlösung von vieltausendjährigem Übel. Nichts währt ewig." Aber der weise Seher ignorierte die Provokation des Fakîh, obwohl er den letzten Hinweis aufnahm und den Sultan der Muslime um Erlaubnis nachsuchte, ihm einen Rat zu gewähren. Er soll gesagt haben: „Das Schicksal wird den nicht überraschen, der nicht der trügerischen Zeit gegenüber unaufmerksam ist. Herr, ich kann nicht anders, als Euch zu Wachsamkeit und Kampfbereitschaft aufzurufen, obwohl mich das auch traurig macht, weil es die Abwendung vom Islam hinausschiebt und die Rückkehr meiner Nachkommen zu ihrer Wurzel auf Jahrhunderte hin verhindert."

Die Rückkehr des siegreichen Nachkommen betrübte die Gottesfürchtigen und stürzte sie in tiefste Verzweiflung.

5

Er traf sich mit dem Sultan. Die darauffolgende Nacht verbrachte er allein mit dem Gott zwischen den beiden Bergen. Keiner wusste, was er dort tat, aber er überraschte den mageren Kreis mit einer neuen Prophezeiung, die ihnen neue Schmach brachte. Er hockte sich in der mit Kelims aus Twât ausgelegten Halle nieder, liess sein hässliches Lachen hören und sagte: „Wenn ihr Amanâj besänftigen und euch gegen den wahnsinnigen Südwind schützen wollt, müsst ihr euch mit einer Neuregelung der Opfer einverstanden erklären."

Schweigen herrschte. Idikrân schlürfte von seinem Tee und stellte danach das Glas vor sich auf den Kelim. Er richtete sein schäbiges Gesichtstuch und legte den unteren Rand über den Mund. All das, ohne sich um die Neugier des Kreises zu kümmern. Nach langem Schweigen offenbarte er das Geheimnis: „Ab heute wird er sich mit nichts anderem zufrieden geben als mit Opfern aus dem Kreis der Edlen."

Der Sultan machte eine unwirsche fragende Handbewegung. In einer finsteren Ecke lachte gequält ein alter Seher. Und so erfuhren diejenigen, die sich mit der Erniedrigung durch die Magier abgefunden hatten, dass ihnen eine weitere

Schmach bevorstehe, abscheulicher als alles bisher Dagewesene. Die mageren Finger des Sultans zitterten, bevor er aufbegehrte: „Wir haben noch nie von Blutsunterschieden gehört.“

Idikrân legte los, um die Einwände im Keim zu ersticken: „Es gibt beim Blut ebenso Unterschiede wie bei den Göttern. Amanâj ist nicht wie alle anderen Götter. Ihr wisst das am besten, hochwohlgeborener Sultan.“

Oragh versuchte, seine Verärgerung zu verbergen, doch schliesslich war es ihm zuviel: „Mein Gott nochmal! Reicht es denn nicht, dass wir unserer Religion zuwidergehandelt und dem Häuptling erlaubt haben, das Götzenbild freizugeben? Reicht es nicht, dass wir uns danach in Ehren unterworfen und uns bereitgefunden haben, ein Opfer zu bringen, obwohl unsere Religion das verbietet?“

Idikrân setzte die Rechtfertigung fort: „Wer auf der Suche nach den Schätzen des Goldes auf etwas verzichtet, verzichtet später auf alles. So ist es in der Tradition der Seher seit uralten Zeiten überliefert.“ Er hob das Haupt. Auf den hervortretenden Wangen wurden die Spuren der Pocken sichtbar. Er blickte den Sultan herausfordernd an und fuhr dann fort: „Ihr habt gewaltige Opfer gebracht, um Timbuktu zu retten. Ich will in Euch diesen Geist wieder aufleben lassen. Die schönste Stadt der Wüste verdient das. Ohne Euch wäre mir die Rückkehr ins Land der Ahnen nicht zuteil geworden.“

Der Sultan nahm den spöttischen Ton auf und kommentierte resiginiert: „Was nützt uns die Rettung Timbuktus, wenn wir drauf und dran sind, unsere Seelen zu verlieren?“

Der alte Seher lachte in seiner Ecke, und plötzlich sprang einer der elenden Scheiche auf, die, verstreut in der grossen Halle sitzend, der Unterhaltung lauschten. Bebend trat er zwischen sie, stierte sie abwechselnd an und donnerte dann los: „Bitt für uns, Gesandter Gottes! Bitt für uns, Gesandter Gottes! Das ist Häresie! Das ist Abfall vom Glauben!“

Mit diesen Worten rannte er aus dem Palast.

In der finsteren Ecke flüsterte der alte Seher dem Nächstsitzenden ins Ohr: „Ist das ein Derwisch? In Timbuktu wissen sogar die Kinder, dass der Abfall vom Glauben schon vor langer Zeit begonnen hat.“

Er liess seiner Bemerkung ein böses Lachen folgen.

6

Idikrân wohnte in einer Höhle auf dem Gipfel jenes Berges, dessen Ostseite der Gott des Südwinds abschloss. Man sah ihn, wie er in der Finsternis das Götzenbild umkreiste, Knochen und Dung verbrannte und seine geheimen gottesdienstlichen Handlungen praktizierte. Und als die Notabeln zu einer Regelung der Opferfrage gelangt waren, beaufsichtigte er selbst das Ziehen des Loses.

Amanâjs Wahl fiel auf ein siebzehnjähriges Mädchen, das einzige Kind ihrer Eltern. Der Vater war kein anderer als jener verzweifelte Scheich, der die Fürbitte des Gesandten Gottes wegen des Abfalls vom Glauben erbeten hatte.

7

Das edle junge Mädchen ging mit festen Schritten, aufrecht und barhäuptig. Ihr dunkles, ölglänzendes Haar fiel, zu Zöpfen geflochten, auf ihre vorspringende jungfräuliche Brust. Sie schritt zwischen den Reihen der Leute hindurch, mit einer Würde, die einer Jungfrau wohl anstand, die zum bräutlichen Lager der Götter geführt wird. Doch der arme Vater, vernichtet im Kampf mit dem Schicksal, sprang in einem unbemerkten Augenblick hinter ihr in die Kluft.

8

Oragh kehrte zu seiner Kindheit auf den Weiden zurück. Sein Grossvater schickte ihn, ein verlorenes Kamel zu suchen, und er irrte in der Wüste umher, von Durst gequält, verfolgt von Luftspiegelungen. Doch statt den Schatten der Bäume zu suchen und den Turban auf dem Kopf zu behalten, beging er den Fehler, den zu begehen jedem Durstigen bestimmt ist, wenn er vom Wege abkommt. Er nahm den Turban ab und befreite sich von seinen Kleidern, schweifte durch die ewige Weite, bis er ohnmächtig zu Boden fiel.

Er wusste nicht, wieviel Zeit vergangen war, doch irgendwann einmal stand er nackt am Rand eines alten, mit einem Marmorring eingefassten Brunnens, damit beschäftigt, mit einem Palmseil den Eimer hochzuziehen. Er zog und zog an dem groben Seil, bis er es, ermattet und verzweifelt, gerade loslassen wollte. In diesem Augenblick erschien Têneres Kopf über dem Brunnenrand. Sie lächelte. Ihr Haar war zu feinen Zöpfen geflochten, ihr Gesicht mit Wasser erfrischt. Ihr Mund öffnete sich zu jenem rätselhaften Lächeln. Er erschrak und sprang zurück, liess das Seil los. Da verschwand die junge Frau in der finsteren Tiefe. Er hörte sie schreien, ein langgezogener, schmerzvoller, gepeinigter Hilfeschrei.

Noch als er angstvoll aufwachte, klang ihm dieser Schrei in den Ohren und pochte in seinem Kopf, kummervoll, furchterregend, bedrückend.

9

Als er längst nicht mehr zu hoffen wagte, wurde sie ihm beschert. Drei Frauen hatten ihm kein Kind geschenkt, so dass er schon glaubte, unfruchtbar zu sein. Ja, die Frauen verbreiteten dieses Gerücht, als er ihnen die Scheidungspapiere bringen liess. Er ehelichte eine seiner abessinischen Gefangenen, und durch sie kam die Erlösung. Weder im ersten noch im zweiten Jahr wurde sie schwanger. Erst im vierten Jahr bescherte ihm das Schicksal Nachkommenschaft. Natürlich wusste er nichts von dem Gerede, das in einer Stadt wie Timbuktu mit ihrer Leidenschaft für Gerüchte umging. Ebensowenig wusste er von dem geheimen Besuch, den die Abessinierin eines Nachts dem Haus eines Fakîh abstattete, während er auf einem Kriegszug ausserhalb der Hauptstadt weilte.

Er mühte sich, sie mit der Zuneigung dessen zu überschütten, der die Hoffnung auf Nachkommenschaft aufgegeben hat. Der Zuneigung eines Vaters, der wohl weiss, dass ein Kind nicht nur die Zierde dieses Lebens ist, sondern das einzige Geschöpf, das seine Linie vor der Unterbrechung und dem Verschwinden retten kann. Und oft wiederholte er die erbarmungslose Weisheit des Anhi: „Kein Geschöpf kann behaupten, auf Erden gelebt zu haben, wenn keine Nachkommen in seine Fussstapfen treten."

10

Zweimal noch hatte er diesen Traum nach jener Nacht, doch sah er da nur die zweite Hälfte: sich selbst, über den glattpolierten Brunnenrand gebeugt, und Têneres nassen Kopf. Dann die Angst und der langgezogene, schmerzvolle Schrei.

Er dachte daran, sich bei den Sehern Rat zu holen, doch die Intuition liess ihn davon Abstand nehmen und auf die Rückkehr Anâjs von einer Handelsreise nach Agades warten. Da gibt es immer die geheimnisvolle Stimme, die uns in jenem Augenblick aufmerken lässt, wenn der Weg sich teilt und wir zu wählen haben.

11

Oragh schloss den Bericht ab. „Der Menschensohn sucht, wenn er in Schwierigkeiten gerät, den Weg zurück in den barmherzigen Mutterschoss. Wärst du nicht mein Bruder, ich würde nicht Rat bei dir suchen." Er schritt durch die Halle und trat zum Fenster. Betrachtete den Hof jenseits der Stäbe, um die Wachen zu entdecken und die Spione zu entlarven. „Glaubst du, dass es eine Verbindung zwischen dem Traum und dem Abgrund des Gottes gibt."

Anâj verschwand hinter seinem aschgrauen Schleier. Er zog das obere Ende herab, so dass es die Augen bedeckte. Er lenkte sich ab, indem er den Dreiecken der Tanit auf dem Teppich folgte. „Das braucht nicht die Erläuterung eines Sehers."

„Glaubst du, sie werden es wagen, ihren Kopf zu verlangen?"

Anâj schaute vom Kelim auf und fragte unbarmherzig zurück: „Zweifelst du daran?"

„Im Anhi hiess es einst: Wer keine Nachkommen zurücklässt, ist nie geboren." Schweigen. Draussen das Heulen des Windes. „Du weisst", sagte der Sultan mit gebrochener Stimme, „dass ich niemals die einzige Erbin ausliefern kann."

„Der Erbe ist allein Gott."

„Ich habe alles ausgeliefert. Das Land, die Ehre, den …"

„Bei Gott. Du hast Gott ausgeliefert, und das ist die allergrösste Sünde."

„Ich habe das getan, um Timbuktu zu retten." Als Anâj verächtlich lachte, fuhr der Sultan fort: „Aber Tênere kann ich nicht ausliefern."

„Aber du hast sogar dich selbst ausgeliefert."

„Ja. Ich habe mich selbst ausgeliefert, aber ich bin nicht bereit, das Mädchen auszuliefern."

„Wenn das Schaf erst einmal geschlachtet ist, schadet ihm das Abhäuten nicht mehr.“

„Falsch. Was ihm schadet, ist, kein Lamm zu haben, durch das es in der Erinnerung der Leute weiterlebt.“

„Nützt es dir, dass sich die Leute deiner erinnern, wenn du dich selbst verloren hast?“

„Es nützt. Meiner Meinung nach nützt es. Alle Lebewesen streben danach, eine Spur zurückzulassen, wenn sie einmal verschwinden.“

Keine Antwort.

„Ich habe dich aber nicht kommen lassen, um mit dir über Vergangenes und Verflossenes abzurechnen. Ich habe nach dir verlangt, um mich mit dir zu beraten.“

Der Wind heulte in den Palmenwipfeln. Anâj erhob sich. „Du bist mein Bruder“, sagte er, „mein Fleisch und Blut. Ich werde dir helfen, egal, was geschieht.“

„Das ist es, was ich von dir hören wollte“, rief der Sultan. Er machte einige Schritte auf ihn zu. Sie umarmten sich.

Das Pfeifen des Windes hoch oben in den Palmen wurde stärker, und der Südwind schob sich als Staubzunge durch das Fenster.

12

Die Spannung zwischen den beiden ging auf das Verhalten des Vaters zurück. Anâj war sein Sohn, den ihm eine edle Mutter von den Stämmen der Ulmadan Natrâm gebar. Oragh zeugte er mit seiner Lieblingsfrau, deren Wurzeln nach Asdschirr zurückreichten und die sogar mit dem Stammesführer der Oraghen verwandt gewesen sein soll. Die Frau gab ihrem Erstgeborenen als gutes Omen den Namen dieses altehrwürdigen Stammes aus Asdschirr. Doch die unedlen Menschen in Timbuktu liessen es sich nicht nehmen, ein Gerücht in Umlauf zu setzen, wonach sie ihrem Sohn diesen hübschen Namen nicht als gutes Omen für den Stamm gegeben habe, sondern lediglich um die Geschichte ihres Umgangs mit dem Gold zu preisen.*

Als der Vater nicht mehr imstande war, seine Gefühle gerecht auf die beiden Ehefrauen zu verteilen, er die Frau aus Asdschirr bevorzugte und ihr mehr Liebe und Zuneigung zuteil werden liess als der armen Frau aus dem eigenen Stamm, spiegelten sich diese Gefühle auch bei den Söhnen, obwohl der Vater sich redlich mühte, das erste Prinzip im Gesetz der Muslime zu wahren, das die Mehrehe nur unter der Bedingung gestattet, dass die Liebe unter alle Frauen gerecht aufgeteilt würde. Nun ist es natürlich, dass die Kinder die Gefühle des Vaters der Mutter gegenüber erben. Anâj konnte das Elend seiner Mutter nicht vergessen, die am Ende der Nacht ihr Haupt in der Zeltecke barg und still schluchzte, nachdem die andere Frau sich in drei aufeinanderfolgenden Nächten des gemeinsamen Ehemanns bemächtigt hatte. Und wenn sie diesem hier auch noch verzeihen und auf ihr Recht als Ehefrau verzichten konnte, so verzieh sie ihm als Mutter nicht, dass er seine Rolle als Vater vernachlässigte und dem Sohn Aufmerksamkeit und Zuneigung vorenthielt, eine Haltung, die ihn prägte; er neigte zu Ungerechtigkeit.

Als die beiden Brüder älter geworden waren, beschloss Oragh, in Timbuktu zu leben, während Anâj weiterhin mit den Karawanen zwischen Agades und Asdschirr zog. Er liess sich nichts anmerken und machte sich den Handel zum Metier. Sogar als man ihm erzählte, Oragh habe nach Hammas Verzicht die Sultansmacht erhalten, regte er sich nicht auf und hielt sich ruhig, und zwar trotz aller Versuche

* Oragh heisst „Gold"; Oraghen heisst „Volk des Goldes".

des Stammes, ihn gegen seinen Bruder zu unterstützen, und obwohl er überzeugt war, geeigneter für die Führung zu sein. Er hielt sich hinter seinem Schleier versteckt und folgte dem Weg der Karawanen und des Handels. In jener Zeit erfuhr er einige Geheimnisse, das Glück lächelte ihm, und er entdeckte den Schlüssel zum Schatz. Er fand heraus, dass es das Gold ist, was den Handel bewegt, dass es der Handel ist, der grosse und kleine Städte schafft und dass es ohne das Gold in der weiten Wüste kein Timbuktu gäbe.

Doch eine harte Belastung erfuhr ihr Verhältnis durch den Tod ihres Onkels, des Bruders ihres Vaters. Da machten allerhand Gerüchte die Runde, und zwischen den beiden kam es fast zum Bruch.

Aber schliesslich legte Oragh seinen Hochmut ab, und als das Schicksal an seine Tore pochte, schickte er nach Anâj.

13

Der ewige Henker hockte auf dem Thron. In den staubigen Gassen von Timbuktu stand die Luft still. Die Hitze des Südens brach in unregelmässigen Wellen herein. Aber die sengende Glut stoppte weder die Bewegung der Karawanen noch die Aktivität der Händler auf den Märkten. Die beiden Brüder sassen in der Halle, im Schatten der Palmen. Von der Strasse trennte sie eine mit Dreiecken gezähnte Mauer. Ein riesiger schwarzer Sklave kam mit einem Teetablett.

„Meine nicht, ich sende sie nach Asdschirr, um alte Blutsbande zu beleben; auch nicht wegen einer angeblichen Erfahrung der Oraghen im Umgang mit Gold. Glaub die Märchen nicht." Oragh wandte sich ab und zog seinen Gesichtsschleier über die Augen. „In Asdschirr gibt es Stämme", erklärte er, „die sich von den Göttern der Magier nicht verführen lassen." Der Südwind sandte eine neue Feuerwoge, die Wipfel der Palmen reagierten rauschend und klagend. Oragh schlürfte hörbar seinen Tee. Dann fuhr er mit gepresster Stimme fort: „Auch verlasse ich mich auf deine Erfahrung mit ihrem Land. Du kennst ihre Sitten und hast von ihren Wassern getrunken. Asdschirr ist in unserer Zeit barmherziger als das Ahaggâr."

Anâj verstand den Grund für diesen Vergleich nicht, aber er zog es vor zu schweigen.

„Gestern sah ich den Traum umgekehrt", erzählte Oragh mit veränderter Stimme. „Als sie den Kopf aus dem Brunnen streckte, stiess ich sie in die Tiefe. Ja, ich war es, der sie in den Abgrund stiess. Was das wohl bedeuten soll?"

Anâj bemerkte erst nach einiger Zeit des Schweigens: „Ich rate dir, keinen Seher aus Timbuktu um eine Deutung anzugehen."

„Idikrân. In letzter Zeit gefällt er mir nicht. Ich habe den Eindruck, er liest den Plan in meinem Kopf."

„Er ist durch und durch ein Magier."

„Im Schûra-Rat tuschelt man schon. Als ob man etwas wüsste."

„Der Sultan sollte nicht mehr argwöhnen als angemessen."

„Der Sultan ist keiner mehr, wenn seine Nachkommenschaft vom Tode bedroht ist."

Der Südwind stöhnte. Die Zweige hoch oben an den Palmen bewegten sich. Die Fata Morgana erklomm die Zähne der Mauer.

„Ich habe für euch Karawanen und Vorräte bereitgestellt", sagte der Sultan schliesslich.

Der schwarze Riese kam und holte das Tablett. Oragh wartete, bis er in den Gängen des Palasts verschwunden war, bevor er fortfuhr: „Dazu alles Gold, dessen ich während der letzten Jahre habhaft werden konnte. Ich habe mich auch bemüht, euch die fähigsten Schmiede und Handwerker mitzugeben. Die Waffe des Fremden, das ist das Gold."

„Ja, die Waffe des Fremden, das ist das Gold", wiederholte Anâj spontan.

Er dachte an den Schlüssel des Schatzes und des Lebens. Ihn, der Handel und Wunder schafft und Städte aus dem Nichts entstehen lässt.

Im Sultan blitzte die Hoffnung auf Rettung seiner Nachkommenschaft vor dem Abgrund auf. Dabei vergass er, dass in der Wüste keinem Geschöpf Rettung bestimmt ist, das versucht, seinem Schicksal zu entrinnen.

XI. Der Derwisch

Ja, ich ward schon einmal zum Jüngling
und auch zur Jungfrau,
Wurde Pflanze und Vogel und Fisch,
stumm Fluten enttauchend.
Empedokles

1

Er traf sie auf dem weiten Asche- und Abfallplatz westlich des Lagers, wo sie ihren Korb auf die Erde entleerte. Sie warf ihm einen ratlosen Blick zu, während sie versuchte, ihre kleine, gebogene Gestalt aufzurichten und sich gerade hinzustellen. Dann drückte sie ihre langen, mageren Finger zu einer Faust zusammen, die ihn an die Hütten der Bauern in den Oasen erinnerte. Damit drohte sie ihm, fuchtelte vor seinem Gesicht herum und sagte bedrückt: „Ich habe dich wie mein Kind aufgezogen. Warum hast du so übel an mir gehandelt?"

Er entblösste seine vorstehenden Zähne. Einige Tropfen Speichel liefen heraus. Er wischte sie mit der Hand ab und lachte.

„Warum hast du es ihm erzählt?" fragte die alte Frau.

Er lachte.

„Befriedigt es dich, wenn er auf einem Berggipfel stirbt?"

Er lachte nochmals. „Glaubst du denn, er sollte auf der Ebene sterben?"

„Möge Gott nicht hören, was du sagst."

„Die ganze Ebene weiss, dass Gott ihm ein Grab in seiner Nähe bereitgestellt hat, dort oben im Himmel." Er lachte wieder.

„Möge Gott nicht hören, was du sagst."

„Sogar die Seherin, deine Freundin, die Seherin, sie weiss es auch.“

„Du lügst.“

„Für ihn ist es leichter, auf dem Gipfel zu sterben als auf der Ebene. Wie die Knechte Gottes.“

„Möge Gott nicht hören, was du sagst. Der Berg ist so hässlich.“

„Ich habe ihm erklärt, dass sogar die Falken auf der Erde sterben, wie hoch sie auch in den Himmel aufgestiegen sind, obwohl ich nicht sicher war, ob ich ihn nicht anlüge.“

„Gott stärke deine Religion. Was hat er gesagt?“

Er lachte. „Wenn das Schaf erst einmal geschlachtet ist, schert es sich nicht um das Abhäuten.“ Er lachte. „Ich glaube nicht, dass es ihm Beschwer macht, ob sein niedriger Körper auf eurer niedrigen Ebene begraben wird, wenn seine Seele im Himmel ist.“ Nochmals lachte er.

„Ich möchte keine gequälten Interpretationen hören, sondern seine Antwort.“

„Er redet nicht mehr in unserer Sprache. Die Gipfelmenschen haben ihr eigenes Idiom, wie die Zauberer und die Seher und die Bewohner des Îdenan.“

„Spotte nicht über mich. Ich bin seine Mutter, er ist mein Einziger.“

„Gerade hast du gesagt, auch ich sei dir wie ein Sohn.“

„Spotte nicht über mich. Du bist ungezogen. Du hast mein Geheimnis ausgeplaudert.“

„Hätte ich es nicht getan, wäre er in deinen Händen gestorben.“

„O Gott, bewahre mich!“

„Ich kenne ihn. Ich kenne seine Sprache. Er wird nie auf der Ebene leben ...“

„Möge Gott nicht hören, was du sagst“, unterbrach ihn die alte Frau. Dann steckte sie ihre Hände in den Sand, um seine Worte in der Erde zu begraben, aus Furcht, die Götter könnten sie hören.

„Hätte ich ihn den Zauber deiner Freundin essen lassen", fuhr der Derwisch fort, „wäre er vor Kummer gestorben, weil ihm der Berg vorenthalten worden wäre. Der Zauber der Dschinnen ist stärker als der Zauber der Seherin." Er lachte.

Sie machte ihr Tuch über ihrem faltengezeichneten Gesicht fest und fragte zweifelnd: „Glaubst du wirklich, dass die Bewohner des Îdenan in seinem Kopf Wohnung genommen haben."

Er lachte. „Bisher habe ich ihn noch nicht überreden können, mich den Aufstieg in die Berge zu lehren. Beim letztenmal habe ich diese Hoffnung aufgegeben und sie gegen eine andere eingetauscht. Ich habe ihm gesagt, er solle mich eben in das Geheimnis des Gesangs einweihen, wenn er mich schon das Geheimnis der Berge nicht lehren wolle. Hast du gehört, was er am Abend des Festes im Lager getan hat?"

„Ja, ich hab davon gehört."

„Hast du ihn je in deinem Leben singen hören?"

Keine Antwort.

„Das ganze Lager ist in Verzückung geraten. Die Prinzessin hat geweint, und Ocha war ganz ausser sich. So einen Gesang habe ich auf der ganzen Ebene noch nie gehört. Er hat alle taumelnd zurückgelassen und ist in seine Felsspalten im Tâdrart zurückgekehrt. Aber sein Geheimnis hat er mir nicht verraten."

Die Scheibe des Henkers verschwand hinter einem dichten Staubschleier. Der Südwind rüstete sich für die Wiederaufnahme seiner Reise.

„Niemanden verlangt nach dem Leben auf der Ebene", fuhr der Derwisch fort, „der je das Geheimnis des Gesangs erlernt hat.“ Er lachte. „Des von den Dschinnenfrauen abgehörten Gesangs.“

2

Er stamme, so hiess es allgemein, väterlicherseits von den Almoraviden ab. Als sich nämlich die Bewohner der Wüste, schon vor langer Zeit, daran gewöhnt hatten, die Derwische auf die Almoraviden, die Gefährten des Propheten oder direkt auf seine Familie zurückzuführen, wagte niemand mehr, diese Überlieferung zu bezweifeln oder diese Vorstellung in Frage zu stellen, trotz der in dieser Herkunftszuschreibung enthaltenen besonderen Auszeichnung. So wurde den Derwischen Zuneigung und Fürsorge zuteil, und unter den Stämmen entwickelte sich die Sitte, ihnen Sünden, Fehler und Untätigkeit nachzusehen. Sie leben von Zuwendungen dafür, dass die Leute von ihnen in dieser Welt Segen und für den Jüngsten Tag die Fürsprache durch das Ansehen des Propheten, seiner Gefährten und der Almoraviden erbitten.

Seine Mutter war an der Pest gestorben, noch bevor er seinen Verstand zu gebrauchen gelernt hatte. Sein Vater hatte ihn gar schon im Leib der Mutter zurückgelassen und war mit einer Karawane nach Gadames gezogen, wo er eine dortige Schönheit geheiratet und es vorgezogen haben soll, sich zwischen Wänden und unter einem Dach einzurichten. Nach anderen Aussagen ist seine Karawane Wegelagerern in die Hände gefallen, und dieser Abschaum hat ihn getötet. Als man nichts mehr von ihm hörte, nahm sich eine schwarze Gefangene, eine Sklavin des Grossvaters mütterlicherseits, aus Treue zu ihrem seligen Herrn und in der Hoffnung, sich so göttliche Gnade und das Paradies zu erwerben, des Kindes an.

Doch der elternlose Junge zeigte von klein auf seine Abstammung von den Almoraviden. Er hatte von seinen Ahnen die Abneigung gegenüber den Sterndeutern geerbt und bewarf zum Zeitvertreib die Seherin mit Steinen. Als ihn diese Lausbüberei langweilte, entwickelte er eine neue Methode. Er schloss sich den Jungen an, die in den vom Akakûs herabführenden Wadis Lämmer weideten, und entschied sich für einen anderen Zeitvertreib.

Er entwickelte besondere Talente, jagte und erlegte garstige Schlangen und erschreckte mit diesen Jungen und Mädchen. Danach erfand er wieder etwas Neues. Mit Faden und Nadel nähte er geschickt die Kiefer eines solchen Reptils zusammen und hielt es der Seherin vors Gesicht. Als diese die Schlange erblickte, fiel sie in Ohnmacht und musste, von Fieber und Schmerz gepeinigt, das Bett hüten.

Doch dann beschloss sie, sich ohne fremde Hilfe an dem ungezogenen Spross ihrer Feinde zu rächen, zog sich einige Tage in ihr Zelt zurück und entwickelte einen Plan. Sie heuerte ein paar Neger an, die so schwarz waren wie sie selbst und noch garstiger als der Derwischjunge (extreme Behauptungen gehen dahin, sie habe diese Neger gar nicht angeheuert, sondern sie mittels der Magie benutzt, denn was nützte einer Seherin ihre Erfahrung, wenn sie sie nicht einsetzte, um andere zu benutzen?). Sie beauftragte sie, sich ihn vorzunehmen, und zwar auf eine Weise, die jene, die sich gern der Terminologie der Fakîhs bedienen und hinter jeder törichten Tat nach einem himmlischen Symbol suchen, „einen Gewaltakt gegen den armen Almoraviden und eine Verhöhnung des Gesetzes der Ahnen“ nannten. Aber dieser Hinweis hielt die kleinen Satane nicht zurück. Sie setzten ihre Attacken gegen den jungen Derwisch fort, rupften ihm das Haar vom Kopf, gossen ihm Pfefferwasser in die Nase, fesselten ihn an einen Zeltpflock und liessen ihn nackt in der höllischen Hitze, und mehr als einmal vergnügten sie sich damit, ihn, Kopf voran, im Brunnen baumeln zu lassen.

Bei einer dieser Attacken rief der Arme den aufgeplusterten Ocha zu Hilfe. Zum Unglück des Derwischs kam dieser stolz und in prächtigste Kleider gehüllt daher, auf dem Weg zu einem Hochzeitsfest, das die Gefolgsleute weit weg in der Wüste hinter dem Betrogenen Îdenan feierten.

Es war Mittag. Der Henker thronte hoch oben am Himmel. Die Wüste gleisste mit Flammenzungen, und das Höllenfeuer verbrannte sogar die verhüllten Köpfe. In jenem Augenblick traf ihn der Junge, der barfüssig und halbnackt mit blossem Haupt, verdreckt und mit Rissen und Wunden übersät und verschmiert mit Blut, Schweiss und Speichel, vorbeilief. Er warf sich ihm zu Füssen und umfing schutzsuchend seine Knie, wobei er mit seinen dreckigen Händen und seinem kleinen, nackten, erdverkrusteten Körper Ochas prächtiges blaues Gewand beschmutzte. Doch nicht allein das war es, was Ocha erboste, vielmehr spielte die Feuersglut, die vom Himmel herabkam, eine noch üblere Rolle. Er liess eine Hand zum Schlag auf das Gesicht des Jungen niedersausen, mit der anderen warf er ihn seinen bösen Verfolgern vor. Diese stürzten sich auf ihn, fesselten ihn und schleiften ihn über den heissen, steinigen Boden, in der Absicht, ihn noch mehr zu schinden und dann in den Brunnen zu werfen. Vielleicht wäre diese Quälerei weitergegangen, wenn die Seherin nicht Einhalt geboten hätte, nachdem ein Skorpion sie gebissen und sie darin einen himmlischen Fingerzeig gesehen hatte.

Doch der junge Almoravide, der seinen gleichaltrigen Kumpanen die Bosheit verzieh, war nicht bereit, den Erwachsenen gegenüber ebenso nachsichtig zu sein.

3

Er war der einzige Derwisch, der es ablehnte, milde Gaben anzunehmen.

In seiner Kindheit rannte er auf den Weiden in der Umgebung hinter den ungezogenen Zicklein her. Als er aber gross und stark geworden war und sich über Massâk Mallat und Massâk Satfat die Gnade des Himmels ergossen hatte, zog er mit den rauhen Burschen los, nicht um den Frühling in den Wüsten zu geniessen, die der Fluten teilhaftig geworden waren, sondern weil er die Absicht hatte, die Mehri-Dressur und den Schwertkampf zu erlernen.

Er war nicht nur der einzige Derwisch in der ganzen Wüste, der keine milden Gaben annahm, sondern auch der einzige, dem Gott bestimmt hatte, von seiner Hände Arbeit zu leben und denjenigen, die dazu nicht imstande waren, milde Gaben von seinem rechtmässigen Erwerb zukommen zu lassen. Nach der Ankunft des Kadirîja-Scheichs und der Vertreibung des Stammesführers in die Hammâda geriet der Handel in Schwierigkeiten; dazu geizte der Himmel mit Regen, und Asdschirr erlebte eine Hungersnot. Die Anhänger des Scheichs unternahmen Kriegszüge gegen die Oasen, und die Not zwang sie, die Bauern auszuplündern, um das Lager zu ernähren. Doch der Derwisch beschloss, von seiner Hände Arbeit zu leben; er jagte Hasen in den Wadis und erklomm die Hänge und holte sich Warane.

Dann stieg er in die wilden Seitentäler im Osten, sammelte Brennholz und brachte es ins Lager. Zu jener Zeit hatten alle Jungen nur das eine Ziel, Reiter und Ritter zu werden. Das Bedürfnis der Scheichs nach einem Heer und nach Mitstreitern nährte den Appetit jener Stolzen, so dass sogar die Gefolgsleute und die Neger danach verlangte, Reiter zu werden. Sie liessen den Handel mit Brennholz und die Produktion von Holzkohle ruhen, legten ihre Herzen in den

Dschungel und gaben sich der Hoffnung hin, Sklaven, Kriegsgefangene, Mulattinnen und Abessinierinnen zu gewinnen. Das Lager litt an der eisigen Kälte des Meerwinds, der von Norden wehte, während in der Hammâda heftige Regenfälle niedergingen. Also machte der Derwisch sich auf, Holz zu sammeln. Er tauschte es gegen ein paar Datteln, eine Handvoll Gerste, etwas Käse oder Trockenfleisch, und all das verteilte er an Bedürftige, Hungrige und sogar an hochmütige Faulpelze.

Die Verständigen erzählen noch immer von seinen Klagen und Schmerzen, wenn er aus den Wadis zurückkam, bepackt mit dornigem Gestrüpp und Akazienästen. Der Schweiss rann ihm wie aus Wunden in Fäden von den Schläfen. Ausserdem lief ihm das Blut über die rauhen, von den Peitschenhieben des ewigen Henkers verbrannten Hände. Aus den Augen, ja, auch aus den Augen flossen ihm Fäden, erbarmungsloser als Blut und heisser als Schweiss. Tränen, die Tränen des Derwischs.

Die Tränen des Derwischs sind im Sprachschatz der Bewohner der Wüste schlimmer als die Aggressivität der verräterischen Stämme. Die Tränen des Derwischs verbrennen Herz und Körper und bewirken Heimsuchungen und Wehklagen. Und noch schlimmer wird es, wenn der Derwisch eine Waise ist.

Die schwarze Amme eilte ihm entgegen, noch bevor er das Zelt erreichte. Sie warf sich vor ihm nieder und umwickelte seine von den Steinen aufgeschürften, staubigen, nackten Füsse mit einem feuchten Tuch, um sie vor den Glutzungen des Bodens zu schützen. Seine Tränen fielen auf ihr Gesicht, und da weinte auch sie. Sie schlug sich auf die Brust und rief kummervoll: „Hol doch kein Brennholz, wenn du weinen musst. Was brauchst du Holz, wenn du die Akazien nicht brechen kannst?“

Und immer antwortete er: „Ich breche die Rippen der Bäume, um euer Feuer zu nähren. Eure Kinder wärmen sich an den Knochen meiner Toten. Drei Akazien habe ich heute getötet."

Er warf das Bündel auf die Erde und ging ins Zelt. Die Frauen kamen, um das Holz zu verteilen, und die alte Frau klagte: „Er weint. Er weint richtig. Er erträgt es nicht, die Zweige der Akazien zu brechen, nicht einmal, wenn sie vertrocknet sind. Er glaubt, sie würden sterben, weil er ihnen die Gliedmassen abgerissen hat. Der Derwisch. Er weiss nicht, dass die geduldigen Akazien in den Wadis stehen, seit es die Wüste gibt, und dass es sie geben wird, solange die Wüste besteht. Mein armer Derwisch!"

Auch die Frauen weinten und besprengten ihre Herzen mit kaltem Wasser, um das Unglück zu lindern. Und sie wiederholen immer wieder die Losung: „O Herr, unser Preis fürs Jenseits seien die Tränen des Derwischs."

Sie nahmen ihre Hände vom Herzen und pflanzten sie in die Erde, um das Böse zu begraben. Dann standen sie auf und entrissen sich gegenseitig die Ausbeute an Holz.

Aber selbst die Opfer nützen nichts, um zunichte zu machen, was das Schicksal auf seiner unbekannten Tafel aufgezeichnet hat. Denn kaum hatte der Scheich sich der Wüste bemächtigt, die Stämme unterworfen, Kriegszüge in den Dschungel unternommen und sich von seinem ursprünglichen Ziel immer weiter abgewendet, da bezahlte die Ebene, ja die ganze Wüste einen erbarmungslosen Preis für die Tränen des Derwischs.

4

Nachdem die Soldaten des Unbekannten den Scheich des Ordens vernichtet hatten, kehrte der Stammesführer aus dem Exil zurück. Der Derwisch war inzwischen zwar älter, aber seine Beziehung zu den wilden Bäumen noch seltsamer geworden. Sein Erbarmen überstieg die Träume der Kindheit. Den Akazien und Tamarisken hatte er neue Freunde hinzugefügt und aufgehört, Hasen und Warane zu jagen. Er erklärte den Verzehr von jeder Art Fleisch für gottlos und fasste eine Liebe zum weiten Raum, zu den Gipfeln, den Vögeln, den Tieren, er schloss sich dem Sohn der Gefolgsleute an und machte sich den Mufflon Udâd zum Freund.

Die Rettung kam, und mit ihr die Reue.

Er sah ein, dass sein Bemühen um die Rettung der Ebene vor dem Meerwind eine Sünde und das Abtrennen der Glieder der Akazien und der Tamarisken auch in Tagen von Hunger und Not eine Untat ist, die nicht einmal die Tränen der Reue reinwaschen kann. Wenige Tage nach der Rückkehr der Stammesführers begab er sich zu ihm, den dichtbelaubten Ast einer Akazie hinter sich herschleifend. Der Stammesführer wollte ihn dazu bewegen, neben ihm im Abendschatten Platz zu nehmen. Doch er lehnte ab.

„Sieh nur, was deine Kamele mit meinen Kindern gemacht haben. Sie haben alle Akazien im Wadi kaputtgemacht."

Der Stammesführer lachte, und die Scheiche taten es ihm nach. Sie hielten sich ihre Schleier vor den Mund, während sie sich halbtot lachten. Auch der Imam zog sich sein schlohweisses Gesichtstuch über seine Hakennase und kommentierte spöttisch: „Wann hast du denn die Akazien an Kindes Statt angenommen, Mûssa?"

Der Derwisch wischte den Schweiss weg, der die Staubschicht an seinen Schläfen durchfurchte. „Die Akazien sind schon immer meine Kinder", antwortete er.

„Aber hast du nicht selbst deine Kinder umgebracht, während ich fort war?" hänselte ihn der Stammesführer.

„Die Scheiche haben mir erzählt, du hättest Akazien gebrochen und Brennholz geholt."

„Ich habe das zu deinen Ehren getan. Während du fort warst, haben sich die stolzen Turbanträger dem Ordensscheich angeschlossen und sich an den Kriegszügen in den Dschungel beteiligt. Sie haben die Kinder in der Wüstenkälte alleingelassen und den Frauen in Zeiten von Hunger und Not die Hilfe versagt. Da habe ich meine Kinder geopfert, um die ihren zu retten. Ich habe die Akazien getötet, um die Kinder vor dem kalten Nordwind zu schützen. Ich habe das dir und deinem Andenken zu Ehren getan."

„Daran hast du gut getan!" rief der Stammesführer. Dann glänzten Tränen in seinen Augen, und er fuhr ernst fort: „Glaube nicht, dass ich Gutes unvergolten lasse. Nichts wert ist ein Hirte, der nicht den belohnt, der etwas Gutes getan hat." Er zog den Gesichtsschleier über die Augen herunter, da schaltete sich der Imam ein. „Wir können die Kamele nicht daran hindern, in den Wadis zu weiden. Gott hat das Weidevieh geschaffen, dass es Gras und Bäume fresse."

Der Derwisch protestierte, ohne Anstalten zu treffen, sich zu den anderen zu setzen. „Sie werden nicht verhungern, wenn wir sie hindern, Akazien zu fressen."

Die Scheiche lachten ein weiteres Mal wild durcheinander, doch als der Stammesführer nicht mitlachte, hielten sie abrupt inne.

„Gott hat auch das Weidevieh als Nahrung für die Menschen geschaffen, aber der Mensch stirbt nicht, wenn er kein Fleisch isst. Seit wann habe ich kein Fleisch mehr gekostet? Hat mich irgendeine Widerwärtigkeit befallen, weil ich nicht Fleisch gegessen habe wie ihr? Und genau so verhält es sich mit dem Weidevieh und den Akazien."

Als nochmals alle lachten, schaltete sich der Stammesführer vermittelnd ein: „Ich verspreche dir, alle Kamele aus dem Wadi zu nehmen. Die Hirten werden sich der Säuberung des Wadis zur Rettung deiner Kinder annehmen."

Zum erstenmal lächelte der Derwisch. Seine Zähne wurden sichtbar, und der Speichel troff herab.

5

Die Ebene hatte etwas zum Lachen. Der Derwisch habe gesagt, so wurde erzählt, er stamme von den Pflanzen ab, und bei einer Musikveranstaltung soll er erklärt haben: „Ich erinnere mich, einst eine Akazie in einem verlassenen Wadi gewesen zu sein. Wieso überraschen euch also meine väterlichen Gefühle für die Akazien?"

Sie spotteten über die Behauptung, doch als der Stammesführer davon erfuhr, kommentierte er: „Wenn der Derwisch spricht, haben die überheblichen Ignoranten zu lauschen und die Weisheit zu lernen."

Sie hätten die Unterstützung, die Mûssa erhielt, nicht missbilligt, wenn es nicht zu ihrer Überraschung noch etwas Besonderes gegeben hätte.

Der Derwisch ging von Zelt zu Zelt und sammelte Stücke von Leinen und anderen Stoffen ein, soviel er finden konnte. Dann ging er in seine Wadis, und die Hirten brachten die Geschichte zurück. Er habe, erzählten sie, alle Bäume umhüllt, ihnen Kleider gefertigt zum Schutz gegen die feurige Sonne und den brennenden Südwind im Sommer und gegen den bösen Nordwind im Winter.

Die Spötter lachten und glaubten es. Die Verständigen zweifelten und schickten Boten in die Wadis, um sich Gewissheit zu verschaffen. Als diese die Geschichte bestätigten, verteidigte ihn der Stammesführer. „Der Derwisch wäre kein Derwisch, wenn er das nicht machte", soll er gesagt haben.

Eines Morgens kam Mûssa zu ihm. Er bewirtete ihn mit ein paar Datteln und der letzten Runde Tee und beschloss, sich mit ihm zu unterhalten.

„Man hat mir erzählt, du hättest Kleidungsstücke über die Akazien gelegt", begann er.

Der Derwisch lachte. „Man erzählt dir alles, nur nicht das, was man dir erzählen sollte." Er lachte nochmals. „Ja, ich habe den trockenen Akazien Hemden gemacht. Ist es nicht schon schlimm genug, dass sie seit zehn Jahren Durst leiden?"

„Du hast recht. Mir zieht sich das Herz zusammen, wenn ich sie so sehe. Wie geduldig sie doch sind."

„Wasser vom Himmel kann ich nicht herunterholen, aber ich kann sie gegen Kälte, Hitze und den Südwind schützen."

„Gott segne dich!"

„Du kannst dir gar nicht vorstellen, was ich von diesen Feinden erdulden musste, als ich als einsame Akazie in einer verlassenen Wüste stand."

„Wirklich?"

„Gott gab mir die Geduld, den ewigen Durst zu ertragen, aber er setzte mich bösen Dingen aus."

„Nein, so was!"

„Glaub mir, dass der Südwind, dieser Kibli, dafür verantwortlich ist, dass ich kein Blut mehr in den Adern habe."

„Gott stehe uns bei gegen das Übel, das Er geschaffen hat."

„Und der Nordwind, dieser Bachri. Ich hoffe, du glaubst nicht wie die Bewohner der Ebene, dass der Nordwind immer nur wohltätig ist."

„Ich glaube gar nichts. Schon seit sehr langer Zeit zwinge ich mich, nichts mehr zu glauben."

„Mir ging es wie den Bewohnern der Hammâda. Sie leiden unter der Dürre, bis ihr Vieh stirbt, und danach sterben sie auch. Dann plötzlich fällt Regen in grossen Mengen, und die Fluten reissen die Menschen weg, und ihr Vieh stirbt. Sie sterben in beiden Fällen." Er lachte.

„Da hast du recht. Genau so geht es den Bewohnern der Hammâda."

„Mich bringt im Winter der Nordwind um und lässt mir das Blut in den Adern gefrieren. Und im Sommer bringt mich der Südwind um und saugt mir das Blut aus den Adern."

„Da hast du recht. Gott hat dem Menschen das Elend bestimmt, als er ihm die Wohltat der Ausgewogenheit vorenthielt. Die extremen Jahreszeiten sind ein Fluch für die Wüste."

„Die Leute haben sich meiner nicht erbarmt, weil sie mich nicht spürten. Wie aber sollte ich mich nicht eines Körpers erbarmen, in dessen Tiefen sich meine Seele ein ganzes Leben lang verbarg."

Der Stammesführer schaute ihn lange an. Ein trauriger Blick. Voller Barmherzigkeit. „Ich weiss", sagte er dann, „was du erduldet hast, als du in jenen schweren Jahren das Holz der Akazien holtest."

„Ich habe die toten Glieder gesammelt. Ich habe das dir zu Ehren getan."

„Verzeih mir", korrigierte sich der Stammesführer aufrichtig, „das hatte ich vergessen."

Der Derwisch lachte. Er war glücklich.

6

Der Stammesführer schenkte ihm zum Ausdruck der Freundschaft ein junges Kamel. Die Neider spotteten, als sie seine Zuneigung für das Tier sahen. Er zog die Dornen aus seinem Körper, rieb sich an seinem weichen Flaum und sprach zu ihm, während er in den Wadis umherwanderte. Doch Ocha wollte den Spott noch weiter treiben und schenkte ihm ebenfalls ein Tier. Als er einmal von der Jagd zurückkehrte, brachte er ihm eine zauberhafte Gazelle mit so grossen und schönen Augen, wie er sie noch nie gesehen hatte. Er umarmte und küsste das Tier und strich ihm mit der Wange über den Nacken, überzeugt, es sei lebendig. Dann sah er auf dem Nacken, in einem goldenen Flaumband, Sandkörner, die der Spur eines Blutfadens folgten. Und als er das Band näher betrachtete, fiel der Kopf schlaff zurück.

Er entdeckte das Loch, das der Dolch gegraben hatte. Schmerz ergriff ihn, er warf das Opfer auf die Erde, rannte weg und erbrach sich, während Ocha und seine Kumpane mit lautem Gelächter Glückwünsche austauschten.

Mûssa ging ins Akazienwadi und blieb drei Tage bei seinen Bäumen. Als er zurückkam, brachte er einen Haufen Steine mit.

Ocha war nach der Seherin das zweite Geschöpf, das der Derwisch mit Steinen bewarf.

7

Die Ebene flatterte und zitterte. Der Südwind nahm seine Reise wieder auf, nachdem er dem Lager eine Flaute von mehreren Tagen gewährt hatte. Jeder geriet in Schwierigkeiten, der gezaudert hatte, die Waffenruhe zu nützen und sich mit Vorräten an Holz, Wasser und den Datteln zu versorgen, die unter den nahen Hügeln gespeichert waren, die den Brunnen im Süden umgaben und ihn vom Lager der Fremden trennten.

Der Wind mühte sich sehr und schaffte an zahlreichen Stellen der grossen Ebene Veränderungen. Er zog neue Zungen und liess alte verschwinden. Er schaffte ganze Anhöhen vom Rücken des Akakûs und des Îdenan hinunter auf die Ebene. Er umzingelte die Häuser von Wâw an mehr als einem Ort und führte ganze Hügel aus goldenem Staub zwischen dem Lager und der Stadt auf. Er entblösste einige Erhebungen von jungfräulichem Sand, um damit den festen Gürtel zu versehen, der den Brunnen umgab – in der klaren Absicht, den Widerstand Ochas und seiner Männer zu brechen. Vor dem Zelt des Stammesführers breitete er einen weichen goldenen Teppich, gestempelt mit den Falten der Reinheit und der Jungfräulichkeit. Und jedesmal, wenn die Füsse der Besucher und der Gäste ihn zertraten, vermass ihn der Stolze aufs neue mit Unschuld und Falten.

Mûssa kam, um den Führer zu besuchen.

Er blieb bei den Zeltpflöcken stehen und lauschte. Als der Wind sich beruhigte, steckte er den Kopf ins Zelt. Er kroch hinein und verbarg sich in der Ecke. Die Notabeln sprachen lange miteinander über die Karawanen und die Stadt Wâw und die allgemeine Veränderung der Verhältnisse und Ochas Hochzeit. Trotz der mitternächtlichen Stunde vergassen sie nicht den Südwind. Nachdem sie den Abend mit einem Gespräch über die Vergänglichkeit beendet hatten, machten sie sich bereit, das Zelt zu verlassen, noch ein paar Schritte geleitet vom Stammesführer. Als dieser zurückgekehrt war, sich neben das verlöschende Feuer gesetzt und ein paar Koranverse gemurmelt hatte, kam Mûssa aus der Ecke hervor und grüsste ihn mit einem unterdrückten Lachen, ein Gruss, den der Stammesführer scherzhaft erwiderte.

„Tust du es jetzt den wichtigen Leuten gleich und setzt dir einen prächtigen Turban auf den Kopf?“

Er lachte. „Nennst du dieses Tuch einen prächtigen Turban?“

„Ich habe dich ja noch nie mit einem solchen Tuch gesehen.“

„Ach, ich habe dem Südwind erst die Stirn geboten, dann aber doch klein beigegeben und es für angemessen gehalten, zum Schutz gegen den Staub einen Schleier anzuziehen. Der Wind gibt mir jeden Tag drei Handvoll Staub zu essen." Lachen.

Auch der Stammesführer lachte. „Das ist die Strafe dafür, dass du die Weisheit der Verschleierten verstehst."

„Mein ganzes Leben über habe ich diese Weisheit genau gekannt. Aber ich denke, dass sie übertreiben. Du hast uns gelehrt, dass die Ausgewogenheit der Gott der Glückseligkeit ist."

„Jetzt redest du wie ein Weiser. Du bist ein Weiser, Mûssa."

„Ich bin ein Derwisch."

„Gibt es in der Wüste ein Geschöpf, das es mit den Derwischen an Weisheit aufnehmen könnte?" Der Stammesführer nahm den Teetopf vom Tablett neben der Feuerstelle, schenkte ein Glas ein und reichte es dem Gast.

„Ich habe vernommen, du beabsichtigst weiterzuziehen", sagte der Derwisch.

„Wohin?"

„Zurück. In den Südwesten des Besessenen Berges."

„Nennst du das weiterziehen?"

„Jedes Zurückgehen in der Wüste ist ein Weiterziehen. Wer eine Handbreit nachgibt, gibt die ganze Erde hin."

Mûssa schlürfte den Tee, und der Stammesführer lächelte. „Ich sehe keinen Grund zur Beunruhigung", bemerkte er. „Gottes Wüste ist weit."

„Weit, aber für die Leute von Wâw ist sie eng."

Der Stammesführer betrachtete ihn neugierig. Mûssa schlug eine andere Richtung ein: „Eigentlich bin ich gekommen, um mir in einer besonderen Sache Rat zu holen."

„Hoffentlich nichts Schlimmes."

Der Derwisch zog an seinem schäbigen Schleier und wickelte ihn sich um den Hals. Wandte sich zur Finsternis draussen, um mit dem schielenden Auge einen Blick auf den Stammesführer zu werfen. „Ich wollte mich über die Prinzessin erkundigen." Auf die fragende Miene seines Gegenübers fuhr er fort: „Es heisst, sie sei unter Ochas Obhut gebunden."

Der Stammesführer lachte. Er zog das untere Ende seines Gesichtstuchs über seinen von einem silbernen Schnurrbart gekrönten Mund. „Dies ist eine Sprache, die nicht geeignet ist, den Sachverhalt auszudrücken."

„Ich verstehe nicht."

„Ich verstehe nicht, was das Wort ‚gebunden' bedeutet. Wenn die Menschen über Religiöses sprechen, benutzen sie nicht diese Sprache."

„Was hat die Religion mit dem Eingehen eines Mannes bei einer Frau zu tun?"

Der Stammesführer lachte ein weiteres Mal. „Welche Frage?! War es nicht zuallererst die Religion, die den Mann aufforderte, sich mit einer Eva zu vereinigen?"

Mûssa schwieg. Plötzlich erhob sich der Wind. Mûssa beschloss, sich mit dem Umhang des Fakîh zu bekleiden: „Ich dachte, das hätte Gott getan, nicht die Religion."

„Richtig, aber wo liegt der Unterschied?"

„Der Imam sieht einen Unterschied. Alle Fakîhs sehen einen Unterschied." Als der Stammesführer schwieg, fuhr der Derwisch fort: „Ich bin nicht gekommen, einen Disput über die Religion zu führen. Was mich überrascht, ist, dass ich der letzte bin, der davon erfährt."

„Bisher haben wir nur die Fâtiha gesprochen."

Der Derwisch provozierte weiter: „Ja, sieht denn die Religion andere Riten als das Sprechen der Fâtiha zur Besiegelung dieses Bundes vor?"

Der Stammesführer geriet in Verlegenheit. Er warf ein paar Holzstückchen ins Feuer. „Tatsächlich sind für den Bund noch andere Riten erforderlich.“ Er schwieg und korrigierte sich dann: „Das ist etwas, was die Religion zwar nicht vorgesehen hat, worüber aber bei den Leuten Konsens herrscht.“

Ein weiterer Windstoss. Die Ränder der Zeltplanen flatterten. Mûssa beobachtete die Staubkörner im Licht des Feuers, das begonnen hatte, an den Holzstücken zu nagen.

„Aber was ist passiert? Ich bin bei dir Neugier nicht gewöhnt“, fragte der Stammesführer, während Mûssa den letzten Rest des Tees schlürfte.

Der Gefragte starrte mit einem Auge in die Finsternis, mit dem anderen beobachtete er die Zunge des Feuers, die, den Schlägen des Windes folgend, der durch die Zeltecken hereindrang, tanzte und sich wiegte.

„Du gefällst mir nicht. Was ist passiert?“ erkundigte sich der Stammesführer mit jener Unbeteiligtheit, hinter der die Verständigen in der Wüste ihre wirkliche Beunruhigung verbergen.

Mûssa antwortete nicht. Er schwieg, bis die Flamme zusammensank. Bevor das Feuer erstarb, wurde der Stammesführer in seinen Augen ein Blinken gewahr.

„Du hast sie nicht auf dem Imsâd spielen hören“, brachte der Derwisch hervor. „Du kannst nicht verstehen, was der Imsâd mit dem Gehirn der Männer macht. Hast du je in deinem Leben diese Sprache erlebt? Sag mir, bei Gott ...“

Der Stammesführer lächelte. Doch da das Feuer im Feuerbecken niedergebrannt war, bemerkte Mûssa das Lächeln nicht. Draussen heulte der Wind.

„Gab es in der Wüste je einen Mann, der diese Sprache nicht erlebt hätte?“ fragte der Stammesführer. „Irgendwann einmal hat uns alle dieses Feuer verbrannt.“

„Aber diese Dschinnenfrau ist einzigartig in ihrer Fertigkeit. Die ganze Ebene ist sich darüber einig. Ich kann es nicht vergessen ... Vielleicht ja, weil sie diesen Dschinnen Udâd begleitete, der sich seine Stimme von den Dschinnenfrauen geholt hat. Hast du Udâd je singen hören?"

„Ich habe gehört, was man erzählt, dass er das Singen bei den Vögeln der Bergesgipfel gelernt hat."

Mûssa dachte laut nach: „Ob wohl jedes Mädchen aus Aïr eine solche Begabung besitzt?"

„Ich sehe, du hast das Fest genossen. Bis heute habe ich dich nie an irgend etwas Gefallen zeigen sehen." Und scherzhaft und nicht ohne Boshaftigkeit fuhr er fort: „Oder hast du etwa begonnen, dich für Frauen zu interessieren?"

Der Derwisch blickte traurig zu ihm auf. In seinem Auge sah der Stammesführer jenes ihm unbekannte Blinken.

„Habe ich zu dir über Frauen gesprochen?" fragte der Derwisch einfältig. „Ich habe nicht über Frauen gesprochen. Ich habe nur gesagt, die Stimme der Prinzessin wäre ..." Er schwieg.

Der alte Mann wartete darauf, dass er weiterspräche. Doch Mûssa kroch auf allen vieren aus dem Zelt, und der Stammesführer sah ihm nach, bis er in Staub und Dunkelheit verschwunden war.

8

Auch am folgenden Tag zeichnete der Wind seine Symbole auf die kahle Wüste. Er säte Steinchen über die Ebene und trieb Sandkörner durch die Luft.

Um nicht erkannt zu werden, verhüllte Mûssa sein Gesicht. So konnte er den Leuten vormachen, nicht der Derwisch zu sein, und er täuschte sogar seine alte Amme, als er gegen Ende der Nacht zurückkam, um zu schlafen. Sie erwachte und inspizierte ihn im Schein des Feuers, sprach eine Zauberformel in der Haussasprache und liess dieser sogleich den Thronvers folgen. Als er lachte und sich zu erkennen gab, zog sie ihr Tuch übers Gesicht und sparte ihre Fragen bis zum Morgen auf. Ihm gefiel das Spiel mit dem Gesichtstuch, und er beschloss, sich damit zu schützen. Am Morgen bat er sie, ihm zu zeigen, wie man das Tuch nach Art der Notabeln wickelt. Anfangs weigerte sie sich und spottete über ihn. Doch kaum war sie mit dem Buttern der Milch und dem Klären der Butter fertig, da wurde ihr Herz weich, und sie unternahm den ersten Versuch. Er zweifelte nicht an ihrer Kompetenz und ihren Fähigkeiten, und er war daran gewöhnt, dass sie alle seine Jungenwünsche erfüllte, sogar jene, die die Sitte der Wüste als Vorrecht der Männer betrachtete, wie das fachgemässe Binden des Tuches um Kopf und Gesicht. Aber diesmal enttäuschte sie ihn. Denn kaum hatte er das Haus verlassen, da riss ihm der Südwind das Tuch weg, in der ernsthaften Absicht, sich seiner zu bemächtigen. Mûssa klammerte sich an das äusserste Ende und rang lange mit dem Wind. Dann ging er zornig zu der alten Frau zurück, die lachte und ihm das Tuch nach Art der Gefolgsleute um den Kopf band.

Er ging hinaus.

Von den Anhöhen oberhalb von Wâw betrachtete er die langen Karawanen, die in den Staubwolken verschwanden oder aus diesen auftauchten. Taffâwut erschien in seiner Nähe. Sie hatte ein schwarzes Tuch um den Kopf gewickelt, das der Wind plötzlich aufblähte, weshalb sie ein paar Schritte zurücktaumelte. Als dann der elende Südwind plötzlich nachliess, schoss ihr schlanker Körper nach vorn. Er unterdrückte ein Lachen und folgte ihr, in der Nase Körperdüfte und Wohlgerüche. Wie aufregend das Weib doch ist.

Im Brennholzwadi holte er sie ein.

Er neckte sie mit einem Satz aus einem Märchen: „Tarât gab die Hoffnung auf die Rückkehr des Geliebten auf, und nachdem sie fünfzig Jahre auf ihn gewartet hatte, erklomm sie den Akakûs und stürzte sich vom Gipfel hinab."

Sie zuckte zusammen und zog das Tuch fest ums Gesicht. Dann verstand sie den Scherz und lachte. „Ach, du bist es!" Der Wind zerrte rücksichtslos an ihrem Tuch, und Mûssa sah ihr Haar, das, zu einem grossen Zopf geflochten, über ihre kecke Brust fiel. Die Fingerspitzen des Windes liessen sich auf dem kräftigen Kopf nieder, da flatterte das pechschwarze Haar und bedeckte die vorspringende Brust. „Ohne deine Stimme hätte ich dich nicht erkannt. Hast du beschlossen, dich den Notabeln anzupassen?"

„Die Nobilität liegt im Herzen, nicht auf dem Kopf."

Sie liess ein heiteres Lachen hören. „Du musst mir in der Sprache der Derwische antworten", bemerkte sie. „Die Alten behaupten, aus dem Mund der Derwische käme eine seltsame, andere Sprache."

Sie beugte sich über einen abgestorbenen Baum. Riss ein paar trockene, staubzerfressene Zweige ab und kommentierte das Märchen: „Tarât hat übrigens gar keine fünfzig Jahre gewartet. Wer behauptet, sie hätte so lange gewartet?"

„Der Stammesführer."

„Der Stammesführer?"

Sie hob den Kopf, und wieder stieg ihm der Duft von Weiblichkeit in die Nase.

„Hat der Stammesführer wirklich Zeit, Märchen zu erzählen?"

„Natürlich."

„Hast du ihn je Märchen erzählen hören?"

„Immer."

„Da hast du Glück."

„Warum? Sein Haus steht Krethi und Plethi offen."

Sie lachte und riss einen weiteren Zweig ab. „Vielleicht Krethi und Plethi, aber nicht den Mädchen."

„Ach ..."

„Ich warte überhaupt nicht auf den Geliebten. Ich habe bekommen, was ich wollte."

„Was hast du bekommen, bei Gott?"

„Rate!" sagte sie verschmitzt, während sie Brennholz aufhäufte.

„Hm, ich weiss nicht. Woher sollte ich es wissen?"

„Bist du blöd? Was kann eine Frau von einem Mann bekommen?"

Er zog das Gesichtstuch über den Mund, während sein Auge ein boshaftes Lächeln offenbarte.

„Hast du verstanden?" fragte sie nochmals.

„Das grüne Kind. Du hast von ihm das grüne Kind bekommen."

Sie beugte sich, ein Lächeln verbergend, über den Brennholzhaufen. Er trat näher zu ihr hin. Neigte sich über die salz- und staubzerfressenen Zweige und warf sie auseinander: „Das ist Tamariske. Seit wann ist Tamariskenholz geeignet als Brennholz im Zelt einer schönen Frau?" Und unter ihren neugierigen Blicken fuhr er fort: „Tamariske produziert einen schädlichen Rauch und raubt dem Körper seinen Duft." Die Neugier verwandelte sich in Gefallen. Er lief zu einem dürren Baum in der Nähe und anerbot sich, ihr zu helfen: „Brennholz ist mein Metier. Ich werde dir eine ausgezeichnete Ladung zusammentragen. Nur halte dich von den Akazien fern."

Sie ging neben ihm. Kämpfte gegen den Wind. Fasste die Enden des Tuches mit ihren Fingern und lächelte versteckt. Als sie dann ein paar Schritte vorausging, entblösste der Wind ihr rechtes Bein. Wieder stieg ihm der Körpergeruch in die Nase, und ihm wurde schwindlig. Plötzlich blieb er stehen. Fixierte sie mit einem rätselhaften Blick und sagte kleinlaut: „Entschuldigung!"

Sie verstand nicht und lachte verführerisch. Der Schwindel verstärkte sich. Er liess etwas von dem Holz fallen.

„Du hast doch gar nichts getan. Was soll ich entschuldigen?"

„Ich ... ich habe über dich als Frau nachgedacht."

Sie lachte heiter und sagte verschmitzt: „Siehst du darin etwas Schändliches?"

„Du bist Udâds Frau. Stehst du nicht unter seiner Obhut?"

Sie lachte. „Udâd hat mich schon lange verlassen."

Er machte sich hastig an seinem Gesichtstuch zu schaffen, um seine Verlegenheit zu verbergen. Jetzt begriff er, warum die Notabeln ein Gesichtstuch verwenden. Sie tragen diese Tücher nur, um dahinter ihre Verlegenheit zu verbergen. Diese Elenden.

„Weisst du, dass eine Frau keinem Mann verzeiht, keinem", sagte sie kokett, „wenn er sie nicht als Frau betrachtet?"

„Wirklich?"

„Bist du blöd?"

„Ich ... ich bin ein Derwisch."

Nun krümmte sie sich vor Lachen.

Wie schön die Frau doch ist, wenn sie geheimnisvoll ist, dachte Mûssa. Wie süss die Frau doch ist, wenn sie geheimnisvoll ist.

„Aber die alten Frauen sagen, der Derwisch ist gar kein Derwisch."

Der Mann ist töricht, weil er offen ist, dachte Mûssa. Er bedeckt sein Haupt und legt sein Herz offen. Wie töricht von ihm! Er schaute sie an, und sein offenes Herz schmolz.

Aber er beschloss, auch einen Schleier über sein Herz zu legen. Er beschloss, sein Geheimnis zu verbergen. „Ich wollte etwas sagen ..." brachte er zitternd und unsicher hervor.

Der Rest des Holzes fiel zu Boden. Zwischen ihnen stieg ein Staubvorhang empor. Sie trat näher zu ihm. Sagte rätselhaft: „Auch ich wollte dir etwas mitteilen ..."

In ihren Augen sah er ein Blinken.

Sie sah Tränen in seinen Augen, und Elend.

9

Er nahm sein Geheimnis und ging nach Wâw.

Der Staub legte sich, und ein finsterer Abend breitete sich über die Ebene. Rauchsäulen stiegen auf. Die Stadt dehnte sich weithin in alle vier Himmelsrichtungen. Sie erreichte im Süden den Fuss des Akakûs und umschloss den Betrogenen Îdenan im Osten. Im Norden ergoss sie sich in die Weite, die zu den Akazienwadis führte, und bedeckte die Hügel. Im Westen schliesslich verhinderte das Lager ihre weitere Ausbreitung, weshalb der Stammesführer nachgegeben und beschlossen hatte, sich mit den Zelten weiter in die Wüste zurückzuziehen, um den Gebäuden den Weg freizugeben.

Im engen Herzen der Stadt erhoben sich bleigraue Kuppeln und halbmondgekrönte Minarette. Dort waren die Wände leuchtendweiss gekalkt, wodurch die Gebäude den Gräbern der Heiligen in den Oasen glichen. Doch dehnte sich das Weiss nicht über den Bereich des Stadtherzens hinaus. Das sei „wortwörtlich" von der Mutterstadt Timbuktu übernommen, behaupteten die Händler.

Er betrat die Stadt durch das offene Osttor, auf der Seite des Betrogenen Îdenan. Ging eine ungepflasterte, finstere

Strasse entlang, durch Gruppen von Negern, Gefolgsleuten und Händlern hindurch. Unterschiedliche Gerüche stiegen ihm in die Nase: Negerschweiss, Weihrauch, Gewürze, Tabak. Vor einem gewaltigen, aus Palmstämmen gefertigten Tor blieb er stehen; Anâj war immer darauf bedacht, es geschlossen zu halten. Oft schon war er daran vorbeigegangen, hatte hineinzukommen versucht, war jedoch von den Wachen mit dem höflichen Hinweis abgewiesen worden, das sei der Bereich für die Frauen. Er zweifelte nicht an ihrer Aufrichtigkeit, denn eines Tages sah er am Mittag Prinzessin Tênere in Begleitung einer Gruppe von Frauen, unter ihnen auch die Seherin, aus dem geheimnisvollen Tor heraustreten. Neben der Prinzessin ging mit lebhaften Schritten eine Negersklavin, die gerade erst aus dem Dschungel gekommen war. Sie war in einen schwarzen Umhang gehüllt und trug um den Kopf ein indigoblaues Tuch. Sie neigte sich der schlanken Tênere zu und kauderwelschte mit ihr in Haussa. Und trotz der Staubwolken, die an jenem Tag am Himmel hingen, bemerkte er am Ohr der Seherin deutlich einen Ring, der leuchtete, als wäre er aus reinem Gold.

Er strafte den verräterischen Blick Lügen und bewahrte das Geheimnis in seinem Herzen.

Auf der gewundenen, ungepflasterten Strasse ging er weiter und immer weiter. Die Dunkelheit verwandelte sich in tiefe Finsternis. Die Stimme des Muezzins ertönte vom Minarett, das hoch oben am Himmel hing, und er fragte sich, ob es der Ruf zum Sonnenuntergangs- oder zum Abendgebet war. Denn der nicht enden wollende Südwind verwischte die Grenzen zwischen Tag und Nacht und nahm den Menschen das Gefühl für die Zeit. Sogar der Imam hatte seinen religiösen Scharfblick verloren und die Gläubigen mehr als einmal irregeleitet. Beim letzten Mal war Mûssa selbst zugegen. Der Imam kehrte, stolz auf sein strahlend neues Gewand, vom Markt zurück, auf dem Kopf trug er einen ebenfalls neuen, gestreiften Turban. Er forderte die beim Stammesführer versammelten Würdenträger auf, das Sonnenuntergangsgebet zu verrichten, worauf die meisten Anwesenden die Waschung mit Sand vollzogen und sich in langer Reihe aufstellten, den Blick nach Mekka gerichtet. Der Imam trat vor sie hin und leitete, Allâhu akbar rufend, das Gebet ein. Doch als er gerade die erste Niederwerfung vollzog, beschloss das Schicksal, sich über ihn zu mokieren. Die Staubwolke löste sich auf, und die Sonnenscheibe, die sich auf ihrer Reise nach Westen neigte und das Herabsinken des Abends ankündigte, blickte herab. Damals konnte er sich nicht mehr beherrschen und brach in schallendes Gelächter aus. Unter den Würdenträgern erhob sich ein Gemurmel; der Stammesführer wandte sich ihm zu und brachte seine Missbilligung zum Ausdruck. Doch der Imam war unfähig, sich zu beherrschen, und der Stammesführer war gezwungen, ihn aus der Reihe der Beter zu verjagen. Danach fabrizierte der Imam eine neue Fatwa, die ihn rehabilitieren sollte und wonach ein Muslim die fünf Gebetszeiten miteinander verbinden und alle Gebete innerhalb einer einzigen Stunde vollziehen könne, wenn die Natur das erforderlich mache und er nicht in der Lage sei, die Tageszeiten zu unterscheiden. Als Mûssa ihn daran erinnerte, dass er genau dagegen immer gewettert hatte, wenn er den Hirten erbarmungslos die Verschiebung der religiösen Pflicht verbot, und das trotz ihrer Rechtfertigungen, die stärker waren als der Südwind, verbarg der Imam seine Hakennase hinter dem Saum seines Gesichtstuches und unterdrückte seinen Zorn, während der Stammesführer ihn ein weiteres Mal schalt. Der Imam hörte auf, mit den Bewohnern der Ebene zu verkehren, die im Südwind einen Fluch sahen, der mit den fremden Zuwanderern gekommen sei, und festigte seine Bande mit Anâj. Er besuchte ihn häufig in seinem neuen Palast, nahm an den Festmählern teil, die der Sultan des neuen Timbuktu eifrig zu Ehren der grossen Händler durchführte, und auf der Ebene kursierte das Gerücht, Anâj ziehe ihn bewusst näher an sich heran, vertraue ihm seine Geheimnisse an und bedenke ihn mit allerlei Geschenken. Niemand fand es seltsam, dass der Imam eilfertig das Minarett im Herzen von Wâw einweihte und von dort der Ruf zum Gebet erschallte, kaum dass die Neger der Prinzessin es fertiggebaut hatten.

Auch die Seherin säumte nicht, sich des Herzens der Prinzessin zu bemächtigen. Sie hörte auf, im Unsichtbaren zu lesen, kehrte den Bewohnern der Ebene den Rücken und widmete sich allein Tênere. Sie überliess die Bewohner der Ebene einem Wind, der schon über ein Jahr andauerte, ohne dass man einen Grund für seine Hartnäckigkeit fand.

Vor dem Tor des Palastes traf er auf drei Wachposten, zwei riesige Neger und einen hageren Gefolgsmann, hochaufgeschossen und in ein bleiches Gewand gehüllt. Er trug einen tiefroten ledernen Reif am rechten Handgelenk.

Mit der rechten Hand hielt er ihn zurück: „Der Sultan hat befohlen, dieses Tor für Besucher geschlossen zu halten."

„Der Sultan?" Als der Gefolgsmann nichts erwiderte, erklärte der Besucher: „Ich bin auf dem Weg zur Prinzessin, nicht zum Sultan."

Der Wächter erwiderte ebenso kurz und bündig: „Und seit wann empfängt die Prinzessin Männerbesuch?"

Der Derwisch lachte. Er sah den Wächter prüfend an und sagte scherzend: „Ich bin der Derwisch."

Der Wärter näherte sich seinem Gesicht und fragte grob: „Sind Derwische in eurem Land Mädchen?"

Mûssa lachte ein weiteres Mal. Er zog das Tuch um seinen Kopf fest und schritt wortlos zwischen ihnen hindurch.

Plötzlich sagte er: „Sie war eine freie Frau, als sie kam. Ich traf sie dauernd, draussen in der Wüste. Wieso habt ihr dieses hässliche Tor hinter ihr geschlossen?"

Der Wächter hob sein Haupt zum zornigen Himmel und sprach zu den Engeln: „Die Sultansherrschaft hat ihre Gesetze. Diese Gesetze sind aus der Mutterstadt Timbuktu übernommen."

„Du bist ein Kerkermeister", flüsterte der Derwisch.

Der Wächter erwiderte nichts. Schweigen legte sich über alles. Die Finsternis senkte sich in die Gassen. Mûssa war es, als krieche der Berg immer näher heran, bis er über die Stadt blickte. Auch, als senke sich der Himmel aus der fernen Leere herab und hänge über der Stadt. Wâw ist jetzt in den Berg gegraben, ist ein Stück des südlichen Îdenan. Wâw ist aus dem All hervorgebrochen, es ist die untere Hälfte des Himmels. Und in der Nacht legt sich die Stadt eine andere Persönlichkeit zu und stiehlt sich durch die Finsternis, um in ihre unsichtbare Heimat zurückzukehren.

Durch eine Luke über dem Kopf des Kerkermeisters rief die abessinische Sklavin: „Lass den Derwisch durch, Abdûn!"

10

Sie führte ihn durch einen langen, finsteren Gang. Der ungepflasterte Weg verschluckte den Klang seiner Schritte. Weihrauchduft drang ihm in die Nase.

Wâw entschwand in die Nacht und kehrte ins Unbekannte zurück. Wurde Teil des Berges, Stück der Finsternis, irdische Hülle der unsichtbaren Himmel. Woher stammte Wâw? Wohin ging es?

Sie schritt durch den Bogen einer aus Urwaldbäumen gefertigten Tür. Sie war angelehnt, die abessinische Dienerin stiess sie auf, bevor die schlanke Negerin auf der anderen Seite sie öffnen konnte.

Das Haus der Prinzessin war geräumig, kreisförmig, ausgelegt mit Kelimteppichen aus Twât. Da und dort hingen Fackeln, die ein trübes Licht über den Raum gossen. Er blieb stehen, um ein vollständiges Zelt zu betrachten, das aus Fuchsfellen gefertigt und als Wandschmuck im Halbkreis aufgehängt war. In der Mitte des Raums stand eine steinerne Säule wie ein Zeltpfosten. Darunter lagen lange lederne Sitzkissen, verziert mit allerlei Symbolen und gestopft mit Stroh und Amuletten.

Zum erstenmal hatte er das Gefühl von Majestät, als wäre er in einem Augenblick aus dem Diesseits ins Jenseits befördert worden. In seiner Brust folgten die Atemzüge rasch aufeinander, sein Herz wurde unruhig, zog sich zusammen und war bereit zur Flucht.

Die Prinzessin trat ein. Da kehrte sich sein Herz ab und entfloh aus seiner Brust. Es flog ins Unbekannte, und er, der Derwisch, blieb da wie ein entleertes Götzenbild, mit offenem Mund und vorstehenden Zähnen, unfähig, etwas zu sagen, ohne Herz.

Sie folgte einer Wolke aus Weihrauch, Parfüm und Kräuteressenzen. Der zauberhafte Duft liess auch seinen Kopf davonfliegen. Sein Herz ein leerer Käfig. Eine Koloquinte, der die Sonne die Taufrische entsogen hat. Sein Kopf eine hohle Kalebasse. Er hörte den Engel des Himmels in die Niederungen der Erde herabsteigen und die Irdischen ansprechen: „Du also bist ein Derwisch. Ein Eremit. Wärst du nicht gekommen, hätte ich nach dir geschickt. Sag, Derwisch, haben deine Vorfahren dich schon vor deiner Geburt von jenem Schleier befreit, der das Unbekannte verhüllt?“ Ihre Lippen öffneten sich zu einem Lächeln. Ihre purpurroten Lippen, geschminkt mit Taftast. Taftast, das die Lippen sinnlich, weich und purpurrot macht. Die Zähne, poliert mit weisser Erde und Kohle aus Lotosbaumholz. Sie strahlten nicht mehr nur, sie waren auch kleiner geworden und standen enger und dichter beieinander. Jetzt fiel ihm auf, dass sie schlanker geworden war, eine höhere und grössere Figur hatte als zuvor. Was war es, das eine Frau aus einem irdischen Teufel in einen himmlischen Engel verwandelte?

„Hast du in meinem Herzen gelesen?" fragte der Engel. „Ich bin unfähig, mich selbst zu verstehen. Ich selbst bin nicht in der Lage, die geheimnisvolle Sprache zu erklären. Du bist ein Engel, den der Himmel gesandt hat."

In einem Winkel erblickte er eine Gestalt. Es war die Seherin. Und sofort kehrte der Inhalt in die Kalebasse zurück, und die Samenkörner in die Koloquinte. Er wischte den Speichel ab und sagte in der Sprache der Derwische: „Im Ärmel des törichten Hirten nahm eine getüpfelte Schlange Zuflucht, und er schützte sie vor der Kälte draussen. Als die Schlange sich aber mit dem Blut seiner Adern gewärmt hatte, biss sie den Schlafenden ins Handgelenk." Er lachte.

Doch der Tochter aus Aïr fiel es nicht schwer, die Sprache der Derwische zu verstehen. Nichts fällt den Engeln des Himmels schwer.

„Hegst du eine solche Abscheu gegenüber der Seherin?"

„Sie ist eine falsche Seherin."

„Ich werde zwischen euch beiden zum Guten vermitteln."

„Ich will gar keine Vermittlung zwischen ihr und mir."

„Ich werde dich belohnen, wenn du meine Botschaft überbringst."

„Botschaft?"

„Ein Geheimnis. Ich werde dir ein Geheimnis anvertrauen."

Die Samenkerne flogen in der Koloquinte umher. Der Inhalt verschwand aus der Kalebasse. Der Speichel troff. „Auch ich werde Euch ein Geheimnis anvertrauen“, brachte er keuchend hervor.

„Mir wurde gesagt, du wärest der einzige in der Ebene, der den Mufflon der Berge zu fassen kriegt, den Paradiesvogel.“

„Den Mufflon?“ Und dann enttäuscht: „Ihr meint Udâd.“

Die Koloquinte rollte polternd in die Tiefe. Die Kalebasse zerschellte auf den wilden Felsen. In ihren Augen blinkte es auf. Es war dasselbe Blinken, das er in Taffâwuts Augen gesehen hatte. Jenes rätselhafte Blinken, das den Derwischen nicht verborgen bleibt und das die Verzückten in den Derwischklöstern „Liebe“ nennen und behaupten, es sei ein Merkmal des Himmels, das sich auf der Erde nur an einem einzigen Ort zeigt – in den Augen einer Frau.

Die Verzückten sagen, es sei ein Geheimnis, das nur die Derwische und die Almoraviden kennen.

Der Speichel erstarrte zwischen seinen Zähnen. Seine Kehle trocknete aus, wurde rissig wie die Erde in den Wadis unter der Sonne nach der Zeit der Fluten. Die Samenkerne flogen in der Luft umher, die Eingeweide der zerschellten Kalebasse traten hervor. Die Atemzüge blieben stehen. Die Stimme zischte. „Liebt Ihr etwa Udâd?“

Er beobachtete die Veränderungen auf ihrem Gesicht. Sah, wie die Frage ein schweres Schweigen in ihre traurige Schönheit grub. Und je länger das Schweigen währte, desto tiefer versank sie in der Wüste der Traurigkeit. Es war dieselbe stolze, rätselhafte Traurigkeit, die die Zeit in die Gesichter der Felszeichnungen im Tassîli und in Matchandûsch gegraben hatte.

Sie ging ein paar Schritte zur Wand. Betrachtete geistesabwesend die Fuchsfelle. Das Licht der trüben Fackel brach sich auf ihrer rechten Wange. Die Traurigkeit nahm überhand, wurde zum Elend: „Muss der Derwisch so brutal sein und eine Frage wie diese stellen?"

Da fiel der Körper aus den himmlischen Höhen und schlug auf dem tauben Gestein auf.

11

Er brach zusammen und lehnte sich mit dem Rücken an die Wand. Die abessinische Dienerin brachte ihm Tee. Er nahm das Glas, seine Hand zitterte. Er setzte es auf dem roten Kelim voller weisser Dreiecke ab. Hockte sich hin. „Die ganze Ebene weiss", sagte er, „dass Ihr Ocha versprochen seid. Die zur Besieglung gesprochene Fâtiha bindet mit einem Band aus Eisen."

Sie bewegte sich nicht. Nur die mit Taftast, der Farbe der Jungfräulichkeit, geschminkten Lippen bewegten sich. „Es gibt etwas, das stärker ist als Eisen. Wer wüsste das besser als der Derwisch?"

Er lächelte traurig. Betrachtete den Schaumtarbusch, der den Tee krönte. „Ich habe gespürt, dass das Fest nicht gut ausgehen würde. Habt Ihr ihn das erste Mal singen hören?"

Sie antwortete nicht. Einige Zeit verging, bis sie ein Zeichen der Bestätigung machte.

Er las seine Teilstücke zusammen und hauchte Leben in die Trümmer. „Ebenso hat mich Euer Spiel auf dem Teufelsinstrument bewegt", sagte er unsicher. „Es war das erste Mal, dass ich Geschmack an diesem unbekannten Gefühl gefunden habe."

Sie wurde noch grösser und noch höher. Der Engel kehrte zu seinem Ursprung zurück und verwandelte sich in ein Gespenst. Legte einen weissen Schleier um und nahm Wohnung im Licht.

Der Derwisch leerte seinen Schoss von Steinen und sagte ergeben: „Ich werde die Botschaft überbringen."

12

Seit der Fluch des Südwinds eingekehrt war, hatte sich die Südliche Wüste keiner solchen Klarheit mehr erfreut.

Der ewige Henker verliess die himmlische Flasche und nahm seinen Thron in der Höhe ein. Er befahl seinem Heer, den blossen Körper der Wüste mit Feuerpeitschen zu traktieren, ewige Rituale einer Bestrafung, die das Schicksal der Wüste vor fünfzigtausend Jahren auf die Stirn geschrieben hat.

Der Derwisch schritt auf den Zungen der Fata Morgana. Die Gluthitze schob sich durch die Löcher seiner alten Ledersandalen und verbrannte ihm die Fusssohlen. Er sank auf die Knie und kroch zu einem einsamen Berg, an dem der Wind jegliche Unebenheit abgeschmirgelt hatte und der aussah wie einer dieser Zuckerhüte, die die Karawanen mitbrachten. Ein Berg, traurig wie alle Berge im Tâdrart, in den die Zeit eine traurig-rätselhafte Schönheit gegraben hatte. Er erinnerte ihn an die Prinzessin, während ihre Augen von dem Geheimnis sprachen. Warum nur rührte ihn diese Traurigkeit in den Bergen, den Bäumen, den Menschen und allen Dingen so sehr an? Spürte er darin etwa das Geheimnis des Lebens? Oder das Unsichtbare? Oder erinnerte es ihn daran, wie einsam er damals als durstige Akazie war, allein und verzweifelt in dem erbarmungslosen Wadi? Warum flog der Verstand davon, warum verbrannte das Herz, wenn diese Traurigkeit sich in den Zügen einer schönen Frau wie der Prinzessin einnistete?

Eines wusste er: Die Prinzessin hatte aufgehört, eine irdische Frau zu sein, als ihre Augen von dem Geheimnis sprachen und sich auf ihrem Gesicht Traurigkeit und Stolz mischten.

Die Flamme loderte. Er erreichte den Fuss des Berges. Schob seinen Kopf in den Schatten eines Felsens, der ein gezacktes, waagrechtes Haupt hob. Er zog seine erbärmlichen Sandalen aus und bespritzte seine Füsse mit etwas Wasser aus der Feldflasche. Es siedete auf. Er trank direkt aus der Flasche. Lauwarme Flüssigkeit versank in seinem Inneren. Der Wind hatte sich gelegt. Die Luft stand still, wie tot. Die Hitze verbrannte sogar die Luft. Er nahm eine Sandale und wedelte damit vor seinem Gesicht, um die tote Luft etwas zu bewegen. Er öffnete den Mund und sog hörbar die Luft ein. Luft!

Die Hirten brachten ihn ins Tâdrart. Vier Tage war er mit ihnen unterwegs. Im Wadi liessen sie ihn zurück und zogen weiter nach Massâk Satfat. Wenn er Udâd nicht in diesen Klüften finde, sagten sie, werde er ihn niemals finden. Doch der Henker stellte sich ihm entgegen. Er zückte sein Schwert und übergoss die Wüste mit Strömen von Luftspiegelungen. Mûssa lief zwischen Wadis und Bergen hin und her, von Udâd aber fand er keine Spur. Er betrachtete die Wüste, die sich der Umarmung des Henkers hingab. Im Westen schwammen Akazienbäume in den lodernden Wogen, und je lebloser und ruhiger die Luft wurde, desto heisser und wahnsinniger wurde die Lohe.

Im Osten und im Norden ragten stolz die Berggipfel auf, eine Kette mit gezackten Häuptern. Sie ertrugen geduldig ihr Los, die Fata Morgana zeichnete Fabelmähnen, die wogten und demütig blinzelten. Diese abgeschiedenen Berge bewohnten in alter Zeit die Vorfahren, und sie gruben Höhlen in ihre Herzen. Danach empfanden sie die Einsamkeit, die Sehnsucht nach dem Unbekannten überkam sie, und sie malten auf die Felswände Figuren und farbige

Phantasiebilder. Und die schlaflosen Nächte verkürzten sie sich mit Märchen. Dann ergänzten sie die Zeichnungen auf den Wänden. Doch die geheimnisvolle Sehnsucht nach dem Unbekannten, nach dem Ursprung, liess ihnen keine Ruhe, und eines Morgens begannen sie, Götter und Göttinnen zu zeichnen. Sie entdeckten den Schatz, nach dem sie lange gesucht hatten, und sie spürten Ruhe und Frieden bei dem Gedanken, dass sie in der Lage waren, ihre Gemälde mit einer Unterschrift zu versehen. Im Tifinâgh-Alphabet schrieben sie Erklärungen neben die Zeichnungen und vermerkten mit Symbolen, Skizzen und Buchstaben die Schätze und die Brunnen. Die Sache gefiel ihnen. Sie weiteten ihre Aktivität aus und versahen jeden Felsen in der Grossen Wüste mit ihren Spuren. Und heute kann niemand mehr glauben, dass das alles mit einem einzigen Fremdling begann, einem Eremiten, der sich in eine Höhle zurückgezogen und versucht hatte, eine rätselhafte Sehnsucht nach dem Ursprung auszudrücken.

Der Derwisch wusste nicht, dass er achttausend Jahre nach dem Beginn der Geschichte diese Zeit wiederbelebte.

Er schlief unter dem Felsen und schnappte nach der Luft, die der Henker mit seiner Feuerpeitsche getötet hatte. Da sah er das Wunder. Er starrte mit seinem schielenden Auge auf den Stein, als die leere Kugel in seiner Brust einen Satz machte und zu zappeln begann. Die Innereien kehrten in die Kalebasse zurück, und er hörte auf zu japsen wie ein Asthmatiker. Er richtete sich auf und stützte sich, zurückliegend, auf die Ellbogen: Vor ihm stand die Prinzessin. Als Gespenst von den Himmeln herabgestiegen, hatte sie auf dem Stein, in dem Stein Gestalt angenommen: hochgewachsen, schlank, stolz und traurig. Genau wie er sie das letzte Mal gesehen hatte. Auf ihren Lippen dieselbe auffallende Farbe, das Taftast, das Amulett der Jungfrauen, das Geheimnis der Dämmerung. Er kroch zu dem Felsen, legte seine Hand auf den Stein. Die Darstellung war reliefartig darin eingegraben. Er folgte mit zitternden Fingern den Rillen. Der erste Liebende hatte die Herrin von der Seite dargestellt, hocherhobenen Hauptes blickte sie in die Weite, zu den trüben, fernen, stolzen Gipfeln.

Er legte seinen Zeigefinger auf die mit dem Geheimnis der Vorfahren gefärbten Lippen, fuhr hinab, zitternd und vorsichtig zu dem runden Kinn, dem langen Elfenbeinhals. Er ertastete die vorspringende Brust, und das Blut erstarrte ihm im Finger. Die Innereien entflogen der Kalebasse, die Kugel sprang aus der Brust. Und dann – aus den schielenden Augen brachen die Tränen hervor. Er liess nicht ab, den eingemeisselten Körper der Herrin zu ertasten und Tränen zu vergiessen, bis kein Teil mehr blieb, den seine Hand nicht erfühlt hätte. Die Tränen waren heiss wie das Wasser in der Feldflasche, und der Körper der Göttin brannte wie Feuer.

Er beschloss, die lodernde steinerne Herrin mit den blutheissen Tränen des schielenden Auges zu kühlen, benetzte seinen Zeigefinger mit dem Wasser der Augen und fuhr damit über den steinernen Körper. Und unwillkürlich flüsterte er: „Tênere. Tê … êêêê … neeee … reee."

13

Auch Udâd war um den Verstand gebracht. Wie konnte das Fest nur alle um den Verstand bringen? Sie in den Zustand der Entzückung, ja Entrückung versetzen? Taffâwut war um den Verstand gebracht. In ihren Augen hatte er es gesehen. Die Prinzessin war um den Verstand gebracht. Ihre Seele flatterte zu … Udâd! Auch Ocha war um den Verstand gebracht durch die Prinzessin, gefesselt. Aber das letzte, was er erwartet hatte, war, den wilden Udâd gefesselt zu sehen, mit demselben Leuchten wie in den Augen der anderen. Und er? Er, der Derwisch, hatte es ihn nicht auch gepackt? Die Kugel im Käfig zog sich zusammen, und da fiel ihm ein, dass es ein einziges Geschöpf gab, das nicht durch ein anderes Geschöpf um den Verstand gebracht war: die steinerne Herrin.

Er wischte den Speichel ab und sagte hörbar zu sich selbst: „Und deshalb hat sie nicht wie die anderen die Statur der Götter verloren. Wie wir, die wir uns an menschliche Geschöpfe gehängt und uns diesen hingegeben haben. Wir alle sind erloschen, gefesselt. Allein die Prinzessin ist weiterhin stolz, strahlend wie die steinerne Herrin, obwohl sie sich dem Paradiesvogel weihte. Ist das etwa, weil auch Udâd kein irdisches Geschöpf ist?"

Er sog die Bergluft ein und rief mit plötzlicher Inspiration einen Satz, den seine almoravidischen Vorfahren der Kalebasse eingaben: „Wehe, wehe! Jeder, der sich an eine Frau hängt, ist um den Verstand gebracht. Jeder, der sich an das Gold hängt, ist um den Verstand gebracht." Oft kamen die wandernden Scheiche des Kadirîja-Ordens und erzählten den Leuten von der Fähigkeit jener beiden Wüstengeister, sich der Seelen der Menschen zu bemächtigen, und sie versicherten, dass die Dschinnen von dem Besessenen Besitz ergreifen und ihn mittels der Frau und des Geldes seiner Seele berauben. Im Lager erzählte man, auch der Ordensscheich habe das zu Beginn seiner Zeit verbreitet und die Leute vor diesen beiden Fallen gewarnt und sie zur Vorsicht gemahnt. Und bis heute weiss keiner, wie er das vergessen und aus der Hand der Händler jenes unheilvolle Kästchen entgegennehmen konnte. Und wenn er mit den vorüberziehenden Anhängern des Kadirîja-Ordens über die Verwandlung der Seele und ihre Metamorphose in einem anderen

Menschen sprach, sagte er, das sei nichts anderes als die Verwandlung des Jägers in einen Mufflon oder eine Gazelle, die er in der Dämmerung zu erjagen versuchte.

Der Derwisch hatte selbst einmal erlebt, wie ein Jäger verschwand und als Mufflon weiterlebte. Im Lager war Amassîs als der geschickteste Mufflonjäger bekannt. Nie kehrte er aus den Bergen zurück, ohne dass sein Kamel mit zwei oder drei Tieren beladen war. Doch vor seiner Verwandlung bemerkten alle eine Veränderung in seinem Betragen: Der Elende hatte begonnen, exzessiv zu jagen, und hatte die Herden am Fusse des Akakûs vernichtet. Er begnügte sich nicht mehr mit ein oder zwei Tieren, die er unter seiner Familie aufteilte und auch noch den Nachbarn davon gab. Er verbrachte vielmehr Tage, die zu Wochen werden konnten, auf der Jagd, und bei seiner Rückkehr war sein Kamel mit Dutzenden von Tieren beladen. Diese häutete er, salzte sie und hängte sie in einer Ecke seines Zeltes zum Trocknen auf, um sie danach den Karawanenhändlern auf dem Markt zu verkaufen. Gleichzeitig hörte er auf, seinen Nachbarn etwas zukommen zu lassen, und es heisst, er sei sogar seinen eigenen Kindern gegenüber knausrig geworden und habe ihnen die nötige Fleischration vorenthalten. Seine Frau verriet das nach einigen Monaten den Nachbarinnen. Ihr Mann habe beschlossen, reich zu werden, sagte sie, und der Traum werde bald in Erfüllung gehen.

Irgendwann dann kehrte Amassîs nach einigen Tagen in der Dämmerung vom Akakûs zu ihr zurück – im traurigzerzausten Fell eines Mufflons. Eine Kette voller Lederamulette hing an den geschwungenen Hörnern. Als die Hunde Jagd auf ihn machten, suchte er das Weite, kehrte aber in der Nacht zurück. Am Morgen erzählte Amassîs' Frau, er habe die Hunde überlisten und sich im Schutz der Finsternis ins

Zelt schleichen können. Sie sei aufgewacht, als er gegen Töpfe und Teller trat und die friedlich schlummernden Kinder mit seiner klebrigen Zunge leckte. Dann sei er zu ihr getreten und habe ihr mit den Augen von seiner erbarmungslosen Reise erzählt, ihr viele rätselhafte Dinge gesagt, die sie in der tiefen Dunkelheit nicht ganz verstanden habe. Im Morgengrauen hätten die Hunde garstig gebellt und ihn zum Besessenen Îdenan verfolgt. Als sie im ersten Frühlicht erwachte, fand sie auf ihrem Schoss die Amulette des Amassîs.

Amassîs selbst fand man nie im Akakûs. Die Männer verfolgten die Spur und stiessen auf Blut, wo sein Pfeil sein Opfer getroffen hatte. Man fand auch seine Kleider, die an einem Baum am Fusse des Berges hingen. Sie brachten der Seherin etwas vom Blut des Opfers, vermischt mit Sand, und diese erklärte, er habe ein trächtiges Muttertier zu erlegen versucht.

Amassîs' Frau wartete auf ihren Mann im Mufflon. Sie vergiftete die Hunde. Zog durch die weite Wüste und durch die Wadis, erklomm die Hänge des Akakûs und inspizierte die Höhlen, die Spalten und die Felsen. Sie kehrte zurück und holte die Kinder, um ihm das Herz zu verbrennen und ihn herbeizulocken. Doch der Mufflon hatte ihr die Amulette im Schoss zurückgelassen und blieb verschwunden.

Die Hirten erklärten, sie hätten ihn den Besessenen Îdenan emporsteigen sehen. Er habe sich durch die unwegsamen Felsen hinaufgewunden und sei in den senkrechten, gen Himmel weisenden Wänden verschwunden. Noch nie sei ein Geschöpf in jenen geweihten Bereich eingedrungen und daraus zurückgekehrt, kommentierte die Seherin diese Aussage.

14

Die Feuerscheibe entfernte sich vom Zentrum und setzte, die kräftigen Peitschen aus Höllenfeuer hinter sich herziehend, ihre Reise nach Westen fort. Die Luft regte sich und die Wüste schöpfte Atem. Die Schatten der Felsen wurden länger und streckten sich bis hinunter in die Wadis. Die Flamme erhob sich vom Körper der Erde und schwebte durch die Luft in rauchgleichen, durchsichtigen Schleiern. Der Waran kam aus der Felsspalte, liess sich keuchend im Schatten nieder und beobachtete fassungslos den Feuerschleier. Die Akazienbäume neigten sich wie eh und je der verbrannten Erde zu, geduldig und bedrückt, unwillig, den Kopf zu heben und zu glauben, dass auf Befehl des Himmels das ewige Folterritual bis zum morgigen Tag unterbrochen sei. Eine Nordbrise wehte, und die Bäume hielten sie in ihrem Pelz fest, um ihr jede Feuchtigkeit, ihr Lebenselixier, auszusaugen. Im graudürren Unterholz piepste der erste Vogel den Weckruf, und alle Kreaturen im Tâdrart vergewisserten sich, dass die Lebensschnur noch nicht gekappt war; sie krochen hervor, taten sich zusammen und wiederholten die frohe Botschaft mitten in der Vergänglichkeit, zum Beweis, dass das Leben wirklich weiterging.

15

Auf zwei Felsen oben auf dem Gipfel sassen sie sich gegenüber. Udâd enthüllte zwei blutleere, vorspringende Wangen. Seine Augen wanderten zum Horizont, wo sich fern im Osten weitere geheimnisvolle Gipfel erhoben.

„Du hast dich sehr verändert seit unserer letzten Begegnung."

Lachen als Antwort.

„Selbst dein Lachen ist anders geworden."

Lachen als Antwort. „Auch du hast dich verändert. Auch du bist ausgezehrt und ... hast den Verstand verloren."

„Den Verstand verloren?"

„Bleibt denn der Mensch ein Mensch, wenn er sein Herz einem anderen Menschen verpfändet?"

Eine Nordbrise wehte. Udâd atmete tief ein, als wollte er sich allein der Luft bemächtigen. Auch Mûssa öffnete seine Brust und holte sich seinen Anteil. Udâd zog den Schleier über den Mund, bevor er dort weitersprach, wo sie stehengeblieben waren, als er die Botschaft erhalten hatte: „Aber Ocha steht zwischen mir und ihr."

„Aber sie hat doch dich gewählt."

Keine Antwort.

„Ich kenne das Gesetz nicht Buchstabe für Buchstabe, aber ..."

„Ich interessiere mich nicht für das Gesetz. Es gibt etwas, das stärker ist als das Gesetz."

Keine Antwort.

„Es gibt den Anstand. Hast du den Anstand vergessen, Mûssa?"

Der Derwisch senkte das Haupt. „Überlass diese Sprache den Noblen", sagte er vorsichtig. „Sprich du die Sprache der Gefolgsleute? Das ist einfacher ..."

„Der Anstand ist die Sprache des Herzens. Die Prinzessin versteht das. Sie wird es von mir als eine Kränkung annehmen, wenn ich Ocha gegenüber eine andere als die Sprache des Anstands benutze."

Der Derwisch haute sich mit der Faust auf die Handfläche. Er sprang von dem Felsen auf. „Anstand, Anstand", rief er ins Leere. „Mein Gott! Alle verstecken sich hinter dem Anstand. Sie bedecken ihre Blösse mit Anstand, sie messen sogar die Atemzüge mit Anstand – Männer, Burschen, Greise und Frauen, Alte und Kinder. Ich habe Kopfschmerzen.“ Er nahm einen Stein und warf ihn in die Luft. „Einmal habe ich den Stammesführer gefragt“, rief er, „ob unsere verlorene Verfassung in der Sprache des Anstands geschrieben ist, und da hat er gesagt, das Anhi wäre in der Sprache des Lebens verfasst, die nur die alten Weisen verstehen. Eine andere Sprache ...“ Er trat näher zu Udâd, fasste ihn am Handgelenk und fragte: „Weisst du, was das für eine Sprache ist, die er die Sprache des Lebens nennt?“ Er wischte sich mit dem Ärmel den Speichel ab. Zitterte, bevor er Worte dafür fand, was er schon lange auszudrücken versucht hatte: „Die Sprache des Lebens ist die Sprache der Musik, der Poesie, des Imsâd. Deine Sprache, die du vom Paradiesvogel gelernt hast. Vom Pfeifen des Sturms an den Eingängen der Höhlen, dem Säuseln des Windes in den standhaften Akazien.“ Er lachte. „Es ist das ergreifende Lied, das die Finger der Prinzessin von den Dschinnenfrauen übernommen haben. Ach je, ich habe Kopfschmerzen.“ Er spuckte aus. Das Innere der Kalebasse flog umher. Das Herz im Käfig zog sich zusammen, und ein weiteres Mal veränderte sich die Koloquinte. „Warum fesselst du dich selbst mit den Fesseln des Anstands?“ rief er, „wie es die Toren tun.“

„Das Gesetz der Wüste.“

„Nicht das Gesetz der Wüste.“

„Das Gesetz ... der Menschen in der Wüste.“

„Und was hast du mit den Menschen in der Wüste zu tun? Du bist der Mufflon der Berge, die Gazelle der Ebene, der Vogel des Paradieses. Bis heute habe ich dich noch nie über das Gesetz der Leute reden hören.“

„Solange ich beschliesse, in die Ebene hinabzusteigen, muss ich mich an das Gesetz der Ebene halten.“

„Willst du ihn zum Duell fordern?“ fragte Mûssa lachend. „Du hast nichts von deinen Nachbarn, den Falken, gelernt.“ Er füllte seine Brust mit Luft. Richtete sich auf und blies seine Backen auf wie der Waran, wenn er den kleinen Tieren Angst einjagen will, und blickte zum Horizont, als beabsichtige er wegzufliegen oder vom Gipfel zu springen. „Der Gesang ist das Gesetz der Wüste", murmelte er, „nicht der Anstand. Alle Bewohner der Wüste verwechseln Anstand und Stolz. Wieso nennst du den Stolz dieser Verblendeten Anstand?" Er befestigte seinen ärmlichen Turban, dessen Ende herabhing und fast den Felsen berührte, mit beiden Händen und setzte dabei sein Selbstgespräch fort. „Sie lassen ihre Brust vor Stolz schwellen und blähen ihre Körper mit Kleidern auf. Dann behaupten sie, sie folgten dabei den Regeln des Anstands, die sie von ihren Vätern und Vorvätern geerbt hätten. Das ist verlogen, verlogen. Begreifst du? Sie verbreiten Lügen über die Toten!"

Er richtete den unteren Rand des Gesichtstuchs und trat neben Udâd. „Eine Lüge ist das. Das Gesetz der Vorfahren ist der Gesang. Die Vorfahren haben nichts hinterlassen als nur den Gesang und den Imsâd. Das haben sie von der Wüste gelernt. Mein Gott! Du passt dich dem überheblichen Ocha an, der sein Haupt mit einem siebzig Ellen langen Stück Tuch umwickelt und sich, aufgebläht wie ein totes Kamel, an den Rand des Brunnens stellt." Er lachte. „Dieser Anstand ist ein Verrat am Gesetz der Wüste, jenem Gesetz, das du vom Vogel der Gipfel und des Paradieses gelernt hast."

„Ich habe dir gesagt, dass sie mich verachten wird, wenn ich mich nicht an das Gesetz halte. Du kennst die Frauen nicht."

„Wer hat dir gesagt, ihr Gesetz sei wie das unsre? Sie stammt aus Aïr, und unsere Frauen stammen aus Asdschirr."

„Die Verschleierten sind alle gleich. Ihr Gesetz speist sich aus einer Quelle, der Wüste."

„Sie haben es nicht aus der Wüste gewonnen. Ja, es stimmt, Ochas ehrfurchtgebietender Turban gleicht den

Gipfeln des Tâdrart, aber ich sehe darin eine Anmassung den Gipfeln gegenüber. Der Stolz ist eine Anmassung der Wüste gegenüber."

Die Feuerscheibe stand in Flammen; fast fiel sie in Blutstropfen herab. Gebrochen näherte sie sich dem Rand des Horizonts. Die Glut erlosch und verlor den Dünkel, wurde erbärmlich, niedrig, traurig. In der Wüste darf nichts auf immer bleiben. Selbst des ewigen Henkers Stolz bricht sie und lässt ihn untergehen, gebrochen, zerstört, elendiglich.

„Den Anstand gewährt die Wüste. Den Dünkel schaffen die Menschen selbst, um sich damit in Fesseln zu legen. Wovon du da redest, das ist nicht Anstand."

Die Wüste verschwand im Schleier der Dämmerung. Sie redete Rätselhaftes.

16

Der Derwisch fastete. Er enthielt sich jeglicher Speise, bis seine Wangenknochen hervortraten, seine Augen in die Höhlen sanken und die Adern auf seinen Händen sichtbar wurden wie die Adern an den Bäumen der Wüste. Er wurde zu einem wandelnden Skelett mit bleicher, blutleerer Haut. Sogar eine grünliche Farbe nahm er an, dieselbe auffallende Farbe, für die er Udâd getadelt hatte und die den Bewohnern der Höhlen des Tâdrart und von Matchandûsch eigen ist.

Die neugierigen und klugen alten Frauen lasen den Hinweis in seiner auffallenden Farbe und waren sich einig, dass der Derwisch mit seinem Fasten nicht gegen die Sitten seiner Ahnen, der Almoraviden, verstiess (welche, in Verzückung geraten, sich mit Messern in die Brust stachen und sich monatelang der Speisen enthielten, wenn sie der Gottesliebe verfielen), auch nicht gegen die Traditionen des

Stammes, wonach sich die jungen Männer selbst durch Hunger töteten, wenn ihr Herz in Liebe zu einem Mädchen entbrannt war. Doch auch die gewiefteste und in Dingen des Lebens und der Liebe erfahrenste alte Frau konnte dem Stamm keinen Hinweis auf den Gegenstand der Liebe des Derwischs geben. War es Gott? War es ein elendes irdisches Frauengeschöpf? Viele erkundigten sich beim Imam nach der Ansicht des Gesetzes darüber, ob es zulässig sei, dass der Derwisch sich von seinesgleichen absonderte und auf die Erde herabstieg, um sich in irgendein törichtes Mädchen im Lager zu verlieben, das Freude und Trauer kennt, das weint und lacht, isst und draussen in der Wüste sein Bedürfnis verrichtet.

Der Imam antwortete den Neugierigen in der geheimnisvollen Sprache der Jünger des Kadirîja-Ordens. Er sprach lange von der Inkarnation, worauf ihm seine Widersacher vorwarfen, er bediene sich absichtlich dieser Sprache, um das Geheimnis vor ihnen verborgen zu halten, um sich um eine klare Aussage über die Ansicht der Wahrheit und des Gesetzes zu drücken, dies aus Furcht, der Fluch der Almoraviden könnte ihn treffen. Der Imam vermied es immer, Schlechtes über Heilige und Derwische zu sagen.

Die Bewohner der Wüste glaubten nicht, dass der Derwisch hungerte, selbst wenn er fastete, da ihm die Engel zur Seite stünden und ihn ernährten. Jener Jünger des Tidschanîja-Ordens war ihnen noch in Erinnerung, der Asdschirr besuchte und den sie für einen Schatzsucher hielten. Er war auf die Akakûs-Berge hinaufgestiegen und hatte, ohne Nahrung und ohne Wasser, in den Höhlen des Tâdrart gewohnt. Als die Hirten von ihm erzählten, lud ihn der Stammesführer Âdda ein und schlachtete zu seinen Ehren ein paar Tiere. Die abessinischen Neger brachten eine mit Kuskus und grossen Stücken Fleisch gefüllte Holzschale.

Die Männer scharten sich um ihren Gast, und als sie das Essen aufdeckten, verbreiteten sich die Düfte des Fleisches, so dass den Kindern schwindlig wurde und sie zu weinen begannen, versteckt irgendwo hinten im Zelt bei den Pflökken, wo sie darauf warteten, die Knochen und die Reste des Essens zu bekommen, nachdem ihnen die Dürre das Fleisch ein Jahr lang versagt hatte.

Doch der Jünger des Tidschanîja-Ordens erteilte ihnen eine lebendige Lektion in Entsagung. Er schaute in die Leere, mit leeren Augen, die den Augen von Blinden glichen, und sagte mit einer Gleichgültigkeit, die keinem Mann anstand, der lange Zeit gehungert hatte: „Ich habe mir gelobt, keinen Bissen anzurühren, bis ich Wâw gefunden habe. Ich stamme aus Suwaila, und ich suche Wâw. Ja, ich suche Wâw."

Alle Anwesenden, unter ihnen auch der Imam, bemerkten, dass er „Ich suche Wâw" zweimal sagte. Damals wussten sie noch nicht, dass der Tag kommen würde, an dem Wâw aus dem Unbekannten und der Legende wiederbelebt und als Stadt aus den Mythen auferstehen würde, um den Dürstenden zu tränken, den Nackten zu kleiden, den Hungernden zu nähren und den Irrenden vor dem Untergang zu bewahren. Und noch einen Satz fügte der Gast hinzu, der nicht weniger rätselhaft war als derjenige über seine Suche nach dem unbekannten Wâw. Er sagte: „Verzückung und Sättigung gehen nicht zusammen. Und ich habe die Verzückung gewählt."

Aber er wurde nicht fündig. Er fand weder Wâw noch Gott. Irrte sich wohl in der Zeit, war der Zeit voraus, die das Schicksal für die Auferstehung Wâws aus dem Unbekannten in der Wüste von Asdschirr bestimmt hatte. Er rollte vom Gipfel eines Berges in Massâk Satfat herab und blieb unten neben dem Feuer der Hirten liegen, tot.

Man erinnerte sich an ihn besonders noch wegen jener hübschen Geschichte, die er dem Stammesführer erzählte, um die Weisheit des Hungers darzutun. Der Wolf, erzählte er, weine, wenn er satt ist, bitterlich und sei zutiefst unglücklich, weil er wisse, dass jetzt nur der Hunger kommen kann. Wenn er dagegen hungrig ist, freue er sich und fülle die Wadis und die Ebene mit wildem Gelächter, weil er wisse, dass auf den Hunger irgendwann die Sättigung folgen wird. Und dann ergänzte der Jünger noch: „Je hungriger ich bin, desto mehr spüre ich, dass ich mich dem Tag des Festmahls in Wâw nähere."

Doch jemand stellte die Begabung des hervorragenden Jüngers in Frage, indem er erklärte, diese Fabel sei wortwörtlich dem Anhi entnommen.

17

Nach einigen klaren Tagen legte sich wieder ein Staubschleier über den Himmel.

Achmâd kam zum Zelt des Stammesführers. Er fand ihn allein am Eingang hocken und ergeben die Sandwolke betrachten, die um das Haupt des Besessenen Îdenan schwebte. Er setzte sich neben ihn und schwieg lange. Dann gab ihm der Stammesführer ein Zeichen zu sprechen.

„Der Derwisch wird sterben", sagte Achmâd.

Mit einer Geste verlangte der Stammesführer eine Erklärung.

„Niemand weiss, wann er zum letztenmal einen Bissen zu sich genommen hat. Die schwarze Amme hat den alten Frauen erzählt, die Seherin hätte bei seiner Heimsuchung die Finger im Spiel."

Eine wilde Windwelle heulte auf. Staub erhob sich zwischen ihnen.

„Sie sagte auch", fuhr Achmâd fort, „Mûssa fasle von einer steinernen Herrin und wolle nicht mehr den Hügel neben dem Brunnen, nach Wâw zu, verlassen."

Der Stammesführer reagierte nicht.

„Sie sagte auch, du wärst der einzige, der ihn überreden könnte, sein Fasten abzubrechen und wieder zu essen und zu reden. Er hört nicht auf die inständigen Bitten der Bewohner der Ebene. Selbst dem Imam gelang es nicht, ihn zu zwingen ..." Achmâd unterbrach seine Erklärung und lauschte dem Wind. Die Enden der Zeltplanen flatterten und sprangen auf, um die Fesseln zu sprengen und in die Weite zu entkommen. Ein finstervioletter Schleier senkte sich herab. Trübsal legte sich über die ganze Wüste.

Er stand auf. Befestigte sein schwarzes Tuch über dem Gesicht. Zögerte einige Augenblicke. Murmelte ein Lebwohl, doch der Stammesführer war schon in den Zustand der Ergebenheit zurückgekehrt und betrachtete die Leere.

18

Unten am Hügel, bei dem Haufen aus Steinen, die die Fluten in Urzeiten glattpoliert hatten, sass der Derwisch. Um ihn herum schwebten Frauen und Buben. Ein Kind weinte, und der Wind spielte mit den Kleidern der Frauen, die sich aufblähten wie volle Wasserschläuche und deren Ärmel langsam schlugen, wie vorüberziehende Kraniche. Die Frauen erkannten den Stammesführer, steckten die Köpfe zusammen und entfernten sich vom Hügel.

Beim Derwisch blieb der Stammesführer stehen, hockte sich vor ihm auf die Zehenspitzen, verfolgte die Staubwolken, die Mûssa ins Gesicht schlugen, von dem das Tuch herabgerutscht war, in seinen Mund drangen und seine Lippen austrockneten.

„Ist dir sehr elend zumute?" fragte er schliesslich.

Als keine Antwort kam, ergriff er ihn am Handgelenk, schob seine Hand unter den Turban und legte sie ihm auf die Stirn. Dann drückte er sie rasch in die Erde, damit die Krankheit nicht auf ihn überginge.

„Der Hunger wird dir nicht die Mauern von Wâw öffnen", sagte er geheimnisvoll, „und du weisst das."

Der Wind zog zwischen ihnen einen Vorhang hoch. Der Stammesführer wartete, bis die Welle vorüber war, dann fuhr er fort: „Wer von uns hätte nie nach Wâw gesucht? Auch ich habe einmal danach gesucht. Das ist mein Geheimnis." Er schlug sich mit der Faust an die Brust. „Und wenn du es hier nicht findest, so wirst du es nirgends finden, und wenn du tausend Jahre fastest."

Der Derwisch starrte weiter in die Leere und in den Staub.

„Keine Frau der Wüste hat je diese Leere füllen können", sagte der alte Mann traurig, „die die wirklichen Männer mit Wâw zu füllen versuchen. Sogar der Jünger des Tidschanîja-Ordens scheiterte und ging zugrunde. Du kennst die Geschichte."

Langsam senkte die Dämmerung einen Schleier zwischen die beiden.

Der Stammesführer schwieg.

Schliesslich schlug er vor: „Du wirst jetzt mit mir kommen, und wir werden uns über Wâw unterhalten. Das Wâw, das in der Brust jedes Geschöpfs liegt, und das Wâw, das wir in der ewigen Wüste suchen."

Der Derwisch sagte kein Wort. Doch der Stammesführer bemerkte trotz der dichten Finsternis einen elenden Faden, der sich aus Mûssas Auge löste und die Staubschicht auf seinen Wangen durchquerte.

19

Der Stammesführer flösste ihm tropfenweise Kräutermittel ein und wachte bei ihm bis ans Ende der Nacht. Als sich die Morgendämmerung näherte und der alte Mann sich gegen den Zeltpfosten zurücklehnte, um ein wenig zu schlafen, besuchte den Derwisch ein Engel und tippte ihn mit seinem durchsichtigen Zeigefinger unter dem Nabel an, um ihm den Sitz der Krankheit mitzuteilen.

Am Morgen gab ihm der Stammesführer grünen Tee zu trinken. Noch drei weitere Tage pflegte er ihn. Dann erlaubte er ihm zu gehen.

Am Abend streifte der Derwisch in der weiten Wüste umher. Der Kibli hatte seinen Griff über der Ebene gelokkert. Die Staubattacken waren seltener geworden, und die Heftigkeit des Windes hatte nachgelassen. Er lauschte dem Gemurmel der Dschinnen auf dem Îdenan, dem in der Ferne das schmerzvolle Heulen eines hungrigen Wolfs folgte.

Idikrân hatte die Finsternis des gewaltigen Bergfusses verlassen. Vereinzelte Windstösse spielten mit seinen abgetragenen, zerfetzten Kleidern. Er hielt ihn an und rief erschrocken: „Mein Gott! Was hat nur das unheilvolle Wâw mit dem Derwisch des Stammes gemacht? Was hat das Wâw aus Aïr mit dem Herzen des barmherzigen Mûssa gemacht?"

„Liegt denn Wâw in Aïr?"

„Wâw liegt überall, in der gesamten Wüste."

„Suchst auch du nach Wâw in unserer Wüste?"

„Wer von uns suchte nicht nach Wâw? Wâw … Wâw. Es wird wieder ins Leben gerufen, in tausend Jahren, vielleicht erst in zehntausend. Aber ich bemühe mich, nicht das wirkliche mit einem falschen Wâw zu verwechseln."

„Du bist ein Weiser. Du bist nicht wie alle anderen Goldsucher."

„Bei euch in Asdschirr sagt man auch, es gäbe drei Wâws, zwei bekannte und ein drittes, unsichtbares."

„Die Schatzsucher sprechen nicht diese Sprache. Wer bist du, bei Gott?"

„Ich behaupte hingegen, dass es nur zwei Wâws gibt. Das eine ist jenes, das alle kennen. Das andere ist das geheimnisvolle Wâw des Paradieses, das geheimnisvolle, das du nie in den Rippen einer Frau finden wirst, nach dem wir aber an den fernsten Enden der Wüste suchen, obwohl es uns doch näher ist als die Halsschlagader."

„Seltsam! Bist du nicht der, der mich in der Morgendämmerung im Zelt des Stammesführers besucht hat?"

„Zwischen den Rippen liegt eine geheime Leere, die keine Frau auszufüllen vermag, Mûssa! Wie elend ist doch der Derwisch, der liebt."

„Seltsam!"

Ein dichter Staub hob sich und hüllte die beiden in Finsternis.

„Fürchtest du nicht die Rache der Dschinnen, edler Gast?" fragte Mûssa.

„Der Dschinn fürchtet nicht die Dschinnen."

„Seltsam!"

Der Schleier der Finsternis senkte sich. Der rätselhafte Besucher entfernte sich und stieg zu der gewaltigen Höhle hinauf. Der Derwisch folgte ihm mit dem Blick, bis der pechschwarze Schleier ihn verschluckt hatte. Irgendwo heulte schmerzvoll ein Wolf, und das Murmeln der Geister auf dem Gipfel wurde hörbar.

20

Am folgenden Tag ging er zum Brunnen. Ocha beaufsichtigte noch immer die Arbeiten an der Brunnenöffnung. Er bediente sich eines Gleichnisses, um ihn zu provozieren. „Der Riesendschinn stand da zwischen Himmel und Erde. Er wartete darauf, dass die Seherin eine Massnahme ergriff, um den Wind in Banden zu legen, damit er sich seiner Braut erfreuen könnte." Er lachte. „Der Riese wartete lange auf die Erlösung, aber das Tun der Seherin war nicht erfolggesegnet. Das Herz des Riesen verbrannte." Er lachte nochmals.

Die Provokation sass. Ocha schaute zum düsteren Himmel hinauf und bediente sich derselben Sprache. „Das Herz des Derwischs ist längst verbrannt. Ich möchte wetten, es ist das erste Mal, dass die Wüste einen verliebten Derwisch sieht."

Mûssa war beunruhigt. Er wischte sich mit dem Ärmel den Speichel ab und richtete ein schielendes Auge auf seinen Nebenbuhler. „Wer hat behauptet, der Derwisch wäre verliebt? Der Derwisch verliebt sich nicht. Der Derwisch liebt niemand ausser Gott allein. Ist das klar?"

Doch Ocha stiess Achmâd mit dem Ellbogen und begann zu prusten. Beide standen nur wenig von der Stelle entfernt, wo Neger und Gefolgsleute dichtgedrängt den Hals des Brunnens gegen die Sandattacken befestigten.

Mûssa spürte Kopfschmerzen. Die Kugel in seiner Brust zog sich zusammen. Der Schmerz nötigte ihn, sich selbst die Verpflichtung aufzuerlegen. „Das reicht. Es reicht, ja, es reicht. Schluss ...", sagte er zu sich und zog sich zurück. Stieg die Anhöhe hinauf. Er hörte die Schar laut und hässlich lachen.

21

Er ging zum Akakûs. Zog sich drei Tage lang in eine Höhle zurück. Warf sich unter den Felsen nieder und flehte die von den Alten in den Stein gemeisselte Göttin an, sie möge die wilde Glut in seiner Brust löschen. Er wälzte sich auf der heiligen Erde wie ein Jungkamel und beobachtete die majestätischen, rätselhaften Figuren an den Höhlengewölben. Auch sie betrachteten, wie die steinerne Herrin im Tâdrart, die Leere, den fernen Horizont. Nein, nicht den fernen Horizont, sie schauten über den fernen Horizont hinaus. Sie starrten ins Unbekannte, in das Geheimnis, das zu suchen wir uns selbst umbringen. Sie starren auf uns. Sie sehen uns, während wir uns nicht sehen können. In ihren Gesichtern liegen Trauer und Barmherzigkeit, Majestät und Spott. Jene Gefühle, die aus der Miene eines Vaters sprechen, der die Wahrheit kennt und sie seinem Sohn aus Rücksicht vorenthält. Sie sind die Väter, und wir sind ihre elenden Kinder. Hilf mir, o Göttin der Alten, der Ahnen!

Von dort brachte der Derwisch die Inspiration zurück.

22

Er lauerte der Seherin auf. Kreiste um ihr Zelt, das unten am Hügel stand, auf der Ostseite des Lagers. Es war geflickt und aus unterschiedlichen Tüchern zusammengestückt. Ein Streifen, gewoben aus grauem Kamelhaar und stark von Sonne und Staub angegriffen, teilte es in zwei Hälften. Daran schlossen sich drei Stücke aus schwarzem Ziegenhaar, auch sie stark beschädigt, gebleicht und ausgelaugt von den Strahlen der Sonne. Dann folgte ein bleiches Lederband mit Symbolen, Amuletten und geheimnisvollen Linien darauf, um deren Bedeutung nur die Seher wussten. Auf beiden Seiten, bei den Stützen, waren verschiedenartige Fetzen, Stoffstücke und abgetragene Kleider befestigt.

Dieses seltsame Gemisch aus Tüchern und Fetzen machte das Zelt der Seherin zu einer ganz besonderen, einzigartigen Behausung, die die Spötter zu allerhand Bemerkungen reizte und in den Herzen der wahren Gläubigen, die die Magie fürchteten und die Seher mieden, Furcht säte.

Er beobachtete Têmet, wie sie eine Schale voll Asche aus ihrer Feuerstelle nahm und sie in die Wüste neben dem Zelt leerte. Er sah, wie sie am Abend Tamghart besuchen ging, betrat aber während ihrer Abwesenheit nicht das Zelt. Er wartete einige Tage, bis die abscheuliche Negerin nach Wâw ging, um der Prinzessin einen Besuch abzustatten.

Da wischte er sich den Speichel ab, spuckte den Staub aus, schlug sich mit der Faust an die Stirn und lachte. Ihr Besuch werde lange dauern, dachte er. Dann schlich er in der Dunkelheit los und betrat das Zelt, das nach Weihrauch, Harz und Kräutern duftete, in dem aber auch andere, scharfe, aufregende, rätselhafte Gerüche lagen. Der Geruch der Magie? Oder der Geruch der himmlischen Milch, die die alte Frau aus dem Euter der Sterne molk und den kleinen Dschinnen zum Trinken gab, damit sie den Schleier der Zukunft lüfteten und ihr das Geheimnis des Unbekannten verrieten?

23

Er fand ihn am Fusse des Zeltpfostens vergraben. Hierin unterschied Têmet sich nicht von den alten Frauen des Stammes. Sie alle vergraben ihre geheimen Dinge am Fusse des Zeltpfostens, um sie aus der Reichweite der kleinen Kinder zu nehmen. Auch die Seherin verbarg ihre gefährlichste Waffe unter dem Zeltpfosten, damit sie nicht in die Hand ihrer Feinde fiel. Er lachte. Wo liegt der Unterschied zwischen den kleinen Kindern der alten Frauen und den erwachsenen Feinden der Seherin? Alle sind sie Kinder. Auch die Männer sind grosse Kinder. Aber der Derwisch ist kein Mann. Er lachte. Wann hätten die Stämme der Wüste ihre Derwische je als männliche Wesen oder gar richtige Männer behandelt? Er zog an dem gewaltigen Griff und verfolgte die wilde Schlange, die ihren Bau verliess. Der Dolch der Seherin kam aus der verzierten Scheide. Die mythische Waffe. Das Körper gewordene Gift. Die Amulette der legendären Zauberer in Kano. Die geheimnisvolle Losung, die über Leben und Tod verfügt. Die die Verzückten zum Leben zurückholt und dem von Ekstase Überwältigten seine Sinne zurückgibt. Die teuflische Waffe, die einzige, die auch in Abwesenheit tötet und einen Feind auf eine Entfernung von vierzig Tagesreisen erreicht. Die einzige Waffe, deren Klinge es wagen würde, in die Brust der Seherin einzudringen. Ha! Die Seherin hat das Geheimnis den Lippen der Gestirne und der geheimen Inspiration entnommen, die die endlos weite Wüste murmelt. Den Karawanenhändlern soll sie geheime Geschenke an den Magierseher in Kano mitgegeben haben, worauf ihr dieser das Schutzamulett, eingraviert in den Dolch, geschickt und sie in der Sprache der Zeichen und Symbole gewarnt habe, es in die Hand eines Feindes fallen zu lassen. Denn in dem Dolch liege Têmets Geheimnis verborgen. Ihr Leben sei an den Schutz des Dolchs gebunden, der über sie wacht. Und es wäre ihr Tod, wenn sie ihn verlöre und er in feindliche Hand fiele. Das Dschinnenweib! Ha. Doch durch den Willen des Zufalls wurde das Geheimnis gelüftet. Das Schicksal hatte für sie einen wilden Streit mit einer bösartigen Frau von den Stämmen der Gefolgsleute ersonnen, die die Seherin beschuldigte, sich mit der anderen Frau ihres Mannes verschworen und ihr eine Zauberspeise gegeben zu haben, die an ihr einen üblen Geruch bewirkte, weswegen der gemeinsame Mann sie meide und sich zu seiner anderen Ehefrau flüchte. Als die Frauen eines Abends, Tee trinkend, bei Tamghart zusammensassen, begannen die beiden zur

Überraschung aller plötzlich, Vorwürfe auszutauschen und sich zu beschimpfen. Gleich darauf wurden sie handgreiflich. Die Seherin presste ihren abscheulichen elfenbeinernen Armreif ihrer Gegnerin in den Nacken, während sie sie mit der anderen Hand an den Haaren zog, so dass ihr die Kehle vorsprang und die hervorquellenden Augen zum Himmel stiegen und auf die bestialischen Strahlen der Sonne prallten. Das Ganze dauerte nicht lang. Die Seherin, die bis zu jenem Tag nicht um die Fertigkeit der Gefolgsleute im Kampf wusste, wurde von der Hand der Frau überrumpelt, die sich in ihren weiten Ärmel schob, wo an ihrem Unterarm mit einem kräftigen, bemalten Band aus Schlangenhaut der Dolch befestigt war. Sie zog am Griff. Der Dämon kam aus der Flasche, sein spitzer, gefrässiger Kopf verlangte, in eine andere, wärmere Scheide einzudringen, in menschliches Fleisch.

In diesem Augenblick veränderte sich zur Überraschung der Frauen, die die beiden zu trennen versuchten, die Seherin völlig. Sie liess den Hals der anderen los, sprang behende wie ein kleines Mädchen fort und brachte sich hinter einer weit über hundertjährigen Greisin in Sicherheit. Die schwarze Farbe war aus ihrem Gesicht gewichen, es war weisslich bleich geworden. Sie zitterte wie ein Kind und murmelte allerhand Beschwörungen. Sie beruhigte sich erst und liess das Tuch der alten Frau erst los, nachdem man ihr den geheimnisvollen Dolch zurückgegeben und begonnen hatte, zwischen ihr und der aggressiven Widersacherin zu vermitteln.

Danach trug Têmet ihre Waffe nicht mehr im weiten Ärmel mit sich herum, sondern suchte einen geschützten Ort, wo der Dolch hinfort vor den Händen böser Menschen sicher wäre.

Seiner alten schwarzen Amme stahl er das Öl. Als sie am Morgen hinausging, um die Ziegen zu melken, schlich er sich in ihre Zeltecke und goss die reine Flüssigkeit von den fernen Bergen in die Feldflasche. Öl der Oliven. In den Mythen heisst es, sie fielen wie schwarze Sterne von den alten majestätischen Pharaonenbäumen, die im Dschebel Nefûssa da und dort anzutreffen sind. Dunkle Steine an der Gebetsschnur des Gesandten. Gepresst von den Fingern junger Mädchen und von den Karawanenhändlern in den Süden gebracht, wo das Öl in Timbuktu und Kano in Goldstaub aufgewogen wird. Seine alte Negerin hatte es gegen die dreifache Menge an Fett eingetauscht. Dem Fett der Wüste entströmt der Duft von Ginsterblüten, dem Öl der Berge entströmt der Duft der schwarzen Pharaonensterne, der Sandelholzsamen und des Moschus, der sich auch von der Gebetskette des Propheten erhob.

Er nahm davon und ging hinaus in die Wüste.

Am Abend sammelte er Brennholz und machte ein Feuer. Der Wind hatte sich gelegt. Dunkelheit umgab ihn. Er holte drei Steine, aus denen er um das Feuer ein Dreieck bildete. Darauf stellte er einen Tontopf und goss das Öl aus der Feldflasche hinein. Er sog den köstlichen Duft ein, den das legendäre Öl in der weiten, toten Wüste verbreitete, die so rätselhaft und finster war. Der Geruch erinnerte ihn an den Tag seiner Beschneidung. Auch der Dolch erinnerte ihn daran. Seine Mutter hatte ihn krank zur Welt gebracht, mager und schwächlich. Die Krankheit wuchs mit ihm und begleitete ihn in den ersten Jahren, weshalb der Imam sich aus Angst, er könnte verbluten, weigerte, die Operation zu vollziehen. Als er elf geworden war, akzeptierte der Imam und gab das Zeichen. Man traf die Vorbereitungen und richtete das Zelt her. Schüttete ihm einen Thron aus Sand auf wie denjenigen, den man den Neuvermählten errichtet. Messer, Dolche und Schwerter wurden um den Thron herum eingepflanzt, um die Dschinnen einzuschüchtern und sie von ihren Entführungsabsichten abzubringen. Die Frauen kamen in schwarzen Scharen und versammelten sich vor dem Zelt, schlugen die Trommeln und füllten die Ebene mit Jubeltrillern. Die Jungen verkrochen sich in der Ecke des Zeltes, und eine alte Frau des Tabu-Stammes trat zu dem Thron und murmelte unverständliche heidnische Zaubersprüche in der Tabu- und der Haussasprache. Dann schob sie ihm einen ledernen Armreif über, an dem ein Beutel mit Beifuss hing, der auch dazu diente, die Bewohner aus dem Reich des Unsichtbaren einzuschüchtern.

Nachdem sie hinausgegangen war, kam der Imam herein und hängte ihm eine Kette aus Amuletten in Gazellenleder um. Er hob seine rechte Hand und durchschnitt die Luft mit jenem abscheulichen Gerät, das zum Scheren von Ziegen und verlausten Buben diente. Eine törichte Frau kam herein, die er zum erstenmal sah. Sie trug einen Pflock aus poliertem Akazienholz, mit dem sie vor seinem Gesicht herumfuchtelte. Oben an diesem Pflock sah er ein Band aus Lederriemen, Messingstückchen und bunten Glasperlen. Der Imam schob seine grobe Hand unter seinen Nabel und ergriff das Organ. Er schrie auf. Die törichte Frau fuchtelte mit dem Pflock vor seinem Gesicht. Es gab ein seltsames Geräusch wie das Röcheln eines Erwürgten, und unwillkürlich musste er lachen. In diesem Augenblick schloss sich die Schere über dem Organ. Er spürte den stechenden Schmerz und eine warme, klebrige Flüssigkeit, die ihm über die Schenkel lief.

Er schrie auf, doch die Jubeltriller verschluckten seinen Schrei. Die törichte Frau tröstete ihn und rief ihm freudig zu: „Weine, weine, o Derwisch! Heute bist du ein reiner Engel.“

25

Aber die Reinheit war nicht vollkommen. Die von dem sündigen Organ, von der teuflischen Wurzel abgeschnittene Haut reichte nicht, um den von Lüsten besudelten Körper zu reinigen. Die wunschentflammte Glut verbrannte den Kopf und verwandelte ihn in eine Kalebasse. Sie zerfrass die Adern des Herzens und machte es zu einer leeren Koloquintenkugel. Sie liess den Verstand davonfliegen und schuf eine Oase aus Illusionen, die mit Wâw konkurrierte in Reichtum, Luxus und Schönheit, und aus einer braunhäutigen, irdischen Frau, die Luft ein- und ausatmete, Speisen zu sich nahm und ihr Bedürfnis verrichtete, machte sie einen himmlischen Engel, eine gewaltige Herrin, die stolz in den Steinen stand.

Die teuflische Wurzel ...

Das sündige Organ ...

Sein Spiel mit den törichten Notabeln ist noch gerissener. Die teuflische Wurzel ist es, die mit ihren Köpfen spielt, damit sie sich selbst mit ehrfurchtgebietenden Schleiern umhüllen: ein Schleier um den Kopf, ein Schleier um das Herz. Die Törichten umhüllen auch das arme Herz mit einem Schleier, und sie nennen das Anstand. Die Wüste hat sie frei geschaffen, doch sie zogen es vor, Fesseln zu erfinden, weil sie in Gottes weiter Wüste keine Fessel fanden, die sie band. Sie fanden keine Wand, vor der sie sich niederwerfen konnten, weshalb sie die Rituale des Anstands entdeckten und sie auf das verlorene Anhi zurückführten. Als ihnen auch diese Fessel noch nicht genügte, verehrten sie einen anderen Gott: Sie warfen sich nieder vor der Frau, krochen vor den Füssen der Mädchen auf dem Bauch. Sie begannen Stammeskriege und liessen sich auf frevelhafte Feldzüge gegen die Nachbarn ein, taten sich in weiträumigen Stammeskonföderationen zusammen, um in den Dschungel einzubrechen und mit gefangenen Negerinnen, Mulattinnen und Abessinierinnen zurückzukommen. Die Toren. Angetrieben durch die teuflische Wurzel setzten sie die Wüste in Flammen. Aber sie haben keinen Sieg errungen, weil sie nicht wussten, wie sie die Leere ausfüllen sollten. Selbst die Weisen haben vergessen, dass das sündige Organ ein Abgrund ist, der sich nicht durch die Frauen des Stammes ausfüllen lässt. Alle Frauen der Wüste können den Durst nicht löschen. Alle gefangenen Frauen aus dem Dschungel werden die Gier nicht stillen, weil die Gier, weil die ewige Leere dieser Wurzel entstammt. Kein Geschöpf wird erfolgreich sein, das nicht bei sich selbst den Mut findet, das teuflische Organ an der Wurzel auszureissen, wie die Hirten der Hammâda die Brunnenkresse.

Das heisst Mann sein, Ocha. Das ist Anstand, Udâd. Da liegt die Wahrheit, Achmâd.

Die wirklich Anständigen, das sind die Kastrierten. Ha, ha. Sie allein sind rein. Der Anstand liegt in der Reinheit.

26

Die Stille voradamscher Zeit hatte die Wüste verschluckt. Es war die jungfräuliche Stille. Das Unbekannte, das dem Vergehen folgt oder der Schöpfung vorangeht. Oben am Seitental, das zum Betrogenen Îdenan hinaufführt, stand eine einzelne Akazie, rätselhaft, ratlos, verloren in der Finsternis der Wüste und der Stille des Todes. Im Licht des Feuers erschien das Fell ihres dunklen Hauptes wie der Turban eines Besuchers aus dem Reich des Unsichtbaren. Neben ihr fand Mûssa Ruhe. Nur das Feuer, das an den Brennknochen nagte, prasselte und verletzte die Heiligkeit der göttlichen Ruhe. Im Süden, gegen den Berg zu, erhob sich das gequälte Heulen eines hungrigen Wolfs.

Er zog an dem Griff. Die gefrässige Schlange kam aus ihrem Bau. Der Priester des Dschungels blickte herab von seinem heidnischen Heiligtum. Auf der Zunge des finsteren, grimmigen Dolchs sah er die Sure der Amulette. Die Zaubersprüche von tausend Jahren. Die Rufe der Stämme des Dschungels.

Er entledigte sich seiner Hose.

Die Stille wurde noch intensiver. Die Stille einer Zeit, in der die Steine noch nicht getrocknet waren. Eine Zeit, die er durch das Gefühl kannte, nicht aber mit dem Verstand wahrnahm. Die verlorene Zeit, nach der er immer gesucht hatte. Eine Zeit, in der Eva nicht von Adams und Adam nicht von der Erde Brust getrennt war. Die Zeit, die nur zurückkehrte, wenn er der teuflischen Wurzel den Garaus machte und das sündige Organ an der Wurzel ausriss, wie die Hirten in der Roten Hammâda die Brunnenkresse.

Er sank auf den steinigen Boden. Tauchte die Knie in die barmherzige Erde und spürte Trost. Schöpfte Mut. Hob sein unbedecktes Haupt zum finsteren Himmel. Fasste fest den magischen Griff. Führte die Zunge der legendären, gefrässigen Schlange an die satanische Wurzel, die den Verstand der Menschenkinder davonfliegen lässt und sie zu törichten Marionetten in der Hand einer leichtsinnigen Rippe macht.

Er sah die Sterne. Den weissen Ölbaum. Den Gefährten der Einsamen. Den Führer der auf ewig durch die Wüste der Erde und die Wüste des Himmels Irrenden.

Er schloss die Augen, der Schweiss troff herab. Er hielt den Atem an und zog die gefrässige Klinge über den Nacken des Satans. Die Erde bebte. Er sah die Riesenschar der Schwarzverhüllten. Die törichte Frau fuchtelte mit ihrem messing- und glasperlengekrönten Pflock und rief freudig: „Weine, weine, o Derwisch! Heute bist du rein.“

Die Dschinnenfrauen auf dem Besessenen Îdenan stiessen Jubeltriller aus. Die verlorene Akazie neigte sich und entfernte mit magischem Hauch den Schmerz. Er kroch ein Stück. Die klebrige Flüssigkeit lief über seine Schenkel. Mit beiden Händen ergriff er den Topf mit dem Öl. Es brodelte. Aber eine gigantische Kraft gab ihm Mut, und so ertrug er sogar die glühendheisse Flüssigkeit, die über seine Wunde floss.

Dann brach er zusammen und fiel auf den Rücken.

Er roch eine Mischung aus Blut und pharaonischem Olivenöl.

Vernahm die Jubeltriller der schönen Dschinnenfrau auf dem Îdenan.

Von fern her klang das schmerzvolle Heulen des Wolfes.

Er versank in Finsternis und Stille.

Zweiter Teil

I. Die Brust der Erde

Zwei Wanderer machten sich auf die Reise.
Wanderten weit. Es begann die weglose Wüste.
Da wandte der eine sich bittend zum Himmel:
„Gib, Herr, mir mit Gold einen versiegelten Krug."
Und auch der andere warf betend sich nieder:
„Mir, Herr, gib mit Wasser einen Krug."

Weit zog sich die Wüste.
Die Scheibe der Sonne verbrannte die Erde,
Entzündet' am Himmel die Lohe.
Auf halbem Wege brach der erste zusammen,
Steckte den Kopf in den Schatz,
Den Goldstaub, nicht imstande,
sein Herz vorm Verbrennen zu retten.

Zur Oase des Unerreichbaren gelangte der andere.
Im Herzen trug er den Schluck des Wassers,
In einer Hand den Krug mit Gold.

Ibrahim al-Koni, *Ein Gleichnis*

1

Zu Beginn des Herbstes entbrannte der Streit um den Brunnen.

Der Staub nahm seinen Angriff wieder auf, und der Stammesführer befahl, den Bau der Stadtmauer zu stoppen. Ocha versuchte, die Gefolgsleute des Sultans zum Einhalten zu bewegen. Doch sie griffen zu den Waffen und wurden mit seinen Männern handgemein. Der Stammesführer schaltete sich ein und sandte den Imam als Boten zum Sultan von Wâw. Dann liess er Ocha holen und besprach sich mit ihm unter vier Augen. Als am Abend der Imam von seiner Mission in Wâw zurückkehrte, hielt der Stammesführer eine Versammlung der Scheiche ab.

Er selbst sass neben dem Zeltpfosten, zu seiner Rechten der Imam. Auf dem Kelim sassen die Scheiche im Kreis. In einer Ecke kauerten die Neger und die Gefolgsleute und kümmerten sich um die Zubereitung des Tees.

Draussen hatte der Wind nachgelassen und begnügte sich damit, hin und wieder kurzatmige Attacken zu blasen, als wollte er etwas sagen, als wollte er mit den Sehern sprechen und ihnen in seiner eigenen Sprache von seinem Geheimnis erzählen, vom Grund dafür, dass er die Ebene in den vergangenen zwei Jahren ständig heimgesucht hatte. Denn die Sprache des Windes ist sogar für Kinder leicht zu verstehen, wenn er zum ständigen Gast bei den Bewohnern der Wüste wird.

Der Imam schlürfte den Schaum vom Tee. Er zog seinen hellen Gesichtsschleier über seine Nase, die dem Schnabel eines Falken glich. Doch das Tuch rutschte wieder zurück über den Mund. „Wâw werde nicht ohne Mauer bleiben, so hat er gesagt", begann er. „Mauern seien der Panzer der Städte. Andernfalls gäbe es keinen Unterschied zwischen diesen und den Oasen von Targa*. Durch ihre Mauern seien die Städte unbezwingbar, die Oasen dagegen lägen nach allen Seiten offen da."

Die Scheiche tauschten verstohlen Blicke. Der Stammesführer zeichnete unbeirrt neben dem Zeltpfosten seine Symbole in den Sand.

Der Imam schlürfte seinen Tee und befestigte sein abgetragenes Tuch mit der Falte des Endes, das hinter seinem Ohr herabhing. „Der Brunnen ist unsere Lebensader, habe ich ihm gesagt", fuhr er fort. „Die Mauer sei keine wirkli-

* Anderer Name für den Fessan, die Region im Südwesten Libyens

che Mauer, wenn der Brunnen ausserhalb bliebe, hat er geantwortet und sich verpflichtet, uns jederzeit genügend Wasser für uns selbst, unsere Kamele und all unser Vieh zu überlassen. Schliesslich hat er vorgeschlagen, wir sollten unseren Stolz aufgeben und in die Stadt kommen."

„In die Stadt kommen?" rief der Stammesführer aus.

„Ja, er bietet uns an, wir sollten uns in der Stadt niederlassen und in Häusern, zwischen Wänden wohnen."

Der Stammesführer lachte nervös, rätselhaft. Ein schmächtiger Scheich mit vorstehenden Wangenknochen und faltigen Lidern, der zwischen zwei anderen auf dem Boden sass, ergriff das Wort: „Wenn wir uns auf der Erde festsetzen wollten, hätten wir das schon vor siebentausend Jahren getan. Wenn wir die Absicht hätten, zwischen stummen Wänden niederzuknien, hätten wir Städte gebaut, schöner als Timbuktu, wahrhafte Städte, mit denen nur das wirkliche Wâw konkurrieren könnte, nicht dieses falsche Wâw, mit dem er uns anlocken will, um uns einzusperren wie Sklaven. Der Magier. Ja, er ist ein Magier."

Nun fasste der Scheich neben ihm Mut, hob seinen mit einem schwarzen Tuch umwickelten Kopf und drohte mit dem Zeigefinger: „Warum hast du ihm nicht den Kopf abgeschlagen? Er kommt da als Fremder, wir geben ihm Land und Wasser, und dann besitzt er die Dreistigkeit, sich des Wassersacks und des Wadis zu bemächtigen. Wir sind in unserer Wüste Fremde geworden, Anâj dagegen ist inzwischen Sultan über die Ebene und über Asdschirr. Übrigens habe auch ich den Verdacht, dass er ein Magier ist."

„Ich habe das vom ersten Tag an gesagt", rief der andere Scheich, der zur Rechten des Alten sass. „Ich habe gesagt, entweder überlassen wir ihm die Ebene und ziehen ins Tâdrart oder nach Massâk, oder wir geleiten ihn weiter nach

Targa oder in die Hammâda. Das Unheil, das er in unsere Wüste gebracht hat, hat nicht erst heute begonnen. Mit ihm kam ein Wind, wie wir ihn zuvor nicht gekannt haben. Heute oder morgen wird er den Brunnen verschütten. Und gleichgültig, ob er sich des Brunnens bemächtigt oder nicht, der Wind wird sich schliesslich all dessen bemächtigen, dessen er sich nicht zu bemächtigen vermochte. Wir haben den Lehren unserer Vorfahren, wie sie im Anhi überliefert sind, zuwidergehandelt. Die Bewohner aus Aïr sind Zauberer, die alles einsetzen: Wind, Regen, Steine und Bäume."

Der Stammesführer hob eine nervige, von Falten gezeichnete Hand. Die Scheiche schwiegen. Die Erwähnung der verlorenen Verfassung bot ihm Gelegenheit, nach Art der Weisen anzuknüpfen: „Ich weiss nicht, ob das Anhi mit seiner Warnung wirklich gerade die Bewohner aus Aïr gemeint hat oder die Fremden insgesamt. Doch sicher weiss ich, dass es gesagt hat: Das Herz des Fremden birgt ein Geheimnis. Wir haben ihm und seinen Leuten gestattet, sich hier niederzulassen, weil wir Gottes weite Wüste nicht als unser Eigentum in Anspruch nehmen können. Wir haben ihm Wasser gewährt, weil im Anhi selbst, trotz der Warnung vor den Fremden, auf den ersten Seiten eine noch stärkere Warnung festgehalten ist: Wenn du einem Wandersmann das Wasser vorenthältst, wird die Wüste es dir vorenthalten." Der blaue Gesichtsschleier rutschte herab. Er zog ihn hoch bis über die Nase und fuhr fort: „Oft schon wurden Menschen Opfer von Wegelagerern, die sie mit freigebig gespendetem Wasser vor dem Verdursten gerettet hatten. Denn wenn mit dem Trunk das Leben in ihre Adern zurückströmte, kehrte auch der Satan in ihre Seelen zurück, und sie töteten die göttliche Hand, die ihnen das Leben schenkte. Ist es nun zum Schaden dieser Menschen, dass sie zu Opfern und Märtyrern geworden sind? Meint nicht, dass ich dazu auffordere, bei dem Brunnen nachzugeben, aber das Anhi hat in jeder Zeile zur Sprache des Dialogs und zum Gebrauch des Verstandes ermutigt."

Er schwieg; schliesslich schlug er vor: „Gebt mir ein wenig Zeit. Ich werde nochmals mit ihm reden."

Ein Gefolgsmann kam und servierte die dritte Runde Tee. Hinten im Zelt erlosch langsam das Feuer. Draussen schwieg der Wind; es war, als lauschte er und spionierte herum.

2

Was murmeln die Lippen des Windes?

Er redet mit den Dschinnen in den Nischen der Felsen und zwischen den Wänden des Îdenan. Er plustert Kleider und Ärmel auf und füllt sie mit dem Geheimnis der Wüste. Er heult in der Weite, schmerzvoll wie ein hungriger Wolf, da selbst auch hungrig. Er brennt darauf, Anteil an den Opfern des blinden Schicksals zu erhalten. Er tändelt mit dem koketten Sand und überzieht ihn mit Wogen, Runzeln und Falten. Er schreibt Symbole in den Staub und gräbt Bilder ein, wetteifernd mit den Altvordern, deren Finger Poesie auf den Stein malten.

Der Wind.

Welches Geheimnis bringt der Wind?

Er spricht eine Sprache, die schon die Kinder verstehen. Er flüstert dem Säugling das Geheimnis der Wüste ins Ohr, das Geheimnis des Wassers. Er berichtet vom grossen Sandmeer und seiner Absicht, ein noch grösseres anzulegen. Er fegt hier einen goldenen Hügel hinweg, zerstreut ihn, trägt ihn davon und verwandelt ihn in Staubwolken. Dann schafft er ihn neu aus dem Nichts, baut einen noch schöneren Hügel an einem fernen Ort. Er trägt Blütenstaub umher und wirkt als Mittler zwischen männlichen und weiblichen Palmen, er vollzieht die unmögliche Begegnung der Liebenden. Sie vereinigen sich auf Distanz, und das Leben entsteht in Rispen wie Sternschnuppenschwärme in finsterer Nacht.

Der Wind.

Bote des Unbekannten zu pestvernichteten Lagern, wäscht er die Wüste von einer Krankheit, die Greise und Kinder hinwegraffte. Er tröstet die Skelette der Schwachen und eilt dem Säugling zu Hilfe. Er tötet den Wüstengeist und schenkt den Unschuldigen Heilung und Leben.

Der Wind.

Schicksal der Wüste, verwischt er die Spuren und verhüllt die rettenden Oasen. So geht der Wanderer irre und verdurstet, schwimmend im Wasser der Fata Morgana. Doch wirft er ihn auch, wenn er will, in die Arme des verlorenen Wâw.

Der Wind.

Bote des Schicksals in die Wüste der Menschen, wählt er aus ihnen Opfer, die er den Göttern als Speise vorsetzt.

Warum ist der Wind grausam und verschüttet die Mutterbrust der Erde und tötet die Wasser in den Brunnen?

Weil die Hand des Windes die einzige ist, die heute ausgräbt, was sie gestern verschüttet hat.

Doch warum er heute Lager ausrottet, um morgen im Leib des Unbekannten ein Volk zum Leben zu erwecken, das ist ein Geheimnis, das nur die Wüste kennt und zurückfragend beantwortet: Warum stirbt heute ein Mensch? Warum wird morgen einer geboren? Und warum wird er heute geboren, wenn er doch morgen schon wieder tot ist?

3

Er sandte nach der Seherin. Sie kam gegen Abend, nachdem die Scheiche das Zelt verlassen hatten, und setzte sich hinter den Zeltpfosten, gehüllt in ein Tuch, schwarz wie ein Stück Finsternis. Sie spuckte den Kautabak hinter sich und streute eine Handvoll Sand darauf.

„Wie ist der Staub?“ fragte der Stammesführer.

Sie hob eine magere, geäderte Hand und klopfte sich, Zeichen des Schlimmen, mit ihren langen Fingern an den Kopf.

„Nie haben wir Schlimmeres erlebt, nie Hartnäckigeres gesehen“, fuhr der Stammesführer fort.

Sie stimmte mit einem langen Seufzer zu. Der geheimnisvolle Feind protestierte, ein plötzlicher Schlag traf das Zelt. Es schwankte und die Enden der Planen schlugen wie die Flügel eines Fabelvogels, der sich in die Lüfte erheben will.

„Die Bewohner von Wâw sind glücklicher dran“, bemerkte der Stammesführer. „Die Mauern aus Stein sind besser geeignet, dem Wind Widerstand zu leisten.“

„Wenn er aber beschliesst, die Gastfreundschaft länger in Anspruch zu nehmen, und sich ansiedelt, wird er zur Pest, vor der auch die Mauern nicht schützen, selbst wenn sie aus Eisen wären.“

„Aber Menschen, die sehen, werden immer Mittel und Wege finden.“

Sie erwartete, er werde die Andeutung erläutern, und schwieg.

Er pries ihre Begabungen: „Du bist eine kundige Seherin. Ganz Asdschirr kann das bezeugen.“

Schweigen erhob sich zwischen ihnen. Der Feind brüllte mit einer neuen Woge aus Staub. Sie legte das Ende des schwarzen Tuchs um ihren Hals, bevor sie sich erkundigte: „Meinst du die Kette?“

Der Stammesführer richtete sich auf, setzte sich zurecht, nahm einen Stecken in die Hand und zeichnete rätselhafte Symbole in den Sand. „… und zwar aus stärkstem Eisen", sagte er geheimnisvoll. „Siebzig Ellen lang. Los. Ich werde dir eine Kamelstute schenken. Genügt eine Kamelstute?"

Die Negerin wiegte verzweifelt hin und her. Sie stiess einen langen Klagelaut aus, wie sie ihn immer von sich gab, wenn sie den Kampf mit den Dschinnen aufnahm. „Du weisst nicht, was du sagst, guter Scheich. Du kannst dir die Bedingungen für eine Kette nicht vorstellen, die geeignet wäre, den Boten des Schicksals in Banden zu legen. Der Wind ist kein Dschinn, guter Herr Scheich."

„Ist der Wind der Bote des Schicksals?"

„Ja", erwiderte sie nach langem Schweigen.

„Woher weisst du das?"

Sie lachte. Zeigte dabei kautabakzerstörte Zähne. „Das ist mein Geheimnis. Was wäre ich für eine Seherin ohne Geheimnisse?" Die Frage blieb unbeantwortet. „Die lange Zeit, Herr, sie ist ein Wink des Schicksals."

Er schwieg. Prüfte nochmals den Puls. „Reicht eine Kamelstute?"

„Die Belohnung tut nichts zur Sache", sagte sie rätselhaft, „wenn es um den Boten des Schicksals geht, um den Willen der Götter. In Wâw hat man mir für die Kette eine ganze Kamelherde in Aussicht gestellt, aber sie konnten die Bedingung nicht erfüllen, die das Schicksal stellte."

„Die Bedingung?"

„Ja. Kannst du sie erfüllen, werter Scheich?"

„Rede!"

Sie redete nicht. Sie öffnete einen Beutel im Saum ihres Umhangs, nahm eine Handvoll geriebenen Tabak heraus, warf ihn sich in den Mund und begann zu kauen. „Kannst du eine Jungfrau von den Töchtern der Stammesnotabeln opfern?" fragte sie ohne weitere Umschweife.

Der Stammesführer war erstaunt. „Eine Jungfrau von den Töchtern der Notabeln?"

„Mit blutgetränkten Zöpfen beginnt das Wirken der Kette."

„Genügen nicht einige Opfertiere?"

Sie schüttelte den Kopf.

„Aber im Koran steht nichts, was die Opferung von Mädchen für zulässig erklärte", wandte der Stammesführer ein.

„Die Herstellung der Kette gilt dem Koran als eine Einmischung in den Willen des Schöpfers. Der Wind ist sein Bote."

„Probier es mit Tieren!"

„Es wird nichts nützen."

Der Bote heulte in der weiten Wüste. Er verbündete sich mit dem Abend und verdichtete den Vorhang der Finsternis. Der Stammesführer hörte die Seherin wiederholen: „Tiere werden nichts nützen."

4

Aus dem Nachbarzelt kam eine junge Mulattin. In einer Ecke des Zeltes machte sie Feuer und begann, Tee zu kochen.

Der Stammesführer pflügte weiterhin mit dem Zeigefinger durch den Sand und zeichnete neben den Zeltpfosten seine Symbole. Nach langem Schweigen schaute er auf und sagte: „Die Entscheidung der Prinzessin betrübt mich." Als die Seherin schwieg, fügte er hinzu: „Ich habe erfahren, sie hänge an dem Mufflon der Berge."

„Meiner Kenntnis nach hat sie noch keine Entscheidung getroffen."

„Ocha hat das nicht verdient. Ich habe schon viel über die Launenhaftigkeit der Frauen aus Aïr gehört, aber ich habe den Verständigen in Asdschirr nie Glauben geschenkt. Ich habe vielmehr gemeint, sie wollten die Frauen jenes Landes schlechtmachen, wie sie es auch mit den Männern tun, doch der Wandel in der Haltung der Prinzessin bestätigt, dass sie recht hatten."

„Sie hat uns daran gewöhnt, nicht allzu rasch die Meinung zu äussern, Herr."

„Es ist mir unerträglich, Ocha leiden zu sehen. Der Arme hat jahrelang gewartet."

„Du bist es, der den Vollzug der Verschwägerung an den Südwind geknüpft hat, der an Unbeständigkeit die Frauen aus Aïr übertrifft. Und was war das Ergebnis?"

„Ich hatte gar keine andere Wahl. Der Brunnen ist unser Leben, und der Stamm hat Ocha beauftragt, ihn gegen den Staub zu schützen. Wer es sich zur Aufgabe macht, Angriffe abzuwehren, wird sich nicht ins Gemach einer schönen Frau begeben. Du kennst die alte Weisheit. Das Anhi leitet uns."

„Auch die Zeit ist ein Lehrer, wie das Anhi. Sie wird bald ihren Vorschlag unterbreiten. Von uns ist nichts anderes verlangt, als geduldig abzuwarten."

„Mir ist auch zu Ohren gekommen, die Bewohner von Wâw wollten dich uns wegnehmen."

Die Seherin verstand den Wink. Sie lächelte und sagte nach kurzem Schweigen: „Wir neigen zur Fürsorge für die Fremden. Du hast in uns die Zuneigung ebenso gezüchtet wie die Wüste."

„Doch jetzt sind wir die Fremden geworden. Anâj will uns den Brunnen wegnehmen."

„Wâw wird niemals gedeihen ohne den Brunnen, Herr."

Der Führer wiegte nach rechts und nach links und erwiderte demütig: „Wâw, Wâw. Niemals wird Wâw aus dem

Unbekannten durch Menschenhand auferstehen, Têmet. Der Mensch ist unrein, und Wâw ist das verlorene Paradies. Das Gute ist gut, solange es ungebunden ist. Sobald es sich in eine Bahn einordnet und die Hand des verfluchten Sünders es berührt, verdirbt es und zerfällt, wie das Gold eines Schatzes, über dem kein Opfer gebracht wurde, das den Zauber löst."

„Aber die Bewohner der Wüste werden die Wohltat des Wüstenparadieses nicht geniessen, solange es im Unbekannten verschüttet ist. Die Wanderer der Wüste wollen trinken und ihr Vieh tränken und einander begegnen, um Handel zu treiben und Waren auszutauschen. Sie wollen das hier auf der Erde, heute, nicht morgen, nicht an irgendeinem unbekannten Tag."

„Was aber sollen wir tun, wenn das das Geheimnis ist, das Gott an Wâw gehängt hat? Erst im allerletzten Augenblick erhebt es sich, und seiner Wohltat wird nur teilhaftig, wer ebenso verloren und einsam war. Ich sehe darin nichts Seltsames. Wir sind einsam in die Wüste gekommen und werden einsam ins Unbekannte zurückkehren."

„Aber erlaube mir eine Frage, Scheich. Wozu braucht der Mensch Wâw, wenn er sich doch auf dem Weg zurück zum Ursprung befindet?"

Er schaute auf von seinen Symbolen. In seinen Augen glänzten, im Licht des Feuers, Tränen. Die Mulattin brachte ihm den Tee. Er schob das Tablett mit einer unwirschen Handbewegung beiseite, worauf das Mädchen sich erschreckt zurückzog. Dann antwortete er, und der Seherin schien es, als steige seine Stimme aus den Tiefen eines Brunnens empor: „Weil darin ein Trost liegt. Wenn es nicht irgendwo und irgendwann ein Wâw gäbe, dann wäre ... dann wäre die Wüste ohne Bedeutung. Dann wäre das Leben ohne Bedeutung. Wâw ... Wâw ist der Trost."

Draussen schwieg der Wind und begann wieder zu lauschen.

5

Die Städte der Wüste übernahmen vom verlorenen Wâw nicht nur die Bauweise der Mauern, sie übernahmen auch, wie noch lebende Augenzeugen versichern, die gesamte Wüstenarchitektur: die quadratischen Häuser, gekrönt von den pyramidenförmigen Dreiecken der Tanit; die hohen, aus den Mähnen der Palmen geflochtenen Decken, durch zwei oder drei Rippen aus Palmstämmen unterteilt. Die Fenster weit oben, direkt bei der Decke, manchmal dreieckig, manchmal zu Bögen gewölbt. Die Baumeister achten darauf, die Fenster mit feinen Zähnen der Palmmähnen zuzuhängen, um das Hausinnere den Blicken Neugieriger zu entziehen. In jedem Haus gibt es eine Innentreppe, die, den Frauen vorbehalten, auf die Dachterrasse führt. Über diesen himmlisch-geheimnisvollen Weg statten sie sich gegenseitig Besuche ab und plaudern miteinander, weitab vom Leben der Männer tief unten in den finsteren Hallen, den dunklen Gängen der Stadt mit ihren düsteren Gewölben, wo sich Händler die Maueröffnungen, die Gänge und die Gewölbe zu Läden machen, träge auf der steinernen Bank neben der Wand sitzen, Fliegenschwärme verscheuchen, grünen Tee schlürfen und plaudern.

Im allgemeinen findet sich der grosse Markt in der Nähe der Mauer, beim Tor, das auf die Karawanenstrasse führt, damit man dort mit den heranreisenden Kaufleuten Waren tauschen und Geschäfte abschliessen kann und die Fremden nicht in den Gewölben empfangen muss, wo sie Einblick in die Geheimnisse und die Welt der Frau nehmen könnten. In einer altehrwürdigen Wüstenstadt wie Gadames liegt der

Markt am Südeingang, durch den man zur Karawanenstrasse nach Timbuktu gelangt. In Mursuk liegt er im Norden, an der Strasse nach Tripolis. Die Städte Suwaila, Timbuktu und Tamanrasset zeichnen sich, trotz der gewaltigen Distanzen, die sie voneinander trennen, gegenüber den anderen Städten der Wüste dadurch aus, dass sie, wegen des dichten Karawanenverkehrs und der grossen Zahl von Händlern, über mehr als einen Markt verfügen.

Im neuen Wâw bestimmte der Sultan die weite Fläche, die sich an den Fuss des Betrogenen Îdenan anschliesst, zum Markt der Stadt, und die Baumeister führten eine Mauer auf, um das Stück Land in die Stadt einzubeziehen. Ausserdem öffneten sie ein respektheischendes Tor nach Süden, würdig, die reichsten Kaufleute und die wohlhabendsten Karawanen zu empfangen.

Der Sultan hatte ausserdem angeordnet, dass nach Westen, dem Lager zu, ein Nebentürchen eingebaut würde, dies weder in Anlehnung an die Mutterstadt Timbuktu noch als Nachahmung des verborgenen Wâw, sondern um seine Absicht zu verwirklichen, den Brunnen zu schlucken und ihn der Stadt einzuverleiben.

In kürzester Zeit hatte das Negerheer des Sultans die Stadt errichtet und durch deren Ausdehnung bis zum Brunnen die ursprünglichen Bewohner der Ebene nach Westen abgedrängt. Ausserdem führten die Baumeister die Kuppeln und die Minarette zum Himmel hoch und krönten sie mit Halbmonden, solchen, die nur Sicheln waren, und anderen, deren Enden sich fast berührten und sie zu runden himmlischen Monden werden liessen. Doch die Mauer ragte auch in die Höhe und verbarg die Gebäude und einige Kuppeln, und sichtbar blieben nur nichtarabische zusammengebundene Halbmonde, die am Himmel leuchteten. Idikrân versicherte dem Stammesführer, der Sultan habe die sterblichen Überreste der Altvordern besudelt, er habe seine Magierhand nach den Gräbern ausgestreckt, die sich an den Berghang klammern, um aus den heiligen Steinen in Wâw Paläste zu bauen.

Nachdem die Scheiche gegangen waren, hatte er den Stammesführer aufgesucht. Er fand ihn am Eingang hokkend, wo er die Kugeln seiner Gebetskette durch die rechte Hand ziehen liess, der Stille lauschte und dem Dank sagte, der dem Wind Ruhe geschenkt hatte. Der Fremde verharrte einige Augenblicke in den Anblick versunken. Der Stammesführer war majestätisch, verloren in die Betrachtung der finsteren Weiten, die zum Besessenen Îdenan führten, und der Eschît Ahas, der Plejaden, jener rätselhaften Schar aus Licht, die vom finsteren Himmel herabhing, dort über den mythischen Bergwänden, die die Welt der Dschinnen vor der Ebene verbargen.

Dann trat er vor, legte seine Sandalen ab und hockte sich neben ihn, ohne einen Gruss zu sprechen. Der Stammesführer ignorierte ihn lange. Schliesslich häufte er die Gebetskette in die Hand und begann, sie zwischen beiden Händen zu reiben, als wollte er aus den hölzernen Kugeln das Geheimnis der Stille pressen. Sie nach der Sprache der Gestirne fragen, den verborgenen Dingen der weiten Wüsten und dem Geheimnis ... des Windes.

Die Nacht ging ihrem Ende entgegen. Ein Nordwind kam auf, beladen mit dem Tau des fernen Meeres. Der Stammesführer atmete tief ein. Steckte die Gebetskette in die Tasche. Wandte sich seinem Gast zu. „Wir haben vergessen, wann die Ebene zum letztenmal Ruhe und Klarheit genossen hat. Wir haben die Brisen aus dem Norden vergessen. Der Wind ist ein Fluch."

„Geduld! Alle Boten gewähren Aufschub. Asraîl selbst gewährt dem Kranken Aufschub und heilt ihn völlig, bevor er seine Seele nimmt und das anvertraute Gut zu seinem Ursprung zurückbringt. Der Südwind ist, wie Asraîl, ein Bote des Unbekannten."

„Ein Bote, wie unsere Ebenen ihn noch nie gesehen haben. Noch nie in der Geschichte der Wüste ist es geschehen, dass der Wind jahrelang blies. Es muss da einen Grund geben." Er schwieg, dann fragte er plötzlich: „Haben wir eine Sünde begangen?"

Der Gast antwortete nicht.

„Sieh nur, was er aus der Ebene gemacht hat. Er hat sie vor unseren Augen in einen Idahân, eine Sandwüste, verwandelt. Er hat in wenigen Jahren geschafft, wofür er sonst Ewigkeiten braucht. Was haben wir getan?"

„Jeder Bote hat seinen Grund."

„Das stimmt. Aber weder haben wir in unseren Mythen gehört noch hat uns das verlorene Anhi erzählt, dass in der Vergangenheit je etwas Derartiges geschehen ist."

„Es ist geschehen. Glaub mir, es ist geschehen. Andernfalls, wie hätte sich die Erde in eine grenzenlose Wüste verwandeln können?"

„Wann? Vor zehntausend Jahren? Vor hunderttausend Jahren? Ich spreche von der jüngeren Zeit, in der unsere Vorfahren gelebt haben."

„Unsere Vorfahren haben hier gelebt, seit die Erde besteht, seit es die Wüste gibt. Aber das Beste, Scheich, ist wirklich, wir suchen bei uns selbst nach der Ursache. Nach dem Geheimnis des Windes." Auch Idikrân lauschte der Stille. Folgte dem Blinken der Sterne am finsteren Himmel. „Er hat sich gegen die Toten vergangen. Er hat die Gräber geplündert und aus ihren Steinen die Mauer errichtet."

Der Stammesführer wandte sich ihm zu. Im Licht der Sterne erschien ein Blinken in seinen Augen. Nach einigem Schweigen fragte er: „Kann jemandes Wirken gesegnet sein, der Befestigungen aus den Seelen der Altvordern baut? Hast du in Aïr gehört, dass die Mauern von Wâw mit den Seelen der Toten gebaut wurden."

„Nein, das habe ich nie gehört."

„Kann denn Wâw ein Paradies für die Menschen bleiben und ein Traum, den die Bewohner der Wüste von der Wiege bis zur Bahre besingen, wenn es aus den Trümmern der Alten errichtet wäre?"

„Nein, das wird es nicht bleiben ..."

„Und der eitle Sultan prahlt damit, dass er mit seiner unreinen Hand Wâw bauen kann." Der Gast sagte nichts. „Ja. Der Grund liegt eher in der Unreinheit als in den Steinen der Gräber. Ich stimme mit dir überein, dass die Seele wandert und im Stein wohnt, aber bei uns in Asdschirr sagt man, dass sie nicht lange im Stein bleibt. Sie wandert und lässt sich auf den Gipfeln der Berge nieder, bevor sie zum Himmel aufsteigt oder in die Erde eintaucht, um in den Wassern der Tiefe zu wohnen. Von dort dringt sie durch Quellen und Brunnen weiter, um Pflanzen und Bäumen einzuwohnen oder sich in der Luft aufzulösen und dann als Regentropfen zurückzukehren. Aber der Grund ist, dass die Hand des Menschen unrein ist, seit sich unser erster Ahn gegen den Sultan von Wâw auflehnte und ihn in der Geschichte mit dem Garten hinterging."

Er schwieg, dann fragte er, ohne sich umzudrehen: „Soll ich dir die Geschichte erzählen?"

Zwei Sterne spalteten die Finsternis. Einer von ihnen flog nach Osten, als falle er ins Maul der zum Himmel geöffneten, viereckigen Tafeln oben auf dem Îdenan. Der andere stürzte, einen Lichtschweif hinter sich her ziehend, nach Westen, bis er im Sandmeer verschwand. Ein gutes Omen. Das Geschenk des Himmels an die Erde. Die Brust der Erde würde einen Brunnen im Osten und einen im Westen aufbrechen lassen. Im Inneren regt sich die Feuchtigkeit. Der Quell wird unruhig. Das Wasser spaltet den Marmorfels und bringt den wandernden Stämmen, die der Durst auf dem nackten Kontinent in die Knie gezwungen hat, das Leben zurück. Der alte Mann erhob beide Hände und sprach eine Zauberformel. Der Gast tat es ihm nach und murmelte, in der Sprache der Haussa, einen Zauberspruch.

Der Stammesführer kehrte zum Mythos zurück.

„Die Männer des Sultans griffen unseren Ahn auf, der durstig umherirrte, ohne Verstand und Bewusstsein. Sie gaben ihm zu trinken und führten ihn nach Wâw. Sie brachten ihn zum Sultan, der ihn vor dem Hungertod bewahrte und ihm Sicherheit gewährte. Er vertraute ihm Kamelherden an, die er in den nahegelegenen Wüstengebieten weidete. In nur wenigen Jahren gedieh und vermehrte sich die Herde. Der Hirte gewann das Wohlwollen des Sultans, der ihm die älteste seiner sieben Töchter zur Frau gab. Doch die Frau neigt ihrer Natur nach zu Ruhm und Prunksucht und legt Wert auf Rang, und so schmerzte es das junge Mädchen, im Gegensatz zu all ihren Schwestern mit einem Hirten verheiratet zu sein. Sie verlockte und drängte ihren Mann, seine Herden auf verbotenem Grund weiden zu lassen. Unser armer Ahn wehrte sich lange, doch als die Verführerische ihm ihre Gunst auf dem ehelichen Lager entzog, gab er nach und brachte die Kamele in den fremden Garten. Da erzürnte der Sultan und vertrieb sie beide aus den Mauern von Wâw. Und seit jenem Tag irrte er umher; und auch seine Nachkommenschaft liess er umherirren und versagte uns das angenehme Leben in Wâw."

„Und seit jenem Tag besingen wir die verlorene Oase und quälen uns mit der Suche nach ihr."

„Ja. Und seit jenem Tag trat die Unreinheit an die Stelle des Segens in der Hand unseres betrogenen Ahns. Und statt dass sich die Tiere unter seinen gesegneten Händen vermehrten, traf ihn, was ihn traf. Die Krätze trat auf und verbreitete sich in den Herden und raffte sie dahin. Kann denn der verehrte Sultan Anâj ein wirkliches Wâw bauen mit solchen Händen?"

„Nein, es wird ihm nie gelingen."

„Wie du siehst, ist die Schändung der Gräber nicht der einzige Grund seiner Sünde."

„Nein, es ist nicht der einzige Grund. Es gibt noch andere."

Schweigen lauschte dem Schweigen. Die Wüste bei Nacht ist eine Hölle aus Stille.

„Du weisst, was er mit dem Brunnen vorhat", klagte der Stammesführer.

Doch Idikrân wiederholte nur mit rätselhafter Stimme: „Es gibt noch andere Gründe."

Die Morgendämmerung durchbrach die Finsternis, und der Faden des Morgenlichts spaltete den Horizont.

6

Sterne der Wüste. Tränen kalter Winternächte. Euter der Zauberinnen, die aus seinem Licht magische Sprüche und Visionen melken. Sprachschatz und Spiegel der Seher, die darin Prophezeiungen lesen. Ohrgehänge der Frauen, deren Männer auf Kriegszügen umgekommen sind.

Die Sterne.

Führer der Irrenden. Gefährten der Wanderer, denen die Wüste bestimmt hat, auf immer in der Fremde zu leben.

Eschît Ahas. Zusammengeschart in der Finsternis, flüstern sie einander das Geheimnis der weiten Wüste zu. Häufen sich wie eine Dattelrispe am Hals der Palme.

Eïdi. Einzelner Wanderer, schwebend zwischen Himmel

und Erde, wetteifert er mit dem leuchtenden Vollmond und rührt sich nicht von der Stelle. Festgebunden an einem Pflock, damit er den Wâwsuchern den Pfad erleuchte.

Talemt. Weise alte Wüstenfrau, kniet sie im Herzen der Nacht. Erzählt den Generationen die Mythen vom ewigen Exil, vom verlorenen Wâw und vom Anhi, mit dem die Weisheit und der rechte Weg verlorengegangen sind.

Der Stamm der Sterne versammelte sich und beratschlagte, als er sah, was dem Land der Tânis widerfuhr. Er beschloss, der Prinzessin der Wüste zu Hilfe zu eilen. Man entsandte Sternschnuppen und liess Sterne auf die Erde herabfallen. Sie zerrissen ihr faltiges, durstrissiges Herz und gruben Brunnen und Quellen.

Das geschah eines urfernen Tages.

Und wann immer die Bewohner der Wüste einen Stern blinken und fallen sehen, durchwachen sie, auch heute noch, die Nacht und sprechen ihre Gebete. Sie sagen die Losungen der Ahnen, und sie beweinen eine himmlische Seele, die den Märtyrertod starb, auf dass ein Wanderer am Rande des Todes zum rettenden Wâw gelange, bevor er den Verstand verliert, und seine Kleidung ablegt, um sich dem Schicksal der Wüste als Opfer zu bringen.

Und seit der Himmel eilte, die Milch der Erde aus den barmherzigen Brüsten sprudeln zu lassen, hielt die Wüste nicht ein, Leben zu spenden … und Wasser.

Mag der Wind auch hier einen Brunnen, dort eine Quelle unterm Staub begraben, in den Spalten der Berge, in den Falten der Höhen oder den Dünen aus Sand findet sich immer eine verborgene Brust, die die freigebige Mutter versteckt hält, um sie einem elenden Wandersmann zur rechten Zeit zu gewähren.

7

Vor dreihundert Jahren wurde der Brunnen entdeckt, von einem Nomaden aus dem Ahaggâr, so berichten die Chronisten. Dieser sei von Tamanrasset gekommen, mit einem Vermächtnis seines Grossvaters, dem Plan eines in Asdschirr vergrabenen Schatzes. Die Hinweise seien ursprünglich in Tifinâgh-Schriftzeichen auf einem Stein festgehalten und in einer Höhle vergraben gewesen. Ein Fakîh habe die Symbole auf ein Stück Wildstierleder übertragen, damit man sie in der Wüste leichter mit sich führen könne. Dieser Fakîh kam wegen des Stück Leders um, und der Vorfahr aus dem Ahaggâr bemächtigte sich seiner mit Waffengewalt. Doch weder das Ansehen noch die edle Abstammung des Vorfahrs, der zur Führerschaft im Ahaggâr gehörte, rettete ihn davor, von einer Gruppe von Schatzsuchern getötet zu werden. Das wertvolle Stück Leder hingegen konnte er noch rösten und aufessen, bevor er in Feindeshand fiel. Es scheint, dass seine Weisheit ihn ein solches Schicksal erwarten liess, und so übertrug er sein Vermächtnis an den Enkel einer über hundertjährigen Frau, der die einfachen Leute im Stamm vorwarfen, sich mit Zauberei zu beschäftigen. Die Frau gab das Vermächtnis an den Enkel weiter, als dieser ins Alter der Vernunft eintrat und begann, sein Haupt mit dem Schleiertuch zu verhüllen. Drei Nächte hintereinander musste sie mit ihm zusammensitzen, damit er sich die Symbole mit der Genauigkeit einprägte, die die alten Lagepläne der Schätze erfordern. Kaum war das erfolgt, bat er seine Mutter, ihn ziehen zu lassen. Er reiste nach Asdschirr, um dem Vermächtnis zu folgen und nach dem mythischen Schatz zu suchen. Sieben Tage nach seiner Abreise starb die alte Frau; sie hatte ihre Verpflichtung erfüllt und ihm das Geheimnis eingeprägt, das sie so lange Zeit in ihrem Innern bewahrt hatte. Aber obwohl die ursprünglichen Anweisungen (auf

Stein sowohl als auch auf Leder) vernichtet waren und nur noch mündlich existierten, bewahrte das den Enkel nicht vor der Tücke der Feinde und den Machenschaften professioneller Goldsucher.

Sie folgten ihm.

In den Bergen des Tassîli begann er, die Vorschriften zu erfüllen. Er folgte Pfaden und Falten in den Bergen und liess sich von den Tifinâgh-Symbolen und den Zeichnungen der Altvordern leiten, aufgemalt auf Felsen und Höhlenwände. Und wenn er Mühe hatte, die alten Worte zu interpretieren, oder er, aufgrund der sprachlichen Tücken, mit denen die Vorfahren hab- und raffgierige Menschen irreführten, etwas durcheinander brachte, wandte er sich an die Alten, die sich seit Tausenden von Jahren nicht von den Höhlen des Tassîli trennen, und bat sie, ihm die Zeichen zu entschlüsseln und die unklaren Worte zu erklären. Erst zögerten sie, die Felstalismane zu lesen, doch ein Geheimcode, auch dieser von der alten Frau erlernt, bewog sie, seinen Wunsch zu erfüllen und ihm die Tore zu öffnen. Der Code bestand aus drei Gedichtzeilen, deren Sinn ihm rätselhaft und unerklärlich blieb. Offenbar waren auch sie in der alten Tamâhak-Sprache verfasst, aber der Enkel wusste nicht, ob auch sie Teil des ursprünglichen Vermächtnisses waren, das ihm der Vorfahr hinterlassen hatte, oder ob es die alte Frau war, die ihm so half, seine Aufgabe zum Erfolg zu führen, gestützt auf eine lange Erfahrung im Umgang mit Menschen und auf ein tiefes Verständnis für die Charakteristika der Bewohner des Tassîli, die für ihre Abgrenzung, ihre Isolation und ihr Misstrauen gegenüber anderen Wüstenbewohnern bekannt sind. In Eghaharmallen wandte er sich nach Osten, folgte dem Wadi und erreichte nach einem Marsch von zwei weiteren Tagen Tanassoft. Er verbrachte eine Nacht oben im Wadi und lauschte wachend dem Murmeln der Dschinnen im südlichen Akakûs; dabei dachte er an den nächsten zu unternehmenden Schritt.

Bei Tagesanbruch setzte er seine Reise fort und gelangte gegen Mittag an die Stelle, die im Vermächtnis des Grossvaters festgehalten war. Er stieg ab und durchquerte, seinen Mehri hinter sich her ziehend, die Ebene. Lauschte der ehrfurchtgebietenden Stille und betrachtete die majestätischen himmlischen Wände oben auf dem Îdenan. Aufblikkend sah er die Frühlingssonne, die, mit Feuerpeitschen drohend, auf ihrem Thron Platz genommen hatte.

Er erreichte den ersten Hügel.

Hinter diesem liess er den Mehri zurück. Anfangs kniete das Tier sich ergeben nieder und begann, den langen, schlanken Hals nach Osten reckend, wiederzukäuen. Dann plötzlich erhob es sich und sah sich beunruhigt und abwehrbereit um. Er ging zurück zu ihm, liess es ein weiteres Mal niederknien und band ihm die beiden im Staub versunkenen, angewinkelten Vorderbeine mit einem Strick aus Ziegenhaar zusammen. Dann ging er, doch sein Gefährte blieb gespannt und bewegte nervös den Kopf.

Er erreichte den zweiten Hügel.

Die Sonnenscheibe näherte sich dem blossen Körper der Ebene und liess Schauer aus grellem Licht herabregnen. Die Fata Morgana zog in Flüssen aus Nachmittagsflammen vorbei. Er blieb stehen und las einen Zauberspruch in einer unbekannten Sprache. Der Sprache der Dschinnen, der Ahnen und der Schätze.

Einige Augenblicke verweilte er ruhig. Schweissüberströmt. Er wandte sich nach rechts. Durchmass die Falten mit weitausholenden Schritten. Ein Schritt, zwei Schritte, drei, vier, fünf, sechs, sieben. Dann liess er sich auf einem Aschehaufen auf die Knie sinken, nahm eine Handvoll davon, streute sie sich auf den Turban und begann zu graben, zu graben, zu graben. Einen Tag und eine Nacht grub er. Während der ganzen Zeit liessen ihn die Feinde auf den nahegelegenen Hügeln nicht aus den Augen. Schliesslich ruhte er sich aus und schlief ein paar Stunden. Am folgenden Tag erwachte er gegen Abend und grub weiter. Er entfernte die Erde mit den Händen und trug den Sand in einem Lederbeutel weg, holte den Mehri und belud ihn mit Ladungen aus Erde, Sand, Steinen und Kies. Erst als seine Finger an einer harten Steinplatte kratzten, hielt er inne, stand auf, erhob seine Hände gen Himmel, sprach die Fâtiha und bat um Barmherzigkeit für den barmherzigen Ahn. Danach kniete er wieder nieder und hob vorsichtig die runde Platte. Sein Herz hüpfte und sprang. Sein Gesicht war schweissgebadet. Eine triste, finstere Öffnung gab einen Blick in die Tiefe frei, ein leuchtender Rand aus einem feinen Marmorhalsband, glattpoliert von Stricken und gezeichnet mit den Spuren von Jahrtausenden. Er schob die Platte beiseite und entfernte sie von der Öffnung. Beugte sich über das finstere Maul. Am fernen Grund blinkte etwas. Er nahm einen Stein und warf ihn in die Tiefe. Einige Zeit verging, bevor er das laute Pflatschen im Wasser vernahm. Er grub weiter um das polierte Halsband herum. Die prächtige Brust trat hervor. Die aufragende Marmorzitze der Wüste an der mageren, welken, geduldigen und schenkenden Brust der Erde, aus der die Sonne die Frische und das Leben gesaugt hat. In längst vergangener Zeit war hier ein Stern niedergefallen und hatte eine Quelle hervorbrechen lassen.

Die Goldsucher verstanden und machten kehrt. Der Enkel fuhr fort, da und dort zu graben und die Senke zwischen den beiden Hügeln zu durchpflügen, bis ein Wanderer bei ihm als Gast abstieg. Er entlud sein Kamel und band ihm die Vorderbeine zusammen. Der Abend kam, ein rätselhafter Mond ging auf, und während der Enkel mit der Zubereitung des Tees beschäftigt war, sagte der einsame Wanderer: „Streng dich nicht weiter an, mein Junge. Es ist an der Zeit, dass du innehältst und deinem Gott dankst."

Der junge Mann starrte ihn lange an. Er versuchte, den geheimnisvollen Ausdruck in den Augen des Besuchers zu deuten. Augen, die ins Leere blickten, den Augen von Blinden nicht unähnlich. „Bist du ein Seher?" wollte er wissen.

„Jeder, der durch die Wüste wandert, ist ein Seher. Jeder, dessen Herz an der Wüste hängt, ist ein Seher."

„Ich werde innehalten, wenn ich auf das Vermächtnis gestossen bin. Mein Grossvater war ein ernsthafter Mann. Nie in seinem Leben hat er gescherzt. Überall im Ahaggâr geniesst er einen guten Ruf."

„Ernsthaft. Ernsthafter als nötig."

„Er hat sich über mich lustig gemacht. Statt einem Schatz habe ich einen Brunnen gefunden. Was wäre das anderes als ein Scherz?"

„Im Gegenteil. Du bist es, der das Zeichen nicht verstanden hat."

„Das Zeichen?"

Der Wanderer blieb am Mond hängen. In seiner Haltung lag eine Demut, seine gläsernen Augen blickten leer und rätselhaft. „Er hat dir den grossartigsten Schatz hinterlassen", sagte er. „Er hat dir das Leben geschenkt, und du willst den Schatz des Bösen."

Die Wüste schluckte den Abgrund der Stille. Die beiden Kamele käuten wieder. Sie kehrten aus der Tiefe ins Leben zurück.

„Ist es möglich, dass mein Grossvater sein Leben opferte, nur damit ein Brunnen auf den Ebenen in Asdschirr sein geheimstes Geheimnis bleibt?" fragte der Enkel. „Ich kann das nicht glauben."

„War es dein Grossvater, der den Plan gemacht hat? Jedenfalls ..." Der Gast schwieg einen Augenblick, dann fügte er hinzu: „Wenn er vortrefflich war, so wusste er um das Geheimnis. Wenn er es nicht war, so ist er durch seine Ignoranz gestorben. Aber das ändert nichts. Er hat dir das wertvollste Geschenk in der Wüste gemacht. Also danke deinem Herrn!"

Eine Glut regte sich in der Brust des Enkels. Sie stieg hoch und blockierte seine Kehle. Der Gast verabschiedete sich. Er lud seine spärliche Habe auf das Kamel. Zwei Wasserschläuche waren sein ganzer Vorrat für die lange Reise. Der Enkel begleitete ihn ein Stück weit und sagte ihm Lebewohl; dann blieb er stehen und folgte ihm mit dem Blick, bis er hinter den Hügeln verschwunden war, die zum Besessenen Îdenan führten. Eine Gestalt, die, aus dem Unbekannten aufgetaucht, weiterziehend im Unbekannten verschwand. Er kehrte zu seinem Schatz zurück und liess sich neben dem Mehri auf den Boden fallen. Folgte mit dem Blick dem majestätischen Vollmond, und seine Enttäuschung liess ihn an die Geliebte denken.

Auf der Suche nach Futter und Weideplätzen war er durch die Steppe des Nordens gestreift, als sie einen Hirten schickte, nach ihm zu suchen. Er war in ein Wadi in der Nähe des Lagers ihrer Sippe hinabgestiegen und hatte sich des Nachts zu ihrer Behausung geschlichen. Hinter dem Zelt empfing sie ihn, und sie sassen im blassen, spärlichen Mondlicht. Sie erzählte ihm vom Tod des Grossvaters, gab aber keine Einzelheiten des Vermächtnisses preis, sondern beschränkte sich auf eine Andeutung: „Es wäre gut", meinte sie, „wenn du bei der alten Frau vorbeigingst. Ihr hat er etwas für dich hinterlassen."

Er zog zu seiner Sippe, nahm dort die Kondolenz entgegen. Als er das Alter der Reife erreicht und ihm die weise alte Frau die Einzelheiten des Vermächtnisses mitgeteilt hatte, erinnerte er sich an die kluge Andeutung seiner Geliebten, und seine Bewunderung für sie wuchs. Es ist gut, eine schöne Frau zu finden, aber noch besser ist es, eine kluge Frau zu finden. Denn Schönheit und Klugheit sind zwei Wunder, die sich kaum je in einer einzigen Frau vereinen. Dass beide Wunder Schlingen für den Mann sind, glaubte er erst jetzt, nachdem er auf seiner Wanderung Wasser, nicht Gold gefunden hatte. Die Schönheit der Frau ist ein Mittel, an Gold und Silber zu gelangen, ihre Klugheit eine Schlinge, den Mann zu versklaven. Hatte er diese abscheuliche Weisheit schon früher in den Geschichten der alten Frauen gehört oder war es nur die schreckliche Enttäuschung, die sie ihm jetzt zu verstehen gab?

Zum erstenmal hatte er sie auf der Weide mit einer Ziegenherde gesehen. Sie kam herab auf eine nach einem regenreichen Winter grasreiche Ebene. Sie war in Begleitung einer Schar junger Mädchen. Um ihre schlanke Taille hatte sie ihr rosarotes Tuch geschlungen. Ihre junge Brust trat trotz des weiten Kleides deutlich hervor, das kohlschwarze Haar war zu feinen Zöpfen geflochten, die über die Schultern fielen und darunter zusammengebunden waren. Obwohl noch nicht dreizehn Jahre alt, war sie grossgewachsen wie ein Kamelfüllen, dabei schlank wie die Gazellen der Sandwüste. Aus ihren grossen schwarzen Augen blickten Freude und Glück. Sie wird mein sein, schwor er sich, ging zu seiner Mutter und sprach sie darauf an. Sie lächelte und sagte, noch bevor sie um sie angehalten hatte: „Sie ist dein." Dann ging sie zur Familie des Mädchens und hielt um ihre Hand an, und man sagte ihr: „Sie ist sein. Wie glücklich kann sich ein Mädchen schätzen, das, erst dreizehn Jahre alt, die Bewunderung der Jungen erfährt. Sie ist sein." Mit ihm allein auf der Weide erklärte sie ihm zu seiner Überraschung: „Ich bin dein." Er lachte einfältig, aber sie fuhr fort: „Mach dich bereit! Oder glaubst du, man könnte einfach so um irgendwelche Mädchen anhalten. Ab heute musst du für mich sorgen!" Dann hörte er erstaunt, wie sie aufzählte, was ein Mädchen aus guter Familie für sich verlangen konnte: vierzig edle Kamelstuten, zehn Kamelhengste, eine in Kano gefertigte Sänfte, dreissig Seidengewänder, fünfzehn Tücher aus gefärbter Wolle vom Dschebel Nefûssa, drei Zelte aus Leder, drei weitere aus Kamel- oder Ziegenhaar. Und ... Gold- und Silberschmuck – Armreife, Ohrgehänge, Fingerringe, Halsketten ...

Als sie innehielt, lachte er ein weiteres Mal einfältig und wandte ein, er habe keine Goldschätze gehoben und noch nie einen Kriegszug in den Dschungel unternommen. Da liess sie ihn stehen und ging zurück zu den anderen Mädchen, ohne auf seine Einwände einzugehen, und er begriff, dass er seinen ersten Fehler mit seiner künftigen Gefährtin gemacht hatte. Sein halbreifer Verstand hatte ihn noch nicht wissen lassen, dass Evas Geschlecht keine Schwäche beim Mann duldet. Die alten Frauen sagen, dass der Mann immer als Fähiger vor der Frau stehen muss. Und selbst wenn er es nicht ist, muss er doch wenigstens vorgeben, es zu sein. Die Lüge verzeiht die Frau, die Schwäche nicht.

Er musste sich aufs Flehen verlegen, musste um Versöhnung nachsuchen, musste ihr Briefe schicken, damit sie einlenkte und sich mit ihm, nach seiner gedankenlosen Beleidigung an jenem Tag, wieder auf den Weiden traf. Er musste auch lernen zu lügen, schön zu reden und ihr allerhand Versprechungen ins Ohr zu flüstern. Er werde ihr die ganze Wüste zu Füssen legen, mit all ihren Schätzen und Reichtümern, ihren Kamelen, Notabeln, Gefolgsleuten, Negern und Karawanen. Jenen Karawanen aus Timbuktu, Kano und Agades, die Gold, Seide und Schmuck bringen.

Jahrelang wiederholte er ihr dieses Märchen. Als dann die Wegelagerer dem Grossvater auflauerten und die alte Frau zwei Jahre später sein Vermächtnis an den Enkel weitergab, war dieser zunächst wie betäubt. Er verliess ihr Zelt und ging in die ferne, kahle Wüste hinaus, wälzte sich im Staub und lachte wie ein Dschinn in finsterer Nacht. Er kannte keinen anderen Weg, um seine unbeschreibliche Überraschung auszudrücken. Glaubte er doch, was man in der Sippe erzählte, dass nämlich ein Märchen, oft genug wiederholt, wahr wird.

Und jetzt, jetzt konnte er die Glut in seinem Herzen nicht löschen, nachdem er hatte entdecken müssen, dass das, was er für eine göttliche Belohnung für seine lange Geduld gehalten hatte, ein Trug war. Der Schatz im Innern der Erde war nicht Gold, sondern bloss Wasser. Was sollte er nur seiner Allerliebsten erzählen, die sich auch so lange geduldet und jahrelang auf diesen Tag gewartet hatte?

Bis zum Morgen konnte er nicht schlafen.

Als am Horizont der Streifen die jungfräuliche Morgendämmerung durchbrach, stand er auf und lud sein Gepäck auf den Mehri. Lange verweilte er an der Brunnenöffnung, und je mehr er den polierten marmornen Nacken betrachtete, den er mit seinen blossen Händen freigelegt und von dem er Haufen Sand und Steine, Kies und Asche entfernt hatte, desto heftiger wurde der Brand in seinem Herzen. Und plötzlich – war es in einem Augenblick von Inspiration oder Gedankenlosigkeit? – trat er an den von Stricken und jahrtausendealtem Gebrauch genarbten Rand. Betastete das glatte Steinband. Stieg darauf und hockte sich hin. Sein weites Kleid hing herab und bedeckte den marmornen, von himmlischer Hand geschaffenen Nacken. Und in einem frevelhaften Versuch, seinen Zorn zu entladen und die Glut zu löschen, drückte er, drückte, und der Kot fiel hinab in die

Tiefe und schlug auf dem Wasser auf. Das Morgenlicht ging zurück, der Horizont verdunkelte sich. Die Klagen der Dschinnenfrauen auf dem Îdenan stiegen auf, und die Sonne verzichtete an jenem Tag auf ihre Reise. Die Ebene verfiel in Trauer, und aus den Augen des Mehri fielen grosse Zähren des Elends.

Der Enkel aber bemerkte nicht die Inschrift, die unten an dem göttlichen marmornen Nacken in Tifinâgh-Schrift eingeritzt war, weil eine Frau von den Notabeln des Ahaggâr ihm in den Kopf gesetzt hatte, Gold, nicht Wasser, sei der wahre Schatz, und er es glaubte.

Er kehrte zurück ins Ahaggâr.

Nach Sonnenuntergang kam er im Lager an. Ging zu ihrem Zelt und fand sie am Eingang hocken. Er liess den Mehri zurück und trat zu Fuss näher. Sie stand nicht auf, ihn zu begrüssen, als wüsste sie schon von seinem Fehlschlag. Die Nachrichten schienen ihm vorausgeeilt zu sein. Die Menschen hier sagen, es sei der Wind, der in der Wüste die Nachrichten weiterträgt. Er spürte einen Kloss im Hals. Der Gluthaufen regte sich und begann wieder zu brennen. Als er den Speer neben ihr in den Boden steckte, entfuhr ihr ein Schrei, dem er keine Beachtung schenkte. Er setzte sich in der Dunkelheit zu ihr. Sie hiess ihn nicht willkommen. Stellte keine Fragen. Sicher wusste sie schon alles. Das Schweigen währte lange.

„Hier bin ich wieder“, sagte er schliesslich.

Draussen in der Wüste, nicht weit entfernt, war das Meckern der Ziegen zu hören.

„Das ist mir bewusst.“

Er meinte, einen spöttischen Ton zu vernehmen. Ein Dolch bohrte sich ihm ins Herz. Er spürte die Klinge, die in die Brust eindrang und mit der Spitze an das verbrannte Herz rührte.

„Wäre ich bloss nicht zurückgekommen!"

Sie erwiderte nichts. Unterdrückte einen schmerzvollen Seufzer. Sie spürte die klebrige Flüssigkeit am Gesäss hervorquellen und sich über die Schenkel ergiessen.

„Ich kann nicht glauben, dass der Grossvater sich über mich lustig gemacht hat."

Das warme Blut floss weiter. Sie tastete nach ihrem Schoss. Er war nass. Das ganze Kleid war durchnässt.

„Oder ist es das Schicksal? Aber was habe ich getan, dass mich das Schicksal so verspottet?"

Schweigen. Das Blut floss über ihre Beine, bis zu den Füssen. Dann in die Erde, aufgesogen vom durstigen Sand. Sie versuchte, den Speer herauszuziehen, aber der Schmerz hieb fürchterlich auf sie ein. Sie unterdrückte einen weiteren Seufzer und räusperte sich stolz.

„Ich finde dich schweigsam", sagte er. „Wann wirst du sprechen?"

In der Dunkelheit sah sie den Blutfaden durch die Poren des durstigen Sandes zu ihm hinfliessen. Rasch warf sie Sand darauf, um den Strom einzudämmen.

„Ich weiss, dass ich versagt habe", sagte er. „Du brauchst mit deiner Meinung nicht zurückzuhalten."

Sie spürte, wie ihr schwindlig wurde. Zweimal torkelte sie, gewann aber ihr Gleichgewicht zurück. Stolz hob sie das Haupt.

Der Enkel spürte die Klinge des Dolches tiefer eindringen. Sein Gesicht war schweissgebadet. Ebenso sein Rücken. „Ich habe geglaubt", sagte er verzweifelt, „dass meine Niederlage unsere Niederlage ist. Doch offenbar habe ich mich getäuscht." Der Schwindel gewann die Oberhand; der Enkel stand auf. „Solltest du deine Meinung ändern", sagte er im Weggehen, „so findest du mich im Wadi unweit von hier."

Er verbrachte die Nacht im Wadi.

Am Morgen suchte ihn ihr Vater auf und erzählte ihm, sie sei verblutet, sei tot.

Sie tot?!

Monate vergingen, bis der Enkel das Geschehene wirklich glauben konnte. Er hatte sie mit eigener Hand getötet. Mit seinem Speer. Neben ihm war sie verblutet, während er ihr von seiner Niederlage erzählte und versuchte, ihrem Mund die Hoffnung zu entlocken, die der entgangene Schatz getötet hatte. Doch der Stolz hatte sie ihm geraubt. Der Stolz ist das älteste Grab der Bewohner der Wüste.

Mit einer weiteren Niederlage beladen, streifte er durch die Wüste. Er trennte sich von den Hirten und zog sich, allein, weit weg in die Ostwüste zurück. Nachdem er monatelang verschwunden war, begann man, nach ihm zu suchen, und fand ihn, ein Skelett, in einem Loch in einem kahlen Wadi liegen. Die Würmer hatten die Augen und das Fleisch vom Gesicht gefressen; es war hässlich und entstellt.

Er war beim Versuch verdurstet, mit den Händen nach Wasser zu graben, nachdem er den anderen Brunnen, das Vermächtnis seines Grossvaters, verschmäht und mit seinem Kot verschmutzt hatte, weil ihn der Gedanke an die Geliebte abgehalten hatte, die Warnung zu lesen, die auf dem engen, von Stricken genarbten Nacken, direkt unter dem Brunnenrand, in Tifinâgh-Schriftzeichen eingeritzt war:

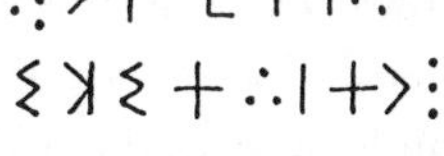

Êghhadan âma wêgh
Êdinî takûnt dîgh
Wer dieses Wasser verdirbt,
den wird die Strafe der Wüste ereilen.

8

Hadsch al-Bikâj liess sich auf den Rücken fallen und sagte verzweifelt: „Der Handel floriert, und ebenso die Räuberei."

Der Sultan vertrieb mit einem Palmblätterfächer, an dem bunte Lederfäden hingen, eine Fliege. „Wir dürfen nicht das Gesetz vernachlässigen", sagte er. „Das Gesetz der Wüste. Der Himmel ist trocken, die Weiden sterben, Dürre und Hunger herrschen allenthalben, und das seit Jahren. Dann eilen wir, Gebete zu verrichten und den Himmel um Regen anzuflehen. Wir schlachten Opfertiere und sind lieb und freundlich zu den Zauberern und den Sehern, damit sie den Zauber brechen. Plötzlich schluchzt dann der Himmel, und der Regen strömt herab. Die Fluten ergiessen sich, reissen Zelte, Vieh und sogar Menschen mit sich. Die Wüste wählt sich immer ihre Opfer aus den Menschenkindern. Es ist, als weigerte sie sich, die alte Religion aufzugeben, die wir mit der finsteren Vergangenheit begraben haben, als wir die Religion der Muslime übernahmen. Als wollte sie bekräftigen, dass es für den Menschen nur zwei Todesarten gibt: In Zeiten der Dürre und der Not stirbt er an Durst und Hunger, in Zeiten des Regens und des Lebens stirbt er in den Fluten."

Hadsch al-Bikâj blieb auf dem roten Lederkissen liegen, auf seine Ellbogen gestützt, den Blick an die aus Zweigen und Palmblättern geflochtene Decke geheftet, den Mund mit den vorstehenden Zähnen geöffnet. Das bleichweisse Gesichtstuch war von seinem dichten, silbergrauen Bart gerutscht. Seine Wangenknochen standen vor, wodurch die Augen tief in den Höhlen zu liegen schienen. Halblaut, wie zu sich selbst und als ob Sultan Anâj ihm nicht lauschte, sagte er: „Hätte mich der Sultan des Ahaggâr nicht verraten, wäre nicht geschehen, was geschah. Er brach den Vertrag und zog seine Männer am letzten Tag zurück. Und so bemächtigte sich das Pack der ganzen Karawane."

Der Sultan überhörte die Klage des Gastes und setzte seine Betrachtungen über Leben und Tod fort: „Ich wollte damit sagen, dass Gutes auch Schlechtes bewirken kann, und dass umgekehrt aus Bösem möglicherweise auch Gutes entsteht. Verstehst du mich?"

Der Hadsch richtete sich auf. Er winkelte seine Knie unter seinem kräftigen Körper an und bettelte: „Lasst mich Euch ein wenig erklären, was vorgefallen ist, Herr. Vor anderthalb Jahren haben die elenden Schakale eine Karawane von mir, die aus Mursuk zurückkehrte, vernichtet. Ich habe Euch damals nichts davon erzählt, weil ich alles, was ich besass, auf dieses Geschäft meines Lebens gesetzt hatte. Sogar das Haus meiner Kinder in Gadames hatte ich dafür verpfändet. Ich weiss nicht, was die jüdischen Händler in Tripolis in jenem Jahr den Preis für das Gold aus Timbuktu anheben liess. Es geht das Gerücht, die Ursache dafür sei die Nachfrage seitens der Händler im Lande der Christen. Zum erstenmal in meinem Leben war ich leichtsinnig und habe dem goldenen Rat zuwidergehandelt, den Nahum mir so oft eingetrichtert hat: Leg nicht alle deine Eier in einen Korb, damit sie nicht alle kaputtgehen, wenn der Korb fällt. Das sei die Losung des Metiers, das Geheimnis des Erfolgs der Juden im Handel, hat er immer behauptet. Aber ich war nicht gefeit durch die Losung, und so hatten meine alten Widersacher und Konkurrenten in Gadames leichtes Spiel mit mir. Ich habe die Lage falsch eingeschätzt und geglaubt, sie hätten die alten Feindschaften vergessen. Dabei habe ich ausser acht gelassen, dass eine Kränkung nie vergessen wird, dass die verwundete Bestie auf der Lauer liegt und auf die Gelegenheit zur Rache wartet. Wie stark doch das Gedächtnis des Menschen ist, wenn er auf Rache sinnt!" Er schlug mit beiden Händen auf den Teppich aus Twât und sagte wütend: „Sogar Gott vergisst Kränkungen und verzeiht, nur der Mensch vergisst und verzeiht nicht.“

„Gott verzeihe!“ murmelte der Sultan, doch der elende Händler schenkte ihm keine Aufmerksamkeit und bat Gott auch nicht um Verzeihung, sondern fuhr mit dem detaillierten Bericht über die Intrige fort: „Zunächst haben sie sich zusammengetan, dann einen mit Geschenken beladenen Boten zum Führer Êtissi im Ahaggâr geschickt, um ihn zu verleiten, seine schützende Hand von meinen Karawanen zu nehmen. Er jedoch, ein echter Edelmann, sandte die Geschenke mit dem Boten zurück und liess ihnen ausrichten, lieber wolle er sterben denn Verrat üben, und ein gegebenes Wort lasse sich nicht mit Geld abkaufen. Doch kaum war dieser grossartige Führer im vergangenen Jahr gestorben, sandten sie auch schon den Boten wieder, begleitet von einer Karawane mit Geschenken, und versuchten es bei seinem Neffen, der jung und unerfahren in Führung und Leben war und die Gesetze der Wüste noch nicht kannte. Er schloss einen Bund mit ihnen, zog seine Kämpfer zurück und überliess die Karawane den Räubern.“

Er schaute zum Sultan auf, ein bleiches, mit Falten und Runzeln gezeichnetes Gesicht. In einem Augenblick schien es gealtert. „Sie haben ihren Schlag geführt“, fuhr er gequält fort. „Die Waffe drang bis zum Heft in mein Herz. Der Wucherer hat das Haus beschlagnahmt und meine Frau und meine Kinder hinausgejagt. Jetzt sind sie auf der Strasse. Die Söhne von Hadsch al-Bikâj, dem reichsten Kaufmann der Wüste, gehen in den Basaren von Gadames betteln. Könnt Ihr Euch das vorstellen, dass so etwas in weniger als einem Monat geschehen kann?“

Anâj schüttelte teilnahmsvoll seinen schwarzen Turban, und der Gast fuhr fort: „Jetzt stecke ich tief in Schulden. Ich kann nicht einmal meine Kinder besuchen, weil der osmanische Gouverneur mich, aufgrund eines richterlichen Urteils, ins Gefängnis werfen will. Ich kann nicht nach Gadames zurückkehren, das wäre mein Ende. Wenn sie mich festnehmen, werden sie mich nie wieder freilassen. Der Richter wird meinen Konkurs publik machen, und meine Widersacher und der Pöbel werden mich schmähen. Lassen wir einmal den Stolz beiseite, diese Illusion, auf die sogar die Kaufleute verzichten, wenn der Kampf den Grat zwischen Leben und Tod erreicht. Und wenn die Kinder zu Bettlern zu werden drohen, wird der Stolz bedeutungslos. Aber mir ist überhaupt nichts mehr geblieben, auf das ich verzichten könnte. Versteht Ihr mich, Herr?“ Seine Finger zitterten. Er liess sich wieder nach hinten zurückfallen, behielt dabei aber seine angewinkelten Knie unter seinem kräftigen Körper. Er starrte ins Leere, seine Augen drehten sich in den Höhlen wie bei einem Sterbenden.

Der Sultan betrachtete ihn überrascht, noch immer mit dem leder- und bändergeschmückten Fächer die Fliegen verjagend. Einen Augenblick schloss der Hadsch die Augen und entfernte sich, und als er sie wieder öffnete, sah Anâj darin ein auffallendes Glänzen, erhellt vom Licht, das durch das dreieckige Fenster hoch oben neben der Decke hereinfiel. Die Tränen flossen in zwei trägen Fäden, die aus den tiefen Augenhöhlen emporquollen und hinter dem nachlässig um den Kopf geschlungenen Gesichtstuch verschwanden. Zum erstenmal sah Anâj einen Mann weinen.

9

Der Abend … Der Lichtfaden am Horizont war gelöscht. Der Himmel fasste Mut und befreite sich von seiner Scheu. Er kroch durch die Finsternis und schmiegte sich an die

Wüste in Ritualen fiebriger Umarmung. Der liebende Himmel schätzt die Tändelei mit der Wüste erst, wenn er sie den Tag über mit Feuer gepeitscht hat. Sie sind wie ein Mann und eine Frau, die die Liebe nur geniessen, nachdem sie sich gegenseitig gequält haben. Und je brutaler ihr Kampf während des Tages, desto genussvoller die Vereinigung auf dem Lager der Nacht. Sie versengen sich gegenseitig mit heissen Atemstössen, glühende Hitze und Schweiss entströmen ihren Körpern. Der Staub hält inne, und der Südwind geht in die Knie. Schweigen herrscht, als ob das Ende gekommen wäre. Die Sterne neigen sich klagend über die Erde. Sie nähern sich und küssen die Brüste der Wüste, die sie zur Rettung derer entstehen liessen, welche seit ihrem Auszug aus dem verlorenen Wâw umherirren und für immer in der Fremde leben müssen. Niemand achtet auf die komplizierten Rituale, nur die Seher und die Zauberer; diese sputen sich, die Zeichen in den Sprachschätzen zu lesen, die am geheimnisvollen Körper des Himmels aufgehängt sind, um so das Geheimnis der Embryonen zu erfahren, noch ehe sie ihren Platz im Mutterleib verlassen.

Das sommerliche Keuchen hält erst inne, wenn das frühe Morgenlicht den Horizont durchbricht und die Trennung der beiden Körper voneinander ankündigt und mit ihr einen neuen Beginn der Rituale der ewigen Pein. Die Wüste erlebt die Geburt des Fadens der keuschen Morgendämmerung, und es bleibt der Regenfaden der einzige unerfüllteTraum auf dem Lager der Liebenden.

10

Er durchschritt einen finsteren Gang, der den Flügel der Prinzessin vom Palast des Sultans trennte. Sie sass in einer Ecke. Über ihrem Kopf lag ein durchsichtiger, tiefindigoblauer Schleier. Er hing über ihre Wangen herab und tauchte sie in ein leichtes Blau. Die Schultern hatte sie mit einem schwarzen Tuch bedeckt, das vorne mit einer siebeneckigen Goldspange zusammengehalten wurde.

Sie erhob sich, ihn zu begrüssen. Er nahm auf den bunten stroh- und stoffgestopften Ledersitzkissen mit den Rükkenlehnen aus Tierhaaren Platz, zog das obere Ende seines Gesichtstuchs über die Augen und schwieg. Auch die Prinzessin sagte kein Wort, sondern liess sich zurückfallen auf die geheimnisvollen Zeichen, die die Weber von Twât in die Kissenbezüge gewirkt hatten. Der Faden des keuschen Lichts drang durch die Öffnung des dreieckigen Fensters oben in der Wand, den Aufgang der Sonne ankündigend. Wâw begann zu erwachen, begann ein neues Tagwerk, eine weitere Runde von Leben und Sterben. Die Hämmer in den Goldschmiedehallen begannen ihre Arbeit, und die Dächer empfingen die Frauen und die Diener. Sklaven und Gefolgsleute zogen durch Strassen, Gassen und Märkte.

Die Sklavin brachte ein rundes Messingtablett mit Teegläsern, stellte es auf ein an der Wand festgemachtes Holzbord und schenkte ein. Der Raum füllte sich mit dem Duft der wilden Kräuter. Sie reichte ihnen den Tee, aber der Sultan trank nicht. Er stellte sein Glas auf die rote, mit schwarzweissen Mustern bestickte Decke.

„Das musste geschehen“, sagte er schliesslich. „Er selbst hatte es erwartet. Glaub mir!“

Auch die Prinzessin trank nicht. Auch sie stellte ihr Glas ab, bevor sie murmelte: „Es ist nicht seltsam, dass der Mensch stirbt. Schmerzlich aber ist, dass er einen qualvollen Tod stirbt.“ Sie zog ihren Schleier über den Kopf und fügte hinzu: „Durch Gift.“

„Ich bin da anderer Meinung. Wenn man denn sterben muss, spielt die Art keine Rolle. Gift oder Schwert.“ Er liess sich auf die Zeichenmuster zurückfallen und fügte traurig hinzu: „Ich sage dir, er wusste, dass es so kommen würde. Seit er, um das grosse Wüstenreich vor dem Untergang zu retten, angefangen hatte nachzugeben, schwand seine Macht. Er hat es nie genau so gesagt, aber er hat mehrmals Andeutungen gemacht. Er sagte mir auch, ein nobler, ein wirklicher Mann dürfte niemals einen Rückzieher machen, denn wenn er einmal damit anfinge, würde er auf diesem Weg für immer fortfahren, bis er bei allem nachgegeben hätte. Dann würde er sich selbst und die ganze Welt verlieren." Er schwieg wieder und fuhr dann fort: „Der edle Mann kennt kein Manöver. Das ist eine Lehre, die aus dem Anhi stammt, die der Verstorbene aber mit zahlreichen Mythen ergänzt hat, die er von den weisen alten Scheichen gehört hatte. Uns bleibt der Trost, dass er nicht aus Goldgier einen Waffenstillstand mit den Häuptlingen des Dschungels schloss."

„Aber das ist es, was die bösen Zungen herumerzählen."

„Glaub nicht, was die bösen Zungen herumerzählen. Er hat nachgegeben und die Nobilität der Sultane und den Stolz der Verschleierten für das einzigartige Wüstenreich geopfert. Für Timbuktu. Für das verlorene Wâw, aus dem wir vertrieben wurden und in das einmal zurückzukehren unser aller Traum ist."

„Aber der Traum ist nie Wirklichkeit geworden. Timbuktu hat nicht floriert und hat sich, trotz aller Verzichte, nicht in Wâw verwandelt. Die Häuptlinge der Bambara haben sich der Stadt auch mit Gold bemächtigt. Mit demselben unseligen Metall, von dem der Verstorbene glaubte, es würde das Florieren Timbuktus garantieren und dieses dadurch zum verheissenen Wâw werden."

„Ewig ist nur Gott allein. Dem Gläubigen obliegt nur, in seinem Handeln aufrichtig zu sein. Und ich glaube nicht, dass es jemanden gibt, der es wagen würde, sein heroisches Wirken in den Schmutz zu ziehen."

„Sie haben es getan und tun es noch. Hast du die Scheiche des Kadirîja-Ordens in Timbuktu vergessen, die ihm offen die Feindschaft erklärten?"

„Wäre er nicht so duldsam und milde gewesen, hätten sie es nicht gewagt. Das ist ein Vorwurf, der zu seinen Gunsten, nicht zu seinen Ungunsten spricht. Die Milde ist eine Eigenschaft, derer sich nicht viele Sultane von Timbuktu erfreuten."

„Die Leute rühmen Sultan Hamma."

„Die Leute rühmen die Derwische, nicht die Sultane. Hamma war ein Derwisch, ein Eremit, und keinen einzigen Tag ein wirklicher Sultan."

Sie schaute zu ihm auf, das Gesicht bleich, die Augen traurig. „Man erzählt", sagte sie kühn, „deine Meinungsverschiedenheit mit dem Verstorbenen sei um Onkel Hamma gegangen. Verzeih mir, aber man erzählt, du hättest ihn beschuldigt, den umherziehenden Onkel unter freiem Himmel umgebracht zu haben."

„Glaub nicht, was man erzählt!"

„Ich weiss, dass du es verabscheust, in den alten Intrigen zu graben."

„Ich verabscheue es, in der Vergangenheit zu graben." Er schlürfte von dem Kräutertee und stellte das Glas zurück auf den Kelim. „Ich denke an nichts anderes als daran, was beim Aufbau von Wâw hilfreich sein könnte. Wir werden in Asdschirr ein grösseres und stärkeres Reich aufbauen. Und die Magier werden erfahren, dass sie keinen Sieg erringen, wenn sie sich aufs neue Timbuktus bemächtigen. Denn Timbuktu ist Wâw, und Wâw stirbt nicht, und es lässt sich auch nicht einnehmen, da es tausend Seelen besitzt. Weil es ewig ist, während wir vergänglich sind."

Plötzlich bebte seine Stimme. Er verbarg seine Augen mit dem Saum seines Gesichtstuchs, wie es bei der Erwähnung der verheissenen Oase jene tun, die sie gesehen haben. Ja, dieser heilige Schauer überkommt alle, die davon träumen, einmal auf die verlorene Stadt zu stossen.

Plötzlich sah der Sultan einen besonderen Glanz in ihren Augen. Die Traurigkeit. Nicht die alltägliche, eine andere Traurigkeit. Eine alte, weit zurückreichende, hehre Traurigkeit, die die Zeit geheiligt und in Elend verwandelt hat. Über denen, die zur Traurigkeit neigen, liegt ein lauteres Elend. Wie hätte sonst der in den Bergen umherziehende Junge sie um den Verstand bringen können?

Aber der Sultan wusste auch, dass er sie niemals würde trösten können, selbst wenn sie das verlangte. Denn wenn ein Mensch an einem anderen hängt, ist die ganze Welt nicht imstande zu trösten.

Die jungfräuliche Sonne spaltete mit einem Lichtboten das Herz des Raumes. Er durchquerte die Dunkelheit und teilte sie in zwei Hälften. Auf den Fuss der gegenüberliegenden Wand fiel ein in der Mitte geknicktes Lichtdreieck, der untere Teil mit den beiden Winkeln an der Grundlinie lag auf der Erde, auf dem Teppich, während der Scheitelwinkel stolz und vorlaut an der Wand emporkletterte. Der Sultan folgte neugierig dem Lichtstrick, in dem über Têneres Kopf spielerische Staubpartikel tanzten. Er stellte sich vor, es sei koketter Goldstaub, aufgewirbelt vom Wind.

11

Immer weniger Wasser wurde im Brunnen gesehen, seit die Fremden auf die Ebene kamen und es zum Bau ihrer Stadt abzuzapfen begannen. Von Anfang an waren sich die Verständigen einig, und die weisen Hirten bestätigten es, dass das Wasser noch mehr zurückgehen werde, wenn den Brunnen weiterhin Handelskarawanen und die Kamele der Hirten aufsuchen und die Baumeister von Wâw immer mehr Wasser benötigen würden. Die Ebene war vom Durst bedroht. Und als der Stammesführer Anâj gegenüber nur wenige Monate nach der Grundsteinlegung der Stadt seine Befürchtungen äusserte, gab der Sultan nach und dirigierte viele Karawanen zu den Brunnen von Serdlis und Atschân, damit die Tiere dort getränkt würden und den zur Fortsetzung der Reise nötigen Wasservorrat dort aufnähmen. Auch teilte er eine Gruppe seiner Neger ein, um Wasser aus diesen beiden Brunnen herbeizuschaffen. So sollte der Brunnen entlastet werden, für dessen Heimsuchung der Bau der Stadt nicht der einzige Grund war, sondern dessen Erschöpfung der Staub des Südwinds noch verstärkte, weswegen die Befestigungen, die Ocha errichten liess, hoffnungslos erschienen und nicht im Einklang mit der alten Architektur. Das Wasser frass an dem mit Kies und rotem Salzschlamm vermischten Lehm, wodurch die Steine sanken und die runde, einem festen Turban um ein stolzes Haupt ähnelnde Befestigung wankte.

Wenn nun den Brunnenrand drei Arten von Stricken – solche aus Palmfasern, solche aus Halfagras und solche aus Ziegenhaar – glatt poliert hatten, so war dem Steinbecken dasselbe durch das Wasser widerfahren, wodurch die lange Zeit des Gebrauchs deutlich und eine Weisheit bestätigt wurde, die sich im Anhi fand und die die Hirten immer gern zitierten, wenn sie zum Brunnen kamen, um die Kamele zu tränken: „Der Stein ist das Stärkste, was es in der Wüste gibt, das Wasser aber zerbröselt auch den Stein. Also ist das Wasser stärker als der Stein; es ist das Stärkste in der Wüste." In einer anderen Version heisst es, der Text im Anhi habe den Wind, nicht das Wasser genannt, doch habe sich ein weitgehender Konsens gebildet, der dem Wasser den Vorzug vor dem Wind gibt.

Die Hirten kamen mit grossen Kamelherden aus allen vier Himmelsrichtungen zum Brunnen. Sie kannten einander, sie sassen abends Geschichten erzählend zusammen, zogen das Los und sangen Assâhar-Lieder und die traurigen Weisen von Menschen in der Fremde. Alle Lieder handelten von einem elenden heimatlosen Menschen, der in der Wüste lebte und nach Wâw suchte, jedoch starb, bevor es ihm seine Tore öffnete. Im Morgengrauen dann begann derjenige, dem das Glück gelächelt und der das beste Los gezogen hatte, seine Herde zu tränken. Der Brunnen der Ebene sei der einzige in Asdschirr, zu dem auch verirrte Kamele kämen, hiess es. Der Stammesführer bestätigte das und erzählte, wie er, damals ein junger Mann, auf der Suche nach drei verlorengegangenen Kamelen die ganze Wüste durchstreift habe; sogar an einen berühmten Fakîh in der Oase Adrâr habe er sich gewandt, worauf ihm dieser auf ein vergilbtes Blatt mit ausgefransten Rändern ein Amulett schrieb, das er in ein ölverschmiertes Stück Stoff wickelte und für das er ihm zwei Silberlinge abnahm. Sein Rat habe gelautet, unverzüglich zur Ebene bei den Akakûs-Bergen zu gehen, der Dschinnenkönig habe ihm nämlich mitgeteilt, er werde dort seine Kamele für ihn festhalten. Als er die Kamele auf den nahegelegenen Akazienweiden tatsächlich vorfand, geriet er ganz ausser sich und war in höchstem Masse verwundert über die Gaben des Fakîh, bis ihm ein alter Hirte, mit dem er einmal im Mondschein zusammensass, um den Abendtee zu trinken, das Geheimnis enthüllte. Als er ihm mit angemessener Ehrfurcht das Wunder erzählt hatte, lachte der weise Hirte, bis ihm die Tränen aus den Augen quollen. Er wischte sie ab und erklärte ihm, alle Hirten in Asdschirr kämen zu diesem Brunnen, wenn ihnen ein Kamel weggelaufen sei. Er verknüpfte dieses Wunder mit der Geschichte von der Entdeckung des Brunnens und davon, wie die Wüste den törichten Enkel bestraft habe, der das Wasser missachtete, um den wahnsinnigen Durst zu löschen, von dem nur die Verrückten befallen würden, die nach Goldschätzen suchten. Der falsche Fakîh habe seine Unkenntnis von der Wunderwirkung des Eremitenbrunnens nur ausgenutzt und ihm die beiden Silberlinge für nichts und wieder nichts abgenommen, schloss er.

12

Auf dem kahlen Land zwischen den beiden Hügeln breitete sich um den Brunnenrand herum der Tiermist aus. Er kroch den Bergfuss hinauf, kam dann die Hügel herab, um sich in allen Senken zu verteilen, wo die Hirten seit Generationen die Kamelherden festbinden. Sie singen die traurigen Lieder vom verlorenen Wâw und warten geduldig darauf, entsprechend dem „heiligen Los" an die Reihe zu kommen, und erzählen einander schreckliche Geschichten davon, was während des Wartens schon alles passiert ist.

In den Jahren der Dürre drängen sich hier die Herden, bis die Ebene förmlich mit Kamelen und Kleinvieh und durchziehenden Handelskarawanen überquillt. Die Erfindung des Losziehens geht auf jene furchtbaren Jahre zurück. Es ist eine weise Tradition, eingeführt durch die langen Erfahrungen von chaotischen Kämpfen um das Wasser des Brunnens, bevor die Verständigen in der Wüste zu dieser edlen Lösung gelangt sind. Und wie immer wird die Erfahrung erst zu einer Tradition, wenn sie in das weise Buch Eingang findet, wenn sie auf das verlorene Anhi zurückgeführt wird.

Damit die einfachen und ungeschlachten Hirten von den Vorzügen des Losziehens überzeugt wurden, setzten die

Verständigen eine Legende in Umlauf, wonach die Lehren des Anhi dazu ermutigen, dieser Lösung zuzustimmen. Sie sagten auch, das Resultat des Losziehens sei der Wille des Schicksals, und der Wille des Schicksals sei auch derjenige des Unbekannten. Sie erfanden Legenden und ersannen Mythen, um ihre Behauptungen zu bekräftigen, und es dauerte nicht lange, bis die Verständigen selbst sie glaubten, wie sie zuvor schon viele Behauptungen geglaubt hatten, die sie selbst erfunden und auf das Anhi zurückgeführt hatten; und schliesslich konnte niemand mehr unterscheiden zwischen dem, was wirklich den Weisheiten jenes Buches entstammte, und den Überlieferungen, die von den Bewohnern der Wüste erst später damit in Zusammenhang gebracht wurden.

Eines fernen Jahres hatte der Brunnen eine denkwürdige Zeit der Dürre erlebt.

Die Karawanen drängten sich oben am Brunnenrand, und die Hirten liessen das Schicksal entscheiden und zogen das Los. Sie holten den ganzen Tag aus dem Brunnen ihren Bedarf an Wasser und saugten an der armen, einsamen, freigebigen Brust bis auf den letzten Tropfen, um die bedauernswerten Kamele zu tränken, die dazu verurteilt waren, neben dem Ausbleiben von Regen noch einen anderen Fluch zu erdulden: das Gras starb, der Saft schwand aus den wilden Pflanzen, und nur in einigen Wadis blieben noch ein paar armselige Wüstensträucher übrig. So wurde die Widerstandskraft des einzigen Tieres geschwächt, das in der Lage ist, geduldig dem Durst zu trotzen und ganze Monate ohne Wasser auszukommen. Die Hirten verbargen ihre Trauer über die ausgemergelten Kamele, sangen die Assâhar-Lieder und versuchten so, Sympathie mit ihren Freunden zum Ausdruck zu bringen, und mit der kummervollen Weise stieg eine versteckte Klage zu den Unbekannten empor, in der Hoffnung, sie möchten sich einschalten, den Fluch lockern und im Himmel Fürsprache einlegen.

Aber die Brust des Lebens gab, schon bevor es Mittag war, nichts mehr her, und die Hirten sahen sich gezwungen, sich zurückzuziehen, sich zu gedulden und bis zum folgenden Morgen zu warten, um dem Brunnen während der Nacht Gelegenheit zu geben, sich zu erholen und aufs neue die Milch des Lebens zu sammeln.

Immer mehr Karawanen strömten heran, und immer weiter zog sich das Wasser ins Innere der Erde zurück, was die weisen Hirten zwang, die Zeit zwischen der Wasserentnahme von einer auf zwei, dann auf drei ganze Nächte auszudehnen. Und da bemerkte keiner, wieviel Zeit vergangen war, seitdem jener magere, einsame Wanderer in Begleitung eines ausgemergelten, edlen schecken Mehri angekommen war, in dessen Körper die Dürre tiefe Furchen gegraben hatte, dessen Höcker verschwunden war und dessen Rippen deutlich hervortraten. Auch wusste niemand, ob er zu jenen Hirten gehörte, die ihre Herden in den nahegelegenen Wüsten begraben hatten, nachdem sie dem Hunger und dem Durst erlegen waren, oder ob er einfach ein Wanderer war. Man erzählt, sein ausgemergelter Körper und seine rätselhafte Statur hätten ihn den Geistern des Îdenan ähnlich gemacht, und seine grünlichbleiche Haut, der Haut der Toten nicht unähnlich, habe einen Bewohner der Höhlen des Tassîli oder des Tâdrart vermuten lassen. Sie allein besässen in der Wüste diese beiden Charakteristika: die hagere und rätselhafte Statur der Dschinnen und die grünliche Haut der Toten. Und ein alter Hirte versicherte, der Wanderer sei an jenem selben unheilvollen Tag angekommen, an dem der letzte Tropfen Wasser versiegt sei und die weisen Hirten begonnen hätten, die Neuankömmlinge zu retten, indem sie die feuchte Erde vom Grund des

Brunnens holten. Der Fremde blieb stehen und betrachtete das Treiben. Er trat erst vor, um seinen Anteil Erde entgegenzunehmen, als der Scheich der Hirten ihn dazu aufforderte. Er legte ihm die Handvoll in das für das Wasser bestimmte Behältnis am Sattel, machte ihn mit einem hünenhaften schwarzen Hirten bekannt und erklärte, das Los habe entschieden, er komme in der langen Reihe nach ihm dran. Lange blieb er vor dem Scheich stehen und betrachtete die innen weisslich verzinnte Messingschale, als vollziehe er ein magisches Ritual, um den Himmel um Vermittlung anzuflehen. „Ach, der alte Stolz", sagte der Scheich zu sich selbst. Dann trat er zu dem Fremdling, zog ihn ein wenig beiseite und sagte zu ihm: „Für heute ist es sinnlos. Vergiss alles, was du im Stamm gelernt hast, und lutsche an der Erde, bevor ihr die Sonne die Feuchtigkeit entzieht. Wenn sie erst einmal ihre Finger ausstreckt, erreicht sie auch die Tropfen, die tief in der feuchten Erde stecken."

Doch der fremde Wanderer leckte nicht an der feuchten Erde. Er ging hinaus in die Wüste und wartete, bis er an die Reihe kam. Und er soll sogar seinem schecken Mehri an diesem und an den folgenden Tagen des Wartens die Schale mit Erde angeboten haben.

Die Situation an der Brust der Erde wurde immer prekärer. Zwei Nächte lang quollen nur ein paar armselige Tropfen hervor. Die Hirten waren verzweifelt, und viele machten sich auf, in den nächstgelegenen Brunnen nach Leben zu suchen. Sie zogen zum Atschân-Brunnen, der drei Wochen nordwestlich von Serdlis liegt. Doch niemanden überraschte es, dass das riskante Unternehmen fehlschlug. Irgendwann später gelangte die Nachricht in die Ebene, die meisten von ihnen seien umgekommen.

Der fremde Wanderer blieb auf der Ebene.

Er ruhte unter den toten Akazien in den östlichen Wadis, bis zum Ende. Dann umkreiste er, sein Kamel an einem aus Ziegenhaar gedrehten Halfter führend, die Ansammlungen der Hirten, und niemand wusste, warum. Der Scheich der Hirten trat zu ihm, hielt ihn dreimal zur Geduld an und mahnte ihn, den Satan Stolz zu bekämpfen. Doch die grüne Gestalt schenkte ihm alle drei Male keine Aufmerksamkeit und setzte ihren Weg im Gedränge der Kamele und der Ziegenherden fort, bis zu den Hügeln, von denen aus man die Wadis überblicken konnte. Dort löste der Mann dem Mehri den Zügel und liess ihn laufen und von den verdorrten Akazien weiden; er selbst legte sich hin, den Kopf auf den Sattel gebettet. Er schaute in die Weite, als erwartete er das Blinken der Sterne, um ihnen die geheimen Losungsworte der Seher anzuvertrauen, damit sie reichlich Wasser in den Brunnen sprudeln liessen. Einige machten sich über ihn lustig, doch sein Schweigen, seine geheimnisvolle Art und seine Hautfarbe liessen sie bald verstummen; sie gingen weg und mieden ihn.

Es wurde immer schlimmer. Die Herden verdursteten. Der Brunnen versiegte fast, und die paar Tropfen, die sich nachts sammelten, reichten nicht einmal mehr zum Trinken. Man hörte auf, die Tiere zu tränken, und verteilte nur noch dreimal am Tag ein paar Tropfen – am Morgen, gegen Mittag und am Abend. Doch die Gluthitze und der Südwind hielten an, und mehr und mehr Karawanen kamen zum Brunnen, so dass die Weisen gezwungen waren, die Wasserzuteilung auf zweimal und schliesslich gar auf einmal pro Tag zu beschränken.

Die Herden verendeten.

Die Reiter weigerten sich, ihre Mehris zu schlachten, und so verwesten die toten Tiere, und die Ebene füllte sich mit Würmern. Wenn der Wind innehielt, breitete sich ekliger

Fäulnisgestank aus, den Hirten wurde schwindlig, und viele erbrachen sich und fielen in Ohnmacht. Die Verständigen begannen, reichliche Schlachtopfer zu bringen, doch diese verringerten nicht die Unbarmherzigkeit der Sonne, deren niederträchtige Gewalt mit dem Stillstand der Luft sogar noch zunahm. Unablässig peinigte sie den keuschen Leib der Wüste mit flammenden Feuerpeitschen. Gegen Mittag hielt der glühende Atemhauch inne, nur um am Abend die Schmelzung alles Lebenden fortzusetzen. An einem solchen Abend beobachteten die Hirten den stolzen, fremden Wanderer, wie er, seinen Mehri hinter sich herziehend, zwischen den Hügeln umherwanderte. Er sammelte Kameldung in Säcke. Da konnten die Neugierigen es sich nicht versagen, hinter ihm herzulaufen. Sogar der Durst, ja sogar der Tod vermag nichts angesichts der Neugier mancher Menschen! Und es ist nicht undenkbar, dass einige von ihnen am Jüngsten Tag an den Toren der Hölle herumstehen. Sie folgten ihm insgeheim zu dem Hügel und beobachteten, wie er die Mistbollen auf die Satteldecke warf und sie rieb, um die Gerstenkörner herauszuholen. Dass dieser geheimnisvolle Satan, angetan mit Sackleinen wie ein Gespenst, darauf gekommen war, überraschte sie. Was sie jedoch besonders erregte und in ihren Seelen den Neid weckte, war die Tatsache, dass er im Dung wertvolle Nahrung für seinen Mehri fand. Keiner hatte daran gedacht, dass der Mist der fetten Jahre Substanzen zur Ernährung der Tiere in mageren Jahren enthalten könnte. Jedesmal wenn er einen Sack geleert hatte, zog er wieder los durch die Ebene und füllte den nächsten, leerte ihn auf die Decke und holte die wertvollen Körner heraus. Er rieb sie zwischen seinen todbleichen Händen und gab sie seinem ausgemergelten Freund.

Die Männer der Ebene kamen zu ihm und luden ihn zu grünem Tee ein, aber er lehnte stolz ab. Er trinke keinen Tee.

Das erhöhte bei den einen die Neugier, erboste andere, und liess noch andere versichern, der seltsame Gast sei ein echter Dschinn, er sei vom Îdenan herabgestiegen oder stamme aus den Höhlen des Tassîli. Denn noch nie hatte jemand in der ganzen Grossen Wüste von einem Menschen gehört, er trinke keinen grünen Tee. Man kannte Männer, die kein Fleisch assen, oder solche, die nicht mit Frauen schliefen; manche enthielten sich auch der Nahrung und nahmen nur Kräuter zu sich. Aber noch nie hatte man auf diesem gewaltigen Kontinent einen Mann gesehen, der nicht mit Genuss das paradiesische Getränk geschlürft hätte. Die märchenhafte Flüssigkeit, in der die Wüstenbewohner das verheissene Getränk von Wâw erkennen und mit dessen Geschmack sich kein Getränk messen kann, seit der Urahn die Blätter der magischen Pflanze aus Wâw mit in die Wüste nahm, die die Nachfahren zum Talisman gemacht hatten, der nie in ihrem Gepäck fehlt. Sie bereiten ihn nach hehren Ritualen, und er vertreibt das Elend des Weges und die Schrecknisse der Reise. Er befreit von Kopfschmerzen und nützt gegen Kälte und Hitze gleichermassen. Er wischt Sorge und Schmerz hinweg und füllt die Seele mit Freude und Verzückung. Der Fremde riecht ihn auf eine Entfernung von anderthalb Tagen und lässt sich davon in die Lager leiten, gerettet vom Tod durch Verdursten. Wer in der Wüste könnte es wagen, seinen Anteil an dem paradiesischen Getränk auszuschlagen? Wie sollten da die Hirten nicht glauben, der fremde Wanderer sei ein besessener Dschinn oder ein Gespenst aus der Welt der Toten, wenn er das einzige ablehnte, das ihnen vom verlorenen Wâw geblieben war!

Sie berichteten es ihrem Weisen, der seine Überraschung hinter seinem schwarzen Turban verbarg und schwieg. Er begab sich zu seinem Gast und fand ihn, wie er mit seinem schecken Mehri tändelte, dessen Fleckung nicht sein einziges aufregendes Merkmal war. Vielmehr sah der Scheich in den Augen des aussergewöhnlichen Tieres ein Geheimnis, das er selbst in den Augen der intelligentesten Mehris noch nie gesehen hatte. Diese grossen, klugen schwarzen Augen enthielten ein geheimnisvolles Leuchten, als wären es die Augen eines Menschen. Ja, der Scheich der Hirten war an jenem Abend überzeugt, es seien Menschenaugen. Sie strahlten in der Dunkelheit, ausdrucksstärker als selbst die Augen von Menschen, die ein Geheimnis offenbaren wollen.

Der Scheich hockte sich vor den Fremden hin, rückte seinen Turban zurecht und fragte: „Warum hast du es abgelehnt, Tee zu trinken."

Keine Antwort.

„Der Brunnen gibt fast nichts mehr her, und immer mehr Karawanen kommen an. Der Tee löscht den Durst, und nur ein Dschinn oder ein Verrückter lehnt ihn ab."

„Ich habe noch nie davon gekostet."

„Das kann ich nicht glauben."

Keine Antwort.

„Niemand, der in der Wüste geboren ist, hat nicht irgendwann einmal vom Getränk unseres verlorenen Wâw gekostet."

Keine Antwort.

„Du wirst heute kein Wasser erhalten." Er schwieg. Dann fügte er, während er versuchte, im Abenddunkel den Blick seines Gastes zu erhaschen, noch hinzu: „Nicht einmal feuchte Erde."

Der fremde Wanderer durchpflügte weiter mit dem Zeigefinger die Erde und zeichnete Schriftsymbole in Tifinâgh, die er verwischte, um sie von neuem zu zeichnen. Der Scheich der Hirten gab die Hoffnung auf, eine Antwort zu erhalten, und fuhr provozierend fort: „Man hat mir erzählt, du hättest die feuchte Erde dem Mehri gegeben und mit ihm auch das Wasser geteilt. Natürlich überrascht es mich nicht, wenn ein Reiter seinen Mehri grosszügig behandelt, aber unsere Katastrophe mit dem Wasser übersteigt alles Vorstellbare. Wir werden sterben. Wir werden sterben. Das Kamel hält es monatelang ohne Wasser aus, aber du schaffst es keinen einzigen Tag."

Als der fremde Wanderer wieder nicht antwortete, rief der Hirte: „Was du getan hast, ist eine Sünde, für die die Verständigen in der Wüste bestraft werden. Wer bist du? Wer?"

Der fremde Wanderer sagte nichts, lächelte auch nicht. Er ging ganz auf in seinen auf die Erde gekritzelten Symbolen und Zeichen.

„Wenn die Milch in der Brust der Mutter versiegt", erklärte der alte Mann, „beisst das Kind in die Brustwarze. Jeder Biss schmerzt die Brust, sie zieht sich zurück und wird noch knausriger mit der Milch. Genau das geschieht im Augenblick mit dem Brunnen. Wir werden umkommen, wenn nicht ein Wunder geschieht. Glaub mir!"

Der Mann sagte nichts. Ihn schienen die Äusserungen des Scheichs nichts anzugehen. Der alte Mann empfand die Vergeblichkeit seiner Bemühungen, gab die Hoffnung auf und ging.

In der folgenden Nacht waren sich die Neugierigen einig, der Fremde habe seinen gesamten Anteil dem Mehri gegeben. In dieser selben Nacht begann er, beim Gehen zu torkeln und zu stöhnen. Er liess sich auf den Sattel nieder und lehnte seinen Kopf gegen sein Gepäck. Als am Morgen die Sonne ihre Herrschaft begann, stellte sich der Mehri vor ihn, um ihn vor den Feuerpeitschen zu schützen. Er blieb liegen, den Kopf auf die Hände gestützt, und betrachtete das Treiben der Karawanen. Einige sagten, er habe ein unbekanntes, schmerzvolles Lied gesungen, bevor er für immer verstummt sei.

Am nächsten Morgen fand man ihn auf dem Rücken liegend, den Kopf auf dem Sattel; er starrte ins Leere, tot. Ihm zu Häupten stand der Mehri, den langen Nacken gesenkt und die Hände seines Gefährten mit den grossen Lippen umhüllend, aus denen heisser Schaum quoll. In den Augen des Kamels nahm der Scheich der Hirten einen Kummer wahr, wie er ihn noch nie in den Augen eines Menschen gesehen hatte. Die Männer kümmerten sich um den Toten, während der Scheich das seltsame Leuchten in den Augen des Tieres betrachtete.

„Hätte er mit uns den Trunk von Wâw geteilt, wäre er nicht gestorben“, bemerkte ein Mann.

Der Scheich schalt ihn, und ein anderer sagte: „Er ist gestorben, weil er seinen Mehri über alles liebte und ihm sein weniges Nass gab. Wer ein scheckes Kamel besitzt, der muss sterben.“

„Glücklich, wer ein scheckes Kamel sein eigen nennt ...“, meinte der erste wieder, spuckte den Tabak hinter sich und fuhr fort: „selbst wenn er sterben muss.“

Der Scheich betrachtete die Männer, die den Leichnam geschultert hatten und ihn zum Gräberfeld trugen. Er rief ihnen hinterher, und als sie stehen blieben, lief er zu ihnen und bedeutete ihnen, den Leichnam abzusetzen. Sie legten ihn auf den Kieselsteinboden, und der alte Mann zog aus seinem weiten Ärmel eine hölzerne Wasserflasche, liess sich einige Tropfen Wasser in die Hand laufen und strich damit dem Toten übers Gesicht. Er drehte die Flasche, um noch einen Tropfen herauszuholen, hielt sie lange umgedreht über den Kopf des fremden Wanderers, doch das kleine Gefäss, mit grobem Sackleinen umhüllt, gab keinen einzigen Tropfen mehr her. Da schloss er es rasch mit dem Korken und schob es zurück in seinen weiten Ärmel. „Betrachtet das als Totenwaschung. Ja, wir haben die Waschung an ihm vollzogen“, sagte er beklommen. „Der Körper des fremden Wanderers ist für immer rein.“

Der Mehri kam. Er stiess die Menge auseinander und bahnte sich einen Weg zu dem Toten. Beugte sich über seinen Freund und suchte unter den Falten des Tuches nach seinem Gesicht. Die Hirten sahen sich an und warteten darauf, dass ihr Scheich ihnen bedeute, was sie zu tun hätten. Der alte Hirte wusste es. Er verbarg seine Beklommenheit und sagte gepresst: „Lasst ihn!“

Die Männer zogen sich zurück. Der Mehri fuhr mit seinen grossen, schaumigen Lippen, an deren Rändern harte Härchen sprossen, über das Gesicht des Toten. Dann wandte er sich den Händen zu und leckte auch die Finger des Mannes. Er schaute hinauf zum Himmel, zur Sonne und liess seine traurigen Augen über die grenzenlose Weite wandern. Schliesslich kniete er neben dem Toten nieder und stiess ein schmerzliches Gebrüll aus. Es war ein seltsamer Laut, wie das Brüllen eines Stiers. Dabei sprach aus seinen klugen Augen tiefe Pein.

„Ein Reiter kann keinen schecken Mehri sein eigen nennen“, murmelte der alte Mann, „und ein schecker Mehri bekommt niemals einen Reiter. Einer von beiden muss verschwinden.“

Das Kamel erhob sich wieder. Lange starrte es auf die Sonnenscheibe. Dann beschattete es mit seiner hohen Gestalt den Toten und liess seine faszinierenden Augen zum fernen Horizont wandern, wo eine kecke Luftspiegelung blinkte, schadenfroh, unartig, verführerisch.

Der Scheich stimmte dem Vorschlag eines Mannes zu und schickte den Mehri mit einer durchziehenden Karawane ins Tâdrart.

Eine längst vergangene Krätzeerkrankung hatte das Zeichen am linken Schenkel angefressen, und niemand konnte mehr den Stamm feststellen, dem der verstorbene Besitzer angehörte, doch derjenige, der den Vorschlag machte, überzeugte den alten Mann: „Ich habe ihn in diesem seltsamen Tonfall der Bewohner der Höhlen singen hören. Der Bewohner des Tâdrart. Ausserdem, hat dir nicht seine grünliche Hautfarbe etwas verraten? Die Gesichter der Bewohner des Tâdrart sind Totengesichter. Sie sind die einzigen Menschen in der Wüste, in deren Gesichtern kein Blut fliesst. Gespenster. Hast du nicht selbst gesehen, dass er den Stämmen der Gespenster angehört?"

Die Karawane liess ihn frei in den kahlen Wadis und durchquerte die legendären Berge Richtung Mursuk.

Drei Wochen später war er zurück auf der Ebene.

Während dieser Zeit war ein Reiter mit der frohen Botschaft eingetroffen, im Tassîli sei Regen gefallen, und in vielen Wadis fliesse Wasser, in Tanassoft, Eghaharmallen, Emheru. Zwei Tage später kam der Hauch des Regens, die Ebene atmete auf und die Lohe am Himmel ging zurück. Die meisten Karawanen zogen nach Tanassoft. Der alte Mann lagerte weiterhin mit einigen Freunden am Brunnen. Der Druck auf den Brunnen und der Bedarf nach Wasser liessen nach, und die Brust gewährte wieder üppig und freigebig die Milch des Lebens. Der Hirte füllte das Becken mit Wasser und lud den schecken Mehri zu einem Festtrunk ein. Er legte ihm das Halfter an und zog ihn zu dem viereckigen Becken, das am Fusse der Brunnenöffnung aus glänzend polierten Steinen in die Senke eingebaut war und in dem das Wasser unter den Strahlen der Sonne wie die Zungen einer Luftspiegelung glitzerte. Es wehte ein vom Regen gewaschener Wind. Der alte Hirte trat zur Brunnenöffnung und setzte sich auf den Rand.

„Gestern noch war es eine Verheissung, eine Fata Morgana", sagte er zu dem Mehri, „heute ist es Wasser. Wirkliches Wasser. Du kannst es probieren, wenn du's nicht glaubst. Los, trink, bevor die Unbekannten sich über uns erzürnen und es wieder zur Fata Morgana werden lassen."

Doch der ausgemergelte, jämmerliche Mehri, dessen Rippen hervortraten und der eigentlich nur noch ein wandelndes Knochengerüst war, dieser hungrige Mehri, durstig seit Monaten, von dessen Rücken der Höcker völlig verschwunden war, weigerte sich stolz, von dem Wasser zu trinken. Er beschnupperte die spielerisch verführerische, silbrigglitzernde Oberfläche, dann hob er das Haupt und blickte zum Horizont.

Einer der Männer kam und sagte dem Alten: „Er glaubt es nicht. Ich werde es ihn glauben machen. Diesen Dummkopf." Er krempelte die Ärmel über seine sonnenverbrannten Arme hoch, rollte die Hosenbeine bis zu den Knien und sprang in das Becken. Mit beiden Händen goss er sich Wasser übers Gesicht. Dann beugte er sich nieder und trank einige grosse Schlucke, bespritzte spielerisch die Vorderbeine des Kamels und kniete sich plötzlich, lachend wie ein Kind, ins Wasser, wobei seine abgetragenen Kleider nass wurden. Als er wieder herauskam, war das Kamel verschwunden. Es war zum Grab seines Freundes gegangen und hatte sich dort niedergelegt.

„Er wird hier sterben", sagte der alte Hirte, „er möchte hier kein Wasser trinken. Wir werden ihn ins Tassîli schikken. Sein Herr stammte von dort. Die Toten, in deren Gesichtern kein Blut fliesst, wohnen auch im Tassîli. Dort gibt es Höhlen, die älter sind als diejenigen im Tâdrart."

Er übergab ihn der ersten Karawane, die nach Tamanrasset zog, und trug den Leuten auf, ihn erst im Tassîli loszumachen. Doch nach wenigen Wochen war er wiederum zurückgekehrt. Noch magerer und noch müder. Nun standen sogar seine Kiefer vor. Die Augen lagen tief in den knochigen Höhlen, und jener seltsame Glanz, der den alten Mann bei seiner ersten Begegnung mit dem Kamel so fasziniert hatte, war erloschen. Beim Mal zuvor, bei seiner Rückkehr aus dem Tâdrart, hatte in seinen Augen noch eine Traurigkeit gelegen, doch bei seiner Rückkehr aus dem Tassîli war sogar dieser tieftraurige Ausdruck verschwunden, und in seinen Augen war nichts mehr, war nur noch Leere, Gleichgültigkeit, Verlust. Ja, der Verlust dessen, der etwas sehr Nahes verloren hat, ein Glied seines Körpers, einen Teil seiner Seele, ein warmes Herz, der die Hoffnung aufgegeben hat, das Verlorene wiederzufinden, und der sich nun in sein Schicksal fügt und es akzeptiert, in einem herzlosen, kalten, leeren Loch zu leben. Der Verlust in den Augen entstammt der Leere des Herzens.

Nach wie vor nahm der Mehri weder Wasser noch Futter zu sich. Ein weiteres Mal versuchte der Hirte, ihn zu tränken, doch er wandte sich ab und ging stolz erhobenen Hauptes zum endlosen, erbarmungslosen, fernen Horizont, dann bewegte er sich zum Hügel, wo sein Herr begraben lag, blieb neben dem Steinhaufen stehen und richtete seinen leeren, kalten, toten Blick zum Horizont, bis der Abend herankroch. Einige Tage lang beobachtete ihn der Scheich, dann ging er eines Abends, als alle Geschöpfe auf der Ebene das Erscheinen des Vollmonds feierten, um sich mit ihm zu unterhalten. Er las die Fâtiha, die Eröffnungssure des Korans, für den Toten, sprach einige Losungen, die er von den Sehern gelernt hatte, und setzte sich dann aufrecht vor das Kamel. „Das ist unser aller letztes Obdach", sagte er und kratzte mit dem Finger auf dem Grabstein. „Ich weiss nicht, woher wir kommen, aber ich weiss, dass wir alle einmal in diese Erde gehen. Das ist mein Schicksal und auch deines, du

Tor, warum willst du es beschleunigen, wo du doch auf jeden Fall dorthin kommst? Tor! Du bist ein Tor!"

Er schwieg einen Augenblick. Lauschte der Wüstenstille. Einem Labyrinth aus Stille. Hob den Kopf zum rätselhaften Mond, zu den majestätischen Platten auf den Gipfeln des Îdenan, deren geheimnisvolle Majestät durch das Licht des Mondes noch verstärkt wurde. „Das allein schon genügt. Die Schönheit des Vollmonds und das rätselhafte Licht des Berges. Diese Stille. Lausche doch dieser Stille, du Tor. Genügt denn das alles nicht als Grund zum Leben? Genügt dir das nicht als Rechtfertigung, glücklich zu sein, du undankbares Geschöpf?"

Er stimmte ein traurigschwermütiges Lied an, ein Lied über die Sehnsucht nach dem Unbekannten und die Freude über den hellen Vollmond, ein Lied, schwer mit der Klage über die Unbarmherzigkeit des Südwinds und voll des Lobes über jene Winde, die, vom Regen der Roten Hammâda gewaschen, heranwehen, ein Lied, erfüllt von all dem, was er von der Wüste wusste und was er nicht wusste, ein Lied, das damit endete, dass das Leben schön ist und es verdiente, dass die Toten aus den Gräbern zurückkehrten und nochmals lebten.

Er beendete das Lied. Schwieg einige Augenblicke. Atmete tief ein und richtete dann das Wort an den Mehri, der ihm zu Häupten stand wie ein Wüstenstandbild: „Jüngst haben wir ein paar brutale Tage erlebt. Erinnerst du dich? Diese schlimmen Tage haben deinen Gefährten mitgenommen, aber nun ist die Rettung gekommen und der Regen ist dem verrückten Südwind entgegengetreten. Ausserdem, ja, ausserdem, willst du denn nicht verstehen, dass einer von euch beiden sterben musste? Bis heute kennt die Wüste keinen Reiter, der einen schecken Mehri wie dich besitzt und mit diesem zusammenleben darf. Verstehst du das?

Einer von beiden muss verschwinden. Verstehst du? Frag mich nicht, warum, aber das ist das Gesetz der Wüste."

Neben dem Grab, der Bergseite zu, liess er sich auf den Rücken fallen. Zog den Rand des Turbans von seinem Gesicht und starrte in den gleissendhellen Vollmond, dieses runde, geheimnisvoll verheissungsvolle Gesicht. Starrte, bis seine Augen feucht wurden. Dann legte er die Arme unter den Kopf und begann wieder zu singen. Eine schmerzvolle Hirtenweise, eines jener kummervollen Assâhar-Lieder. Seine müde, elende Stimme durchbrach die erhabene Stille, bis der seltsame Mond hoch am Himmel stand. Dann schlief er ein.

Am nächsten Morgen beschloss er, weiterzuziehen. Das nächtliche Klagelied hatte in seinem Herzen das Fernweh der ewigen Wanderer geweckt und ihn daran erinnert, dass er sich auf der Ebene nun schon länger als nötig aufgehalten hatte. Wenn der Wüstenbewohner am selben Ort länger als vierzig Tage verweilt, wird er zum Sklaven. Einem Sklaven wie die Bewohner der Oasen und der steinummauerten Städte. Das ist die Warnung des Anhi.

Er setzte sich auf, wandte sich in die Gebetsrichtung und betrachtete demütig das keusche Morgenlicht, das göttliche Geschenk, das Himmel und Erde voneinander trennt und von der Geburt des Tages kündet. Dem Licht. Dem Leben. Den ersten morgendlichen Faden, der die verlorene Jungfräulichkeit birgt und die Züge des verlorenen Wâw trägt, der aber, wie alles Echte, Unbekannte, Jungfräuliche, nicht lange währt. Der Zauber verschwand, und am Horizont drohte schon das andere Licht, das böse, mit Feuerpeitschen bewaffnete. Die Wüste erbebte. Sie entblösste ihre Brust und machte sich bereit, die Bestrafung durch den Henker zu empfangen.

Rituale endeten, andere begannen.

Der alte Mann erhob sich. Er forschte im Dunkel nach dem Kamel, sah in der Senke unterhalb der Steine des Grabes auf dem Boden eine Gestalt liegen und ging ein paar Schritte darauf zu. Der Mehri lag auf der linken Seite, die Hinterbeine ausgestreckt, die angewinkelten Vorderbeine neben dem ausgemergelten Körper, den langen Hals nach Osten gereckt, Sand und Kies lagen darauf. Die rechte Augenhöhle war leer. Die Lippen waren geöffnet und liessen zwei helle Eckzähne sehen, dazwischen ein dünner Speichelfaden; sie lächelten scheu, matt, rätselhaft. Der Hirte krempelte seine Ärmel über den mageren Armen hoch und begann, Erde auf das tote Tier zu häufen.

Am Horizont brachen die ersten Strahlen durch und bereiteten der Sonne den Weg für einen weiteren Tageslauf.

13

Langsam kroch die Mauer weiter. Der Flügel Richtung Norden umfasste schon zwei Hügel im östlichen Teil der Wüste und war daran, auf seinem Weg zum Brunnen den dritten zu erklimmen. Der andere Flügel, in südlicher Richtung, war, verglichen damit, weniger stürmisch. Trotz der Energie und des Geschicks der hünenhaften Neger stockte dort die Arbeit und ging langsamer voran als im Norden. Die Verantwortlichen waren gezwungen, mehr helfende Hände zu bezahlen, um den Flügel zu stützen und voranzutreiben, damit er mit dem anderen Schritt hielt. Doch der Sand, den der Südwind bei seinen letzten Attakken aufgetürmt hatte, behinderte den Fortgang und unterbrach eine bauliche Leistung, die bislang nicht nur die Bewunderung, sondern auch die Verwunderung der Bewohner der Ebene geweckt hatte. Und damit die Hünen nicht durch die Errichtung des Bauwerks auf Sand in Schwierigkeiten gerieten, mahnten die Bauexperten, weder Zeit noch Mühe zu scheuen und bis zum festen Lehmboden zu graben, um der Mauer ein solides Fundament zu geben. Doch so weit vorzustossen war nicht leicht, und so unternahm man alles mögliche und versuchte sogar, die hohen Sanddünen da und dort auf der Südseite zu umgehen, die zu den kläglichen Resten des Lagers führte. Der Bau stockte und die Mauer wand sich dahin, so dass die boshaften Mäuler sie als eine Schlange beschrieben, die aus dem Dschungel herankriecht, um den Brunnen zu verschlingen. Der Derwisch behauptete, eine zwar unbekannte, nichtsdestoweniger aber begabte Dichterin habe ein Poem in diesem Sinn verfasst, um die Männer des Stammes zur Verteidigung von etwas zu begeistern, das die fremden Hünen ihnen wegzunehmen beabsichtigten.

Die Hünen setzten die provozierende Tätigkeit fort. Tag und Nacht trieben sie die Riesenmauer voran. Ihre Frauen brachten ihnen Schüsseln mit Essen in regelmässigen Abständen und begleitet von ermunternden, anspornenden Jubeltrillern. Sie machten Feuer und hielten freiwillig die Fackeln in den finsteren Nächten. An manchen mondhellen Abenden schlugen sie die Trommeln und spielten auf dem Imsâd. Sie liessen kummervolle Stimmen erklingen, die einem unbekannten Richter von der ewigen Fremde und der Unbarmherzigkeit der Wüste klagten. Die Lieder zogen sich hin, ohne dass die Arme der Männer bei der Arbeit innehielten. Es schien vielmehr, dass der traurige Gesang sie ansporntе und ihren Eifer noch verstärkte.

Danach begannen die wilden, von den Stämmen der Bambara, der Haussa und der Schakale übernommenen Tänze. Und oftmals währten Tanz, Händeklatschen und Jubeltriller, bis sich am Horizont der erste Lichtstreif zeigte. Während dieser Freudenkundgebungen lief eine einzige

Person unermüdlich hierhin und dorthin. Eine Person, die sich dem Bau verschrieben und gelobt hatte, ein neues Wâw auf dem Wüstenkontinent zu errichten, anstelle des alten, welches verlorengegangen war oder welches der Urahn durch seine Torheit hatte verlorengehen lassen. Diese Person war kurzgewachsen, hager, ein Mulatte, in dessen Haut die Farbe des Negers überwog. Er trug ein weisses Tuch, das er auf eine lächerliche Weise um den Kopf schlang, die den Spott aller weckte: Er wickelte ein Ende um den Kopf, bedeckte seine Kiefer mit einem anderen Ende, das er hinten, unterhalb des Kopfes, mit einem kräftigen Knoten festmachte, so dass das unterste Ende herabhing, wodurch Kinn und Nacken bedeckt wurden, während die Wangen bis zu den Ohren bloss blieben. Niemand wusste, wo er diese ungewöhnliche Art, den Turban zu binden, gelernt hatte. Er selbst sagte immer, es sei seine eigene Erfindung. Dieser kleine Mensch, der aussah wie eine Heuschrecke, war der organisierende Verstand beim Bau von Wâw. Er war mit einer Karawane von Timbuktu gekommen und hatte sich dem Sultan speziell zur Durchführung des Baus angeschlossen. Oragh soll ihn, so erzählt man, seinem Bruder Anâj auf dessen Bitte hin geschickt haben, nachdem der Stammesführer Âdda ihm die Erlaubnis gegeben hatte, sich in der Ebene von Asdschirr aufzuhalten. Er hiess Achmûk. Manche behaupteten, dies sei ein Beiname gewesen, sein wirklicher Name dagegen habe Emestagh, Schwälbchen, gelautet. Da dieser Name jedoch für ein Geschöpf von der Grösse einer Schwalbe wirklich schimpflich gewesen wäre und einen Mann seiner Stellung im Land der Fremden zum Gespött gemacht hätte, benutzte er den Namen Achmûk. Eine Massnahme, die die Verständigen für teuflisch hielten und die nicht weniger Schlauheit bewies als seine anderen teuflischen Talente, allen voran die kurze Zeitdauer, die er für die Errichtung Wâws benötigte. Denn nie hatte jemand in den Mythen der Wüste gehört, dass eine Stadt so plötzlich aus dem Nichts entstand, einmal abgesehen von jenen Städten, an deren Errichtung die Dschinnen mitwirkten. Die Bewohner der Ebene verhehlten nicht ihre Geringschätzung für Emestagh, wenn sie ihn während der ersten Wochen der Bauarbeiten mit auf dem Rücken verschränkten Armen, den Kopf gesenkt, über die kahle Wüste hin und her schreiten und mit einem spitzen Stock in der Erde herumstochern sahen, um den Untergrund zu testen und die Örtlichkeiten zu inspizieren. Sie spotteten über ihn, doch die Weisen schalten sie und äusserten sich in der rätselhaften Sprache der Wüste: „Das Geheimnis liegt in seiner Körpergrösse. Wenn der Bauexperte keine Schwalbe wäre, könnte er nicht beim Bau stolzer Gebäude und Stadtmauern aufsteigen. Gott der Allmächtige wohnt in Luft und Wasser, in Pflanzensamen und in Staubkörnern. Die ganze Welt ist ihm zu eng, doch das Herz seines kleinen Knechts ist ihm weit genug." Sie warnten die Leute vor dem Spott. Und wie recht sie hatten, sollte sich bald zeigen. Es war, als sei dieser kleine Dschinn zur Ursache ihrer Heimsuchung bestimmt, die sie, nur wenige Jahre, nachdem er seine Aufgabe übernommen hatte, das wertvollste Juwel in der Grossen Wüste kostete: den Brunnen.

Zwei gierige, gefrässige Zungen aus Stein, den Armen des legendären Wüstengeistes nicht unähnlich, streckte er nach ihm aus. Er beschloss, die erbarmungswürdige Brust in sein Reich zu integrieren. Alltäglich standen sie da, Kinder, Frauen, Alte, um zu betrachten, wie sich der Wüstengeist zum Brunnenrand vorschob, wie er langsam über Anhöhen, Hügel und Sanddünen kroch. Selbst natürliche Hindernisse und die Schwierigkeiten, die der Südwind bot, vermochten nicht, ihm Einhalt zu gebieten. Sie zogen in Scharen hinaus und stiegen auf die Erhebungen im Westen. Die Frauen bildeten eine Gruppe, ebenso standen die Männer und die Greise für sich. Die Jungen sonderten sich ab und wählten für sich einen anderen Ort, etwas abseits. Sie schauten nach Wâw hinüber und verfolgten deprimiert, traurig und ergeben den Raubzug. Einige von ihnen hatten schon das Alter der Reife erreicht und trugen einen bescheidenen, mittelgrossen weissen Turban. Andere waren barhäuptig und trugen nichts als einen dicken Haarstreifen, der ihren Kopf zweiteilte, eine hübsche Frisur, wie ein Hahnenkamm. Die Beturbanten neigten gern ihren gekrönten Kopf zu ihren ebenfalls beturbanten Gefährten, um ihnen Scherze zuzuflüstern, aber mit den Barhäuptigen zu reden waren sie sich zu gut, diese behandelten sie mit Hochmut und Geringschätzung. Zwischen ihnen herrschte Schweigen.

In weiter Ferne, neben dem geheimnisvollen Îdenan, tauchten Männergestalten auf. Sie verteilten sich auf zwei Gruppen. In der Gruppe der Scheiche und der Verständigen stand der Führer. Ihnen folgte, mit einigen Schritten Abstand, eine weitere Gruppe, energiegeladen und zur Gewalt bereit. Von fern schienen die beiden Gruppen zu einer Reihe verschmolzen. In der Mitte, auf den kahlen, mit einer Schicht aus uraltem, schwarzgebranntem Vulkangestein gekrönten Hügeln, sammelte sich alltäglich vom frühen Morgen an die elendeste Gruppe, Gestalten, bedeckt mit schwarzen Umhängen, dicht zusammengedrängt in einem Haufen, so dass sie wie ein Stück Fell für den schwarzen Vulkansteinturban des Hügelhauptes wirkten. Die Kinder klammerten sich am Saum der Gewänder fest, die bis zur Erde reichten, und beklagten sich in stammelnder Kindersprache über die Attacken der Fliegen. Vor der Schar standen ein paar stolze alte Frauen, die sich, die hageren Körper vornüber gebeugt, auf Stöcke aus Lotosbaumholz stützten.

Sie hoben ihre ausgemergelten Gesichter, in die die Zeit tiefe Furchen gegraben und deren Haut der Südwind kupferbraun gegerbt hatte. Das Erscheinen der alten Frauen ausserhalb der Zelte gab den schweigenden Demonstrationen eine besondere Würde und beunruhigte die Weisen, die den Wâw-Mythen glaubten, wonach die alten Frauen die Stützen der Zelte sind. Wenn sie gezwungen seien, aus dem Zelt hinaus in die Wüste zu treten, so sei dies ein Zeichen für das Herannahen eines Tages, an dem die Zelte einstürzten.

Einige Frauen trennten sich von den anderen und schlichen sich weg, um Wasser zu holen. Sie füllten dicke Wassersäcke, die sie mit Stoff- oder Leinentüchern oder mit alten Sackresten umwickelt hatten, damit ihnen der Strick nicht den Kopf spalte, hängten sie an den Kopf und kehrten stolpernden Schritts zurück, angestrengt, als kämen sie zum letztenmal zum Brunnen, mit schweissgebadeten Gesichtern und elendem Blick.

Bei einer dieser Demonstrationen verlor eine Mulattin ihre Selbstbeherrschung und attackierte die Männer. Sie war schlank, zwischen dreissig und vierzig und soll sich insgeheim mit Poesie befasst haben. Ihr Mann war beim Kriegszug des Scheichs des Kadirîja-Ordens gegen die Schakale ums Leben gekommen. Sie rannte, von Trauer überwältigt, zu den Verständigen, schob sich durch die würdige Ansammlung, wildes Blitzen in den Augen, dicken Schaum auf den wulstigen Lippen. Sie folgten ihr überrascht mit den Blicken, doch sie griff sie an und begann, die Turbane herunterzureissen und sie auf den Boden zu werfen. Keiner der Männer hatte erwartet, dass eine Frau, nicht einmal eine Verrückte, dermassen dreist werden und dergleichen zu tun wagen könnte. Die würdige Versammlung geriet durcheinander, und diejenigen, deren Häupter entblösst waren, beeilten sich, ihren Schamteil zu bedecken. Doch sie versuchte auch, ihnen Erde auf den Kopf zu streuen, bis einer der Hünen sich bereit fand, sie mit beiden Armen festzuhalten. Als er Tränen in ihren Augen sah, befahl ihm der Stammesführer, sie loszulassen. Sie kehrte auf den Vulkanhügel zurück und stimmte ein kummervolles Klagelied an. Der Derwisch folgte ihr lachend.

Im Herzen jedes einzelnen erwachte der Kummer, und es pochte mit einem Klagelied.

Das Lied der Jungfrauen

Seit sich der Himmel erbarmt und seinen Stern als Boten gesandt hat, um die Ebene zum Leben zu erwecken und der nackten Wüste die Brust des Lebens zu schenken, regen sich in den Leibern der Mütter die Embryonen, und im Innern der durstigen Erde die Samenkörner, wenn die Regentropfen fallen. Das Gras wächst und durchbricht die lehmige Erde, hebt sein Haupt und drängt ans Licht, um die Schönheit der Wüste und die Erhabenheit der Berge zu betrachten, entschlossen, die Luft und die Weite und die Labyrinthe der Stille zu geniessen. Da wird dem Gras ein Gefährte bei den Menschenkindern geboren. Der Embryo reift in der Finsternis heran, wie die Trüffeln im Leib der Erde. Es ertönt die unverständliche Missbilligung mit einem ersten Protestschrei, und die Jungfrau sinkt herab auf die Ebene. Die weisen alten Frauen waschen sie mit der Milch des Lebens, mit dem himmlischen Wasser des Brunnens, damit sie auf immer gewappnet sei durch das Amulett der Wüste. Dann tropfen Tropfen in ihren Mund von einem Faden aus Kamelhaaren, zur Reinigung des Körpers vom Lehm und zur Stärkung für die künftige Reise durch das Jammertal. Die Frauen heben bare Häupter gen Himmel und legen ihre indigoblauen Hände an den Kopf, bevor sie die Jubeltriller ausstossen, um die Männer im fernen Zelt wissen zu lassen, dass die Freude vollkommen ist und die Zeremonien begonnen haben. In drei Schüben kommen die Jubeltriller, damit der Vater erfährt, dass dem Stamm eine Jungfrau, ein Mädchen, ein weibliches Wesen geschenkt ward. Der dritte Schub ist ein freudiges Zeichen, das den Vater, den Stamm, die Ebene und die Häupter der Berge frohlocken lässt. Denn wer anders als ein weibliches Wesen könnte die Fortpflanzung in der Wüste garantieren und den Stamm vor dem Aussterben retten? Wer anders als ein weibliches Wesen verdiente in der Wüste Ehrerbietung, Heiligung und die Verehrung durch die Reiter? Was bedeutet die Wüste, wenn sie nicht hin und wieder eine Jungfrau empfängt? Wer anders als du, o Jungfrau, ist in der Lage, die Unbarmherzigkeit des Südwinds zu lindern und die Bestialität der Wüste zu mildern? Aber die Jungfrau wird nie ein Traum sein, der die Traurigkeit des Wanderers wegwischt, die Erschöpfung des Fremdlings beseitigt und die Verzückten mit Liedern der Sehnsucht und der Ekstase tröstet, nie wird sie die Embryonen der immer vom Vergehen und Verschwinden bedrohten Wüstennachkommenschaft im Exil tragen, wenn sie nicht bei der Geburt durch einen Tropfen vom Wasser des Brunnens gewappnet wird.

Die Jungfrau wuchs und wurde zum Mädchen. Man vertraute ihr die ungezogenen Zicklein an, damit sie sie in die nahegelegenen Wadis trieb. Doch diese nutzten ihre Unachtsamkeit und verschwanden. Sie verfolgte sie und verirrte sich. Litt Durst. Hatte die Hoffnung aufgegeben, doch man rettete sie mit einem Schluck von der Brust der gütigen Mutter.

Sie erfuhr den Geschmack des Durstes, und in der Einsamkeit flüsterte ihr die Wüste zu, der Durst sei ihr erstes Geheimnis und keinem Geschöpf werde die Ehre der Zugehörigkeit zur weglosen Wüste zuteil, das nicht ihr ewiges Schicksal erfahren habe. Die Erfahrung, erzählte sie ihr auch, verdiene das Wagnis, und die Befreiung aus Ketten, Fesseln und Knechtschaft sei eine Bestrafung, vor der die Wüste noch nie jemanden geschützt habe, nicht einmal eine Wüstenjungfrau.

Über der glatten Brunnenöffnung rundete sich der Mond, und an den Festabenden tanzte sie und sang immer wieder ein wonnevolles Liebeslied. Sie erregte das Gefallen der jungen Burschen, die ihre Hände nach ihrer Brust ausstreckten. Sie fing Feuer. Roch einen unbekannten, geheimnisvollen Duft. Die Brust wölbte sich, wurde fest, rebellierte gegen die weiten Kleider, und die Brustwarzen richteten sich stolz auf. Der Hintern rundete sich unter der weiten Gallabija. Die schwarzen Augen wurden gross. Die Jungfräulichkeit darin leuchtete, eine rätselhafte Sehnsucht blickte daraus hervor. Die Sehnsucht der Jungfrau nach dem Regen, dem Mann und dem Leben. Die weisen alten Frauen setzten sich, um ihr pechschwarzes Haar zu flechten, das wie ein Stück Finsternis über ihre Schultern herabfiel. Sie cremten die dünnen Zöpfe mit dem Öl von Pflanzen und den Essenzen von Kräutern. Und sie sagten rätselhaft, die Jungfrau sei verliebt.

Der majestätische Vollmond bescherte ihr die erste Liebe an den Schwellen des Brunnens. Doch die fremden Krieger kamen und beschlossen, ihn zu rauben, bevor noch die Hochzeit gefeiert ward. Oh, mein verschleierter Ritter, wer garantiert dir, dass du nicht ins unbekannte Exil zurückkehren wirst? Wer bürgt dafür, dass du dich mit einem Wassertropfen versorgen kannst? Wer sichert dir, dass du bleiben wirst? Und wie könnte ich es wagen, dir zu versprechen, das Gefäss zu sein, das deine Nachkommenschaft vor dem Aussterben bewahrt?

Elender Wüstenbewohner! Von heute an wird nicht allein das Exil in der Einsamkeit dein ewiges Schicksal sein. Nein, hier sind die Feinde, die dir dein Leichentuch weben, und das Verschwinden klopft ans Tor der Wüste.

Das Lied der Jünglinge

Du trankst seine Milch an der Brust der Mutter, und als man dich mit Gewalt entwöhnte, bewahrtest du ein Geheimnis, vergriffst dich am Brunnen und beschlossest, deinen Durst direkt an der Quelle zu löschen. Sie ergriffen dich und richteten ein Abendfest aus, um die Rettung zu feiern. Doch du zeigtest dich in Verzückung. Ranntest und hüpftest ausser dir um den Kreis der Sängerinnen herum. Dann strecktest du heimlich deine Hand aus und kniffst die Jungfrau in ihre jungfräuliche Brust. Du wusstest nicht, du Tor, dass du den Funken schlugst und das Feuer entzündetest in ihrem jungfräulichen Körper. Du nahmst ihr Herz in Besitz, bevor du dein Haupt mit dem Turban kröntest und vor deinen Kumpanen mit dem Zeichen der Männlichkeit protztest.

Doch du warst ahnungslos.

Unreif warst du und töricht, wusstest nichts von den Jungfrauen und verlangtest vom Leben eine Puppe. Auf die Weiden gingst du, um die ungezogenen Zicklein zu hüten und die Nester der Vögel auszuheben. Dort tändeltest du mit ihr, griffst ihr an die runde Brust, sangst ihr Lieder vom verheissenen Wâw und sagtest, du wollest eine Puppe.

Du verstandst nicht das Geheimnis in ihren Augen, weil du ahnungslos warst.

Ihr sangt mit den Vögeln um die Wette, sagtet Gedichte auf, und die Abende mit dem Vollmond überm Brunnen liessen euch die Unachtsamkeit der Wüste nutzen und vor der Zeit erwachsen werden. Doch dann verpfändetest du dein Herz einer anderen, worauf die verzweifelte Jungfrau beschloss, diese Welt zu verlassen und dir ins verheissene Wâw vorauszueilen. Sie stürzte sich in den Brunnen, um dir zu erklären, sie sei dir verbunden mit der runden jungfräulichen Brust, der vorspringenden Brustwarze, der Wohlgestalt, den mit Ginsterblütenessenz gecremten Zöpfen; auch um dich wissen zu lassen, dass sie nicht beabsichtige, ihre Jungfräulichkeit in die Arme eines anderen Mannes zu legen. Darum habe sie beschlossen, diese Welt zu verlassen, dir ins verheissene Wâw vorauszueilen und dich dort zu erwarten.

Und du, Elender, warst entsetzt, weil du nicht wusstest, dass das Tändeln an der Brust der Jungfrau in einer Vollmondnacht ein Zeichen der Liebe ist.

Dann kamen die Fremden.

Sie baten den Führer inständig um ein Stückchen Land von der Grösse einer Büffelhaut. Das Geheimnis wurde offenbar, als ihre Zauberer die verfluchte Haut aufbliesen und sie zu einer mythischen Mauer zerschnitten, die drei Viertel der Ebene umfasst.

In der Brust des Fremden ruht ein Geheimnis, sagen die Weisen. Und nun spannen sie den teuflischen Faden aus Büffelhaut, um sich des Brunnens zu bemächtigen. Und Anâj, der stolze, törichte Jüngling, steht bei den anderen und wartet darauf, dass die Fremden deine sterbliche Hülle gefangennehmen, Jungfrau. Wäre es nicht ehrenwerter für den Jüngling, dich in Wâw aufzusuchen, bevor er unfähig wird, sogar deine sterbliche Hülle vor der Hand der Fremden zu schützen?

Nicht das Schwert ist die Waffe der Ritter. Auch nicht Speer oder Pfeil. Ebensowenig das Gewehr, jene teuflische Waffe, die, erst in neuerer Zeit von den Händlern des Nordens in die Wüste gebracht, so teuer ist, dass man für ein einziges Exemplar ganze Kamelherden eintauschen kann. Die wahre Waffe der Ritter sei der Brunnen, sagen die Weisen, und die brutalsten Kämpfe gewinnen auf dem Wüstenkontinent nur jene gerissenen Teufel, die alle Machenschaften und Schliche zur Kontrolle über die Brunnen einzusetzen verstehen.

Wenn sich in alter Zeit die Verständigen der Stämme versammelten, um Kämpfe zu planen und Kriege zu organisieren, so wussten sie, dass sie wieder einbüssten, was sie gewonnen, und wieder verlören, was sie erbeutet hatten, sollte es den Schlauen unter ihnen nicht gelingen, einen Rat zu geben, wie sie die Herrschaft über die Quellen gewinnen könnten, aus denen sich der Feind mit Wasser versorgt. Und der wirkliche, der endgültige Sieg, der Sieg, der den Widersacher in die Knie zwingt und ihm die Unterzeichnung der Kapitulationsurkunde abverlangt, war erst erkämpft, wenn die Führer diesen Rat erfolgreich in die Tat umgesetzt hatten. Der Erfolg im Wüstenkrieg sei von der Schlauheit abhängig, sagen die Weisen, nicht von der Zahl der Ritter oder dem Mut der Kämpfer. Wenn eine der beiden kämpfenden Gruppen sich durch Schlauheit in den Besitz des gegnerischen Brunnens bringe, habe sie den Kampf schon für sich entschieden und die Oberhand über ihren Feind gewonnen.

Der Brunnen ist das Geheimnis der Kraft des Stammes. Aber er ist auch sein schwacher Punkt. Das veranlasste in alter Zeit die Wüstenstämme, eine Sitte einzuführen, die unter den Nachkommen im Tâdrart und im Tassîli noch immer gewissenhaft befolgt wird und die vorsieht, dass die Lage der Brunnen geheim und den Augen anderer Nomaden, Neugieriger und Durchreisender verborgen bleiben soll. Wenn ein Fremder kommt, nehmen sie ihn zuvorkommend auf, heissen ihn willkommen und schlachten für ihn ein Tier. Sie übernehmen es auch, seine Kamele oder seine ganze Karawane zu tränken, und sie versorgen ihn mit dem nötigen Wasser, hüten sich aber, ihn selbst an die Wasserstelle zu führen. Sie schlagen ihr Lager in einer Entfernung von nicht weniger als einem Tagesmarsch vom Brunnen entfernt auf. Und wenn ein Gast bei ihnen absteigt, halten sie ihn drei Tage im Lager zurück; das ist der Zeitraum, den die Hirten brauchen, um seine Kamele zu tränken, wenn er mit einer ganzen Karawane kommt. Wenn der Brunnen nun südlich in der Wüste liegt, so verlangen es die Tarnungsrituale, dass die Hirten mit der Karawane nach Norden ziehen, bis sie dem Blick des Fremden entschwunden ist. Und bei der Rückkehr machen sie selbstverständlich auch einen Umweg nach Osten oder Norden, immer darauf bedacht, Verwirrung zu stiften und möglichst wenige Hinweise auf den Weg zu geben.

Der Fremde begreift in den meisten Fällen die Irreführung, aber er weiss auch, dass er vergeblich nach der Wasserstelle suchen würde und dass ihm nichts anderes übrig bleibt, als die Gepflogenheiten zu respektieren. So ist es nie vorgekommen, dass ein Fremder in der Wüste einen geheimen Brunnen fand aufgrund von mündlichen Ortsbeschreibungen, wie sie die Wüstenbewohner gern auf ihren Wanderungen austauschen; nur bei den berühmten Brunnen wie der „Brust der Erde“ oder dem Atschân-Brunnen oder dem Atlantîda-Brunnen ist es anders.

Doch Brunnen sind wie Schätze: Sie verschwinden, wenn man danach sucht, und wenn man sie vergessen hat, stösst man zufällig darauf. Das Schicksal des „Brust der Erde" genannten Brunnens ist, dass er so offen in der kahlen Wüste liegt. Denn die Sterne, denen er seine Existenz verdankt, wollten ihn zu einer Kibla machen, einem rettenden Ort für fremde Wanderer. Aber die Geschenke des Himmels verderben allein dadurch, dass die Hand des Menschen sie berührt. Die Menschen führten Kriege um die „Brust der Erde", die Kontrolle der Stämme über den Brunnen wechselte, und so verlor er seine Unschuld, und der Fluch aller Besitztümer ereilte ihn.

Und heute kriecht die fremde Hand aus Büffelhaut auf ihn zu und nützt die Neigung des Stammesführers, sich der Vernunft zu bedienen, und seinen Ruf, der bis nach Aïr gedrungen war, gerecht zu sein und den Stab in der Mitte zu halten. Und so fanden sie sich geschlagen, bevor die Schlacht begann, bevor man handgemein wurde. Sie fanden sich auf dem Rückzug zum Abgrund der Wüste, erneut am Tor des Exils. Genau wie sich der Urahn nach der Vertreibung aus dem verlorenen Wâw fand – fremd und heimatlos.

Das Schicksal will, dass sie seinen Weg, die erste Reise, in allen Einzelheiten nochmals gehen.

II. Der goldene Armreif

… denn im Geschlecht ist der Tod und im Tod das Geschlecht …
Thomas Mann, *Joseph und seine Brüder*

1

Mit Einbruch des Abends tröpfelten die Verständigen in das Zelt des Stammesführers. Das Zelt quoll über, und die Diener stellten den Essabber* am Eingang auf. Um den Zeltpfosten scharten sich die Scheiche. Einige von ihnen hatten den Kopf mit dicken weissen Tüchern verhüllt, gefertigt aus durchsichtigem Stoff und umwickelt von einem hübschen Stück aus blauem Tudschulmust; andere begnügten sich mit festem Leinen und fügten dem Turbantuch noch einige Meter hinzu, was den Kopf aufgebläht und ehrfurchtgebietend erscheinen liess – klein in einem stolzen Stoffrad. Es waren Männer, die sich noch Ledergürtel umlegten, von denen Schwerter baumelten, Männer, die wussten, was Schande ist und die Stolz zeigten im Umgang miteinander. Sie waren auf Anstand bedacht und fürchteten den Spott der Dichterinnen, weil sie ein Mädchen zur Frau zu gewinnen trachteten, bevor die Zeit ihnen die Fähigkeiten raubte; und wenn es denn kein Mädchen sein sollte, so tat es auch eine schwarze Geliebte oder eine Mulattin, derer sie sich mit des Schwertes Klinge auf den Kriegszügen bemächtigten. Die andere Gruppe, die die Wüste schon durchquert hatte, die Wüste der Zeit, die Wüste des Lebens, und

* Ein etwa anderthalb Meter hohes Gitter, aus Schilfrohr und Lederbändern geflochten, das die Tuareg für ihre Gäste aufstellen. Dahinter verbringen auch die Neuvermählten ihr erstes Jahr, bevor sie sich von der Familie der Frau trennen.

auf der anderen Seite des Tales stand, mit gebeugtem Rükken, versteinertem Gesicht, litt an Schlaflosigkeit, hohem Blutdruck und Gelenkschmerzen. Das war alles, was sie auf der erbarmungslosen Reise voller Überraschungen erworben hatten, jener Reise, die jetzt so kurz erschien, obwohl jeder dieser Scheiche die Achtzig erreicht hatte. Sie trugen Turbane aus Tüchern unterschiedlicher Grösse und verschiedener Farben, festgezogen und im allgemeinen recht bescheiden. Sie hielten das Haupt gesenkt, ergeben wie jemand, der den Geschmack der Frucht kennengelernt hat, hinter welcher die anderen noch herlaufen – in der Erwartung, darin das Glück zu finden, und in der Illusion, damit den Hunger stillen und die Leere füllen zu können. In ihren Blicken lag die Befangenheit derer, die um die Illusion der Wahrheit wissen, um den Mythos der Frau, die kein Mann je besitzen wird – eine Fata Morgana, die keinen Durst löscht –, und um die Krankheit des immerwährenden Hungers, an dem jeder Liebende leidet.

Die Scheiche zeichneten ihre Symbole auf die Erde. Diejenigen mit den majestätischen Tüchern hockten würdig da, zählten die Atemzüge der anderen und warfen verstohlene Blicke umher.

In der Ecke, neben dem Essabber, entzündeten die Negersklaven das Feuer für den Tee. Der Stammesführer sass mitten unter den Verständigen. Er erkundigte sich unablässig nach Gesundheit und Befinden, sprach vom Fluch des Südwinds und dem Regen in der Roten Hammâda und in Aïr; er klagte über die Hitze und den Staub, doch die Umsitzenden reagierten nicht. Schliesslich gab er die Hoffnung auf und schwieg. Auch diejenigen, deren Rücken unter der Last der achtzig Lebensjahre gebeugt war, tauschten Blicke aus. Nichts zerriss die Stille als allein das Summen der Fliegen, das Knacken des Holzfeuers und das Kreischen der Kinder, die zwischen den umliegenden Zelten herumtollten. Der Stammesführer verbarg seine Nase hinter seinem Gesichtstuch. Er klopfte mit dem Zeigefinger auf den Kelim. Dann faltete er den Rand des Teppichs unter seine Knie, um wie die Scheiche an den weichen Sand zu gelangen, auf den auch er seine Symbole zu zeichnen begann.

„Habt ihr schon gehört?“ fragte er, das Haupt gesenkt. „Die Schakale haben die Steuerzahlungen eingestellt.“

Die Stimmen der Kinder entfernten sich, es blieb das Summen der Fliegen. Das Feuer war niedergebrannt, aber die Knochen der Glut zerbrachen weiterhin unter dem Haufen.

Da keiner etwas sagte, fuhr der Stammesführer fort: „Sie haben kurz vor Mursuk eine Karawane ausgeraubt, die unter dem Schutz unserer Männer stand. Drei von diesen haben sie getötet und sich aller Waren bemächtigt.“

Stille herrschte. Die Stille der Wüste, die desto majestätischer wird, je länger man ihr Aufmerksamkeit schenkt. Die über achtzigjährigen Weisen versammeln sich mitunter und verbringen Tage damit, ihr zu lauschen. Sie erklimmen den Hügel, um einen Blick über die kahle, weglose Weite zu haben, verjagen die Fliegen und lauschen der weihevollen Ruhe, ohne ihre Majestät durch ein einziges Wort zu verletzen. Es ist die Stille der Einsamkeit und der Leere, wie sie einst in Wâw zu finden war. So sagen die Seher.

„Ich bin nicht der, der über Krieg und Frieden entscheidet“, fuhr der Stammesführer fort. „Meine Aufgabe ist es, die Angelegenheit unseren weisen Scheichen vorzulegen.“

Er schwieg, dann fuhr er fort: „Aber das hindert mich nicht daran, eine Ansicht über die Schakale zu äussern, die ich von euren Vorfahren übernommen habe. Sie waren sich einig, dass ein Waffenstillstand mit diesen Bestien nicht nur leichtsinnig, sondern auch eine Zeitverschwendung ist. Sie warnten vor einem Waffenstillstand mit jedem, der verräterisch handelt. Meine Ansicht ist, wie ihr seht, ein Vermächtnis, das ich an euch weiterreiche. Ich weiss nicht, ob die Reiter Kenntnis von dem Sicherheitsabkommen haben, aber ich bin sicher, dass unsere vorzüglichsten Scheiche mit diesem gewappnet sind wie mit dem Thronvers und dass sie es Zeile für Zeile, Wort für Wort im Kopf bewahren. Ich hoffe, dass ihr meine Aufforderung nicht als Trommelschlag für den Krieg versteht, solange uns die Feinde nicht die Verhandlungstür ins Gesicht schlagen. Was denkt ihr darüber?"

Wieder herrschte Schweigen. Ein lastendes, spannungsgeladenes Schweigen, nicht wie die Stille. Die dauernde Leere und das lange Schweigen sind es, die der Wüstenstille diese Tiefe und diese Weihe verleihen. Sie sind es, die ihr das Gewand der Majestät überlegen, das die Seher auf das Unbekannte zurückführen und von dem sie behaupten, es habe seinen Ursprung in Wâw.

Das Schweigen in der Wüste ist durchsichtig, empfindlich, fein wie die Blüte des Ginsters, verletzbar durch eine Biene, verwundbar durch einen Stich. Das keusche, jungfräuliche Schweigen wird durch den Protest im Herzen eines Weisen zerrissen, durch die verhaltene Missbilligung in der Brust eines stolzen Ritters getötet und verliert so seine Unschuld auch ohne ein gesprochenes Wort. Jetzt hörte das Schweigen auf, ein solches zu sein, weil es der geheimnisvollen Sprache lauschte, die in der Brust der Männer wisperte. Sogar die Scheiche, die es zur täglichen Sprache ihrer Begegnungen machten, verloren in diesem Augenblick ihre Verbindung mit ihm und warteten auf seinen Fall. Insgeheim tauschten sie in der Arena des gespannten, falschen Schweigens Blicke aus. Keiner erwartete, dass der alte Bakka das Wort ergreifen würde. Sogar für ihn selbst kam das überraschend, zumal er schon seit langer Zeit anderswo war, beschäftigt mit den Sorgen des Alters. Des Alters, das sich auf den Dienst am jungfräulichen Schweigen beschränkt, auf das freie Atmen, die Betrachtung des blauen Himmels und der Wüste, soweit der Blick reicht. Was will ein alter Mann in der Wüste sonst noch vom Leben?

Er will noch etwas anderes. Etwas, das der weihevollen Ruhe gleichkommt. Er will Erlösung von den Gelenkschmerzen während der Winternächte. Doch nun spürte er ein rätselhaftes Stechen, das ihn drängte, das Blatt der Anklage zu verlesen. War es die Ehre? Der Stolz der Verschleierten? Das Gewissen? Die Pflicht? Ihn drängte etwas, das stärker war als all diese Prinzipien. Es war jener alte instinktive Eifer, trotzig und erhaben, der den Urahn in der Wüste dazu trieb, sich zu den Gipfeln der Berge zu erheben und zu den Höhlen emporzuklettern, um seine Sorgen aufzuzeichnen und sein Vermächtnis für künftige Generationen in die Felsen einzuritzen. Der heilige Eifer zur Bewahrung der Wurzel, zur Rettung der Nachkommen und zur Fortsetzung der ewigen Reise. Der animalische Wunsch, Spuren zu hinterlassen. Bakkas Vorpreschen war ein Versuch, einen Nagel in die Bahre der Vergänglichkeit zu schlagen.

Er erhob sich, gestützt auf einen krummen Stock aus poliertem Lotosbaumholz. Er war schlank und mittelgross, mager, mit einem ausgezehrten Gesicht, dessen Wangen hervortraten. Seine Züge waren streng, aber in den Augen lag eine tiefe Ruhe, die Ruhe jener Erschöpften, die die Hoffnung aufgegeben haben, Wâw je zu finden, und diese Aufgabe anderen überlassen haben. Anderen, die sich von der Umarmung ferner, unbekannter Frauen verführen liessen und den Kampf um Wâw verloren, noch bevor er begonnen hatte.

Die magische Ruhe in seinen Augen war es, was die Menschen zu ihm hinzog, wodurch er die Vollmachten eines Stammesführers praktizierte, ohne es selbst zu wissen und ohne dass die Leute es wussten. Er stützte sich, vornübergebeugt, auf seinen glänzenden Stock, dessen gekrümmten Griff er mit beiden Händen umfasste.

„Hast du, guter Scheich, diese vorzügliche Versammlung einberufen, damit wir gegen die Schakale kämpfen?" begann er. „Bist du so blind, dass du annimmst, der Verrat der Schakale und ihre Weigerung, die Steuerzahlungen fortzusetzen, sei der einzige bedauerliche Vorgang in Asdschirr, der Beunruhigung verdiente und eine Einschaltung des Rates der Scheiche erforderte? Ich habe mich in letzter Zeit oft gefragt, ob du dich noch deiner Verstandeskräfte erfreust, und manchmal gewann ich die Überzeugung, dass du blind bist. Möge mir die hohe Versammlung die Brutalität meiner Anschuldigung nachsehen. Ich würde mir das nie herausnehmen, hervorragender Scheich, ohne meine Überzeugung von der Gefährlichkeit dessen, was sich in den vergangenen Jahren auf unserer Ebene abgespielt hat. Und es scheint, dass die Blindheit ein Leiden ist, das nicht schwer wiegt neben einem anderen Verdacht, der mich durchdrungen hat und den ich seinerzeit Scheich Bâchi gegenüber geäussert habe (er verneigte sich nach links, worauf Scheich Bâchi bestätigend und ermunternd Kopf nickte). Ich sagte ihm, die Bewohner von Aïr seien die begabtesten Geschöpfe in der Ausübung der Magie. Sie sind es, die als falsche Seher und Fakîhs diese furchtbare Pest in die Wüste brachten. Ich habe, angesichts dessen, was sie mit dir und unserer armen Ebene gemacht haben, die Überzeugung gewonnen, dass sie in diesem hässlichen Gewerbe schlauer sind als die Dschinnen. Ist es anders für einen vernünftigen Menschen denn vorstellbar, dass, was geschah, geschehen konnte, ohne dass

Zauberfinger eine Rolle spielten? Lässt sich denn ein Fremder bei einem Stamm nieder und verlangt nicht mehr als einen Flecken Erde von der Grösse einer Büffelhaut, reisst sich danach aber drei Viertel der Ebene unter den Nagel, um darauf ein angebliches Wâw zu bauen? Stösst uns fort von der „Brust der Erde", um immer mehr Land zu verschlingen, und errichtet nun sogar teuflische Mauern, um sich auch den Brunnen einzuverleiben. Könnte ein vernünftiger Mensch bezweifeln, dass dieser Teufel die Absicht hegt, heute den Stamm und morgen ganz Asdschirr zu beherrschen? Selbst die kleinen Kinder sind bei uns inzwischen davon überzeugt. Ich bekenne hier und jetzt vor euch, dass die Besorgnis um den Stamm mich dazu veranlasst hat, nach einem vorüberziehenden Zauberer oder einem kenntnisreichen Fakîh im Gefolge der Handelskarawanen Ausschau zu halten, um die Arglist zu hintertreiben. Ich nehme an, ihr werdet meiner wegen dieses Bekenntnisses ebenso spotten, wie Bâchi spottete, als ich ihm vor Monaten meine Absicht kundtat. Aber meine Bemühung ist sowieso gescheitert, was jedoch nicht heisst, dass ich meine Überzeugung aufgegeben habe, denn die fünfundachtzig, die ich auf dem Buckel trage, haben mich gelehrt, dass der Zauber viele Gesichter hat und ausserdem Hinweise, die wir aus der Natur ablesen können. So haben wir in Asdschirr niemals einen Südwind erlebt, der drei Jahre währte; ebensowenig haben wir von dergleichen aus dem Mund unserer verstorbenen Ahnen gehört. Der Südwind ist ein fremder Besucher, der sich nicht allein in der Wüste niederlässt; er bringt eine Schar von Heimsuchungen mit: die Brunnen werden verschüttet, das Gras und die Bäume verbrennen, die Herden verenden, und der Hunger verbreitet sich allenthalben. Das ist es, was die grossen Zauberer in ihren geheimen Sprachschätzen Unheil nennen. Meint doch nicht, dass die Naturkatastrophen immer ein Fluch aus dem Mund des Schicksals oder ein Zorneszeichen aus der Hand des Himmels sind. Vor vierzig Jahren hat mir ein Seher aus Kano gestanden, dass die Hand des Menschen fähig ist, noch abscheulichere Heimsuchungen zu bewirken, und dass das Unheil nicht vom Himmel herabkommt, sondern dass seine Ursachen in der Erde verborgen liegen. Ich erinnere mich noch wortwörtlich an das, was er sagte: ‚Bis heute wissen wir nur sehr wenig von dem, was dieses Geschöpf bewirken kann.' Ja, so sagte er. Und ich würde keine rätselhafte Erklärung des Unheils aus dem Mund eines vorüberziehenden Sehers erwähnen, wenn nicht all diese Gerüchte im Umlauf wären, die versichern, dass Anâj Gold in die Ebene einführte und es insgeheim bei den Karawanen aus dem Norden gegen Waren eintauscht. Wenn es nun stimmt, was herumgeboten wird, so habe ich ihn nicht zu Unrecht bei unserer letzten Versammlung, die ich – so lange ist sie her – schon fast vergessen habe, als Magier bezeichnet. Damit wäre auch jedes Erstaunen über die Heimsuchung der Ebene hinfällig. Das ist etwas, das keine Behandlung einer fernen Gefahr erfordert, die angeblich die Widersetzlichkeit der Schakale in der Östlichen Wüste bildet. Wenn es stimmt, was über das Gold gesagt wird, so hat uns der Mann vorsätzlich betrogen, denn er weiss um unseren Vertrag mit den Dschinnen und die Gefährlichkeit des unheilvollen Metalls für unser Leben. Und wenn er uns einmal vorsätzlich betrogen hat (und es handelt sich ja nicht um das erste Mal; wir brauchen uns nur an den Betrug mit dem Flecken Land zu erinnern), so zweifle ich nicht daran, dass er eine neue Arglist ausheckt, von der nur Gott allein weiss, welchen Preis wir dafür werden bezahlen müssen. Das heisst, wenn uns überhaupt bestimmt ist, sie heil zu überstehen. Wenn ihr meine Meinung hören wollt, ich persönlich neige dazu zu glauben, dass er mit dem

Unglücksmetall handelt. Alle Anzeichen deuten darauf hin, angefangen mit dem, was von seinem Bruder Oragh bekannt ist, der das Gold so verehrt, dass er ganz Timbuktu dafür verhökerte, über die zweifelhaften Aktivitäten und die geheimnisvollen Bewegungen der Händler, Karawanen und Fremden innerhalb der Mauern bis hin zu den erwähnten Hinweisen, die wir aus der Natur ablesen können. All das ist die schmutzige Wirkung des satanischen Metalls. Ist es da weise, dass wir uns zu einem Krieg gegen einen Feind rüsten, der weit weg wohnt, und uns nicht um den Feind kümmern, der unsere Behausungen umzingelt, uns von unserem Brunnen trennt und unser Leben bedroht?"

Er seufzte tief, richtete sich auf und stand gerade da, wodurch sein dürftiger Turban das durch blassweisse Wollfäden zweigeteilte Zelt berührte. Er zog den gekrümmten Stock zu sich, setzte ihn in die Karos des Kelims und stützte sich damit von hinten. Die Turbane der Männer gerieten in Bewegung, und ein Gemurmel erhob sich. In allen Ecken des Zeltes wurden Bemerkungen aus vielen Mündern laut. Der Stammesführer durchpflügte mit dem Zeigefinger den Sand, in den Augen ein unglückliches Lächeln.

„Wir sind eine Generation", nahm Bakka seine Ausführungen wieder auf, „die keine Beute zu machen begehrt und auf Kriegszügen keine Gefangenen raubt. Wir haben die Hoffnung verloren, in den Armen schöner Frauen das Glück zu finden, und wir glauben seit langem nicht mehr daran (und das ist das Erbarmungsloseste, was einem Wüstenbewohner widerfahren kann), Wâw zu finden. Wir haben es nicht in der Wüste gefunden, und wir waren auch nicht imstande, es in unseren Herzen zu finden. Welchen Sinn hat also unser Leben? Unsere Würde ist durch die Hand der Zeit verletzt, unser Stolz durch das Leben zerstört. Aber das, vortrefflicher Scheich, heisst nicht, dass wir alle Genüsse aufgegeben haben, nun, da wir schon mit einem Fuss im Grabe stehen. Wir geniessen noch immer das Leben, die Wüste, und zwar trotz aller Heimsuchung. Wir finden Geschmack dabei, uns zu entspannen, Wasser und Tee zu trinken; wir lauschen demütig der Stille und finden Freude daran, den Himmel und die Weite der Wüste zu betrachten. Ich hoffe, dass unsere tüchtigen Männer nicht über mich spotten, jene, die noch immer blind sind und in der Wüste nichts Schöneres finden als Frauen, Mehris und Gazellen. Damit will ich sagen, dass wir in eurem Interesse auf alles verzichtet haben, jedoch dafür eine vom Südwindstaub reine Luft atmen und Wasser trinken wollen, das nicht von vorüberziehenden Karawanen verschmutzt und nicht vom Eimer der Gierigen aufgebraucht ist, und dafür die Weite betrachten wollen, unverstellt durch die Mauern der Satane. Die Stille. Die Stille haben die Schmiede angegriffen, die in der geheimen Halle das unheilvolle Metall bearbeiten. Und ..." Er holte tief Luft, zog das obere Ende des Gesichtstuchs über seine Augen und fuhr dann, um denen, die bei Sitzungen gern Bemerkungen machen, die Gelegenheit dazu zu nehmen, fort: „Und noch etwas. Etwas noch Wichtigeres. Wir, die schwachen Alten, das Gepäck des Stammes, wollen euch alle auf ein einziges Vermächtnis aufmerksam machen, das sich an jeden richtet, der in der Lage ist, Waffen zu tragen. Es ist unser letztes Vermächtnis, und ich darf wohl behaupten, dass alle Alten mich darin unterstützen. Doch bevor ich es euch vorlege, beantwortet mir eine Frage: Was hat der Wüstenbewohner, wenn er schon keine Spur hinterlässt, die seinen Namen trägt, keine Nachkommen, die seine Sippe vor dem Aussterben und dem Verschwinden bewahren, vom elenden Nomadendasein, wenn er sein Leben nicht dadurch krönt, dass er Wâw findet? Die wenigen, denen der Himmel lächelte und seine Tore öffnete, damit sie Wâw betreten, können ihre Nachkommen hingeben und brauchen keinen Stamm, der ihren Namen weiterträgt. Doch für alle anderen ist der Schutz der Wurzel das Wichtigste im Leben. Und da es in unserem Stamm keinen einzigen lebenden Mann gibt, der Wâw geschaut hätte, ist es nicht befremdlich, dass es unser aller Ziel ist oder doch sein sollte, jedwedes Opfer für unsere armen Kinder zu bringen. Doch dieses Ziel wird nur erreicht, wenn wir den Feind, der unsere Halsschlagader bedroht, abwehren. Das ist das Vermächtnis."

Bakka hielt inne. Ein schwarzer Sklave kam mit dem Tee. Er war klein, hatte rote Augen und trug ein schwarzes Turbantuch, dessen unteres Ende bis auf das Kinn herabhing; sein Mund bestand aus zwei wulstigen Lippen. Bakka nahm ein Glas, dessen Schaumkrone bis zum Rand zurückgegangen war. Er hob das Glas mit zitternder Hand vor sein Gesicht, aber er trank nicht. Ganz rechts hinten im Zelt hatten sich ein paar Verblendete zusammengeschart. „Das ist nicht Sache des Stammesführers", sagte einer von ihnen gedämpft, aber hörbar. „Was bedeuten Kinder und die Erhaltung des Stammes für einen Mann, der keine Nachkommenschaft gezeugt hat?" Und während Bakka von seinem Tee schlürfte, bemerkte ein anderer: „Das zeigt nur die Weisheit des Stammesführers. Beneidenswert ist, wer in diesen Tagen keine Nachkommenschaft hat." Der so Erwähnte schlürfte seinen Tee mit drei Schlucken. Dann stellte er das Glas auf den Sand.

„Ich war immer in Sorge", begann er, ohne aufzuschauen, „ihr könntet der Unbedachtheit jener verfallen, die nur noch schwarz und weiss sehen, rechts oder links, ganz oben oder ganz unten. Und nun höre ich Stimmen im Verborgenen, die mich daran erinnern, dass ich keine Nachkommenschaft gezeugt habe, wobei ich nicht weiss, ob sie mich dafür tadeln oder loben. Niemandem ist unbekannt, dass ich dem schönsten Geschöpf auf Erden nicht entsagt, dass ich die Zierde des Lebens in dieser Welt nicht geopfert, dass ich auf die Wärme der Familie nicht verzichtet habe wegen abnormer Neigungen oder absonderlichen Verhaltens. Es ist vielmehr meine unerschütterliche Überzeugung, dass dieses sanfte Geschöpf, trotz all der Schönheit, der Feinheit und der Begabung in Gesang und Poesie, die ihm Gott verliehen hat, nicht imstande ist, mir Trost zu schenken. Bei uns sehen wir einen Mann, der nicht imstande ist, sein Wâw zu finden, sofort hinter einer Frau herlaufen und seine Niederlage in ihren Armen begraben. Die Hoffnungslosigkeit, Wâw zu gewinnen, ist der Hauptgrund, Frauen zu lieben. Natürlich weigern sich die Männer, diese Wahrheit einzugestehen, und reden sich selbst ein, das sei eine Illusion und ein Irrtum. Ja, wir stellen fest, dass die meisten von ihnen, wenn sie einmal siebzig sind, den Verstand verlieren und ins nächste Lager rennen, um sich dort eine geschiedene Frau zu holen und sie zur Ehefrau zu machen. Und wenn ihnen im Stamm oder in den benachbarten Lagern das Glück nicht hold ist, kleiden sie sich prächtig, legen den Tudschulmust um ihren Turban und gehen zum Führer des Stammes, damit er die Kriegstrommeln rührt, wie es unser ehrwürdiger Scheich Bakka gerade getan hat. Er möge mir verzeihen, wenn ich dieses Beispiel anführe, das sich nicht zum Vergleich eignet, denn Scheich Bakka ist der letzte, der daran dächte, die Kriegstrommeln zu rühren, weil er eine Gefangene begehrt. Und die erhabene Versammlung möge mir verzeihen, dass ich meine Ansprache mit dem Ende beginne. Ich täte das nicht, wenn ich nicht da und dort gedankenloses Geflüster gehört hätte, das sogar darin, dass ich mir Nachkommenschaft und Familie versagt habe, einen Fehler sehen will, der zu meinen vielen Fehlern hinzugefügt wird, von denen ich heute in immer grösserer Zahl höre. Zu meinem grossen Schmerz vernehme ich von den Lippen eines grosszügigen, weisen Mannes wie Scheich Bakka Äusserungen, die mir meine Geradheit und meine Urteilsfähigkeit bei Entscheidungen über das Schicksal des Stammes zum Vorwurf machen. Ja, der Scheich scheint anzunehmen, dass die Geradheit eine göttliche Gabe ist, die der Himmel schenkt, oder dass die Führungstrommel etwas ist, das der Schwestersohn von seinem Onkel erbt, wobei ihm offenbar entgangen ist, dass es sich dabei um das einzige Juwel in der Wüste handelt, das man nicht findet wie Schätze oder Brunnen, sondern wie Wâw. Es wird einem zuteil nach langen Mühen."

„Gott bewahre", verwahrte sich Bakka, „ich bin der letzte, der deine Fähigkeit herabsetzen möchte, den Stab in der Mitte zu halten. Ich habe nur gesagt: Wer den Frieden will, muss für den Krieg gerüstet sein."

„Es macht mich glücklich, diese Ansicht von dir zu hören. Gestatte mir aber eine Frage. Du gibst zu, dass es eine Tugend ist, den Stab in der Mitte zu halten. Kannst du da leugnen, dass, wer die Vernunft zu Rate zieht, siegreich bleibt, selbst wenn er dem Gegner unterliegt?"

„Hier bin ich anderer Meinung. Wer während der Belagerung zu lange die Vernunft zu Rate zieht, den werden die Feinde erdrücken. Denn das bedeutet in diesem Fall, die Wirklichkeit zu ignorieren, und wäre eine falsch verstandene Weisheit. Dass die Herrschaft in die Hand des grossmäuligen Scheichs des Kadirîja-Ordens gefallen ist, bestätigt meine Worte. Wir hatten dich gewarnt, aber du hast die Sache auf die leichte Schulter genommen. Und was kam dabei heraus?"

„Ich gebe zu, dass es schwierig und gefährlich ist, die Vernunft zu Rate zu ziehen. Aber am Ende macht es sich bezahlt. Ich könnte mit demselben Beispiel antworten und dich fragen, wo dieser Scheich denn heute ist?"

„Willst du etwa für dich in Anspruch nehmen, an seinem Untergang beteiligt gewesen zu sein? Er hat seinen Untergang selbst herbeigeführt. Oder besser: Seine Goldschatulle hat seinen Untergang herbeigeführt. Er hat sich an den Besitztümern der Dschinnen vergriffen. Das ist der Grund."

„Das Entscheidende ist das Resultat. Es ist unwichtig, wie und warum er dahingegangen ist. Wichtig ist, dass er dahingegangen ist, weil wir durchgehalten haben."

„Die Geduld ist der Schlüssel zur Rettung. Eine weitere Losung."

„Hier begegnen sich zwei Schlüssel, denn die Geduld ist ein Mittel der Ausgewogenheit."

„Keine Ausflüchte, mein guter Scheich! Wir wissen, dass jeder, der das Gold anbetet, in seinem Herzen einen Tempel für die Riten der Magier errichtet. Das galt für den falschen Scheich des Kadirîja-Ordens ebenso wie es heute für deinen Magier-Gast Anâj gilt."

„Bravo, bravo! Wenn der Weise spricht, muss er das Anhi zu Rate ziehen. Das ist es, was uns an den Weisen gefällt. Jawohl. Jeder, der das Gold anbetet, errichtet in seinem Herzen einen Tempel für die Riten der Magier und des Satans. Damit bin ich völlig einverstanden."

„Du warst aber nicht einverstanden mit mir, als du versucht hast, den Grund für den Untergang des Scheichs des Kadirîja-Ordens bei etwas anderem zu suchen als der Inbesitznahme der Goldschatulle."

„Ich habe den Grund nirgends gesucht. Den Grund kennt Gott allein. Ich habe nur gesagt, das Entscheidende ist das Resultat. Und darüber zu sprechen habe ich mehr Recht als andere, denn ich habe die Bitterkeit des Exils gekostet." Er verwischte die Dreiecke, die er neben sich in den Sand gezeichnet hatte. Dann zog er sein rechtes Knie an und umschlang es mit beiden Armen wie ein Kind. „Ich will jetzt nicht darüber sprechen. Aber meint nicht, ich hätte unseren Anspruch auf den Brunnen aufgegeben, wie es mir das gemeine Volk vorwirft. Es ist der Imam, der die ganze Zeit über an meiner Statt die Gespräche mit Anâj geführt hat (der Imam machte ein Zeichen mit seinem weissen Turban, wobei das untere Ende des Tuchs von seiner Hakennase rutschte), und ich meine, die beiden sind zu einer Einigung gelangt, die ich euch sofort vortragen werde."

Er richtete den Blick zum Gipfel des Îdenan und fuhr fort: „Ich sehe es indes als meine Pflicht an, euch das seltsame Gebaren des Mannes mitzuteilen, ohne ihn gleich der bösen Absicht bezichtigen zu wollen. Dreimal habe ich ihn um ein Treffen ersucht, nachdem das Problem mit dem Brunnen begonnen hatte, doch er drückte sich geschickt, mich zu empfangen, und entschuldigte sich mit Karawanen, Händlern und Geschäften. Ich hielt es für meine Pflicht, ihm das trotz allem nachzusehen. Dann schickte ich dreimal den Imam zu Gesprächen, und zu meiner Überraschung fand er Zeit. Er empfing ihn zweimal in seinem Palast und gelangte mit ihm zu Ergebnissen, die ich euch vorlegen werde. Doch zunächst ein paar Worte zu den Gerüchten, die über das Gold erzählt werden."

Der schwarze Diener kam mit der zweiten Runde Tee. Der Stammesführer nahm ein Glas ohne Schaum, betrachtete es gedankenverloren und stellte es vor sich auf den Sand. Dann sprach er, das rechte Knie noch immer aufgestellt, weiter: „Ich leugne nicht, dass ich das Gerücht auch gehört habe, und zwar in drei verschiedenen Versionen: Nach der ersten kam Anâj aus Aïr gemäss einem Plan seines Bruders Oragh, des Sultans von Timbuktu, der vorsah, Anâj solle mit dem Bau einer neuen Stadt beginnen, als Ersatz für Timbuktu, das durch die Bambara-Stämme bedroht ist. Derweil würde der Sultan in seiner Hauptstadt bleiben, um seinen Bruder mit dem nötigen Gold zur Errichtung einer des alten Namens würdigen Stadt zu versorgen, und erst zu gegebener Zeit ins neue Timbuktu folgen. Aber der Tod des Sultans liess mich an dieser Version zweifeln. Die zweite Version besagt, Anâj hege seit den Jahren, als er in Aïr Handel trieb, eine Sehnsucht, er träume vom Reichtum und der Herrschaft über eine Stadt, die auf einem Land aus Gold entstehen werde. Die Legenden, die auf dem Kontinent vom Ruhme Timbuktus in seiner goldenen Ära erzählt werden, hätten in ihm diese Phantasien genährt. Und kaum hätte Oragh die wachsende Gefahr der Magier erkannt, da habe er auch schon Anâj herbeigerufen und ihn beauftragt, sich mit seiner einzigen Tochter zu entfernen, da er wegen der Riten der Götzendiener und der Geringschätzung aller Werte durch die Barbaren um ihre religiösen Gefühle fürchtete. Hier in Asdschirr fand Anâj Gelegenheit, seinen alten Traum zu verwirklichen, und er begann, unterstützt durch Lieferungen von Sklaven und Gold, mit dem Bau."

Er schlürfte von dem schaumlosen, kaltgewordenen Tee, stellte das Glas zurück auf die Erde und fuhr fort: „Bleibt noch die dritte Version. Nach dieser waren es die Händler des Nordens, die Anâj zu seinem Tun ermutigt und ihm Geld und Männer zur Verfügung gestellt haben. Sie sollen für alle Ausgaben für den Bau der Stadt aufgekommen sein, bei der es sich um ein osmanisches Projekt handle, eine Idee des Gouverneurs von Tripolis, die den Bau einer Stadt als Konkurrentin zum fernen Timbuktu vorsieht. Es geht dabei darum, das Gold, unter anderem auch dasjenige der Mutterstadt Timbuktu, aus den Tiefen des Kontinents heranzuholen, damit Handel und Geschäft florieren und damit das edle Metall an die Küste strömt (das ist der Hauptzweck), um das finanzielle Defizit der Regierung zu decken und sie vor dem Ruin zu retten. Dazu sollen gewiefte Experten dem Sultan im fernen Konstantinopel geraten haben, nachdem sie gesehen hatten, wie die Christen das edle Metall abschöpfen, während die törichten osmanischen Gouverneure, trotz ihrer Stellung, ihrer Titel und ihres luxuriösen Lebens, aus den an die Wüste angrenzenden Regionen keinen Nutzen ziehen, um damit dem Sultan einen Dienst zu erweisen. Diese Version besagt auch, Hadsch al-Bikâj spiele eine Rolle als Vermittler zwischen den drei Seiten: Oragh, Anâj und dem osmanischen Gouverneur. Ich kann mir nicht erlauben, der einen oder der anderen dieser Versionen den Vorzug zu geben, nicht weil sie alle, wie ihr bemerkt habt, sehr stark nach Legenden aussehen, sondern weil die Eile eine den Verständigen unangemessene Torheit und das Urteil ohne Beweis oder Kenntnis für die Weisen eine Dummheit ist. Und ich weiss nicht, was einem Stamm zustiesse, dessen Führung in den Händen eines törichten Scheichs liegt, der Entscheidungen auf Gerüchten aufbaut."

Er schwieg. Schweigen herrschte. Bâchi wandte sich an Bakka, der weit weg war. Wünschte er Ruhe? Oder betrachtete er die Ewigkeit? In seiner Geistesabwesenheit lag eine Traurigkeit und eine Erhabenheit. Die Würde des Alters, wenn es sich mit der Ewigkeit verbindet. Er schenkte sogar den Worten des Stammesführers keine Beachtung mehr und vergass seinen anfänglichen Eifer.

Draussen vollzog die Wüste ihre Abendrituale. Die Sonne pflanzte über den ganzen Horizont senkrechte Strahlen wie Ähren aus Gold. Die Ziegenherden kehrten aus den Wadis zurück, wirbelten mit ihren Hufen Staub auf und meckerten laut und schrill. Auch das Gebrüll erregter Kamelhengste war zu hören.

Der Schwarze holte das Glas des Stammesführers. Es war noch halbvoll, aber die ölige Flüssigkeit hatte sich verändert, Glanz und Farbe waren verschwunden. Wie schnell der Tee doch verdirbt! Wie rasch die Dinge doch altern!

„In Wahrheit, sage ich euch", fuhr der Stammesführer fort, „haben wir für die Heimsuchung niemanden als uns selbst zu tadeln. Wir haben den Lehren des Anhi zuwidergehandelt und uns dem Wohlleben ergeben. Seit Jahren halten wir uns auf der Ebene auf statt der höchstens vierzig Tage. Denn wer sich länger als vierzig Tage an derselben Stelle aufhält, ist schon ihr Sklave geworden. Ist es nicht das, was im verlorenen Buch steht, Scheich Bakka?"

Bakka erwachte nicht von seiner Reise, und Âdda schien keine Antwort von ihm zu erwarten, denn er fuhr, ohne sich weiter darum zu kümmern, fort: „Früher einmal sind wir viel in den umliegenden Wüsten umhergezogen. Massâk Mallat, Massâk Satfat, den Wadis von Matchandûsch, Tanassoft, im Tassîli, aber dann kam die Trockenheit, wie das Schicksal, wie die Fata Morgana, und nun herrscht sie schon seit Jahren. Oft habe ich gedacht, wir könnten nach Norden, in die Rote Hammâda ziehen, doch selbst jenes Paradies leidet in den letzten Jahren an Regenmangel. Als Folge des Aufenthalts auf der Ebene haben wir Geschmack am Wohlleben gefunden und uns am Land festgeklammert wie die Bewohner der Oasen, und nun, da ein fremder Gast wie Anâj zu uns kommt, erkennen wir durch ihn unsere geschwundene Bedeutung und in seinem Verhalten erschrecken uns die Macht und der Einfluss der Wüstenbewohner. Wir zittern vor ihm wie die Bauern einst vor uns gezittert haben, wenn wir in den Jahren der Beutezüge und der Stammeskriege in die Oasen kamen, denn wir haben seine Überlegenheit gespürt; in ihm lebt die Kraft der Nomaden, und er hat beschlossen, seinen Schlag zu führen."

Er seufzte tief und fuhr dann fort: „Er führte nicht nur einen Schlag. Sein Wüsteninstinkt hat ihm offenbart, dass die Tore des Himmels dem Menschen nur ein einziges Mal geöffnet werden, und wenn er davon Gebrauch macht, wird ihm Erfolg beschieden sein, und er wird zu den Glückseligen gehören. Wenn er aber säumig ist und sich die Gelegenheit entgehen lässt, werden die Tore vor ihm geschlossen, und er wird bis in alle Ewigkeit in Hoffnungslosigkeit leben. Anâj ist durch das geöffnete Tor getreten und hat seine Schläge geführt. Hier ist der Pakt, den er euch vorgeschlagen hat. Und ich schäme mich nicht, euch auf die Vorzüglichkeit dieses Paktes hinzuweisen: die Neigung der Nomaden, die sich bislang von der Bürde der Erde freigehalten haben, und die Neigung der Reiter, die die Früchte der furchtsamen Bauern zertreten, in die die Liebe zum Land eine Furchtsamkeit gesät hat, von der sie erst das Grab wieder erlöst. Weil Anâj schlau ist, hat er beschlossen, die Zeit zu nutzen, bevor wir aufwachen, und etwas Ruhmvolles zu bauen, weil er weiss, dass Ruhmvolles, wie lang es auch währen mag, schliesslich doch dem Zerfall, der Auflösung und dem Untergang geweiht ist. Damit will ich nicht sagen, dass wir unfähig geworden sind, uns selbst zu verteidigen, aber ich habe bis jetzt keine Notwendigkeit gesehen, die ein solches Ungestüm diktiert hätte. Der Mann hat auf unsere Frage mit zwei Angeboten reagiert: Das erste sieht vor, dass das Westtor während des Tages offenbleibt, dagegen bei Nacht geschlossen wird. Das zweite Angebot erlaubt jedweder Familie des Stammes, die Mauer zu durchqueren und in die Stadt zu kommen. Der Sultan wird darauf hinwirken, dass die Bewohner von Asdschirr mit denen von Wâw zusammenarbeiten, ebenso verpflichtet er sich, für die Nutzung des Brunnens und die Nutzniessung des Landes eine Abgabe zu entrichten."

Die Versammelten tauschten insgeheim Blicke aus. Turbane neigten sich hierhin und dorthin, und Köpfe stiessen aneinander. Das Murmeln, das sich erhob, wurde vom Stammesführer unterbrochen: „Wie ihr seht, sind die Angebote bisher nicht unbillig. Wer von euch anderer Meinung ist als ich, möge das kundtun. Was ist die Meinung des achtbaren Bakka?"

Doch Bakka lauschte der Stille der Ewigkeit, und selbst Scheich Bâchi, der ihn anstiess, konnte ihn nicht aus seinem Schweigen herausholen. Bâchi richtete sich auf, zog sein Gesichtstuch um die Nase und unternahm es, für seinen Freund zu antworten: „Tadle uns nicht, Scheich Âdda. Ein milder Stammesführer ist der, der geduldig ist bei Widerspruch. Und, wie es im Anhi heisst, nichts ist gültig ohne sein Gegenteil."

Er wiegte mit dem Kopf nach rechts und nach links und seufzte mehrmals tief auf, Zeichen des Kummers und der Sehnsucht nach dem verlorenen Wâw. Dann verschwand er alsbald und lauschte mit Bakka der Stille.

2

Der Stille der Wüste. Der Sprache der Einsamkeit. Der heilige Raum der Zeitlosigkeit. Das traurige Lied der Ewigkeit.

Auf den Höhen der Hammâda grollt es, seltsamer Lärm, wie das Pfeifen des Windes, und an manchen Tagen spielt es Musik wie Imsâd-Melodien, und in den Sandwüsten schlägt es die Trommeln in der Nacht, und es lauschen die Scheiche auf die Gespräche und die Vermächtnisse der Ahnen an die verlorenen Generationen.

Die Legende erzählt, der Schöpfer habe die Welt geleert und alles Leben aus ihr genommen, um ganz frei zu sein, um das Geschöpf zu schaffen. Daraufhin habe Er die Grosse Wüste geschaffen. Schuf sie, und ihre Stille gefiel Ihm, weshalb Er sie segnete und in ihr Herz die Oase Wâw stellte. Dann seufzte Er tief auf, und bis heute ist der erhabene Seufzer in der Stille der Wüste zu hören; die Stimmen, die in der Weite zu vernehmen sind wie Melodien, das sind Seine erhabenen Atemzüge. So wurde das Lauschen auf das Schweigen zum Gottesdienst. Doch nur die Alten, die den Geschmack der Ruhe gekostet haben, waren in der Lage, das Geheimnis dieser Sprache zu verstehen. Und sie fassten sie als ein weiteres Wâw auf, in dessen Weiten sie die wenigen verbleibenden Augenblicke ihres irdischen Lebens verbringen. Und häufig schlagen die Weisen unter ihnen an ihre magere Brust und beteuern: „Das wirkliche Wâw ist hier. Die Brust bildet seine Mauern, die Ruhe ist seine Sprache. Und töricht ist, wer in der weiten, kahlen Wüste danach sucht."

3

Mûssa verliess das Haus der Prinzessin am Mittag. Die Sonne sass stolz und aufrecht auf ihrem Thron und goss Feuerstrahlen über das Haupt der kahlen Wüste. Die Fata Morgana lungerte, mit Zungen aus lodernder Flamme, in der Leere. Er ging Richtung Osttor, machte aber schon vor dem Marktplatz kehrt, zog sein Tuch, das sich schlangengleich um seinen Hals wand, ab und wickelte es sich, das Gesicht unbedeckt lassend, um den Kopf. Im Schutz der Mauern von Wâw ging er weiter und stiess in die mit Palmzweigen verdunkelten Gassen vor. Im Schatten atmete er auf, die leeren, staubigen Gassen gefielen ihm. Zur Linken sassen, gegen die gekalkte Wand gelehnt, drei schwarze Wächter auf der Erde und schnauften erschöpft. Der längste von ihnen hockte auf den Zehen, gegen ein riesiges Tor aus Palmstämmen gelehnt. Er vertrieb die lästigen Fliegen und kaute träge Tabak. Als Mûssa vor dem Tor stand, hörte er die Schmiedehämmer. Hier war der Eingang zu der geheimen Halle, in die hineinzugelangen er schon seit Monaten versuchte. Zur Rechten hockte auf der Erde ein weiterer Wächter, fett, mit platter Nase und grossen Nüstern. Er sass vor einem Feuer und machte Tee, hielt einen Schürhaken aus Akazienholz in der Hand, mit dem er die brennenden Scheite herumschob und Glutstücke um den Teetopf häufte. Neben ihm lag ein Bündel Brennholz. Links von ihm sass, mit dem Rücken zur Wand, der dritte; die Beine zum Durchgang zu ausgestreckt, schaute er ins Leere und lauschte den Hammerschlägen der Schmiede, die das Metall bearbeiteten. Er war weniger kräftig gebaut als seine beiden Kameraden, und er schien auch kleiner.

Mûssa ging einige Schritte, dann blieb er stehen. Er holte den Armreif aus seiner Tasche und sah ihn prüfend an, bevor er zu dem Wächter trat. Er beugte sich über den fetten schwarzen Mann. Starrte ihn mit dem schielenden Auge an. Zeichnete ein einfältiges Lächeln auf seine Lippen, wodurch seine vorstehenden Zähne sichtbar wurden.

Aus seinem Mund zog sich ein feiner, langer silberner Speichelfaden. Er baumelte von seinen Lippen und fiel dann ins Feuer. Die gleissende Glut nahm ihn auf und verschlang ihn mit einem Zischen. Dem Speichel hinterher liess Mûssa den goldenen Armreif ins Feuer fallen. Es war ein besonderes Stück, sorgfältig geflochten, wie die vorderen Zöpfe der Frauen, geöffnet, jedes der beiden Enden mit dem Kopf einer Schlange gekrönt, deren eine aus ihrem Maul eine gierige Zunge gegen die Widersacherin hervorschiessen liess, wodurch die enge Öffnung fast geschlossen wurde, durch die sich das Handgelenk der Frau schob. Der Armreif fiel neben dem Teetopf auf die verlöschende Glut, auf der eine silberne Ascheschicht lag, und rollte, bis der Kopf der gierig züngelnden Schlange zwischen den brennenden Holzstücken verschwunden war.

Der fette Wächter blickte zum Derwisch hinauf. Mûssa bemerkte, dass seine Nasenlöcher noch weiter wurden, trotz der von den beiden Wangen beschützten platten Nase. Ratlosigkeit stand in seinen Augen. Er warf den Schürhaken in den Sand, streckte die Hand aus und holte den Armreif aus dem Feuer. Liess ihn in die zur Hälfte mit Wasser zum Spülen der Teegläser gefüllte Metallschale fallen. Die Schlange stiess einen gepressten Hilferuf aus. Der Fette drückte Daumen und Zeigefinger in die Erde und drehte sich zu dem neben dem Tor auf den Zehenspitzen hockenden Hünen.

„Wird das Gold von Timbuktu im Wasser geprüft, Bubu?“ fragte er.

Der Hüne spuckte den Tabak aus und streute eine Handvoll Erde darüber, bevor er eine verneinende Kopfbewegung machte. Der Magere grinste rätselhaft und bemerkte gleichgültig: „Ich wette eine Kamelstute, dass der Reif da aus der Schatulle der Prinzessin stammt.“ Der Fette holte den wundervollen Armreif aus dem Wasser und inspizierte ihn mit Interesse, worauf der Magere, ohne aufzuschauen, fortfuhr: „Was meint der Derwisch dazu? Will er mit mir um die Kamelstute wetten?“

Mûssa lachte und brummelte: „Du hast recht. Er stammt aus der Schatulle der Prinzessin. Aber er scheint aus Kupfer zu sein.“

„Sieht in Timbuktu das Gold wie Kupfer aus, Bubu?“ rief der Fette dem Hünen zu.

Dieser spuckte ein weiteres Mal tabakgetränkten Speichel aus. Er vertrieb eine lästige Fliege vor seinem Gesicht und verneinte mit einer Kopfbewegung.

„Könnte man denn mit Kupfer Timbuktu bauen, Bubu?" fuhr der Fette mit seiner Fragerei fort.

Der Hüne grinste verächtlich und enthielt sich einer Kopfbewegung. Der Fette drehte nochmals den Armreif in der Hand. Dann gab er ihn dem Derwisch zurück und sagte in der rätselhaften Sprache von Aïr: „Wenn man mit Kupfer Städte bauen könnte, wären die Leute nicht so elend dran und würden die Wüste vom Norden bis zum Süden mit Karawanen durchqueren. Wenn man mit Kupfer Städte bauen könnte, wäre Timbuktu nicht zum Sammelpunkt der Händler und zum Wâw von denen geworden, die ein besseres Leben suchen. Timbuktu ist einzigartig, weil Gott es mit einem anderen, einzigartigen Metall versorgt hat. Das Geheimnis liegt im Metall, guter Mûssa, du Einsiedler."

Er wischte sich mit dem Ärmel seines weiten Gilbab den Schweiss ab. Dann stimmte er ein Assâhar-Lied an, in dem das Gold von Timbuktu gepriesen wird. Der Magere wiegte sich im Takt, und der Hüne schickte dem Lied die Zeilen des Gedichts hinterher bis zu der Stelle, wo der Dichter von einem in der Wüste Verirrten spricht, den der Durst den Verstand verlieren liess, so dass er sich auszog, um sich für die Begegnung mit seinem Herrn bereitzumachen. Da plötzlich leuchteten am Horizont goldene Mondsicheln, wie sie die Moscheen zieren. Der Fremdling näherte sich den Mauern, sie waren aus Goldbarren gebaut. Er betrat die Stadt, deren Bewohner ihn freundlich aufnahmen und ihm paradiesische Jungfrauen zu Diensten stellten, die ihm erfrischenden Trunk und köstliche Speisen servierten. Eingeschlummert, hatte er die allerschönsten Träume, doch wieder erwacht, lag er unter einer spärlichen Akazie in der Wüste von Adâgh, wo die Sonne die Erde zum Schmelzen brachte. Die Stadt war verschwunden, doch er spürte weder Hunger noch Durst. Darum heisst es, er habe Wâw besucht, während er tatsächlich in Timbuktu war. Der Derwisch lachte, unterdrückte aber sein Lachen, als er Tränen in den Augen des mageren Wächters sah.

„Der Derwisch hat nie Timbuktu gesehen und hat nie das Fremdsein erlebt", sagte der Fette, der noch immer, bewegt von dem Lied, mit den Schultern wiegte.

Zum erstenmal sprach der Hüne, seine Stimme war rauh, gedämpft, seltsam: „Die Derwische sind fremd von ihrer Wurzel. Derwische werden als Fremdlinge geboren."

Mûssa beugte sich über den Brennholzhaufen. Er zog einen Akazienstock heraus und setzte seinen Weg fort. Der Fette sang noch immer seine traurige Melodie. „D i i i i d a a a a a ..." klang es ihm in den Ohren, bis die Gasse ihn zum westlichen Marktplatz geführt hatte, ohne dass der Mann sein Lied mit den schmerzlichen Wehrufen beendete, die den Versen in den Assâhar-Melodien vorangingen. Auf dem kahlen Platz neigte sich die Sonnenscheibe nach Westen, goss aber weiterhin üppig bestialische Strahlen herab. Entlang der Mauer zog sich ein Schattenstreifen, in dem Mûssa vor der Unbarmherzigkeit des ewigen Henkers Schutz suchte. Bei der Mauerbresche gegenüber, am Ende, scharten sich die Baumänner und kletterten die Wand hoch. Unter ihnen sah er den Baumeister hin und her gehen, in der Hand einen aus schwarzem Haar gezwirbelten Strick haltend und mit seinem alten Stock nach oben weisend. Er sprach mit einem Mann neben sich, da bemerkte Mûssa sein unbedecktes Ohr und seine besondere Art, den Turban zu wickeln. Auf seiner Schläfe glänzte ein Schweissfaden. Mûssa lachte kollernd vor Überraschung, weil er den Schweissfaden aus dieser Entfernung sah.

Am Ende des Westflügels der Mauer blieb er stehen und zog sein Gesichtstuch weg, riss mit den Zähnen aus dem Saum einen Faden und wickelte das Tuch wieder nachlässig um den Kopf. Dann holte er den Armreif aus der Tasche und band ihn mit dem Faden oben am Stock fest. Er lächelte stillvergnügt, als er von der Anhöhe zum Brunnen hinabstieg, neben dem er stehenblieb und traurig die armseligen Befestigungsversuche betrachtete, mit denen Ocha den Brunnen gegen die Angriffe des Staubes zu schützen versuchte. Er hob den Stock. Der Armreif aus dem Gold von Timbuktu blinkte erbarmungslos, kokett, rätselhaft, ein Blinken, das die Geheimnisse des Dschungels barg und auf die Majestät der Dschinnen verwies.

Er lachte. Wischte sich mit dem Ärmel den Speichel ab und setzte seinen Weg zum Lager fort.

Auf halbem Weg, hinter dem mit Vulkanresten gekrönten Hügel, begegnete ihm eine Gruppe Frauen, die zum Brunnen gingen. Er erkannte die Dichterin unter ihnen. Neben ihr ging wiegend Tamîma, die geschworen hatte, Ocha zu heiraten, ja sogar, mit einer Gewissheit, die ihre Freundinnen überraschte, eine Wette eingegangen war, dass er niemals der Tochter des Dschungels gehören würde. Diese Gewissheit erschreckte die jungen Mädchen und liess die Vernünftigen im Lager miteinander über ihre Begabung im Bereich der Magie tuscheln. Deshalb behandelten die erfahrenen Frauen sie mit angemessener Ehrerbietung und Zurückhaltung.

Als sie gerade begannen, den Hügel hinaufzusteigen, überraschte Mûssa sie und hielt ihnen den unheilvollen Armreif hin, der im Sonnenlicht blinkte. Das Blinken des unbekannten Aïr. Das Blinken der Verführung, geheimnisvoll, vielversprechend, tausendäugig zwinkernd, tausendfach lockend, die Herzen der Jungfrauen in Erregung versetzend, die Glieder der wissenden Frauen erzittern lassend; fällt ihnen doch der erwartete fremde Wandersmann ein, der eines Tages auf einer Kamelstute von Westen heranreiten wird, geschmückt mit Armreifen, Ohrgehängen und Halsketten, alle gefertigt aus dem legendären Gold von Timbuktu. Das geheiligte Metall glänzt und erleuchtet die Wüste und leitet die Herzen irre. Die Jungen rennen hinter ihm her, und auch die Mädchen folgen ihm. Der erwartete fremde Wandersmann verspricht ihnen, sie nach Wâw zu führen, und alle schwachen Seelen eilen hinter ihm her, begierig, Wâw und alles Schöne und Glänzende darin zu erlangen. Doch auf halbem Weg wirft der elende Fremdling einen Kelim über einen Abgrund und lädt sie zu einem Festmahl, bei dem alle ihren Anteil an Goldjuwelen erhalten sollen. Die schwachen Seelen drängen sich herzu, worauf der Fremdling den Teppich wegzieht und alle in einen bodenlosen Abgrund stürzen.

Und nun brachte dieser Fremdling das geheimnisvolle Blinken.

Die Dichterin schrie auf und wandte das Gesicht ab. Tamîma ruckte mit einer plötzlichen Bewegung den Kopf zurück, wobei eine Halskette aus bunten Perlen sichtbar wurde. Der Derwisch lachte ungeschlacht und streckte drohend die aufgehängte Schlange vor. Die Frauen stoben auseinander, ein paar Negerinnen stiessen gedämpfte Hilfeschreie aus. Er trieb den Schabernack noch weiter und verfolgte sie mit der Goldschlange; da rannten sie in alle Richtungen davon. Der Wasserschlauch fiel der Dichterin von der Schulter, dem Derwisch vor die Füsse, während sie bei Tamîma Schutz suchte. Mûssa hielt inne und versank in einem langanhaltenden Gelächter, so dass ihm das Gesichtstuch vom Mund rutschte. Die stolze Tamîma drohte ihm mit dem Finger, und eine schlanke Negerin murmelte eine abscheuliche Beschimpfung, während die Dichterin eine Beschwörung sprach.

Er eilte zum Lager.

Taffâwut empfing ihn am Eingang des Zeltes. Sie machte ihr schwarzes Tuch um den Hals fest und lächelte. Aus ihren Augen strahlte Glück, und sie lud ihn ein, mit ihr den Abendtee zu trinken. Die Freude in ihren grossen Augen wuchs noch. Nein, nicht Freude. Es war etwas anderes, Geheimnisvolles, vielleicht vermischt mit Freude.

„Die Welt steht in Flammen“, sagte sie, „und du läufst im Feuer herum. Komm rein. Der Schatten ist heute ein Paradies.“

Er lachte. „Ich habe dir ein Geschenk mitgebracht.“

Er begann, den Faden aufzuknüpfen, um die Schlange von dem Stock zu befreien. Der freudestrahlende Ausdruck verschwand aus den Augen des jungen Mädchens. Eine Dunkelheit trat an seine Stelle. Ihre Wangen wurden bleich. Sie sah den fremden Satan in der goldenen Schlange mit den zwei abscheulichen Köpfen, und ihre fahlen Lippen murmelten eine alte Beschwörungsformel. Die erste Beschwörung. Die erste Lektion, die jedes Kind von der Mutter erhält, wenn es zu sprechen und zu leben lernt und erfährt, dass es in die Wüste als Gast der Dschinnen gekommen ist und dass es deren Sitten respektieren muss und ihre Besitztümer nicht anrühren darf, bis es ins Reich des Unbekannten zurückkehrt. Das Gold ist ihr Lieblingsmetall. Es zu besitzen ist ein Angriff auf ihr Vorrecht und eine Verletzung des unverbrüchlichen Vertrags zwischen den Wüstenbewohnern und den Bewohnern des Unbekannten.

Das Mädchen fiel auf die Knie und steckte ihre Finger in die glühende Erde. Zog sie wieder heraus und wiederholte das Ganze, wobei sie unablässig mit feierlicher Stimme die Beschwörungsformeln sprach. Im Zelt drinnen plapperte das Kind, und der Derwisch vernahm die Stimme einer Frau, die ihm ein trauriges Lied vorträllerte. Er hielt Taffâwut den Armreif hin. Sie nahm ihn mit beiden Händen entgegen. Er strahlte in der Sonne. Stillschweigend legte sie ihn auf den Boden. Der Derwisch beugte sich vornüber. Ein Speicheltropfen fiel herab und wurde dampfend von der durstigen Erde verschlungen. Er beobachtete, wie jene rätselhafte, dunkle Farbe von ihr Besitz ergriffen hatte. Ihr Gesicht war gealtert, Falten durchzogen es. Eine traurige alte Frau hatte sich in Taffâwut niedergelassen. Die Veränderung überraschte ihn, und er sank neben ihr auf die Knie. Der Glanz des Goldes in der Schlange vermischte sich mit dem Blinken der Sandkörner unter den Strahlenspiessen.

„Ich habe nicht geglaubt, dass das Geschenk frevelhaft sein könnte", murmelte Mûssa. „Die Prinzessin sagte, Gott hätte das Gold geschaffen, damit die Männer es den Frauen schenken."

Das Kind im Zelt weinte, die Frau tröstete es mit einem weiteren Lied.

„Das ist so in Aïr", sagte Taffâwut. „Dort schenken es die Männer den Frauen. Kaum ist ein junger Mann herangewachsen, da lernt er, wie man die Stämme des Dschungels angreift und dort Gold holt. Denn die Frauen von Aïr lieben nur Männer, die von Kriegszügen Gold zurückbringen ..."

„Aber sie versicherte mir, dass das Auge jeder Frau am Gold hängt."

„... die sich quälen und mühen, die kämpfen, um blutbesudelt mit dem unheilvollen Metall zurückzukehren ..."

„Sie tun das, um die Frauen für sich zu gewinnen. Die Frauen sind die Ursache."

„... dann kommen die Karawanen aus dem Norden, von den fernsten Grenzen der Wüste. Sie pilgern nach Timbuktu, um alles und jedes gegen Gold einzutauschen. Die ganze Welt hastet nach Timbuktu, als wäre es das verheissene Wâw, um ihren Anteil am Gold zu holen. Einige kehren heil in ihre Länder zurück, viele gehen unterwegs zugrunde."

„All das nur, um ihren Ehefrauen und Liebsten einen Gefallen zu tun. Die Frauen sind die Wurzel der Heimsuchung."

„Aber unser Stamm steht noch immer unter dem Pakt. Das Ding muss an seine rechtmässigen Eigentümer zurück."

„Die Prinzessin?"

„Die Dschinnen."

Er lachte einfältig, worauf sie geheimnisvoll kühl sagte: „Komm heute abend, nach Sonnenuntergang. Dann gehen wir zusammen." Sie verstaute den Armreif im Saum ihres Umhangs und ging ins Zelt.

Der Henker verschwand und liess einen brennenden Horizont zurück. Als es dunkel geworden war, kam er wieder. Sie erwartete ihn hinter ihrem Zelt, auf einem kahlen Wüstenstreifen, den nur einige Zelte und Pferche von den Hügeln trennten.

Sie gingen nach Süden in Richtung Wâw, um den Neugierigen auszuweichen. Schweigend schritt sie neben ihm. Um den Hals hatte sie das gleiche schwarze Tuch geschlagen. Die Traurigkeit legte eine Härte über ihre Schönheit, deren geheimnisvoller Zauber das Herz des Derwischs schneller schlagen liess.

Eine Ziegenherde, unterwegs zurück von der Weide, kreuzte ihren Weg. Drei Hirten trieben sie an. Staub und der Geruch der Böcke wirbelten in der Luft. Mûssa hielt sich mit seinem Gesichtstuch die Nase zu.

„Seit Monaten habe ich Udâd nicht gesehen", sagte er. „Es ist schon eine Ewigkeit her, dass er versprochen hat, mir das Singen beizubringen."

„Ich habe ihn seit einem Jahr nicht gesehen. Er kam von einer Reise ins Tassîli zurück und ging zu seinen Türmen hoch oben im Tâdrart. Aber seine Liebe zu den Bergen hat ihn nicht davon abgehalten, um das Haus der Prinzessin zu streichen."

Er lachte.

„Ihr alle streicht um Wâw herum wie die Motten ums Feuer." Sie blickte ihn verstohlen an und fügte hinzu: „Die Prinzessin ist ein Feuer, das euch alle verbrennen wird. Ihr seid töricht und kennt nicht die Töchter von Aïr."

„Ha, wir wissen, dass sie die Magie erfunden haben. Und wir wissen auch, dass sie damit begonnen haben, bei Zauberdingen Gold einzusetzen."

„Was nützt es, wenn du das weisst und doch wie alle anderen hinter der Schar herläufst."

„Ich!?"

Die Dunkelheit gab ihr den Mut, ihn heimlich anzusehen. Hinter den fernen Bergen machte der Mond eine erste Andeutung seines Lichts.

„Im Anhi steht geschrieben", sagte Taffâwut, „dass die Wüstenbewohner eines Tages den Pakt verraten werden. Sie werden Silber gegen Gold eintauschen, und wehe dem, der die Glieder des Mondes für das unselige Gold verkauft."

„Die Glieder des Mondes?"

„Ja, das Silber. Die Währung in der Wüste seit urdenklichen Zeiten. Als Tânis starb und das Reich der Wüste verschwand, zog unsere schöne Urahnin fort und richtete sich auf dem Mond ein. Von dort sandte sie den Menschen Stückchen vom Leib des Mondes, um ihnen zu zeigen, dass sie sich für ewig auf dem schönsten Gestirn eingerichtet hat. Das Silber ist eine heilige Währung, weil es Tânis' Geschenk ist. Die Farbe des Silbers ist so traurig wie die des Mondes, wie die Gesichter der Wüstenbewohner, matt und traurig, im Gegensatz zum kokett leuchtenden Gold."

Mûssa stiess mit seiner Sandale an einen garstigen Stein. Sie bogen nach links, bevor sie zu dem Hügel beim Brunnen kamen. „Aber ihr Reich", fragte der Derwisch, „wohin ist das verschwunden?"

„Wer weiss? Vielleicht ist es ja gar nicht verschwunden. Man behauptet, das Reich der Tânis sei das verheissene Wâw."

„Und ist es verschwunden?"

„Wer weiss? Es heisst, es gäbe es noch immer irgendwo in der Wüste. Wenige haben es gesehen, aber sie behalten das Geheimnis für sich und sprechen nie davon. Einige sagen, es sei verschwunden, seit der Sultan unseren Urahn daraus vertrieben hat. Und sie versichern, die angeblichen Augenzeugen, die behaupten, Wâw betreten zu haben, wären tatsächlich nur in den Dschinnenstädten gewesen."

„Sind die Dschinnenstädte denn wirklich zahlreich?"

Sie sah ihn ungläubig an, bevor sie antwortete: „Die Dschinnenstädte in der Wüste sind zahlreicher als die Menschenstädte. Und hier klopfen wir ans Tor der ältesten Kapitale der Dschinnen." Sie begann Beschwörungsformeln und Gebete zu murmeln.

Die kahle Ebene führte in ein mit Sandfalten bedecktes Wadi, wo sich trockene Pflanzen an die Erde klammerten, als suchten sie nach Feuchtigkeit und flehten um Wasser. Sie durchschritten es Richtung Norden. Mûssa sah die Silhouette Idikrâns, der seine ausgemergelte Kamelstute von der Weide zurückführte. Er durchquerte das fahle Wadi Richtung Westen, um den unwegsamen Fuss des Berges herum, auf dessen anderer Seite er in seine schützende Höhle gelangte. Er hörte, wie er mit den Schuhen an Steine stiess und ein paar Verse in Bambara brabbelte. Doch ob der Fremde sang oder Zaubersprüche hersagte, wusste Mûssa nicht.

Sie erreichten den Fuss des Berges.

Der Vollmond warf sein keusches, mattes Licht auf ihren Rücken; es kletterte scheu den Fuss des Berges hinauf.

Neben einem Steinhaufen blieb Taffâwut stehen. Ein altes, rundes Grab. Sie verlor sich im Aufsagen von Gebeten und Beschwörungsformeln. Es herrschte die Stille der Ewigkeit, und Mûssa vernahm nichts als Taffâwuts rätselhaftes Gemurmel. Sie löste den Knoten ihres Umhangs und holte den in ein Stück Leder gewickelten goldenen Armreif heraus.

„Sprich mir alles nach, und tu alles, wie ich es tue", forderte sie ihn flüsternd auf.

Er betrachtete sie gleichgültig, wie sie neben dem Grab auf die Knie sank und demütig zu der quadratischen, himmlischen Formation emporblickte, die, von den frühen Vollmondstrahlen überflutet, noch majestätischer und rätselhafter wirkte. Mit einer Stimme, die nicht die ihre war, murmelte sie: „Im Namen Amâns, des Wassers, das in unseren Adern fliesst."

Sie strich mit dem Armreif über das linke Handgelenk, den Adern entlang. Mûssa konnte ein Lachen nicht unterdrücken, doch ein entsetzter Blick von ihr liess ihn verstummen. Er sprach ihr nach: „Im Namen Amâns, des Wassers, das in unseren Adern fliesst."

„Im Namen Adus, der Luft, die uns atmen lässt."

Sie blies auf den Armreif. Der Derwisch wiederholte: „Im Namen Adus, der Luft, die uns atmen lässt."

„Im Namen Amadâls, der Erde, aus der unsere Körper geschaffen sind."

Sie liess den Armreif über Brust und Knie wandern. Mûssa wiederholte: „Im Namen Amadâls, der Erde, aus der unsere Körper geschaffen sind."

„Im Namen Ekadejs, des Steins, der unsere Gestalt aufgerichtet hat und uns auf zwei Füssen gehen lässt."

Sie schlug mit dem Armreif zunächst gegen ihre Zähne, dann gegen die Knochen ihres linken Handgelenks. Er sprach ihr nach: „Im Namen Ekadejs, des Steins, der unsere

Gestalt aufgerichtet hat und uns auf zwei Füssen gehen lässt.“

Sie grub ein kleines Loch. Legte den Armreif hinein und schüttete Erde darauf. Dann liess sie ihren Umhang über ihr Gesicht herab und sprach lange Zeit Beschwörungsformeln. Als sie schliesslich aufstand und sich zum Gehen anschickte, sah er in ihrem Gesicht das Alter, wie schon zuvor, als er ihr das Geschenk überreicht hatte.

„Ich habe gar nicht gewusst, dass du eine Zauberin bist“, sagte er scherzend. „Alle Bewohner der Höhlen sind Zauberer.“

„Dreh dich nicht um“, warnte sie ihn streng. „Hüte dich, dich umzudrehen.“

Er lachte.

„Und lach nicht. Du solltest damit aufhören. In einem solchen Augenblick ist es für einen Derwisch unangebracht, sich wie ein Kind zu benehmen.“

Sie schritten Richtung Osten, um die Zelte der Neugierigen zu umgehen. Ihnen gegenüber erhob sich die silberne Mondscheibe, matt und traurig.

4

Die Mauer hatte sich um den Brunnen geschlossen. Emestaghs Arbeit war vollbracht. Der blinde Herold ging zwischen den Zelten umher und verkündete die Absicht des Sultans, ein Fest auszurichten.

Am Morgen erhob sich der Wind, und die Wogen des Kibli trugen Staub und dürres Gras heran. Mit der ersten Südwindattacke ging der Herold hinaus. Er liess sich, klein, wie er war, von seinem polierten, mit geschwürgleichen Knoten überzogenen Stock durch das Lager leiten. In seinen abgetragenen Kleidern mit den weiten Ärmeln verfing sich der Wind und blies sie auf wie einen Wasserbalg; er drängte ihn zurück, so dass er taumelte und fast zu Boden gestürzt wäre. Doch unablässig liess er seinen Ruf erschallen: „Wer achtsam, sage es dem, der unachtsam! Wer anwesend, teile es dem mit, der abwesend ...!" Der Wind verschluckte die Stimme, er trug den Ruf empor zu den Gipfeln des Îdenan, wo ihn die Dschinnen vernahmen. Immer wieder liess der Herold den Ruf erschallen. Er kannte die List des Windes. Er wusste auch, dass Nachbarschaft verpflichtet und dass auch die Dschinnen zum Festmahl geladen waren. Er wiederholte die Mitteilung, damit alle sie vernahmen. Er spürte den Brand in der Kehle, doch er liess nicht nach, damit auch die Alten und Schwachen es hörten, diejenigen, die das Alter mit Taubheit geschlagen, deren Gehör die Zeit in Mitleidenschaft gezogen hatte. Das lange Lauschen hinaus in die ewige Wüstenstille lastete schwer auf ihren Ohren und liess sie die Stimme der Menschen vergessen, die Sprache der Menschen, mit der sich die Wörter in Fliegengesumm oder in einen Lärmblock verwandeln. Doch er, der blinde Herold, der einzige, der schon in seiner Kindheit die Sehkraft verloren hatte, er wusste, was es heisst, dass das Stillschweigen ein einzigartiger Trost ist. Er wusste, dass nur die Alten und die Blinden die Sprache der Stille verstehen.

Der Derwisch holte ihn ein. Er fasste seinen aufgeblähten Gilbab und stützte ihn von der anderen Seite, um ihn im Gleichgewicht zu halten und ihm gegen den Wind behilflich zu sein. Er legte ihm einen ledernen Beutel in die Hand, aus dem ein angenehmer Geruch drang. Der Geruch von Fett und Brot.

„Brot und Fett und ein paar Datteln", flüsterte Mûssa. „Ich hab dich schon einige Zeit nicht mehr gesehen."

Der Herold lächelte und hielt mit seinem Ausrufen inne. Er steckte den Beutel in einen Wollsack, der ihm, verdeckt vom weiten Gilbab, von der Schulter hing. Er drückte Mûssas Hand und sagte mit seiner feierlichen Stimme: „In der Wüste wird es nie am Guten mangeln, solange es dort Derwische gibt."

Lachen als Antwort.

Sie gingen beim Zelt des Stammesführers vorbei. Ein Neger trat zu ihnen und richtete dem Derwisch aus, der Stammesführer hätte gern mit ihm gesprochen.

„Oho!" stiess Mûssa aus und rannte zum Zelt des Stammesführers, ohne sich vom Herold auch nur mit einem einzigen Wort zu verabschieden. Als er nur noch ein paar Schritte vom Zelt entfernt war, hörte er die majestätische, heiser-wohltönende Stimme des Herolds; sie klang wie ein schmerzvolles Gebet, das der Blinde dem Wind in die Hand legte, damit er es dem Allhörenden, Allerhörenden im Unbekannten überbringe. Die gewaltige Stimme näherte sich und entfernte sich, bis sie völlig verschwunden war und nun der Wind anhob, etwas anderes zu verkündigen, etwas, das die Botschaft des Herolds nicht enthalten hatte, etwas anderes als eine Einladung zum Festmahl des Fremden in Wâw.

Der Stammesführer liess ihn neben sich Platz nehmen. Am Eingang drängten sich einige Sklaven, die ein paar zusätzliche Pflöcke einschlugen, um den vorderen Teil des Zeltes zu festigen. In der Ecke hockte eine Mulattin neben einem Tablett mit Tee. Mûssa lächelte, während er das steinerne Bollwerk betrachtete, mit dem das geschickte Mädchen die Feuerstelle umgeben hatte, um das Zelt vor Glutstückchen und Funken zu schützen, die bei jedem Windstoss aufstoben, der durch die Löcher des Zelts blies.

„Man erzählt, du hättest einen Besuch in Wâw gemacht", begann der Stammesführer.

Lachen als Antwort. „Ich gehe jeden, oder doch jeden zweiten Tag nach Wâw."

Der Stammesführer war es nicht gewöhnt, sich im Gespräch mit dem Derwisch der Sprache der Andeutung zu bedienen, aber diesmal empfand er eine Hemmung. Er klappte den Rand des Kelims um, um an den Sand zu gelangen, in den er ein pyramidenförmiges Dreieck zeichnete. „Aber der letzte Besuch war anders als die vorhergehenden", sagte er. „Man …"

Mûssa drehte sich fragend zu ihm, und als der Scheich aufschaute, sah der Derwisch, was der Stammesführer im Auge barg. „Ach ja!" rief er aus. „Das letzte Mal habe ich einen Armreif aus Gold mit zurückgebracht."

Der Scheich lächelte und fragte tadelnd: „Und warum hast du mir nicht gesagt, dass der Sultan mit Gold handelt? Du weisst doch genau, welches Unheil dieses hässliche Metall in die Wüste bringt."

„Um die Wahrheit zu sagen, ich hatte zu Beginn meine Zweifel. Als ich einmal in eine geheime Halle geraten bin, haben mich die Wachen rausgeschmissen. Aber ich war nicht sicher, ob das, was die Schmiede bearbeiteten, Gold war, bis die Prinzessin mir für einen Dienst, den ich ihr leistete, den Armreif schenkte."

„Einen Dienst?"

„Einen Botendienst. Aber das ist ein Geheimnis."

Das Mädchen stellte zwischen die beiden das Tablett, auf dem drei dunkle Gläser mit Tee standen, völlig schaumlos.

Mûssa schlürfte von seinem Glas und stellte es zurück auf das Kupfertablett. „Bitter, der Tee ist bitter", beschwerte er sich. „Ich trinke erst von der zweiten Runde."

Eine Staubwoge erhob sich. Die Zeltplanen schlugen, als beabsichtigten sie wegzufliegen.

„Schon lange habe ich gehört, dass dieses sogenannte Wâw sich auf Gold gründet, aber ich habe es nicht glauben wollen."

„Ich habe es auch nicht glauben wollen."

„Und hast du auch, wie ich, gehört, dass die Pest schon bei uns eingedrungen ist?"

Der Derwisch versank in einem langanhaltenden Lachen. Mit dem Saum seines Gesichtstuchs wischte er sich die Tränen ab. „Das ist eine Falle", sagte er scherzend. „Es ist nicht leicht, mein guter Scheich, einen Derwisch in eine solche Falle zu locken, selbst wenn derjenige, der sie aufstellt, der Stammesführer selbst ist." Er lachte laut.

„Der Freund stellt dem Freund keine Falle, selbst wenn ihm dessen Tun zweifelhaft erscheint."

Der Derwisch warf dem Scheich einen boshaften Blick zu und sagte dann: „Es betrübt mich, unserem Scheich mitteilen zu müssen, dass sein Argwohn berechtigt ist. Die Pest ist schon seit einiger Zeit eingedrungen. Von den ersten Tagen an."

„Ist das eine Vermutung?"

„Ach, etwas davon. Vielleicht auch eine Gewissheit. Ich möchte wetten, dass die Seherin seit der Ankunft der Fremden Gold hortet."

„Die Seherin?" Er liess der Frage ein kurzes Lachen folgen und fügte dann spöttelnd hinzu: „Selbstverständlich ergreift der Derwisch die Gelegenheit, einen Stein nach der Seherin zu werfen."

„Die Seherin ist falsch. Hast du vergessen, dass sie sich geweigert hat, den Wind in Ketten zu legen."

Der Stammesführer hielt mit dem Zeichnen auf der Erde inne. Er nahm sein Glas und schlürfte den Tee in drei Schlucken. „Sie hat mich durch eine Bedingung gelähmt. Sie hat das Leben eines Menschen verlangt."

„Das Leben eines Menschen?“

Der Stammesführer nickte, und Mûssas schielendes Auge wurde noch weisser. „Diese Magierin“, flüsterte er zornig zu sich selbst.

„Ich glaube nicht, dass sie eine Magierin ist“, kommentierte der Stammesführer traurig. „Wenn die Pest ihren Weg in die Seelen kennt, ist sie auch bereit, den Tempel der Magier zu betreten.“

Draussen heulte der Wind und trug ein fernes Echo vom Ruf des Herolds heran.

„Was hast du mit dem Armreif gemacht?“ wollte der Stammesführer plötzlich wissen.

„Ha, ich habe ihn an das Ende eines Stocks gebunden, wie ich es als Kind mit Schlangen gemacht habe, und habe damit die Mädchen erschreckt.“ Sein Lachen blieb ohne Antwort. „Danach habe ich getan, was jeder Mann mit dem verführerischen Metall tun muss: Ich habe beschlossen, damit ein Frauenherz zu gewinnen, und habe es Taffâwut geschenkt. Jawohl.“

Der Stammesführer überraschte ihn mit einem bedeutungsvollen Blick, worauf der Derwisch geknickt fortfuhr: „Aber sie hat ihn dem Berg vermacht, statt ihn sich ans Handgelenk zu legen.“

Der Stammesführer schwieg.

Das Mädchen begann, die zweite Runde Tee aufzugiessen. Draussen pfiff der Südwind durch die Weite. Die Planen schlugen auf die Erde, und das Zelt bebte, als wollte es aufbrechen.

„Hast du sie zum Berg begleitet?“ wollte der Stammesführer wissen.

Mûssa nickte und verbarg seinen Mund hinter dem Ende seines Gesichtstuchs. Der Stammesführer verwischte mit einer einzigen Bewegung seine Zeichnungen und sagte rätselhaft: „Sie hat dich mit einer Kette gebunden, die stärker ist als die Fâtiha, stärker als jeder Koranvers.“

Der Derwisch schaute auf und fixierte ihn mit seinem schielenden Auge. Ein paar Tropfen Speichel kleckerten auf sein weisses Gesichtstuch. Der Stammesführer bemerkte die Feuchtigkeit. „Durch das Opfer“, erklärte er.

„Bindet ein Opfer für die Dschinnen Mann und Frau zusammen?“

„Aufs festeste.“

„Aber sie ... sie steht doch unter Udâds Obhut.“

„Die Dschinnen anerkennen die menschliche Obhut nicht. Sie haben ihre eigenen Gesetze.“

„Aber ... aber du, nur du kennst mein Geheimnis.“

„Ich kenne es, und die Dschinnen kennen es auch. Sie wissen mehr von mir als ich selbst und mehr von dir als du selbst.“

Der Derwisch lachte laut, aber seine Augen folgten nicht seinem Lachen. Seine Augen sprachen von etwas anderem. Vom Elend. Die Augen des Derwischs sind seine Zunge. Seine geheime Zunge war es, die den Stammesführer anflehte, mit zwei elenden Augen. Du wirst nie das Geheimnis kundtun, sagten sie. Für einige Augenblicke senkte der Stammesführer sein Haupt, dann blickte er seinen elenden Freund an und versicherte ihm ebenfalls mit den Augen: Ich werde es mit ins Grab nehmen.

Ein weiteres Mal trug der Wind den Ruf des Herolds heran.

5

Gegen Ende der Nacht, als der Mond welkte und Blässe und Müdigkeit sich über sein Gesicht legten, verletzte ein geheimnisvoller, bestialischer Schrei die keusche Stille der

Wüste: „A...a...a...a...a...u...u...u...u...“ Ein schmerzvoller, rätselhafter Schrei, der die Kamele aufschrecken und in ehrfurchtsvollem Schweigen erstarren lässt, ein Schrei, der die Ziegenherden lähmt und den Hirten einen Schauder über den Rücken jagt, ein Schrei, dessen Wesen und Natur die Frauen ihren Kindern schon in den ersten Lebensjahren beibringen und der bei den Scheichen eine Verehrung geniesst, die sie sonst nur den Bewohnern des Unsichtbaren zuteil werden lassen.

Es ist das einzige Tier, das es in den Überlieferungen und Geschichten der Bewohner der Wüste dem Löwen gleichtut. Sie geben ihm tausend Namen, tausend Bezeichnungen, tausend Titel, nur nicht seinen wirklichen, denn die Nennung seines Namens ist eine Aufforderung an ihn, und jedesmal, wenn das Wort Ibaggo, Wolf, einem Kind, einem Greis, einem Mann über die Lippen kommt, bringt ihn das der Herde um tausend Schritte näher. Ibaggo, der gebannte Name, dessen Beine zu binden, dessen Augen zu blenden und den von der Herde fernzuhalten die Seher sich bemühen und alles ihnen zur Verfügung stehende geheime Wissen dafür aufwenden. Das erfordere, sagen sie, eine grössere Anstrengung als die Vorbereitung einer Fessel für den stärksten Teufel in der Wüste. Und dennoch ist nichts leichter, als diesen Zauber unwirksam zu machen. Die Nennung des gebannten Namens durch einen ungezogenen Jungen genügt, um den Schutz des Amuletts zunichte zu machen und das Tier in die Herde eindringen zu lassen. Und wenn das geschieht, dann ist Feuer im Stroh. Die Bestie vernichtet die ganze Herde, noch bevor der Hirte den ersten Teil eines Assâhar-Liedes zuende gebracht hat.

Doch die weisen Hirten sind die einzigen, die auch das Geheimnis in seiner Stimme lesen können. Sie wissen, wann er hungrig und wann er satt ist. Sie wissen, dass sein Ruf eine List ist: Wenn er satt ist, weint er; ist er hungrig, lacht er. Und sie sagen, er gebe ein schmerzvolles Heulen von sich, wenn er satt ist, weil er weiss, dass er lange Hunger leiden wird, bevor er ein weiteres Opfer findet, und er stosse einen heiteren, glücklichen Schrei aus, wenn er hungrig ist, weil er weiss, dass der Hunger, wie lange er auch dauern möge, mit einem Festmahl aus Lämmern zuende gehen und von Sättigung gefolgt sein wird. Niemand ausser diesen Weisen hat eine solche Einsicht in das Verhalten der Bestie, dass er im Geheul ihre Stimmung ausmachen kann.

Gelockt vom Geruch von Blut und Öl und dem Geruch eines Menschen, der noch atmete, ging er hinab ins Wadi. Er war klein. So gross wie ein drei Monate altes Lamm. Genauer, so gross wie ein Fuchs. Bedeckt mit dichtem, zerzaustem Haar, bleich wie die Steine der Ebene in der Wüste im Süden. Wenn er mit seiner gefrässigen, länglichen Schnauze auf der Erde schnupperte, einer Spur folgend, auf der Suche nach Blut und Leben, wurden zwei garstige vorstehende Eckzähne sichtbar. Dies ist das Geschöpf, das die Verständigen respektieren und um dessen Garstigkeit und Kraft die Alten Legenden weben, das bei seinem richtigen Namen zu nennen den Wüstenbewohnern untersagt ist und gegen das einen Zauber zu wirken, der es blendet und von den Herden ablenkt, die Seher ein ganzes Leben verbringen. Muchâmmad! Das ist sein Ersatzname, mit dem es auch der Derwisch von seinem Totenlager aus ansprach, in jener Nacht, als der Mond schon an Müdigkeit und Blässe litt. Anfangs, nachdem er das Bewusstsein wiedererlangt hatte, wusste er nicht, wo er sich befand, was geschehen war und wie lange er schon an dieser Stelle lag. Er spürte nur einen Schwindel und einen unerträglichen Schmerz am Unterleib. Seine Kehle war ausgetrocknet, aus seinem Mund war auch der letzte Tropfen Speichel verschwunden. In seiner Nase mischten sich der

Geruch von Verbranntem, von Blut und von Rauch. Bevor er die Augen öffnete und den bleichen Mond betrachtete, hatte sein Gast sich in eine alte heilige Arbeit vertieft, die er von seinen Ahnen aus alter Zeit übernommen hatte. Diese hatten ihn in ihrem Vermächtnis ermahnt, sich von den Wüstenbewohnern fernzuhalten, und ihn nachdrücklich gewarnt, den Leuten gegenüberzutreten. Ihre Niedertracht, Gemeinheit und List habe selbst den Schöpfer ratlos gemacht. Das Vermächtnis offenbarte Seltsames. Wenn der Mensch tief schläft, liegt er ruhig. Aber dass er ruhig liegt, heisst nicht immer, dass er schläft. Sein Kopf liegt auf der Erde, die Atemzüge gehen regelmässig. Er kann wie tot daliegen, und wenn der Wolf sich nähert, fügt er ihm Böses zu. Das ist eine weitere List des elenden Menschen. Gegen eine List nützt nur eine List. Wenn du ihn also liegend findest, musst du ihn mit Erde bewerfen, um dich zu vergewissern, dass er schläft. Wenn er sich dann nicht bewegt, so kannst du sicher sein, dass er tief schläft. Grab unter seinem Kopf, bis dieser herabhängt und der Halsknochen hervorsteht. Erst dann kannst du ihn angehen und den Knochen mit deinen Zähnen herausziehen, die in ihrer Kraft und ihrer Geschwindigkeit weder mit dem Verstand der Menschen noch mit der Macht der Dschinnen vergleichbar sind.

Der müde Mond sank auf die Knie. Er sandte auf die Weite ein bleiches Licht, was die Rätselhaftigkeit der Wüste noch verstärkte.

Muchâmmad inspizierte den Ort. Er schnüffelte auf der Erde umher. Sprang erschreckt von dem verlöschenden Feuer zurück. Dann kam er wieder und näherte sich seinem Opfer. Vorsichtig. Er schnüffelte am Boden und nahm eine Ladung Sand in seine Klauen, drehte sich um und warf sie dem Derwisch ins Gesicht. Wartete einen Augenblick auf eine Reaktion. Drehte dem Opfer wieder den Rücken zu und streute ihm rasch hintereinander ein paar Portionen Sand auf Gesicht und Körper. In diesem Augenblick bäumte sich der Körper auf, und der Derwisch liess das Todesröcheln seiner Brust entfahren. Muchâmmad wich ein paar Schritte zurück. Er lauschte auf die Stille und die Atemzüge des Körpers, hockte auf die Hinterbeine und wartete. Mûssa öffnete sein schielendes Auge und sah den majestätischen Gast neben seinem Kopf sitzen, ehrfurchtgebietend, das Gesicht des müden Mondes verdeckend.

„Bist du es, Muchâmmad?" murmelte der Derwisch.

Die Gestalt bewegte sich nicht, und der Derwisch fuhr stockend fort: „Bist du gekommen, den Enkel in den Kreis der Ahnen zurückzuführen?"

Muchâmmad wich noch ein paar Schritte zurück. Neben einer Akazie hielt er inne und hockte sich nachdenklich auf die Hinterbeine, im Versuch, in den Symbolen des alten Vermächtnisses eine Antwort auf die überraschende Frage des Opfers zu finden. Aber das Gedächtnis des Derwischs war klarer und reiner, vielleicht ja, weil die Todesohnmacht ihn von der Dunkelheit des Bösen reinigte und ihn dem heiligen Raum annäherte. Sie führte ihn zurück zu seiner reinen Wurzel. Und plötzlich stand er an den Toren des ersten Wâw. Wâw des Anfangs und des Endes.

In seiner Ohnmacht erinnerte sich der Derwisch an die Herkunft seines Ahns. Jenes Vorfahren, der mit Vater und Mutter durch die Wüste irrte. Die Eltern verdursteten, und eine Wölfin zog ihn zusammen mit ihren eigenen Jungen in den Bergen auf. Sie säugte ihn mit ihrer Milch und zerriss mit ihren legendären Zähnen eine Schlange, die den Kleinen mit ihrem hässlichen Körper erwürgen wollte. Der Ahn der Derwische wuchs unter der Obhut der Wölfe auf und erlernte die Sprache der wilden Tiere. Er lernte, dass das

Lachen im Geheul heisst, dass er hungrig, das Weinen dagegen, dass er satt ist. Die barmherzige Wölfin lehrte ihn alle Schliche der Wölfe, bis dann eine Eva kam.

Man trieb eine gewaltige Herde in ein ginsterreiches Wadi. Die Wölfe rochen die Ziegen, und die Weisen unter ihnen rieten, die Gelegenheit zu nutzen und die Herde zu überfallen, bevor die Seher des Lagers den Bindezauber geschaffen und Beschwörungsformeln gefunden hätten. Der Ahn war bei dem Überfall dabei und attackierte gerade eine Ziege, wollte sie mit seinen Klauen packen und mit seinen Zähnen würgen, als er sie sah, eine Eva. Die Hirtin stand erschreckt da, klammerte sich an ihrem Stock fest. Um ihre schmale Taille lag ein lederner Gürtel. Über ihre jungfräuliche Brust hingen lederne Amulette und sorgsam geflochtene Zöpfe aus pechschwarzem Haar. Die Strahlen des Abendlichts ergossen sich über sie, und die mit Öl gecremten Zöpfe blinkten golden. In ihren Augen lag Verwirrung, auf ihren gespannten, purpurnen Lippen Entsetzen. Seine garstigen Klauen, die um den Hals der elenden Ziege lagen, lockerten sich; sie entschlüpfte, blieb aber angstvoll stehen, als könne sie ihre Rettung gar nicht fassen. Die Hirtin aber wich zurück, und mit jedem Schritt, den sie nach hinten ging, folgte ihr der Ahn einen Schritt. Plötzlich stiess sie mit dem Rücken gegen die Reste einer abgestorbenen Tamariske, die die Erde verschlungen hatte und über die Sand und Salz hergekrochen waren. Sie fiel auf den Rücken. Er trat näher und blieb neben ihr stehen. Tastete mit seinen groben Klauen ihren weichen Körper ab. Sie schloss angstvoll die Augen. Er wusste nicht, wovor dieses schöne Geschöpf Angst hatte, denn er hatte noch nicht erfahren, dass, wer mit den wilden Tieren lebt und sich von der Milch der Wölfe nährt, selbst ein wildes Tier und ein Wolf ist. Und sie wusste nicht, dass hinter diesem hässlichen Knäuel aus Haar und

Klauen das Herz eines unschuldigen Derwischs schlug, der vom Weg nach Wâw abgekommen und von der Wölfin gesäugt worden war. Die arme Hirtin hatte keine Ahnung, dass der Mensch, wo immer er in der ewigen Weite auch umherirrt, schliesslich doch den Weg zu einer Eva findet, da die Frau das einzige Geschöpf ist, das die Bestie in den Pferch der Menschen zurückführen kann, und wäre er ein Derwisch aus einer Wolfsherde.

An jenem Abend, in der Abenddämmerung, kehrte er zu den Menschen zurück. Der zarte Körper der Hirtin erinnerte ihn an die Menschen und wies ihn in die Oase zurück, die er verlassen hatte, bevor er erfuhr, was das Leben ist.

In der Nacht nahm er nicht am Beutefest seiner Wolfsbrüder teil. Er hockte da, die Vorderpfoten vor sich in die Erde geschoben, und starrte in die Finsternis. In seiner Brust schien ein armes, kleines Vögelchen zu singen und mit den Flügeln zu schlagen. Er lauschte dem seltsamen Gesang, ohne zu wissen, dass dieses Vögelchen in der Sprache der Menschen das Herz ist und dass sein Lied die ewige Sehnsucht des Mannes nach der Trennung von der Mutter und der Vereinigung mit der Frau besingt, mit dem Weib, das er verlor, als er die Höhlen des Unbekannten verliess.

Nur die Wölfin-Mutter verstand das Geheimnis. Denn nichts kann einen Wolf davon abhalten, sich am Beutefestmahl zu beteiligen, ausser dass in seiner Brust das Herz eines Menschen schlägt, das an einen Ort ausserhalb dieser Brust gebunden ist. Sie betrachtete ihre Jungen, die sich um blutige Fleischstücke balgten, und sie empfand eine tiefe Trauer.

Am frühen Morgen floh der Derwisch in das Lager. Die Mutter, die gespürt hatte, dass er das tun werde, folgte ihm, erklomm den Hügel, öffnete ihr Maul und stiess einen schmerzvollen Schrei aus: „A...a...a...a...a...u...u...u...u...“ Vom fernen Berg hallte es wider, das Echo kehrte schmerzlich zurück, qualvoller als der Schrei.

Das Vögelchen in der Brust des flüchtigen Menschen flatterte, und er suchte bei seiner Mutter Zuflucht. Er barg seinen Kopf an ihrer Brust und gestand ihr, er könne nicht bleiben. Und in der Sprache der Wölfe antwortete sie ihm, er sei vom Schicksal dazu verurteilt, zwischen Gegensätzen hin und her gerissen zu leben: zwischen Mensch und Tier, zwischen Exil und Ursprung, zwischen Körper und Herz. Ruhe werde er erst finden, wenn das Unmögliche geschieht und die Gegensätze eins werden. Doch wenn er glaube, ihm werde Ruhe zuteil, wenn er sich von der Mutter entferne, die ihn mit ihrer Milch genährt hat, um dem Weibe zu folgen, um einer anderen Frau anzuhangen, so sei das eine Illusion. Er fliehe rückwärts, in die Finsternis der Urhöhle. In Leere und Wahnsinn. Dann trat sie zu ihm, schüttelte ihn mit ihren Vorderpfoten und erklärte ihm klar und brutal: „Wer hat das Böse in unsere Wüste gepflanzt, den schönsten und prachtvollsten Flecken, den der Schöpfer geschaffen hat – der Mensch oder der Wolf? Wer hat die Gazellen vernichtet und den Mufflon ausgerottet – der Mensch oder der Wolf? Wer hat das Wasser der Brunnen aufgebraucht und die Quellen verdorben – der Mensch oder der Wolf? Wer hat die Bäume der Wüste ausgerissen, die Pflanzen verbrannt und das Gras zerstört – der Mensch oder der Wolf? Wer hat sich angemasst, nutzlos Vögel zu töten, Raben, Kraniche und selbst die kleinsten Vögelchen – der Mensch oder der Wolf? Wer hob die Hand wider Mutter, Bruder und Vater – der Mensch oder der Wolf? Wer also ist die Bestie – der Mensch oder der Wolf? Du fliehst aus einer sanftmütigen Familie, die nichts anderes sucht als einmal im Monat etwas zu essen, um nicht hungers zu sterben, und willst dich einer Familie anschliessen, die auch ohne Hunger isst und die verschwenderisch Wasser trinkt, die ohne Not zerstört und ohne Grund tötet." Er könne dem Ruf nicht widerstehen, brachte der Derwisch weinend hervor. Das Vögelchen in seiner Brust sei losgeflogen und bei der schönen Hirtin eingekehrt. Nur sein abscheulicher Körper sei noch hier, auf der Ebene, bei ihr. Da begriff die arme Mutter, dass der Mensch in den Pferch seiner Leute zurückkehren muss, wie auch der Wolf aus den Lagern der Menschen zum Rudel zurückkehrt. Sie umarmte ihn lange, aber sie verbarg ihre Tränen. Erst als der Derwisch hinter den Hügeln verschwunden war, wandte sie sich in die Gebetsrichtung und streckte ihre lange Schnauze dem keuschen Morgenlicht entgegen, öffnete ihre Brust und klagte laut: „A...a...a...a...a...u...u...u...u..." Der Abschiedsschrei habe, so wird erzählt, ein volles Jahr gedauert. Laut anderen Versionen sogar zwölf Jahre. Und seit jener Zeit ist der qualvolle Schrei die Sprache der Wölfe.

Mûssa kannte die Geschichte dieser Trennung und wusste seit seiner Kindheit, dass sein Ahn nach der Rückkehr von den Wölfen die schöne Hirtin heiratete. Diese Geschichte fiel ihm jetzt ein, nicht weil er neben sich einen Wolf sah, sondern weil er von jenem Organ befreit war, um dessentwillen der Ahn seine Mutter verlassen hatte, jenem teuflischen Organ, das ihn zu der Hirtin gelockt hatte und das Herz der Mutter verbrennen liess, die ihn in der Wildnis aufgenommen und vor dem Verdursten gerettet hatte, die ihm Geborgenheit, Sicherheit und Leben gewährte. Seit er diese beschämende Geschichte gehört hatte, konnte er nicht umhin, seinem törichten Ahn zu grollen. Doch nun hatte er sich für seine Ahnin gerächt und mit einem Schnitt den Grund der Trennung entfernt. Im Versuch, seinen Mund zu befeuchten und etwas Speichel zu finden, leckte er seine Lippen.

„Jetzt kannst du unserer Ahnin die frohe Botschaft bringen", stammelte er mühsam, „dass ich die Rückkehr in unsere Familie wählte. Das ist der Beweis. Nimm ihn und berichte ihr vom Wunsch des verlorenen Enkels, in die Familie zurückzukehren."

Dann verlor er aufs neue das Bewusstsein.

6

Am Morgen fanden ihn die Männer al-Bikâjs und brachten ihn zum Stammesführer. Dieser richtete ein Festmahl, um den Kranken zu betreuen. Er hiess seine schwarzen Sklaven und seine Gefolgsleute ein Zelt zur Aufnahme der Besucher aufstellen, schlachtete einige Tiere und kaufte auf dem Markt von Wâw Nahrungsmittel, Zucker und Tee, um die Gäste angemessen zu bewirten, die kamen, um zur Rettung des Derwischs vor den Wölfen zu gratulieren.

Das nämlich liess der Stammesführer verlauten. Oder das sollten, nach Wunsch des Derwischs, die Leute aus dem Mund des Stammesführers hören. Nachdem nämlich die Kaufleute ihn gebracht hatten und Âdda ihn in seinem Zelt aufgenommen hatte, wechselte er mit dem Scheich einen langen, geheimnisvollen Blick, der bei den Männern al-Bikâjs Erstaunen weckte. Ein Blick, in den Mûssa sein Geheimnis legte und mit dem er den Stammesführer wortlos anflehte, dieses nicht preiszugeben. Wusste er doch, dass dieser das einzige Geschöpf auf der Ebene war, das – vielleicht durch Erfahrung, vielleicht durch Begabung – erwartet hatte, dass er etwas mit seinem Herzen tun würde, vielleicht sogar etwas Grösseres, als er tat. Und tatsächlich sah er in den Augen seines edlen Freundes ein Verständnis, das sogar seine Erwartungen überstieg. Es hätte ihn nicht überrascht, Verurteilung, Tadel oder Zorn zu sehen, aber in jenem flüchtigen Augenblick, in dem sich ihre Blicke trafen, sah er nichts als Schmerz.

Drei Männer hatten ihn mit grösster Vorsicht vom Kamel herabgenommen und ins Zelt getragen, eingewickelt in eine früher einmal aschfarbene, durch intensiven Gebrauch schon fast weiss gewordene Decke. Das Bluten hatte aufgehört, aber sein Gewand war blut- und ölverschmiert. Von seinen Kleidern ging der Geruch von verbranntem Fleisch und Öl aus, sein Gesicht war welk, gealtert und völlig schwarz. In den Mundwinkeln hing eine dünne Schicht von weissem Schaum. Die Oberlippe gab die Zähne frei, die noch mehr vorstanden. Die Augen waren erloschen, zwei grosse, weisse Augäpfel drehten sich in den Höhlen. Er bäumte sich auf und schüttelte sich wie im Fieber. Seinen Kopf zertrümmerten Schmerz und Schwäche.

Der Stammesführer liess eine alte Negerin kommen, die Holztöpfe voller Kräutertinkturen und Präparate der Heiler und alten Frauen mitbrachte. Sie wickelte ihn in der Zeltecke in Decken und schob eine mit klebriger Tinktur beschmierte Hand zwischen seine Beine. Da stiess er einen Schmerzensschrei aus.

„Der Wolf hat ihn die ganze Nacht umkreist", bemerkte einer der Händler.

Der Stammesführer lud sie zum Bleiben, doch sie entschuldigten sich aus Furcht, zu spät nach Mursuk zu kommen, wo Hadsch al-Bikâj sie erwarte. Er begleitete sie bis zum Fuss des Berges. Dann kehrte er zurück und fand den Kranken, der von dem grossartigen Leben faselte, das er in der Sippe seiner Ahnen, der Wölfe, gelebt habe. Die alte Frau zog angewidert ihren Mund zusammen und starrte verstohlen auf den Stammesführer, bis dieser ihr klar und deutlich sagte: „Im Akazienwadi haben ihn die Wölfe attackiert."

Als sie ihn zweifelnd ansah, warf er ihr einen Blick wie einen Blitz zu, so dass sie erschreckt murmelte: „Ja, ja. Die Wölfe haben ihn angegriffen."

Am Eingang stehend und bereit, seine Pflicht gegenüber den Gästen zu erfüllen, fügte er noch hinzu: „Bin ich es, der erzählt hat, die Wölfe hätten ihn die ganze Nacht umkreist? Bin ich es, der auf dem Lager liegt und vom angenehmen Leben in der Sippe der Wölfe faselt?"

„Die Wölfe haben ihn im Akazienwadi angegriffen", wiederholte die Alte wie ein Kind.

Dann schwieg sie wie ein Grab.

Mûssas alte Amme kam und weinte so lange neben ihm, bis sich der Stammesführer gezwungen sah, sie aus dem Zelt zu entfernen. Alte Männer und alte Frauen kamen, Mädchen und Jungen. Auch Tamghart und Taffâwut kamen und Ocha und Achmâd, der Imam und der Herold, ja, sogar die Seherin Têmet.

Aber sie betrat nicht das Zelt. Sie blieb dahinter bei einer Gruppe Frauen stehen und betrachtete ihn durch einen Spalt. Einige Tage später kam Udâd von den Bergen herab und kniete lange neben ihm, ohne ein einziges Wort zu sagen. Seine Augen waren elend, sein Blick war leer, traurig, abwesend, so dass Mûssa gar glaubte, er sei krank. Als er ihn fragte, wie es ihm gehe, lächelte er kummervoll und gab ihm mit einem Zeichen zu verstehen, er sei glücklich. Der Körper des Derwischs entflammte im Fieber, und er versank in seinen Schmerzen. Da schlich Udâd hinaus und zog zurück ins Tâdrart.

In den Augenblicken, in denen Mûssa sein Bewusstsein zurückerlangte, beschrieb er das Rudel Wölfe, das ihn im Akazienwadi attackiert habe. Er tat das mit einer solchen Intensität, dass der ganze Stamm, der wusste, dass der Derwisch besondere Vorfahren hatte, schliesslich überzeugt war, die Bestien seien gekommen, um ihren Spross zurückzuholen, und als dieser Widerstand leistete, hätten sie ihn attackiert und am Unterleib verwundet. Da brauchten dann die nach immer neuen Legenden durstigen Zungen keine weitere Hilfe, um aus dieser Geschichte einen neuen Mythos zu fabrizieren. Als sich der Stammesführer einige Tage später neben seinen Patienten setzte, sagte Mûssa: „Ich habe nicht gelogen. Der Wolf hat mich wirklich nach der Säuberung aufgesucht."

Der alte Mann senkte das Haupt und belebte das verlöschende Feuer mit einer Handvoll Holzstücke, die in der Glut knackten und die Stille der späten Nachtstunde zerrissen.

„Hätte ich mich nicht gesäubert", flüsterte der Derwisch wie zu sich selbst, „wäre der Bote meines Ahns nicht gekommen. Glaubst du, der Bote meines Ahns wäre gekommen, wenn ich die Säuberung nicht vollzogen hätte?"

Der Stammesführer hielt noch immer den Kopf gesenkt und betrachtete die Feuerzungen, die sich an der Handvoll Brennholz gütlich taten.

„Ich weiss", fuhr der Derwisch fort, „dass du meiner spottest. Aber ich erinnere mich an die Beschneidung in meiner Kindheit. Der Fakîh hat das Sündhafte nicht an der Wurzel beseitigt, und so verlangte mein Herz, als ich älter wurde, nach einer Eva. Hätte er es damals gemacht, hätte keine Frau es gewagt, mich mir selbst wegzunehmen, wie sie es mit meinem Ahn gemacht hat."

Der Stammesführer machte ein vages Zeichen mit dem Kopf, und der Kranke fuhr fort: „Unsere Ahnin, die Wölfin, hat einen grossen Fehler begangen, weil sie ihn nicht vom Sündhaften befreit hat. Hätte sie ihn in seiner Kindheit gesäubert, wäre er nicht, älter geworden, von ihr weggelaufen. Der Satan hat den Mann hiermit gegängelt." Er wies auf die Wunde zwischen seinen Beinen. Der Stammesführer sagte nichts, und der Kranke schlug vor: „Ich habe eine Bitte." Als der Stammesführer nicht aufsah, fuhr er fort: „Dass meine Geschichte ein Geheimnis zwischen uns bleibt."

Der alte Mann hob den Kopf und schaute zum erstenmal, seit Mûssa zu reden begonnen hatte, zu ihm hin. Der Derwisch sah in seinen Augen einen Schmerz und ein Versprechen. Da liess er sich zurückfallen und schlief ein.

III. Wâw der Erde und Wâw des Himmels

Dann trat er in die Wüste und
nahm sie in Besitz, durchquerte sie –
Menschen und Zeit, Berg und Ebene.
al-Hallâdsch, *al-Tawasîn*

1

Nachdem der Sultan befohlen hatte, das Verbot aufzuheben, veränderte sich das Gesicht von Wâw.

Emestagh baute den Mauerflügel, der sich nach Norden legte, weiter, und er hielt mit dem Bau inne, bevor der hartnäckige Kiefer, gezähnt mit den Dreiecken der Architektur von Gadames, nach Westen abbog, um auf seinen Gegenpart zu treffen und mit ihm gemeinsam die „Brust der Erde“ zu verschlingen. Entlang beider Mauern standen Reihen niedriger, getünchter Gebäude, von den Händlern zu Läden gemacht, in denen mit all den Waren gehandelt wurde, die die Karawanen vom Norden und vom Süden des Kontinents heranschafften. Die Leute der Ebene konnten fast nicht glauben, was sie innerhalb kurzer Zeit in ihrer verlassenen Wüste sahen, Waren, die aus Gadames, Kairuân, Tripolis, Kano, Timbuktu, Agades oder Tamanrasset zu holen ihre Karawanen monate- und jahrelange Entfernungen zurücklegten. Sie fanden in ihrer Nachbarschaft die Verlockungen jener legendären Städte, die besucht zu haben sich ein Sohn des Stammes, den ein gnädiges Schicksal dorthin geführt hat, sein ganzes Leben lang rühmt. Sogar die Datteln und das Korn, das sie gegen Fett, Käse und Tierköpfe bei den Oasenbauern einzutauschen gewöhnt waren, eilten jetzt zu ihnen, und die Händler boten ihnen vor den Läden die hervorragendsten Sorten an. Die Notabeln des Stammes schlenderten gern zwischen den Läden umher und plauderten über das Wunder, das nicht hätte geschehen können, wenn sich die Dschinnen nicht mit dem unseligen Metall eingeschaltet hätten.

Viele vergassen den alten Pakt rascher, als sie selbst erwartet hatten, und wiederholten mit Staunen, das magische Metall verwandle jedes Land, in das es komme, in ein Paradies. Die Weisen ersannen für die schwachen Seelen Ausreden, während sie die üppigen Waren begutachteten, die aus den Läden quollen und die Händler zwangen, sie an den Aussenwänden der Geschäfte aufzuhängen oder sie in Beuteln, Säcken und anderen Behältern auf dem freien Platz gegenüber den Läden anzubieten, weil sie auf den Regalen im Innern keinen Platz mehr fanden. Die Stadt, ja die ganze Ebene war erfüllt von den Gerüchen der Gewürze und Kräuter, der Parfüme und Essenzen, von Moschus und Weihrauch. Auch der Duft von grünem und rotem Tee breitete sich aus, und die Händler boten den Zucker in zwei Sorten an, den normalen und den in der Form der Hütten der Bauern in den Oasen; auch das Salz kam in zwei Sorten, das normale und dasjenige in Formen. Die Ebene ertrank in den Getreidesorten. Jede neue Karawane brachte weitere Säcke mit Weizen, Gerste, Mais und Zuckerrohr. Aus den verschiedenen Wüsten kamen unterschiedliche Arten von Trockenfleisch, von der Gazelle, vom Mufflon, vom Wildhasen, vom Büffel, vom Lamm und vom Kamel. Unzählige Stoffe gab es, deren Farben, Muster und Arten die Herzen der Jungfrauen schneller schlagen liessen. Und Frauen und Mädchen begannen, um die Tuchläden zu kreisen, als wären es die letzten Ruhestätten der Ahnen oder die Heiligengräber am Tag des Festes. Auch die Reiter und die Jungen fanden sich in keiner anderen Lage. Auch für sie legten die satanischen Händler nicht weniger attraktive Schlingen aus.

Sie brachten weite Gilbabe, lang und indigoblau gefärbt, ausserdem Tudschulmust verschiedener Machart, diejenige von Aïr, diejenige vom Ahaggâr, ebenso die Art, auf deren Herstellung die Neger von Kano spezialisiert waren. Auch die Tamba-Sandalen vergassen sie nicht, die mit einem Dutzend verschiedenfarbiger Riemen versehen waren, und die kriegsdurstigen Ritter fanden Schwerter, Speere, Sättel und Peitschen. Die alten Männer erwarben sich Kautabak und Natrin, das sie kauten, während sie, neben den Läden auf den Fussspitzen hockend oder auf ihre Stöcke gestützt, berauscht dem Treiben des Marktes lauschten.

Das magische Metall blieb.

Der Sultan befahl, in neueröffneten Läden Schmuck und Juwelen anzubieten, wobei aber die Halle ein Ort bleiben sollte, in dem sich die Handwerker und Schmiede konzentrierten, um die Läden draussen mit den notwendigen Produkten zu versorgen. So ging die Schmiedearbeit unablässig weiter, und die geheimnisvolle Musik verstummte nicht, jenes Zeichen für die Auferstehung Wâws aus dem Unbekannten und die Eröffnung des Goldenen Zeitalters in der Mittleren Wüste.

2

Die Herbstmonate begannen, und der Zeitpunkt für das Fest rückte näher. Der Herold drehte unablässig seine Runden zwischen den Zelten des Lagers und umkreiste die Mauern von Wâw. Er erklomm die Hügel und durchquerte die Ebene, als wollte er selbst den Steinen der Weite, den Felsen der Berge und den Wipfeln der Akazien die frohe Botschaft eintrichtern, nachdem er sie dem Gedächtnis des

Stammes und den Bewohnern der Stadt eingemeisselt hatte. Sogar die Hirten und die Besucher der Ebene prägten sich den verheissenen Tag ein.

Gott hatte dem Herold des Stammes nicht allein eine grossartige Stimme geschenkt. Er hatte ihm noch eine andere Gabe verliehen, die ihn mit den Liebes- und Lobdichterinnen ebenso wie mit den Reiter- und Raubzugdichtern in Konkurrenz treten liess. Er zelebrierte die Nachricht, versah sie mit der Zauberkraft poetischer Sprache, wodurch jedes Ereignis zu einem wundervollen Mythos wurde, den die Menschen herbeisehnten und den oft Mütter ihren trotzigen Kindern erzählten, um sie frühzeitig ins Bett zu bringen.

So waren die Bewohner der Wüste nicht befremdet, vom Herold neue Mythen über Wâw zu vernehmen, wie sie noch nie jemand gehört hatte. Dies, obwohl die Weisen versicherten, die Texte entstammten jenem Kapitel des Anhi, das über Generationen hin weitergegeben worden sei und das die Ahninnen in Form von Geschichten, Belehrungen und Geheimnissen erzählt hätten. Waren doch die Bewohner der Wüste daran gewöhnt, auf das verlorene Buch jene kalten, strengen Texte zurückzuführen, die über die Philosophie des Lebens und das Geheimnis des Todes sprechen und die elenden Nachfahren warnen, nicht in die Falle der Sesshaftigkeit und des Erwerbs von Besitz zu geraten; dagegen führten sie die hübschen, stilistisch schönen und erzieherisch wertvollen Geschichten allein auf die Phantasie der Ahnen zurück. Die Scheiche und die Weisen sahen offenbar diesen strengen, harten, kalten Geist (er scheint der Weisheit zuzugehören) in den Geschichten des blinden Herolds, die doch – in ihrer Verbindung von erzieherischem Ziel und ästhetischem Genuss – der Phantasie der Ahnen treu blieben.

Auf der grossen, von den rätselhaften Berggipfeln umschlossenen Ebene erhob sich die edle Stimme des blinden Herolds, der zwei Geschichten über das unbekannte Wâw ins Gedächtnis der Wüste meisselte und ein Vermächtnis der Ahnen weitergab, das den Nachfahren gebietet, die Gier zu meiden und sich vor der Neugier zu hüten.

Die erste Geschichte

Es öffnete die Stadt ihre Tore dem irrenden Wanderer, der in Verzweiflung begonnen hatte, sich die Kleider vom Leibe zu reissen, um sich zu entblössen. Kein Weiser der Wüste weiss, warum die Barmherzigkeit dergestalt säumt. Geschah es doch nie, dass ein Irrender gerettet, ein Dürstender getränkt wurde, bevor er sich in Verzweiflung die Kleider vom Leib riss. Auch weiss niemand, ob die schlauen Wüstenbewohner sich dieser List bedienen, um sich den Himmel geneigt zu machen und ihre Reue anzuzeigen, oder ob der Tropfen des Lebens, der im Wasser liegt, den Wanderer erst zwingt, auf die Knie zu fallen und den Sand zu küssen, wenn er verdampft und mit ihm der Rest seines Verstandes entflogen ist und der stolze Wüstenbewohner, am Tor des Todes, seine Scham vergisst. Denn der Tod ist das einzige Tor, das weder Stolz noch Scham anerkennt und nur die Nacktheit akzeptiert. Im verlorenen Anhi soll sich eine Erklärung finden für diese harte Prüfung. Der Himmel verzögere absichtlich die Gnade, damit der Durst den Leib des Wanderers von seinem Stolz reinige und ihm den ehrfurchtgebietenden Gesichtsschleier vom Schamteil Mund wegziehe. Jeder, der nackt und bloss vor dieser Bestie gerettet werde, wandle für den Rest seines Lebens gebrochen und mit gesenktem Haupt. Vor den Halsstarrigen und Hochmütigen, so heisst es im Anhi, denen ihr Stolz nicht erlaubte, Kleider und Gesichtstuch abzunehmen, wurden die Tore Wâws verschlossen, und die in der Wüste umherziehenden Engel verfehlten den Weg zu ihnen und fanden sie tot, bekleidet; Würmer zerfrassen ihre Körper, und Falken und Krähen kreisten über ihnen.

Doch unser fremder Wanderer gehörte nicht zu den Stolzen. Mit seinen Kleidern legte er auch seinen Stolz ab, wie es die Rechtschaffenen tun. Und da brachte ihm der Himmel gerade dieses Wâw, machte seine majestätischen Mauern bei seinen Füssen fest, unten am Hügel von Sand. Mit ihm sank ein Schleier aus Dunkelheit herab, und der Wanderer wusste nicht, ob die Sonne schon untergegangen war und die Dämmerung sich senkte oder ob der verruchte Durst es war, der ihn an der Hand in die Finsternis führte. Er torkelte und fiel zu Boden. Sein Gesicht verschwand in der Erde. Mund und Nase füllten sich mit Sand. Er sog den Staub ein und kaute die elenden, salzigen Körner. Hob sein Haupt und betrachtete die koketten Lichter Wâws; sie leuchten und verschwinden; kommen näher und entfernen sich; blinken und verstecken sich, verführerisch wie Jungfrauen. Er vermeinte, auf den Schwellen des himmlischen Reiches zu stehen, und erwartete den Strafengel, bereit für die Abrechnung. Auch das gehört zum Wunder von Wâw. Augenzeugen erzählen, die verheissene Oase sei ihnen erst erschienen, nachdem sie die Hoffnung darauf aufgegeben und sie längst vergessen hatten. Und auch das stand im Anhi: sie sei wie der Schatten, fliehe, die danach suchen, und folge denen, die die Hoffnung aufgegeben haben.

Auch unser Wanderer hatte sie vergessen und sah sie als Königreich des Himmels an.

Er rollte, halb ohnmächtig, den Hügel herab. Krabbelte auf allen vieren. Kroch auf dem Bauch. Stürzte dreimal nieder und küsste den glühendheissen Sand, bevor er die

Schwelle der Oase erreichte. Dann verlor er das Bewusstsein, erinnerte sich an nichts. Nicht daran, ob kräftige Arme ihn aufgenommen, auch nicht daran, ob seine Schwäche ihm erlaubt hatte, zu Fuss durch das Tor einzutreten. Plötzlich lag er auf einem weichen Bett, umgeben von dikken Kissen, gestopft mit Baumwolle, Wolle und Federn. Die Wände waren durchsichtig, bedeckt mit einem hellen Schleier, der ruhiges silbriges Licht, wie Vollmondlicht, ausstrahlte. Unten, den Fuss der Wand entlang, verflochten sich grüne Zungen aus Gras, zweigeteilt durch ein langes Band aus kleinen Blumen, wie die Blüten des Ginsters, doch vielfarbig, was sie vor der mattsilbernen Wand wie einen langgestreckten Regenbogen erscheinen liess. Auch ihr märchenhafter, kräftiger Duft erinnerte ihn an Ginsterblüten. Er war verwirrt und fragte sich unablässig nach der Herkunft seines Schwindelgefühls. War es der Durst oder waren es die Ginsterblüten? Ihm zu Häupten sass ein würdiger Scheich, mit schweren Wangen, erloschenem Blick und buschigen Brauen, auf dessen Brust ein gelblichweisser Bart lag, den der Saum seines ausgebleichten, durchsichtigen Gesichtstuches bedeckte. Mit faltengezeichneter Hand nahm er einen goldenen Becher und flösste ihm tropfenweise mit Fäden aus roter Seide das Wasser des Lebens ein. Feierliche Stille herrschte in der Oase. Die Stille, die die Weisen verehren und in deren Paradies die Alten leben. Doch es gab etwas Überraschendes, das die Heiligkeit des Ortes verletzte. In einiger Entfernung und mit grossen, unregelmässigen Abständen hörte er Vogelgezwitscher. Feines, harmonisches Singen, so wonnevoll, dass es in seiner Seele eine rätselhafte Wehmut weckte und ihn ahnen liess, dass er im Reich des Wüstenparadieses war. In der verheissenen Oase, von der der Sohn der Wüste vom Tag seiner Geburt bis zum Tag seines Todes träumt. Er hob seinen

Kopf vom weichen Kissen und stützte sich auf beide Ellbogen. Der Scheich lächelte ihm zu und bewegte zum Zeichen der Zustimmung sein ehrfurchtgebietendes Haupt. Der Wanderer begriff, dass der Mann seine Gedanken gelesen hatte. Hinter dem Scheich betrachtete er die Wipfel der Bäume von Wäldern und Hainen, die sich bis an den Horizont erstreckten. Dann entfernte sich der wonnevolle Gesang, und die majestätische Stille verschluckte wiederum alles.

Der Wanderer öffnete den Mund und fragte neugierig: „Sag mir, guter Scheich, was ist das Geheimnis von Wâw? Wann ist der Wanderer in der Lage, Wâw zu finden?"

Der alte Mann zeigte nochmals das Lächeln des Milden, der gewöhnt ist, die Fehler der Elenden zu verzeihen und auf die Fragen der Kinder zu antworten. Zum erstenmal sprach er, und der Wanderer vernahm eine reine, ruhige Stimme, wonnevoll wie der Vogelgesang in den stillen Hainen. Er wünschte, er spräche und spräche und hörte nie mehr auf. „Niemand kommt nach Wâw, denn nach der Durchquerung des Jammertals und nachdem er zum zweitenmal geboren wurde. Verliere dich, um dich wiederzufinden!"

Der Wanderer in der Weglosigkeit wollte sich weiter und weiter an der Stimme ergötzen, da spürte er eine rätselhafte Wärme, und eine Flut von Ruhe füllte sein unglückliches Herz. „Und ausserdem?" fragte er unbewusst.

Der Scheich schüttelte ablehnend seinen Turban, in seinen Augen sah er einen tadelnden Blick. „Das ist alles", sagte er kurz und bündig.

Nun spürte der Irrende, dass er hungrig war. Gerade öffnete er den Mund, um seinen Wunsch kundzutun, als auch schon eine Schar hochgewachsener Mädchen hereinkam, gehüllt in luftige Gewänder, farbige Schleier aus bunter Seide. Ihre Haare hatten sie mit grünen Tüchern bedeckt, die auf ihre Schultern herabfielen und auf ihren kecken Brüsten flatterten. Die Kleider waren rot, auch sie leicht, luftig und lang. Sie reichten bis zu den Knöcheln hinab. Um die Fussgelenke schmiegten sich Reifen aus Gold, um die Hälse Ketten aus leuchtenden Juwelen, die in allen Farben blinkten. An ihren grazilen Fingern steckten Ringe aus Silber, von den Ohren baumelten Gehänge aus Gold, mit blauen Edelsteinen durchsetzt. Sie kamen mit hübschen goldenen Tellern, gefüllt mit jeder Art Speise. Auch Löffel aus Silber legten sie neben ihn und stellten ihm Becher aus Gold hin, gefüllt mit verschiedenfarbigen Getränken. Und der Wanderer begriff, dass die Bewohner von Wâw keine Sprache aus Wörtern brauchten, da sie die Sprache der Gedanken und die Bewegung der Seele verstanden.

Draussen in den weiten Hainen sangen wieder die himmlischen Vögel ihre wonnevollen Gesänge, doch die feierliche Stille blieb die vorherrschende Sprache.

Er ass und trank, dankte dem Gott des Himmels und der Erde und verrichtete ein Gebet aus zwei Niederwerfungen. Er dankte auch den Bewohnern von Wâw und umarmte zum Abschied den majestätischen Scheich. Der alte Mann geleitete ihn bis an die Tore der Mauer, wo der Wanderer drei Kamele vorfand, beladen mit Waren und Proviant. Hier regte sich nun das Teufelsgeflüster in seiner Brust. Er bat noch um etwas Brennholz für ein Feuer zum Kochen, vergass dabei aber, dass die Bewohner von Wâw auch die Sprache der Seele lesen. Der Alte lächelte ruhig, aber rätselhaft und hiess ihm ein weiteres Kamel bringen, beladen mit Palmwedeln und Brennholz.

Am Abend zog der Wanderer hinaus aus Wâw. Er stieg die sandige Anhöhe hinauf und verschwand hinter den Hügeln. Wartete bis Sonnenuntergang, grub in der Dunkelheit ein Loch und steckte das erste Stück Holz hinein, als Wegzeichen zurück nach Wâw. Die Neugier zerfrass ihm das Herz, und er beschloss, Markierungen zu setzen, die ihn und seine Angehörigen zu der verlorenen Oase weisen sollten. Er wusste nicht, dass er in dem Augenblick den Pakt brach, da er seine Sippe an seinem Schatz teilhaben lassen wollte, da er beschloss, für sie Wegzeichen aufzustellen, denen folgend sie die wandernde Oase überfallen könnten. Er war glücklich, nicht zum Kreis jener zu gehören, die nach Schätzen und Gold gieren, doch er übersah dabei, wie abscheulich geschwätzig er selbst war, da er in seinem Leben kein Geheimnis für sich behalten konnte. Er wünschte, der Augenblick käme, da er das Lager erreichte und den Seinen erzählen könnte, er habe entdeckt, wonach die Bewohner der Wüste ihr Leben lang suchen. Doch da er wusste, sie würden ihm nicht glauben, begann er, das Brennholz in den Boden zu pflanzen und die Palmwedel festzustecken, um den Weg zur Fata-Morgana-Oase wiederzufinden.

Hört nur euren Herold, ihr Bewohner der Wüste: Die Neugier ist hässlich, ist nicht weniger abscheulich als die Gier! Es warne also der Verständige unter euch den Leichtsinnigen, es informiere der Anwesende den Vorüberziehenden! Einen ganzen Tag lang steckte der Wanderer seine Holzstücke. Als er sich am Abend daranmachen wollte, seine Mahlzeit zu kochen, verfinsterte sich der Himmel, und das Antlitz der Wüste verdüsterte sich. Ein Sturm erhob sich vor Mitternacht, der drei Tage lang die Sanddünen durchpflügte. Er wirbelte die törichten Markierungen auf und beraubte den Wanderer seiner Kamele und seines Proviants. Kraftlos und einsam irrte er weiter, den Mund vom Durst geknebelt, die Füsse gebunden, die Augen geblendet.

Doch ein weiteres Mal konnte der Wanderer nicht auf Rettung hoffen, nachdem er an seinen Hals neben der Neugier ein weiteres Laster, die Gier, gehängt hatte. O ihr Bewohner der Wüste: Wenn der Himmel sich euer erbarmt und Wâw euch seine Tore öffnet, so vergesst nicht, dass ihr es nackt betreten habt, sogar ohne das Feigenblatt, das Adam und Eva sich nahmen, nachdem sie erkannt hatten, dass sie nackt waren. Vergesst, dass ihr auf den Schatz gestossen seid, und hütet das Geheimnis. Wisset, dass der Wunsch nach Rückkehr nach Wâw eine Sünde ist, denn das scheue Wâw zieht weiter ins Unbekannte, um sich zu säubern von den Spuren des Menschengastes.

Die zweite Geschichte

Der zweite Wanderer ist ein Händler. Auf der Reise nach Suwaila kam er vom Weg zum Brunnen ab. Er gab seine drei Kamele auf, um von Lasten frei zu sein, verliess die Karawanenroute und wandte sich nach Norden, in der Annahme, einen kürzeren Weg zu den Oasen zu finden. Bis zu jenem Tag kannte der Wanderer nicht die Listen der Wüste, wenn sie beschliesst, den Reisenden als Gast zu empfangen, ihn in ihr Innerstes einzuladen. Da bedient sie sich der Furcht vor dem Durst, und diese raubt ihm den Verstand. Und wenn der Verstand den Wanderer verlässt, gerät er in die Fallstrikke und lässt sich von der Fata Morgana in die falsche Richtung führen. Den ersten Fehler beging der Wanderer, als er sich von der Weite der Wüste erschrecken liess und Angst bekam, sich zu verirren. Den zweiten Fehler beging er, als er die Karawanenroute verliess und dem unbekannten Wüstenpfad folgte, dabei auf Erinnerung ohne Verstand bauend. Der unbekannte Pfad führte ihn in die Irre, und er erreichte niemals die Oasen.

Es kam der Augenblick, da die Wüstenbewohner sich von der Schamhaftigkeit freimachen, und der Verirrte wandte sich der erbarmungslosen Sonne zu und legte alle seine Kleider ab. Nackt warf er sich auf die glühendheissen Steine nieder und rief verzweifelt: „Oh, Gott ..." In der lodernden Wüste zog er sich auf sich selbst zurück und dann ... dann reiste er in eine andere Wüste, ins Unbekannte.

Doch da trat ihm Wâw in den Weg. Er lag in einem weichen Bett, zwischen Kissen aus Federn, Baumwolle und Wolle, umgeben von hellen, durchsichtigen Wänden, verziert mit üppigen Girlanden aus Ginsterblüten. Am Bett stand eine Schar edler Männer, aus deren Augen nie das Lächeln wich. Ein rätselhaftes Lächeln, aber gut und gütig. Auf der anderen Seite sassen schöne Mädchen, angetan mit bunten, luftigen Kleidern. Draussen in weiten Hainen sangen die Vögel ihre wonnevollen Lieder. Und als der Wanderer aus seiner Ohnmacht erwachte und sein Bewusstsein zurückkehrte, drang ihm das Murmeln von Wasser ans Ohr. Da erinnerte er sich, dieses angenehme Murmeln schon vernommen zu haben, während er schlief, im Unbekannten. Ja, es schon immer gehört zu haben, seit seiner Geburt, vor seiner Geburt, irgendwann einmal, er wusste nicht wann. Das Murmeln des Wassers, das sich durch die Erde drängt; die Keckheit des Wassers, das sich mit den Felsen anlegt, das mit den Büschen scherzt, das mit den Steinen tändelt. Hübsch, die Sprache des Wassers, wenn es fliesst. Hübsch, die Flut, die dauernde, ewige Flut, die Gott der Wüste versagt hat. Was hat die Wüste nur verbrochen, dass sie diese Strafe verdient hat?

Nachdem er lange der kecken, geheimnisvollen Sprache des Wassers gelauscht hatte, wandte er sich an den nächststehenden Mann und erkundigte sich nach der Flut.

Der Mann antwortete mit einem Lächeln, bevor er den Mund öffnete: „Ja, das ist die ewige Flut. Der Fluss."

„Der Fluss!?"

Der Mann bewegte bestätigend seinen Turban, ohne etwas zu erklären.

Da sagte der Wanderer: „Auch in der Wüste gibt es Flüsse. Alte Flüsse. Ihre Spuren sind tief in ihren Leib gegraben, wie die Falten von Schmerz und Weisheit ins Gesicht der Alten. Aber das Wasser fliesst dort nur noch einmal in hundert, vielleicht sogar in tausend Jahren. Denn die dürstende Wüste eilt ins Wadi und verschlingt das Geschenk des Himmels. In der Wüste gibt dir ein Mensch sein Leben, wenn du ihm ein Wadi zeigst, in dem Wasser fliesst. Was hat die Wüste verbrochen, dass man ihr das Wasser nahm? Womit hat sie den Fluch des Himmels verdient?“ Ohne eine Antwort abzuwarten, schaute er auf und jammerte: „Wie elend die Wüste doch ist, wie elend.“ Er liess zwei geistesabwesende Augen über die ruhigen, würdevollen Gesichter wandern und fügte hinzu: „Niemand weiss, was die Bewohner der Wüste auf sich nehmen für einen einzigen Besuch in Wâw. Ihr könnt nicht ermessen, was es für einen Wüstenbewohner heisst, Wasser in den Hainen murmeln zu hören, zwischen den Steinen, die seine Zunge blankpoliert hat, und dem Gesträuch, das es keck und verführerisch umgibt. Das Wasser. Wasser. Wie schön doch das Wasser ist!“

Die Augen aller glänzten lächelnd und hell. Drei Knaben kamen mit einem silbernen Tablett, auf dem, sauber aufgereiht, kleine goldene, mit Tee gefüllte Becher standen. Sie stellten es auf die weiche Decke, und der Händler nahm seinen Becher. Er drehte ihn in der Hand und folgte mit den Augen einem Mosaik aus Edelsteinen – die Gestalt einer schlanken Tänzerin, die sich in verführerischer Bewegung nach hinten beugt. Er kratzte mit dem Fingernagel an der Mosaikstruktur, worauf die Juwelen im Licht blinkten. Er führte den Becher näher an sein Gesicht und inspizierte ihn, da drang ihm ein seltsamer Duft in die Nase, ein Gemisch aus wilden Pflanzen. Er bildete sich ein, jenes Blütengemisch zu kennen, aber er wusste nicht, von wann und von wo. Vielleicht von der Roten Hammâda im Frühling, vielleicht vom Dschebel Nefûssa.

Er schlürfte von dem Nass und spürte einen leichten Schwindel, dem Klarheit und Entspannung folgten. Lange war er berauscht von dem Getränk, doch der Rausch tötete nicht die Bestie, die in seiner Brust erwachte. Eine Bestie, die ihn an der Nase auf dem ganzen Wüstenkontinent herumgeführt hatte: von Gadames bis Kano, von Timbuktu bis Suwaila, von Tamanrasset bis Kairuân. Und seit ihn vor fünfzig Jahren sein Vater auf die erste Reise mitgenommen hatte, wanderte er unentwegt. Er hatte die altehrwürdigen Städte besucht, von ihnen aber nichts als die Märkte gesehen. Ja, er hatte auf dem gesamten Wüstenrund nichts als die Wüste gesehen. Hatte nie den Frühling in der Hammâda erlebt, sich nie an den Ginsterblüten erfreut, wenn sie sich nach der Regenzeit öffnen, sich nie an den Gazellenherden ergötzt, die ruhig und getrost in den Wadis umherstreifen. Er hatte nie den altehrwürdigen Mufflon auf den Höhen der Mittleren Wüste beobachtet, obwohl er dessen Fleisch alltäglich verspeiste. Er träumte von den fliessenden Flüssen, ist aber nie auf die blauen Berge im Süden der Hammâda gestiegen, um zu sehen, wie sich die geheimnisvollen Gipfel mühen, das Regenwasser Tropfen um Tropfen zu sammeln und daraus Rinnsale zu schaffen, die aus den Seitentälchen in der Höhe hervorbrechen und sich in die unteren Wadis ergiessen. Er hat nie dieses Wunder gesehen, weil der Durst in seinem Herzen ist, nicht in der Wüste. Und wie wollte jemand in der Wüste leben oder sich an ihren Zeichen erfreuen, in dessen Seele der Götze des Handels lebt und der Lärm der Märkte verehrt wird? Er vergass den Fluss, und die

Bestie der Raffgier erwachte in ihm, als er den goldenen Becher erblickte, als das Mosaikmuster ihm ins Gesicht leuchtete.

Das Murmeln des Wassers ging zurück, der Fluss floh. Die Nachtigallen entflogen und hörten auf zu jubilieren. Er vernahm die Stimme der Bestie, die in seinem Innern flüsterte: Das sind die Becher von Wâw, verziert mit dem Mosaik des Paradieses. Es würde den Händlern von Gadames genügen zu wissen, dass die verlorene Oase dir ihre Tore geöffnet hat, und schon würde der Preis für die Becher in den Himmel steigen. Du wirst feilschen und kämpfen, wie es das Gesetz des Marktes verlangt, und schliesslich zuschlagen und auf einen Sitz die Verluste der Flautejahre wettmachen. Die osmanischen Notabeln werden jeden Preis bezahlen, wenn sie erfahren, dass der Becher aus der geheimnisvollen Oase stammt.

Er trank den Becher leer und steckte ihn, während die Umsitzenden nicht achtgaben, in die Tasche. Danach wurde er mit Blindheit und Taubheit geschlagen. Er sah nichts anderes mehr als die Becher und hörte nichts anderes mehr als ihr Klirren auf dem Tablett. Als die drei Tage der Gastfreundschaft vorüber waren, machte er sich zum Aufbruch bereit. Die Notabeln geleiteten ihn lächelnden Gesichts bis zum Tor, wo sie sich in Würde und Herzlichkeit von ihm verabschiedeten.

Als der Händler Wâw verliess, trug er drei mit Tänzerinnen aus Paradiesmosaik verzierte Becher in der Tasche. Die erste Nacht verbrachte er in einem baumlosen Wadi. Er betrachtete seinen Schatz. Das Mädchen zwinkerte ihm verführerisch zu. Er entfachte ein Feuer und bereitete sich aus den reichlichen Vorräten, die ihm die grosszügigen Notabeln von Wâw mitgegeben hatten, ein fürstliches Mahl. Er kochte einen Topf voll Gazellenfleisch, buk Weizenbrot im heissen Sand und rieb sich das Fett vom Fleisch in seinen gefrässigen Bart. Er liebte es, sich mit der Hand durch den Bart zu streichen, weil sich so das Haar nährte und der Bart würdig-fettig glänzte. Dieses Vorgehen hatte er von einem gewieften Händler gelernt, dem die Hälfte aller Läden in Gadames und zahlreiche Kamelherden in der Hammâda gehörten. Nach einem traumlosen Schlaf setzte er am Morgen seinen Weg fort. Drei Tage war er unterwegs, bevor er die Veränderung bemerkte und feststellte, dass die Becher zu schierem Kupfer geworden waren. Er traute seinen Augen nicht und strafte seine Händlererfahrung im Umgang mit Gold und Edelmetallen auf den Märkten der Oasen Lügen. Groll würgte ihn, und er machte nicht mehr Halt, bis er auf den Markt von Suwaila kam. Dort eilte er unverzüglich zu den Goldhändlern und sass allein mit einem alten Mann zusammen, mit dem er schon auf früheren Reisen Geschäfte gemacht hatte. Der Alte prüfte die „Ware" im Feuer und gab sie dem Händler mit dem Hinweis zurück, es handle sich um Kupfer. Und das darauf aus Edelsteinmosaik gewirkte Mädchen hatte sich in eine elende Gestalt aus matten, blinden Glasperlen verwandelt.

O ihr Bewohner der Wüste: Wenn Wâw euch seine Tore öffnet, so verlasst es nackt, denn nackt habt ihr es betreten.

3

„Vergiesst das Blut. Ich will es! Tränkt die Erde mit Blut! Geizt nicht mit euren Opfern für die Wüste. Schlachtet Kamele und Ziegen, Mufflons und Gazellen, und sättigt die hier wohnen und die Vorüberziehenden, Händler und Hirten. Nehmt selbst Bestien und Raubtiere als Gäste auf, denn die Fülle des Blutes und das Gebet der Bestien und der Vögel erweichen das Herz der Erde, dann wird sie Wâw gastlich aufnehmen und die Last der Mauern und der Wände ertragen."

Die Sklaven entsprachen dem Befehl des Sultans. Sie schlachteten Tiere und vergossen das Blut der Opfer. Rauchfahnen stiegen empor, vermischt mit dem Geruch von geröstetem Fleisch, und erreichten die fernsten Weiden und die abgelegensten Oasen, wie die Wanderer erzählten. Da kamen Hirten und Händler, Nomaden und Sesshafte, Wüsten- und Höhlenbewohner, Wölfe und Falken. Und in wenigen Wochen war aus Wâw das Zentrum der Wüste geworden.

Idikrân besuchte den Stammesführer, um mit ihm über die Opfer zu sprechen. Einige Tage zuvor hatte er ihn auf dem westlichen Markt getroffen, wo er, bei einem Rundgang mit einigen Notabeln, vor einem Laden mit Goldwaren stehengeblieben war. Idikrân grüsste sie mit seiner pockenzerfressenen Hand, was den Abscheu des Imams erregte. „Es wäre angemessener", sagte dieser spöttisch, „du würdest nach den Schätzen in Wâw suchen statt in den Höhlen oder zwischen den Felsen. Schau nur, Fremder, wie dir die satanischen Händler zuvorgekommen sind und die Schätze der Wüste in die verheissene Oase gebracht haben." Idikrân lächelte. Er bedeckte seine Augen mit dem Saum seines hohen Turbans und verschwand im Gewühl des Marktes. Doch Scheich Âdda, der Stammesführer, brachte den Imam mit einem missbilligenden Blick zum Schweigen. Sein Lachen brach ab, und er floh mit seinem Blick auf die andere Seite, wo sich Männer um einen Greis scharten, der aus der Hammâda gekommen war, um getrocknete Trüffeln zu verkaufen. Der Stammesführer traf häufig auf den Fremden, und mehrfach hatte er ihn schon zum Essen eingeladen. Doch der rätselhafte Gast entschuldigte sich jedesmal geschickt und vertröstete ihn.

Nun erschien er uneingeladen, bevor der Mond aufging. Der Stammesführer empfing ihn ausserhalb des Zeltes. Er erhob sich, ihn zu begrüssen, und wiederholte die ehrwürdigen Sätze zum Ausdruck seiner Freude über den Besuch. Dann erfüllte er die Gastgeberpflichten, wie sie das Gesetz der Wüste vorschreibt. Er ging ins Zelt und kam mit einem Kelim zurück, den er auf der Westseite des Zeltes ausbreitete, während er sich unablässig nach dem Wohlbefinden seines Gastes erkundigte, nach seiner Gesundheit, nach seinen Träumen, danach, wie er sich in der Fremde fühle und wie er die vergangene Nacht verbracht habe. Der Gast beantwortete die vielfältigen Fragen langsam und geduldig, erfahren wie jemand, der mit den Leuten von Asdschirr zusammenlebt und ihre Gebräuche kennt.

Nachdem der Stammesführer das Empfangsritual beendet hatte, folgte Schweigen. Es kam jener kritische Augenblick, den auch die Seher nicht meistern und dessen geheimnisvollen Schlüssel zu finden selbst die Weisen ratlos sind. Der Augenblick zwischen den erhabenen Willkommensritualen und der Kluft alltäglicher Sorgen, zwischen der Wärme des Herzens und der Kälte des Lebens, zwischen der Sprache himmlischer Poesie und derjenigen irdischer Prosa. Es gibt nichts Schwierigeres als den Übergang von der Welt des Paradieses, errichtet vom menschlichen Herzen, zur Wüstenhölle, in die die beiden offenen Herzen gerade von ihrer märchenhaften Reise zurückkehren: in die Gefangenschaft des Ortes, der Zeit und des alltäglichen Lebens. Mutig ist, wer es schafft, sofort von der Glückseligkeit des Herzens zur Hölle des Lebens hier und heute überzuwechseln. Diesen Schlüssel zu entdecken nennen die Bewohner der Wüste Weisheit. Und die Weisheit erlaubt es keiner der beiden Seiten, dreist das Tor aufzustossen und von Wâw zu reden; denn die Weisheit gestattet es, gemäss der Sitte der

Wüstenbewohner, nicht, die Dinge bei ihrem Namen zu nennen. Weisheit nämlich ist nicht Mut. Viele glauben, Gott habe den Wüstenbewohnern das wechselhafte Gemüt als magischen Schlüssel mitgegeben, um sie davor zu retten, sich in leblose Götzen zu verwandeln, und sie das Geheimwort finden zu lassen, mit dem sie ihren Gesprächspartner aus dem Paradies des Herzens in die Hölle der Erde und der Menschen bringen.

Nicht die Weisheit erlöste den Stammesführer von der Last des Augenblicks, sondern die göttliche Eingebung. Er ging ein weiteres Mal ins Zelt und kam mit einem Becher Dickmilch zurück, den er seinem Gast anbot. Dazu sprach er das Schlüsselwort: „So lange mussten wir leben, um Zeugen solch seltsamer Zeit zu werden. Wenn der Südwind auf diese Weise anhält, so werden wir in Bälde ein gewaltiges Sandmeer in der Mittleren Wüste entstehen sehen, wie unsere Urahnen die beiden gewaltigen Sandmeere im Osten und im Westen der Wüste entstehen sahen."

Er freute sich über seine Eingebung und begann, das Feuer für den Tee zu entfachen. Doch gleich darauf wurde ihm klar, dass er dieses Glücksgefühl nicht verspürte, weil er den magischen Schlüssel entdeckt hatte, sondern weil er dadurch seinem Gast ermöglichte, die übliche Befangenheit zu überwinden und aus seinem Schneckenhaus herauszukommen. Die Unterhaltung bewegte sich spontan in irdischer Richtung, als der Gast mit seiner ruhigen, spöttisch geheimnisvollen Stimme bemerkte: „Die Erscheinungen der Wüste behandeln als töricht nur das Vieh und die Törichten. Die Weisen sehen darin Zeichen, Hinweis und Erleuchtung."

Das Licht des Mondes begann den Horizont zu überfluten und die Gipfel der Berge von der Erde zu trennen. Der Stammesführer rieb sich die Hände, um die Befangenheit zu verbergen, die die zwar verhüllte, aber doch erbarmungslose Aussage des Gastes in ihm geweckt hatte. „Ich stimme dir zu, dass in der Wüste nichts umsonst geschieht", sagte er nach einigem Schweigen. „Auch der Wind bläst nicht grundlos mit einer solchen Brutalität. Aber ich spreche von den Folgen, nicht von den Ursachen ..."

„Es wäre aber angemessener", unterbrach ihn der Besucher fast feindselig, „du sprächst von der Ursache, bevor du von der Folge sprichst. Weise ist, wer nach den Ursachen fragt, grün, wer mit der Folge beginnt. Wenn wir wissen, dass der Wind eure Erde durchpflügt, die Läufe der Wadis verändert und Hügel errichtet, und das seit Jahren, was bedeutet ein solch beharrlicher Angriff im Urteil unseres weisen Scheichs?"

„Gott bewahre, dass ich die Weisheit für mich in Anspruch nähme. Was aber nicht heisst, dass ich nicht lange über die Bedeutung nachgedacht hätte. Ich habe mich um eine Erklärung bemüht und habe über eine Massnahme nachgedacht. Ich habe mich mit der Seherin beraten, die eine Bedingung gestellt hat, wie sie nur das Gesetz der Magier erlaubt." Er schwieg wieder. Wandte sich dem Feuer zu, das sich am Brennholz nährte und eine gefrässige Zunge hochlecken liess. Es verschlang das neugeborene Licht und spuckte Funken. Dann senkte er seinen Turban und fuhr fort: „Sie hat den Kopf eines Menschen verlangt."

„Die Symbole zu lesen ist das älteste den Bewohnern der Wüste vorbehaltene Privileg, und wenn die Weisen der Stämme nachlässig sind und diese Sitte aufgeben, überrascht es nicht, dass man ganze Lager unter den Sanddünen findet."

„Da hast du recht."

„Wenn eure Vorfahren nicht das Anhi auf den Steintafeln und den Felsen der Berge gelesen hätten, hätten sie den Führer für das Leben verloren und wären von der Wüste abgeschnitten worden. Waren es denn allein die Seher, die das getan haben? Wenn du vom Weg abkommst, erwartest du dann, dass ein Seher kommt und die Tifinâgh-Symbole auf den Steinen liest, damit du zum Brunnen gelangst und das Leben gewinnst?"

„Ich gebe zu, dass die in den Seher gesetzte Erwartung in diesem Fall eine Torheit wäre."

„Und wenn die Seherin abweicht, wer anders als die Verständigen übernimmt die Sache, auch wenn sie im Prinzip keinen Fehler gemacht hat?"

„Sie hat keinen Fehler gemacht."

„Sie hat keinen Fehler gemacht, aber sie hat dir nur die halbe Wahrheit gesagt. Und auch du hast keinen Fehler gemacht, als du sie beschuldigtest, die Religion der Magier angenommen zu haben."

„Wenn sie keinen Fehler gemacht hat und ich auch nicht, heisst das nicht, dass wir beide im Recht sind?"

Der Fremde brach in schallendes Gelächter aus und konnte sich nur schwer beruhigen. Dann setzte er sich wieder gerade hin und wandte sich dem Stammesführer zu. Dieser sah die tiefen Spuren, die die Pocken auf seinen von der Gluthitze des Südens verbrannten Wangen hinterlassen hatten.

„Es könnte auch heissen", sagte der Gast heiter und belustigt, „dass ihr beide im Unrecht seid. Aber klären wir erst einmal das: Wer ist nach Meinung unseres edlen Scheichs ein Magier?"

Die Gier des Feuers liess nach. Der Stammesführer warf eine Handvoll Teeblätter in die Kanne und füllte sie mit Wasser aus einem durch vielen Gebrauch abgegriffenen hölzernen Behälter. Er stellte die Kanne auf einen Haufen Glut, die er mit dem Schürhaken vom Feuer getrennt hatte. „Wenn ich versäumt habe, die Zeichen im Wind zu lesen, glaube ich doch nicht, dass unser vortrefflicher Gast darin einen hinreichenden Grund sehen kann, mich der Nachlässigkeit zu zeihen. Und wenn Gott mir die Würde der Weisheit in der Wüste des Lebens vorenthalten haben sollte, so hat er mir doch in der Erfahrung eine schattige Oase gegeben. Ich bin nie müde geworden zu wiederholen, dass ein Magier nicht jemand ist, der sich vor den Steinen niederwirft, weil Gott überall präsent ist, wohin ihr euch auch wendet, einschliesslich der Steine. Der wahre Magier ist vielmehr derjenige, der Gott um Geld verkauft und ihn in seinem Herzen für die Liebe zum Gold eintauscht."

„Das hast du schön gesagt! Wirklich schön", rief der Gast, ihn unterbrechend.

„Ich habe nie für mich in Anspruch genommen, Kenntnis in Fragen der Religion zu besitzen, aber das Schicksal des Scheichs des Kadirîja-Ordens kann es dir bestätigen. Er hat mir das Exil auferlegt, damit er auf der Ebene nach Belieben schalten und walten kann. Dann erhielt er als Geschenk aus dem Unbekannten das Kästchen mit Goldstaub, das ihn vernichten sollte."

„Man erzählt, es sei eure Seherin gewesen, die ihm das Kästchen geschickt habe."

„Das erzählt man."

„Wenn es stimmt, heisst das, dass sie um das Geheimnis des Goldes weiss. Und wenn sie darum weiss, macht das ihr Verbrechen dir gegenüber nur noch schlimmer." Der Stammesführer warf seinem Gast einen verstohlenen Blick zu. „Ich wollte sagen", fuhr dieser fort, „dass sie wirklich eine Magierin ist, weil sie in ihrem Herzen an keinen anderen Gott als das Gold glaubt. Die Prinzessin hat sie mit dem teuflischen Metall überhäuft, weshalb sie es vorzog zu schweigen und dir die Wahrheit über den Wind zu verheimlichen, obwohl sie dich nicht belog, als sie von dir das Leben eines Menschen als Bedingung dafür verlangte, den Südwind in Ketten zu legen. Sie weiss, dass es die Bedingung ist, um den Wind zu lähmen."

Der Stammesführer erstarrte. Die Glut des Feuers verlosch, unter der weissen Asche zwinkerte es verschämt hervor. Von Osten goss ein grosser Mond fahles Licht über die Hörner der Berge. Der grüne Tee kochte auf, und in ihre Nase stieg jener angenehme Geruch, von dem die Hirten und Wanderer so manche Legende erzählen.

„Ich gebe zu, dass ich Gerüchte gehört habe, die sie beschuldigen, in allerhand Geschäfte mit dem gottlosen Metall auf dem Markt von Wâw verwickelt zu sein. Doch es ziemt sich nicht für das Oberhaupt des Stammes, Urteile auf Vermutungen und Gerüchten aufzubauen." Er begann den Tee zu mischen. Plötzlich hielt er inne und rief aus: „Jetzt verstehe ich ..., mein Gott. Du hast überhaupt nie nach Schätzen gesucht. Da könnte ich wetten."

Idikrân lachte. „Da brauchst du keine Wette."

„Bist du ein Seher?" Ihre Blicke begegneten sich im Licht des Mondes, und der Stammesführer las die Antwort des Fremden. „Vom ersten Tag an hatte ich meine Zweifel. Grosser Gott."

„Meine Vorfahren sind in den Süden gezogen, als die Almoraviden Timbuktu erobert haben. Wir haben im Dschungel gelebt, und unsere Vorfahren haben uns ein Vermächtnis hinterlassen, aus dem die Zeit eine Losung gemacht hat. Sie haben uns gelehrt, dass das Ursprungsland das Schicksal des Menschen ist, weil ihn Gott aus dessen Erde geschaffen und ihm seinen Geist eingehaucht hat, wie ihr in eurer neuen Religion sagt."

„Du bist ein Magier?" unterbrach ihn der Stammesführer.

Idikrân schwieg lange. Er starrte in die unter der weissen Asche schlafende Glut, senkte den Kopf und durchpflügte mit dem Zeigefinger die Erde und grub Tifinâgh-Symbole hinein. Dann schaute er auf und blickte dem Stammesführer in die Augen. „Wir waren uns doch einig, wer ein Magier und wer ein Gläubiger ist?“

Der Stammesführer widersprach nicht. Er wollte nicht jene heilige Sehnsucht verletzen, die er in den Augen seines Gastes sah und die er selbst während langer Jahre des Exils in der Roten Hammâda kennengelernt hatte.

Idikrân kehrte zum Urmaterial zurück, dem die Menschen den Namen „Heimat“ gegeben haben. „Ich habe gehört, dass auch du einige Jahre dieses Schicksal durchlebt hast. Aber du hast es nicht von deinen Vorfahren geerbt. Die Sehnsucht ist erbarmungsloser, wenn du von klein auf lernst, dass du ein Ast bist, abgeschnitten von einem fernen, unbekannten Stamm, dessen Teil du einst warst. Du wächst, und mit dir wächst die Sehnsucht, bis sie zum Gebet und zum Gottesdienst wird. Ich habe mir Timbuktu, das ich nur aus den Geschichten meiner Grossmutter kannte, ausgemalt, und ich habe geweint. Ich habe geweint, weil ich gespürt habe, dass ich heimatlos bin. Ein Wüstenpflänzchen, dem der Himmel mit Regen gegeizt hat, das verdorrt und eingegangen ist und dessen Überbleibsel der Wind umherwirbelt. Das ist der Grund dafür, dass Menschen in der Fremde wie Kinder leben und sterben. Gott rechnet ihnen die Zeit, die sie in der Fremde vergeudet haben, nicht an. Und was ist Wâw, auf dessen Suche wir unser Leben verbringen, anderes als jene erste, unbekannte Heimat?“

Der Stammesführer bot ihm das Glas mit der ersten Runde Tee an. Idikrân stellte es direkt neben den Kelim in den Sand.

„Das Gold“, fuhr er fort, „setzte während jener Jahre seine Flucht aus der Goldstadt fort. Weise hatten, einer nach dem anderen, den Sultansthron inne, bis Oragh mit dem

Magierherzen kam, Oragh, in dessen Augen es nichts Schöneres gibt als das Glitzern des Goldes. Er verhökerte Timbuktu dafür, und ich konnte in Begleitung des Bambara-Häuptlings in die verheissene Oase zurückkehren." Er wandte sich dem Stammesführer zu und sagte provozierend: „Dir ist natürlich nicht verborgen geblieben, dass das Gold unser Mittel war, so wie es inzwischen Anâjs Mittel geworden ist, sich euer Land zu unterwerfen und von dir ohne Widerstand den Brunnen zu bekommen."

Der Stammesführer überhörte die Provokation. Er beugte sich vornüber und zeichnete mit dem Finger einige Linien in den Sand.

„Warst du je in Timbuktu?" fragte Idikrân plötzlich.

„Dreimal."

„Hast du auch Amanâj aufgesucht?"

„Zur Zeit der Sultane war er noch in steinerne Windeln gewickelt."

„Ja, er war eingekerkert. Und als Sultan Oragh gezwungen war, den Herrn des Dschungels um weiteres Gold anzugehen, um die Märkte von Timbuktu zu beleben, nutzte dieser die Gelegenheit und verlangte die Freilassung des Gottes. Aber der alte Gott begnügte sich nicht mit der Freiheit, sondern verlangte auch das Opfer von uns. Er wandte zornig sein Gesicht zum Abgrund und sandte den erbarmungslosesten Feind, den es in der Wüste gibt, gegen uns: den Südwind!"

Weit weg in Wâw erhoben sich Jubeltriller, denen Trommelschläge folgten. Am Zelt des Stammesführers ging, in Richtung Wâw, eine Anzahl Männer vorbei. Der Gast lauschte einige Augenblicke ihrem Gemurmel, dann kehrte er nach Timbuktu zurück. „Die Verständigen berieten sich, und der Häuptling befahl uns, das Los zu ziehen. Die Wahl der Götter fiel auf die Tochter des Sultans."

Der Stammesführer hielt beim Ziehen der Linien auf der Erde inne. „Tênere?!"

„Ja, Prinzessin Tênere." Wieder schwieg er. Schaute zu den Hörnern der Berge hinauf und betrachtete den Mond. Dann fügte er bitter hinzu: „Aber Oragh hat uns mit Hilfe Anâjs, dieses Gauners, betrogen und das Mädchen nach Asdschirr geschmuggelt."

Der Trommelschlag in Wâw wurde regelmässig, die Stimmen singender Frauen drangen heran.

Idikrân kehrte zu seiner Geschichte zurück: „Amanâj bestrafte uns, und der Südwind überzog die Wüste. Da war es nicht schwierig für die Verständigen bei uns, im Wind ein Zeichen zu sehen, das Timbuktu zu begraben und die Stadt des Goldes und des Handels verschwinden zu lassen drohte. Der Rat der Verständigen beriet sich, und nochmals suchten wir die Entscheidung des Loses. Da entschieden die Götter, die dürftige Kreatur, die hier vor dir sitzt, solle sich der Sache annehmen."

Er schlürfte aus seinem erkalteten Glas, in dem sich der Schaum längst aufgelöst hatte. Im Licht des Mondes bemerkte der Stammesführer, dass auch in seine Oberlippe Pockennarben eingegraben waren. Er kostete den Tee und machte dann mit der Zunge ein unangenehmes Geräusch, bevor er fortfuhr: „Mir geschah, was dem Liebenden der Steinbraut im Tal des Koko-Flusses geschah. Kennst du die Geschichte?"

Der Stammesführer verneinte mit einer Bewegung seines Turbans. Da erzählte sein Besucher ohne weitere Aufforderung: „Weder im Anhi noch in den Geschichten, die von Generation zu Generation weitergegeben werden, wird von jener Katastrophe berichtet, die die Untere Wüste eines Jahres durch die Austrocknung des ewigen Flusses erlebte. Verstärkt wurde die Heimsuchung noch dadurch, dass die törichten Leute, die keine Trockenheit kannten und nie den Geschmack des Lebens in den Oberen Wüsten gekostet hatten, die durchschnitten sind von Flüssen, ausgetrocknet seit fünf- oder fünfzigtausend Jahren, dass diese trägen Menschen, verwöhnt von reichlichem Wasser, das die Götter ihnen zu Füssen schütteten, und bequem geworden durch den ewigen Fluss, dass diese Kreaturen mit ihrem blockierten Verstand sich nicht vorstellen konnten, dass das Wasser versiegen und der Fluss innehalten oder in die Erde versinken könnte, um die geheimen Felder in der Tiefe zu bewässern, statt bei diesem ewigen Kreislauf mitzumachen, der im Unbekannten beginnt, um im Unbekannten zu enden, vorbei an den Feldern träger Menschen, die der Segen verdorben und deren Verstand der Luxus umnebelt hat. Der Fluss beschloss, seinen Lauf zu verändern, und wandte sich um. Er kehrte zurück ins erste Unbekannte im geheimnisvollen Wâw. Er verschwand, damit die Menschen lernen, dass er nicht ewig fliesst und dass die tiefen Spuren, die die gesamte Grosse Wüste durchschneiden, auch Spuren von Flüssen sind, die die Alten ewig glaubten, die aber innehielten und verschwanden. Die Viehherden verendeten, die Felder und Pflanzen starben. Die Menschen verdursteten, und der Hunger mähte auch jene Füchse dahin, die dem Schicksal ein Schnippchen schlagen wollten, sich im Schutz der Höhlen ansiedelten und das Wasser aus Tümpeln tranken, die zwischen Steinen und Felsen entlang des langen Laufes versteckt waren, und die immer wenn einer dieser Tümpel versiegte, einen anderen suchten. Und wenn sie keinen weiteren fanden, gruben sie im Boden und erfrischten ihre Kehlen mit feuchter Erde. Und wenn es steiniger Boden war, beugten sie sich über sich selbst und tranken ihren Urin. Die Götter verstanden, dass die Einfalt, die ihren Verstand lähmte und sie unfähig machte, zum Schöpfer zu gelangen, sie nicht daran hinderte, dem von ihm verhängten Schicksal ein Schnippchen zu schlagen, worauf sie auch noch den Hunger auf sie hetzten. Die Weisen lasen den Hinweis, und die Verständigen verstanden das Zeichen. Sie zogen sich auf die Anhöhen zurück, um sich ganz dem Gottesdienst zu widmen. Sie warfen sich nieder, beteten und durchwachten die Nächte, und da entdeckten sie, dass die Sterne eine Sprache haben, dass der Wind eine Botschaft enthält, dass der Vollmond einen Geist und die Erde eine Seele besitzt. Sie alle sangen das Lob des Schöpfers, den sie selbst geleugnet hatten und von dessen Weg sie durch Luxus und Bequemlichkeit abgekommen waren. Jene Auserwählten lebten mit den Zeichen der Natur und verkehrten mit den Dschinnen, bis der Seher eine Eingebung hatte, die das Herz des gewaltigen Schöpfers zu erweichen und das im Luxus lebende Volk von der Sünde der Völlerei zu reinigen vermochte. Er stieg auf den Berg, zog sich zurück, fastete, betete und vertiefte sich darein, ein steinernes Opfer zu meisseln. Er schuf aus stummem Stein ein so vollendetes Geschöpf, wie es die Wüste noch nie gesehen hatte. Er schuf eine Frau, wie sie weder Himmel noch Erde je erblickt hatten. Und in Aïr spricht man noch immer von ihrer legendären Schönheit und sagt zum Beispiel: ‚Sieh nur, wie schön sie ist! Sie ist wie die Steinbraut des Sehers.' Als der Seher sein Werk vollendet hatte, erwartete er das Zeichen von seinen treuen Freunden: den Sternen, der Sonne, dem Mond und den Winden. Der Augenblick kam, und er zog mit der Frau hinab in das rissig durstige Flussbett, gefüllt mit den Kadavern der Gottlosen und der Tiere. Er grub ein Loch in die Erde und pflanzte das Opfer ein, dann setzte er sich ans Ufer und wartete auf die Befruchtung. Das Wunder liess nicht lange auf sich warten. Keine Wolken zogen sich zusammen, kein Tropfen Regen fiel. Doch im Flussbett toste die Flut und überschwemmte auch die Ufer. Sie brauste, wie man es von früher gewohnt war, aus dem Unbekannten heran. Doch keiner von den Toren, deren Verstand die Völlerei einfältig gemacht hatte, fragte sich auch nur ein einziges Mal, woher der Fluss kommt und wohin er geht. Sie waren daran gewöhnt, mit seinem Wasser Unfug zu treiben und sich an seinen Wohltaten zu ergötzen. Was sollte ihnen da sein Ursprung? Einige Nomaden, deren Verstand das Exil geschärft hatte, behaupteten, die ewige Flut komme aus Wâw; sie durchquere die Wüste, um zum Urfluss in der geheimen Oase zurückzukehren. Aber kein einziger von denen, die sich an den Ufern des Wadis angesiedelt hatten, glaubte ihnen; sie nahmen vielmehr an, die Wandernden wollten Unruhe unter den Bewohnern säen und das Gesicht des Flusses mit der Heiligkeit des göttlichen Ursprungs färben. Du weisst, guter Scheich, dass niemand auf unserem kahlen Kontinent diese bemerkenswerte Flüssigkeit verehrt wie die Nomaden, die das Feuer der Oberen Wüsten entstellt und der Wind des Südens verbrannt hat. Darum überrascht es dich sicher nicht zu erfahren, dass der Seher dem Kreis dieser Elenden entstammte. Doch statt dass der Bildhauer niederfiel und die Himmel dafür pries, das Opfer angenommen zu haben, weinte er, jammerte und zerriss aus Trauer um den verlorenen Stein seinen Turban. Alle, die noch am Leben waren, sahen, wie er sich entkleidete wie ein Junge und ins tiefe Flussbett hinabstieg auf der Suche nach seiner verlorenen Frauenfigur. Aber die gierige Flut hatte sie gleich zu Beginn ihrer Attacke hinweggeleckt und war mit ihr in das ferne, unbekannte Wâw geflohen, wo das Wasser seine Reise beginnt, und wo es sie auch beendet. Der Liebende versank im Schlamm und würgte am Wasser, gemischt mit Lehm und Stroh, Viehmist und sogar Exkrementen der Hirten. Es gelang ihm, sich mit Hilfe von einzelnen Bäumen auf dem

Grund des Wadis und an beiden Ufern aus der Flut zu retten. Die Chronisten sahen ihn, wie er ausgestreckt auf den garstigen Steinen lag und Verfaultes erbrach. Wie durch ein Wunder wurde er gerettet, und niemand weiss, warum ihm die Götter diese Anmassung verziehen haben, sie, die nicht gewohnt sind, Erbarmen zu haben mit jemandem, der ein Gelübde erfüllt und dann kehrtmacht und das Opfer zurückverlangt, weil es ihm Beelzebub, wie ihr ihn im Buche Gottes nennt, so einflüstert. Aber der elende Seher gab nicht auf. Monatelang soll er dem Flusslauf gefolgt sein und jede Windung inspiziert haben, in der Hoffnung, seine Braut sei an irgendeinem Strauch oder Felsen hängengeblieben und so aus den Klauen des Flusses gerettet worden. Weitere Monate vergingen, während derer er Wassermengen durchquerte, die zur Bewässerung der ganzen Grossen Wüste ausgereicht hätten. Er zog von Wadi zu Wadi, von Höhle zu Höhle, von Anhöhe zu Anhöhe, bis er sich von den Wahnvorstellungen befreit und die Hoffnung endgültig aufgegeben hatte, die steinerne Geliebte zurückzugewinnen."

Idikrân beugte sich dem Stammesführer zu und starrte ihm in die Augen. „Und weisst du, was der Seher dann getan hat?" Er erwartete keine Antwort. Seine Augen wurden so eng, dass der Stammesführer glaubte, er habe sie geschlossen. Doch seine rechte Pupille schimmerte noch im Licht des Mondes, als er fortfuhr: „Er wählte den höchsten Bergfelsen über dem Tal des Koko und stürzte sich in den Fluss. Und seit jenem Tag blieb er verschwunden."

Der Stammesführer war mit der Zubereitung der zweiten Runde Tee beschäftigt. Im Osten ertönten weiterhin die Trommeln, überlagert von den Stimmen der Verzückten. Man konnte auch deutlich das Klagen eines Imsâd hören.

Plötzlich entfuhr dem Fremden ein geheimnisvolles Lachen, und nach einigen Augenblicken des Schweigens sagte er: „Ich hoffe, der erhabene Stammesführer wird nicht schlecht von mir denken und glauben, ich beabsichtigte auf die Hörner des Îdenan zu steigen, um eine Torheit zu begehen."

„Ich weiss, dass die Seher das nicht tun", erwiderte der Stammesführer ungerührt, ohne bei der Zubereitung des Tees innezuhalten. „Ein wahrer Seher tut dergleichen nie."

„Und was lässt dich wissen, dass der liebende Seher ein falscher war?"

„Deine Ausdrucksweise, dein Tonfall. Niemand könnte behaupten, den Stämmen der Wandernden anzugehören, ohne gelernt zu haben, die Stimmen zu lesen."

Idikrân lachte. „Ich höre die älteste Stimme in der Wüste. Ich höre das Anhi, das wir geerbt haben, eingegraben auf Felsen und Steinen. Ich gebe zu, dass er ein falscher Seher war, dass er eigentlich überhaupt kein Seher war. Er war ein Bildhauer, der Felsen bearbeitete. Und der Bildhauer in der Wüste liebt die Natur; er kann nichts auf die Steine schreiben, wenn er nicht von seiner Geburt an, ja, schon vor seiner Geburt, ein Liebender ist. Doch er liebt keine irdischen Frauen, weil er nicht binden und nicht gebunden werden will, sondern er liebt die Paradiesjungfrauen, von denen er glaubt, dass sie nirgendwo anders als in Wâw zuhause sind. In die steinerne Braut hat er sein ganzes Fühlen, sein ganzes Verlangen und all seine Sehnsucht nach den legendären Paradiesjungfrauen gegossen und während seiner Arbeit vergessen, dass diese Frau dem Himmel gelobt ist, als Opfer für die Befruchtung des kahlen Landes und für die Rückkehr des Wassers ins tote Wadi."

„Ich verstehe, dass auch mein Gast die Aufgabe vergessen hat, wegen der er nach Aïr gezogen ist, und sich in die

Prinzessin verliebt hat." Der Fremde lachte nochmals. Er zog den oberen Rand seines Gesichtstuchs herab, so dass es seine Augen bedeckte, und den unteren Rand über die Nase hoch, worauf das Tuch sein Gesicht völlig verhüllte. „Was hat dich zu dieser Vermutung veranlasst?"

„Du hast es selbst gesagt. Du hast gesagt: ‚Mir geschah, was dem Liebenden der Steinbraut geschah.'"

Er lachte. „Ich gebe zu, dass unser Scheich über ein gutes Gedächtnis verfügt. Aber heisst das nicht auch, dass ich falsch bin, denn ich habe dir erzählt, ich wäre ein Seher?"

„Ich habe nicht gesagt, dass die wahren Seher nicht lieben können. Ich habe nur gesagt, dass sie keine Torheiten begehen."

„Meinst du denn nicht, dass, wer liebt, eine Torheit begeht, und zwar jedwedes Geschöpf, sogar der Seher?"

„Jedwedes Geschöpf, ja, jedoch nicht der Seher."

„Ich kann nicht umhin, mich in Dankbarkeit für deine gute Meinung über unseresgleichen zu verneigen. Das heisst, dass ich nicht in die Schlinge der Liebe treten darf, wenn ich die Torheiten vermeiden und das Vertrauen unseres Stammesführers gewinnen will."

Der alte Mann lächelte: „Mein Vertrauen zu gewinnen erfordert nicht, der Liebe aus dem Weg zu gehen."

„Und wenn ich dir versichere, dass jedwede Liebe schliesslich zur Torheit führt, was sagst du dann?"

Der Stammesführer stellte die Kanne zurück auf die verlöschende Glut und sagte mit bebender Stimme: „Ich gebe zu, dass das eine schreckliche Überzeugung ist."

„Schrecklich ja, aber auch wahr. Ich glaube, behaupten zu dürfen, dass diese Überzeugung vom Leben der Wüstenbewohner inspiriert ist, einschliesslich der Erfahrung des Stammesführers Âdda selbst."

Dieser betrachtete überrascht den Seher, der noch immer die Augen verborgen hielt. Er erkannte die List. Idikrân versteckte ganz bewusst seine Augen hinter dem dünnen Tuch, um seine Verlegenheit zu verbergen und gleichzeitig die Wirkung seiner Worte auf sein Gegenüber zu beobachten.

Der Stammesführer erwiderte nichts.

Der Gast kehrte zur Prinzessin zurück. „Ich gebe zu, dass ich nicht nur hinter ihr hergereist bin, um Amanâj einen Gefallen zu tun …" Er schwieg, und der Stammesführer wartete auf das Bekenntnis. Doch der Seher drückte sich: „… sondern in Sorge um das Land, zur Rettung Timbuktus vor dem verräterischen Staub. Damit folgte ich jenem geheimnisvollen alten Ruf, den ich in den Jahren des Exils im Dschungel von den Ahnen geerbt habe. Dieses Geheimnis kennen nur die Fremden. Du hast im Exil gelebt. Das erlaubt mir, zu dir ohne Scheu von dem rätselhaften Ruf zu sprechen. Wenn du in der Ferne lebst, mit einer einzigen Hoffnung, nämlich die Geliebte wiederzusehen, die man Heimat nennt, so spürst du, dass du mit einem erhabenen, geheimen, unbekannten Gelübde an sie gebunden bist. Ist es der Ruf des Urmaterials? Ist es der heilige Wunsch, den Preis für die Handvoll Lehm zu entrichten, die der Atem des Schöpfers unschätzbar gemacht hat? Welche Bedeutung hat das Leben eines Geschöpfs, wenn es nicht eine Schuld für das abträgt, was der Schöpfer in die Hand einer Erde gelegt hat, auf die das Geschöpf alltäglich und allstündlich tritt? Dieser Ruf verwandelt Feiglinge in todesmutige Helden, die den Feinden mit nackter Brust entgegentreten, um ihren Tribut an die Erde zu entrichten und die Handvoll Boden mit Blut zu tränken."

Der Besucher schob seine beiden Hände mit einer jungenhaften Bewegung in die Erde und zog sie dann langsam wieder heraus. Der Stammesführer betrachtete ihn, wie er die Hände ein weiteres Mal in die Erde schob. An seinen Unterarmen wurden Pockennarben sichtbar.

„Ganz sicher hast du von den Differenzen zwischen Anâj und seinem Bruder gehört", fuhr der Gast ruhig und geistesabwesend fort, als hätte die Erde die Spannung abgesaugt. „Weisst du, warum es dieser Fuchs, trotz seiner alten Differenz mit seinem Bruder, auf sich genommen hat, das Mädchen wegzuschmuggeln? Ihr kennt den Schlaukopf nicht. So wie du dein Leben der Wüste geweiht hast, so hat er das seine in den Dienst des Handels gestellt. Es ist etwas, das alle wirklichen Händler gemeinsam haben. Es gibt ein verlockendes, verführerisches Geheimnis in diesem satanischen Beruf, den Gewinn als Ziel. Es ist ein Spiel, das den Menschen verschlingt, ihm seine Seele raubt und ihn so seine Pflicht vergessen lässt, sich dem Leben zu widmen, statt auf den Märkten von Gadames, Tamanrasset oder Timbuktu mit Gewinn und Verlust zu spekulieren. Anâj gehört zu den Menschen dieser Art, die sich selbst vergessen und denen das Spiel die Seele gestohlen hat. Er schlug sich für seinen Bruder, den Sultan, an die Brust und nahm es auf sich, das Mädchen vor seinem Schicksal zu retten – nicht aus Heldenmut, Edelmut oder Grossmut, wie der betrogene Oragh meinte, sondern als Teil eines Handels."

Er versteckte seine rechte Hand bis zum Handgelenk in der Erde. Mit der anderen schüttete er noch weiteren Sand darauf. In diesem Augenblick sah der Stammesführer in ihm einen ungezogenen kleinen Jungen.

„Er schlich sich erst aus Timbuktu weg", fuhr er im selben Ton fort, „nachdem er seine Geschäfte getätigt und Oragh noch weiteres Gold entrissen hatte, um damit die stagnierenden Märkte in der Mittleren Wüste zu beleben. Ich verstehe nicht, wie er euch mit dieser Kinderlist täuschen konnte. Es ist die älteste List in der Wüste. Ihrer bedienten sich in der Vergangenheit alle Angreifer, um sich auf dem grossmütigen Kontinent einzunisten. Sie ist nicht schlimmer als die Methode, derer sich zuvor der Scheich des Kadirîja-Ordens bediente. Beides sind Abenteurer, die die Dreistigkeit besitzen, vom armen Stammesführer die Erlaubnis zu erbitten, in der Nähe wohnen und am Wasser des Brunnens teilhaben zu dürfen. Und der Stammesführer, in der ganzen Wüste bekannt als der Geschickteste, um den Stab in der Mitte zu halten, findet nichts dagegen einzuwenden, zumal das erbetene Stück nicht grösser sein soll als die Haut eines Stieres oder eines Büffels oder eines Mufflons oder irgendeines anderen Wildtiers. Doch der arme Scheich weiss nicht, dass man das Stück mit geschickten Frauenfingernägeln in Streifen schneiden kann, die feiner sind als Seide und sich in eine märchenhafte Schlange verwandeln, die schliesslich die ganze Wüste verschlingt. Woher sollte der Stammesführer dieses Geheimnis auch kennen, wo er doch sein ganzes Leben lang darauf bedacht war, weder zu hoch noch zu tief zu geraten? Als ob die Mitte die verheissene Wohltat wäre!"

„Du sprichst, als ob schon alles zuende wäre", warf der Stammesführer ein.

Der Fremde lachte lang und schrill, wobei er den Kopf zurückwarf. Seine Augen blinkten im Mondlicht. Seine Vitalität kehrte zurück, und er sagte leidenschaftlich: „Zweifelst du denn daran wirklich noch, grosser Scheich? Hast du denn nicht gesehen, wie er das Verbot aufheben liess und in aller Dreistigkeit verkündigt hat, er handle hier in eurer Ebene mit dem verruchten Metall? Hast du nicht gesehen, dass er sich des Brunnens ebenso bemächtigt hat wie der kriegstüchtigen Männer. Auch die Frauen hat er mit dem seelenlosen Metall angezogen und dich allein mit einigen alten Männern zurückgelassen. Siehst du denn nicht, bei

Amanâj, dass du allein bist?“ Er liess seinen Fragen eine weitere dreiste Lachsalve folgen. Der Stammesführer setzte sich gerade, zog sein Gesichtstuch zurecht und hob zu einer Verteidigungsrede an: „Der ehrenwerte Seher möge mir erlauben, ihn zu bitten innezuhalten, und mir zu versichern gestatten, dass ich nicht von der Ausgewogenheit geleitet war, als ich meine Zustimmung gab, das Wasser mit den fremden Neuankömmlingen zu teilen. Vielmehr war, das bekenne ich, die Furcht vor dem Gesetz der Wüste die Ursache. Dem alten Gesetz, das im Anhi niedergelegt ist und das die Wüstenbewohner warnt, geizig mit dem Wasser zu sein, und sei es dem Feind gegenüber. Habt ihr in Aïr diese Mahnung vergessen? Und wenn die Feinde sich nicht zufriedengeben, nachdem du sie mit deiner Hand mit dem Wasser des Lebens getränkt hast, und sich aggressiv und rachsüchtig verhalten, so obliegen Züchtigung und Strafe nicht den Freigebigen, die ihren Anteil von der Flüssigkeit des Himmels gespendet haben, sondern sie obliegen der Wüste selbst. Die Bestrafung ist in diesem Fall ihr überlassen. Und du kennst wohl die Mittel und Wege dieses Kontinents zur Züchtigung der Halsstarrigen und der Böswilligen, wenn jener Augenblick kommt, der die infamste Waffe besitzt: den Durst! Ich befürchte, dass der edle Seher eine zu gute Meinung von mir hat, wenn er mich als jemanden beschreibt, der geschickt den Stab in der Mitte zu halten weiss. Ich leugne nicht, dass das eine Ehre ist. Eine Ehre jedoch, die niemand für sich in Anspruch nehmen kann, der wie ich in der Wüste ein abenteuerliches und aufregendes Leben geführt hat. Ich will dir nicht den Kopf mit den Einzelheiten dieser Erfahrung vollreden, nur ein Geheimnis dir mitzuteilen verlangt, ja zwingt mich die Gerechtigkeit. Es ist meine Stellung als Stammesführer, die mir dieses Verhalten auferlegt hat, und ich würde es absolut nicht als Ausgewogenheit beschreiben, einen Fremden aufzunehmen oder mit einem Verirrten den Wassertropfen zu teilen. Dies ist, in der Sprache der Wüste, Gehorsam dem einfachsten Gebot gegenüber. Du wirst dagegenhalten und mit dem Ergebnis argumentieren. Und ich werde dagegenhalten und dir sagen, dass das Ergebnis keine Rolle spielt bei der Abrechnung einer guten Tat, die Gewinn und Verlust nicht berücksichtigt." Er schaute zu seinem Gast hinüber und suchte seinen Blick, lächelte traurig und fügte hinzu: „Verzeih mir meine Brutalität, aber ich werde niemals von meiner Absicht abgehen, dir meine Meinung kundzutun. Was dich an dem Spiel, ich meine Anâjs Spiel, stört, ist, dass auch du der Liebe zur Prinzessin verfallen bist, wie es drei Vierteln der Reiter in der Ebene geschah, einschliesslich sogar des Derwischs. Und da, wer liebt, immer schwach und elend ist, sucht er nach einer Ursache für seine Tragödie im nächstliegenden Lager, im nächsten Zelt im Lager, und zu meinem Glück ist das der Höhle des Sehers benachbarte Zelt jenes von Scheich Âdda, dem es gelang, Gastgeber des edlen Fremden zu werden. Ich glaube nicht, dass die ergötzlichen Geschichten, die ich von dir gerade gehört habe, irgendeine Beziehung zur Ebene haben."

Der Gast wandte sich seinem Gastgeber zu. In diesem Augenblick sah der Stammesführer in seinen Augen das Elend.

Stille beherrschte die Ebene. Nur vom fernen Wâw war hin und wieder Gesang zu hören. Traurig wie eine Klage.

4

Das Grosse Fest dauerte mehrere Wochen. Tiere wurden geschlachtet und Speisen zubereitet. Säulen aus Rauch und Gewürzduft stiegen zum Himmel. Die neue Oase verwandelte sich in ein Mekka der Hirten, Händler und Wanderer. Abends wurden innerhalb der Mauern Trommeln geschlagen, die Frauen stiessen Jubeltriller aus und die Fremden sangen uralte Lieder vom verlorenen Wâw. Sie zeigten ihre alte, traurige Sehnsucht nach dem verheissenen Unbekannten, das sie verloren, als ihr Urahn aus der Oase gejagt wurde. Und wie an Hochzeits-, Freuden- und Festtagen üblich, woben die Neugierigen das beliebte Thema, das zum ergötzlichen Vorrat werden sollte, zum Märchen, bei dem das Lager in Tagen der Isolation, der Einsamkeit, der Ruhe und der Hoffnungslosigkeit Trost fand, Tagen, wie sie die Leute nach jedem Freudenfest zu durchleben gewohnt waren. Und die Neugierigen und die Geschichtenerzähler hegten keinen Zweifel, dass der von diesem Freudenfest in Wâw erwartete Proviant grösser sein würde als alle Geschichten, die sie von anderen Hochzeits- und Freudenfesten mitbrachten, die die Ebene im Verlauf ihrer Geschichte erlebt hatte, weil sie es gewöhnt waren, das Ergebnis mit dem Ausmass des Freudenfests zu verknüpfen.

Auch diesmal wurde ihre Erwartung nicht enttäuscht. Neben Dutzenden von neuen Histörchen über Liebe, Leidenschaft und Tändelei, über Schmach, Spott und Lob, über die Vorfälle, bei denen edle Reiter junge Mädchen mit unschicklich entblösstem Haupt erblickt hatten, auch neben neuen Gedichten von unbekannten Poeten, die ihren Namen nicht preisgeben wollten, neben all diesem erhielt die Ebene die Geschichte vom Schlüssel.

Der Derwisch war der erste, der sie herumbot. Kurz vor dem Tanz kam er zum Kreis der Sängerinnen und erzählte der Dichterin, der Sultan habe sich den Wunderschlüssel an einer goldenen Kette um den Hals gehängt. Er erzählte auch, der goldene Schlüssel öffne die Schatzkammer von Wâw. Anâj habe ihn von Oragh als Geschenk erhalten, nachdem dieser die Hoffnung aufgegeben hatte, die Mutterstadt Timbuktu in der schicksalsgeschlagenen Oase vor dem Zugriff der Magier zu retten. Er sandte ihn seinem Bruder in Asdschirr, um ihm zu seinem neuen Rang seinen Segen zu geben und vom neuen Timbuktu das Unheil abzuwenden. Um die ominöse Rolle des Schlüssels hervorzuheben, verwies Mûssa lachend auf das Halsband mit den in Gazellenhaut steckenden Amuletten, mit dem der Sultan die goldene Kette umgab. Der Derwisch erzählte auch, dabei Berichte der Dienerschaft wiedergebend, in unterirdischen Gewölben seien in Metallkisten Schätze verborgen. Die Karawanenhändler schnappten die Geschichte auf und trugen sie hinaus in alle vier Himmelsrichtungen. Die Bewohner der Ebene erzählten sie herum, um die Zeit totzuschlagen und die Neugier zu befriedigen; anders die Kaufleute, besonders diejenigen, die unter geschäftlichem Misserfolg oder feindlichen Machenschaften litten wie Hadsch al-Bikâj, der den Schlüssel so aufregend fand, dass er drei volle Nächte schlaflos lag. Doch damit nicht genug, er wagte sich weiter vor und bat um eine möglichst rasche Audienz beim Sultan. Dieser jedoch liess sich entschuldigen und gab vor, von Dingen beansprucht zu sein, die im Zusammenhang mit dem Grossen Fest und der Einweihung der Oase stünden, was aber nur neues Feuer an al-Bikâjs Phantasie ebenso wie an sein Herz legte. Hatte er doch während der vergangenen Jahre ständig versucht, erfolgreiche Geschäfte abzuschliessen, um nach dem schmerzlichen Schlag, den ihm seine Konkurrenten verpasst hatten, wieder auf eigenen Füssen stehen zu können. Und so war es nur natürlich, dass eine solche Entdeckung einen Händler wie al-Bikâj in Aufregung versetzte. Schliesslich hatte er Anâj seine Schmach entdeckt und seine Schande offenbart. Mehr noch, und das war das Abscheulichste bei der ganzen Sache, er hatte vor ihm geweint und um Mitleid gewinselt und um Hilfe gebettelt. Doch Anâj hatte sich mit dem Vorwand entschuldigt, durch den Bau der Stadt sei es ihm unmöglich, eine solche Menge Gold verfügbar zu machen, wie sie erforderlich wäre, um al-Bikâjs Ehre wiederherzustellen. Er begnügte sich damit, ihn zu vertrösten und ihn zur Geduld zu mahnen; vielleicht würde ja Rettung kommen mit dem Nachschub, den er aus dem ursprünglichen Timbuktu erwartete. Als Freund hatte er Verständnis für die Erklärung des Sultans, er müsse haushälterisch mit den Goldreserven umgehen, um für alle Eventualitäten gewappnet und für einen eventuellen schwarzen Tag vorbereitet zu sein. Doch als vom Unglück verfolgter Händler wünschte er noch immer, das Herz des Sultans erweichen und aus seiner Hand Unterstützung erhalten zu können.

Der Stammesführer nahm nicht am Grossen Fest teil. Er blieb zuhause und streifte durch die westlichen Wadis. Aber die Geschichte vom Schlüssel kam auch ihm zu Ohren. Als Scheich Bâchi am Fieber erkrankte, suchte er ihn auf. Dort traf er einige andere Notabeln und ein paar Greise, darunter auch den alten Bakka. Man unterhielt sich lange über die Dürre, über den Südwind und über das Fieber, aber man vermied es, das Gespräch auf Wâw zu bringen, um nicht über den Schlüssel reden zu müssen, der aus dem verruchten Metall gefertigt war.

5

Zwei Tage nach Idikrâns Verschwinden empfing der Stammesführer die Männer des Sultans. Er beobachtete, wie sie sich am Fusse des Îdenan verteilten und am Eingang der Höhle herumschrien, in der der fremde Wanderer während seines Besuchs in der Ebene gehaust hatte. Sie suchten nach

Spuren am Fusse des Berges, inspizierten das kahle Land weiter nordöstlich, doch hatte eine neuerliche Attacke des Windes die Spuren verwischt, und so hielten sie es für angemessen, im Zelt des Stammesführers nach ihm zu suchen. Sie teilten sich in zwei Gruppen. Drei Männer verschwanden hinter dem Berg, um den Bergfuss auf der Nord- und der Westseite zu inspizieren, während die andere Gruppe zum Zelt des Stammesführers hinabstieg. Auch sie bestand aus drei Männern, einem schwarzen Wachsoldaten, dem Hauptmann der Wache und, als ihrem Führer, al-Schankîti Bâba, dem Richter.

Am späten Nachmittag standen sie vor dem Zelt. Die Wüste drohte mit dem Südwind, und der Horizont überzog sich mit einem Schleier der Dunkelheit.

„Der Scheich möge uns verzeihen", begann der Richter, „wenn wir ihn mit einigen Fragen über seinen Nachbarn, den Magier, belästigen."

„Ihr alle seid meine Nachbarn. Auch die Wüste ist meine Nachbarin, doch noch nie habe ich jemanden bei mir empfangen, der sich nach ihrem elenden Schicksal erkundigt hätte."

Der Richter wechselte mit dem Hauptmann der Wache einen bedeutungsvollen Blick, bevor er fortfuhr: „Meiner Kenntnis nach hat deine elende Nachbarin noch nie einem Geschöpf ihr Geheimnis entdeckt, im Gegensatz zu deinem anderen Nachbarn, dem Magier."

„Ihr Geheimnis ..."

„Es wäre für unseren verehrten Scheich angemessen, wenn er sich tunlichst erinnerte, dass diese elende Wüste Ohren hat, die hören, und Augen, die sehen ..." Er stiess ein unterdrücktes Lachen aus.

Der Stammesführer lächelte und liess sich Zeit, bevor er nachsichtig bemerkte: „Das habe ich noch keinen einzigen

Tag bezweifelt, Herr Richter. Auch wenn ich meine, dass wir diese Feststellung umkehren müssen, um deiner Weisheit ihr wirkliches Gewicht zu geben. Dann hiesse es, dass sogar die Tauben Ohren haben, die das Geflüster in der Stille der Wüste aufschnappen, und die Blinden Augen, die die Gestalten sehen, welche die Fata Morgana an den weiten Horizont zeichnet. Wie dann erst die Spitzel des Sultans, die über Gehör und Gesicht verfügen und denen es weder an Kompetenz noch an Erfahrung mangelt."

„Ich hoffe, der Stammesführer nimmt es uns nicht übel und sieht in unserem Besuch keinen Einbruch in seine Privatsphäre. Wir sind gekommen, ein paar Erkundigungen über einen Abenteurer einzuholen, der ihm, durch die Nähe seines Zeltes zur Höhle, am nächsten von allen Menschen ist. Der Stammesführer möge uns verzeihen, wenn wir mit dem Gebrauch des Wortes Nachbar den falschen Ausdruck gewählt haben."

„Nicht der Gebrauch des Wortes Nachbar ist falsch. Was falsch ist, ist, dass ihr nach dem Fremden in meinem Zelt sucht, nachdem er jahrelang auf der Ebene gelebt hat."

„Wir bitten dafür um Entschuldigung. Ist es denn abwegig, nach ihm zu fragen?"

„Woher sollte ich das wissen. Vielleicht hat er die Berge in der Nähe erklommen, um nach Schätzen zu suchen. Vielleicht, ja vielleicht ist er auch geflohen."

„Geflohen?"

„Warum sollte er nicht fliehen? Wenn er ein echter Seher ist, sollte es ihm nicht schwerfallen, die Absichten des Sultans zu erkennen."

Der Richter wechselte einen weiteren Blick mit seinem Begleiter, bevor er ausrief: „Aha, der Stammesführer gibt also zu, dass er ein Seher ist. Es ist in der Ebene bekannt, dass er verzweifelt nach angeblichen Schätzen sucht."

„Ist es etwa ein Verbrechen zu wissen, dass er ein Seher ist? Er hat mir gegenüber tatsächlich zugegeben, einer zu sein, aber ich erkenne darin keine gegen irgend jemanden gerichtete Arglist. Ich stand schon vielen Richtern gegenüber, aber noch nie habe ich Seltsameres als diese Befragung erlebt."

Die andere Gruppe kam. Zwei hünenhafte Neger, angeführt von einem Gefolgsmann. Dieser war grösser als der Richter, auch hagerer. Er trug einen ehemals weissen Gilbab und einen dürftigen schwarzen Turban. Dagegen wirkte der Richter in seinem lockeren hellen Gewand mit den weiten Ärmeln kräftiger. Sein Kopf war mit einem mittelgrossen gestreiften Tuch umwickelt. Die rechte Hand war am Handgelenk abgehauen. Dies soll ihm als Bestrafung ein bekannter Wegelagerer zugefügt haben, dem Bâba, damals noch Richter im Lande Schankît, die Hand abhacken liess, erleuchtet durch die Scharia, die die Tötung des Mörders, das Abhacken der Räuberhand und das Ausbrennen der verleumderischen Zunge vorsieht. Doch der alte Räuber in Schankît lauerte einer Karawane auf, die der Richter begleitete, und vollzog an ihm dieselbe Strafe. Er hackte ihm mit dem Schwert die rechte Hand ab und goss, um das Blut zu stillen, kochendes Öl über das Handgelenk. Dazu kommentierte er: „Auge um Auge, Zahn um Zahn, und wer anfängt, ist der Schlimmere." Danach war al-Schankîti Bâba gezwungen, das Land zu verlassen. Er betätigte sich als Richter in Timbuktu, wo er die goldene Epoche der Stadt erlebte. Als die Zeit jedoch verräterisch an der Stadt handelte und das Gold aus ihr verschwand, zog er wie andere hinter dem verhexten Metall her, das Leben in die Wüste pflanzte und das geheimnisvolle Wâw aus dem Unbekannten auferstehen liess. Der Gefolgsmann beugte sich zum Richter und flüsterte ihm etwas ins Ohr. Dann zeigte er zwei Stücke

Kamelmist, die er in der Hand hielt. Er rieb sie zwischen seinen Händen und sagte hörbar: „Er ist noch frisch. Er dürfte das Kamel vorgestern verlassen haben. Wir haben ihn am Eingang des Tunnels gefunden."

Der Richter inspizierte den Dung und wandte sich dann wieder dem Stammesführer zu. „Was meint der Scheich: Kann der Fremde in seiner Verzweiflung ins Haus der Dschinnen eindringen und den Tunnel betreten?"

„Noch nie hat ein Geschöpf dies zu tun gewagt. Aber die Magier und die Weisen des Dschungels haben ihr eigenes Gesetz."

„Der Gast hat die Ebene nicht verlassen. Die einzige Spur fand sich am Eingang des Tunnels. Die Anzeichen deuten darauf hin, dass er den finsteren Gang betreten hat. Ist es denkbar, dass er sogar in die Hölle geht?"

„Gott weiss es am besten. Der Weise geht nur in die Hölle auf der Flucht vor einer noch schlimmeren."

Der Richter bewegte zustimmend den Kopf. Er schaute den Stammesführer mit seinen kleinen honigfarbenen Augen an und wiederholte: „Der Weise geht nur in die Hölle auf der Flucht vor einer noch schlimmeren. Da hat der Stammesführer recht. Ich schwöre, dass diese Weisheit das Wohlgefallen des Sultans finden wird. Ich schwöre es bei meinen vier Ahnen."

Er hob den Armstumpf zum Gruss, bevor er fortging und in einer Staubwoge verschwand, die die Wüste ausspuckte.

6

Der Hochmut der Sonne brach, und über den Horizont ergoss sich eine purpurne Wolke. Der Abend schob sich heran. Er durchquerte das kahle Stück Land, das das Zelt vom Îdenan trennte. Stieg auf den Hügel hinauf und betrachtete die weite Fläche, die sich unerbittlich endlos hinzog.

Lange hatte er die Niedergeschlagenheit ertragen. Hatte daran gedacht, Trost bei den weisen Alten zu suchen. Aber er nahm davon Abstand, nicht weil er der Konfrontation mit Bakka oder dessen Anhängern aus dem Wege gehen wollte, sondern weil er um das Geheimnis der Niedergeschlagenheit wusste. Er wusste, dass dieses Leiden nur verschwindet, wenn die Einsamkeit es absaugt. Es ist eine mörderische Krankheit, die zur Epidemie wird, wenn die Macht der weiten Wüste sie nicht tötet. Deshalb ging er allein hinaus und suchte Beistand bei der Wüste. Er ging auch hinaus, weil er wusste, dass die Ursache für seine Niedergeschlagenheit nicht jener Schlag war, den der Sultan gegen ihn geführt hatte und mit dem er ihn provozieren wollte, nicht sein Beschluss, das Verbot des Handels mit Gold aufzuheben, auch nicht die Art, wie er einem Treffen, um das er, der Stammesführer, gebeten hatte, aus dem Weg ging, und auch nicht die von ihm verordnete Razzia in der Höhle des Îdenan. Der Grund lag in einem geheimnisvollen Gefühl, das nach seinem Aufenthalt in der Fremde entstanden war und sich im Verlauf der Zeit zu einer Art Überzeugung gewandelt hatte, die anzuerkennen er sich lange Zeit weigerte. Und wie es einem Kranken geschieht, der sich zunächst weigert, seine Krankheit anzuerkennen, so hatte auch er mit seinem Wegschauen die Angst nicht zum Verschwinden gebracht, hatte vielmehr die Krankheit verstärkt, und diese wurde zu einer Art chronischer Besessenheit. War es das törichte Vertrauen auf die Menschen? War das Elend jedem bestimmt, der sein Herz den Menschen schenkt und ihnen Irdisches und Himmlisches anvertraut, in der Annahme, sie erwiderten seine guten Absichten? Aber wie sollte für die Menschen das richtige Urteil gefällt werden, wenn selbst der Stammesführer den geraden Weg aufgäbe? Lag das Geheimnis vielleicht eher in dem merkwürdigen Paradox, das aus ihm ein Opfer machte, gestaucht von den Wanderern aus dem Süden und getreten von den Angreifern aus dem Norden – genau wie die Bauern in den Oasen –, und all das nur, weil er es für richtig hielt, zwischen den Menschen gerecht zu urteilen und so einen Schatten Gottes auf Erden zu schaffen? Das Anhi sprach eher für eine andere Erklärung und fand den Grund in einer völlig anderen Richtung. Nach ihm verdient den geheiligten Namen „Wanderer" nicht, wer auf einem Stück Land wohnt und sich der Bequemlichkeit und der Sklaverei hingibt. Denn nur wer den Mut hatte, das Brot als Geschenk aus der Hand der Erde und damit indirekt das Geschenk des Himmels zurückzuweisen, verdiente diesen würdigen Titel, nicht weil er durch dieses ewige Exil das einzige freie Geschöpf geworden war, sondern weil die Last der Verantwortung, die Last der Freiheit, die er freiwillig auf seine Schultern geladen hatte, aus ihm einen wahrlich Stolzen machte, der auf seiner Suche nach Wâw nichts anderes im Blick hatte als den Horizont, die Fata Morgana und das Reich des Göttlichen. Ja, der Grund war ein Kind aus dem Leib der Sesshaftigkeit. Wenn ihm seine Stellung im Stamm auf der Ebene nicht gefallen hätte, festgebunden mit dem Brunnenstrick, jahrelang belagert von der Dürre, der Trockenheit und dem Südwind, hätte der Scheich des Kadirîja-Ordens sich nicht erdreistet, seine Reise nach Twât zu unterbrechen und die Kette um seinen Hals zu legen. Ohne den Hang der Menschen zur Sesshaftigkeit und Bequemlichkeit wäre es Anâj niemals gelungen, vor seinen Augen dieses schreckliche Gefängnis zu bauen und es auch noch Wâw zu nennen, um so die schwachen Seelen und die nach verlogenem Luxus Lechzenden zu verführen. Ohne ihren Hang zur Sesshaftigkeit hätte der Sultan die Toren nicht überrumpeln und mit dem Gold verführen können, ihm durch das Gefängnistor nachzulaufen, wie der Fremde im Märchen, der die Leute zum Abgrund führt, indem er ihnen das Grosse Fest in Aussicht stellt.

Das Geheimnis lag in der Sesshaftigkeit, nicht in der Ausgewogenheit oder dem gerechten Urteil zwischen den Menschen. Nein, er war nicht einverstanden mit jenen Verständigen, die nicht müde werden, die furchtbare Weisheit zu wiederholen, wonach das Vertrauen auf die Menschen immer durch Treulosigkeit erwidert wird. Nach seiner Überzeugung traf der Dolch der Treulosigkeit nur den, der still, gebeugt, demütig und unbeweglich dasass, wie die Bewohner der Oasen. Denn wehe dem, der unachtsam angetroffen und von den Wanderern in diesem Zustand vorgefunden wird. Die Zauberformel der Wüste, das Credo der Wüste war die Wachsamkeit. Wenn der Wüstenbewohner diese auch nur einen Augenblick vernachlässigte, setzte er sein Leben dem Verderben aus.

7

Als der Sultan ihn zu sich lud, überraschte ihn das nicht. Er empfing ihn im Palast, einer weitläufigen Säulenhalle, die mit roten persischen Teppichen ausgelegt war. Darauf lagen bestickte, mit Federn und Wolle gestopfte Lederkissen. An den Wänden hingen allerhand Kriegsgerät (Schwerter, Speere, Pfeile) und eine Reiterausrüstung (eine aus Kamelleder gedrehte Peitsche, ein bestickter Beutel, ein Kupferteller, einige aus Ziegenhaar geflochtene Stricke zum Festbinden des Sattels auf dem Mehri). Der Sattel selbst lag am Fusse der steinernen Hauptsäule in der Mitte des Raumes; er war verziert mit Lederdecken und Stoff- und Kattuntüchern.

Bei der Wand setzten sie sich einander gegenüber. Eine Sklavin kam mit einem feingearbeiteten kupfernen (vielleicht auch goldenen) Kessel, aus dessen Öffnungen wohlriechender Rauch quoll und der von einem Minarett mit einem Halbmond darauf gekrönt war. Sie stellte das Räuchergefäss zwischen die beiden auf die Decke und verschwand in dem Gang, der zur Halle führte. Der Stammesführer sah den Rauchfäden nach, die die Fliegen vertrieben und in die Luft aufstiegen, um sich in den Lichtfluss zu ergiessen, den die Morgensonne durch das dreieckige Fenster in der Ostwand hereinsandte, an deren Fuss er auf einem rechteckigen Lederkissen sass.

„Nun siehst du mit eigenen Augen, dass sich in meinem Leben nichts verändert hat", begann der Sultan, „und das, obwohl ich weiss, wie schwierig es ist, die Leute, die die Welt mit den Augen der Besserwisser sehen, von der Wirklichkeit zu überzeugen. Aber ich vertraue darauf, dass unser Stammesführer nicht ist wie die anderen Menschen, und das gibt mir die Gewissheit, dass er mich und mein Leben fern von den wilden Phantasien der Leute und den Übertreibungen des Pöbels beurteilen wird. Ich habe nichts anderes getan, als das Zelt eines Stammesführers (aus Leder, wie das in Aïr und im Ahaggâr üblich, oder aus Kamelwolle und Ziegenhaar gewoben, wie in Asdschirr) durch ein Haus aus Stein zu ersetzen. Es ist sozusagen ein Zelt aus Stein, nach Art der Sultane unserer alten Hauptstadt Timbuktu. Ist daran etwas Schändliches?"

Als der Stammesführer nicht antwortete, fuhr der Sultan fort: „Der Stammesführer wäre nicht auf die Idee gekommen, mich für ein Luxusleben zu tadeln, in dem die Leute eine Begleiterscheinung des Lebens in festen Häusern sehen, aber er hat es mir, darauf möchte ich wetten, übelgenommen, dass ich nicht in der Lage war, ihn während der vergangenen Zeit zu empfangen. Wenn ich diesen Fehler jetzt in Erinnerung rufe, so tue ich das, um ihn zuzugeben, nicht, um mich davon reinzuwaschen. Unser edler Scheich möge mir, wie es dem Führer des Stammes zukommt, Gelegenheit gewähren, mich zu verteidigen, und mir Zeit geben, mich zu rechtfertigen."

Ein weiteres Mulattenmädchen kam. Sie trug ein Metalltablett mit Bechern voller Dickmilch. Den Stammesführer überkamen Zweifel an der „Reinheit" der Behälter. Diese Gefässe, sagte er sich, seien aus Gold von Timbuktu gefertigt, das die Schmiedeteufel geschmolzen hatten. Und auch, dass die Dschinnen ihm diesen Angriff nicht verzeihen würden, kam ihm in den Sinn.

„Ich will dir nicht den Kopf vollreden mit einem langen Sermon über die Erfordernisse beim Bau einer Oase in der weiten Wüste", fuhr der Sultan fort. „Du hast ja diese Leistung miterlebt, und das erste Verdienst bei der Verwirklichung des Traums gebührt dir, da du deine Zustimmung dafür gegeben hast, dass wir uns in eurer Nachbarschaft niederlassen und den Brunnen und die Ebene gemeinsam mit euch nutzen dürfen. Ohne deinen Mut hätte sich die Hoffnung der Bewohner der Mittleren Wüste nicht erfüllt, die Hoffnung auf die Auferstehung eines echten Wâw, nicht jenes unerreichbare Wâw, das uns, die wir es suchen und erwarten, schon so sehr den Rücken gekrümmt hat, dass wir inzwischen den Augenzeugen nicht mehr glauben und seine Existenz überhaupt bezweifeln. Aber verschieben wir das Gespräch über die Suche nach Wâw, denn hier ging die Tat allen Begründungsversuchen voraus. Gut. Ich gebe zu, dass die Beschäftigung mit dem Bau und der Empfang der Händler und Karawanen nicht mein einziger Grund dafür waren, zu euch auf Distanz zu gehen. Es gibt da einen weiteren Grund, einen wichtigeren und älteren, den nur die

Götter kennen und ihre irdischen Schatten, verkörpert in den Einsiedlern in den Höhlen und den Eremiten in der weiten Wüste. Ich weiss nicht, welcher Sultan von Timbuktu dem Geheimnis auf die Spur gekommen ist und herausgefunden hat, dass die Unsichtbarkeit es ist, die die Majestät der Götter ausmacht, und der sich deshalb wie ein Eremit zurückzog, um so ein Gewand von Würde und Erhabenheit für seine Majestät, den Sultan, zu schaffen. Es wird dich kaum überraschen zu hören, dass die Ursache für das Fremdsein der Propheten, über deren Pein und Entehrung in ihrer Heimat der Koran spricht, darauf zurückgeht, dass sie sich unters Volk gemischt haben, nachdem sie es auf den rechten Weg gerufen hatten. Dadurch verloren sie ihre erhabene, göttliche Wunderkraft, die die lange Zurückgezogenheit auf ihren Gesichtern gewirkt hatte, während der Jahre der Anbetung in den Höhlen, bevor sie die irdische Wunderkraft durch die Hand der pöbelhaften Menge verloren. In den Augen der Masse sind die Satane stärker als der Schleier der Zurückgezogenheit, den die Götter auf den Gesichtern der Propheten, der Heiligen und der Anbetenden wirken. Wie kannst du da wollen, dass ich die Herde zum Gehorsam erziehe, ohne mich selbst innerhalb der Mauern einzukerkern, mich von ihrem Weg, ihren Märkten, ihrer Gesellschaft fernzuhalten? Wie könnte man Sultan über Wâw sein, ohne sich das Gesicht mit einem Schatten zu verhüllen? Wie sollte man die Unverschämtheit der Notabeln meiden, die es sich erlauben, die Stimme lauter zu erheben als der Herrscher, nur weil sie betagt sind oder weil sie für sich in Anspruch nehmen, um den Schutz des Stammes vor dem Untergang bemüht zu sein, wie es dir gegenüber der dreiste Scheich Bakka getan hat? Und das führt uns zum Unterschied zwischen der Herrschaft des Stammesführers und derjenigen des Sultans. Du tadelst die Notabeln nicht, nicht einmal die Derwische oder die Einfältigen, wenn sie sich erdreisten, ihre andere Meinung offen kundzutun, während du alltäglich vor ihnen herumspazierst. Sich unter das Volk zu mischen gebiert nur Verachtung und Abscheu. Sich unter das Volk zu mischen ist das Grab von Ehre, Stolz und Ordnung. Der Sultan muss in der dunkelsten Höhle verschwinden, wenn er entschlossen ist, sich der Schwachen anzunehmen, wenn er die Schwachen vor ihrer Schwäche und vor sich selbst retten und sie in Ketten in die Oase der Glückseligkeit führen will. Glaube nicht, dass Wâw allein eure Kaaba in Asdschirr ist. Es ist der Sammelpunkt aller Wüstenbewohner. Auch ich bin durch diese Hölle gegangen, ich meine die Hölle der Suche, des Traums, der Schlaflosigkeit, der erbarmungslosen Wanderung von einer Wüste in die andere, von einem Berg zum anderen, von einem Wâw zum anderen. Mein halbes Leben habe ich mit dieser Suche zugebracht, während all der Jahre, als ich im Handel zwischen Timbuktu, Gadames, Kano, Tamanrasset und Adrâr tätig war. Ich brauche dem weisen Scheich nichts von den Mühsalen der Suche in der Wüste zu erzählen, dem Durst am Anfang, dem Hunger und dem Verlust am Ende. Ja. Ich habe viel Durst gelitten, aber die Männer der geheimnisvollen Gelobten Oase sind nicht aus dem Unbekannten herabgestiegen, um mich zu ihr zu geleiten. Dreimal nahmen mich die Karawanenhändler auf. Die beiden folgenden Male retteten mich Hirten. Wâw aber blieb eine erbarmungslose, eine unmögliche Hoffnung, unerreichbar. Einmal jedoch, in einer finsteren Nacht in der Wüste von Adâgh, habe ich lange nachgedacht und dann beschlossen, mich der Methode der Seher bei der Deutung der Hoffnung zu bedienen, die, wie ich später lernte, derjenigen entspricht, die der Scheich des Kadirîja-Ordens bei der Deutung von Symbolen und der Lösung von talismangebundenen Schätzen verwendete. Ja. Die Goldschätze und die Goldadern erwarben sich das Verdienst, mir den ersten Hinweis zu geben. Ich nahm ihn auf und forschte nach dem Geheimnis des Metalls, nach dem Geheimnis all dessen, was der Wüstenbewohner auf sich nimmt, um an Gold zu gelangen. Es entspricht dem, was der Wüstenbewohner auf sich nimmt, um ans Tor von Wâw zu gelangen. Warum also sollte der Schatz nicht Wâw sein, warum Wâw nicht der Schatz? Warum sollte das Gold nicht ein weiteres, ein wirkliches Wâw schaffen, hier, auf dieser Erde, und weitere Wunder? Wie es Timbuktu geschaffen hat und Kano und Agades und andere wunderbare Städte, die wir nicht kennen. Warum sollte das verhexte Metall unfähig sein, die Oase der Glückseligkeit zu schaffen und darin alle auf dem kahlen Kontinent verstreuten Menschen zu vereinen, dieses Mineral, das fähig ist, den Handel anzuregen, das tote Reich in der Unteren Wüste auferstehen und das Leben wieder pulsieren zu lassen, und all das durch einen Dämon namens Tausch? Ja. Der Tausch ist die Stütze des Lebens, und das Gold ist die Stütze des Tauschs. Das Urgeheimnis liegt also im Gold."

Er schlürfte einen grossen Schluck von der Milch. Stellte den glänzenden Becher auf das Tablett zurück, leckte die Milchspuren von seiner Oberlippe und kehrte nach Aïr zurück: „Damals habe ich gelernt, dass mir ohne Gold kein Wâw beschert würde. Also beschloss ich, so reich zu werden wie die grossen Kaufleute, die die Städte im Norden und im Süden des Kontinents besitzen und sich mit den Kamelkarawanen seines Lebensodems bemächtigen. Meine Erfahrung im Handel lehrte mich auch, dass ich niemals zu grossem Reichtum käme, wenn ich mich darauf beschränkte, mit den Karawanen zwischen Timbuktu und Agades oder zwischen Kano und Tamanrasset hin und her zu ziehen.

Der Reichtum bedingt Geschäftsabschlüsse, und Geschäftsabschlüsse setzen eines von zwei Wundern voraus: die Verwegenheit oder den Glückstreffer. Und da die Glückstreffer unbekannter Herkunft und unbekannten Ziels und für die Auserwählten reserviert sind, blieb mir nichts als verwegen zu sein und alles, was ich besass, für den Erwerb von ein paar Pfund Goldstaub oder Goldbarren einzusetzen, um damit ins Geschäft einzusteigen. Da meine ganzen Besitztümer aus nicht mehr als einer Kamelkarawane bestanden, die in der Wüste von Adâgh umherzog, und einem Haus aus Stein in Timbuktu, hatte ich nicht viel einzusetzen und beschloss, mich zu verschulden. Der Ehrlichkeit halber muss ich sagen, dass einer der gewieften Händler mich auf diese Lösung hingewiesen hat: Ich müsse Vorteil ziehen aus einer Ware, die die Händler für besonders schön und besonders wertvoll hielten – meine verwandtschaftliche Beziehung mit Sultan Oragh. Er legte mir nahe, diese auszunutzen und von den grossen Kaufleuten Geld aufzunehmen. Doch diese lehnten ab, weil ganz Timbuktu von dem wachsenden Zwist zwischen mir und Oragh sprach. Das war nach seinem hinterhältigen Schlag gegen unseren Onkel Hamma, als ich offen meine aus dem Anhi inspirierte Ansicht erklärte und den Leuten in der Moschee sagte, nichts Gutes sei von einem Hirten zu erwarten, der seine Hand wider seinen Onkel oder seinen Vater erhebt, und die Herde sei vom Gehorsam einem Herrscher gegenüber entbunden, der die Sitte, das Gesetz der Ahnen und die Religion besudelt hat. Der Sultan sah darin einen Aufruf zum Ungehorsam und einen Angriff auf die Würde der Macht und glaubte, ich strebe nach dem Sessel der Herrschaft. Er liess mich bespitzeln und warnte die Händler davor, mit mir zusammenzuarbeiten. Schliesslich verbot er mir sogar, Timbuktu zu betreten. Da blieb mir nichts anderes übrig, als durch die Wüste zu ziehen und mich um meine Kamele zu kümmern, bis sich das Schicksal einschaltete und die Prinzessin in die Tiefe warf."

Ein fetter, mit einem schwarzen Tuch verhüllter Neger kam mit einem ziselierten goldenen Tablett. Darauf standen ein kupferner (vielleicht auch goldener) Teekrug und zwei Gläser, zur Hälfte gefüllt mit Schaum. In einer Ecke kniete er nieder und schenkte mit geübter Hand den Tee ein. Dann stellte er das Tablett neben den Sultan. Anâj nahm das mit einem dicken Schaumtarbusch gekrönte Glas und betrachtete es im Licht, das durch das Fenster hereinfiel. Er reichte es dem Stammesführer und nahm sich das andere Glas, schlürfte den Schaum ab und kostete ihn mit schnalzender Zunge. Nach einem weiteren Schluck stellte er das Glas zurück.

„Denke nicht schlecht von mir!" fuhr er dann fort. „Glaube nicht, ich gehörte zu denen, die dreist jedwede Gelegenheit ergreifen und die Stellung des Sultans ausnützen. Nicht weil er mein Bruder war, sondern weil ich davon überzeugt bin, dass der Anstand der wertvollste Orden auf der Brust des Wüstenbewohners ist und dass er, wenn ihm dieser verloren geht, unbewaffnet dasteht. Diese Überzeugung hat mich veranlasst, nach der Herausforderung durch die Häuptlinge des Dschungels mit dem Mädchen nach Asdschirr zu fliehen. Und Gott hat mich für die Entsagung belohnt und mir all den Erfolg bestimmt, den ich seither bei der Verwirklichung des alten Planes hatte. Oragh hat die Gefahr gespürt. Er begriff, dass er seinen Nacken für immer in die Hand der Magier gelegt hatte, als er ihre Bedingungen für die Belieferung der Oase mit Gold annahm. Er gab mir Karawanen mit, deren Güter ausreichten, den Traum zu erfüllen und Wâw aus den weiten, unbekannten Himmeln auf die Erde, in die Wüste von Asdschirr herabzuholen. Er hatte auch die Absicht, uns zu folgen, doch kamen dem seine treulosen Diener zuvor, die ihm, nach einem arglistigen Plan des Häuptlings der Bambara, Gift ins Essen mischten. Ich möchte mich nicht allzulang auslassen und dir nicht allzusehr den Kopf mit den Einzelheiten dessen vollreden, was ich während dieser drei Jahre durchgemacht habe, zumal der Bau auf der Ebene sich ja vor deinen Augen abgespielt hat und in den Genuss deiner Hilfe gekommen ist; und das allen Widrigkeiten des Staubes zum Trotz. Ich will dir aber nicht verhehlen, dass es eigentlich erst mit dem heutigen Tag, nach der Schlachtung der Opfertiere, losgeht."

Er wandte sich dem Stammesführer zu, wobei ihm das blaue Tuch von der Brust rutschte. Das legendäre Halsband wurde sichtbar, verflochten mit der kräftigen goldenen Kette, an deren Ende, oberhalb des Nabels, der geheimnisvolle Schlüssel baumelte. Er war mit magischen Zeichen verziert, vielleicht Zauberformeln aus Aïr oder Koranverse; gekrönt war er von einem Minarett mit einem Halbmond darauf. Der Ring war rund, bestückt mit Zähnen wie die eines Löwen, und über Hals, Bein und Fuss zogen sich vielfältige Verzierungen.

„Wie sollte ich nicht die Freude der Leute teilen", fuhr der Sultan fort, „wo ich ihnen doch die Glückseligkeit gebracht, das wahre Wâw, das Wâw auf Erden, in ihr Land geführt und es zu einem Sammelpunkt mit den grössten Goldreserven gemacht habe, zu dem die reichsten Kaufleute mit den wertvollsten Waren des Kontinents pilgern." Er neigte sich zum Stammesführer hin und fügte geheimnisvoll hinzu: „Ich will es dir nicht verschweigen. Inzwischen haben Dutzende der wohlhabendsten und angesehensten Kaufleute um Erlaubnis nachgesucht, sich in Wâw niederzulassen. Dein Stamm bleibt jetzt die einzige Gruppe in der

Wüste, die noch zaudert, die Stadt zu betreten und sich in Ketten ins Paradies führen zu lassen, und das allein aus Furcht, die Dschinnen könnten sich rächen, wenn ihr den vermeintlichen Pakt brecht und euch in den Besitz von Gold bringt. Weiss Gott, hast du je ein törichteres Geschichtchen gehört?“

Scheich Âdda schlürfte seinen Tee und setzte sich aufrecht. Er zog den unteren Saum seines Gesichtstuchs über die Nase nach oben. „Da es dem Sultan gefällt, von Geschichtchen zu sprechen, kann ich es angemessenerweise Seiner Hoheit gleichtun und ebenfalls einige Geschichtchen erzählen über die Sitten unserer weisen Vorfahren, die uns keinen anderen Reichtum als das Anhi hinterlassen haben. Darin haben sie uns unter anderem auch eine Bestimmung mitgeteilt, sie soll am Ende des Buches stehen, wonach der Wüstenbewohner, um glücklich zu sein, nichts anderes als Weisheit braucht. Genau aus diesem Grund haben sie uns keinen anderen Reichtum hinterlassen. Die Mauern von Wâw waren in alter Zeit zwischen die Deckel des Anhi eingeklemmt. Und die Wüstenbewohner haben mit der Suche nach der verlorenen Heimat erst begonnen, nachdem sie das Buch verloren hatten. Ich glaube, die Weisen aus Aïr kennen Einzelheiten des Vermächtnisses, die weit über das hinausgehen, was ich armer Mensch weiss, der aufgrund der langen Bequemlichkeit und Untätigkeit allmählich an Gedächtnisschwäche leidet. Ja, Herr Sultan. Das Geschichtchen besagt, dass der Gast, der Kadirîja-Scheich, zunächst den ‚Ordensweg‘ kritisiert und erklärt hat: Das Gute ist wie die Wahrheit, ist wie der Vogel auf dem Felde, der, in einen Käfig gesperrt, stirbt. Ach, Entschuldigung, nun lässt mich mein Gedächtnis ein weiteres Mal im Stich. Tatsächlich hat er das Gute nicht mit dem Vogel verglichen, sondern … sondern, ah, jetzt erinnere ich mich, er hat es mit dem unbehinderten Wasser und der freien Luft verglichen und gesagt: Wenn du das Wasser in einem Behälter festhältst, wird es schal und brackig. Wenn du Luft in eine Flasche sperrst, wird sie abgestanden und fad. Wir haben ja schon über die Abnormität des Scheichs des Kadirîja-Ordens gesprochen. Und wir waren uns einig, Herr Sultan, dass alles, wenn es in ein Behältnis kommt oder in einen Kanal gerät, verdirbt und sich ins Gegenteil verwandelt. Was die Zeit aus diesem Gesetz gemacht hat? Nein, das Gesetz ist unverändert, denn es ist himmlischer Herkunft. Wir dürfen also angemessenerweise fragen: Was hat der Sultan aus dieser Überzeugung gemacht? Wie konnte er das Gesetz des Himmels verraten und in grosser Eile Gefängnisse bauen, dabei vergessend, dass das Wâw auf Erden anders ist als das im Himmel und dass die verständigen Wüstenbewohner nie nach dem irdischen Wâw getrachtet haben und sie, wenn sie sich der irdischen Seligkeit erfreuen wollten, zum Wâw des Gesetzes der Ahnen gehen würden oder zum Grossen Wâw oder anderen Wâws oder Oasen, wie es sie zahllos in der Wüste gibt? Es wäre für den Sultan angemessen gewesen, sich, bevor er an den Bau seines kühnen Projekts ging, zu fragen, warum Dinge verderben, wenn sie in die Gruft des Ordenswegs geraten. Ich brauche ihm ja wohl nicht zu erzählen, dass alles verdirbt, wenn die Hand des Menschen es berührt. Dinge bleiben nur himmlisch, solange keine sündige und unreine Hand sich nach ihnen ausstreckt, doch dann lösen sie sich auf, die Würmer der Fäulnis kriechen in sie, und sie vergehen. Das ist ein Merkmal, das dieser Hand aufgeprägt ist seit dem Tag, da sie sich erkühnte, sich nach dem Verbotenen im Heiligen Garten auszustrecken und es in den Mund, den eigentlichen Schamteil, zu stecken, um den Ruf der Begierde zu befriedigen. Hätte sich Seine Majestät, der Sultan, diese Frage gestellt, wäre er nicht gezwungen gewesen, zu den Himmeln emporzustreben und Gebäude zu errichten, die schon deshalb bedroht sind, weil sie mit sündiger Hand errichtet wurden. Mit deiner Hand, die nur für die Zerstörung baut, die nur für das Vergehen schafft. Ich will dir gestehen, dass ich, als ich dich zum erstenmal sah, keinen Augenblick gezweifelt habe, dass du ein Wâw-Sucher bist. Und wenn ich diesem Gedanken ein aufmerksames Ohr geliehen hätte, hätte sich die Natur der Ebene nicht verändert. Aber weisst du, was mich irregeführt hat? Ich habe nie geglaubt, dass die Suche nach Wâw eine kollektive sein könnte. Früher waren wir daran gewöhnt, in den Wüsten einzelne Wanderer zu treffen, und von unseren Ahnen hatten wir gelernt, dass die Einsamkeit das Schicksal des Wâw-Suchers ist. Und so kam mir nie in den Sinn, ich könnte ein ganzes Lager sehen, das auf der Suche nach der verlorenen Heimat den Kontinent durchstreift. Für diese Nachlässigkeit bezahle ich nun den Preis. Aber ganz sicher hat der Teufel seine Finger im Spiel, wirft einen Schleier über die Wahrheit und flüstert dem Geschöpf allerhand zu, um es zur Sünde zu stossen, wie er es damals tat, als er ihm im Garten den Bissen des Verbotenen zu essen gab. Du sprichst von der Glückseligkeit und hältst uns für töricht, weil wir uns nicht in Ketten in dein Paradies führen lassen. Einverstanden. Wir sind Derwische, nicht weil wir es ablehnen, ins Paradies einzutreten, sondern weil wir das eigentliche Leben für ein Nichts, für ein Vergehen hingegeben haben, für eine ewige Verlorenheit namens Freiheit. Es ist ein Entschluss, den wir nicht selbst getroffen zu haben beanspruchen. Wir haben ihn geerbt, zusammen mit dem Anhi, mit dem Anstand und dem Tuch, mit dem wir unseren Mund verhüllen. Wir haben ihn mit der Muttermilch eingesaugt, haben ihn uns angeeignet, seit wir in der Wüste umherstreifen. Was also ist diese ewige Wanderung, die du siehst, anderes als eine Flucht vor den Fesseln, der Erde, der Sesshaftigkeit und den Oasen? Was ist der Grund des ewigen Umherirrens anderes als jener mutige, grossartige Versuch, die Versklavung loszuwerden, und das hartnäckige Streben um das All? Und was ist die Weite anderes als ein Raum, der die Dinge vor der Fäulnis schützen kann, damit die Luft rein und frei bleibt und das Wasser ein jungfräulicher Regentropfen, in einer Wolke am Himmel über der Wüste hängend. Du siehst, wir haben gewählt, ausserhalb des Ordensweges zu bleiben, fern von den Wänden, um für uns das dauernde Leuchten in der weiten Wüste bewahren zu können, unter den Strahlen der erbarmungslosen Sonne. Und diese mühselige Suche, dieser seltsame Lauf über den endlosen Kontinent, das ist die Suche nach dem wirklichen Wâw. Dem verborgenen Wâw. Dem himmlischen, dem nicht durch sündige Hand besudelten Wâw. Wie kannst du da verlangen, dass der Stamm gehorsam ins Gefängnis zurückkehrt, aus dem er vor Tausenden von Jahren geflohen ist, und das nur, weil seine Mitglieder beschlossen haben, in ihrer langen Reise innezuhalten, nur, weil sie sich in der Nähe des Brunnens vergessen und dort mehr als vierzig Nächte verweilt haben. Es stimmt, wir sind es, die nachlässig waren, die sich die eigene Fessel gefertigt hatten, schon bevor du auf die Ebene kamst und mit jenem Zauberstab, der da Gold heisst, für uns dein grässliches Gefängnis gebaut hast. Wenn wir uns dir anpassen und der Verlockung erliegen, können wir uns nicht nur nicht mehr der Reinheit rühmen, die allein das Umherziehen garantiert, wir können uns auch nicht mehr Wüstenbewohner nennen. Bist du aus Aïr gekommen, Herr Sultan, um uns unserer selbst zu berauben, um uns in ein Gefängnis zu werfen, aus dem wir vor zehntausend Jahren geflohen sind, nachdem die Wüste sich uns offenbart, sich uns dargeboten hat, um uns zu zeigen, dass Wâw uns näher ist als unsere Halsschlagader? Bist du gekommen, um unseren Blick mit dem Glitzern des unheilvollen Metalls zu täuschen und uns ein falsches Wâw anzubieten statt dem göttlichen, dem himmlischen Wâw?"

Stillschweigen.

Draussen war das Schnaufen der Kamele und das Rufen der Hirten zu hören. Auf einem Dach weinte ein Kind, und zwei Frauen lachten verhalten.

Der Neger kam mit der zweiten Runde Tee. Dann ergriff der Sultan das Wort. „Du wirst mir nicht glauben, dass ich diese Antwort erwartet habe. Ich habe sie wortwörtlich so erwartet. Und das bestärkt mich im Vertrauen auf meine Menschenkenntnis. Dieses Vertrauen, das du plötzlich zu erschüttern versucht hast. Denn natürlich spricht aus dem Wüstenbewohner der Stolz, die Verblendung, die den Verschleierten lieber hungers sterben lässt, als seinen Mund, seinen Schamteil, Fremden zu zeigen. Es ist derselbe verlogene Stolz, der den Verstand auf Abwege bringt und den stolzen Tor Ehre damit verwechseln lässt, einer Fata Morgana nachzurennen, und der ihn auch die Freiheit mit der Ruhe der Sesshaftigkeit verwechseln lässt. Denn der Wüstenbewohner, der unablässig nach der Ruhe an fernen Horizonten sucht, ist wie betäubt, wenn er herausfindet, dass sie ihm näher ist als seine Halsschlagader, dass es genügt, bei der Verfolgung der Fata Morgana innezuhalten und die Lasten vom Kamel zu laden, um herauszufinden, dass die Erlösung in der Sesshaftigkeit liegt und dass das Wâw, nach dem er in der Wüste sucht, anderswo liegt, weit weg von der Wüste. Ich meine, in ihm selbst. Und wer es nicht da findet (der Sultan schlug sich mit der Faust auf die Brust), wird es nirgends finden. Alle Personen, die die verlorene Oase mit eigenen Augen gesehen haben, waren nur in den Dschinnenstädten, die, wie du weisst, mein guter Scheich, in unserer Wüste nicht geringer an Zahl sind als die Oasen der Menschen. Wo also, möchte ich wissen, liegt der Satan der ersten Verführung: in der Zunge der Fata Morgana oder im Glitzern des Goldes? Glaub mir, der Allmächtige hat keinen Satan geschaffen, der stärker ist als die Fata Morgana der weiten Wüste. Und dieser ist es, der den elenden Wüstenbewohnern die Idee von der verborgenen Welt eingegeben und ihnen, fälschlicherweise, ein Wâw dafür versprochen hat, dass sie ihm nachfolgen und ihm dienen. Und da gibst du diesem elenden Vorgang auch noch eine Geschichte und sprichst von Tausenden von Jahren. Was ist die Fata Morgana in der Wüste anderes als jener Satan, von dem die Märchen erzählen, er werde im Gewand eines weisen Wanderers daherkommen und die Menschen mit Spielen und Glitzern zum Grossen Fest locken, um sie schliesslich in den finsteren Abgrund zu stossen?"

„Bist nicht du es, der zum Grossen Fest lädt und Dinge zum Spielen verteilt? Ist nicht der Sultan selbst jener erwartete Wanderer? Hegst nicht du die Absicht, uns im Gefängnis zusammenzupferchen und uns mit Versorgung und Nahrung zu kaufen? Siehst du denn nicht, dass alle Bewohner deiner Oase sich für eine Handvoll Mehl verkauft haben?"

„Warte mal! Inzwischen befinden sich unter meinen Bewohnern nicht wenige Leute deines Stammes. Ihnen sind die Augen aufgegangen über den Betrug der Fata Morgana. Und sie sind, vernünftig geworden, in die Stadt gekommen."

„In jedem Stamm gibt es schwache Seelen. Und in jedem Stamm gibt es solche, die die Bequemlichkeit und die Ketten dem Elend des Nomadendaseins vorziehen. Ich behaupte nicht, ich könnte jeden, der sich ein Tuch um den

Kopf wickelt, davon überzeugen, dass er zu den Auserwählten gehört, die Wâw entdecken müssen. Das ist nur einer kleinen Gruppe bestimmt. Denen, die kein Almosen und keine milden Gaben aus der Hand des Sultans annehmen, weil sie wissen, dass im Mehlsack eine Schlange lauert, die sich ihnen um den Hals schlingt, kaum dass sie die Hand ausstrecken, ihn zu öffnen. Wer den Bissen wählt, wählt die Kette. Der Bissen ist der Feind der Wüste, der Feind dessen, der die Wanderung zu seinem Metier macht. Ich rate dir, lieber die Leute der Oasen in deiner Stadt aufzunehmen, wenn du nicht unglücklich werden willst beim Versuch, die Wüstenbewohner an Gehorsam und ein Leben in Passivität zu gewöhnen."

„Ruhe. Du würdest besser Ruhe sagen statt Passivität. Ich werde ihnen Ruhe verschaffen anstelle von Mühsal, Exil und sicherem Untergang. Darüber hinaus werde ich sie mit einem Sack Mehl, mit dem täglich Brot, belohnen. Sie werden bleiben und Wurzeln schlagen und Landwirtschaft oder Handel betreiben. Sie werden junge Mädchen heiraten, die ihnen Kinder gebären. Sie werden vor dem Verderben gerettet sein, das ihnen in der Wüste täglich droht, und sie werden ein glückliches Leben führen. Ich weiss nicht, was der Mensch in der Wüste mehr will, als ein glückliches Leben zu führen und still und ruhig das Ende zu erwarten."

„Du vermischst bewusst zwei Arten von Ruhe, wie du dir schon die Freiheit genommen hast, Ruhe und Passivität zu vermischen. Die Ruhe, die sich auf das vergiftete täglich Brot stützt, das ist die Ruhe der Sklaven. Die andere Ruhe, die sich auf die weite Wüste stützt, den Wind, den Regen und das Wandern, das ist die verheissene Ruhe im himmlischen Wâw. Es ist eine alte Ruhe, die der Schöpfer des Himmels und der Wüste dem Urahn ins Herz gepflanzt hat, als er ihn aus seiner Nähe vertrieb und ihm einen Flecken

Land einräumte, damit er ihn sich zur Heimat mache. Wir sehen also, dass die bewusste Vermischung der beiden Arten von Ruhe nicht nur eine Irreführung der Menschen, sondern auch eine Lästerung der Religion ist."

„Das vergiftete täglich Brot! Ich hätte nie geglaubt, dass der Mann, der in Asdschirr, was sage ich, der in der ganzen Wüste als der Geschickteste bekannt ist, den Stab in der Mitte zu halten, einen so seltsam drastischen Ausdruck gebrauchen könnte."

„Warte, Herr Sultan! Du vermischst ein weiteres Mal bewusst Mehl und Stroh. Lass mich dir kurz erklären, warum dieses täglich Brot vergiftet ist. Ich übertreibe nicht, wenn ich sage, dass es sogar doppelt vergiftet ist. Zum einen, weil es ein Fallstrick ist, den der Mensch gefertigt hat, um seinen Menschenbruder zu fangen; zum anderen, weil es bezahlt wird in einer Währung, die Eigentum der Bewohner des Îdenan ist. Uns ist durch einen Pakt, den wir ererbt, der Umgang mit diesem Metall untersagt. Die Dschinnen verzeihen den Bruch eines Versprechens nicht. Und von dem Augenblick an, da wir die Augen öffnen und das Leben und die Wüste schauen, kennen wir das Siegel, das auf jedes Stück Gold geprägt ist: Wer dieses Mineral besitzt, den besitzen wir. In diesem Siegel hockt der Fluch. Und der Sultan sollte das Geheimnis zur Kenntnis nehmen, da er nun einmal beschlossen hat, die Ebene mit den Waffen der Unsichtbaren anzugreifen."

Der Sultan wandte sich heftig dem Stammesführer zu. Der Schlüssel auf seiner Brust glänzte. „Deine Beweisführung ist vergiftet", rief er zornig. „Deine Art Beweisführung ist es, was den Verstand jener Pilger vergiftet hat, die sich entschlossen, ihrem Elend ein Ende zu machen und dich zu verlassen, um nach Wâw zu kommen. Gestatte mir! Gestatte mir!" Er schluckte zweimal, um seiner Erregung Herr zu werden. Dann fuhr er, ins Leere jenseits des Fensters blikkend, fort: „Du bist es, der dem Wasser und dem Salz zwischen uns ein Ende gesetzt hat. Du hast diesen Weg gewählt." Er warf dem Stammesführer einen geheimnisvollen Blick zu und fragte rätselhaft: „Du verstehst mich?"

Der Stammesführer brauchte nur einen Augenblick, um den Hinweis zu verstehen. Er lächelte traurig und senkte das Haupt. Dann herrschte ein langes Schweigen, bevor der alte Mann antwortete: „Ich glaube, ich habe verstanden. Ich hatte schon verstanden, bevor ich dein Reich betrat und bevor du dich mit mir unterhieltest, um mir die Frage zu stellen."

Der Sultan schaute auf und fragte neugierig: „Wirklich? Ich hoffte, ich hätte mich bei der Einschätzung deiner Weisheit nicht getäuscht."

„Die Absicht des Gegners zu verstehen erfordert keine grosse Weisheit, Herr Sultan."

„Du nahmst eine Gegnerschaft an, bevor sie angefangen hatte. Ist das ein Bekenntnis?"

„Die Gegnerschaft beginnt nicht erst heute. Die Gegnerschaft begann, als du den Pakt verraten und die Tore hinter den Schmieden geschlossen gehalten hast, damit sie dir insgeheim in der verborgenen Halle Goldenes anfertigen. Ich habe den Gerüchten nicht geglaubt und habe meine Angelegenheit den Verständigen vorgelegt, und da die Entscheidung durch diesen besonderen Kreis in unserer Zeit, und vielleicht zu allen Zeiten, ein Risiko ist, dessen Früchte die Verständigen ernten, habe ich mich selbst an jenem Tag zum Exil verurteilt."

„Das Exil? Ich sehe, dass du auch die Strafe gewählt hast."

„Nicht ich bin es, der die Strafe gewählt hat, Herr Sultan, sondern der Thron des immer nackten, immer wehrlosen, immer unterdrückten Verstandes. Unter diesen Umständen ist es natürlich, dass die wehrlose Seite den Platz räumt. Der Verstand ist durchaus in der Lage, diesen Ausweg zu diktieren, auch wenn er nicht in der Lage ist, sich selbst zu verteidigen."

Der Sultan schlug die Hände aufeinander. „Ich gebe zu, dass dein Scharfsinn meine Einschätzungen übertrifft. Ich gebe zu, dass dein Scharfsinn denjenigen des verfluchtesten Sehers in Aïr mindestens um ein Dreifaches überragt. Ich hatte niemals erwartet, dass du zu mir mit der festgelegten Strafe kommen würdest, weil ich das Urteil erst nach unserer Unterhaltung gefällt habe. Du bist mir zuvorgekommen. Ich schwöre es dir …"

„Die Rote Hammâda ist meine Heimat. Mein Paradies. Das himmlische Wâw, das mir schon früher zu essen gab gegen den Hunger und mir Obdach gewährte zur Zeit des Scheichs des Kadirîja-Ordens. Das Exil ist das Schicksal des Wüstenbewohners, der es ablehnt, einen Sack Mehl anzunehmen, und dessen Credo es ist, wachsam zu sein. Der Wüstenbewohner erwartet von niemandem Erbarmen."

Sie wechselten einen betrübten Blick. Dann herrschte Schweigen. Eine abessinische Sklavin kam mit der Wasserkaraffe. Auch diese war aus Gold, kunstvoll gearbeitet.

Der Sultan nahm einen neuen Anlauf: „Ich würde es dir nie an etwas fehlen lassen. Ich würde dir gegenüber nie knausrig mit Sklaven und Gefolgsleuten sein. Ich würde dir Karawanen und Vorräte schicken. Ich weiss, dass die Hammâda dem, der sie seit alters liebt, zu essen gegen den Hunger gibt. Aber die Dürre der letzten Jahre hat auch die Hammâda erreicht. Vergiss das nicht!"

„Wir waren uns doch einig, dass das Credo des Wüstenbewohners, wachsam zu sein, es ihm untersagt, Wohltaten entgegenzunehmen. Ausserdem brauche ich all diese Dinge nicht, von denen die Menschen der Oasen in ihrer Bequemlichkeit glauben, nicht ohne sie auszukommen."

„Das ist der Starrsinn der Stolzen."

„Nein, es ist die Überzeugung der Wanderer."

„Gott leite dich."

„Gott leite alle."

Er geleitete ihn zum Abschied zur Tür. Das Ende seines Tuchs rutschte von seiner Brust, und der Schlüssel zur Schatzkammer leuchtete auf.

„Weiss Seine Hoheit eigentlich", fragte der Stammesführer, „warum der Mensch es ablehnt, sich in Ketten ins Paradies führen zu lassen? Es tut es, weil das Paradies aufhört, eines zu sein, sobald das Geschöpf unter Zwang und in Ketten dorthin geführt wird. Das Geheimnis liegt in den Fesseln selbst. Es ist riskant, die freie Entscheidung zu missachten. Die Ziege geht aus freien Stücken, doch wenn du sie am Hals packst und sie in eine Richtung zerrst, bockt sie, leistet Widerstand, gräbt ihre Füsse in die Erde und sperrt sich mit allen Kräften. Du wirst es nicht bereuen, wenn dir das Geheimnis der Kette klar wird."

Der Sultan lächelte. Der Schlüssel auf seiner Brust leuchtete ein weiteres Mal auf.

Dritter Teil

I. Der Stammesführer

Warum lebte er nicht mit den Seinen als besitzender Bürger in einer der Städte, in Hebron selbst, Urusalim oder Sichem, in einem festen Hause aus Stein und Holz, unter welchem er seine Toten hätte bestatten können? Warum zeltete er wie ein Ismaelit und Beduine der Wüste ausser der Stadt und in offenem Lande, so dass er die Burg von Kirjath Arba nicht einmal sah, bei dem Brunnen, den Höhlengräbern, den Eichen und Terebinthen, in jederzeit aufhebbarem Lager, so, als dürfe er nicht bleiben und wurzeln mit den Anderen, als müsse er von Stunde zu Stunde der Weisung gewärtig sein, die ihn antreiben würde, Hütten und Ställe niederzulegen, Gestänge, Filz und Felle den Lastkamelen aufzupacken und weiterzuziehen?
Thomas Mann, *Joseph und seine Brüder*

1

Aus dem Mund der Grossmutter schöpfte er einen Vorrat an Geschichten über Wâw. In jenen Jahren zogen sie mit dem Stamm in der Wüste umher. Sie litten unter dem Hunger und der unbarmherzigen Dürre. Aber sie gaben das Wandern und das Umherziehen und die Suche nach Weideplätzen nicht auf. Wann immer er sich dieser elenden Kindheit erinnerte, lächelte Âdda bitter. Dann verglich er im stillen die unverdrossene Suche des Stammes nach dem unerreichbaren Frühling mit der alten Tradition der einsamen, stolzen, unablässigen Suche der Wüstenbewohner nach der verlorenen Heimat. Wann immer er in diese Vergangenheit zurückkehrte und versuchte, sich die Erinnerung an die Wanderung ins Gedächtnis zurückzurufen, überkam ihn ein Gefühl des Entzückens und der Freude. Ein Gefühl, gewonnen aus einer rätselhaften, unerwarteten Gewissheit, die ihm jetzt, in der Sprache der Vernunft und der Reife, sagte, dass das Wâw, mit dessen Suche der Wüstenbewohner sein Leben verbringt, vor ihm lag, dass es diese Wüstenwelt war, von der er – in seiner Kindheit – weder Anfang noch Ende kannte. Ja, er erinnerte sich nicht, je an ihrem Anfang oder ihrem Ende gestanden zu haben bis jetzt, nach Dutzenden von Jahren des Umherziehens. Er war mit Handelskarawanen gezogen und hatte als Hirte gearbeitet, sich an Kriegszügen beteiligt und war nach Gadames, nach Aïr, ins Ahaggâr und in den Dschungel gereist, aber die kahle Weite dehnte sich immer weiter aus und entfernte sich, um mit dem Bogen des Horizonts zu verschmelzen. Und irgendwo am Horizont spielte jene Fata Morgana, die die unverdrossensten Wanderer an Niederlage und Unfähigkeit erinnert.

In der erbarmungslosen, nackten, lodernden Kahlheit hielten sie an Sommerabenden an. Die Steine verbrannten ihm die nackten Füsse; er kroch auf Knien und Ellbogen oder hielt sich die Füsse mit den Händen.

Einmal klagte er über das Brennen und weinte laut, doch keiner schenkte ihm Aufmerksamkeit. Seine Mutter war mit der Ziegenherde beschäftigt, sein Vater entlud die Kamele, und die Grossmutter kämpfte mit den Zeltstangen und baute, unterstützt von einer anderen Verwandten, das Zelt auf. Die Vernachlässigung schmerzte ihn. Es machte ihn wütend, dass alle seinem Ruf nur mit herzloser Gleichgültigkeit begegneten. Er zerriss sein Hemd, wickelte sich die Fetzen um die blossen Füsse und lief nackt zwischen den Zelten umher.

Am Abend strafte ihn die Mutter mit Pfeffer. Sie klemmte seinen Kopf zwischen ihre Knie und liess ihm von dem feurigen Zeug in die Nase rieseln.

Er flüchtete sich ins Zelt der Grossmutter. Zu ihr flüchtete er immer, wenn er mit der Mutter im Kampf lag. Die alte Frau nahm ihn am Eingang des Zeltes in Empfang und führte ihn zur Feuerstelle. Sie gab ihm etwas Milch oder ein paar Datteln, um ihn zu beruhigen, und setzte ihre Arbeit, das Buttern, fort. Doch nicht nur, weil er sich beruhigte, war die Grossmutter glücklich. Die arme alte Frau fürchtete sich vor den Dschinnen und fühlte sich von Gespenstern verfolgt. Sie erzählte hübsche Geschichten von Dämonen, die ihr immer dann erschienen, wenn sie allein und niemand sonst da war. Oft kam sie mitten in der Nacht zu ihrem Zelt, weckte seine Mutter und bat sie, ihr den Enkel zu „borgen", da die Dschinnen sie am Schlafen hinderten. Sie glaubte, der Junge könne ihr die Einsamkeit vertreiben und die Gespenster erschrecken. Manchmal weckte ihn die Mutter und führte ihn zu der alten Frau, die vor dem Zelt wartete, Zaubersprüche in einer unbekannten Sprache murmelnd, von der er später erfuhr, dass es Haussa war. Das sei jene geheimnisvolle Sprache, davon waren die Bewohner der Wüste überzeugt, die die Dschinnen verstehen; es war Umgangssprache unter Zauberern und Sehern in Kano und in Aïr. Wenn er gegen die Störung protestierte und weinte und sich wehrte, nahm ihn die Mutter auf den Arm, reichte ihn der Grossmutter und ging zurück ins Zelt, um weiterzuschlafen.

Bei solchen Gelegenheiten bestach ihn die Grossmutter mit einem Stück Zucker oder einer Dattel oder … oder eben einer neuen Geschichte über Wâw. Und oft blieben sie zusammen bis Tagesanbruch wach, draussen vor dem Zelt, im Licht des Mondes. Er lag auf dem Rücken und blickte auf den Mond, genoss den Zucker und lauschte den hübschen Geschichten von der unbekannten Heimat. Und sie verkürzte, Geschichten erzählend, die Nacht und beschleunigte den Tagesanbruch, um die Dschinnengespenster zu verjagen. Er streifte mit ihr durch die Wüste, verschwand in der geheimnisvollen Oase, die ihre Tore auftut, um die elenden Helden willkommen zu heissen; sie gehen hinein und bleiben auf ewig dort. Er bemerkte, dass bei ihr diese vom Glück Begünstigten sich selbst vergessen und es vorziehen, dort zu bleiben. In den Geschichten der Nachbarskinder über andere Helden war das nicht so. Als er die alte Frau einmal fragte, weshalb der Wandersmann nicht in die Wüste zurückkehre, sondern lieber in Wâw bleibe, lächelte sie traurig und fragte: „Wozu sollte die Rückkehr für sie gut sein? Wer einmal Wâw betreten hat, vergisst die Wüste."

Die Kinder würden ihm aber andere Geschichten erzählen, protestierte er, in denen der Wanderer immer wieder zurückkehren könne. „Gestern habe ich gehört, dass im Lager ein frommer Scheich lebt, der schon einmal in Wâw war. Wenn du mir nicht richtig antworten kannst, geh ich und frag ihn nach dem Sultan, nach dem Garten und nach dem Bissen des Verbotenen."

Sie lächelte, blickte auf und schaute zum fernen Horizont, ohne je mit dem Buttern innezuhalten. Rasch fand sie einen Ausweg: „Die Augenzeugen im Lager haben nie das wirkliche Wâw betreten. Der fromme Scheich hat eine Dschinnenstadt besucht und gemeint, es handle sich um die verheissene Oase. Glaub also nicht alles, was die Nachbarskinder sagen."

Er dachte ein wenig nach, kratzte sich im Haar, das, einem Hahnenkamm ähnlich, seinen Kopf zweiteilte. Dann bat er sie, ihm von den Dschinnenstädten zu erzählen. „In Wâw waren wir schon oft, in den Dschinnenstädten noch nie."

Das Lächeln verschwand, und aus den Augen der alten Frau blickte schieres Entsetzen. Sie sprach ein paar Zauberformeln in Haussa, worüber er ungezogen lachte. Bei Tag lachte er, doch bei Nacht weinte er insgeheim aus Mitleid mit ihr. Er versteckte sein Gesicht unter der Decke und dachte an den Ausdruck des Entsetzens auf ihrem Gesicht, und traurig und weinend tat er Abbitte für seine Bosheit und seine Ungezogenheit. Sie fürchtete sich vor dem Treiben der Dschinnen, und er wusste das und nützte es aus; er handelte sich ein Stück Zucker dafür ein, dass er auf die Mythen der Finsternis und des Entsetzens und die Geschichten der Dschinnen verzichtete.

Die Dürre trieb sie umher. Sie holten Nachrichten über den Regen ein und zogen kreuz und quer und unablässig durch die ewige Wüste. Sie stiegen hinab in die fahlen Wadis, nahmen die Lasten vom Rücken der Kamele und liessen die Tiere frei zwischen den abgestorbenen Bäumen umherstreifen. Nachts erhielten sie den Besuch von Wölfen, die mit entsetzlichem Geheul das Lager umkreisten, weswegen die Männer abwechselnd die Herden bewachten. Die Seher und die Weisen benutzten die Gelegenheit und entnahmen dem Ruf Nachrichten über die Dürre und Mitteilungen über die Hungersnot. Am Morgen schlug man die Trommeln, brach auf und setzte die Suche fort.

Die Grossmutter war überglücklich über das Umherziehen. Die Wanderung, behauptete sie, ermüde die Dschinnen, und so blieben sie zurück und richteten sich in der Asche des verlassenen Lagers ein. Oft warnte sie ihn vor solcher Asche auf verlassenen Lagerplätzen; das sei der bevorzugte Wohnort der Dschinnenstämme. Doch im Verlauf der Jahre ermüdeten die Bewohner des Unsichtbaren immer weniger und nahmen, entgegen ihrer Gewohnheit, verbissen die Verfolgung auf. Da wurde Haussa – die Sprache der Magie, der Dschinnen und der Talismane – zur alltäglichen Sprache, die die Lippen der alten Frau nicht mehr verliess. Sie kauderwelschte darin schon am frühen Morgen vor dem Gebet, sie kauderwelschte darin neben dem Feuer während des Tages und die ganze Nacht hindurch, nachdem sie zuvor immer nur ein einziges Mal etwas in dieser Sprache gemurmelt hatte, bevor sie zu Bett ging. Sie suchte den Fakîh in seinem Zelt auf und kam mit einem weiteren Koran-Amulett zurück, das sie ihrem Halsband hinzufügte, an dem schon eine grosse Anzahl in Leder gewickelter Beschwörungsformeln hing. Danach ging sie zu der schwarzen Seherin und kam mit drei Dattelkernen zurück, die sie neben der Zeltstütze vergrub. Eine alte Nachbarin schenkte ihr eine Handvoll Beifussblätter. Für jede Krankheit, so sagte sie, gebe es ein Heilmittel. Beifussblätter und Dschinnen könnten nicht in einem Lager nebeneinander existieren. Sie schritt würdig in ihr Zelt zurück, obwohl die Zeit ihre stolze Haltung gebrochen und sie gezwungen hatte, gebeugt zu gehen. Sie stützte sich auf einen glatten, handpolierten Stock und hielt das tristschwarze Tuch um ihr trauriges, eingefallenes Gesicht mit den vorstehenden Wangenknochen. Von ihrer Schläfe baumelte eine prächtige Locke aus Haar, in dem die Zeit ihre Spuren hinterlassen und das sie mit Weiss gekrönt hatte.

Sie entzündete das Abendfeuer und wartete, bis sich die Flamme gelegt und kräftige Glut sich entwickelt hatte. Dann streute sie Krümel des magischen Krauts in die Glut, beugte sich mit dem Kopf über die Feuerstelle und barg den Rauch des Beifuss unter ihrem Tuch, das sie über die Feuerstelle deckte. Sie nahm auch ihn und steckte seinen Kopf unter das Tuch. Der Rauch raubte ihm den Atem; er würgte und hustete lange. Einige Krümel des Krauts nahm sie und wickelte sie zu einem Beifussamulett in einen schwarzen Fetzen, befestigte es mit einem Lederfaden an seinem Handgelenk und versicherte, es werde ihn gegen die Dschinnen schützen. Warum sie wohl in jener Nacht den Mut fand, ihm von einem Volk zu erzählen, das auch nur zu erwähnen sie sich selbst versagt, ja, das in ihrem Beisein zu erwähnen sie jedermann im Stamm verboten hatte? Vielleicht fand sie ja in dem Beifuss Beistand. Der Grund lag in dem magischen Kraut.

Sie gab ihm ein Stück Brot und steckte ihn ins Bett. Danach vollzog sie die Waschung, betete und murmelte Beschwörungsformeln in Haussa. Als sie ihre Abendrituale beendet hatte, kauerte sie sich neben ihn, spielte mit den Perlen der Gebetskette und murmelte die Lobpreisungen vom Ende der Nacht. Als sie auch diese Andacht beendet hatte, häufte sie die Gebetskette in der Hand, rieb sie dann zwischen beiden Händen und wollte wissen, ob er schon schlafe.

Er schob die Decke zurück, legte einen Fuss auf das Knie des anderen Beins, starrte in die Sterne und antwortete kurz und bestimmt: „Ich werde nicht einschlafen, bevor ich nicht die nächste Geschichte gehört habe."

„Also höre zu, was Neunmalklugen passiert, die die Ratschläge ihrer Mütter und Grossmütter nicht befolgen. Wenn ich auf die Verbote der alten Frauen gehört hätte, würde ich heute nicht von den Dämonen und den Bewohnern des Unsichtbaren verfolgt. Ich habe ihnen nicht gehorcht und bin in der Asche verlassener Lagerplätze herumgetrampelt. Dort habe ich einen Ring gefunden, von dem ich annahm, er wäre aus Messing. Ein weiteres Mal habe ich mich nicht um die Warnungen der weisen Frauen gekümmert und den Ring mitgenommen. Er besass etwa die Grösse eines Ohrrings und glänzte in der Abendsonne. Ich knüpfte ihn an den Zipfel meines Tuchs und habe ihn für einige Tage völlig vergessen. Einem Kamelhirten fiel er auf, und er bat mich darum; er wollte ihn für den Zügel eines Jungkamels benutzen, das er schon einige Tage zu bändigen und an den Zügel zu gewöhnen versucht hatte. Der Hirte zog auf die fernen Weiden im Norden, wo Kundschafter grüne Wadis entdeckt hatten, die Hinterlassenschaft vorüberziehender Winterwolken. Ich habe den Hirten nie mehr gesehen, ebensowenig das Kamel. Der Hirte verirrte sich und verdurstete, bevor er auf das verkündete Land kam. Das Kamel verlief sich und streifte in der Westlichen Wüste herum. Wegelagerer sollen es gefunden und südlich von Gadames geschlachtet haben. Noch bevor die Nachricht vom Los des Hirten kam, hat mich die Frau mit dem Schlangenschwanz besucht. Jawohl. Unterbrich mich nicht! Eine hochgewachsene Frau, wie ich sie noch nie gesehen hatte, die aber einen abscheulichen, ekelerregenden Schwanz hinter sich herzog. Wenn ich ihn gleich zu Beginn gesehen hätte, hätte ich gewusst, um was für eine Art Besucherin es sich handelte, und mich gehütet, mit ihr zu sprechen. Aber ich habe den Schwanz erst bei ihrem Weggehen zu Gesicht bekommen. Die Seherin hat mir später einmal gesagt, als sie mir vom Verhalten der Dschinnen erzählt hat, das sei unter den Bewohnern des Unsichtbaren eine verbreitete Gewohnheit. Andere würden gern auf Eselshufen daherkommen, wieder andere ihr Gesicht verstecken und sich den Leuten ohne Kopf zeigen. Schliesslich gäbe es noch solche, die durch die Luft flögen und in voller Gestalt im Himmel verschwänden. Von dieser letzten Gruppe werde ich dir gleich erzählen. Die Seherin hat mir ausführlich von der Leidenschaft der Dschinnen für Verkleidungen berichtet und davon, dass sie Masken anlegen. Niemand könne wissen, sagte sie auch, warum sie sich nicht so verkleideten wie die Bewohner der Wüste, und sie hat geglaubt, wie ich auch, dass die Bewohner der Wüste nicht nur allen anderen Menschen, sondern sogar den Dschinnen überlegen sind mit dieser ganz eigenen Verkleidungserfindung namens Gesichtstuch.

Die Seherin hat sich gefragt, wer von uns denn nicht sein Gesicht verstecken, welcher Mensch denn nicht seinen

Mund verhüllen wollte, der ja einer der Gründe für die Vertreibung aus Wâw war, weil er den Bissen des Verbotenen gegessen hat. „Wer von uns will nicht seine Schande den Augen der Neugierigen entziehen? Welches Geschöpf bemüht sich nicht, seine Gedanken zu verschleiern? Sogar die Dschinnen versuchen, wie wir gesehen haben, das zu tun. Aber der Wüstenbewohner kann sich rühmen, allen anderen Geschöpfen darin zuvorgekommen zu sein, die Maske zum ewigen, normalen, alltäglichen Kleidungsstück zu machen. Allein der Stolz hat die Dschinnen davon abgehalten, dasselbe zu tun und uns nachzuahmen, nachdem wir ihnen zuvorgekommen sind, besonders weil sie sich ständig mit ihrer Kraft und Überlegenheit brüsten und den Menschen keine Fähigkeiten zugestehen möchten. Das zeigt übrigens, dass die Bewohner der Wüste schon vor den Bewohnern des Unsichtbaren in die Wüste gekommen sind. Das behaupte ich. Und das behauptet auch die Seherin. Aber das ist eine andere Geschichte.

Kehren wir zu der schönen Frau zurück. Sie ist nach Sonnenuntergang zu mir gekommen, bevor das Licht der Sonne am Horizont den Heldentod gefunden hatte. Das ist die Zeit, die die Bewohner der Finsternis schätzen. Sie kam zu mir, nachdem ich mit dem Melken der Ziegen fertig war, gerade das letzte Euter geleert hatte. Als ich mich umdrehte, stand da eine Gestalt über mir. Ich weiss nicht, woher sie gekommen ist. Es war die Gestalt einer Frau, in Schwarz gehüllt; mit ihrer rechten Hand hielt sie das Tuch fest, das um ihr längliches Gesicht lag. Sie hatte grosse schwarze Augen, die geschminkt waren; darüber dichte, gebogene Augenbrauen und lange Lider. Die Nase war lang und stolz. Das Kinn konnte ich nicht genau erkennen, da das Tuch darüber lag. Eine feste Figur, eine würdige Gestalt. Ein Hintern wie ein Wasserbalg.

‚Du hast mein Kind getreten und genommen, was mir gehört', hat sie gesagt. Ich habe nichts begriffen. Natürlich habe ich diese hässliche Anschuldigung nicht verstanden. Ich konnte mich nicht erinnern, je in meinem Leben auch nur eine Ameise getreten zu haben. Ebensowenig habe ich je die Hand nach etwas ausgestreckt, das einem anderen gehört. Offenbar hat sie den ungläubigen und unwirschen Ausdruck auf meinem Gesicht gesehen, deshalb fuhr sie ungerührt fort: ‚Hast du etwa nicht vor einiger Zeit einen goldenen Ring aus einem Aschehaufen genommen? Willst du abstreiten, dass du auf dem verlassenen Lagerplatz herumgelaufen bist und in der Asche herumgeschnüffelt hast?' Da ist mir der Messingring wieder eingefallen, und ich habe überrascht gesagt: ‚Stimmt, ich habe einen Messingring genommen, aber ich habe keine Spur von einem Kind gesehen.' Noch immer kam mir nicht in den Sinn, mein Gegenüber könnte eine Bewohnerin der Finsternis sein, da ich den hässlichen Schwanz erst gesehen habe, als sie sich umdrehte. Sie zog die Augenbrauen zusammen und sagte zornig: ‚Ihr seht nichts. Ihr habt grosse Augen, aber ihr seid blind. Das Kind hast du nicht gesehen, aber den Ring. Du behauptest, er wäre aus Messing, aber er war glänzend und hübsch, andernfalls hättest du nicht die Hand danach ausgestreckt. Ihr seht immer nur das Glänzende. Die matten Geschöpfe aus Fleisch und Blut, die seht ihr nicht. Ihr seid schlau, weil ihr nur die Dinge seht, die ihr sehen wollt.' Sie schwieg kurz und fuhr dann in verändertem Ton fort: ‚Das Gold ist unser Amulett, unser Talisman, unser Heiliges Buch. Ihr schützt euch mit dem Offenbaren Koran und mit Zauberformeln, wir verbergen uns hinter dem Glänzen des Herrn aller Metalle. Ihr blendet uns und schützt euch vor uns mit Koranversen und Amuletten, wir blenden euch und schützen uns vor euch mit dem Blinken. Gib mir das Amulett des

Jungen zurück!‘ Ich habe es ihr versprochen. Ich habe ihr gesagt, ich würde ihr den Ring zurückgeben, sobald der Hirte aus den Wadis zurückkäme. Als sie mich verliess, konnte ich in der Dunkelheit den abscheulichen Schwanz sehen. Mich überlief es heiss und kalt, und ich begann zu zittern. Mir war wieder eingefallen, dass wir nicht allein in der Wüste wohnen, dass wir Gäste eines Volkes sind, das behauptet, älter zu sein als wir und das uns unser Recht auf die kahle Heimat streitig macht, und dies, obwohl wir die Maske vor ihnen erfunden haben. Ich war überrascht, dass ich sie während der Unterhaltung vergessen hatte, auch dass die Frau mit mir über den Schmerz eines unsichtbaren Kindes gesprochen hatte, ohne dass ich merkte, dass ein Kind, wenn es unsichtbar ist, nur von denen stammen kann, die uns den Besitz der Wüste streitig machen. Dann erinnerte ich mich noch an etwas anderes, was mich noch mehr erschreckte: die Asche. Die verlassene Asche war ihre bevorzugte Wohnstätte, obwohl niemand eine Erklärung für diese rätselhafte Leidenschaft finden konnte. Als mir all das eingefallen war, überkam mich das Fieber. Viele Tage lang lag ich im Bett. Ich lallte und phantasierte und kauderwelschte, bewusstlos, in Haussa. Im Traum sah ich verlassene Oasen. Die alten Frauen und die Seherin und auch der Imam besuchten mich. Aber ich behielt das Geheimnis für mich, auch als ich wieder aufstehen konnte. Erst als die Nachrichten aus den Wadis und vom Tod jenes Hirten kamen und mir klar wurde, dass ich mein Versprechen nicht würde halten können, ging ich zur Seherin. Ich habe ihr mein Geheimnis offenbart und sie gebeten, es für sich zu behalten. Sie erzählte mir lange vom Charakter und vom Verhalten der Dschinnen, auch von ihrer Noblesse. Mich erschreckte besonders, dass sie ein gebrochenes Versprechen nicht verzeihen. Ich weiss nicht, wieviel Zeit vergangen war, als sie mich ein weiteres Mal besuchten. Es war nicht mehr die Frau, die kam, sondern ihr schrecklicher Herr. Das erste Mal kam er zu mir mit abgeschnittenem Kopf, das zweite Mal als Dämon, der danach im Himmel verschwand. Seit jener Zeit war es mit dem Glück für mich vorbei. Die Besuche rissen nicht mehr ab. Ich will nicht leugnen, dass die Besucher freundlich und barmherzig waren. Sie haben nie gedroht. Sie haben mich nie beschimpft, mich nie geschlagen oder mir gar Schmerz zugefügt. Aber bei jedem Besuch hat es mich geschaudert, ich habe gezittert und geschwitzt und war fieberheiss. In ihrem Auftreten liegt etwas Geheimnisvolles, etwas Rätselhaftes, majestätisch Furchterregendes. So furchterregend wie majestätisch. Ich spürte, dass ich ihnen gegenüber zweimal einen Fehler gemacht hatte: das erste Mal, als ich in den Bereich der Asche eingebrochen war und meine Hand nach dem verfluchten Ring ausgestreckt hatte, das zweite Mal, als ich der Mutter, die mich aufsuchte, ein Versprechen gab, das ich ohne Schuld brach. Ich hatte das Gefühl, dass ich von ihnen Schläge verdiente. Aber sie nahmen nicht den Stock zu Hilfe. Ich begriff, dass sie nicht so barbarisch sind, wie uns das Mütter und Grossmütter glauben machten. Aber das hat mir nicht das Gefühl genommen, dass ich eine Sünde begangen hatte. Die Besuche gingen weiter, ebenso die Furcht und das Fehlverhalten. Die Beschwörungsformeln der Seherin und die Amulette des Imams waren wirkungslos. Die Kräutermittel halfen mir, das unbestimmte Angstgefühl zu beruhigen. Wir zogen viel zwischen den Weiden hin und her, und ich fand, dass sie jeweils nach der Reise ausblieben. Aber schliesslich kamen sie doch immer wieder. Es dauerte einige Tage, manchmal einige Wochen, und bis heute habe ich den Grund dafür nicht verstanden. Aber etwas anderes habe ich verstanden, ein Geheimnis, das älter ist als die Wüste und älter als Wâw.

Ein Geheimnis, das unsere Leute aus dem verlorenen Anhi geerbt haben und das da heisst: ‚Die Hand abzuhauen ist besser, als sie sich nach den Schätzen ausstrecken zu lassen.' Meine Hand hat mich in diese Lage gebracht, als ich ihr erlaubte, sich nach dem Ring auszustrecken, und mein Fuss hat mich in diese Lage gebracht, als er den Ascheplatz betrat. Was nützt jetzt die Weisheit? Was nützt die Lektion, nachdem geschehen ist, was geschah, und das Menschenkind sich mit dem Feuer der Erfahrung verbrannt hat? Nein, du weisst nicht, mein Junge, dass das Feuer des Elends in den Schätzen liegt. Und jene wenigen, die das Geheimnis erfahren haben und vom irdischen Treiben in die stille Weite zurückgekehrt sind, das sind die Glückseligen, die Auserwählten. Ich habe meine Hand nicht aus Gier nach dem Schatz ausgestreckt, aber die Dschinnen machen keinen Unterschied zwischen Gier und Neugier. Auch die Neugier ist ein Fehler. Also sind sie mir überallhin gefolgt, um mich an den Fehler zu erinnern, und ich wusste nicht einmal, was der unheilvolle Ring für sie bedeutet.

Bei ihrem ersten Besuch sagte die Frau, er wäre ein Amulett. Das hat mich aber nicht überzeugt und wäre auch keine Rechtfertigung für den Eifer gewesen, mit dem sie mir nachstellen. Doch diese Tür ist mir verschlossen, nachdem alle Besucher sich in Stillschweigen gehüllt haben. Sie haben nie mehr mit mir geredet, was mich immer noch mehr erschreckt hat. Wenn die Alten vom verlorenen Buch erzählen, sagen sie, genügend lange Zeit wäre ein Grab für alles Leid, und die Zeit könnte auch die verfeindetsten Seiten miteinander versöhnen. Doch ich kann mich nicht erinnern, aus dem Anhi gehört zu haben, dass eine solche Versöhnung zwischen Menschen und Dschinnen möglich wäre. Ich will damit sagen, dass ich mich nie an diese Besuche gewöhnen konnte, die mir diese Gestalten immer wieder abgestattet haben. Das Geheimnis der Dschinnen ist es, dir jedesmal aufs neue Furcht einzujagen, selbst wenn sie schon tausendmal erschienen wären. Der Schöpfer hat einen Damm aus Finsternis errichtet, um Mensch und Dschinn zu trennen, ebenso wie er zwischen diesem Leben und dem nächsten oder zwischen der offenen Wüste und dem geheimnisvollen Wâw einen Wall aus dem Unbekannten errichtet hat. Gegen diesen blinden Damm ist auch die Zauberkraft der Zeit wirkungslos, das Amulett der Gewohnheit. Ach, mein Junge. Hat dich nun der Schlaf überwältigt?"

Er hatte ihn überwältigt. Er schlief auf dem Rücken liegend mit offenen Augen, als wollte er seinen Pupillen nicht versagen, auf die silberne Scheibe des Wüstenmondes zu starren, der vorüberzog, auch er überwältigt vom Schlaf. Einige Augenblicke lauschte die alte Frau den Atemzügen des Enkels. Dann kroch sie zu ihm hin und inspizierte das Beifussbeutelchen an seinem Handgelenk. Sie sprach ein paar Zaubersprüche in den beiden Sprachen, derjenigen der Bewohner der Wüste und derjenigen der Magie, der Haussa und des Dschungels.

2

Als die Erde bebte und tanzte, legten die Wüstenbewohner „das Jahr der Erschütterung" fest. Als die Dürre sich auf dem Kontinent ausbreitete und Hungersnot herrschte, nannten sie diese Zeit „die Jahre der Krise". Als die Dschinnen die Grossmutter entführten, hiess es „das Jahr, in dem die Dschinnen die alte Râta entführten". Die Verständigen, und besonders die Betagten unter ihnen, datierten danach lange Zeit die Ereignisse in der Wüste, und die Jüngeren übernahmen den Ausdruck und erkundigten sich nicht einmal mehr aus Neugier nach dem zugrunde liegenden Vorgang.

Selbst diejenigen Verständigen indessen, die die Gleichgültigkeit der Jüngeren für die Geschichte der Wüste bedenklich und leichtsinnig fanden, verziehen ihnen, wie ihnen selbst ihre Väter und Grossväter dergleichen in ihren Herzen verziehen hatten. Aber könnte der Enkel je jene sorgenvolle, finstere Miene vergessen, die er auf dem Gesicht der Mutter, dann des Vaters sah, die er danach auf den faltengezeichneten Gesichtern der alten Frauen las, nach jener Nacht, in der ihn der Schlaf überkommen und ihn davon abgehalten hatte, der Geschichte von der Dschinnenfrau bis zum Ende zu lauschen? Als die Frauen das rätselhafte „Sie ist weggeflogen ..." herumflüsterten, schwärmten die Männer in die Wüste aus, um nach der verschwundenen Grossmutter zu suchen. Denn während die unerschrockenen Männer die Dschinnen erwähnten und die geheimnisvollen Dinge beim Namen nannten, waren die Frauen immer vorsichtiger und gingen den Bewohnern des Unbekannten aus dem Weg. Und während die Männer die Datumsbezeichnung „das Jahr, in dem die Dschinnen die alte Râta entführten ..." benutzten, bedienten sich die Frauen lieber der Umschreibung und der Andeutung und gebrauchten einen geheimnisvollen Ausdruck, der der Majestät der Bewohner des Unsichtbaren angemessen war: „das Jahr, in dem die alte Râta unsichtbar wurde ...", als ob die Grossmutter aus freien Stücken verschwunden wäre, oder sie sprachen einfach von „dem Jahr, in dem die alte Râta fortflog ...", als ob die Grossmutter plötzlich, als Geschenk von jenen Feen und Dschinnenfrauen aus ihren hübschen Geschichten, Flügel bekommen hätte. All das taten sie mit grossem Geschick in Gedichten und Umschreibungen, weil sie fürchteten, die Bewohner der Finsternis könnten ihnen ein Leids tun. Auf diese Weise datierten die Menschen das Ereignis des Verschwindens.

Er konnte nicht wissen, warum ihm die Zeit diese finsteren Mienen für sein ganzes Leben ins Gedächtnis grub. Rätselhafte, gespannte Mienen, die Furcht, Schmerz und die Ergebung in das vorgezeichnete Schicksal bargen. Vielleicht auch noch anderes, das er schon damals nicht verstand und das er sich auch später nicht ins Gedächtnis zurückrufen konnte. Auf eines aber konnte er wetten, etwas, das er in den Augen aller las: Der ganze Stamm war davon überzeugt, dass es so kommen musste. Alle wussten, dass Dschinnenbesuche nie gut enden. Alle hatten dieses Schicksal für die arme alte Frau erwartet. Das stand deutlich in den Augen aller während der Tage, da die Männer nach seiner verlorenen Grossmutter suchten. Die Frauen drückten schweigend ihr Mitgefühl aus, die weisen Alten strichen ihm, mit Fingern wie Brennholz, voller Erbarmen über den Kopf und schenkten ihm zum Trost ein paar Datteln. Die anderen Kinder erklärten ihm, er werde nie mehr Gutenachtgeschichten hören, denn die Suche habe nichts ergeben. Da begann er, das Schweigen und die finsteren Mienen zu verstehen. Einige Tage später kehrten ein paar Gefolgsleute mit dem schwarzen Tuch zurück. Dieses hätten die Suchexperten und die Spurenleser drei Tagesreisen vom Lager entfernt gefunden. Doch von der alten Frau selbst fehlte jede Spur. Die Seherin kam und versicherte, das Tuch sei ein Hinweis darauf, dass sie auf dem rechten Weg seien. Das Lager verschwand hinter finsteren Mienen und wartete. Wieder vergingen ein paar Tage. Am Abend des fünften Tags versammelte sich alt und jung, um den Reiter der Frohen Botschaft zu betrachten, der am Horizont erschien und verschwand. Er stieg in die Wadis hinab, wurde unsichtbar und den Blicken entzogen, dann stieg er auf die Hügel und Anhöhen in der sich bis an den Horizont erstreckenden kahlen Wüste und wurde wieder sichtbar wie ein Gespenst.

Er kam näher, und die Frauen gewannen die Gewissheit, dass es sich nicht um eine Dschinnengestalt oder ein von der Fata Morgana gewobenes Phantasiebild handelte. Da schauten sie gen Himmel und liessen mit geübten Zungen ein Konzert langgezogener Jubeltriller zur Begrüssung des Boten aufsteigen, was ihm die Frage aufdrängte, wie es eine Frau wagen könne, Freudentriller erklingen zu lassen, bevor sie erfahren hat, welche Art Botschaft der Bote bringt. Aber er war noch ein grüner Junge, weshalb er das Zeichen nicht bemerkte, nicht sah, wie der Reiter im Abenddunkel mit einem Stück weissem Stoff winkte.

Am folgenden Nachmittag brachte die Karawane die in Kleider und Decken gewickelte alte Frau auf dem Rücken eines Kamels. Sie lag auf einem länglichen Sattel, den die Männer aus Tüchern, Kleidungsstücken und Ginsterblättern gefertigt hatten. Sie war fieberheiss und zitterte. Ihre Pupillen waren weiss. Ihre Augen kreisten, wie die Augen von Blinden. Hellweisser Schaum wuchs um ihre faltigen, welken Lippen. Sie lallte in einer Sprache, die derjenigen der Dschinnen sehr ähnlich war. Eine Mischung aus Tamâhak, Haussa und Tabu, angereichert mit anderen unverständlichen Wörtern, was die alten Frauen zu der Ansicht veranlasste, sie sei noch immer abwesend und unterhalte sich mit den Bewohnern des Unsichtbaren.

Gemeinsam mit seiner Mutter wachte er neben ihr. Doch während die Mutter von der Erschöpfung überwältigt wurde, sich ihr ergab und einschlief, wachte er weiter und versuchte, die Symbole ihrer neuen Sprache zu entschlüsseln. Er wandte sich an die Sterne und flehte zum Mond, er möge sie heilen und den Menschen zurückgeben, er möge sie von der Verfolgung durch die Dschinnen erlösen und sie ihm zurückgeben, damit sie ihm noch mehr von Wâw und von der schwarzäugigen Dschinnenfrau erzählen könne, die ihr im Licht des Wüstenvollmonds erschienen war. Damit sie ihn mit ein paar Datteln oder ein paar Stück Zucker bestechen könne, ihr während der langen Nächte Gesellschaft zu leisten. Dass Dschinnen Männer fürchten, selbst wenn diese noch Kinder sind, davon war sie überzeugt. Einfach männlichen Geschlechts mussten sie sein. Die Dschinnen haben einen Horror vor dem Geruch von Männern. Ein Mann ist furchterregend, schon als Junge.

Nachdem die Mutter eingeschlafen war, lauschte er dem undeutlichen Gemurmel und legte ihr die Hand auf die Stirn, um zu sehen, wie fiebrig sie war. Er spürte klebrigheissen Schweiss an den Fingern und kroch auf den Knien aus dem Zelt.

Dass er in jener Nacht, als sie ihr Leben aufs Spiel setzte und ihm das Geheimnis anvertraute, eingeschlafen war, daran erinnerte er sich. Er war eingeschlafen, bevor sie ihre Geschichte zuende erzählt hatte, und hatte so ihr Unglück geringgeschätzt. Wie konnte er sich nur erlauben, einzuschlafen und das Unglück der armen alten Frau nicht ernst zu nehmen? Er, der einzige, den sie auserwählt hatte, um ihm das Geheimnis anzuvertrauen. Wie konnte er sich vom Schlaf übermannen lassen, bevor er das Ende der Heimsuchung gehört hatte? Sie enthüllte das Geheimnis, da bestraften sie die Bewohner der Finsternis, entführten sie, peinigten sie und ... was taten sie sonst noch? Keiner kannte die Einzelheiten ihrer unbekannten Reise. Keiner erfuhr etwas, denn sie hatte die Sprache der Menschen vergessen und redete nur noch in der Sprache der Unbekannten. Selbst er, der so vertraut mit ihr war, der ihr Gebrabbel, ihr Gemurmel und ihr Geraune in der Sprache des Dschungels verstanden hatte, war nicht imstande, die neue Sprache zu entschlüsseln. Ein einziger verstandener Satz hätte ihm den Faden in die Hand gegeben, der den Stamm zum Verständnis dessen führte, was sich zwischen ihr und ihren uralten Feinden abgespielt hatte.

Der Schaum auf ihren Lippen wurde dicker, das Weiss der Pupillen intensiver, das Gesicht noch bleicher. Wenige Tage später war sie tot. Sie zog in jene unbekannten Himmel und liess ihn plötzlich allein. Er weinte und irrte wie ein Derwisch zwischen den Zelten umher. Weigerte sich zu essen und zu trinken, da er nicht glauben wollte, dass die alte Frau wegfliegen und ihn allein in der Wüste zurücklassen konnte. Damals verstand er noch nicht, dass die Reise des Menschen in der Wüste nicht ewig währt, verstand noch nicht, dass er als Wanderer gekommen ist. „Wir alle sind Wanderer", erklärte ihm sein Vater. „Die Wüste ist nicht unsere ewige Bleibe." Er weinte und dachte lange über die Wanderung nach.

Das war seine erste Begegnung mit der Reise, mit der Wanderung, mit dem Tod.

Lange nahm er nichts zu sich. Die Mutter tröstete ihn und enthüllte ihm ein anderes Geheimnis: „Wir alle wussten", versuchte sie ihn zu trösten, „dass sie weggehen, dass sie fortziehen würde. Wenn dich die Dschinnen aufsuchen, ist das ein Hinweis auf das Ende der Reise. Noch nie sind die Dschinnen einem Menschen erschienen, und dieser hat weitergelebt."

Auch das war eine Lektion, die er nie vergass.

Aber es gab da etwas, das er vor seiner Mutter, seinem Vater und dem ganzen Stamm geheimhielt. Etwas, das ihm die Grossmutter mitgegeben hatte, bevor sie dahinging. „Die Dschinnen kommen, um ein Stück Gold zurückzuverlangen", hatte sie gesagt, „und wenn der Mensch sich weigert, es herauszugeben, bemächtigen sie sich seiner."

3

Die Tränen in den Augen des Himmels waren ausgetrocknet, und Dürre herrschte in der Wüste. Der grosse Henker nahm die Gelegenheit wahr und liess sieben Jahre seine Feuerpeitsche auf sie niedersausen. Die Herden verendeten. Hungersnot breitete sich aus. Der Stamm löste sich auf. Die Sippen suchten Schutz in den Oasen. Manche Familien zogen ins Land der Schwarzen. Eine kleine Gruppe hielt sich unverdrossen wandernd in der kahlen Hammâda. Bald forderten auch Epidemien ihre Opfer. Eine unbekannte Epidemie, die der Südwind mitbrachte, raffte seine Mutter dahin. Seinen Vater besiegte der Durst, als er im Westen der Hammâda seine verirrten Kamele suchte. Aber die Siebenjahresdürre, die die Quellen des Himmels versiegen lässt, ist eigentlich eine frohe Botschaft, die aber nur die Seher erkennen. Denn den sieben Dürren folgen sieben Fette, sagt die in die Sterne geschriebene Weisheit. Und obwohl manche Verständige die Richtigkeit der Siebenzahl anzweifeln, haben die Chronisten doch die fetten Jahre mittels der magischen Zahl datiert, nicht um dem Seher des Stammes Ehre zu erweisen, sondern weil dem Unglück, wenn es mit der Zahl „sieben“ anfängt, doch eines Tages die Rettung folgen muss.

Jeder, den das Feuer der sieben dürren Jahre gebrannt hat, erinnert sich sein Leben lang daran, wie das entbehrte Wasser sich in den Augenwinkeln des Himmels sammelte. Und Âdda, der Vater, Mutter und Angehörige verloren hatte und allein in der wilden Hammâda zurückgeblieben war, erinnerte sich mit mehr Recht daran als alle die Sippen, die die Wüste aufgaben und ein sesshaftes Leben in den Oasen suchten.

Doch wie alle in der Welt der weiten Wüste Herumirrenden, Umherstolpernden wusste er nicht, wie sich die Feuchtigkeit sammelte und das Antlitz des Himmels sich mit Wolken verschleierte. Die unerbittlichen Augenwinkel wurden feucht und liessen widerspenstige Tränen hervorbrechen. Die dürstende Wüste machte sich bereit, die Befruchtung zu empfangen, und verschmolz mit dem Herrn der Höhe. Der Himmel, gleich einer Wüstenbraut in der Nacht der Vereinigung, weinte reichliche Tränen, und die jungfräuliche Wüste nahm ihn auf. Sie öffnete ihre Arme und ihre Schenkel, um den ewigen Gatten zu umfangen, der sie sieben Jahre lang verlassen hatte. Die Hochzeit währte nicht lange, aber die Umarmung genügte, stinkendes, dämonisches Wasser durch die Wadis strömen zu lassen, vermischt mit Kameldung, Stroh, alten Knochen, Tierskeletten, Käfern und Schlangenhäuten.

Mit einem Zauberschlag kroch das Leben in die toten Pflanzen. Mit den ersten Regentropfen kehrte es zurück in die Samen, die verwischt waren, und das Leben wurde aus dem Schoss des Nichts neu geboren. In den Wadis grünte der Ginster, blühte und verströmte einen märchenhaft-paradiesischen Duft. Er füllte die Nase der jungen Mädchen auf den Weiden. Da rundeten sich die jungfräulichen Brüste in trotziger Suche nach der Liebe, die ihnen sieben dürre Jahre lang versagt gewesen war. Das geheimnisvolle Vögelchen regte sich in Âddas Brust und flatterte los, um die dürstenden Bräute zu finden.

Er beschloss, die Dschinnen und die Trockenheit und die sieben dürren Jahre zu vergessen und die neue Zeit zu feiern, auf die die Hammâda so lange gewartet hatte. Denn was nützt die Rückkehr des Lebens in die Wüste, was die Ankunft des Frühlings in den Blumen, wenn sich nicht die Brüste der Jungfrauen runden und sich ihre Herzen öffnen, um den Durst der sieben dürren Jahre zu löschen und den Herzen der Reiter im Heiligtum der Liebe zu begegnen?

4

Kein Reiter in der Wüste kann von sich behaupten, ein Reiter, ein Edler, ein Held oder auch nur ein Mann zu sein, wenn er sein Leben nicht mit der Liebe begann.

Die Dichterin des Stammes läuft zwischen den Zelten umher. Sie sucht nach jungen Männern, die sich von den Mädchen fernhalten, und verfasst über sie Spottlieder, die die Sängerinnen beim Vollmondfest vortragen.

Der junge Âdda hatte die Furcht vor der Schande und vor dem Spott der Sängerinnen geerbt. Das Vögelchen reagierte und flatterte im Käfig. Er lag auf der Weide und betrachtete den nackten Himmel. In den vorüberziehenden Wolkenfetzen sah er runde Brüste von der Grösse von Trüffeln und pechschwarze Zöpfe wie Bänder, aus einer mondlosen Wüstennacht geschnitten. Er beobachtete die mit dem Taftast der Kamille eingeriebenen Wangen, die Gestalten, hoch und schlank wie Wildkühe, da drang ihm ein Duft wie von Ginsterblüten in die Nase, er schloss die Augen, ihm schwindelte.

Dass so die Riten der Liebe begannen, erfuhr er erst, als er beim Vollmondfest der Jungfrauen Tanâd begegnete.

Die erste Tanâd

Von den Jungen hörte er, dass sie insgeheim Poesie verfasste. Dieses Gerücht machte sie in seinen Augen noch zauberhafter. Sie war nicht gross und schlank, wie es dem Schönheitsideal der Wüste entsprach, wo schöne Mädchen gross und schlank sein mussten. Sie ersetzte mangelnde Grösse durch einen besonderen Zauber. Den geheimnisvollen Zauber der Sprache und der Poesie, des Mienenspiels und der Augen. In ihren Augen lag eine Keckheit, die nicht zu einer Jungfrau passte. Auf ihrem runden Mädchengesicht lagen Schalkheit und Vorwitz. Er sah sie in der Nacht des Festes in einem aus Jungen und Mädchen gemischten Kreis sitzen, wo man im Rätselraten wetteiferte und Gedichtzeilen um die Wette aufsagte. Er trat näher und hockte sich einige Schritte entfernt nieder. Chamîdo leistete ihm Gesellschaft, und gemeinsam verfolgten sie den Wettstreit. Zu Beginn schaute er dem Vollmond nach, um die Langeweile zu töten. Dann fiel ihm Tanâds Art, Gedichte vorzutragen, auf. Die Zeilen, mit denen sie auf die Verse der Jungen erwiderte, hatte er nie im Sprachschatz des Stammes gehört. Es lag eine Frische darin, eine Jungfräulichkeit, eine Keckheit. Sie öffnete einen Mund mit zwei Reihen winziger Zähne, hob den Kopf, als wollte sie allein dem Mond ihr Lächeln schenken, dann zog sie den Bogen des Imsâd über die einzige Saite. Da stieg eine schwermütige Melodie auf, die die Fragen derjenigen zum Schweigen brachte, die mehr über die Zeilen wissen wollten. Die kluge Tanâd suchte Hilfe bei der traurigen Saite, um sich nicht von boshaften Zuhörern zwingen zu lassen, mit einer Lüge ihre Fragen zu beantworten. Denn bis zu diesem Augenblick hatte sie noch nicht den Entschluss gefasst, mit der Stammesdichterin in Konkurrenz zu treten.

Aber Chamîdo, der Fuchs, neigte nach jeder Gedichtzeile seinen beturbanten Kopf Âdda zu, um festzustellen: „Das hat sie selber verfasst. Ich möchte wetten, das hat sie selber verfasst." Oder er stiess einen Ruf der Bewunderung aus und flüsterte Âdda ins Ohr: „Das hat sie jetzt aus dem Stegreif gemacht. Ich möchte schwören, das hat sie jetzt aus dem Stegreif gemacht." Und den Schwur unterstützte er mit einem weiteren Ausruf. Âdda trat näher zum Kreis und forderte sie zum Gedichtwettkampf heraus.

Die jungen Leute rückten zur Seite und liessen ihn in den Kreis ein. Aus Tanâds Augen sprach Neugier; sie liess den Zauber in den Hintergrund treten. In den Blicken der

Kameraden sah er einen Spott, der ihm eine Niederlage prophezeite. Selbst der Vollmond setzte ein geheimnisvolles Lächeln auf, das aber ermutigend war. Hinter ihm unterdrückte Chamîdo ein Lachen. Der Tor.

Beifällig lächelnd sagte sie: „Also, fangen wir an. Mit Reiter- und Kampfgedichten oder mit Versen über die Wüste und Liebesgeduld?" Ihrer Frage schickte sie ein Lachen hinterher und strich dazu über eine Saite, die in seiner Brust die Schwermut vieler Generationen festhielt.

„Steht es dem Kavalier zu, in Gegenwart einer Dame zu wählen?" entgegnete Âdda, ein Zug, den die Kameraden für gelungen ansahen.

Sie begann mit zwei unbekannten Zeilen aus der Askesedichtung, denen sie eine dritte, bekannte, Zeile folgen liess. So schuf sie aus den drei Zeilen ein mit sufischem Sentiment beladenes neues Gedicht über eine Kette, die das Schicksal dem Wüstenbewohner um den Hals gelegt hat – die Einsamkeit. Und um ihrem gelungenen Gedicht noch Authentizität und die Dimension des Kummers zu verleihen, eine Bedingung für jedes Gedicht in der Wüste, komponierte das Mädchen auch gleich noch eine Melodie im Halê-halê-Ton und machte so das Ganze zu einem heiteren Lied.

Dann begann Âdda. Und als er am Ende war, konnte selbst Chamîdo kaum glauben, dass sein Freund ein solches Talent besass.

Gleich zu Beginn des Wettstreits hatte der Stamm ein neues Gedicht erhalten. Es stellte eine bemerkenswerte Bereicherung des Sprachschatzes der Reiterdichtung dar. Und keiner der Poesieliebhaber oder der Professionellen, egal ob Junge oder Mädchen, wusste, woher Âdda diesen Schatz an Poesie brachte.

Selbst Chamîdo hatte keine Erklärung für das Wunder. Die jungen Leute umringten ihn und wollten unbedingt etwas über die bisher unbekannte dichterische Begabung seines Freundes wissen. Sie seien es gewohnt, sagten sie, nach den Namen der geheimen Dichterinnen forschen zu müssen, doch die jungen Männer verheimlichten üblicherweise nicht ihr literarisches Talent. Chamîdo erklärte, nichts davon gewusst zu haben. Doch es war ihm klar, dass man ihm nicht glaubte. Und kaum war der Vollmond ermüdet, kaum war er von der Leidenschaft erschöpft und hinter den Hügeln verschwunden, da warf Tanâd ihrer Freundin die Saite der Schwermut in den Schoss, und die Tränen liefen ihr aus den Augen, noch bevor sie sich zurückziehen konnte. Chamîdo folgte seinem Freund hinaus in die weite Wüste und fragte hartnäckig, woher er all diese Gedichte habe.

Der junge Âdda kehrte verstört in sein Zelt zurück, und trotz der grossen Erschöpfung erwartete er das keusche Morgenlicht mit offenen Augen. Das durstige Vögelchen in seiner Brust zwitscherte und liess seine Stimme mit dem Ruf der Liebe ertönen.

Am folgenden Tag sprach das ganze Lager von dem Fest, und die Neugierigen lieferten ihm die Gerüchte des Sieges und die Erklärungen über seinen geheimen dichterischen Fundus.

Chamîdo überbrachte ihm eine Version, wonach er den wertvollen Schatz von seiner Grossmutter geerbt habe, die ihr Leben wegen ihres Geschäftens mit den Dschinnen aushauchte. Die alte Dschinnenfrau habe diese satanische Waffe an ihn vererbt, damit er mit ihr die schönen Frauen angreifen und ihre jungfräulichen Herzen rauben könne. Rasch erfand man eine aufregende Geschichte, die den Tod der Grossmutter damit in Zusammenhang brachte, dass sie einige Fehler im Umgang mit den Bewohnern des Unsichtbaren gemacht habe. Ihr sei passiert, was jenen Abenteurern aus Marrakesch oder aus dem Lande Schankît passiere, wenn sie auch nur den geringsten Fehler bei der Lösung eines Schatzzaubers machten, über den ständig Dämonen und Dschinnen wachen. Dann lassen diese sie in der Erde versinken, sie erschüttern die Wüste, sie schicken ihnen ein Leiden als ewige Lehre und ständige Erinnerung an die Niederlage, die sie von weiteren Unternehmungen dieser Art Abstand nehmen lässt.

Die alte Frau habe einen ähnlichen Fehler begangen, zumindest nach Ansicht jener naseweisen Personen, die das herumerzählten. Da hätten die Bewohner des Unsichtbaren sie entführt, sie mit Hunger, Durst und Schlangen gequält, und schliesslich sei sie dem Entsetzen erlegen.

Ihm stand der Sinn nicht nach diesen neuen Märchen. In der Nacht ging er weg zu den Hügeln. Betrachtete das Licht des Vollmonds, wie er am Morgen das Licht seiner leuchtenden Gefährtin, der Sonne, betrachtete. So konnte der Stamm sich an einer Entdeckung ergötzen, die für Tage und Monate die Einsamkeit vertrieb.

Dann brach er auf.

Er zog zu den Weiden auf den Bergen in der Wüste des Nordens, wo er sich daranmachte, für sie ein Liebesgedicht zu schaffen, zusammengesetzt aus verschiedenen Versen, die er dem Schatz der Poesie entnahm, den er sich im Verlauf der vorangegangenen Jahre angeeignet hatte. Beim ersten Fest nach seiner Rückkehr trug er es im Licht des Vollmonds vor. Es fand die Bewunderung der Mädchen und der Burschen und zwang die Jungfrau, beschämt den Kopf zu senken.

Doch dann gab es eine Überraschung. Die Stammesdichterin, eine Mulattin, sprang auf und warf ihm Betrug vor. „Das ist ein Stückwerk“, rief sie zornig. „Du hast die Verse aus alten, unbekannten Gedichten zusammengestohlen und daraus dein eigenes Gedicht geschustert. Du bist ein falscher Dichter.“

Niemand schaltete sich ein. Die Überraschung liess die Jungen und die Mädchen verstummen. Schweigen herrschte, und der Vollmond verschwand hinter einem dünnen, vorüberziehenden Wolkenschleier. Âdda sah, dass er sich selbst verteidigen musste, da niemand sonst die dreiste Frau zurechtweisen würde.

„Wärst du nicht eine Frau", entgegnete er ungerührt, „ich würde dir mit meinem Schwert deine schwarze, neidische Zunge herausschneiden."

„Du kannst mir sogar mit deinem Schwert den Kopf abschlagen", legte da die Zunge der Dichterin los, „aber du kannst Tanâd keinen einzigen Vers eigener Poesie schenken. Es ist ja keine Schande, dass ein Kavalier nicht imstande ist, ein Gedicht zu machen. Aber es ist eine Schande, dass er den Sprachschatz der Alten ausschlachtet und das Resultat als sein eigenes Produkt hinstellt."

„Du sagst das ja doch nur, weil du noch immer nicht die Schlange des Neides getötet hast, die sich in deinem Leib regt."

„Wie könnte Tanâd deine Liebe erwidern, nachdem du ihr gefälschte Poesie um den Hals gehängt hast?"

„Ich wette, du kannst nicht beweisen, was du da behauptest."

„Die Wette gilt. Ich setze ein Kamel."

„Angenommen!"

„Ihr alle seid Zeuge, die ihr hier versammelt seid. Beginnen wir mit Vers eins!"

Tanâd brach in Tränen aus und verbarg ihr Gesicht im Schoss des Mädchens, das neben ihr sass. Der Mond verschwand hinter den Wolkenfetzen und erschien wieder. Die dämonische Dichterin begann, das zusammengestückelte Gedicht Zeile für Zeile zu zerpflücken und jeden Vers auf seine Quelle zurückzuführen. Die einleitende Zeile entstamme einem alten Gedicht, das auf einen Dichter aus Aïr zurückgehe. Es sei ein langes Gedicht, das einzige des Dichters. Doch sei es trotzdem ein höchst vollendetes, ewiges Gedicht. Die jungen Leute steckten unwillkürlich die Köpfe zusammen und tuschelten miteinander, als sie darauf hinwies, das Gedicht sei sogar in Aïr in Vergessenheit geraten, und die Ehre, einige Stücke gerettet zu haben, komme ein paar alten Frauen im Ahaggâr und in Asdschirr zu, die mit einem hervorragenden Gedächtnis gesegnet gewesen seien.

Tanâds Schluchzen wurde lauter, und die Dichterin zitierte das Gedicht, dem Âdda seine zweite Zeile verdankte.

Sie rezitierte die Zeilen, wie verzückt hin- und herwiegend, bis sie zu der Stelle kam, wo der Dichter die Traurigkeit in den Augen der Geliebten beschreibt und sie mit den Augen einer Gazelle vergleicht, auf der Flucht vor einem Jäger, der mit seinem Pfeil ihr Junges getroffen hatte, die dann zurückkehrte und neben dem Kleinen stehenblieb und ihm das Blut vom Hals leckte. Dann blickte sie mit zwei traurigen, dunklen Augen auf den Jäger. Diesem Teil hatte der Dichter besondere Aufmerksamkeit geschenkt, und besonders gelungen war ihm die Beschreibung der Träne, die aus dem Auge der Mutter quoll, eine Stelle, die auf die Dichter seiner Zeit und späterer Generationen einen Einfluss ausübte und ohne die kein Dichter auskam, der Traurigkeit ausdrücken wollte. Die Dämonin versäumte nicht, die Anwesenden an das Gesetz der Anleihe in der Poesie der Wüste zu erinnern. Der Hinweis auf die Quelle, erklärte sie, sei für den Dichter obligatorisch, und zwar innerhalb des Gedichtgewebes und auf eine Weise, die weder Einheit noch Rhythmus noch Melodie des Gedichts beeinträchtigt. Dazu seien aber nur begabte Dichter imstande.

Tanâd, unfähig, weiter zuzuhören, floh ins Zelt.

Mit dieser törichten Tat verlor Âdda nicht nur einfach

die Wette, er verlor dreierlei: die Kamelstute, seinen guten Ruf und … Tanâd.

In der Nacht suchte Chamîdo ihn auf. „Du hast die Wüste beleidigt. Du hast dich gegen das Gesetz vergangen", begann er seine Anklage, nachdem er sich niedergehockt hatte.

„Ich habe nie in Anspruch genommen, ein Dichter zu sein. Und ich darf ja wohl versuchen zufriedenzustellen, wen ich will."

„Das darfst du, aber nicht indem du ein Gedicht zusammenstückelst. Selbst die Verständigen werden dir die Beleidigung der Poesie nicht vergeben."

„Haben sie dir aufgetragen, mir das mitzuteilen?"

Chamîdo nickte und fuhr fort: „Der Scheich hat deutlich sein Missfallen geäussert."

„Als ich ihn am Morgen traf, hat er sich nichts anmerken lassen."

„Wann hätten Scheiche je ihr Missfallen direkt zum Ausdruck gebracht? Wozu wäre die Weisheit gut, wenn nicht dazu, ihren Besitzer vor übereiltem Tun zu schützen."

Als Âdda schwieg, fuhr Chamîdo versöhnlicher fort: „Ich weiss ja, dass ein junger Mann elend lebt, wenn der Urgrund der Wüstenerde versäumt, ihm die Lüge auf die Zunge zu pflanzen, aber viele fanden den Mut, sich die Herzen der Jungfrauen geneigt zu machen, ohne Verse zu stibitzen." Er schwieg, dann wurde er nochmals unerbittlich: „Du bist ein Armer. Dieses gefälschte Gedicht wird dir das Mädchen nie verzeihen."

„Es ist keine Fälschung, ein hübsches Gedicht zu machen und dazu schöne alte Gedichte zu Hilfe zu nehmen. Ohne eure Einmischung hätte ich den Weg gefunden, sie mir geneigt zu machen."

Chamîdo wiegte hoffnungslos seinen mächtigen Turban. „Vielleicht hättest du den Weg zu ihrem Verstand wirklich gefunden, aber meine Erfahrung versichert mir, dass du den Weg zu ihrem Herzen auf immer verloren hast."

Âdda beschloss, das Gespräch abzuschliessen. „Ich brauche niemandes Erfahrung."

Sein Freund bewegte weiterhin seinen Turban. „Vielleicht. Sicher ist aber, dass deine Erfahrung im Gebrauch süsser Worte noch nicht über die Schwelle der Kindheit hinaus gelangt ist. Es wird noch viel Zeit vergehen, bis du gelernt hast, dass die Frau schliesslich nur den Mann anerkennt, der ihre Ohren mit Lügen füllt."

„Ich werde mich nie zwingen lassen zu lügen."

Chamîdo lachte. „Du wirst lügen. Ich schwöre dir, dass du lügen wirst, wenn du dich ernsthaft um eine Frau bemühst."

„Willst du damit sagen, dass alle diejenigen, denen die Liebe einer Frau zuteil wird, falsche Kavaliere sind?"

„Ja, sie sind sogar einfach nur Lügner, die die jungfräulichen Herzen mit süssen Worten überfallen haben. Denn diese sind eine noch gefährlichere Waffe als die Poesie, aus der du dein Geschenk für Tanâd gewirkt hast. Wären das wirklich Kavaliere, würden sie nie die Liebe einer Frau gewinnen."

„Willst du damit sagen, dass die Frau niemals einem echten Kavalier ihre Liebe schenkt?"

„Jawohl. Wenn er ein echter ist, wird ihn nie eine Frau lieben."

„Aber warum?"

„Wenn ich das wüsste, würde ich dir, ja, auch mir selbst das Geheimnis der Frau auf einen Schlag entdecken."

Am Horizont brach hell das Mondlicht durch. Chamîdo sagte mit einer Stimme, die mit der Majestät des neugeborenen Vollmonds im Einklang stand: „Ich bin nicht alt genug, um das Leben zu verstehen. Aber der echte Kavalier erhält von der Frau nichts als Verachtung. Vielleicht ja, weil sie von ihm nicht so völlig Besitz ergreifen kann wie von seinem bescheidenen Gegenstück, das nichts anderes besitzt als seine Zunge. Ach, wenn ich das Leben so gut kennen würde wie die weisen Alten, dann wüsste ich, warum die Schurken die Gunst der Frauen gewinnen." Er lachte und warf seinen Turban hinter sich. „Die Alten behaupten übereinstimmend, dass wir das eines Tages erfahren werden. Das wird aber erst sein, wenn es sich nicht mehr lohnt, es zu wissen. Das ist das Gesetz dieses Schneckenhauses, in dem wir uns befinden und das da Wüste heisst."

„Bring mir doch ein paar süsse Worte bei. Ich möchte gern, dass du mich lügen lehrst", bat Âdda plötzlich.

Chamîdo starrte ihn an und fragte: „Bist du so in die Mädchen verliebt?"

„Was könnte einem denn sonst in der Wüste gefallen?"

„Eben die Wüste. Was weisst du Tor schon von der Wüste? Würdest du die Wüste kennen, würdest du dich ganz ihr hingeben und würdest die schönsten Mädchen aus der Menschen- oder Dschinnenwelt vergessen. Was lässt dich wissen, was die Wüste ist?"

„Lass mich mit deiner schönen Wüste in Ruhe und erzähl mir von der süssen Sprache, mit der man die Herzen der Jungfrauen einnimmt. Ich will nichts anderes von der Wüste, als dass sie mir Tanâd überlässt. Hat sich dein Herz noch nie an ein Mädchen gehängt?"

„Du hast vergessen, dass die Lüge die einzige Sprache ist, die niemand einer anderen Person beibringen kann. Kein Lehrer ist imstande, sie irgend jemanden zu lehren, da sie, wie die Poesie, ein Geschenk des Himmels ist."

Stille herrschte. Âdda fragte sich wie schon oft, woher Chamîdo, der doch nur wenige Jahre älter war, diese Lebenserfahrung hatte. Auf jede Frage fand er eine Antwort, zu jedem Problem hatte er eine Meinung, und erstaunlicherweise war es nicht eine Meinung wie die der anderen. Nein, seine Meinung war klar wie die Meinung der Scheiche und der Stammesführer.

„Als echter Freund könntest du doch eigentlich als Bote zu ihr gehen", schlug er vor.

Chamîdo schüttelte ablehnend seinen Turban. „Ich fürchte, ich kann nicht. Eine Vermittlung wäre nutzlos."

Einige Tage später ging Âdda am Abend zu ihr.

Sie weigerte sich, ihn zu sehen.

Ihre Grossmutter kam heraus und sass lange mit ihm unter freiem Himmel zusammen. Verzweifelt zog er sich zurück, aber nicht völlig verzweifelt. Allein auf der Weide, machte er einen Plan. In den Geschichten seiner Grossmutter suchte er nach Wörtern, in seinem Kopf forschte er nach den Gesprächen der Wâwsucher und ihrer Sprache von Liebe und Begehr. Er rief sich alles ins Gedächtnis zurück, was in den alten Gedichten über die Liebe gesagt wurde und schrieb es als Sätze und magische Formeln nieder. Er übte und praktizierte, um ihr „die süsse Botschaft" mitzuteilen. Dann kehrte er ins Lager zurück, schlich sich in finsterer Nacht in ihr Zelt und trug ihr die Torheiten vor. Er verharrte in seinem Versteck in der Ecke und stützte sich auf den rechten Ellbogen, neben ihrem Körper, der wie ein schwarzer Haufen aussah. Er intonierte die Worte und begradigte den kantigen Wüstenwortschatz mit geheimnisvoller Poesie. Auf diese törichte Weise, so glaubte er, könne er die süsse, verlogene Rede vortragen, das einzige, was, wie Chamîdo ihm erklärt hatte, die Herzen der Jungfrauen anerkennen.

Nachdem er seine zusammengestückelten Sätze beendet hatte, bewegte sich zu seiner Überraschung der schwarze Haufen. Er glaubte, Tanâds Herz sei sanft und weich geworden und seine süssen Worte hätten ihr Wohlgefallen gefunden. In der Finsternis tastete er nach ihrer Hand und wartete darauf, dass sie ihm die Verzeihung zuflüsterte. Doch statt dieser erhielt er einen Schlag mit einem Zeltpflock auf die Stirn, einen heftigen, unbarmherzigen Schlag, der ihn alle Regeln vergessen liess. Er packte die brutale Hand, die ihm die Schläge verabreichte. Es war eine nervige, rauhe Hand, dürr wie der Zeltpflock selbst: die Hand der alten Grossmutter.

Er liess sie los und flüchtete aus dem Zelt.

Die Grossmutter verfolgte ihn mit dem Zeltpflock in der Hand noch ein grosses Stück.

Er ging hinaus in die weite Wüste, zog sich hinter die Hügel zurück, legte sich auf den Felsen zur Ruhe, untersuchte seine Stirn und betastete die Beulen. Er lauschte in die gewaltige Stille, wie sie der Schöpfung vorausging.

Die zweite Tanâd

Mit den Kamelen und den Hirten durchstreifte er die Weiden des Nordens. Eine Geschichte fiel ihm ein, wonach eine gescheiterte Liebe einen Mann auf wunderbare Weise verändere. Er erwartete das Wunder, doch die Veränderung trat nicht ein. Die Zurückweisung inspirierte ihn zu keiner süssen Rede und liess keine poetischen Quellen aufbrechen. Er fühlte sich leerer als je zuvor und vergass sogar die alten Gedichte, und zu seiner Überraschung waren auch die Geschichten der Grossmutter nicht mehr imstande, in seinem Gehirn eine phantasiereiche, süsse Sprache zu entzünden, wie es bei anderen jungen Männern geschah. Doch ein weiser Hirte tröstete ihn mit einer erbarmungslosen Enthüllung.

„Die Menschen zerfallen in zwei Gruppen", erklärte er ihm. „Eine Gruppe ist für die Poesie und für das Vergnügen geschaffen, die andere für die Vernunft und für Gott. Die Weisheit nun, mein Junge, besteht darin herauszubekommen, zu welcher Gruppe man gehört. Bevor du also mit geschlossenen Augen ins Leben trittst, ist es angemessen, dass du dir die Frage stellst: Wer bin ich? Gehöre ich zur Gruppe der Poesie und des Vergnügens oder zu derjenigen, für die die Vernunft und Gott vorgesehen sind?"

Das Schicksal wollte es, dass lange Zeit verging, bis sich Âdda diese rätselhafte Belehrung ins Gedächtnis zurückrief, da damals, als der Hirte mit ihm sprach, die Stimme des Leichtsinns und des Vergnügens stärker war als diejenige der Weisheit und der Vernunft, und weil erst der Lauf des Lebens ihm die Belehrung mit der zur Abschreckung nötigen Brutalität näherbringen sollte. Denn ein einzelnes Leben, wie lang es auch sein mag, ist doch sehr kurz, wenn der Mensch es dazu benutzen will, sich selbst kennenzulernen.

Als der Stammesführer ihn zu sich rufen liess und er ihn im Abendschatten aufsuchte, befürchtete er, wegen des Bubenstücks mit dem Gedicht ausgescholten zu werden. Der Scheich sass auf einem mit Mustern und Beschwörungsformeln bestickten Lederkissen. Er liess sich neben einem der Negersklaven nieder, dessen Kopf mit einem schwarzen Turban umwickelt war und bei dem man nur mit Mühe Haut und Stoff unterscheiden konnte. Er kochte Tee und lächelte geheimnisvoll.

Der Stammesführer zeichnete mit seinem dicken, polierten Stock aus Lotosholz rätselhafte Linien auf die Erde. „Deine Grossmutter war eine aussergewöhnliche Frau", begann er. „Weisst du eigentlich, dass sie verwandtschaftliche Beziehungen zum Führer der Ifôghas hatte?"

„Ja, ich weiss."

„Weisst du auch, dass eine Gruppe dieses Stammes unsere Weiden angegriffen und unsere Kamele geraubt hat?"

„Ja, ich weiss.“

„Und weisst du auch, was es nach dem Gesetz der Wüste bedeutet, das Vieh anzugreifen und die Herden wegzutreiben?“

„Ja, das ist ein Überfall.“

„Und weisst du auch, was der Überfall bedeutet?“ Âdda räusperte sich, und der Stammesführer antwortete selbst: „Ein Überfall bedeutet Krieg. Und der Krieg ist ein Feuer, dessen Brennholz Schmerz, Blut und Tränen sind. Wenn die Stämme gegeneinander Krieg führen, verlieren sie nicht nur ihre besten Männer und vervielfachen die Zahl der Witwen und der Waisen, sie reichen auch die Feindseligkeit weiter von Generation zu Generation.“

Er verwischte die Symbole auf der Erde und fuhr mit derselben Bedächtigkeit fort: „Zur Feindseligkeit zu erziehen ist schlimmer als die eigentliche feindliche Handlung oder der durch einen Kriegszug entstehende Schaden, weil ein solches Vermächtnis die beiden feindlichen Stämme mit dem Aussterben bedroht. Weisst du auch warum?“ Als der junge Mann wiederum nichts sagte, erklärte der Stammesführer: „Weil eine Wüste zu eng ist für zwei feindliche Stämme, auch wenn sie wie ein weiter Kontinent erscheint, wie die Karawanenkaufleute sie nennen. Wenn der Hass einmal begonnen hat, ist er imstande, die Welt in ein Nadelöhr zu verwandeln. Und für eine Generation, die von ihren Ahnen Feindseligkeit geerbt hat, ist es ein Leichtes, sich mit der Generation des anderen Stammes auf dem engen Flecken zurückzuziehen, bis sie sich gegenseitig vernichtet haben. Verstehst du mich?“

Âdda nickte und nahm das Glas der ersten Teerunde. Der Stammesführer schlürfte die Schaumbläschen von seinem Tee und durchpflügte weiter mit seinem polierten Stock die Erde. „In einer solchen Situation ist es am nützlichsten für beide Seiten, der Stimme der Vernunft zu lauschen. Oder zweifelst du daran?"

„Gott bewahre!"

„Die Stimme der Vernunft ist die Stimme Gottes."

Keine Reaktion.

„Wer dieser Stimme lauscht, wird nie enttäuscht."

Keine Reaktion.

„Deine Gefährten und die Verständigen haben mich wissen lassen, dass der Allmächtige dir gegenüber nicht mit Wohltat gegeizt hat. Er hat dir diese Stimme gegeben."

Âdda schaute auf und traf Anstalten zu widersprechen. Aber das Lächeln des erhabenen Scheichs liess ihn davon Abstand nehmen.

„Wenn Gott einem Geschöpf die Gnade einer Wohltat gewährt", fuhr der Stammesführer fort, „so ist dieses wahrlich elend, wenn es damit geizt und sie nicht zum Nutzen anderer verwendet. Verstehst du?"

Keine Reaktion.

„Nichts festigt das Vertrauen zwischen Stämmen wie die Blutsbande. Und die Vernunft, die Stimme Gottes, ruft uns auf, das Ich zu zügeln, das das Schlechte gebietet und zum Bösen eilt, wenn wir die Feindseligkeit unter den Menschen beenden wollen. Meine Wahl fiel auf dich als Bote zum Führer der Ifôghas. Beginne dein Gespräch mit den Blutsbanden, und halte beim Hass so lange inne, bis du spürst, dass die ferne Stimme, die mit Illusionen gefesselt ist, zu erwachen beginnt. Dann, wenn die Vernunft erwacht, wirst du selbst sehen, dass der vermaledeite Satan sich entfernt hat. Geh und kehre mit der Herde zurück!"

Die Liebe sei doch nicht das wichtigste Geschäft eines Mannes in der Wüste, dachte der junge Mann im Weggehen. Gott in der Brust des Führers der Ifôghas wachzurufen sei auch eine grossartige Aufgabe.

Bei Tagesanbruch sattelte er seinen Mehri. Vor dem Aufbruch sprach er noch eine Losung, die er von der Grossmutter gelernt hatte. Dann sprang er in den Sattel, traktierte die Flanke des Kamels mit der Peitsche und jagte an Tanâds Zelt vorbei. Bevor er die drei Hügel im Westen erreicht hatte, hörte er hinter sich einen langgezogenen, klaren Jubeltriller, wie der Ruf des Paradiesengels. Er spürte eine Verzückung wie nie bei einem Fest. Er schaute nicht zurück.

In der Gegend von Gadames liess ihm der Führer ein privates Zelt errichten. Die jungen Männer besuchten ihn und verkürzten ihm die Abende. Sie bildeten einen Plauderkreis, als der Vollmond leuchtete und er die zweite Tanâd bei einem Fest traf, das dem Treffen mit dem Stammesführer vorausging.

Die zweite Tanâd war gross und schlank, wie ein geglätteter Palmstamm. Ihr Wuchs erstaunte Âdda nicht, der vieles von der Schönheit der Frauen dieses Stammes gehört hatte, von ihrer prächtigen Gestalt und ihrem hohen Wuchs. Doch die rätselhaften schwarzen Augen fesselten ihn, die den Augen einer klugen, von den Unsichtbaren bewohnten Gazelle glichen. Der Mund war schmal und gab bei jedem Lächeln zwei Reihen feiner weisser Zähne frei. Am meisten war es jedoch die Süsse, die er von den Mädchen seines Stammes nicht gewöhnt war, was ihn bei der schlanken Ifôghas-Frau anzog. Die besondere, unschuldige Süsse, die die Dichter gern als Charme bezeichnen und vor deren Zauber die Fakîhs als der Waffe warnen, derer sich Eva bedient habe, um Adam zu verführen und so seine Vertreibung aus dem Paradies und das ewige Elend verursacht habe, das über ihn verhängt wurde.

Je mehr er sich fragte, was ihn bei der Ifôghas-Tanâd gefangennehme – ob es die feste Gestalt, die rätselhaften schwarzen Augen oder die leuchtendweissen gleichmässigen Zähne waren –, desto mehr wuchs sein Erstaunen, und er war zu keiner klaren Antwort fähig. Woher sollte er in seinem jugendlichen Alter die Erfahrung nehmen zu erkennen, dass der Charme ein göttlicher Zauber ist, den nicht ein einzelner Teil des weiblichen Körpers ausmacht, sondern den die Götter in die Seele herabsenden, damit er sich von jenem erhabenen Ort aus verteile und wie ein Lichtschub zirkuliere? Wie sollte er wissen, dass sich auf diese Weise sein Licht im Glanz der Augen spiegelt, im Lächeln der Zähne, in der geraden Gestalt oder in der Art zu sprechen, im Wurf der Zöpfe um den Hals oder in irgendeiner spontanen Bewegung irgendwo am Körper der Frau? Liegt die Schönheit des Charmes im Zusammenspiel und in der Harmonie? Ja, das Leben wird dem liebenden jungen Mann nach erbarmungslosen, langen Jahren zu verstehen geben, dass die Schönheit des Charmes nicht in einem speziellen Körperteil liegt, sondern dass dieser Reichtum, dieser geheimnisvolle Zauber aus der Balance und der Harmonie aller Glieder der Frau in ihrer unwillkürlichen Bewegung spricht und faszinierend und fesselnd wirkt. Dieser zögernde Gang, diese ängstliche Lebhaftigkeit, mit der sie einen Fuss vorsetzt, mit dem anderen zögert, diese dunkle Andeutung, die wie Schalkheit wirkt, entlehnt aus den Tiefen des Unbekannten, aus der majestätischen Seele, das ist das Prinzip, der Faden, der zum Charme führt, zur Macht, die die Hälse der stärksten Männer dreht und sie an der legendären Kette führt, länger als siebzig Ellen.

Er plauderte mit ihr in den Singkreisen, und er hörte sie auf der Saite der Zauberer die Melodien der Dschinnen spielen und die Weisen der verlorenen Paradiese. Mehrere Nächte hintereinander begegnete er ihr unter dem sommerlichen Vollmond. Und er wusste nicht, wie das Vögelchen aus dem Käfig entschlüpfen und in die Gefangenschaft des lächelnd ausgebreiteten Charmes geraten konnte, wie in ein Spinnennetz. Er wiegte sich im Einklang mit dem Rhythmus, und am folgenden Morgen suchte er die Ratsversammlung der Scheiche auf, um die Botschaft zu überbringen und die Stimme Gottes im Herzen des Führers der Ifôghas wachzurufen.

Er sass unter ihnen auf einem gestreiften Kelim, verfolgte die Zierlinien, um der Beklemmung der Jugend Herr zu werden. Dann sprach er. Er hütete sich, die mächtigen Turbane zu betrachten, die der Stammesführer versammelt hatte, als wollte er ihn ganz bewusst einschüchtern, und verlor sich in Kurven und Kreuzungen, in Dreiecken, Vierecken und Ketten, die liebende Finger aus Twât entworfen hatten, unbekannte Dschungel schaffend, um sie einer Händlerkarawane nach Timbuktu für den fernen Geliebten mitzugeben. Aus den Dschungeln der Liebe von Twât schuf er einen Talismanvorhang, der ihn vor den Augen verbarg, die als fester Ring um ihn lagen.

Er begann mit dem ersten Exil, sprach lange über das Elend des Wüstenbewohners. Zog die Geschichten der Grossmutter über Wâw heran und widmete ihr einen hübschen Teil seiner Rede. Das Leben in der Wüste sei eine Reise, sagte er, die kürzer sei, als der erhabene Stammesführer es erwarte: die erste Hälfte verbringe das Geschöpf im Kampf gegen Ziegen, Dürre und Durst, die zweite gebe das Geschöpf hin für eine Handelsreise nach Timbuktu, Agades oder Tamanrasset. Das Ende setze schon ein, bevor die edelste Tat verwirklicht sei, von der der junge Mann in der Wüste glaubt, er sei einzig dafür geschaffen: die Liebe.

Verzückt sitzt er bei den Festen und zertrümmert sich den Kopf an den Steinen, um seine Geliebte mit Poesie zu krönen. Dann lässt die Verzückung vielleicht seinen Verstand entfliegen, und er beschliesst, sich an einem Kriegszug zu beteiligen, um ihr Gefangene zu bringen. Und wenn er wieder zu sich kommt, entdeckt er, dass das Leben sich mit der Wüste verbündet hat, und dass die beiden gemeinsam die ewige Arglist angewandt haben. Er stützt sich auf einen Lotosstock oder hält sich mit Hilfe eines Akazienstocks aufrecht, sitzt alltäglich im Abendschatten, schlürft grünen Tee und vertreibt sich die Zeit, indem er auf die Stille lauscht. Ja, der Sprache Gottes zu lauschen, das ist sein ganzer Gewinn von der flüchtigen Reise, von der er jetzt, im Dämmerzustand des Greisenalters, nicht weiss, ob sie Wahrheit oder Illusion war. Können da die Verständigen glauben, dass die Vergiftung dieses kurzen Wüstentraums durch Streit und Gewalt und Stammesauseinandersetzung eine Tat der Vernunft ist? Ist es nicht eher eine Tat des Wahnsinns?

Nach diesen Worten geschah das Wunder, das Âdda erst lange Zeit später glauben konnte. Vielleicht hat er es auch nur geglaubt, weil es im Stamm immer wieder erzählt wurde, ja, weil es bei allen Stämmen der Wüste die Runde machte und daraus sogar die Redensart vom Genie der Vernunft und von der Torheit der Unvernunft geschaffen wurde. Der würdige Stammesführer sprang von seinem Sitz im Zelt auf und umarmte ihn mit seinen mageren Händen. Er umhalste ihn mitten unter den finsteren Blicken der Scheiche. Die Umarmung währte lange, und als der alte Mann ihn schliesslich freigab, zitterte Âdda und der Schweiss strömte unter seinem weiten Prunkgewand.

Dann herrschte Schweigen.

Im Zelt nebenan zerrissen die lauten, freudigen Jubeltriller einer Frau die Stille. Die Scheiche stiessen mit den Turbanen aneinander und brummelten untereinander. Âdda wusste, dass die Ursache ihrer Unruhe nicht das Aufspringen ihres Führers war oder die Sympathie, die er durch seine herzliche Umarmung dem Sohn der Fremden gegenüber zum Ausdruck brachte. Sie beeindruckte vielmehr die Art, wie der Scheich plötzliche die alte Würde abgelegt und die traditionelle Haltung der Überlegenheit aufgegeben hatte, wie sie die Alten so gern gegenüber den Jüngeren zeigen und die bis zur Verachtung gehen kann – das war das Wunder, das die Jubeltriller der Frauen verdiente und das Heraustreten der Scheiche aus dem Raum des Schweigens.

Der Stammesführer setzte sich, seine Hand haltend, neben ihn. Wieder herrschte Schweigen, bis schliesslich der Scheich das Wort ergriff: „Es schadet keinem Weisen, und sei er das Stammesoberhaupt, der Wahrheit zum Durchbruch zu verhelfen. Als du von eurem Führer als Bote zu uns gekommen bist, flüsterte es in meiner wie auch in der Brust anderer Menschen: Hat der Hochmut beim Scheich der Imanghasâten ein solches Ausmass erreicht, das er die Sitte der Ahnen vergisst und einen noch grünen Jungen schickt, um im Streit der beiden Stämme zu vermitteln? Auch mich rief das Geflüster auf, den geheimen Hinweis zu ergründen, den der Stammesführer mit dieser Provokation vermitteln wollte; es sagte mir klar und deutlich: Er will den Krieg. Wenn das Stammesoberhaupt die Verständigen abschirmt und sie hindert, die Vermittlerrolle zu spielen, so hüte dich und vergewissere dich seiner Absichten, denn er behauptet äusserlich, den Frieden zu wollen, während er insgeheim zum Krieg rüstet. Ich hatte das bösartige Geflüster geglaubt und dich einen Monat lang warten lassen. Währenddessen hatte ich insgeheim meine Männer losgeschickt, um mich von der Aufrichtigkeit der Absichten eures Führers zu überzeugen und zu erfahren, ob er nicht Augenwischerei betreibt, um Zeit zu gewinnen und tatsächlich zum Krieg zu rüsten. Zu meiner Überraschung kehrten meine Männer mit Informationen zurück, die mich ins Unrecht setzten. Aber was glaubst du, mein Sohn: War der Beweis hinreichend, um das Geflüster zu überzeugen, es zurückzudrängen und es aus meiner Brust zu verbannen? Wisse, dass das Geflüster verschlagen ist, und wenn es erst einmal den Weg zum Herzen des Menschen gefunden hat, hält es sich daran fest wie die Zecke an der Haut des Kamels. Ich gestehe jetzt und hier vor allen, dass jenes Geflüster, jenes Misstrauen es war, das mir vorgeschlagen hat, die Scheiche zusammenzurufen, um gemeinsam mit ihnen in deiner Sprache, deinen Bewegungen, deinen Augen die Absichten eures Stammes zu lesen. Der Verfluchte hat mir ins Ohr geflüstert: Wenn du die Absichten des Vaters erkennen willst, so nimm sie durch die Verlockung des Sohnes! Das ist eine modifizierte Aussage aus dem Anhi. Dort, im verlorenen Buch, steht nämlich: Der Alte kann schlafend erkennen, was der Junge nicht einmal sieht, wenn er auf einer Anhöhe steht. Doch als du von unseren Schmerzen sprachst, hast du in meiner Brust eine andere Stimme wachgerufen, und da erwachte das Gewissen und es sprach die Vernunft; und mir wurde klar, warum der Stammesführer dich zum Boten ausersehen hat, ein Einvernehmen zu suchen und das Blutvergiessen zu beenden. Morgen werde ich die Kamele an euer Lager zurückgeben, und ich werde den stolzen Bâba lehren, auf seine törichte Gewohnheit zu verzichten, die Herden der Stämme auf den Weiden zu erbeuten, weil diese Gewohnheit Zwietracht sät und Blut und Leben bedroht, das, wie du es in deinen Worten beschrieben hast, in unserer weiten Wüste so flüchtig ist wie die Illusion oder sagen wir wie der Blitz. Morgen wirst du die Kamele erhalten. Ausserdem wirst du den Bâba erhalten, gefesselt mit Stricken aus Palmfasern, damit du ihn eurem Scheich übergeben kannst. Und sag ihm, wir heissen im voraus die Strafe gut, die er unserem fehlgeleiteten Sohn angedeihen lässt. Sag ihm auch, ich hätte gern die Herde selbst zurückgebracht, und was mich hindert, diese Pflicht zu erfüllen, sind nicht die Sorgen um den Stamm und nicht irdische Geschäfte. Es ist etwas, das stärker ist, und er wird mir zu verzeihen wissen, wenn er den wirklichen Grund erfährt: das Alter. Denn wahrlich, es sind viele Jahre vergangen, seit wir uns zum letzten Mal trafen; das war in Tamanrasset. Und obwohl ich mich daran erinnere, als wäre es erst gestern gewesen, hat doch die Arglist der Wüste, von der du soeben gesprochen hast, über mich Sehschwäche und Gelenkschmerzen verhängt, und sie hat mir das gekrümmte Stück Lotosholz in die Hand gedrückt, damit es mir helfe, den gekrümmten Rükken zu begradigen. Vergiss auch nicht, ihm mitzuteilen, dass wir stolz sind, einen jungen Mann wie dich zu unserem Stamm zählen zu dürfen, und wenn wir die eheliche Verbindung zwischen den Stämmen der Wüste ermutigen, so folgen wir damit einem Weg, den die Ahnen vorgezeichnet haben und den wir im Anhi festgehalten fanden. Ich bin davon überzeugt, dass kein Tropfen Blut in der Wüstenwelt vergossen würde, wenn alle Stämme sich in gleicher Weise durch die Macht der Vernunft leiten liessen wie euer Stammesführer."

Es war nicht schwer für den jungen Âdda, auf den finsteren Mienen der Scheiche das Gefühl der Scham darüber zu bemerken, dass der Führer ihn wie seinesgleichen behandelte. Es war ein Gefühl, das sie sich selbst nicht hätten verzeihen können ohne ihr blindes Vertrauen auf die Weisheit des Stammesführers und ihre dunkle Überzeugung von seiner Unfehlbarkeit.

Er kehrte zum Zelt zurück, hockte sich an den Eingang und betrachtete die weite Wüste mit der Ruhe eines Menschen, der die Rituale der Verzückten durchführt. Am Abend besuchten ihn die Gleichaltrigen, um ihn zu beglückwünschen, und viele schmeichelten ihm und erfanden Blutsbande, die, wie sie behaupteten, zwischen seiner Grossmutter und ihren eigenen Ahninnen existiert hätten. Auch die jungen Mädchen kamen, um mit dem gespannten Bogen auf der immer einzigen, immer schwermütigen Saite ihren Wüstenschmerz zu artikulieren. Mit ihnen kam Tanâd, um ihm von ihrem Tanz in der vergangenen Nacht zu erzählen.

„Ich fand mich mitten in einer Staubwolke. Du kennst doch die schwarzen Wirbel, von denen die alten Frauen sagen, sie nähmen die unartigen Kinder mit? Wie heissen sie in eurem Stamm? Bei uns heissen sie Dschinnenreittier. Die Wolke trug mich fort, und ich hatte das Gefühl, ein Strohhalm zu sein. Wie ein Staubkrümel flog ich durch die Luft, und mein Körper schien leicht wie ein Haar. Ist es das, was die Derwische den Rausch der Verzückung nennen?"

Als sie sich dann der Poesie zuwandte, unterbrach er sie: „Ich befasse mich nicht mit der Poesie. Ich kann keine schönen Worte machen. Ich bin ... arm dran."

Sie schwieg einen Augenblick, schaute ihn im Mondlicht an und sagte dann mit gesenktem Kopf: „Du kannst etwas, das süsser ist als Poesie und besser als schöne Worte. Ohne deinen Verstand wäre es zu Krieg und Blutvergiessen gekommen."

„Glaubst du das wirklich? Ich habe nie geglaubt, dass es in der Wüste etwas gibt, das in den Ohren einer Frau die Süsse der Poesie und der schönen Worte übertreffen könnte."

Sie gab ihm eine Sicherheit, die er noch von keiner Frau erhalten hatte. In ihrer Sprache und in ihren Augen las er ein Versprechen, wie es ihm noch von keiner Frau zuteil geworden war. Er schloss mit ihr einen stillschweigenden Pakt, und sie kamen überein, auch in der Sprache des Himmels, dass sie ihre ewige Bindung regeln wollten, wenn er seine Aufgabe erfüllt hätte. Doch bei seiner Rückkehr einige Monate später musste er feststellen, dass sie sich mit einem Mann aus dem Stamm der Oraghen verheiratet hatte, der plötzlich reich geworden war, nachdem er einen Goldschatz gefunden und diesen an jüdische Händler in Gadames verkauft hatte; danach verstiess er seine erste Frau und ging bei der schönen Tanâd von den Ifôghas ein.

Die dritte Tanâd

In jenem Jahr fiel der Regen schon früh und in grossen Mengen im Norden der Hammâda.

Die Kundschafter kehrten von den Höhen zurück und schworen, sie hätten alle drei Arten Trüffeln gekostet.

Âdda und Chamîdo machten sich, begleitet von einigen Hirten, auf, die Kamele zusammenzutreiben und in die Nordwüste zurückzubringen. Der Frühling hatte schon begonnen, bevor der Winter zuende war. Die Pflanzen wuchsen, und die Trüffelstauden grünten schon früh. An einigen Stellen, wo das Wasser zurückgehalten wurde, wölbte sich die Erde und brach auf, untrüglicher Hinweis auf die Geburt von Trüffeln. In den Taleinschnitten, die von den Höhen herabführten, wuchsen nahrhafte Gräser, wie der rote Ampfer und das Akarfâl. Auf den Ebenen schossen das Tanakfait, der Beifuss und einige frühe Wildblumen hoch. Auch die Täler strömten schon früh den Ginsterduft aus. In der ganzen Wüste zwitscherten die Vögel, und jene, die in den Süden gezogen waren, kehrten zurück. Am Tage, da sie in diesem Paradies ankamen, sah Âdda drei Kraniche. Zwei von ihnen spazierten stolz auf ihren hohen, dünnen Beinen über die grasbedeckte Weite, auf der Suche nach Würmern und Jungtrüffeln. Der dritte stand auf einem verdorrten

Baum und betrachtete den Bogen des Horizonts, wo sich spielerisch eine Fata Morgana abzeichnete. Âdda betrachtete sie insgeheim, während sein Gefährte und die Hirten damit beschäftigt waren, einen heissblütigen Kamelhengst einzufangen und ihn zur Herde unten im Wadi zu bringen.

Nachts kreisten die Wölfe um die Feuerstellen, und ihr Heulen klang wie Wehklagen. Doch die weisen Hirten erklärten, das sei versteckte Freude, denn die Wölfe erwarteten eine üppige Zeit mit reicher Beute. Die weisen Reptile, allen voran die Schlangen, blieben in ihrem Bau versteckt, denn die Sterne warnten sie, der Wetterlaune zu trauen. Sie zogen es vor, im Schutz zu verweilen, bis sie das endgültige himmlische Zeichen erhielten, dass der Winter wirklich vorüber und der warme Frühling gekommen sei.

Das ist die paradiesische Jahreszeit. Âddas Seligkeit, seine verlorene Oase, sein verlorenes Wâw, sein ewiger Schatz. Das ist die Hammâda zur Regenzeit. Die jungfräuliche Weite. Das erste Land, das der Erhabene für sich als Wohnung bestimmte, schon vor so langer Zeit, dass selbst die Ahnen nicht wissen, wann sie begann. Doch Âdda glaubte, ja, er spürte intuitiv, dass der Erhabene eingekehrt war auf der immensen Weite, die sich in den Hörnern des Dschebel Nefûssa im Norden zum Himmel erhebt und sich im Süden mit anderen, blau beturbanten Bergen verabschiedet. Er hat sie ausgebreitet und von Lebewesen geleert und nichts dort gelassen als Bäume, Steine und Pflanzen. Dann erweichte sich Sein Herz, Er entsprach dem Flehen und erlaubte dem ersten Tier, den geweihten Raum zu betreten. Es war eine unschuldige Gazelle, deren Schönheit sogar die Trüffelstaude besang und aus deren moschusgewürztem Blut der Ginster den Duft für seine Blüten gewann. Diesen roch der vermaledeite Mensch. Er stieg aus den Wüsten des Südens hinauf in die himmlische Hammâda und verfolgte und jagte das geschmeidige Tier auf der heiligen Erde. Doch als er sein Blut vergoss, griff der Erhabene ein und verwandelte den feindseligen Menschen, der zum erstenmal in Sein Paradies eingetreten war, in ein seltsames Geschöpf: eine Gazelle mit dem Kopf eines Menschen. Doch auch das besänftigte noch nicht den schrecklichen Zorn, den die Aggressivität des Menschen in der Seele des Schöpfers geweckt hatte. Er verfluchte ihn, verliess das auserwählte Stück Land und liess nichts zurück als Seinen erhabenen Atem, der durch die ewige Stille der Hammâda wogt.

Die Wüstenbewohner besitzen eine Überlieferung, wonach die Altvordern ihren sündigen Ahn mit dem Menschenkopf und dem Gazellenkörper gesehen und ihn an den Talismanen und Amuletten erkannt haben, die um seinen Hals hingen und sogar auf der Erde streiften.

Wenn es in der Hammâda im Herbst und auch im Winter regnet, kommt der Frühling früh, und Âdda hatte das Gefühl, dass er auf diesem göttlichen Flecken Land nahe beim Tor des Himmels war. Und er konnte, wozu er immer unfähig gewesen war: Poesie schaffen.

Die Poesie war seine fixe Idee, sein Bedürfnis seit seiner Geburt, sein Ziel bis zu seinem Tod. Aber wie jedweder elende Wüstenbewohner spürte er sie zwar, war jedoch unfähig, sie mit den Mitteln der Sprache selbst zu formulieren. Er begriff sie, war aber nicht imstande, sie in Worten zu gestalten. Seine Seele würgte an einem Kloss, der sich weigerte, sich zu lockern, wie ein sperriger Knochen, der in der Kehle steckt und den Atem blockiert. Dabei spürte er, dass sein Bedürfnis nach der Poesie nicht wie bei seinen Kameraden eine Ausgeburt des Wunsches war, sich damit zu rühmen oder sie wie eine Waffe zu zücken, um das Herz der Jungfrauen zu rauben. Er wollte die Poesie, um damit die weite Wüste zu überfallen und zu erfahren, was sie verborgen hält. Er wollte damit nach Gott suchen und nach seiner verlorenen Oase Wâw. Er war nämlich immer schon davon überzeugt, dass diese rätselhaften Symbole, die nur die Poesie enthüllt, ihm den Schleier vom Geheimnis des Regens nähmen, der die harte, kahle, lehmige Erde, bedeckt mit Kies und Steinen, innerhalb von wenigen Tagen in einen grünen Paradiesgarten verwandelt. Er wollte die Schönheit der Gazelle besingen, das Wunder der Trüffeln, das Paradies der Stille. Doch die normalen Worte halfen ihm nicht dabei, und die Poesie verweigerte sich. Der Kloss würgte ihn, er würgte daran, weinte und wälzte sich auf den scharfen Steinen, bis er am ganzen Körper blutete und ihm der Turban vom Kopf fiel und er entdeckte, dass er barhäuptig ging. Ohne seinen Eifer, sich seinen Schmerzen in der Einsamkeit hinzugeben, hätten ihn die Leute für einen Derwisch oder einen schwachsinnigen Toren gehalten. Er war im Zustand von Eunuchen, die glauben, der Begierde ledig zu sein, dann aber feststellen müssen, dass diese ihre Körper nach wie vor peitscht und verbrennt; des Organs verlustig, können sie jedoch keinen Ausweg finden. Ja, die Poesie war das Instrument, das den Vorhang lüften würde, damit er einen Ausweg für seine Gefühle fand.

Die lachenden Wölfe stellten ihr Heulen ein, und er betrachtete die Sterne. Auch die Sternentrauben horchten, ohne bei ihrer Betrachtung der gewaltigen Wüste innezuhalten. Vergesst nicht eure ewige Aufgabe: die dürstenden Verirrten zu retten und die Brunnen denen zum Geschenk zu machen, die es verdienen, dachte Âdda.

„Denk nicht schlecht von mir“, sagte er zu Chamîdo. „Ich möchte Poesie nicht schaffen, um die Mädchen zu gewinnen. Ich brauche die Poesie für ein tieferes Bedürfnis in meiner Seele.“

„Ich glaube dir“, erwiderte Chamîdo ungerührt.

„Ich glaube, keine andere Macht als die Poesie kann den Schleier zerreissen, der die Wüste umhüllt."

„Ich glaube dir. Ich habe es auch versucht und bin gescheitert."

„Wirklich? Hast du auch das Gefühl, dass du als Dichter geboren bist, dir dann aber der Teufel den Mund verstopft hat?"

„Ich habe nicht das Gefühl, dass mir ein Teufel den Mund verstopft hat. Niemand als Gott verstopft den Mund."

„Gott kann niemals den Mund dessen verstopfen, der ihn kennenlernen will."

„Woher willst du das wissen? Er hat dir den Mund verstopft, damit du keine Poesie schaffst. Dafür hat er dir etwas gegeben, das wichtiger ist als die Poesie, die Vernunft."

„Wer hat behauptet, die Vernunft sei wichtiger als die Poesie? Ich ersticke, und die Vernunft rettet mich nicht."

„Die Verständigen haben es behauptet. Und du bist noch nicht so weise wie sie, da der Teufel der Jugend noch durch deine Adern kreist." Chamîdo lachte.

„Die Vernunft ist ein Fels, die Poesie ein Schmetterling, ein Vögelchen, das durch die Luft flattert. Die Vernunft kriecht auf der Erde und sieht nie über ihre Nasenspitze hinaus. Die Poesie dagegen schwebt hoch oben in den Lüften."

„Und wer hat dir gesagt, dass Gott will, dass du weit weg schwebst. Wenn er das wollte, hätte er dich als Vogel geschaffen."

„Ich habe das Gefühl, dass ich nie etwas erfahre, wenn ich nicht weit weg schwebe."

„Das ist teuflisches Geflüster."

Dann herrschte Stille. Beide schwiegen und genossen den Odem des Erhabenen. Auch die Sterne lauschten. Sie lagen auf dem Rücken oben auf dem Hügel. Unten im Wadi waren verstreut die Silhouetten der Kamele zu sehen. Einige waren niedergekniet und ins Wiederkäuen vertieft. Andere streunten zwischen den Bäumen umher und verpflegten sich unablässig, um einen Vorrat für harte Zeiten anzulegen, als hätten sie das Geheimnis der Wüste erfasst, die mit Trokkenheit winkt und mit Dürre droht, wenn sie vorzeitig einen üppigen Frühling beschert.

„Ich verstehe nicht, wie ein junger Mann, der als Wüstenbewohner geboren ist, nicht nach dem Geheimnis der Wüste sucht. Sie scheint enthüllt, bloss, barhäuptig und nackt, aber sie hält eine Welt verborgen, wie es der Dschungel und die Städte nicht tun. Und ich glaube nicht, dass etwas anderes als die Poesie ihr Amulett aus Fels und Eisen zum Schmelzen bringen kann. Was meinst du dazu?" fragte Âdda.

„Das Geheimnis liegt darin, dass sie ein Geheimnis ist. Und das, wovon du sprichst, ist die Natur jedes Geheimnisses."

„Sie ist wie die Fata Morgana."

„Das Wasser nimmt seine Farbe vom Gefäss. Woher kam die Fata Morgana? Sie ist ihr Schatten, ihr Spiel, ihr legitimes Kind."

„Ich möchte wetten, auch du hast schon versucht, Poesie zu schaffen."

„Wer von uns hätte es nicht schon versucht?" Chamîdo lachte. „Jeder Wüstenbewohner wird von seiner Mutter mit einem Durst nach Poesie geboren. Doch die Erde bestimmt seinen Weg, und die Wüste. Manchen gibt sie die Poesie, anderen die Vernunft."

„Sie gibt die Poesie den Stolzen, damit sie die Herzen der Frauen erjagen, und sie überlässt denjenigen, der ihr Geheimnis lüften will, dem Elend."

„Aus diesem Grund entzieht sie sich dir. Sie weiss, dass du mit ihr nicht nur tändeln willst wie alle Toren; sie kennt deine Absichten. Wer hat dir gesagt, dass sie dir ihr Geheimnis preisgeben will?“

Âdda schwieg lange. Er beobachtete die Sterne, bis er Chamîdos regelmässige Atemzüge neben sich hörte und glaubte, er sei eingeschlafen. Es war Mitternacht.

„Schläfst du?“ fragte Âdda.

„Nein“, erwiderte Chamîdo mit der Stimme eines Träumenden.

„Eigentlich wollte ich mit dir über etwas anderes sprechen. Ich wollte mit dir gar nicht über Poesie sprechen.“

„Ich weiss, dass du über etwas anderes sprechen willst.“

„Du weisst alles.“

Keine Antwort.

„Erinnerst du dich daran, dass du mir erzählt hast, die Frau bete Lügen an?“

Keine Antwort.

„Ich habe noch ein weiteres Geheimnis erfahren. Dass sie nämlich vom Mann nicht allein die Lüge verlangt, sondern auch das Gold.“

„Was ist denn das Gold anderes als die grösste Lüge in der Geschichte der Wüste? Es leuchtet wie die Fata Morgana und lockt doch nichts anderes an als das Unheil.“

„Tanâd hat mich für eine Handvoll Goldstaub verlassen. Kannst du das glauben?“

„Warum nicht? Der Satan hat das Gold den Männern in die Hand gegeben, damit sie die Herzen der Frauen gewinnen. Gold und Lüge wurden speziell geschaffen, um ihre beiden Begierden zu befriedigen.“ Chamîdo stützte sich auf die Ellbogen und hob den Kopf. Schaute in den weiten nächtlichen Raum, besteckt mit Trauben von Sternen. Dann liess er sich wieder zurücksinken und fuhr fort: „Nicht einmal die Frauen aus unserem Stamm nehme ich da aus. Sie schmücken sich mit dem vom Gesicht des Mondes abgeschlagenen Metall, während ihre Herzen an dem anderen hängen. Dem Metall der Lüge, der Fata Morgana und der Verlockung. Glaub nicht, dass sie sich des Goldes enthalten nur wegen eines Paktes, den die Vorfahren geschlossen haben und der bestimmt, dass dem Stamm auf immer der Umgang mit Gold untersagt sein soll. Ich werde das nie glauben."

„Was ich nicht begreifen kann, ist, dass du alles weisst, sogar das, was in den Seelen vor sich geht."

Aber Chamîdo war anderswo und las in den Sternen die Vision: „... und ohne ihre Furcht vor den Geistern der Vorfahren (die Furcht vor den Seelen der Toten, nicht vor den Dschinnen und nicht vor dem Stammesführer) würden sie auch ihre Kinder hingeben, um ein einziges Stück von dem Metall der Fata Morgana zu ergattern."

„Mein Gott!"

„... und trotz des Verbots kenne ich viele Frauen in unserem Stamm, die verdächtige Anstrengungen unternommen haben, um insgeheim daran zu kommen."

Âdda dachte an seine Grossmutter, die den Irrtum mit dem Leben bezahlt hatte, einen Ring aus Gold für einen aus Messing gehalten zu haben. Er sah einem Stern nach, der im Westen herabfiel, und sprach eine alte Beschwörungsformel.

„Einmal hat mir meine Grossmutter berichtet", murmelte er, und es war, als gäbe er ein teures Geheimnis preis, „im Anhi stehe geschrieben, der Magier wäre nicht einer, der Gott im Stein verehrt, sondern einer, der neben Ihm noch das Gold liebt."

„Das Anhi hat alles enthüllt. Am Tag, als es verlorenging, waren wir verloren."

„Wir suchen immer noch Erleuchtung bei dem, was in der Brust der Alten davon bewahrt ist."

Chamîdo sprach seine Klage zu den Sternen: „Wäre es nicht verlorengegangen, könnte es auch uns zum Glück führen wie unsere Ahnen. Doch es heisst, seine Feindseligkeit gegen das teuflische Metall sei fatal für es gewesen. Die Leute wussten nicht recht, was es war, und hielten es für das ‚Buch der Schätze'. Sie balgten sich darum, und dabei zerrissen sie es, wie hungrige Bestien ein verirrtes Opfer. Die Gier soll bei manchen so weit gegangen sein, dass sie die ergatterten Seiten verschlangen und glaubten, sie könnten sie wieder herauswürgen, wenn sie allein sind, und so zu ihrem Anteil an den Schätzen der Wüste finden. Das Gold machte sie blind, und so vernichtete ihre Gier das Buch des rechten Weges."

„Ich habe eine andere Geschichte gehört, wonach eine trügerische, dämonische Flut es hinweggerafft haben soll."

„Höre nicht auf all die Erklärungen. Derlei wird von Leuten erzählt, in deren Seelen sich eine Sehnsucht nach dem unheilvollen Metall regt."

„Willst du damit behaupten, das Elend des Wüstenbewohners gehe allein auf den Verlust des Buches zurück?"

„Nein, eigentlich ist es der zweite Grund. Der erste ist der Bissen des Verbotenen, der den Sultan zwang, unseren Urahn aus Wâw zu vertreiben. Du siehst also, das Elend hat zwei verschiedene Ursachen, die aber den Verlust gemeinsam haben: den von Wâw und den des Buches der Rechtleitung. Es ist, wie wenn ein Seil abgeschnitten wird, an dem ein Mensch hängt, der dann in einen bodenlosen Abgrund stürzt. Wir sind in der Vergangenheit vom Weg abgekommen, und wir haben in die Zukunft keinen Weg. Genau wie der Wanderer in der Wüste, der den rechten Weg verloren hat und nun in der ewigen Weglosigkeit umherirrt. Himmel und Erde werden gleich, sie treffen sich am Horizont, und es gibt keinen Hinweis auf einen Anfang oder ein Ende. Das ist unser Zustand. Wir sind Wanderer, wir sind allesamt Wanderer. Wir sind vom Weg zur Oase abgekommen, von der wir einst kamen, und durch unsere Torheit und unsere Gier haben wir den Weg zur Oase verloren, zu der wir streben. Das ist das Schicksal des Wüstenbewohners."

Ein weiterer Stern fiel. Doch da Âdda damit beschäftigt war, der schrecklichen Weglosigkeit zu folgen, die Chamîdo skizzierte, vergass er, die uralte Beschwörungsformel zu sprechen. „Das ist es, was ich mit der Poesie erfassen wollte", murmelte er wie ein Kind. „Den Weg ohne Anfang und ohne Ende. Die Situation eines Geschöpfs, das in die Finsternis eines bodenlosen Brunnens stürzt und sich dabei an einem abgeschnittenen Seil festklammert. Wie kann sich dieser Mensch anders fühlen als verloren? Vergeblich fallen die Sterne, um uns den Weg zu weisen oder einen Brunnen für uns zu graben. All das reicht nicht, um uns vor der ewigen Verlorenheit zu retten. Das ist doch schrecklich, Chamîdo, nicht zu wissen, woher du kommst und wohin du gehst. Glaubst du denn wirklich nicht, bei Gott, dass die Poesie in der Lage ist, dieses abscheuliche Tor aufzubrechen?"

„Ich glaube nicht, dass sie irgend etwas kann. Nicht alle jungen Männer, die Poesie schaffen, sind so gedankenlos und leichtsinnig, sie zum Flirten mit den jungen Mädchen zu verwenden und um Jungfrauenherzen zu brechen. Ich habe gehört, dass schon viele versucht haben, daraus gar eine Axt zu machen, um das abscheuliche Tor aufzubrechen. Und mit welchem Ergebnis? Einer hat sich an einer Palme aufgehängt, ein anderer hat seinem Sklaven aufgetragen, ihn zu erwürgen. Ein dritter ist wahnsinnig geworden und barhäuptig in der weiten Wüste herumgeirrt, mit sabberndem

Mund und herabgerutschtem Gesichtstuch. Mein Rat ist es, dieses Tor geschlossen zu lassen und sich ihm weder mit der Poesie noch mit irgendeiner anderen Torheit zu nähern."

Sie lauschten beide dem Schweigen und der Wüste. Und das Schweigen lauschte ihnen, und die Wüste gesellte sich ihm bei.

„Nur den Eremiten hilft die Wüste", sagte Âdda, „weil diese sich mit Bedächtigkeit und Geduld zu schmücken wissen. Dem Gierigen verspricht sie alles, und am Ende bekommt er nichts. Mein Gott, wie sehr die Wüste doch einen gierigen Menschen verabscheut. Ein solcher wandelt über die Fata Morgana, und die Wüste zwinkert ihm kokett zu und ruft: Immer weiter, wenn du deinen Durst löschen willst! Sie zeichnet ihm das Ende der Reise an den Horizont, neckt ihn und ruft: Immer weiter, wenn du vor Sonnenuntergang die Oase erreichen willst! Sie wirbelt den Staub durch die Luft und durchbricht ihn mit Pfeilen aus gleissenden Strahlen, zwinkert dazu schlau und ruft dem Gierigen zu: Immer weiter, wenn du zu Gold kommen willst!" Er lachte. „Er geht immer weiter, um seinen Durst zu löschen, doch die Fata Morgana entfernt sich. Er läuft, um die Oase vor Sonnenuntergang zu erreichen, doch der Horizont entfernt sich endlos weiter. Er springt hoch, um an das Gold zu kommen, doch alles, was er zu fassen kriegt, ist leere Luft und ein paar Sandkörnchen." Âdda sprach immer weiter, psalmodierend, als spreche er eine Hymne aus dem verlorenen Anhi: „Aber sie hat Mitleid mit einem Eremiten, der nichts anderes will, als die Welt zu durchqueren, und der mit seiner Linken dahingibt, was er mit der Rechten erhält. Wenn er eine Oase erreicht, so durchquert er sie und verlässt sie auf der anderen Seite wieder. Wenn er eine Quelle findet, begnügt er sich damit, seinen Durst zu löschen, und verzichtet darauf, auch nur einen Wasserschlauch voll als Vorrat mitzunehmen. Er führt ein mageres Kamel am Halfter und geht selbst zu Fuss, da er vergessen hat, dass er es als Reittier mitgenommen hat. Doch vor einem anderen Schatz bricht der Wanderer zusammen, um den ihn selbst die Engel beneiden. Wenn er in ein Wadi hinabsteigt, in dem der Ginster blüht, lässt er sein Kamel niederknien und wirft sich vor dem Paradiesesbaum nieder. Er betrachtet die Blüte, winzig wie ein Weizenkorn, hell wie eine Wasserblase – und er weint, er weint, weil er die Verzückung darüber spürt, das Paradies gefunden zu haben. Dann zieht er weiter und steigt in die Hammâda hinauf, wo ihn noch ein Schatz erwartet: eine geheimnisvolle Trüffel, die mit ihrer Wölbung schon die Lehmerde aufgebrochen hat; und wenn es ein Rötling ist, so führt ihn allein sein Duft zurück hinter die Mauern, dorthin, wo die Vergangenheit begonnen hat, zum Ausgangspunkt des Weges, und er führt ihn auch nach vorn, durch die Wolken des Unsichtbaren, damit er, für den Bruchteil eines Augenblicks, das Ende der Reise im Unbekannten erblickt. Doch da die ganze Offenbarung nicht länger als einen kaum wahrnehmbaren Augenblick dauert, wird die Sehnsucht im Herzen des Wanderers überlaufen. Er fällt zu Boden und wälzt sich lange, weint lange, aber die Andeutung der Unschuld, das Zeichen der Jungfräulichkeit, das Aufblitzen der Wahrheit entschwinden wie das Licht, wie die Seele, wenn sie sich aus dem Körper befreit, um sich emporzuschwingen und zurückzukehren zum Ursprung. Bezweifelst du denn, Chamîdo, dass der irdische Wanderer mehr verlangen kann als diesen himmlischen Augenblick?" Chamîdo antwortete nicht. Wieder klangen seine Atemzüge regelmässig, doch Âdda wiederholte seine Frage nicht.

Jahre vergingen. Dann stand Âdda erneut vor dem Stammesführer, dieses Mal, um unter dem Vorwand verwandtschaftlicher Beziehung mit dem Führer der Oraghen zu verhandeln, nachdem die Karawanenhüter der beiden Stämme handgemein geworden waren. Zwei von ihnen hatten gegeneinander gekämpft, und beide waren verwundet. Die Beziehung war gespannt, und das war der Augenblick für die Stimme Gottes in der Brust der Führer und der Verständigen. Das Glück war ihm hold, er konnte dem Blutvergiessen Einhalt gebieten, und am Ende belohnte Gott ihn mit einem Mädchen, die ihn zum Ehemann nahm, ohne dass er für sie einen Brautpreis in Gedichtform zu entrichten hatte. Er befreite sich von der Einfalt der Jünglinge, gab sich einen Stoss und füllte ihr die Ohren mit Scheusslichkeiten, die schlimmer waren als die törichtsten Gedichte. Er erzählte ihr abstruse Dinge, zum Beispiel, er werde einen Kriegszug in den Dschungel unternehmen, dort die Priester und die Magier erledigen und ihr eine Karawane von Gefangenen und Sklaven bringen, die ihr dienstbar sein sollten; auch werde er nach Timbuktu reisen, um ihr Säcke voll Gold- und Silberschmuck zu besorgen. Das Silbergeschmeide würde sie anlegen und vor den anderen Frauen damit angeben können. Das Gold könnte sie in der hölzernen Schatulle aufbewahren, die in ihrer Sänfte in einer Zeltecke verborgen sei, und damit in finsteren Nächten vor den Dschinnenfrauen protzen. Ausserdem Kamelstuten … Er fabulierte über Kamelstuten in der Art, wie er es von seiner Grossmutter kannte, und im Stil allerhand poetischer Machwerke.

Er behauptete, sein Grossvater habe ihm ein Wadi im Tassîli vererbt, in dem das Wasser unablässig fliesse und wo, an den Ufern dieses wunderbaren Baches, hundert Kamelstuten weideten, bewacht von sechsundsechzig Sklaven. Warum er diese magielose, tote Zahl gewählt hatte, wusste er selbst nicht. Er erzählte viele Märchen. Und dabei entdeckte er zu seiner grossen Überraschung, dass das Mädchen jedes Wort, das über seine Lippen kam, glaubte, dass sie in den Himmeln schwebte und der Liebe verfiel. Er log und fand dabei heraus, dass die Stricke der Lüge sich dem Mädchen um den Nacken legten und sie zu Boden zogen.

Er heiratete, und kurz darauf begann die Langeweile. Tödliche Leere zerriss ihn, deren Bitterkeit jeder gekostet hat, der nach den wahren Dingen in der Wüste sucht: Wâw, Anhi und ... Gott. Es war die scheussliche Leere, die dem Zusammenleben mit der Frau erwächst. Obwohl die Alten immer sagten, die jungen Männer müssten sich auf jene Dinge konzentrieren, die ihnen das Alter eines Tages nimmt, und obwohl er genau wusste, dass sie aus eigener Erfahrung sprachen, begriff er doch, dass der wahre Mann sich irgendwann einmal von der Frau freimachen musste, vom Mythos der Frau. Wenn er es heute nicht freiwillig täte, so würde ihn das Alter, das kommende Monster, zwingen, die Waffen zu strecken. Und die Waffen jetzt freiwillig zu strecken wäre leichter, als dazu in der elenden Zukunft gezwungen zu werden.

So begann sich in ihm in jenen Tagen ein geheimnisvolles Credo zu bilden, ein Credo, das er später „Befreiung" und „Wanderung" nannte und das ihm die Einsicht vermittelte, dass es weiser und leichter ist, sich von den intimen Dingen wie der Frau selbst zu befreien, als sie durch die Natur, den Dämon des Alters, zwangsweise zu verlieren. Er machte sich bereit für den Weg und beschloss, damit zu beginnen, den Strick zu kappen, der ihn an der Befreiung und der Wanderung hinderte. Er ging zu ihr und erklärte ihr, seine Geschichten seien Lügen gewesen. Doch wenn er erwartet hatte, sie würde aufbrausen, weinen oder ihn verfluchen, sah er sich getäuscht, denn zu seiner Überraschung war sie sich darüber völlig im klaren. „Hast du mich wirklich für ein kleines Kind gehalten?" fragte sie spöttisch. „Das erste, was wir von unseren Müttern lernen, ist, den Lügenmärchen der Männer Glauben zu schenken. Denn ein Mann ohne Lügenmärchen ist wie ein gekochtes Ei ohne Salz. Wir folgen hier nur dem Leben, das eine noch grössere Lüge ist als die Lügenmärchen aller Männer in der Wüste."

Der Schweiss der Scham überlief ihn. Er schlich sich aus dem Zelt und sah sie nie wieder.

Er trennte sich von der Frau, da er fürchtete, der Dämon des Alters werde sie ihm gewaltsam wegnehmen.

5

Doch wie hätte ein Mann der Wüste, der sich in jugendlichem Alter freiwillig von der Hitze der Leidenschaft gelöst und den der würdige Stammesführer gelehrt hatte, das Gewissen in der Brust der Scheiche verfeindeter Stämme zu wecken, sich davor retten können, Stammesführer zu werden?

Als der alte Stammesführer hochbetagt mit über hundert Jahren starb (manche behaupteten, es seien sieben Jahre über die hundert hinaus gewesen, doch ihnen warfen gewisse Verständige vor, wegen ihrer Leidenschaft für magische Zahlen sorglos mit den Fakten umzugehen; sie leugneten, dabei die Hände aufeinander schlagend, dass irgend jemand unter den Lebenden die genaue Zahl angeben könne, da der verstorbene Stammesführer die einhundertsieben Jahre weit überschritten habe), streifte Âdda allein durch die Hammâda. Kontakt hatte er nur mit den Kamelen, den Dschinnen und den wilden Tieren. Während Wochen enthielt er sich der Nahrung und nahm nur Gräser der Wüste und Früchte der wilden Bäume zu sich. Während Monaten redete er nichts und öffnete den Mund höchstens, um einen heissblütigen, eifersüchtigen Kamelhengst zu schelten, der einen

Streit begann und einen schwächeren Artgenossen wegen einer schlanken Kamelstute attackierte – Beschwörungsformeln und Koranverse nicht eingerechnet. Schliesslich überkam es ihn, und da traf ihn das Fieber der Sehnsucht nach Wâw.

Er dachte an die Geschichten der Grossmutter von der verlorenen Oase. Er betrachtete die Gespenster und lauschte dem Gemurmel der anmassenden Dschinnen in den Höhlen der mit blauen Schleiern beturbanten Berge. Auch an die heisse Jagd nach dem Stück Metall und das schlimme Ende der Grossmutter erinnerte er sich. Und er betrachtete die Fata Morgana, die ein silbernes Feuer auf dem Hügel entzündete, bevor in ihren Zungen die Männer der Abordnung, die der Rat der Scheiche zu ihm geschickt hatte, in Flammen aufgingen. Das Fehlen eines legitimen Erben habe zu Meinungsverschiedenheiten über einen Nachfolger für den seligen Stammesführer geführt, berichteten sie ihm.

„Der selige Stammesführer hat ein Vertrauen in dich gesetzt", erklärten sie, „wie er es sogar seinen unmittelbaren Anhängern vorenthalten hat. Dich hat er, wegen der Vernunft und der Einsicht, über die du verfügst, beauftragt, die Zwistigkeiten beizulegen. Und wenn du die Stellung annimmst, so werden die schlimmsten Streitereien innerhalb unseres Stammes begraben."

„Und wann hätte die Sitte der Wüste je erlaubt, dass ein Mann in meinem Alter die Trommel der Führung schlägt?"

„In dich hat der Selige sein Vertrauen gesetzt. Das ist eine hinreichende Qualifikation."

Da war er gezwungen, sich der Sprache der Derwische zu bedienen: „Ist denn für die Führung jemand geeignet, der an der Krankheit der Sehnsucht leidet?"

Er folgte weiter seinem Weg auf der Suche nach Wâw, und die Clans des Stammes stritten für Monate weiter um einen Nachfolger des verstorbenen Stammesführers. Schliesslich einigten sie sich auf einen ausschweifenden Mann, der mit vier Frauen verheiratet war und sich ausserdem eine Anzahl Gefangene als Konkubinen hielt, die regelmässig in der Finsternis sein Zelt aufsuchten, um sich die Meinungsverschiedenheiten zwischen ihm und einer seiner Ehefrauen anzuhören. Er ging unter dem Druck seiner Sippe Allianzen mit anderen Sippen ein. Und so waren nach der Ernennung dieses Mannes noch keine neun Monate vergangen, als Âdda die Nachricht erreichte, man habe ihn tot in seinem Zelt aufgefunden. Eine der Konkubinen soll ihm Gift ins Essen gemischt haben, so erzählten manche. Nach einer anderen Version sei das auf Veranlassung der Ehefrauen geschehen. Aber die Weisen säumten nicht, die Geliebten von Schuld freizusprechen, ebenso die Ehefrauen, und die Angelegenheit auf ihre eigentliche Ursache zurückzuführen.

Sie schickten ihm Chamîdo hinterher, der herausfand, wie er ihn in dem von der Hammâda-Wüste abgeschnittenen Nordteil finden konnte, wo er allen Ernstes daran dachte, in die Oasen des Dschebel Nefûssa zu ziehen, um sich dort von den Scheichen der Sufiorden in die Grundlagen der Religion einführen zu lassen, immer in der Hoffnung, das werde das steinerne Tor aufbrechen, von dem er in der Vergangenheit angenommen hatte, die Poesie könne es öffnen. Doch Chamîdo, der schlaue Fuchs, wusste ihn zurück ins Lager des Stammes zu locken, um diesen vor der Zersplitterung zu retten. Er begann mit dem Ende. „Die Sippen sind in drei Richtungen zerfallen. Wenn du nicht die Führung übernimmst, wird es nicht nur zum Bruch, sondern auch zu kriegerischen Auseinandersetzungen kommen."

Er musste sich beugen. Später lernte er, dass Edelmut bedeutet, sich von der Glückseligkeit zu trennen und selbst auf dem Weg nach Wâw kehrtzumachen, um einem anderen himmlischen Ruf namens Pflicht Folge zu leisten.

Unfreiwillig war er in die Lage von jemandem geraten, der die Pflichterfüllung an die Stelle der Religionserfüllung setzt.

6

Eine lange Reise zwingt den Menschen, auf viele Wünsche zu verzichten und andere zu vergessen. Davon bleiben dann nur noch Spuren der Erinnerung, vage Andeutungen, Zeichen. Es blieb die Sehnsucht, Kenntnis von den Grundlagen der Religion zu erhalten; ebenso die Haltung, die er seit seiner Kindheit dem Gold gegenüber einnahm. Das Schreckliche, das der Grossmutter widerfahren war, war aufs engste mit dem satanischen Metall verknüpft; und der Weg nach Wâw war aufs engste mit der unerfüllten Hoffnung verknüpft, das Wissen um die Religion von den Derwischen des Dschebel Nefûssa zu erhalten.

Diese alte Sehnsucht war es, die ihn ermutigte, den Scheich des Kadirîja-Ordens zum Bleiben zu überreden und ihn zu bitten, den Stamm mit den Strahlen des wahren Glaubens zu erleuchten. Das geschah zu einer Zeit, da die gesamte Grosse Wüste unter falschen Derwischen und schmarotzenden Fakîhs litt. So weit war es mit der Religion gekommen, dass viele Stämme ihre Identität verloren hatten und vom rechten Weg abgekommen waren, ja, der Islam selbst in Gefahr war, wieder ein Fremdling zu werden, wie es der Gesandte Gottes einst prophezeit hatte.

Ohne die Abfallbewegung, die in Timbuktu begann, und ohne die Verfälschung der Lehren, der der Islam durch die Magier und ihre Mitläufer (Leute, die das Gold zu einem neuen Gott machten) ausgesetzt war, hätte dieses Gesindel es nicht gewagt, in die Wüste zu kommen, mal unter dem Schleier der Rechtsgelehrsamkeit, mal unter dem Vorwand des für jeden Muslim verpflichtenden Aufrufs zur Rückkehr zu den Grundlagen und zur Befolgung der koranischen Quelle. Der Wind der Verfälschung, der zusammen mit dem Handel und dem heissen Wind von Süden wehte, dauerte an, die Zahl der Korankenner verminderte sich, und die Religion hörte auf, die entscheidende Rolle im Leben der Menschen zu spielen. Taschenspieler und Schmarotzer profitierten von der Situation und machten daraus einen Weg für ihr Ein- und ihr Auskommen, indem sie die Wüstenbewohner, die nach der Wahrheit – der Wahrheit der Wüste, des Lebens und der verlorenen Oase – suchten, hinters Licht führten. Sie drangen in den nackten Kontinent ein – als Begleiter der Kamelkarawanen oder als einzelne auf dem Rücken von Eseln oder Maultieren; ja, die Betuchteren unter ihnen ritten auch schon mal auf dem Rücken eines Pferdes, während die Ärmeren, die beschlossen hatten, sich sofort auf das Schmarotzertum einzulassen, die Lager der Stämme mit nackten, blutigen Füssen aufsuchten, abgeschürft auf den Steinen des langen Weges. Sie kamen aus allen vier Winden: aus Fes, Marrakesch und Kairuân; aus Salîtan, Twât und dem Lande Schankît; ebenso aus der Wüste des Ostens, aus Suwaila und Mursuk. Sie schlugen die Trommeln der Gottesfeier, verbrannten Weihrauch, brüllten wie die Löwen in den Wäldern, stachen sich mit Messern und spuckten den einfachen Gemütern in den Mund, um ihre Seelen mit Reinheit und Segen zu füllen. Bei all dem fiel den Toren nicht ein, dass der produzierte Lärm bloss ein Trick war, um am Ende der Nacht ein üppiges Festmahl zu erhalten, das der ganze Stamm zu Ehren der Heiligen ausrichtete. Am Morgen enthüllte das Gesindel dann sein abscheuliches Gesicht und begann ganz offen mit dem Raubzug. Sie nahmen die

Kamele, die Ziegen und die Almosensteuer, den Silberschmuck der Frauen und sogar die Gewänder der Edlen und das Kriegsgerät mit.

All das geschah im Namen des Propheten und seiner Gefährten und des Herrn Abdalkâdir al-Dschilâni*, als Entgelt für ein Gebet oder ein falsches Amulett, gekritzelt auf einen vergilbten Fetzen Papier, den die Wüstenbewohner in ein Gazellenleder stopften, um ihn vor Beschädigung zu schützen; und keinem kam es in den Sinn, dass die Wirksamkeit des Amuletts von der ledernen Hülle, nicht von dem vergilbten Fetzen stammte.

Die gefährlichsten Räubergruppen in der Geschichte der Wüste kamen verkleidet als Eremiten aus Marrakesch, Fes und Meknes. Sie trugen die rauhen, wollenen Mäntel, die, grob, hart, und dick wie sie waren, Säcken glichen. Sie hatten geheime Pläne dabei, gezeichnet auf Häute verschiedener Tiere: des Mufflons, der Gazelle, des Kamels und des wilden Büffels, ja sogar der Schlange. Sie brachten eine für die Bewohner der Wüste auffallende Gewohnheit mit. Sie lehnten Festmahle ab, und sie assen kein Fleisch; sie ernährten sich lediglich von Gerstenbrot, das sie im Sand rösteten. Sie rezitierten während der ganzen Nacht aus dem Koran und machten sich am Morgen sogar anerbötig, die Erwachsenen über die Pflicht des Gebets zu belehren. Sie gewannen das Vertrauen der Leute, die ihnen speziell für die Unterweisung der Jungen, mitunter sogar die der Mädchen ein Zelt errichteten, wo sie den Koran und die Grundlagen der Religion lehrten. Dabei kam es nie jemandem in den Sinn,

* Abdalkâdir al-Dschilâni (1077–1166): islamischer Theologe, Prediger und Mystiker, dessen Hauptinteresse der Kampf gegen die Leidenschaft und die Unterwerfung unter den Willen Gottes war. Auf ihn geht der Kadirîja-Orden zurück.

dass jene Schlauköpfe nur kamen, um mit Hilfe ihrer im Gürtel versteckten Pläne nach den Fundstellen von Schätzen zu suchen. Und den Kleinen erteilten diese Monster freiwillig Unterricht, um in ihren unschuldigen Augen nach dem magischen Punkt zu forschen, in dem sie ein göttliches Zeichen oder einen von den Dschinnen gesetzten Hinweis sahen, der den Zauber löste und den Schatz vor dem Zerfallen schützte, wenn sie einen Jungen als Opfer für die Hüter des Schatzes vorausschickten. So verschwanden viele Jungen, und viele Schätze mit ihnen, und mitunter führten die Bewohner der Wüste das Verschwinden der Jungen auf ihre Nachbarn, die Dschinnen, zurück, wie sie es schon seit Tausenden von Jahren taten. Manchmal aber blieb der Schatzraub für immer ein Geheimnis, zumal die Wüstenbewohner die Spuren der Vorfahren und die Asche der Altvordern mieden wie die Pest. Doch das Verschwinden der Eremiten weckte ihren Verdacht, und es war nicht schwer, die Überbleibsel und die Knochenreste der Opfer zu entdecken und herauszufinden, dass die vertrauensvollen Eremiten nichts anderes waren als Teufel, die, in Derwisch- und Eremitenkleider gehüllt, direkt aus der Hölle stammten.

Einmal bekam Âdda von einem vorüberziehenden Fakîh für ein geschecktes junges Kamel ein zusammengefaltetes Blatt, ein angebliches Amulett. Zwar besass das Tier nicht die attraktive Fleckung seiner Gattung, doch allein seine Zugehörigkeit zu dieser noblen Rasse sorgte für seine Wertschätzung, nicht nur bei den Hirten, den Experten oder den Jungen, sondern auch bei den Mädchen in anderen Lagern und bei anderen Stämmen. Der Fakîh kam und setzte das Tier als Entgelt für das Amulett fest, und Âdda war gezwungen, es abzutreten. Als er dann das zusammengefaltete Papier öffnete, fand er darauf nichts als einige dubiose Striche, die mit arabischer Schrift nicht das geringste zu tun hatten. Die einzelnen Buchstaben schienen Tifinâgh-Symbolen ähnlicher als Versen aus dem Heiligen Koran, und da ihm die Sache zweifelhaft vorkam, legte er das Papier einem ihm bekannten Scheich in der Oase Adrâr vor. Nachdem dieser das Stück Papier entfaltet und glattgestrichen hatte, brach er in schallendes, hysterisches Gelächter aus, wie es einem würdigen Scheich nicht gut ansteht. Er lachte, bis ihm die Tränen kamen. Dann setzte er sich wieder aufrecht und gerade, bat Gott um Vergebung und verfluchte die Satane des Menschen- und des Dschinnengeschlechts. „Das ist weder eine Beschwörungsformel noch auch nur eine Schrift", erklärte er. „Dein Fakîh ist des Schreibens unkundig."

Von jenem Tag an wusste Âdda, dass Betrug sich nicht auf Masse und Gewichte beschränkte, dass er vielmehr sogar den Bereich der Religion erfassen konnte. Darum wappnete er sich während der ersten Jahre seiner Führerschaft im Stamm mit Vorsicht beim Umgang mit den Fakîhs und den Ordensscheichen. Aber der Scheich des Kadirîja-Ordens vermochte schliesslich doch, ihn zu betrügen, und zwar mit einer einfachen Waffe: der Freiheit. Er schien lange Zeit in den Seelen der Wüstenbewohner gelesen zu haben, um an den geheimen, schwachen Punkt zu gelangen und den fernen Schatz zu entdecken, ferner als alle Schätze der Wüste: die Freiheitsliebe. Er hatte wohl auf seinen Reisen beobachtet, dass die krankhafte Sehnsucht nach Wâw nichts anderes ist als eine besondere Erscheinungsform der Liebe, und so beschloss er, mit seinem Schlag an diesem Punkt zu beginnen.

Schon in den ersten Tagen nach seiner Ankunft verkündete er diese Philosophie und konzentrierte sich auf die Gottesliebe als einzigen Weg zur Erlösung. Es fiel ihm nicht schwer, die Leute zu überzeugen, und zwar nicht mittels irgendwelcher Verkleidungstalente, deren er sich erfreut hätte, sondern weil die Liebe der Eckstein aller Sufiorden ist, die den Weg in die Wüste gefunden haben. Es fiel ihm auch nicht schwer, alle seelischen Kämpfe und alle emotionalen Krankheiten, an denen die Wüstenbewohner im Verlauf der Geschichte litten (die Sehnsucht nach Wâw, die Zustände der Einsamkeit, das lange Fasten, die Verzückung als Folge der Schönheit des Gesangs oder die Ekstase als Resultat leidenschaftlicher Erregung, und sogar die Gewohnheit, der Stille zu lauschen), auf das Prinzip der Liebe zurückzuführen.

An diesem Punkt begann sein Krieg gegen die Neuerungen in Form von Andachtsübungen und Lobliedern auf den Propheten. Er verbot den Verzückten, die irdischen Geliebten zu besingen, und setzte statt dessen Gesänge über die himmlische Liebe fest. Er verbot die Förderung der Verzückung durch gesungene Poesie und Tanz und charakterisierte diese als etwas Schmutziges, wie es die Teufel und die Magier des finsteren Dschungels trieben. Er führte die Förderung der Verzückung durch das Psalmodieren der Verse Gottes ein. Und er war auch der erste, der erklärte, das verlorene Paradies sei nicht in Wâw, sondern im Herzen des Gläubigen. Kurz gesagt, jener ehrwürdige Mann mit dem dichten weissen Bart, durchsetzt von ein paar feinen gelben Haaren, schien Âdda und anderen Verständigen als ein wahrhafter religiöser Reformer, auf den man sich stützen konnte, um die Religion zu festigen und den Stamm vor dem Eindringen der Religion der Magier zu schützen. Ebenso kurz gesagt, er verstand sein Handwerk und erfreute sich einer Fertigkeit, die mit den legendären Füchsen in Konkurrenz treten konnte. Und noch immer wurde der Stammesführer eines geheimnisvollen Gefühls nicht Herr, das ihm von der Aufrichtigkeit flüsterte, ja, ihm die schmerzliche und immer wieder ignorierte Wahrheit aufdrängte, die da besagt: „Nicht der Mensch, der die Leitung des Stammes erhält, ist schlecht, die Schlechtigkeit liegt in dem aus Erde errichteten Thron, liegt in dem Ort, auf dem er Platz nimmt." Doch dann versuchte er auch diese Idee zu vertreiben, weil eine andere Stimme laut wurde, die erklärte, er suche lediglich eine Rechtfertigung für den Scheich des Kadirîja-Ordens, nicht aus Liebe zur Wahrheit, sondern um die Niederlage zu entschuldigen, die ihm durch seine Hand zugefügt worden war. Noch immer bekämpften sich diese beiden gegensätzlichen Stimmen in seinem Herzen.

Aber sein Rückzug in jenen Jahren war nicht einfach eine Niederlage. Niemand weiss, dass jener Rückzug bitterer war als die schlimmste Niederlage. Warum? Weil der Stammesführer sah, dass der Verrat nicht ein solcher des Ordensscheichs war, sondern ein solcher der Menschen, die er liebte und für die er seine Einsamkeit in der nördlichen Hammâda und seine Absicht geopfert hatte, die Wahrheit und die Grundlagen der Religion zu erlernen. Natürlich verging einige Zeit, bis er sich darüber klar wurde, dass die Menschen nur eine Herde elender Tiere sind, die hinter dem Hirten herlaufen, der sie mit einem Büschel Gras lockt, und sich gewöhnlich nicht selbst die Mühe machen, Fragen über die Absichten des Hirten zu stellen. Sie wissen nicht, dass er sie ganz sicher nicht zu den Weiden führen wird, wenn er sie mit einer Handvoll Gras überlisten kann. Der Hirte, der die Herde mit diesem Trick lockt, führt sie im allgemeinen zur Schlachtbank. Aber die armen Tiere verstehen nichts, bevor sie nicht das Messer sehen! Der Scheich des Kadirîja-Ordens spielte die Rolle dieses Hirten, vielleicht ohne es zu wissen. Denn er konnte ihm nicht böse Absicht vorwerfen, solange die Verderbtheit gerade im Zelt der Scheiche lag, wie das Geflüster ihm mitteilte, wenn er allein im Abendschatten sass. Ja, diese Verantwortungslosigkeit, diese in den „Ort" gepflanzte Verderbtheit, sie war das Schlimmste bei all dem. Seine Furcht vor diesem Gespenst, diesem Dämon, dem Dämon der im Haus der Führung angelegten Verderbtheit, sie war es, die ihn zwang, nach der Rettung zu suchen, indem er den Stab in der Mitte hielt, in der Annahme, allein die Vernunft könne die grobe Natur bezwingen, die die Herrschaft birgt.

7

Die Vertreibung war es, was er dem Scheich des Kadirîja-Ordens nicht verzieh. Obwohl er sich freiwillig zurückzog, war es doch die intrigante Situation, vom Scheich im Stamm geschaffen, die ihn zum Rückzug gedrängt hatte. Nicht, um das Gesicht zu wahren, wie böse Zungen behaupteten, sondern um den Leuten ihr Recht zu geben, völlig frei ihre Wahl zu treffen, und zwar trotz des Widerstands der Verständigen, einerseits, und damit er in der Lage wäre, weit weg in der Hammâda für sich allein zu sein, um die Einsamkeit und die Stille zu geniessen, andererseits. Seltsamerweise dachte er nicht daran, die Hammâda zu durchqueren und zum Dschebel Nefûssa zu ziehen, um dort seinen alten Traum zu verwirklichen und durch die Aneignung der religiösen Wissenschaften nach der Wahrheit zu suchen. Vielleicht hatte ja der Sitz der Herrschaft in seine Seele Furchen gegraben, die jede Spur des Ungestüms tilgten, das alle jungen Wüstenbewohner auszeichnet.

Zwar befreite er sich von einer Last und zerbrach Ketten, aber kann ein Geschöpf die Freiheit geniessen, indem es sich von Fesseln befreit, die es nun um den Nacken eines anderen gelegt sieht? Nicht eines anderen, sondern seines Stammes, seiner Leute?

Lange dachte er über dieses Rätsel des Schicksals nach, als er das Lager verliess, begleitet von einem Gefolgsmann und drei Sklaven. Und als ihm Bubu, sein Begleiter vom Stamm der Gefolgsleute, vorschlug, die Gelegenheit zu nutzen und die da und dort verstreuten Kamele zusammenzuscharen, und es für ratsam hielt, in Dunbâba vorbeizugehen, um nach einer Kamelherde zu suchen, die Vorüberziehende dort gesehen haben wollten, flog der Gedanke des Stammesführers anderswohin, zu der Fessel, dem Eigentum, den Gütern und Bürden. Der Gedanke verfolgte ihn, die Fessel sei ihrer Natur nach satanisch, sie schleiche sich durch die Fussfessel des Kamels heran, dringe ins Innere der Güter ein und werde schliesslich zum Zeltpflock. Und je mehr sich anhäufe, desto fester und tiefer in der Erde verankert würden die Zeltpflöcke. Der rätselhafte Gedanke kam ihm, wie die Dschinnen zum weisen Salomo, und zeichnete ihm in einem kurzen Augenblick die drohende Unrast: er wird nach Dunbâba und wird vielleicht nach Ramla ziehen, denn die Kamele, die einen Monat zuvor an einer Stelle gesichtet wurden, werden einen Monat später an einer anderen Stelle gesichtet, ohne dass irgendein Wanderer die Richtung vorhersagen könnte, die ein Tier einschlägt, selbst wenn er ein Tierexperte wäre. Dann zieht er nach Westen oder nach Osten, um eine andere Herde einzuholen, die in jener Gegend gesichtet wurde; danach ist er gezwungen, seine Leute aufzuteilen. Zwei Sklaven beauftragt er, nach Süden in die Wüsten von Massâk zu ziehen, während er selbst mit Bubu und dem dritten Sklaven es übernimmt, die in der Hammâda und in der an Gadames angrenzenden Wüste verstreuten Kamele zu suchen. Er beginnt damit, Hirten, Beduinen und Wanderer nach irrenden, verlassenen, frei herumlaufenden Kamelen auszufragen, die das Mal des Stammes tragen, das alte, geheimnisvolle Zeichen, gestaltet nach den auf den Felsen eingravierten Texten der Priester: +. Die Reise beginnt, die Reise der Suche und des Elends.

Aber die Reise endet nicht mit dem Auffinden der gesamten Herde. Denn danach beginnt die Bestandsaufnahme, dann folgt die Betreuung derjenigen Tiere, die Krätze aufgelesen haben. Es beginnt eine weitere Suche, diejenige nach Salben und nach Spezialisten für Tierkrankheiten. Es beginnt auch eine Sorge anderer Art: die Pflege der Tiere, die von den Weiden knapp gehalten wurden. Er ist gezwungen, in die nächstgelegenen Oasen zu ziehen, nach Gadames, nach Adrâr, um gegen eine Anzahl Kamele Bündel von getrocknetem Klee oder Säcke mit Stroh einzutauschen und so das Nötigste für die vom Tod bedrohten Tiere zu beschaffen, bis Gott in seiner Barmherzigkeit Regen herabsendet. Er wird sich selbst vergessen, er wird keine Ruhe haben. Er wird sich in einer Unrast wiederfinden, die grösser ist als diejenige um den Ordensscheich, nun, da er sich daranmacht, die verheissene Freiheit zu erjagen, um sie den Leuten als Opfer anzubieten, in Erfüllung des Versprechens, das er sich selbst gegeben hat. Und es wird ihm Kopfschmerz und Elend bereiten.

All das flüsterte ihm der Gedanke zu.

Da verstopfte er sich die Ohren mit seinem Tuch, um Bubus Vorschlag nicht hören zu müssen, und er enthielt sich des Redens, bis sie den Sandstreifen durchquert hatten und die Gipfel der blau beturbanten Berge auftauchten.

8

Das Exil. Monatelang hielt er an seiner kindlichen Vorstellung fest, er habe freiwillig das Lager verlassen, bis ihm ein zufälliges Gespräch die ganze Wahrheit entdeckte. Trotz seiner alten Liebe zur Hammâda und seines Glaubens, den er sogar vor Chamîdo geheimhielt, dass sie nämlich das ursprüngliche, das jungfräuliche Land sei, das den Segen des Allmächtigen erhalten habe, das er geleert und in das er sich zurückgezogen habe, um aus seinem Lehm den Urvater zu formen, erwachte seine Sehnsucht nach dem Land der Höhlen und der mit den Geschichten der Ahnen vollgezeichneten Felswände und wurde beherrschend. Er bekämpfte sie, da wurde sie heftig; er würgte sie, da wurde sie tyrannisch. Es war nicht schwer für seine Begleiter, den Grund für sein langes Schweigen, seine Enthaltsamkeit gegenüber dem frisch gebackenen Brot und seine Schlaflosigkeit zu verstehen. Auch für Bubu war es nicht schwer gewesen, dieses Geheimnis schon bald zu verstehen, war er doch gewohnt, die Sprache der Sehnsucht nach dem Land in einem rätselhaften Leuchten der Augen zu lesen, das stärker war als die übliche Traurigkeit. Ausserdem hatte ihm die lange Erfahrung in seinem umherziehenden Stamm schon häufig diese verzweifelte Gattung Mensch beschert, so dass er die Sehnsucht auch aus anderen, trivial erscheinenden Kleinigkeiten ablesen konnte, der Launenhaftigkeit zum Beispiel oder der Neigung zur Aggressivität und anderen Verhaltensweisen, die ein mit dieser erhabenen Krankheit Geschlagener plötzlich annehmen konnte.

Die Sehnsucht ist das erste Schicksal des Wüstenbewohners. Die doppelte Zugehörigkeit ist es, die sie zum Schicksal gemacht hat. Musste er doch am Tag, da er durch die Kraft des himmlischen, des göttlichen Geistes, der von seinem Odem in den Lehmklumpen hauchte, von seiner Mutter, der Erde, getrennt wurde, eine doppelte Fremdheit erfahren. Er wurde aus dem himmlischen Paradies verstossen und von Gott getrennt. Er stieg hinab auf die Erde, wurde aber nicht eins mit der Wüste. Er erhielt nicht ihre Weite, ihre Kahlheit und ihre Freiheit. Er nahm Wohnung in der Handvoll Lehm, bevor er die andere Wurzel erreichte, die grösste, die barmherzigste, die gewaltigste: die Wüste. So blieb das Geschöpf ein Wesen zwischen Himmel und Erde. Der Körper strebt danach, in seine Heimat, die Wüste, zurückzukehren, und die Seele verlangt aus Liebe, sich aus der irdischen Gefangenschaft zu befreien und zu ihrem himmlischen Ursprung zurückzukehren.

Hier beginnt die Tragik des Wüstenbewohners: der Kampf in seinem Innern zwischen dem Himmlischen und dem Irdischen. Wenn er sich einige Tage in einer kahlen Weite niederlässt, fordert ihn ein rätselhafter Ruf auf, sein Zelt abzubrechen, sein Gepäck aufzuladen und die Reise fortzusetzen. Die lange Reise zu Ihm, dem himmlischen Ursprung, zu Gott. Doch wenn die Reise lange währt und die Seele mit dem Wind fortfliegt, erhebt der Körper Einspruch, und das Herz blutet vor Sehnsucht nach der Heimat, der Mutter, der Erde. Es beginnt der Ruf der Erde, und die Mutter drängt, ihren Anteil an ihrem umherirrenden Sohn zu erhalten. Das ganze Leben des Wüstenbewohners ist ein Kampf zwischen Himmel und Erde, zwischen Vater und Mutter. Jeder von beiden nimmt für sich den grösseren Teil am gemeinsamen Sohn in Anspruch. Die Mutter sagt, sie habe ihm den Körper geschenkt, das Gefäss, ohne das kein Mensch sein kann. Und der Vater setzt dagegen, der andere, der innere, der geistige Teil habe dem irdenen Gefäss die Fähigkeit gegeben und dem Tropfen das Leben eingehaucht, ohne das er nur ein armseliger Klumpen Lehm geblieben wäre. So entstand das Elend aus dem Streit, aus dieser doppelten Zugehörigkeit, an deren Schaffung das Geschöpf nicht beteiligt war. Beide Kräfte zerren an ihm, und er wird in zwei Teile zerrissen. Er leidet, aber er besitzt nicht das Recht zu protestieren oder die Erbarmungslosigkeit des Schicksals zu verfluchen. Der Wüstenbewohner spürt am meisten von allen Menschenkindern die Erbarmungslosigkeit dieser Gespaltenheit des Menschen. Ist doch seine Wanderung, sein endloses Umherstreifen eine ewige Reise auf der Suche nach der Freiheit und der Rückkehr zu Gott. Und die krankhafte Sehnsucht, deren Brennen er mit den kummervollen Assâhar-Liedern zu lindern sucht, ist das Streben nach der verlorenen Heimat, eine schüchterne Bitte um Verzeihung bei einer Mutter, die ihn allein dadurch verlor, dass sie ihn in der kahlen Weite, der Wüste, gebar. Es ist, mit einem mutigen Ausdruck, die Sehnsucht, sesshaft zu werden. Und die Sesshaftigkeit ist das Leichentuch, ist die natürliche Vorbereitung auf den Tod.

Bubu beobachtete den Stammesführer bei seinem Umherziehen, um in seinen Augen das Leuchten der Sehnsucht nach dem Stamm zu sehen, nach der angeblichen Heimat, nach dem Land der steinernen Göttinnen und den Bergen der Ahnen, nicht weil der Scheich müde geworden war, sondern weil der Mensch eines Tages dem Ruf der Erde folgen muss, selbst wenn er ein wandernder Wüstenbewohner wäre, der es ablehnt, an einem Ort länger als vierzig Tage zu verweilen. Und so wurde aus dem alten Streit zwischen Vater und Mutter, zwischen Himmel und Erde, ein brutales neues Wort geboren: Exil. Das bohrte sich in die Knochen des Stammesführers wie ein Wurm, bis er schliesslich eines Abends im Schutz des Lotosbaums sagte: „Wenn ich meine Kamele zusammentreiben muss, so muss ich mit denen beginnen, die in Massâk Mallat gesehen wurden."

Bubu starrte ihn an.

„Massâk Mallat? Das ist aber sehr weit!" rief der älteste der Sklaven.

„Die Wüste hat mich gelehrt", sagte er mit rätselhafter Würde, „mit dem entferntesten Ziel zu beginnen, wenn wir das nächste verwirklichen wollen." Er schlürfte einen Schluck nach dem anderen von seinem Tee. Wandte sich an Bubu, um dessen Reaktion zu sehen.

„Ich stimme jetzt Eurer früheren Ansicht zu", meinte dieser ungerührt, „und sehe keine Notwendigkeit, die Herde zusammenzutreiben. Was nützt es Euch, in dieser schwierigen Zeit Euren Kopf mit einem weiteren Problem zu belasten?"

Er betrachtete die Fata Morgana, und während die Sonne sich auflöste, zog er sich immer mehr auf das Kissen aus Steinen, Erde und Staub zurück.

Da er schwieg, erklärte Bubu in der Sprache des Kadirîja-Ordens: „Nichts im Leben ist kostbarer als die Ruhe und die Seelenruhe, würdiger Scheich."

Der alte Neger bestätigte es mit einem langen, resignierenden Seufzer und wiegte seinen aschgrauen Turban, während er den Tee aufgoss.

Drei weitere Monate hielt sich der Stammesführer von irdischen Sorgen fern. Währenddessen bemerkte Bubu, wie seine Augen in die Höhlen zurücksanken, wie gleichzeitig die Wangen vortraten und sich eine Blässe über all diejenigen Teile des Gesichts legte, die der Schleier frei liess, besonders auf die Wangen. Ausserdem wurde er im Lauf der Zeit immer in sich gekehrter, schweigsamer und kummervoller. Denn auch wenn der Auszug in die Hammâda im Grunde ein Leichenzug war, so hatte Âdda doch über der Trauer nicht die noble Freude und den spöttischen Geist vergessen, besonders an den Abenden, an denen sich der Mond vollendete und meerluftbeladene Nordwindbrisen heranwehten. In manchen Nächten gestattete er sich lautes Gelächter, eine Ausgelassenheit, die Bubu auf seinen Wunsch zurückführte, sich mit Mut zu schmücken angesichts der kampflosen Niederlage, die er, ohne zu wissen woher, erlitten hatte.

Mehrfach erinnerte er sich an jene Worte aus dem Anhi, die schlimmste Niederlage sei diejenige, die sich in ein Dilemma verkleidet, das zu lösen du keinen Weg siehst; das ist eine niederträchtige List, die das Schicksal ausheckt, um auch des tapferen Recken Schwert zu brechen.

Eines Tages nun verkündete er, als sie sich noch vor Sonnenaufgang im Ginsterwadi um das Teefeuer scharten, seinen Entschluss.

„Packt!“ sagte er mit überraschender Entschiedenheit. „Wir werden nach Massâk ziehen.“

Bubu rieb sich über der wärmenden morgendlichen Flamme die Hände. Der Winter ging seinem Ende entgegen, doch zu dieser Jahreszeit hielt sich die Kälte noch, besonders gegen Ende der Nacht und in den frühen Morgenstunden. Die Vögel zwitscherten im Ginstergeäst, und das Frühlicht zeichnete seinen jungfräulichen Feuerbrand an den nackten Horizont.

„Eure Entscheidung überrascht mich, mein Scheich“, kommentierte Bubu ungerührt. „Ich hatte nicht geglaubt, Ihr würdet das je tun.“

Der Stammesführer betrachtete ihn erstaunt. Die Sklaven warfen sich in der Dunkelheit Blicke zu. Bubu ging in seiner Dreistigkeit noch weiter: „Ich schlage vor, Ihr denkt noch mal darüber nach. Ich rate ab, unter den herrschenden Umständen nach Massâk zu ziehen.“

Schweigen herrschte. Für ein paar Augenblicke war der Stammesführer verblüfft. Dann lächelte er plötzlich und fragte: „Was ist passiert?“

„Ihr wisst, dass der Scheich des Kadirîja-Ordens in diesen Tagen Vorbereitungen trifft, um die Schakale zu massregeln. Sein Weg führt über Massâk. Alles ist voll mit seinen Männern, den Männern des Stammes, und Eure Reise dorthin würde als Aufruf zur Rebellion der Gefolgsleute verstanden werden und als Rückkehr zur Herrschaft über den Stamm."

„Ich habe Targa freiwillig verlassen, nachdem jener auf die Ebene gekommen war und sich auf meine Einladung hin dort niedergelassen hatte, durch meine Vermittlung. Ich bereue nicht, was geschehen ist, denn er hat mich von einer Last befreit, die auf mich zu nehmen man mich vor langer Zeit gezwungen hatte: diesen elenden Stamm vor der Zersplitterung und dem tödlichen Zwist zu retten."

„Das ist Eure Sicht der Dinge. Doch die Leute sehen die Sache anders, mein Scheich."

„Gott bewahre! Was können die törichten Leute schon sagen? Was richtig ist, ist richtig."

„Was richtig ist, ist nicht richtig in den Augen der Leute, selbst wenn es zu ihnen auf zwei Füssen gelaufen käme."

„Gott bewahre! Was schlägst du vor?"

„Ich schlage vor, dass Ihr die Reise auf einen anderen, geeigneteren Zeitpunkt verschiebt."

„Gott bewahre!" Der Stammesführer musterte ihn neugierig, während Bubu seine Hände über der Flamme rieb und es vermied, ihm in die Augen zu sehen.

Als die Wanderer dann die Nachrichten vom Ende des Kriegszugs brachten, erklärte der Stammesführer nochmals seine Absicht, nach Massâk zu ziehen.

In einer strahlenden Vollmondnacht sagte Bubu provozierend: „Ich habe bei Euch nie zuvor einen solchen Eifer für die Güter dieser Welt beobachtet."

„Die Güter dieser Welt? Seltsam." Der Stammesführer verteidigte sein Vorhaben mit dem Eifer von jemandem, der seine Ehre verteidigt. „Soll ich meine Kamele etwa weiter herumirren lassen, und das allein aufgrund der Vermutung, der Scheich des Kadirîja-Ordens oder seinesgleichen könnten eine schlechte Meinung von mir haben?"

Bubu überhörte die Beleidigung und fuhr ungerührt fort: „Hinter den Kamelen herzulaufen bezeugt eine deutliche Kaufmanns- und Bauernmentalität."

„Gott bewahre! Hört ihn euch nur an! Er redet wie Scheich Abdalkâdir al-Dschilâni höchstpersönlich. Du übertriffst deinen Ordensmeister noch!"

Er lachte. Es war ein nervöses, kein lockeres Lachen. Bubu begriff den Ton und hütete sich, seinen Herrn noch mehr zu verärgern.

„Ich habe mit einiger Mühe gelernt, sogar den Jungen mein Ohr zu schenken", sagte der Stammesführer. „Doch selbst von ihnen habe ich nie eine solche Sprache gehört. Ich weiss, dass du in Serdlis dem Orden angehört hast, noch bevor der Ordensscheich dorthin kam. Aber den Wüstenbewohnern ist das Eremitentum angeboren. Wie kannst du dir es, bei Gott, erlauben, mir eine Lektion darin zu erteilen?"

Mit einem zornigen Blick suchte er Hilfe bei dem alten Neger, doch dieser schüttelte elendiglich seinen Turban und gab seine übliche Antwort: „Nein, Herr. Wir sind Sklaven. In unseren Köpfen ist nichts als Stroh. Wir denken nichts. Wir sehen nichts. Wir hören nichts. Unsere Aufgabe ist es, für Eure Kamele und, wenn Ihr krank seid, für Euren Körper zu sorgen." Dann kicherte er.

Auch das gepresste Lachen war das übliche. Der Alte liess es immer seiner üblichen Antwort folgen.

Ohne den Blick von den Linien zu heben, die er mit einem Stöckchen in die Erde kratzte, sagte Bubu: „Gott verhüte, dass ich in Anspruch nähme, Lektionen erteilen zu können. Aber der Orden hat mich gelehrt, dass es in der Religion keine Schüchternheit gibt. Und was ich gerade gesagt habe, ist eine Warnung, die mir die Freundespflicht diktiert hat."

„Ich werde nach Massâk gehen. Packt morgen, und damit basta!"

Es war herausfordernd gesagt, und Bubu bemerkte sanft: „Ihr seid für Toleranz und Milde bekannt. Denkt an Euren Ruf, der die ganze Wüste durchquert hat, Ihr wüsstet den Stab in der Mitte zu halten."

„Und kann irgendein Mensch die Mitte wahren?"

„Was immer geschieht, es ziemt sich nicht, dass Ihr einen Entschluss im Zorn fasst."

„Das ändert aber nichts an dem Befehl", erklärte der Stammesführer nochmals laut und deutlich, während er insgeheim das satanische Geflüster verfluchte. „Wir werden nach Massâk ziehen. Wir werden die Höhlen besuchen. Wir werden uns die dort eingeritzten Vermächtnisse der Ahnen anschauen. Wir werden die Tifinâgh-Symbole entschlüsseln. Wir ..."

Bubu verwischte mit der Hand seine Linien und sagte mit seltsamer Stimme: „Da müsst Ihr zuerst mich töten!"

Schweigen herrschte. Der Stammesführer liess seinen Blick von einem zum anderen wandern und bemerkte, wie die Neger ihre Gesichter abwandten. Der jüngste von ihnen stand auf und ging zum Wadi, wo die Kamele weideten, um seine Verlegenheit zu verbergen. Der Stammesführer witterte, mit dem Gespür des Weisen, eine Arglist. In diesem Augenblick verstand er den Sinn aller vorangegangenen Manöver.

„Was hast du da gesagt?" fragte er unwirsch.

„Da müsst Ihr zuerst mich töten!" wiederholte Bubu ungerührt.

„Willst du damit sagen, dass der Scheich dich beauftragt hat, mich daran zu hindern ..." Er vollendete den Satz nicht, und der Gefolgsmann erklärte mit scharfen Worten, die nach dem Fanatismus rochen, für den die Ordensanhänger bekannt sind: „Ja, ich werde Euch weder nach Massâk noch an irgendeinen anderen Ort in der Südwüste gehen lassen."

Der Stammesführer starrte ihn lange an, während Bubu weiter mit der kalten Erde spielte. Keiner sagte ein Wort. Alle lauschten dem erhabenen Schweigen.

Schliesslich nahm der Stammesführer den Faden wieder auf: „Ich hatte geglaubt, du gehörtest nur zu den Sympathisanten. Aber da du nun ein Anhänger bist, der die Lehren durchsetzen muss, werden wir uns morgen im Zweikampf messen. Bist du bereit, gegen mich anzutreten?“

„Das macht mich sehr traurig“, murmelte Bubu leise und gedrückt. „Aber Ihr werdet mich Euch zu Willen finden.“

Der Stammesführer lachte spöttisch und erhob sich, um schlafen zu gehen.

9

Am Morgen begann der Schwertkampf, der drei Tage währte. In den Augen des Stammesführers leuchtete die Sehnsucht nach der Heimat, in Bubus Augen gleisste der Eifer der Ordensanhänger. Die drei Neger beobachteten sie mit übernächtigten roten Augen.

Am ersten Tag sprachen nur die Schwerter.

Das Treffen begann nach dem Frühstück. Jeder von ihnen nahm ein Glas grünen Tee der ersten Runde zu sich. Sie wechselten kein Wort mit den drei Sklaven, und sie tauschten nicht einmal einen Morgengruss aus. Sie setzten sich mit untergeschlagenen Beinen einander gegenüber um die Feuerstelle. Schon am Vorabend hatten sie ihr weites Gewand abgelegt. Jeder begnügte sich mit einem leinenen Hemd, zusammengehalten durch einen ebenfalls leinenen Gürtel, wodurch ihre mageren Wüstenbäuche, in denen keine Speise und kein Fett war, noch magerer erschienen. Die Sklaven erzählten später, die beiden hätten sich an jenem kalten Frühlingsmorgen lange angeschaut, Entschlossenheit und

Trauer im Blick. Schliesslich hätte Bubu das Gesicht abgewendet und sich am Feuer zu schaffen gemacht. Dann habe der Scheich mit kindlich-natürlicher Bewegung die Feuerstelle mit einem Schürhaken durchpflügt, um das Scheit zum Lodern zu bringen.

Als die ersten Sonnenstrahlen den Horizont wie ein Feuerfaden durchbrachen, erhob sich der Stammesführer, fasste sein langes Schwert an dem mit Zauber- und Beschwörungformeln beschrifteten Griff. Bubus Schwert war von derselben Art, doch sein Griff trug keine magischen Formeln. Barka trat vor, stellte sich zwischen die Rivalen und sagte mit Tränen in den Augen: „Was geschähe, wenn ihr beide den Satan verfluchtet? Vielleicht ..." Er verbarg seine Augen mit dem aschfarbenen Gesichtstuch, wandte sich an Bubu und fuhr mit zitternder Stimme fort: „Wie kannst du es wagen, gegen den Stammesführer zum Zweikampf anzutreten? Gestern habe ich geglaubt, du scherzest."

Scheich Âdda schalt ihn mit einem scharfen Blick, da trat er zur Seite. Die beiden Schwerter blitzten in der Welle keuscher Morgenstrahlen. Die erste Begegnung begann. Die Waffen kreuzten sich und prallten aufeinander; das Klirren verletzte die Morgenstille. Ihre Blicke begegneten sich, und jeder konnte in den Augen des anderen die Entschlossenheit lesen. Die Verschränkung der Schwerter löste sich, und da setzte das Geklapper zweier gieriger Metallzungen ein. Sie kämpften miteinander in der offenen Wüste, erklommen die nahen Hügel und stiegen hinab in die Wadis. Sie störten die sanften Kamele auf, die den Kampf erschreckt und mit verstörten, traurigen, tränenden Augen beobachteten. Von ihren Füssen stiegen Staubwolken auf, ihre blinden Schläge trafen die armseligen Sträucher. Sie hauten die Mähnen der Lotosbäume auf den Höhen ab, und in den tiefen Wadis rissen sie die Zweige vom zarten

Ginster, dessen volle Knospen, dem Ruf des Frühlings folgend, drauf und dran waren aufzubrechen. Mit schneidenden Steinen bedeckter Wüstenboden riss ihre Füsse auf, und die dürstende Erde schlürfte im Nu das herabfliessende Blut und verband die Wunde mit einer Schicht aus Sand, Lehm und Salz. Je weiter der Tag fortschritt, desto grösser wurde die Hitze, desto wilder ihre Entschlossenheit, sich gegenseitig zu vernichten. Den einen drängte die wahnsinnige Sehnsucht, dem Ruf der Heimat zu folgen, den anderen der Eifer des Jüngers, die Lehren des Ordensscheichs in die Tat umzusetzen. Und der älteste der Neger berichtete später, nicht einmal über Mittag hätten die beiden innegehalten. Aber obwohl beide, in der Hitze ihres Wahnsinns, die saftigen und die trockenen Flächen zertrampelten und die Bäume der Ebenen und der Wadis vernichteten, sei doch keiner von beiden imstande gewesen, seinem Widersacher auch nur eine Schramme beizubringen. Und parteiisch fügte er hinzu: „Ohne den Altersunterschied hätte mein Herr damals den verrückten Ordensjünger erledigt." Der Stammesführer hatte damals schon die Schwelle der sechzig überschritten, Bubu war noch unter fünfzig. Doch nach Gewohnheit der elenden Gefolgsleute nannte er, aus Furcht vor magischer Wirkung, niemals sein wahres Alter. Denn die arroganten Vertreter dieses grobschlächtigen Metiers, die aus Timbuktu und aus Kano kamen, brachten die Behauptung in Umlauf, das Alter sei der Schlüssel des Talismans, und die Satane verabscheuten es, in die Finsternis der Körper einzudringen, deren Geburtsdatum sie nicht kennen.

Barka berichtete auch, die Ermüdung habe die Entscheidung zwischen ihnen herbeigeführt. Keuchend hätten sie schliesslich unter demselben Lotosbaum innegehalten, wo sie am Morgen den Kampf begonnen hatten. Ihr Gesicht und ihr ganzer Körper seien schweissgebadet gewesen. Die Gesichtstücher seien herabgerutscht und hätten ihre gequälten Mienen freigegeben. Auf den Lippen habe eine Schicht von weissem Schaum gestanden, wie der Schaum auf den Lefzen brünstiger Kamele. Und als sie da so standen, einander gegenüber, die erschöpften Körper vornüber geneigt und auf die in den Boden gepflanzten Schwerter gelehnt, hätten sie ausgesehen wie reissende Wölfe, die sich nicht auf die Teilung der Beute einigen können.

Barka trat vor und benetzte das Gesicht des Stammesführers mit ein paar Tropfen kühlem Wasser aus dem Wasserschlauch. Ein anderer Neger trat zu Bubu und sprengte auch ihm Wasser aufs Gesicht. Als sie abgekühlt waren, erhielten sie den ersten Trank des Lebens: Wasser. Der Stammesführer liess sich im Schatten niederfallen und schlief, auf dem Rücken liegend, ein. Bubu dagegen hockte sich neben das Feuer und beobachtete Barka, der Tee und Brot zubereitete.

Sie lauschten den erhabenen Atemzügen in der Stille.

Keiner sagte ein Wort, bis am Abend die zweite Runde begann.

10

Bei der Begegnung am Abend, kurz vor Einbruch der Dämmerung, erhielt der Stammesführer eine Verletzung am rechten Handgelenk. Er liess sich von Barka eine Binde darum legen und bemerkte, bevor er den Kampf wieder aufnahm: „Wäre es nicht in der Dämmerung, dieser unheilvollen Zeit, hättest du mich niemals getroffen.“

Scheich Âdda erinnerte sich. Er solle sich vor der Dämmerung in acht nehmen, hatte ihm ein alter Seher aus Kano einmal erzählt. Dies sei die Zeit, in der die Dschinnen herabsteigen, um in den Dingen der Wüste Wohnung zu nehmen. Er ermahnte ihn, zu dieser Zeit keine Gazellen zu jagen und sich vor Streitereien zu hüten. Am besten sei es gar, sich von den Menschen überhaupt fernzuhalten und möglichst viele Losungen zu sprechen. Was ihn in seiner Überzeugung noch bestärkte, war die Beobachtung, dass Bubu versuchte, nur die Schläge abzuwehren, sich nur zu verteidigen. Woher also kam der Hieb, wenn nicht von einem der satanischen Bewohner des Unsichtbaren?

Am Abend enthielt sich der Stammesführer ein weiteres Mal der Nahrung. Seine erbarmungswürdige Gestalt hatte Barka schon am Tag, während des Kampfes, beunruhigt. Er spürte eine tiefe Sorge um seinen Herrn, denn er sah mit eigenen Augen, wie das Fasten der vergangenen Monate an seinem Körper gezehrt hatte, so dass eigentlich nur noch Haut und Knochen übrig waren. Er bereitete zum Abendessen extra ein fettgetränktes Brot, damit sein Herr Kraft schöpfe für den Kampf am folgenden Morgen, doch der Stammesführer weigerte sich, es auch nur anzurühren. Barka schlug vor, die nächste Runde zu verschieben, bis die Wunde geheilt sei, wie es die Gesetze des Zweikampfs vorsehen, was Bubu freudig akzeptierte, der Stammesführer jedoch nachdrücklich zurückwies.

In der Nacht ging Bubu, sein Bedürfnis zu verrichten. Als er nach einiger Zeit zurückkehrte, legte er sich etwas abseits vom Feuer schlafen und deckte sich mit einer Decke zu; sein Gesicht hielt er verborgen. Als er am Morgen aufstand, waren seine Augen gerötet, seine Lider geschwollen.

Einer der Neger erzählte, Bubu habe, als er fortging, geweint, und auch später in der Nacht habe er ihn unter der Decke weinen gehört.

11

Am folgenden Tag war der Stammesführer gezwungen, unter dem Einfluss der Prophezeiung des alten Sehers, die Dämmerung als Zeitpunkt für eine weitere Kampfrunde zu annullieren. Bubu stimmte dem vorbehaltlos zu. Auch am zweiten Tag verlor Barka die Fassung und warf sich dem Stammesführer vor die Füsse. Er weinte, jammerte und flehte: „Kämpft nicht mit ihm. Habt Erbarmen mit Euch selbst und mit uns und haltet ein! Er ist ein Dschinn und gefeit gegen Eisen. Ich habe viele Male gesehen, wie ihn Euer Schwert traf, ohne dass es ihm den geringsten Kratzer zugefügt hat. Unter seinem Handgelenk ist ein Amulett."

„Geh, Barka, und sei nicht kindisch", unterbrach ihn der Stammesführer mit Entschlossenheit. „Ich werde ihn bekämpfen, und wenn er der König der Dschinnen selbst wäre. Geh!"

Er hob sein Schwert und begann den Kampf.

Am dritten Tag ging der alte Neger so weit, die beiden Kampfhähne als kindisch zu bezeichnen. In den drei Tagen, während derer der Kampf immer nur für einige Stunden Mittags- und Nachtruhe eingestellt worden war, hatten sich alle an die Musik gewöhnt und völlig vergessen, dass in der Klinge des Schwerts der Tod lauert. Und obwohl Bubu versuchte, sich auf die Abwehr zu beschränken und sich nur gegen die Schläge zu schützen, waren sich die Neger doch einig, dass der Stammesführer keine Gelegenheit verpassen würde, seinen Widersacher zu treffen. Wie konnten sie nur das Gespenst des Todes vergessen, wo sie doch die Entschlossenheit spürten? Vielleicht vergassen sie die Gefahr aufgrund jener hässlichen Pest namens Gewohnheit. Ihre Ohren gewöhnten sich an den Klang der beiden Schwerter, und sie glaubten, sie seien aus Holz und die beiden Bestien, die sich da vor ihnen bekämpften, seien bloss zwei kleine

Jungen, die sich mit diesem Spiel die Zeit vertrieben. Dieses Gefühl schien sogar über die beiden Kämpfenden Macht zu gewinnen, und so erschien ihnen der Kampf am dritten Tag wie ein schwerer Scherz. Der alte Barka, der den Kampf aufmerksam Schritt für Schritt verfolgte, haute die Hände aufeinander und kommentierte lachend die geschickten clownhaften Bewegungen des Stammesführers: „Sehr schön! Bei Gott, das war wahrhaftig sehr schön. Ihr seid zwei kleine Buben. Ihr seid die Kinder, nicht ich bin eines." Seinem vorlauten Kommentar liess er ein schrilles Lachen folgen, das ihm sein Herr sicher nicht verziehen hätte, wäre er nicht so ernsthaft damit beschäftigt gewesen, das Hindernis zu beseitigen, das seiner Rückkehr in den Süden im Wege stand.

Als die Nacht hereinbrach, versammelten sich alle um das Feuer. Die Laune des Stammesführers schien trotz seiner Erschöpfung so prächtig, dass er sich zu der Bemerkung Barkas über das kindische Spiel äusserte: „Hast du denn etwas anderes erwartet? Der wahre Mann wird mit vorrückendem Alter immer kindischer. Die kindischen Spiele aber sind die gefährlichsten. Der Tod ist dabei näher als die Halsschlagader. Das sollte ein alter Mann wie du besser nicht vergessen."

12

Am vierten Tag gingen sie zu einer anderen Art Wettkampf über, ohne dass jemand wusste, wie es dazu kam. Als sie sich am Morgen zur Fortsetzung des Schwertkampfes gegenüberstanden, betrachtete Âdda die kahle Weite. In vier Richtungen erstreckte sie sich, erbarmungslos. Für ein paar Augenblicke senkte er den Blick, den Schwertgriff fest umfasst. Bubu folgte majestätisch seinem verdrossenen Blick.

Plötzlich stiess Âdda sein Schwert in den Leib der Erde, liess es eingepflanzt stehen und rannte los. Rannte Richtung Süden, wo der Horizont die blau beturbanten Berge verschleierte, die die Wüste des Südens von der Roten Hammâda trennten. Als er den ersten Hügel erklomm, warf auch Bubu sein Schwert weg und rannte hinter ihm her. Und es begann die kurioseste Verfolgung, derer die Wüste je Zeugin gewesen war. Die Neger waren ebenso überrascht wie die Kamele. Lange standen sie da und beobachteten die beiden, die sich in Gespenster verwandelten, Spielzeuge für die Wogen der Fata Morgana, die sich seit dem frühen Morgen über die Wüste ergoss. Schliesslich erwachte Barka und rannte los. „Habe ich also doch keinen Meineid geleistet, als ich gestern schwor, was sich hier abspielt, wäre ein kindisches Spiel", murmelte er dabei. Bubu bog rechts ab und lief um den Hügel mit dem viereckigen Gipfel. Dann schwenkte er nach links, um seinem Widersacher den Weg abzuschneiden. Er stiess auf scharfe, garstige Steine. Das Lederband, das seine Sandale am Fussknöchel festhielt, war gerissen. Aber er lief mit einer Sandale weiter, bis er in den Armen des völlig erschöpften, schweissgebadeten Stammesführers lag. Unter den Strahlen der Morgensonne kämpften sie keuchend weiter.

„Was nützt es Euch, quer durch die Hammâda zu rennen, wenn Ihr verdurstet seid, bevor Ihr zum Blauen Berg kommt", murmelte Bubu, weiterhin in Âddas Umschlingung. „Ich glaube, Ihr solltet Euch an das Anhi wenden. Vielleicht könnt Ihr dort, in der Sprache der Ahnen, etwas finden, das Euch Mannestugend und Geduld eingibt."

„Ich kann nicht mehr", murmelte der Stammesführer erschöpft und geknickt. „Der Ruf hat mich überwältigt. Der Ruf ist wie das Feuer. Warum hast du mich gestern nicht getötet? Ich weiss, dass du mehr als einmal die Gelegenheit dazu gehabt hättest. Warum hast du mich beleidigt? Warum hast du mich behandelt wie ein Kind?"

„Weil Ihr jetzt ein Kind seid, werter Scheich. Ein echtes Kind. Weil ich überzeugt bin, dass die echten Kinder echte Männer sind. Diese Krankheit befällt nur die echten Männer."

„Aber du weisst, das ich es mir nicht entgehen liesse, dich zu töten, wenn mir das Schicksal dabei behilflich wäre und mir die Gelegenheit dazu gäbe."

„Ja, ich weiss."

„Warum weigerst du dich dann, mich ebenbürtig zu behandeln?"

„Weil ich mitgekommen bin, Euch an der Rückkehr zum Stamm zu hindern, und nicht, Euch zu töten."

„Warum fürchtest du meine Rückkehr zum Stamm? Bei Gott, sag mir das!"

„Weil wir wissen, weil jedermann weiss, dass der Orden nicht bestehen wird und dass die Leute keiner Lehre folgen werden, solange Ihr auf der Ebene wandelt. Ihr habt während der vergangenen Jahre versucht, die Menschen zur Freiheit zu erziehen. Und Ihr wart erfolgreich."

„Warum wollt ihr sie dann vom Weg der Freiheit zurückholen?"

„Weil wir sehen, wie elend sie auf diesem Weg sind."

„Wer hat das gesagt? Das ist eine Illusion in euren Köpfen."

„Nein, es ist keine Illusion. Nicht alle Menschen sind imstande, diese Last zu schultern. Sie sind mühselig und beladen."

„Die Mühsal ist in euren Köpfen, in eurer Lehre."

Keine Antwort.

„Aber ich werde zurückkehren. Ich werde dich töten und zurückkehren."

„Ich kenne Euch. Ihr werdet mich nicht anders als durch Verrat töten können. Und Ihr werdet nicht Verrat an mir üben, weil das wider Eure Natur ist. Wider das Prinzip der Noblesse."

„Ich werde dich mit der Waffe töten. Mit dem Schwert oder mit dem Speer."

„Ihr werdet es nicht können. Ihr habt nie die Kunst des Krieges beherrscht, genausowenig wie die Kunst der Liebe und den Lobpreis der Frauen."

„Los, kämpfen wir weiter! Warum versuchen wir uns nicht im Kampf?"

Während dieser ganzen Unterhaltung waren sie ineinander verschlungen gewesen. Von einer Anhöhe aus hatte Barka sie beobachtet, wie sie miteinander wiegten und tuschelten. Und er liess nicht ab, die Hände aufeinander zu schlagen und zu rufen: „Kinder! Ich schwöre bei Amanâj, dass es Kinder sind." Und jedem Schwur folgte eine Formel, doch danach legte er sich rasch die Hand auf den Mund, fürchtend, der Schwur beim Gott der Magier könnte gehört werden. Beide wischten sich, versteckt vom anderen, die Tränen ab. Dann setzten sie den Kampf fort.

13

Der erste Runde des Ringkampfs zog sich über die erste Hälfte des Tages. Am zweiten Tag zog er sich über den ganzen Tag, unterbrochen nur von einer Pause, um auszuruhen und etwas Essbares zu sich zu nehmen, eine von Barka gekochte Gerstensuppe. Danach wurde der Kampf fortgesetzt. Weder die Neger noch Bubu wussten, wo der Stammesführer, der die sechzig überschritten hatte, die Kraft hernahm, die ihn zu diesem Widerstand befähigte, zumal er auch fastete und so gut wie nichts zu sich nahm. Er hielt seinen Widersacher mit seinen zwei mageren Händen umfasst und schüttelte ihn nach rechts und nach links. Dann hob er ihn vom Boden und warf ihn hoch. Dabei sprach er sich mit allerhand Sprüchen Mut zu. Aber Bubu fiel wie eine Katze immer wieder auf seine Füsse und stand fest auf dem Boden, und jedesmal machte sich der Stammesführer mit Flüchen Luft und rief zornig: „Du bist ein Dschinn, Bubu. Ein Dschinn aus dem Stamm der Gefolgsleute. Gott vernichte dich!"

Der Ausdruck „Gott vernichte dich!" ist unter den Herren des Stammes verbreitet; sie haben ihn von ihren Vorfahren geerbt, die damit die Gefolgsleute zu hänseln pflegten. In der Mittleren Wüste gibt es ein verbreitetes ungeschriebenes Gesetz, das die Verwendung dieser Beschimpfung jedem gegenüber erlaubt, der zu Stämmen wie den Kêl Ulli, den Emakughassen, den Imghâd und ähnlichen gehört. Bubu, schlauer Fuchs, der er war, und ausgestattet mit dem enormen Scharfsinn der Gefolgsleute, spürte, dass das Herz des Stammesführers desto weicher wurde, je mehr er sich an der traditionellen Verwünschung erquickte, und so neckte er ihn heiter und fröhlich: „Habe ich Euch nicht gesagt, Ihr würdet mich nicht besiegen. Ich leugne ja gar nicht, dass ich von einer Dschinnenfrau in den Höhlen gesäugt wurde. Aber das Geheimnis meiner Kraft liegt anderswo." Er blickte den Stammesführer boshaft an und blinzelte Barka zu. „Das Geheimnis liegt in zwei Dingen", erklärte er. „Das erste ist, dass ich niemals abgelehnt habe, köstliche Nahrung zu mir zu nehmen; das zweite ist, dass ich immer der Einladung schöner Frauen Folge leiste; deshalb habe ich schon dreizehn Frauen geheiratet."

„Gott vernichte dich!"

„Zwei lähmende Bedingungen, wie Ihr seht." Er lachte. „Ihr werdet sie nie erfüllen."

„Gott vernichte dich!“

Die folgenden Tage wurden zur Bühne für Hänseleien und Witzeleien, und das trotz des Fortgangs des Zweikampfes. Aber Bubu war überzeugt, die Welle der Sehnsucht im Herzen des Scheichs werde sich zurückziehen. Er versuchte, ihn abzulenken, um sie ihn vergessen und sein Schicksal annehmen zu lassen. Und da das Anhi auf die Fähigkeit der Zunge zu einem Neubeginn aufmerksam gemacht hatte, wenn der Mensch nicht mehr kann und sein Körper erschöpft ist, beschloss Bubu, diese goldene Weisheit einzusetzen.

Noch Monate später, als der Zustand des Stammesführers schon eine spürbare Verbesserung erlebte, wiederholte er nach wie vor den Fluch „Gott vernichte dich!“ und liess ihm blutrünstige Sätze folgen, wie zum Beispiel: „Du wirst durch meine Hand sterben. Du wirst schon sehen. Wenn ich dazu mit meiner Kraft nicht imstande bin, werde ich dich im Schlaf abschlachten oder Barka beauftragen, dich mit seinen groben Händen zu erwürgen. Du weisst, dass er nichts wirklich kann ausser erwürgen.“ Diese Hänseleien beantwortete Bubu allemal mit dem erbarmungslosen Satz: „Im Gesetz der Wüste hiesse das Verrat. Und Ihr seid nicht imstande, verräterisch zu handeln, ohne Euch von Eurer Noblesse zu befreien.“

Âdda ergab sich und sagte traurig zu sich selbst: „Ja, die Noblesse ist tödlich. Sie hat mich getötet. Die Noblesse ist das Gift der Herren.“

An einem dieser prächtigen Abende, wenn der Mond seine volle runde Gestalt erhält und die Meeresbrise vom fernen Norden heranweht, fragte der Stammesführer, auf dem Rücken liegend und Mond und Sterne betrachtend: „Wohin beabsichtigt ihr den Stamm mit eurem Orden zu führen?“

„Zu Gott." Bubus Antwort kam ohne Zögern.

„Aber der Weg zu Gott führt durch das Tor der Freiheit."

„Ich spreche vom schliesslichen Ziel der Reise, nicht von irdischer Erlösung. Die irdische Erlösung, oder wie immer Ihr die Freiheit nennt, ist nichts anderes als ein Stück des Weges."

„Können denn die Menschen die Strapazen des Weges ertragen, wenn ihr schon um sie besorgt seid wegen einer Last, die ich als leichter ansehe, nämlich die Freiheit."

„Die meisten Leute sind Masse, Pöbel, und sehen nicht weiter als bis zu ihrer Nasenspitze. Man kommt mit ihnen nirgends hin, wenn man sich mit ihnen beratschlagt und versucht, mit ihnen wie mit Verständigen umzugehen. Dann werden sie dünkelhaft und halten sich für wichtiger, als sie in Wirklichkeit sind. Sie argumentieren und prahlen, werden grössenwahnsinnig und stellen sich gegeneinander und gegen den Bannerträger des Zuges, und das, noch bevor sie den halben Weg hinter sich gebracht haben. Damit sie nicht in die Irre gehen, war es nötig, das Geheimnis ein Geheimnis bleiben zu lassen und ihnen den Erwerb des täglichen Gerstenbrots kurz vor dem Erreichen des gelobten Wâws leicht zu machen."

„Verspracht ihr ihnen im Orden auch Wâw?"

Bubu schwieg einen Augenblick, bevor er antwortete: „Was ist denn Wâw, wenn nicht die Weite Gottes, des Allmächtigen? Ich habe es immer im Zustand der Verzükkung gesehen."

„Wirklich? Glaubst du, dass dieser Pfad wirklich nach Wâw führt?"

„Wâw ist nicht im Himmel, guter Scheich. Und es ist auch nicht auf Erden. Es ist hier, in diesem armseligen Kasten. Ihr könnt Euch gar nicht vorstellen, wie viele Schätze in diesem Kasten sind."

„Ich sehe, du hast viele Dinge gelernt in Serdlis."

„Ich habe von der Wüste mehr gelernt als von Serdlis." Er schwieg. Stille herrschte. Dann fuhr Bubu fort: „Ich wollte Euch fragen: Hat Euch nie der Gesang niedergeworfen? Ich meine, seid Ihr nie in Verzückung geraten?"

„Ich könnte das jetzt behaupten, wie es die meisten Toren in der Wüste tun, aber ich habe es aus Scham nie getan."

„Ich meine nicht die falsche Verzückung. Ich meine die wirkliche. Die Verzückung der Wahnsinnigen, der Derwische, der Einsiedler."

„Ich will es dir nicht verhehlen. Gott hat mir die Enthüllung versagt, wie er mir auch das Schaffen der Poesie versagt hat. Mein Kopf ist kalt wie der Stein der Höhlen."

„Euch ist etwas versagt, das die kalte Vernunft nie ersetzen kann, das auch die Weisheit nicht ersetzen kann. Euch ist der Lichtstreif der Glückseligkeit versagt."

„Einmal hat mich ein Lied aus Aïr bewegt, und ich habe in meinem Herzen ein Brennen, in meinem Kopf ein Brausen gespürt. Ich war schweissüberströmt, aber ich geriet nicht in Verzückung."

„Wärt Ihr in Verzückung geraten, hättet Ihr Euren Körper schweben lassen, so wärt Ihr am Himmel geflogen und hättet Wâw in Eurem Innern gesehen."

„Hast du Gott wirklich geschaut?"

Bubu schwieg. Der Stammesführer wandte sich ihm zu und erwartete eine Antwort. Da sah er im Mondlicht Tränen in Bubus Augen glänzen. Er murmelte eine unverständliche Losung – die Losung des Ordens: „Wer sein Geheimnis preisgibt, den trifft die Strafe des Verlusts, und er wird sich in der Grube wiederfinden. Ich habe von Wâw gesprochen."

„Wie ist es?"

„Wie ist ein Land der Erhabenheit? Es ist nicht nur ein Garten. Das Schweigen ist nicht seine einzige Sprache, wie auch das Gold nicht sein einziger Schatz ist. Das ist das Wâw des Pöbels."

„Sprich mir davon!"

„Worte sind unfähig, es zu beschreiben. ‚Je weiter der Blick, desto enger das Wort.'"*

„Warst du glücklich?"

„So glücklich, dass ich gewünscht hätte, nie zurückzukehren."

„Du wünschtest, diesen Kasten da zu zertrümmern?"

„Ja, ich wünschte, die Stäbe dieses Käfigs zerbrächen, damit der Vogel des Lichts frei würde und zu seinem Ursprung zurückkehren könnte."

Der Stammesführer atmete tief ein und sagte dann langsam: „Nun sprichst du unsere Sprache. Auch die Vernunft ist ein grosses Meer."

„Aber sie ist kälter als die Steine der Hammâda in Winternächten. Und vergessen wir nicht, dass ihre Kraft in ihrer Kälte liegt."

Schweigen herrschte. Sie lauschten der erhabenen Stille. Die Neger schliefen, und die Kamele hatten mit dem Wiederkäuen aufgehört. Nur die beiden betrachteten weiterhin den Gang des Mondes und die Bewegung der Sterne.

14

Der Stammesführer ergab sich in die Gefangenschaft, wie er zuvor das Exil akzeptiert hatte. Bubu behandelte ihn immer aufs zuvorkommendste, tröstete ihn und lenkte ihn mit Scherzen ab, damit er vergässe. Aber die Sehnsucht blieb als lebendiges Feuer unter dem Leichnam der Asche. Manchmal

* Ein dem irakischen Mystiker Abdaldschabbâr al-Niffari (gest. 965) zugeschriebener Ausspruch

wurde sie stärker, dann zog er sich allein in die weite Wüste zurück, enthielt sich der Nahrung und der Worte. Manchmal erlosch sie, dann kehrte er zu Scherz und Bosheit Bubu gegenüber zurück und sagte: „Gott vernichte dich!" Sie hatten aufgehört, sich körperlich zu bekämpfen, und beschränkten die Auseinandersetzung auf das Wort. Einmal gingen sie nach Dunbâba, wo die weite, weglose Sandwüste beginnt, an deren anderem Ende der Stamm lag. Die Neger sahen darin ein Anzeichen dafür, dass Bubu weicher und nachgiebiger wurde. Ja, eines Abends scherzte er sogar: „Die Atemstösse des Südwinds, unter denen die Wüste stöhnt, genügen, um die letzten Tropfen Wasser aus jedem lebendigen Wesen zu saugen, das auf zwei Beinen geht; sie genügen auch, jegliche Pflanze der Erde zu vernichten. Warum also hegt Ihr die Absicht, ja beharrt Ihr darauf, zu den Quellen der Glut zurückzukehren? In der Hammâda seid Ihr durch die Säulen der Berge zum Himmel erhoben. Über Euch hinweg weht der Meerwind, Ihr esst Trüffeln, Rauke und Ampfer, und Ihr riecht den Duft des Ginsters. Ihr ruht im Schatten des Lotosbaums, lebt in der Stille, streckt Eure Hand aus, um die Sterne zu pflücken, die noch zahlreicher sind an Abenden, da der Mond verschwindet. Und trotz all dem versucht Ihr, dem Allmächtigen den Stab zu entwinden, und fordert mich zum Kampf, weil Ihr auf die Hölle zustrebt. Bei Gott, warum lasst Ihr Euch nur in Ketten gelegt ins Paradies führen? Warum muss man Menschen in Ketten in die Paradiesgärten führen? Warum kämpft der Mensch darum, dem Paradies zu entfliehen, wo ihn draussen doch ein elendes Leben erwartet und er die Welt mit Geschrei und Gejammer füllt, man möge ihm das Tor öffnen?"

„Am Anfang", erwiderte der Stammesführer, „wollte er durch das Tor der Neugier hinaustreten. Es fiel ihm schwer, mit verbundenen Augen zu leben, in Unkenntnis über das, was sich ausserhalb der Mauern abspielt. Diese Schwäche nützte der vermaledeite Flüsterer aus und flüsterte ihm durch seine Frau zu, das Paradies sei ein Kerker, Wâw sei ein grosses Gefängnis und die Glückseligkeit gewinne er nur, wenn er hinausgehe und sich davon befreie. So verliess unser Urahn Wâw, das Paradies, indem er hinter der Freiheit herlief. Als er dann draussen war, wissend wurde, umherirrte und sich in der erbarmungslosen Wüste wiederfand, machte er kehrt und klopfte an das Tor. Doch das Tor war ihm für immer verschlossen."

Bubu sprang auf. „Mein Gott! Glaubt Ihr denn wirklich, er sei hinausgegangen auf der Suche nach der Freiheit?"

„Ja, das glaube ich."

„Aber warum hat ihn der Grosse Sultan als ungehorsam angesehen, wenn wir doch einmütig die Freiheit für ein edles Ziel halten?"

„Wie sonst können wir es nennen? Es ist ein Aufbegehren gegen den erhabenen Willen, der den Menschen sorgenlos in einer himmlischen Muschelschale festhalten wollte. Doch er wollte die Schale zerbrechen, um hinauszukommen auf die kahle Erde, um wissend zu werden, zu sehen, Erfahrungen zu machen und für sich selbst verantwortlich zu sein. So war er ungehorsam, und das war die Ursünde. Das musste er erfahren, als er nach seiner Erkundungsreise in das Haus zurückkehren wollte. Der Herr des Hauses war erzürnt und hielt das Tor geschlossen, und so lebt er weiter, irrend, suchend, elend, zerrissen zwischen Himmel und Erde, zwischen Körper und Seele, zwischen Wüste und Wâw."

Bubu freute sich und sagte fasziniert: „Wenn es denn so ist, dann ist das Verlassen des Paradieses gar kein Fluch. Wenn er hinaustrat auf der Suche nach der Freiheit, so muss es da irgendeinen Fehler geben. Es muss ein edles und mutiges Hinaustreten sein. Nicht wahr, guter Scheich?"

„Vergiss nicht den Ungehorsam", antwortete der Stammesführer hoffnungslos. „Er hat sich gegen den Willen des Herrn des Hauses aufgelehnt. Das ist der Grund für die doppelte Sehnsucht. Das ist auch der Grund für die immer grösser werdende Zahl derer, die sich in Ketten in die Paradiesgärten führen lassen. Wenn sie in die Hölle geraten, rennen sie hinaus und suchen das Paradies, und wenn sie ins Paradies geraten, sehnen sie sich danach, die Schale zu verlassen und durch die endlose Weite zu streifen."

„Mein Gott noch mal", rief Bubu mit kindlicher Überraschung aus. „Ist die Hölle wirklich so nötig?"

„Ist das etwa nicht die Wüste? Wie kannst du dir das Leben ohne eine Wüste vorstellen? Könntest du atmen, wenn man dich eingesperrt hätte, wenn man dir die Wüste vorenthielte? Ich könnte es nicht."

„Ich auch nicht", flüsterte Bubu nach kurzem Nachdenken. „Ich gebe zu, ich könnte es auch nicht." Er schwieg eine Weile, dann schaute er auf und fragte boshaft: „Dann ist die Freiheit also die Hölle?"

„Ja, so ist es", antwortete der Scheich, ohne zu zögern. „Wer frei leben will, muss bereit sein, in der Hölle zu leben, in der Wüste. Die Wüste ist eine schöne Hölle, denn sie ist die Hölle der Freiheit. Doch dort musst du auch den schrecklichen Preis für die Freiheit bezahlen. Du musst die gesamte Verantwortung übernehmen und für dich selbst Sorge tragen. In jedem Augenblick stehst du dem Tod gegenüber, da du von niemandem etwas Gutes erwarten kannst. Du ziehst allein umher. Du kämpfst mit den wilden Tieren, um dich zu ernähren. Du verteidigst dich selbst. Du bist allein der Gefahr ausgesetzt, und … du stirbst allein. All das, weil du den schwierigen Weg gewählt hast, den alle anderen fliehen. Den Weg der Einsamkeit und der Freiheit."

„Sehnt Ihr Euch aus diesem Grund nach der Ebene, seid Ihr aus diesem Grund so erpicht darauf, in die Mittlere Wüste zurückzukehren?“

„Ja. Ich will nicht leugnen, dass die Hammâda eine Seligkeit ist. Doch der Ruf der wirklichen Wüste ist stärker, weil es der Ruf der Freiheit ist. Und die Sehnsucht ist es, die diese Hölle in eine Seligkeit verwandelt, weil die Freiheit desto grösser wird, je tiefer man in die Wüste eindringt.“

„Ich schwöre“, entgegnete Bubu fasziniert, „dass das Hinaustreten aus dem Paradies niemals ein Akt des Unglaubens sein kann, wenn es um der Freiheit willen erfolgt ist. Der Urahn wollte wissend werden, und da fand er sich in der Wüste wieder.“

„Wir bezahlen den Preis für den Verlust, den Preis für die alte Zerrissenheit, die Urentfremdung.“

In Dunbâba klagte die Hölle, und der Sand bewegte sich im Takt des Südwindatems.

15

Der Geist der Toleranz festigte die Beziehung zwischen den beiden Männern. Dann kamen die Meldungen vom Massaker in Timenôkalen.

Im selben Jahr ereilte Barka sein Schicksal als Folge eines Schlangenbisses. Er verschwand aus der Wüste, wie vor ihm Chamîdo im Dschungel von Kano, wo seine Handelsreisen ins Land der Zauberer ein rätselhaftes Ende fanden.

Wenige Tage nach dem Bekanntwerden des Massakers in der Hammâda verschwand auch Bubu.

Die Händler waren die ersten, die die Nachricht brachten. Sie erzählten, der Scheich des Kadirîja-Ordens sei auf geheimnisvolle Weise mit seinem Heer durch die Hand unbekannter Mächte umgekommen.

Natürlich glaubte niemand eine solche Geschichte. Dann kam eine weitere Karawane, deren Kaufleute berichteten, die elenden Schakale seien auf einer riesigen Staubwolke angerückt und hätten ihn in Timenôkalen umzingelt, aus Rache für die Greueltaten, die er seit langem ihrem Stamm zugefügt habe. Doch die weisen Hirten erzählten etwas anderes. Sie begannen ihre Berichte mit dem „unheilvollen Kästchen" und versicherten, hinter dem Überfall steckten die Dschinnen. Sie erzählten, dass die Leute so etwas erwarteten (wenngleich ihre Phantasie nicht ausreichte, sich etwas derart Abscheuliches vorzustellen), nachdem der Ordensscheich das Kästchen von einem Händler als Geschenk erhalten hatte. Die Seherin Têmet, behaupteten sie, soll hinter dem geheimnisvollen Geschenk gestanden haben. Und man hielt es nicht für abwegig, dass das Gold ein Zauberamulett war. Die Hirten sagten, es gebe da Schlauköpfe, die behaupteten, die Seherin habe ihm gar nicht erst den Geist der Magie und der Satane einzublasen brauchen, da, gemäss dem alten Vertrag, das Gold allein den Bewohnern des Unsichtbaren zustehe. Die Verständigen hätten wohl dem Scheich das Geheimnis absichtlich vorenthalten, weshalb sich die Dschinnen gezwungen sahen, sich der Sache selbst anzunehmen und sich an ihm zu rächen und ihn dafür zu bestrafen, dass er eine Handvoll des unheilvollen Staubes an sich genommen und so den Vertrag gebrochen hatte.

Nach dem Gerede der Hirten ging Bubu hinaus in die Weite, um den Ginsterblütenduft einzuatmen, und überliess es dem Stammesführer, sich bei dem Karawanenführer nach der Tragödie des Stammes und nach dem Befinden der Scheiche zu erkundigen.

Kurz vor Sonnenuntergang ging er hinaus und mitten in der Nacht kehrte er zurück. Er lauschte den Atemzügen des

Stammesführers und merkte, dass er die Sterne in der Finsternis betrachtete. Da begab er sich zum Feuer, entfachte es, hockte sich davor und zog eine Trüffel heraus, einen Rötling. Er drehte ihn im Licht der Flamme hin und her und untersuchte ihn lange Zeit aufmerksam. Dann schob er das Gesichtstuch von der Nase und schnupperte an der Köstlichkeit. Mit geschlossenen Augen sog er den legendären Duft ein, tief, lange und mehrfach. Dann drehte er die Frucht der Erde wieder im Licht der Flamme und sagte, als nehme er eine unterbrochene Unterhaltung wieder auf: „Ich habe ein Juwel von einem Schatz gefunden, den zu finden wir dieses Jahr fast schon die Hoffnung aufgegeben hatten."

Der Stammesführer verfolgte durch sein Gesichtstuch hindurch bewegungslos und wortlos sein Tun.

„Ich werde jetzt Tee kochen", schlug Bubu vor, ohne bei der Betrachtung der Trüffel innezuhalten. „Ich würde mich freuen, wenn Ihr mit mir feiertet. Ich habe vor Ende des Frühlings eine Trüffel gefunden."

Der Stammesführer liess seinen Blick übers freie Feld wandern, und Bubu fuhr fort: „Die Wüstenbewohner erwarten nicht, in einem Frühling Trüffeln zu essen, wenn es nicht im Herbst zuvor geregnet hat. Trüffeln in einer Jahreszeit zu finden, wenn nicht im Herbst zuvor Regen fiel, das ist, wie wenn man einen Schatz hebt, ohne den Zauber zu brechen."

Der Stammesführer erhob sich. Er richtete sein Gesichtstuch und schlurfte zum Feuer, nahm die Trüffel aus Bubus Hand entgegen und inspizierte sie. Sie war mittelgross, rot, mit einem Stich ins Graue, gezeichnet mit rätselhaften Linien, die ihren Zauber und ihre Schönheit noch erhöhten. An der Unterseite gab es eine Schwellung, an der Sand- und Lehmkrümel hafteten. Der Stammesführer führte sie an die Nase und roch daran. Er schloss die Augen und rief mehrfach wie verzückt: „Mein Gott! Mein Gott!" Die Augen geschlossen und das Gesicht gen Himmel gewandt, sagte er: „Eine Wolke zog hier im letzten Herbst vorüber. Eine Wolke, die dich mit diesem Juwel bedachte."

Bubu stellte den Teekessel aufs Feuer. Und plötzlich sagte er: „Nun hält Euch keiner mehr fest. Ihr könnt die Hölle haben, wann immer Ihr wollt."

Sie wechselten einen raschen Blick. Der Stammesführer erwiderte nichts. Er ergötzte sich weiterhin an der geheimnisvollen Frucht, wie ein Kind, das ein aufregendes Spielzeug bekommen hat.

„Ihr könnt Euch frei in die Hölle bewegen", provozierte ihn Bubu. Dann trat er so nahe zu ihm, dass er seinem rätselhaften Blick nicht mehr auszuweichen vermochte. „Das erste, was wir im Orden lernen, ist, die Sprache der Zeichen zu lesen", sagte Bubu mit zitternder Stimme. „Wisst Ihr, was es bedeutet, zu einer Zeit, die nicht gut für Trüffeln ist, eine einzelne zu finden?" Er neigte seinen Kopf noch weiter vor. Die beiden Turbane berührten sich. „Das ist das Zeichen der Erlösung", flüsterte er. „Die Erlösung für unseren, der Derwische, Orden. Ihr seht die Erlösung in einem Leben in der Wüstenhölle, wir dagegen ..." Bevor er seinen Satz vollendet hatte, zog er seinen Kopf zurück.

Am nächsten Morgen war er verschwunden.

16

Auf dem Rückweg kam Âdda in der Oase Serdlis vorbei. Der dortige Scheich erzählte ihm, wie Bubu die Befreiung der Seele aus dem Gefängnis vorgenommen habe. Das sei in einer Dhikr-Sitzung gewesen, in der die Verzückten mit Messern aufeinander losgegangen seien; Jünger und Verzückte hätten Wetten abgeschlossen über die Befreiung des Herzens aus seiner Gefangenschaft. Bei dieser Runde war

Bubu der einzige Sieger. Er habe, berichtete der Scheich, sein Herz mit einem Schnitt aus der Brust zu holen vermocht, ohne dabei einen einzigen Tropfen Blut zu vergiessen, und habe es den Verzückten im Schein des Feuers gezeigt.

Der Scheich begleitete ihn zum Kloster des Kadirîja-Ordens, an dessen Vorderseite Âdda die Ordensfahne auf Halbmast sah. Doch es war ihm nicht klar, ob es sich dabei um ein Zeichen der Trauer um den Jünger Bubu oder um den verschiedenen obersten Ordensführer handelte.

Der Scheich des Klosters kam heraus und hiess sie auf dem weiten, durch drei Palmen mit hohem, glattem, geschmeidigem Stamm beschatteten Hof willkommen. Er lud sie ein, im Schatten Platz zu nehmen, und ein Jünger brachte das Kohlebecken und das Teegeschirr heraus. Der Scheich des Klosters sprach lange vom Handel und von der Hungersnot, vom Südwind und von den verräterischen Schakalen, von der Liebe, von den Glaubenslehren der Magier, vom Exil und … von Gott. Doch kam er nicht auf das Massaker zu sprechen, und ganz bewusst überging er den Tod. Als Âdda Anstalten traf zu gehen, bat der Scheich des Klosters, ihn allein sprechen zu dürfen. Die Herrschaft des ewigen Henkers war gebrochen, die höllische Scheibe hatte den Gang zu ihrer täglichen Ruhestätte angetreten. Sie gingen hinaus in die mit einem Kieselteppich bedeckte weite Wüste, die sich bis an die Bergkette erstreckte.

„Die Flamme erhält nur und den Pfad findet nur, wer geduldig über der Glut wacht“, begann der Scheich des Klosters.

„Ich verstehe nicht“, erwiderte Âdda nach einigem Schweigen.

„Ich habe nie die Zweideutigkeiten der Derwische in meiner Ausdrucksweise gebraucht, habe nie wie sie in

Rätseln gesprochen", erklärte der Scheich des Klosters, als habe er die Reaktion auf seine rätselhaften Worte erwartet, „glaub mir. Ich wollte sagen, dass du geduldig die Heimsuchung ertragen hast. Und so gebe Gott dir deinen Stamm zurück."

„Meinen Stamm ... zersplittert und zerstört, Witwen und Waisen."

„Gott bewahre! In jedem Unglück liegt eine Weisheit, in jedem Schaden ein Nutzen, in jeder Widerwärtigkeit ein Gutes und ein Geheimnis."

„Aber warte einmal! Wie ich sehe, teilst du nicht die Ansicht eures Ordensscheichs, obwohl du doch Scheich des Kadirîja-Klosters bist."

Der Scheich lächelte. „In jedem Orden gibt es eine Gegenströmung. Das Leben hat uns gelehrt, dass nichts Bestand hat ohne sein Gegenteil. Gott hat das Leben geschaffen nach dem Gesetz der Gegensätze, Mann und Weib. Auch unser Orden gedeiht, weil es darin Gegensätze gibt."

„Um die Wahrheit zu sagen, ich bin irre geworden am Kadirîja-Orden, als ich sah, wie sein Scheich, der uns den Weg zur Freiheit verheissen und uns zu den Quellen der Religion zurückzuführen versprochen hatte, sich wie ein Osmanensultan irdischer Macht zugewandt hat. Mein Gott, liegt die Verderbtheit in den Menschen oder in ihrer Stellung?"

„In beidem. In der Seele und in der Stellung. Meine Differenzen mit dem Ordensscheich gründen sich nicht auf seine Lehren, sondern auf seine Seele, die Böses befiehlt. Wisse, Scheich Âdda, dass sich Reformer und Herrscher, Neuerer und Bewahrer, nicht in einem Herzen finden, weil die Waagschale der Herrschaft mehr Gewicht und mehr Macht enthält. Der wahre Reformer hat nur einen Weg: die Höhle, die Wüste, die Einsamkeit. Denn wenn er sich einmal zum Geflüster führen lässt, seine Wüste verlässt und zu den Leuten geht, ist er verloren, weil sich dann der Satan über ihn hermachen und das Heft in die Hand nehmen wird."

„Willst du damit sagen, dass der Teufel den Ordensscheich geführt hat?"

„Wer sonst?"

Âdda entschlüpfte ein bitteres Lachen. „Ich schwöre", brummte er überrascht, „dass du radikaler bist, als ich angenommen hatte. Du bist sogar noch radikaler als ich."

„Du bist zu bescheiden, Scheich Âdda. Und in dieser Bescheidenheit liegt dein Stärke. Du weisst, dass du nie in deinem Leben radikal gewesen bist. Wenn Gott dir das Genie der Ausgewogenheit versagt hätte, hättest du Unsinniges getan wie alle Radikalen, und du hättest kein bisschen von der Noblesse und dem Ansehen gezeigt, das sogar die jungen Mädchen in der Wüste besingen. Aber lassen wir das. Ich habe dich in einer andern Sache sprechen wollen."

Sie hielten inne. Der Stammesführer wartete. Sie wechselten einen flüchtigen Blick.

„Warum bist du zu stolz, deine Neugier zu zeigen?" begann der Scheich des Klosters. „Du hast mich nicht gefragt, wie sich der wahre Anhänger des Kadirîja-Ordens aus dem Gefängnis des Körpers, der Erde und der Menschen befreit hat."

„Bubu?"

„Ja, der wahre Anhänger des Kadirîja-Ordens."

„So nennst du ihn, wo er doch einer der eifrigsten Anhänger des Ordensscheichs war?"

„Genau aus diesem Grund ist er es. Wahr heisst hier: rein, unschuldig, kindlich. Deshalb glaubte er blindlings an den Scheich. Und als er entdeckte, dass der Teufel das Tun des Scheichs lenkte, war er schon so weit, dass er die Umkehr für unmöglich hielt. Und weisst du warum? Weil er eine Sünde begangen hat, die er sich selbst nicht verzeihen konnte."

Der Scheich des Klosters hielt beim Gehen inne. Er schaute Âdda mit traurigen Augen an, über die sich, Folge des langen, einsamen Eremitenlebens, das Weiss gelegt hatte. „Es ist die Sünde, die er dir gegenüber begangen hat", rief er mit plötzlichem Eifer.

Der Stammesführer senkte sein Haupt. Ein Schleier legte sich über die Häupter der Berge und brachte der Ebene die Dunkelheit.

„Er hat sich nicht verziehen, dass er dich während all dieser Jahre daran gehindert hat, die Mittlere Wüste zu betreten und zu deinem Stamm zurückzukehren. Aber mir hat er gestanden, dass er dir die Rückkehr zur Freiheit versagt hat. Und es gibt auf Erden keinen Weg, diesen Fehler wiedergutzumachen."

„Er übertreibt. Er hat übertrieben, Gott erbarme sich seiner! Glaub mir."

„Er hat den Schlag gegen sein Herz nicht geführt, dich zu ehren, er wollte nur die Erlösung, er wollte aus einem durch die Sünde verschmutzten Körper fliehen. Er hat mir erzählt, wie er das Schwert wider dich erhoben hat, um dir den Zugang zu den Blauen Bergen zu verwehren. Dann ... dann hat er in der Trüffel das Zeichen gelesen."

„Der Trüffel?"

„Er sagte, er hätte einige Tage nach dem Tod des Ordensscheichs eine Trüffel gefunden und darin eine göttliche Erlaubnis zur Erlösung gesehen."

„Es gibt keine Kraft und keine Macht ausser bei Gott."

„Auch von deiner Ansicht über die Freiheit hat er mir erzählt und gesagt, ihr seid euch einig, dass Freiheit sich nur in der Hölle verwirklicht."

„Der Hölle?"

„Will sagen, in der Wüste. Denn was ist die Wüste anderes als eine Hölle? Könnte die Wüste den Eremiten Obdach gewähren und den Einsiedlern Oase sein, wenn sie ein grüner Garten wäre? Dann würde sie zum Paradies der Menge und zum Paradies der Magier."

Der Stammesführer nickte zustimmend. Dann lauschte er der Stille.

II. Der Balg

Als Gott den Körper des Menschen geformt hatte, stieg er hinauf in den Himmel, um die Seele herunterzuholen, die er ihm einhauchen wollte. Für die Zeit seiner Abwesenheit liess er den Hund als Wächter des Körpers zurück. Da kam der Teufel und blies dem Hund einen heissen Wind an, der ihn benommen machte. Er hüllte ihn in eine Decke aus Fell, damit er nicht so leicht wieder aufwache. Dann bespuckte er den Körper des Menschen und überhäufte ihn mit so viel Unrat, dass Gott keine Hoffnung hatte, ihn je von dem teuflischen Schmutz säubern zu können. Aus diesem Grund beschloss Er, die Haut des Menschen zu wenden und die Aussenseite nach innen zu kehren. Das ist der Grund für die innere Verschmutzung des Menschen.
Indianische Legende nach: James George Frazer, *Der Goldene Zweig*

1

Die Scheiche besuchten ihn nicht, da sie meinten, er leide nicht an einer gewöhnlichen, sondern an einer schändlichen Krankheit, die im Gesetz der Edlen nicht anerkannt ist.

Welch seltsamer Widerspruch im Verhalten der edlen Scheiche! Sie anerkennen den Mann nur und gestehen ihm die Noblesse des Reiters einzig zu, wenn er der Liebe verfallen und zum Sklaven der Frauen geworden ist. Doch wenn ihn die Liebe dann niedergeworfen hat und er siech geworden ist, verachten sie ihn und verspotten seinen Schmerz. So ist der Reiter kein Reiter, wenn er nicht der Liebe verfallen ist, doch er hört auch auf, ein Reiter zu sein, wenn die Liebe über ihn die Oberhand gewinnt. Die Liebe ist für die Wüstenbewohner der Übungsplatz der Reiter: Wer dort besteht, dem sind Ruhm und Reichtum sicher; wer dort stürzt und in die Knie geht, den verfolgen Verachtung und die Gedichte der Schande. Er wusste, sie würden nach und nach erfahren, wie es um ihn steht, ja, er bemerkte, wie einige in finstrer Nacht um sein Zelt schlichen.

In den ersten Tagen des Fiebers schickten sie ihm die Dichterin, die ihm sehnsuchtsvolle Weisen sang. Doch das Fieber stieg, und sein Körper glühte nur noch mehr als zuvor. Dann kam die Gruppe der Mädchen und spielte jene Weisen zur Netzung der Verzückten und derer, die in die Hand der Dschinnen gefallen sind. In der Nacht, nachdem sie sich zurückgezogen hatten, schlief er, doch am Morgen war seine Haut noch bleicher und welker. Als die Mädchen bei Sonnenuntergang zurückkehrten, jagte Achmâd sie aus dem Zelt.

Da hielten es die Verständigen an der Zeit, den Imam zu schicken.

An einem dunklen Abend kam er, rollte mit seiner alten Sandale die Steine hin und her und versuchte ständig, sein weisses Gesichtstuch über der Spitze seiner Hakennase festzumachen. Das Tuch indes rutschte jedesmal wieder von der Nase auf die Lippen hinunter. Doch der Imam gab den Versuch nicht auf und zog das Ende über der Nase fest. Er jagte alle die jungen Burschen weg, die sich am Eingang des Zeltes versammelt hatten, und machte Achmâd ein Zeichen, er wolle mit dem Kranken unter vier Augen sprechen. Bei der Zeltstütze, neben Ochas Lager, nahm er Platz, murmelte einige Koranverse und beschäftigte sich mit den Kugeln seiner Gebetskette, bis sich die jungen Burschen entfernt hatten.

„Es schmerzt mich", begann er in der Dunkelheit, „dir mitteilen zu müssen, dass die Scheiche ungehalten sind und diesen Zustand unwürdig finden."

Ocha schwieg lange. Schliesslich fragte er mit einer Stimme, in der der Hunger seine Spuren hinterlassen hatte: „Kann der Knecht sich einem gottgegebenen Unglück widersetzen? Krankheit ist Krankheit. Der Gesandte meines Herrn."

„Deine Krankheit ist keine gewöhnliche Krankheit."

„Mein Siechtum ist schlimmer als eine gewöhnliche Krankheit."

„Wo ist Ocha? Wo ist sein Wille, der den Magiern des Dschungels entgegentrat? Wo ist seine Rechte, die den Stachel der Schakale zerbrochen hat? Wo ist Ocha, der Reiter?"

„Der Wille des Reiters nützt gegen die Magier des Dschungels und gegen den Stamm der Schakale, aber nützt er, Herr Fakîh, bei der Prinzessin aus Aïr?"

„Du trägst die Schuld an allem, was geschehen ist. Du hast ein falsches Spiel gespielt und bist um sie gekreist, bis ihr der Junge der Gefolgsleute den Kopf verdreht und ihr Herz deinen Händen entrissen hat. Und so ging es dir wie jener Katze mit der Maus." Er räusperte sich, hüstelte und fuhr dann fort. „Im Quellgebüsch von Adrâr sah ich einmal eine kleine schwarze Katze eine schlaue Maus jagen. Doch statt sie zu schnappen und sie mit den Zähnen zu zerreissen, amüsierte sich die boshafte Katze, die ich durchs Röhricht beobachtete, mit ihrem Opfer. Sie drehte es mit den Zähnen auf den Bauch, dann gab sie es frei und liess es ein Stück weit laufen, nur um ihm dann wieder nachzusetzen und es ein weiteres Mal zu packen. So spielte die Katze lange mit der armen Maus, doch plötzlich beschloss das Schicksal, die Katze zu bestrafen. Die Maus verschwand in einem Loch. Und weisst du, was mit der Katze passiert ist? Die Finsternis sank, und ich verbrachte die Nacht dort am Rande der Oase, um früh am nächsten Morgen auf den Markt zu gehen. Doch diese törichte Katze liess mich die ganze Nacht nicht schlafen. Sie miaute und jaulte und umkreiste bis zum Morgen das Loch; sie wollte nicht glauben, dass sich die

Maus so leicht vor ihr in Sicherheit bringen konnte. Doch die Maus hatte sich genau wegen der höhnischen Art der Katze retten können. Hast du kapiert?"

Keine Antwort.

„Die Frau ist wie die Maus. Wenn du sie in der Hand hast, so halt sie fest. Andernfalls entschlüpft sie dir sofort, denn es gibt immer einen Mann, der dir bei ihr den Rang abläuft und sie dir aus der Hand schnappt, wenn du nicht zur rechten Zeit handelst."

„Eigentlich hatte ich von dir als Hilfe ein Amulett erwartet, und nun vergrösserst du noch meinen Schmerz."

„Das ist das einzige Unglück, bei dem kein Amulett hilft. Kein Dschinn hat dich angegriffen, kein Gespenst dich erschreckt. Und bei den Dämonen der Herzen haben die Fakîhs keine Lösung. Zwischen uns und ihnen hängt ein schwerer Vorhang, mein Junge. Aber sag mir, hast du noch nichts probiert, um den Burschen der Gefolgsleute aus dem Weg zu räumen?"

„Was denn?"

„Fordere ihn zum Zweikampf. Niemand kann dir einen Vorwurf machen, wenn du ihm im Zweikampf den Kopf abhaust."

„Aber sie werden mich kritisieren, wenn ich einen Mann aus den Stämmen der Gefolgsleute zum Zweikampf fordere. Ein Reiter kämpft nur mit einem Reiter."

Der Imam schwieg. Der Südwind regte sich und warf ihm eine plötzliche Staubbö ins Gesicht. Er murmelte einige weitere Koranverse, um die Windstösse von den Dschinnen zu reinigen. Schliesslich machte er noch einen weiteren Vorschlag: „Also bleibt dir nichts mehr als die Wette."

„Die Wette?"

„Ja, der älteste Richter der Wüste. Aber warte. Was gibst du mir, wenn der Plan gelingt?"

Ocha richtete sich auf. Die Hoffnung belebte ihn, seine Augen leuchteten. „Ich gebe dir, ich gebe dir, was du willst. Verlange!"

„Drei weisse Kamelstuten, einen Mehri und eine neue Elaschân*."

„Ich hatte erwartet, du würdest mehr verlangen."

„Ich bin ein genügsamer Mensch."

„Und jetzt erzähl mir von der Wette. Ist das der Vorschlag der Scheiche?"

Der Imam wickelte die Gebetskette um seine Hand und sagte nach kurzem Schweigen: „Wette mit ihm, dass er den Gipfel des Îdenan erklimmt."

Schweigen herrschte. Der Scheich hörte Ochas rasche, nervöse Atemzüge. Der Wind pfiff und machte das Atmen schwer. „Aber er ist der Satan der Berge", gab Ocha schliesslich zu bedenken. „Du weisst, dass Udâd nicht sein richtiger, sondern sein Beiname ist. Man nennt ihn Udâd**, weil er geschickt wie der Mufflon die Berge erklimmt. Das macht die Wette riskant."

„Das soll nicht deine Sache sein."

„Was soll das heissen?"

„Es gibt da ein Geheimnis."

„Ein Geheimnis?"

„Das soll nicht deine Sache sein. Vertraust du mir nicht?"

„Und wenn er es schafft?"

„Er wird es nicht schaffen."

„Er ist ein Mufflon, guter Herr Fakîh, er heisst nicht nur so. Du hast ihn noch nie einen Berg erklimmen sehen."

„Ich brauche ihn nicht zu sehen. Ich vertraue auf Gott und auf das Geheimnis."

* Ein blaues Festgewand

** Udâd heisst „Mufflon"

„Das Geheimnis?“

„Ja.“

„Und was ist das?“

„Ein Geheimnis ist kein Geheimnis mehr, wenn es zwei Personen kennen. Ein Geheimnis ist nur so lange ein Geheimnis, wie es im Kopf einer einzigen Person ist.“

Der Liebeskranke schwieg und sprach erst wieder nach einigen Seufzern: „Ich fürchte, ich werde die Wette verlieren, und mit ihr die Prinzessin.“

„Wenn du schon mir nicht vertraust, so vertraue wenigstens der Wette“, sagte der Imam mit Nachdruck. „Wer dem Geheimnis nicht vertraut, vertraut Gott nicht.“

„Gott bewahre.“

2

Doch das Herz des Liebenden war nicht getrost. Wenn er die Wette verlöre und es dem Dschinn Udâd gelänge, die Felswand zu erklimmen, würde er seine Geliebte auf immer verlieren. So erzählte es ihm das Geflüster in der Finsternis jener Nacht. Er gähnte und entspannte sich und glaubte schon, er sei eingeschlafen. Doch da kam, kurz vor Tagesanbruch, das Geflüster: Das Leben ist ein Spiel. Es gewinnt nur, wer den Mut findet, alles zu riskieren, sogar den eigenen Kopf. Den Kopf rettet nur, wer ihn aufs Spiel setzt.

Der Liebende war ratlos und schwankte zwischen den beiden Geflüstern. Dem ersten, das warnte und zur Vorsicht riet, und dem zweiten, das Mut zusprach und zum Handeln drängte.

Achmâd suchte ihn auf und fand ihn in miserablem Zustand. Unentschlossenheit und Unsicherheit, wenn es darum geht, eine klare Entscheidung zu treffen, sind noch schlimmere Krankheiten als die Liebe.

Er schichtete das Holz in die Kochstelle am Eingang und zündete das Feuer an; dann holte er das Teegeschirr aus der Ecke des Zeltes. „Ich dachte, die Waffe des Fakîh sei stärker als die Festen der Dschinnen. Aber nun sehe ich, dass sein Besuch keine Besserung gebracht hat."

„Er sagte, die Liebe sei ein Dämon im Herzen, der nichts mit den Dschinnen oder anderen in der Wüste umherstreifenden Kreaturen zu tun hätte."

„Hat er dir keinen Talisman geschrieben?"

„Er hat sich geweigert und dafür eine Wette vorgeschlagen."

„Eine Wette?"

„Er sagte, die einzige Lösung für mich sei, Udâd zur Annahme einer seltsamen Wette zu bewegen: Der Gipfel des Îdenan soll zwischen uns entscheiden. Wenn er ihn erklimmt, überlasse ich ihm die Frau. Wenn er es nicht schafft, zieht er sich aus der Arena zurück."

Achmâd zuckte zusammen. „Aber das ist Wahnsinn", rief er aus. „Udâd ist ein Dschinn, der auch ohne Wette den Himmel zu erklimmen imstande ist."

„Das Geflüster hat das auch gesagt."

„Das Geflüster?"

„Der geheimnisvolle Herold hat gestern mit mir über viele Dinge gesprochen."

„A propos Herold. Ich schlage vor, du wartest ab, was er empfiehlt. Ich weiss nicht, irgendwie fühle ich mich ihm mehr zugeneigt als dem Fakîh."

Ocha schwieg. Die Unterhaltung hatte ihn ermüdet, und er holte tief Luft. „Dem Herold?"

„Der Rat der Scheiche hat gestern seine Zustimmung gegeben, dass er sich einschaltet."

„Erfordert sogar der Besuch des Herolds die Zustimmung der Scheiche?"

„Ja, weil er nicht zur Beruhigung und zum Trost kommt, sondern zur Untersuchung und Behandlung."

„Kann denn der Herold eine Sprache mit dem Dämon des Herzens finden? Kann er Erfolg haben, wo der Fakîh scheiterte?"

„Warum nicht? Jeder Mensch ist eine Einzelfestung. Die Seele ist ein Schatz, und im Herzen jedes Menschen schlummert ein grosses Geheimnis."

Ocha stützte seinen Kopf auf seine mageren Hände und streckte seinen welken Körper aus, bis zu den Stützen in der Ecke. Achmâds Herz zog sich in Mitleid zusammen. Der Körper seines Freundes war nur noch Haut und Knochen. Tränen blinkten in seinen Augen, die tief in den Höhlen lagen. „Weisst du, Achmâd, du weisst nicht, wie sehr ich den Stammesführer vermisse. Wenn Scheich Âdda unter uns wäre ..." Ocha sprach nicht fertig. Zog nur das Ende seines Turbans über die Augen herab und schwieg.

3

Auch der Herold bat, mit dem Kranken alleingelassen zu werden. Er kam allein mit der späten Abenddämmerung, ohne seinen Stock. Sein Herz führte ihn, wie er es gern ausdrückte. Seine einfache Gallabija schleifte auf der Erde. In diesem weiten Kleidungsstück erschien er noch hagerer und noch magerer. Am Eingang liess er sich nieder, zog einen kleinen Lederbeutel mit zerkrümeltem Tabak hervor, nahm mit den Fingerspitzen eine Portion heraus und legte sie sich unter die Zunge. Dann verlangte er, dass die Neugierigen sich entfernten, und wartete.

Achmâd schickte die jungen Burschen weg, kam dann zurück und hockte sich am Zelteingang nieder. Er beobachtete den Herold, der genüsslich seinen Tabak kaute und dabei mit leerem Blick in das Rot der Abenddämmerung starrte. Als sein hartnäckiges Schweigen sich hinzog, begriff Achmâd. Er stand auf und zog sich zurück.

Danach hörte Ocha die Stimme des Herolds: „Das Menschenkind lebt von der edelsten und reinsten Nahrung, das Vieh dagegen nährt sich vom gemeinsten und schlechtesten Futter. Dennoch verwandelt sich die edle Nahrung im Innern des Menschen in Exkremente, die noch schmutziger sind als der Dung des Viehs. Und weisst du, warum?"

Seine Stimme war rein. Ein edler, majestätischer, auch geheimnisvoller Klang lag darin. Scheich Âdda hatte eine gute Wahl getroffen, als er ihn zum Herold des Stammes ernannte, zum Träger der frohen Botschaft. Ocha genoss den Klang der Stimme, wie er sich am Gesang erfreute. Dem Sinn schenkte er keine Beachtung.

„Ich verstehe nicht."

„Die Sünde. Die Sünde ist es, die alles im Menschen in Gift und Schmutz und Würmer verwandelt hat. Die Sünde ist es, die den Körper vergiftet hat. Wisse, dass das menschliche Geschöpf ein in zwei Beutel getrenntes Wesen ist, in zwei Säcke oder sagen wir Bälge. Ich ziehe das Wort ‚Balg' vor. Der Körper ist ein Balg voller Schmutz und Lüste. Und die Seele ist ein Balg voller Sünde und Fehler."

„Mein Gott!"

„Was hat dich bei dem Mädchen aus Aïr angezogen? War es der Schmutzbalg oder der Sündenbalg?"

Ocha erschauerte. Eine geheimnisvolle Hand presste sein Herz zusammen, bis es blutete. Schweiss brach ihm am ganzen Körper aus. Er begann zu zittern. Versuchte, etwas zu sagen, zu protestieren, sich zu wehren. Aber er brachte kein Wort hervor.

Die schöne Stimme rief wie ein Engel vom Himmel oder ein Bote von Gott: „Jawohl. Du bist nicht in eine Frau aus

Aïr verliebt, eine bezaubernde Prinzessin, die Tochter einer abessinischen Mulattin. Du bist der Leidenschaft für einen Klumpen aus Fleisch, Blut, Fett, Exkrementen und hässlichen, ekelerregenden Säften verfallen. Einem grossen Balg voller Dreck." Er lachte.

Ochas Kopf dröhnte. Neben der Zeltstütze beugte er sich vornüber und erbrach seine leeren Eingeweide. Doch die majestätisch singende, klare Stimme fuhr unbarmherzig fort: „Du wirst dich selbst täuschen und dir einreden: Aber ich liebe nicht einen Körper, ich liebe das reine Wesen, ich liebe die Seele. Das ist ein weiterer Betrug. Eine noch grössere Lüge. Denn der andere Balg, der im Schmutzbalg enthalten ist, ist noch hässlicher und abscheulicher. Er ist der Ausgangspunkt der Heimsuchung; er hat unseren Urahn das Böse zu tun geheissen, weshalb dieser ging und das Verbotene kostete. Er ist die Ursache für unsere verlorene Existenz in der Wüste, für unser ewiges Fremdsein. Gut. Hat dich das Mädchen aus Aïr nicht verführt und verlockt, bevor du sie zu lieben begannst? Und nun: Wer wendete sein Gesicht von dir ab wegen dieses grünen Gespensts, das in den Bergspalten haust? Dein satanisches Mädchen erhält ihre Inspiration vom Balg der Verlockung und der Sünde."

Ocha stiess einen seltsamen, bestialischen Schrei aus: „Schweig! Entferne dich! Wer bist du überhaupt? Bist du ein vermaledeiter Flüsterer?" Er sprang aus dem Zelt und stürmte in die Weite. Der Knoten seines Turbans löste sich auf, das Tuch fiel zu Boden, er schleifte es hinter sich her. Erst nach einer Weile bemerkte er es und hielt erschreckt inne. Müdigkeit und Kummer überwältigten ihn; er sank auf die Knie und versuchte, sich das Tuch um den Kopf zu wickeln.

Der Herold holte ihn ein, stellte sich neben ihn und trug ihm seine erbarmungslose Prophezeiung vor, als läse er ein

Amulett der Magier. „Du fliehst vor der Wahrheit, aber kannst du dir selbst entkommen? Du hängst dich an Schimären und willst von der Krankheit geheilt werden. Du suchst Erlösung, ohne einen Preis dafür entrichten zu wollen, wie ein Sklave. Du bist ein Sklave. Wenn du von deinem Siechtum geheilt werden willst, wenn du deine verlorene Noblesse zurückgewinnen willst, so gehe jetzt zu Tênere und sag ihr: Du bist Blut, du bist Urin, du bist Schleim, du bist Sekret, du bist Gewürm, du bist Exkrement, schmutziger als der Dung des Viehs. Sprich mir das nach, wiederhole es, wenn du ein freier Mann bist …"

Der Liebende beugte sich vornüber und erbrach nochmals seine Eingeweide. „Ich kann nicht", winselte er. „Das ist abscheulich. Das ist schändlich. Entferne dich. Geh!"

„Ich gehe nicht, du ermanntest dich denn. Die Liebe ist wie der Wein. Eine Illusion, eine Lüge. Geh und sag ihr: Du bist Schmutz, Tênere. Wie könnte ich dich lieben? Wenn du dazu nicht imstande bist, dann willst du gar nicht vom Rausch der Liebe aufwachen, von der Illusion und der Lüge. Andernfalls, welch freier Mensch könnte einen Balg voller Exkremente lieben und einen weiteren voller Sünden? Wiederhol dir das zehnmal, dann geh und sag es ihr ins Gesicht."

Auf allen vieren kroch Ocha über die Steine. Er versuchte, sich auf seine Füsse zu erheben, aber die Schwäche liess ihn immer wieder auf die Erde zurücksinken. „Deine Stimme ist so angenehm, und was du sagst, ist so hässlich", lallte er.

Und wieder verfolgte ihn der Herold mit der himmlischen Prophezeiung. „Nein, was ich sage, ist süsser als meine Stimme. Aber du willst deine Krankheit nicht erkennen, wie kannst du da auf Heilung hoffen? Wenn du nicht den Versuch machst und zehnmal wiederholst: Du bist ein Balg voller Schmutz, ein Balg voller Sünden, Tênere. Wie könnte ich dich lieben?, wirst du niemals geheilt. Du wirst Weibersklave bleiben, Schatten eines Schmutzbalgs. Du wirst dich nicht befreien und wirst niemals mehr ein Edler werden."

„Du bist blind! Du kannst nur so reden, weil du blind bist."

„Wenn ich nicht blind wäre, sähe ich nicht den Balg. Ich habe ihn wirklich gesehen, du warst dazu unfähig. Wer von uns ist nun blind, du oder ich?"

Ocha stöhnte auf, aber die gnadenlose Prophezeiung blieb schicksalsgleich über seinem Haupte hängen.

4

Nachdem er sich der Nahrung enthalten hatte, enthielt er sich auch des Sprechens. Drei Tage lang wechselte er kein einziges Wort mit Achmâd. Am vierten Tag raffte er sich auf und machte sich daran, mit eigener Hand seinen Mehri zu satteln. Als Achmâd und ein paar Gefährten herbeieilten, erklärte er ihnen, er habe beschlossen, hinaus auf die Weiden zu ziehen, um Heilung zu suchen. Achmâd anerbot sich, ihn zu begleiten, doch er lehnte ab. Er erklomm den Sattel, in dem sein ausgezehrter Körper verschwand. Am Vormittag beobachteten sie ihn, wie er dem Weg nach Osten folgte, der zwischen zwei Bergen hindurchging und ins Tâdrart führte. Von fern sah er aus wie ein armseliges Gespenst.

Im Tâdrart zog er ziellos am Fuss der Berge entlang, zwischen den runden Gräbern der Ahnen. Die Hirten sahen ihn die Steine vor den Knochen der Toten zur Seite schieben und lange selbstvergessen dastehen. Manchmal wählte er sich einen zum Sitzen geeigneten Felsen und starrte wie geistesgestört in die Graböffnung. Die neugierigen Hirten liessen es sich nicht entgehen, von hinten heranzuschleichen, um zu erfahren, was er betrachtete. Er holte da einen Schädel, dort einen Fuss- oder einen Handknochen heraus und legte ihn vor sich ins grelle Sonnenlicht, um ihn, dort lange sitzend, mitunter vom Morgen bis zum Abend, zu betrachten. Einer dieser Hirten erzählte, er habe ihn in einer hellen Vollmondnacht besucht, um ihm ein Brot und etwas geröstetes Mufflonfleisch zu bringen. Er habe dagesessen und einen schrecklichen Schädel in seinen Händen hin und her gerollt. Als er aus seiner Selbstvergessenheit erwacht sei, sei es ihm unangenehm gewesen und er habe den Schädel in seinem weiten Gilbab versteckt, seine Lippen verschlossen und mit dem Besucher die ganze Zeit kein einziges Wort gewechselt.

Andere Hirten erzählten ganz abscheuliche Geschichten von seinem Tun dort. Sie schworen, sie hätten gesehen, wie er Leichen und verrottende Tierkadaver auf dem Rücken umhertrug und sie vor der Höhle aufhäufte, in der er hauste, um zu beobachten, wie sie sich auflösten und zersetzten, wie Würmer und Insekten über sie herfielen. Der Gestank dort sei unerträglich geworden, besonders bei Westwind. Auch auf die Gipfel soll er geklettert sein und einen Mufflon erjagt haben, nicht um ihn zu verzehren, sondern um ihn vor seiner Höhle verwesen zu lassen. Schliesslich sahen sich die Hirten gezwungen, ihm das Tâdrart zu überlassen und sich in die Wadis von Matchandûsch und Massâk Mallat zurückzuziehen.

Doch was der Derwisch berichtete, war noch abscheulicher als alles andere.

Ein weiser Hirte habe ihm erzählt, wie Ocha geheilt worden sei. Bei Tânis, bei Amanâj und bei Sidi Abdalkâdir al-Dschilâni habe er geschworen, es gesehen zu haben, mit eigenen Augen, die einst von den Würmern zerfressen würden. Der stolze Ocha habe sich vor einem blauen Leichnam, auf dem sich schon die Würmer häuften und vor dem sich selbst die Raben ekelten, niedergeworfen, habe mit dem

Messer ein Stück herausgeschnitten und es verzehrt, während er in unverständlicher Sprache etwas murmelte, das klang wie Losungen der Magier.

Der Hirte, so schloss der Derwisch, habe sich vor ihm lange erbrochen, nachdem er seine widerwärtige Geschichte erzählt hatte. Auch der Derwisch erbrach sich wie alle anderen, die diese widerliche, ekelerregende Geschichte hörten.

5

Doch Ochas Heilung und seine Rückkehr ins Lager voll wiederhergestellter Vitalität liess viele diese Geschichte, die der Derwisch herumbot, für wahr halten.

Ocha war wie umgewandelt. Bei seiner Ankunft scherzte er mit Achmâd und spasste und lachte mit den Gefährten und den Gefolgsleuten. Er verschlang mit Heisshunger von dem Tier, das die jungen Burschen zu seinen Ehren geschlachtet hatten, und trank einen grossen Becher Dickmilch. Während der Nacht erhob sich seine Stimme zu wehmütigem Halê-halê-Gesang, ohne Trauer oder irgendwelche sichtbaren Zeichen der Verzückung. In jener Nacht schlug er auch einen Dichterwettstreit vor. Die ganze Zeit verfolgten ihn Achmâd und die jungen Burschen erstaunt, und mit Blicken fragten sie einander nach dem Wunder, das sich auf den Weiden ereignet und diese Veränderung bewirkt haben musste. Als Gespenst aus dem Reich der Toten hatte er sie verlassen, und zurückgekehrt war er als ganzer Mensch, in dessen Wangen das Blut floss und aus dessen Augen Freude und Lebenslust sprühten. Ein Mensch, der mit den Freunden scherzte und spasste und der in mondheller Nacht heitere Lieder sang. Fastend, sogar einen Trunk Milch zurückweisend, war er weggegangen, und mit geniesserischem Heisshunger auf geröstetes Fleisch war er zurückgekehrt.

Sie tuschelten viel miteinander und fragten sich nach der Ursache. Schliesslich gelangten sie zu der Einsicht, es müsse ein Geheimnis dahinterstecken. Die Berichte der Hirten überzeugten sie nicht, und auch die ekelerregende Geschichte des Derwischs vom Verzehr des Leichnams hielten sie für abwegig. Lange beschäftigte sie der Besuch des Herolds. Sie riefen sich das Verhalten des Kranken danach in Erinnerung zurück, zumal er sich ja auch jeglichen Kommentars enthalten und überhaupt nicht mehr gesprochen hatte. Das Geheimnis müsse bei diesem Besuch liegen, fanden sie übereinstimmend.

Zwei Tage später wurde Ocha beobachtet, wie er im ersten Abenddunkel zum Herold schlich. Da waren die Gefährten überzeugt, dass sie Recht hatten.

6

Keiner wusste, was sich zwischen ihnen abspielte. Doch der ganze Stamm sprach davon, was sich zwischen ihm und dem Imam abspielte, als sie sich begegneten, nachdem Ocha das Zelt des Herolds verlassen hatte.

„Ich sehe, du verlässt das Gesetz des Himmels und wendest dich an den Herold des Bösen und der Magier“, fauchte der Imam ihn an.

„Gott bewahre! Er war niemals ein Herold des Bösen, und niemandem ist er als Magier bekannt.“

„Dieser Herold hat keine freudige Botschaft verkündet, seit dem Tag, da er zum Stamm kam.“

„Gib zu, dass seine Stimme grossartig, ja himmlisch ist.“

„Welche Schande! Auch die Stimme des Teufels ist schön, aber er lockt in die Hölle.“

„Warum sind die Fakîhs so gegen die Armseligen eingestellt? Alle wissen, dass du die Heiligen nicht ausstehen kannst – weder ihn noch den Derwisch."

„Welche Schande! Wir haben kein Erbe, um das wir uns streiten könnten, und ich habe auch keine Schulden, weder bei ihm noch beim Derwisch. Wer also verbreitet diese Lüge? Wer hat dich gegen mich eingenommen?"

„Ich habe keinen einzigen Grund, unsere Freundschaft in Feindschaft zu verkehren."

Der Imam schwieg. Sie wanderten dahin, über die Zelte hinaus und in die Weite, die zu den Bergen führte.

„Gott sei deinem Vater gnädig", nahm der Imam das Gespräch wieder auf. „Er war mir ein wahrhafter Freund. Aber du hast bewiesen, dass du viel weniger Noblesse besitzt als er."

Keine Antwort.

„Furcht ist nicht der Stoff, aus dem die Edlen sind."

„Furcht?"

„Ja, du gehst nur aus Furcht zu verlieren die Wette nicht ein. Und aus Geiz."

„Geiz? Deine Sprache, Herr Fakîh, ist diejenige eines Mannes, der einen anderen zum Zweikampf provozieren will. Erlaubt mir die Tradition, den Imam zu fordern?"

Der Imam ging mit der Provokation noch weiter: „Du hast Angst, die Wette zu gewinnen, weil du mir dann die Belohnung geben müsstest, die ich für das Geheimnis verlangt habe."

„Spielt denn der Lohn eine Rolle für einen Reiter, der die Frau gewonnen hat? Wann hätte ein Edler je den Gewinn der geliebten Frau in Geld aufgerechnet? Sag doch, dass du mich zum Zweikampf provozieren willst."

Der Imam lachte. „Du fliehst vor der Belohnung und flüchtest dich zu den Beschwörungsformeln der Magier.

Dann machst du kehrt und sprichst von der Noblesse und von den Herzen geliebter Frauen." Er lachte nochmals. „Du hast die Amulette der Magier vorgezogen, weil du keinen anderen Preis für sie bezahlen willst, als die Gräber der Ahnen auszuräumen, an ihren Schädeln zu lecken und von ihren Kadavern zu fressen. Sag mir ..." Wieder lachte er, wischte sich die Tränen aus den Augen und fuhr fort: „Ich will ja gar nicht, dass du deinen Geiz jetzt eingestehst, aber sag mir bei deinem seligen Vater: Hast du wirklich von den Kadavern und den Würmern probiert? Wie hat dich der Zauberer bloss dazu gebracht, vom Fleisch der Toten zu essen, um Heilung zu finden?" Er warf den Kopf zurück und wieherte vor Lachen.

Ocha blieb stehen und versuchte, ein Feuer zu bekämpfen, das in seinem Inneren entbrannt war und ihm langsam in den Kopf stieg. Er unterdrückte seine Wut und sagte mit gepresster Stimme: „Ein weiser, gelehrter Fakîh sollte sich schämen, die Verunglimpfungen des Derwischs nachzuplappern."

„Aber warum sollte dich der Derwisch verunglimpfen? Du hast doch selbst gerade zugegeben, dass er ein Heiliger Gottes ist."

„Der Derwisch kann mich nicht leiden, das weisst du genau."

Doch der Imam liess nicht locker: „Nicht nur der Derwisch erzählt das herum. Der ganze Stamm weiss davon. Du hast einen grossen Fehler gemacht zu glauben, es gebe ein Geheimnis in der Welt, das auf ewig eines bleibt. Nun siehst du, dass Gott dir einen geheimnisvollen Boten in einer kahlen, trockenen Wüste gesandt hat, um das Geheimnis mit dem Leichnam unter den Leuten zu verbreiten." Er lachte unbändig. „Stell dir nur das Gesicht deiner geliebten Prinzessin vor, wenn sie von Dienern und Sklaven erfährt, wie Reiter Ocha sich über einen Leichnam hergemacht und ihn wie ein Hund gefleddert hat! Der Geiz liess dich die Belohnung scheuen und dich von einem Leichnam nähren. Die Dichterin ist schon dabei, ein Gedicht zu verfassen, das dich auf ewig der Schande preisgeben wird. Ich wette, inzwischen ist sie schon fertig damit."

Ocha entfernte sich. Er liess den Imam, der sich noch immer vor Lachen krümmte, in der Finsternis stehen.

III. Gesetze der Erde und Gesetze des Himmels

Bosheit und Falschheit sind es, was die Götter verabscheuen.
Peret-em-heru / Das Buch der Toten

1

Der ganze Stamm bemerkte, voller Überraschung, diese Freude. Das war am Tag, als der Herold hinausging, die Nachricht vom Tod der Seherin zu verkünden, immer wieder rufend, mit seiner edlen, himmlischen Stimme: „Têmet ist uns vorangegangen." Die Zunge sprach vom Tod, das Gesicht aber kündete von froher Botschaft. Zwischen den beiden hatte es keine Feindschaft gegeben, die die Häme rechtfertigte. Ja, der Herold hatte mit keiner Kreatur in der Wüste eine Feindschaft. Was also war der Grund für die Freude am Tag der Trauer?

Er brachte die Nachricht am frühen Morgen. Wanderte zwischen den Zelten umher, ging auch nach Wâw hinein und zog in der Wüste bis zum Besessenen Berg. Er trug Trauerkleidung: ein schwarzes Gesichtstuch und eine weite schwarze Gallabija. Auch seine weiten Hosen waren schwarz.

Seine tiefliegenden Augen verbarg er mit dem Gesichtstuch, aber nichts konnte die Freude dieses Menschen verbergen. Sie riss das Tuch vom Gesicht und fetzte das Ende von den Augen. Freude und Glückseligkeit entblössten das Herz und offenbarten die Brust. Unablässig liess er den hehren Ruf vernehmen: „Têmet ist uns vorangegangen", und Wâw hörte. Eine Gruppe Frauen, angeführt von der Prinzessin, kam heraus. Ihr folgte ein Zug Männer. Die Männer versammelten sich im Lager, und der Imam erhob seine Stimme zum Gebetsruf. Die Greise murmelten Koranverse, verfälscht durch die fremde Aussprache und die Unkenntnis der Fakîhs in der Sprache des Korans. Die Schar bewegte sich zum Zelt der Dahingegangenen. Und allen kam es überraschend zu erfahren, sie sei eines gewaltsamen Todes gestorben.

2

Ein plötzlicher Tod in der Wüste hat eine von drei Ursachen: eine Schlange, einen Skorpion oder einen Hieb bösartiger Dschinnen.

Aber die Seherin ging ins Unbekannte voran, getötet mit einem geheimnisvollen Dolch.

Bâba al-Schankîti, der Richter, kam und bahnte sich mit Hilfe seiner Männer einen Weg durch die Menge. Er ging ins Zelt und untersuchte das Opfer. Die Seherin lag ausgestreckt auf dem Rücken, den Kopf in die Ecke gerichtet, ihre Füsse zum Zeltpfosten weisend. Der Kopf war entblösst, das blaue Tuch lag daneben, verschmiert mit Fett und Staub. Ihre Augen waren geschlossen, als schlafe sie tief. Das Gesicht war ruhig und friedlich, auffallend waren nur eine gewisse Spannung auf den Lidern und die bleichen Wangen. Die Zöpfe ihres krausen, mit weissen Strähnen durchsetzten Haars hingen über das rechte Auge herab, doch waren sie zu kurz, um bis zu ihrem kupferfarbenen Hals zu gelangen, der durch einen blutigen Kanal zweigeteilt war, den der geheimnisvolle Dolch gegraben hatte. Um den Hals lag eine Kette aus verschiedenfarbigen Perlen, deren linke Seite in den blutigen Kanal versunken war. Der Körper schien nach links geneigt. Das Blut war auf die linke Seite geströmt, über den oberen Teil des Kleides geflossen, das von der mageren Schulter gerutscht war, und hatte auf dem Sand eine kleine dunkelrote Lache gebildet, die, eingeschlürft von den durstigen Körnern, vom Rand her austrocknete. Der hässliche Dolch steckte neben dem linken Ohr am Rande der Lache im Boden, eingepflanzt bis zu dem mit Amulettsymbolen und Beschwörungsformeln versehenen Ledergriff. Die linke Hand ruhte offen und locker auf dem Schenkel. Die rechte war in einen Haufen Sand verkrallt, Beweis für einen brutalen Tod und einen letzten heftigen Kampf.

Der Richter trat vor. Er nahm den Dolch und untersuchte ihn im Licht des Zelteingangs. An der blutigen Klinge klebte etwas Sand. Der Staub entlang der gesamten blutrünstigen Schneide, mit der der Mörder den kupferfarbenen Hals aufgeschlitzt und den blutigen Kanal gegraben hatte, war trocken. Bâba machte dem Vorsteher der Wache ein Zeichen. Ein hünenhafter Mann von den Gefolgsleuten trat vor und breitete ein schwarzes Tuch über den Leichnam. Auf ein weiteres Zeichen hin begann man, die Schaulustigen vom Zelteingang zu vertreiben. Der Imam erschien mit einer Anzahl der Stammesscheiche. Draussen drängte sich ein ganzes Heer von Neugierigen und belagerte das Zelt. Die Sonne erhob sich, und mit ihr erhob sich weiterhin der Ruf des Herolds: „Die Seherin ist uns vorangegangen.“

In einer Ecke des Zeltes unterhielt sich der Imam mit dem Richter unter vier Augen. Danach trat der Richter hinaus zur Menge. Einige Augenblicke forschte er nach der Prinzessin. Dann trat er zu ihr und flüsterte mit ihr. Danach kehrte er ins Zelt zurück und bedeutete mit einer Geste seiner verstümmelten Hand: „Nehmt den Derwisch fest!“

3

Am Abend begann das Verhör. Der Richter sass mit gekreuzten Beinen auf einem Tuch, das mit Lederteppichen belegt war. Zu seiner Rechten und seiner Linken sass eine Anzahl der Notabeln von Wâw. Auf dem weiten Platz drängten sich die Leute. Die Scheiche des Stammes und einige andere Männer waren gekommen. Ebenso einige vorwitzige Frauen, die ihre Kinder hinter sich herschleppten. Drei Wächter brachten den Derwisch, gefesselt mit einem Strick aus Palmfasern. Seine Hände waren brutal nach hinten gedreht und auf dem Rücken zusammengebunden. Er trat mit entblösstem Haupt vor den Richter; sein Gesichtstuch war um seinen Hals geschlungen wie eine Schlange des Dschungels. Sein Gesicht war staubverschmiert. Auch sein Haar, das wie ein Hahnenkamm den Kopf zweiteilte, war erd- und staubverschmiert. Seine erbarmungswürdigen Augen lagen noch tiefer in den Höhlen. Aus seinem Mund troff der Speichel, und auf seiner Oberlippe stand der Schaum. Der Richter hob seine verstümmelte Hand, richtete sie auf ihn und fragte drohend: „Warum hast du sie umgebracht?“ Zu seiner Rechten beugte sich sein Assistent vor und notierte etwas in einem grossen vergilbten Heft. Auch die Frage notierte er mit einer gelben Rohrfeder.

„Ich habe sie nicht umgebracht“, erwiderte Mûssa entschieden.

Nach einer weiteren Geste mit seiner verstümmelten Hand fragte der Richter: „Hast du nicht diesen Dolch gestohlen?“ Mit seiner linken Hand zog er den geheimnisvollen Dolch aus seinem weiten Ärmel und fuchtelte damit vor dem Gesicht des Derwischs herum.

In der Menge wurde ein unterdrücktes Murmeln laut.

„Doch. Ich leugne nicht, dass ich den Dolch gestohlen habe.“

„Zu welchem Zweck hast du das getan?"

Die Unruhe wurde lauter. Der Derwisch schwieg. Der Richter wiederholte die Frage: „Antworte! Warum hast du den Dolch gestohlen?"

Der Speichel floss von seinen Lippen. Das Elend sah aus seinem schielenden Auge.

Der Richter wartete, bis sich die Woge des Unwillens gelegt hatte. Dann setzte er die Befragung fort: „Leugnest du, dass es zwischen dir und ihr eine alte Feindschaft gab."

„Nein, das leugne ich nicht", antwortete Mûssa, ohne zu zögern.

„Gut. Die Schuld zuzugeben ist nach dem Gesetz ein Vorzug. Zu leugnen dagegen ..." Statt den Satz zu vollenden, machte er eine drohende Geste mit seiner verstümmelten Hand. Dann wandte er sich an die Notabeln und sagte für alle hörbar: „Habt ihr gesehen? Er hat die Feindschaft zugegeben, und diese kann als Motiv für jedwedes Verbrechen dienen. Und der Beweis? Er liegt hier in unserer Hand. Der Dolch, den gestohlen zu haben er ebenfalls zugegeben hat. Vor uns liegen zwei Geständnisse: der unrechtmässige Erwerb der Tatwaffe und das Eingeständnis einer alten Feindschaft. Brauchen wir da vom Mörder noch ein ausdrückliches Geständnis des Verbrechens?"

Der Schreiber notierte mit der Rohrfeder eifrig in das vergilbte Heft. Ein würdiger Scheich neigte sich zum Ohr des Richters und flüsterte einige Augenblicke. Bâba setzte sich wieder gerade hin. Er spielte nachdenklich mit dem Ende seines Turbans und erklärte dann: „Ein vollständiges Geständnis wirkt strafmildernd, und wir sind es gewohnt, dass Derwische die Wahrheit sagen ..."

Mûssa unterbrach ihn mit plötzlichem Eifer: „Ich habe nichts als die Wahrheit gesagt. Ich habe die alte Feindschaft zugegeben, und ich habe den Dolch gestohlen, jedoch zu ganz anderen Zwecken. Aber ich habe sie nicht umgebracht, das schwöre ich."

Der Richter schwieg. Auf dem Platz machte sich Sprachlosigkeit breit. Ein weiteres Mal beriet Bâba sich mit den Scheichen, bevor er fragte: „Wir werden gleich auf die Klärung der Unklarheit zurückkommen. Aber sag uns jetzt erst einmal: Wo hast du das Gold versteckt?"

Der Derwisch schreckte auf: „Das Gold?"

„Ja. Jedermann weiss, dass die Dahingegangene viel Gold angehäuft hat. Und zwar Gold in zwei Arten: als Goldstaub und als Schmuck."

„Und was sollte ich mit dem verruchten Metall anfangen?" fragte Mûssa einfältig.

„Ich bin es, der hier die Fragen stellt, nicht du. Wenn der Richter fragt, darf der Angeklagte nicht mit einer Gegenfrage antworten. Also antworte: Wo hast du das Gold versteckt?"

Auf seine Lippen trat dicker Schaum. Sein schielendes Auge sah noch mitleiderregender aus. „Gold interessiert mich nicht", murmelte er elend. „Ich fürchte mich, es anzufassen."

Bâba neigte sich zu ihm und schaute ihm tief in die Augen. Er zwinkerte schlau und fragte boshaft: „Ich habe gehört, dass du verliebt bist. Da hast du wohl beschlossen, dir das Herz der Geliebten geneigt zu machen, und hast keinen anderen Weg als das Gold gefunden? Ich bin ja durchaus auch der Ansicht, dass das Gold die geeignetste Waffe ist, um sich des Herzens der Geliebten zu bemächtigen. Und ich werde dich deswegen auch nicht allzusehr tadeln, wenn du es zugibst." Er unterdrückte ein spöttisches Lachen und zwinkerte nochmals mit dem Auge.

Mûssa beugte sich nach vorn, bis sein Kopf auf seine Brust fiel. „Ich weiss, dass das Gold die Falle der Frauen ist", rief er verzweifelt. „Und ich habe die Frauen auch immer verabscheut, weil sie das Gold lieben."

„Aber ich habe gehört, dass du verliebt bist. Oder stimmt das etwa nicht?"

„Das war eine Torheit. Die Torheit der Derwische. Aber ich habe Gott gelobt, dass sich die Torheit bis zum Tag der Auferstehung nicht wiederholen wird."

Der Richter schob seinen Kopf näher an den Kopf des Derwischs heran. „Warum denn?" flüsterte er. „Was wirst du denn in der Wüste ohne Frauen tun? Wie wirst du mit der Einsamkeit fertigwerden? Wie wirst du die Leere töten? Die Frauen sind zauberhafte Geschöpfe. Sie sind kleine Tierchen. Gott hat sie speziell aus unseren Rippen geschaffen, dass wir uns an ihnen ergötzen und an ihrer Existenz erfreuen. Was wäre das Wüstenleben ohne sie?"

„Sie sind wirklich lieblich. Sie sind wirklich süss. Aber sie sind erbarmungslos wie wilde Bestien. Sie führen den Mann an einer siebzig Ellen langen Kette in die Hölle, ohne dass er es weiss. Die Frauen lieben die Derwische nicht, weil sie aus ihnen keine Sklaven machen können wie aus allen anderen törichten Männern." Er schluckte schwer an seinem Speichel und sprach mit zitternder, gebrochener Stimme weiter: „Sie sind wie Schlangen, weich, aber ihr Biss ist tödlich."

Bâba brach in wieherndes Gelächter aus. Sein gestreiftes Gesichtstuch rutschte ihm bis zum Kinn. Unablässig haute er sich mit seinem Armstumpf auf die Brust und lachte hemmungslos auf eine Weise, die nicht der Trauerstimmung angemessen war. Die Scheiche wechselten überraschte Blicke. Einer neigte sich zu ihm und flüsterte ihm missbilligend etwas ins Ohr, aber der Richter hielt nicht inne. Schliesslich beruhigte er sich. Er wischte sich mit dem Handrücken die Tränen ab und sagte heiter: „Ich schwöre euch, das ist ein geistreicher Derwisch. Geistreich und lebensklug, trotz allem."

Dann schwieg er und schaute sich um. Die Sonne war hinter den Mauern verschwunden; nur noch ein paar purpurne Strahlen ergossen sich darüber. Er liess seinen Blick über die Menge wandern und sagte rätselhaft: „Das wird uns aber nicht daran hindern, bei ihm das Ighâjighan anzuwenden."

4

Die Wächter spannten ihm zwei polierte Stäbe aus Lotosholz um die Schläfen. Dann banden sie ihm die Hände noch fester auf den Rücken und legten ihm ein grobes Seil um den Hals. Der Hauptmann der Wache war bemüssigt, dieses selbst festzumachen, damit es sass wie das Fangseil, das die Hirten zur Bändigung junger Kamele oder brünstiger Hengste verwenden.

Dann zog der Hauptmann der Wache am Seil; ein Schmerzensschrei entrang sich dem Derwisch. In diesem Augenblick hingen die Blicke aller an dem Folterknüppel, den der Hauptmann der Wache in der Luft schwang. Seine Männer standen zu beiden Seiten des Gefangenen. Sie betrachteten die beiden Lotosstäbe, die an den Schläfen des Derwischs festgemacht waren. Auf dem weiten Platz, auf dem sich die Bewohner der Wüste und die Bewohner von Wâw drängten, herrschte Totenstille. Selbst die Kinder hielten den Atem an. Alle warteten auf den Augenblick, da der Knüppel der Bestrafung auf die beiden bestialischen Stecken niederging. Hinter dem Derwisch stand der Richter mit seinen Männern. Er hob die verstümmelte Hand. Da liess der Henker den Knüppel der Bestrafung auf das obere Ende des rechten Stabs niedergehen. Ein tiefer Schmerzensschrei entrang sich der Brust der Versammelten. Die Frauen schluchzten, die

Alten wandten ihr Gesicht ab. Die Kinder schrien jammernd und klagend gen Himmel. Der Schlag traf auf den Stab aus dem Holz des Paradiesbaums. Funken stoben, und das Feuer flammte auf in den Nerven des Derwischs. Der Henker schwang den Knüppel der Dschinnen und liess ihn auf das Ende des linken Stabs niedersausen.

Im Kopf des Derwischs entzündeten sich Blitze. Der Wahnsinn verbrannte ihn. Er sprang in die Höhe, hoch in die Luft, und schrie mit seltsamer Stimme, wie sie keiner je aus der Kehle eines Menschen vernommen hatte.

„A... a... a... a... a... a... h... h... h... h...!"

Er stürzte zu Boden. Schaum stand ihm auf den Lippen.

Und im Himmel weinten die Engel.

Scheich Bakka durchquerte die Menge der Schaulustigen. Neben ihm schritt, ihn von Zeit zu Zeit stützend, Scheich Bâchi. Er trat vor den Richter, pflanzte seine Krücke in den Boden und beugte sich, auf diese gestützt, nach vorn: „Es ist nichts Gutes in einem Land, in dem der Derwisch gefoltert wird", sagte er ruhig. „Kennt der Richter keine andere Methode als das Ighâjighan, um das Geständnis zu erzwingen?"

„Ich bedaure, edler Scheich. Ich habe alle Mittel erschöpft, um ihn zum Geständnis eines Verbrechens zu bringen, das, nach allen Indizien, er allein begangen hat."

„Der Richter entscheide in keiner Sache, solange er nicht einen Beweis erbringt, der weder von vorne noch von hinten widerlegt werden kann. So sagt das Gesetz der Wüste und das Gesetz der Religion."

„Auch meine Urteile sind der Wüste entnommen." Er schluckte. Versuchte, seinen Mund mit dem Ende des Gesichtstuchs zu verbergen. „Der Wüste und dem Koran."

„Seid ihr barmherzig, die ihr auf Erden seid, dann ist euch barmherzig, der im Himmel ist."

„Das Gesetz ist nicht barmherzig, denn es ist ein irdisches. Das Gesetz der Erde ist erbarmungslos, guter Scheich."

„Schlag ihm die Hand ab! Auge um Auge. Er hat den Diebstahl des Dolches gestanden. Bestraf ihn durch Handabhacken. Und wenn du ihn auch für seine alte Feindschaft mit der Dahingegangenen bestrafen willst, so verbrenn ihm die andere Hand mit Feuer. Aber löse das Ighâjighan von seinen Schläfen. Zieh das Feuer aus seinem Kopf. Er ist ein Derwisch. Ein Klosterbruder. Möge der Gesandte Gottes Fürbitte für ihn leisten."

„Wenn jemand eine alte Feindschaft zwischen sich und dem Opfer zugibt, und ausserdem zugibt, die einzige Waffe gestohlen zu haben, die für die Beseitigung seines Feindes in Frage kommt, was kann das, deiner Meinung nach, bedeuten? Liegt darin nicht schon die sinistre Absicht, das Verbrechen zu verüben? Berechtigt das nicht den Richter, der gerecht urteilen will, Massnahmen zu ergreifen, um das endgültige Geständnis aus dem elenden Angeklagten herauszuholen?"

„Wenn er es getan hätte, würde er es zugeben. Er ist ein Kind. Ein Derwisch. Er kennt keine Bosheit. Verstehst du das?"

„Das Erlaubte ist klar, und das Verbotene ist klar."

„Du folgst bei deiner übertriebenen Bestrafung dem Wunsch der Prinzessin und erfüllst den Willen des Sultans. Wir wissen, dass die Seherin die Freundin der Sultansfamilie war. Ebenso wissen wir, dass sie das unheilvolle, satanische Metall erwarb."

„Der Scheich schätzt mich falsch ein. Ich urteile nach dem Gesetz Gottes. Ich würde nicht einmal dem Sultan zu Gefallen handeln. Allein mein Gewissen ist mein Kriterium. Und du weisst am besten, dass die Bestrafung die Grundlage der Gerechtigkeit ist. Und die Gerechtigkeit ist die Stütze der Gottesstaaten. Wie sollten wir ohne Gerechtigkeit aus Wâw eine göttliche Oase machen?"

„Aber die Gerechtigkeit gestattet keine Erbarmungslosigkeit. Die Derwische verdienen am ehesten Milde."

„Es gibt keine Gerechtigkeit ohne Strenge. Und Wâw wird nicht ohne Gerechtigkeit errichtet."

„Nie wird Gott Wâw stützen, wenn die Folterung eines Gottesmannes der Preis dafür ist."

„Es wäre besser für den würdigen Scheich, wenn er nicht Wâw schmähte."

„Nie wird Gott ein Land segnen, in dem der Derwisch dem Ighâjighan unterzogen wird."

„Unser Gespräch ist beendet."

Der Richter gab dem Henker ein Zeichen. Mit vereinten Kräften stellten die Wächter den Gefangenen auf die Füsse. Er wankte, sie stützten ihn. Ein Fetzen Schaum fiel auf die Erde.

„Wenn der Stammesführer hier wäre", rief Bakka dem Richter hinterher, „hättest du nicht gewagt, den Derwisch zu quälen."

Bâba al-Schankîti antwortete nicht. Der Zug setzte sich in Bewegung. Die Helfer folgten dem Richter. Ihnen folgte der Hauptmann der Wache, der Mûssa am Strick hinter sich herzog. Hinter dem Gefangenen marschierte die Wache, dieser folgte die Menge. Sie verliessen die Stadt durch das Westtor. Am Horizont war noch ein schüchternes, weinendes Ende der untergehenden Sonne zu sehen. Wenige Augenblicke später wandte sie ihr Gesicht ab und sprang in den Abgrund hinter dem Horizont.

Plötzlich wandte Bâba sich um und gab dem Henker, dem Hauptmann der Wache, mit seinem Armstumpf ein Zeichen. Da hob dieser den höllischen Knüppel und liess ihn auf den Lotosstab niedersausen. Blitze stoben in Mûssas

Kopf. Mit einem Schmerzensschrei sprang er in die Luft: „A... a... a... a... a... a... h... h... h... h...!" Dann fiel er wie tot auf die Erde.

5

Draussen wandte sich der Zug nach Süden. Beim Hügel holte ihn der Herold ein, der herbeihastete mit herunterhängendem Gesichtstuch, geheimnisvolle Losungen murmelnd und hin und wieder ausspuckend. Er bahnte sich einen Weg durch die Menge. Trat vor den Zug, fiel vor dem Richter auf die Knie und flehte weinend: „Habt Erbarmen, Richter aus dem Lande Schankît, der Ihr ein Mann Gottes seid. Der Derwisch hat den Mord nicht begangen. Ich weiss es."

Bâba schaute seine Helfer an. „Was weisst du?" rief er.

„Ich weiss, dass er den Mord nicht begangen hat."

„Dann beweise es!"

„Ich werde den Beweis bringen. Gebt mir vierzig Tage Zeit, dann werdet Ihr es sehen. Er ist rein wie Milch."

„Was?" schrie Bâba zornig. „Ich frage den Derwisch, was er mit dem Messer gemacht hat, und er antwortet: Das ist mein Geheimnis. Ich frage den Herold nach dem Beweis, und er sagt: Gebt mir vierzig Tage Zeit. Seid ihr alle verrückt geworden? Was soll das alles? Der Richter will Fakten und Beweise, nicht Zaubererrätsel und Klosterbruderhinweise. Willst du dich über mich lustig machen?"

Der Herold kroch auf den Knien näher. Mit zum Himmel erhobenen Händen flehte er: „Gewährt mir, was billig ist! Nur vierzig Tage."

In al-Schankîtis Brust brodelte der Zorn. „Bist du verrückt? Kannst du mir garantieren, dass ich morgen noch lebe? Wer hat dir gesagt, dass ich nicht morgen schon tot bin? Und wie soll ich meinem Herrn gegenübertreten, wenn ich säumte, das Urteil zu sprechen? Wisse also, der späteste Termin für das Urteil ist morgen."

Der Herold umklammerte die Beine des Richters mit den Händen und rief demütig: „Nein, nein. Ihr schüttet Erbarmungslosigkeit über mein Haupt, nicht nur über das des Derwischs allein."

Der Richter schob ihn mit seiner unversehrten Hand fort und fuhr ihn an: „Hinweg mit dir! Das ist ein Stamm von Verrückten. Schafft den Unheilsherold fort!"

Drei der hünenhaften Wächter kamen und entfernten den Herold. Sie schleiften ihn zur Seite, wo er in sich versunken hocken blieb, sein Gesicht auf den Boden drückte und von dem Sand ass.

Der Henker liess den Knüppel niedersausen, und der Stab entzündete ein weiteres Mal das Feuer in den Nerven des Derwischs.

6

Als die Dunkelheit hereinbrach, band man ihn mit den Händen an das Westtor. Die Leute zerstreuten sich, und als Wache blieb allein ein furchterregender Mann zurück, von Kopf bis Fuss in Schwarz gekleidet. Die Gestalt einer Frau schwebte zur Mauer. Sie kam vom Akakûs und wanderte über die Kuppen der Hügel im Westen, stieg von der Anhöhe herab und überquerte das freie Feld. Plötzlich war sie verschwunden. Der Wächter war überzeugt, dass es sich um eine Dschinnenfrau handelte. Er sprach den Thronvers und eine Beschwörungsformel aus dem Schatz der Magier. Er schritt neben der Mauer auf und ab. Betrachtete den Gefangenen, der am Tor hing. Der grobe Strick hatte sich in den Hals gefressen, und Blut tropfte herab. Noch immer trat Schaum aus seinem Mund. Doch auf den Zügen des Derwischs lag eine Ruhe, als wäre der Körper schon allein dadurch ins Paradies eingegangen, dass der Kopf von den beiden Lotosstäben befreit war. Er atmete gleichmässig, und auf seinen Lippen lag ein rätselhaftes Lächeln. Im Paradies der Ruhe umgaben ihn die Engel und lenkten ihn mit ihren Spielereien ab.

Ein weiteres Mal tauchte die Dschinnenfrau auf.

Sie tauchte so plötzlich auf, wie sie verschwunden war. Der Wächter trat zurück, bis er mit dem Rücken an die Mauer stiess. Er versuchte, den Koranvers zu sprechen, aber die Dschinnen hatten die Worte aus seinem Kopf vertrieben. Ein schlimmes Zeichen. Wenn der Koran in dem Augenblick verschwindet, in dem die Dschinnen erscheinen, so heisst das, dass sie Böses im Sinn haben. Er versuchte es mit der Beschwörungsformel der Magier, doch auch diese erstarb auf seinen Lippen. Die schwarze Gestalt trat noch ein paar Schritte näher. Der Wächter begann zu zittern.

„Ich will ihm zu trinken geben", sagte die Dschinnenfrau mit menschlicher Stimme.

Der Körper bebte. Die Haare standen zu Berge. Ihm war schwindlig. Er war unfähig zu antworten. Die Dschinnenfrau liess ihn stehen und trat zum Gefangenen. Sie holte aus ihrem weiten Gewand einen Korb aus Palmzweigen. Er hörte, wie sie Wasser in eine Schale goss, die sie dem Derwisch reichte. Sie flüsterte ihm ein paar Worte in der Sprache der Dschinnen ins Ohr, und ihm war, als ob sie lachte, oder vielleicht auch schluchzte. Auch etwas zu essen holte sie heraus. Der Geruch eines mit Butter bestrichenen Brotes drang ihm in die Nase. Köstliches Brot. Das Brot der Dschinnen. Der Wächter brach neben der Mauer zusammen, und die Dschinnenfrau begann, den Derwisch zu füttern.

7

Er verliess das Paradies der Ruhe und öffnete die Augen. Dunkelheit umgab ihn. Der Blitzschlag war zurückgegangen, aber der Wahnsinnsschmerz zerrte noch immer an seinem Kopf. Als der Schlag des Henkers zum letztenmal auf den Stab niedergegangen war, brach in seinem Kopf ein Donner los. Eine Ladung aus Blitzen spaltete ihn, und der Schmerz erschütterte ihn. Der Kopf entfloh, und mit ihm entfloh das Bewusstsein. Wäre es doch auf ewig entflohen! Ja, zwischen den Stäben des Ighâjighan wird der Tod zum ersehnten Paradies, und man wünscht zu zerfallen und mit dem Staub davonzufliegen, den Wind zu besteigen und ins Unbekannte zu verschwinden. Jetzt spürte er das Elend allein durch seine Rückkehr auf die Erde. Er fand sich umschlossen von einem armseligen Körper, einem Gefängnis, das auf Schmerz reagiert und den leichtesten Schlag mit der Hand verabscheut. Wie kläglich doch der Körper ist! Wie fluchwürdig das Gefängnis des Körpers! Wo ist die Ruhe? Wo ist das Halsband des Unsichtbaren, das gegen die Empfindlichkeit des Gefässes schützt? Wäre ich doch ein Sandkorn, ein Windstoss, ein Lichtschein in der weiten Wüste! Wäre ich doch nicht in diesem Körper geboren! Wäre ich doch nicht auf dieser Erde!

Er spürte einen scharfen Geruch in der Nase. Einen seltsamen Geschmack auf der Zunge. Öffnete das rechte Auge, fragte: „Wer bist du?"

Die Dschinnin schluchzte, und trotz seiner Schmerzen rief der Derwisch: „Ich habe dich erkannt. Du bist Taffâwut."

Sie antwortete nicht. Sie blieb ein bebender schwarzer Haufen zu seinen Füssen. Dann unterdrückte sie ihre Tränen und sagte bittend: „Morgen wirst du vor dem Richter gestehen. Du wirst ihm erzählen, warum du den Dolch gestohlen hast."

Sie war gekommen, ihn zu zwingen, das Geheimnis zu lüften. Das Geheimnis, das niemand ausser ihm selbst kannte. Auch der Stammesführer hatte es gekannt; ebenso die schwarze Frau, die im vergangenen Jahr das Fieber dahingerafft hatte. Sie war tot, und der Stammesführer streifte durch die Hammâda. Die Rückkehr zum Ursprung, zum Verschwinden, zum Wind, zum Licht, zum Universum war weniger schlimm, als das Geheimnis zu lüften.

„Ich werde vor dem Richter kein Geständnis ablegen", sagte er mit fester Stimme.

„Er wird dich zum Tode verurteilen. Er wird dir den Kopf abschlagen. Verstehst du?"

„Dass er mir den Kopf abschlägt, ist weniger schlimm, als mein Geheimnis zu offenbaren." Dann fügte er mit bebender Stimme hinzu: „Im Unbekannten hat der Engel die Pein des Schlags von meinem Kopf gewischt. Dort hat sich das Feuer des Blitzes aufgelöst, und der Engel hat mich vom Schmerz reingewaschen. Wie grässlich doch das Ighâjighan ist! Wie grässlich doch der Mensch ist, der es erfunden hat. Die Rückkehr ins Unbekannte ist weniger schlimm, als vor dem Richter ein Geständnis abzulegen."

8

Am nächsten Morgen setzte sich der Richter, umrahmt von seinen Helfern, auf die auf dem Platz von Wâw ausgebreiteten Lederteppiche. Er betrachtete die Menge der Versammelten und sprach dann, als läse er aus einer Vorlage: „Im Namen Gottes. Euch entspringt Leben aus der Strafe. Wer getötet hat, muss getötet werden. So heisst es in allen Gesetzen. Den Gesetzen der Erde und den Gesetzen des Himmels. In den Schriften der Juden und im Buche Gottes, dem Koran. In den Evangelien der Christen und in den Handschriften der Magierpriester. Darum werde dem Derwisch im Frühlicht des morgigen Tages das Haupt abgeschlagen. So lautet das Verdikt Gottes, dem Folge zu leisten dem Knecht obliegt."

Auf dem Platz herrschte Grabesstille.

IV. Die Schlange

Da sprach Gott der HErr zur Schlange: Weil du solches getan hast, seist du verflucht vor allem Vieh und vor allen Tieren auf dem Felde. Auf deinem Bauche sollst du gehen, und Erde essen dein Leben lang. / Und ich will Feindschaft setzen zwischen dir und dem Weibe, und zwischen deinem Samen und ihrem Samen. Derselbe soll dir den Kopf zertreten, und du wirst ihn in die Ferse stechen.
Das Alte Testament. *Das Buch Genesis 3,14f.*

1

Der heilige Skarabäus war dem Herold schon vor langer Zeit erschienen, doch hatte er ihm keine Beachtung geschenkt. Wenn er neben der Zeltstütze lag, kam er herab auf seinen Kopf und krabbelte ihm über Gesicht und Glieder. Oft weckte er ihn auf, und dann fiel ihm ein, dass dieser Käfer so beharrlich nur auftaucht, wenn er ein Geheimnis zu offenbaren hat. Aber versunken in die Finsternis, wie er war, schenkte er nichts anderem mehr Aufmerksamkeit. Seit dem Verlust seines Augenlichts lebte er in einem Labyrinth aus Finsternis. Die Finsternis war sein Haus, das Schwarze seine Farbe und sein Leben. Doch kaum betrat er sein Gewölbe und spähte in seiner Dunkelheit umher, da kitzelte ihn auch schon der heilige Skarabäus mit seinen sechs rauhen Füssen, pikste ihn mit seinen beiden langen Fühlern. Angewidert schreckte er dann hoch, doch statt ihn in die Hand zu nehmen und ihm zu lauschen, packte er ihn bei seinem hart gepanzerten Körper und warf ihn weit weg.

Beim letzten Mal, nur wenige Tage vor der Festnahme des Derwischs, hatte ihn der heilige Käfer am frühen Morgen besucht. Er fühlte ihn über das Handgelenk krabbeln, auf dem sein Kopf lag. Er kroch hinauf und unter das Gesichtstuch. Ein Schaudern überlief ihn, aber er liess das Tier gewähren, das zu seinem Kinn kletterte, dann zu seinem Ohr. Der Skarabäus betrat die Muschel und flüsterte: „Ich wollte dir schon lange ein Geheimnis offenbaren. Warum hast du mich so schlecht behandelt?“ Als den Herold ein Schaudern überlief, fuhr der Käfer rasch fort: „Willst du das Licht sehen?“

Er fuhr auf. Sein ganzer Körper fuhr auf. Die Erwähnung des Lichts liess ihn erzittern. Sein ganzer Körper pries Gott und flehte ihn an: „Ich will das Licht sehen. Ja, ich will ...“

Der Käfer unterbrach ihn: „Nur langsam. Nur Geduld. Wenn du das Licht sehen willst, musst du meine Geschichte mit der Schlange anhören.“

Als der Käfer die Schlange erwähnte, sprach der ganze Körper, sprachen alle Sinne des Herolds: „Der Schlange? Auch ich habe eine Geschichte mit der Schlange.“

„Nur langsam. Ich weiss“, unterbrach ihn der Käfer. „Ich weiss, dass auch du eine Geschichte mit der Schlange hast. Aber du kennst meine Geschichte mit der Schlange nicht. Hab also Geduld und hör zu!“Der Herold hatte Geduld und hörte zu, und der heilige Skarabäus begann: „Nachdem die Schlange euren Menschenahn verlockt und ihn ins Reich des Verbotenen geführt hatte, kam sie zu mir. Gott hatte sie verjagt, und der Fluch folgte ihr. Sie war eine Hünin mit zwei Füssen und zwei Händen. Doch der Gott hatte sie mit dem Verlust des Augenlichts bestraft. Da sagte die Boshafte zu mir: Komm, heiliger Käfer, wir machen ein Geschäft. Ich gebe dir meine Füsse und meine Hände, so hast du je sechs, ausserdem zwei Fühler. Dafür gibst du mir deine Augen. Was macht die Schlange ohne Füsse? Was mache ich ohne Augen? fragte ich. Da sagte dieses niederträchtige Geschöpf zu mir: Du wirst mit sechs ganzen Füssen laufen und wirst schnell wie der Wind sein. Ausserdem erhältst du zwei

Fühler, mit denen du die Erde abtasten und deinen Weg finden kannst. Ich dagegen werde auf dem Bauch kriechen und mich vor meinen vielen Feinden in Löchern und Ritzen verstecken müssen. Da will ich diese Feinde genau beobachten können. Ich bin verflucht, und meine Feinde sind unzählig. Du dagegen bist geheiligt und gesegnet und hast keine Feinde. Wozu also brauchst du das Augenlicht? Ich dachte über die Sache nach, und sie gefiel mir. Sechs Beine und zwei Fühler. Kein anderes Tier, das da kreucht und fleucht, verfügt über eine solche Anzahl Beine. Ausserdem bin ich wirklich heilig und habe keine Feinde. Wozu also brauche ich Augen? Ich stimmte zu. Ich nahm die Arme und die Beine und gab der Schlange die schärfsten Augen in der Wüste. Und weisst du, was nach der Abwicklung des Geschäfts geschah? Die Schlange wurde mein Hauptfeind. Sie zischte mir ins Gesicht und wollte mich verschlingen. Ich war nicht mehr ich selbst und wusste nicht mehr, wohin ich mich bewegte, während die Verfluchte behende auf dem Bauch kroch, als hätte sie nicht ihre Gliedmassen verloren. Ich war hereingelegt worden, und sie verfolgte mich. Ich floh vor ihr und bin bis heute auf der Flucht. Zu dir bin ich gekommen, weil du der einzige bist, der für mich Rache an ihr nehmen kann."

„Aber wie denn?" rief der Herold verblüfft.

„Erst drückst du weisse Flüssigkeit aus meinem Bauch und träufelst sie in deine Augen. Das wird dir deine Sehkraft zurückgeben. Dann gehst du und tötest die Schlange."

„Wirklich! Kann deine klebrige Flüssigkeit eine schon vierzig Jahre währende Erblindung heilen?"

„Ja. Du wirst mich von meinem einzigen Feind erlösen, und du wirst von deinem einzigen Feind erlöst sein."

„Recht hat der gesegnete Skarabäus", lallte der Herold wie verzückt. „Die Schlange ist des Menschen einziger

Feind. Und weise ist, wer Hilfe sucht beim Feind seines Feindes."

2

Auch er hatte sein Augenlicht durch die Schlange verloren. Mit einer Schlange im Kopf war er auf die Welt gekommen. Ihr widerliches Zischen füllte sein Gehirn, seit er sich erinnern kann. Vielleicht sogar schon vorher. Damals, als er begann, sich im Kriechen und im Laufen zu üben, auf Händen und Knien vor dem Zelt. Unvermittelt konnte er hysterisch zu weinen beginnen und die Wüste mit Geschrei füllen, wenn er auf einen Strick oder einen Stock stiess. Dann eilte seine Mutter zu ihm und nahm ihn erschreckt in die Arme. Sie verbrannte Weihrauch und Beifuss, in der Meinung, er habe von den Bewohnern des Unsichtbaren einen Schlag erhalten. Erst Jahre später fand sie heraus, dass die Ursache seines Erschreckens Gegenstände waren, die Schlangen glichen. Das geschah ganz zufällig, wie bei allen geheimen Gesetzen, die das Leben beherrschen. Als er drei Jahre alt war, brachte ihm sein Vater vom Fakîh der Oase ein neues Amulett. Er befestige es an einer aus Schlangenhaut gewirkten Schnur und hängte es dem Kind um den Hals. Dieses jedoch stiess einen Schrei aus, als hätte es ein Skorpion gebissen. Gliedmassen und Gesichtszüge des Jungen verkrampften sich, und er zitterte wie von der Ekstase oder der Epilepsie getroffen. Seine Haut nahm in rascher Folge verschiedene Farben an, wurde rot, weiss und schwarz und schliesslich regenbogenfarbig. Die Mutter erbleichte, erschrak, brachte ihn rasch erst ins Zelt, dann in die Wüste ausserhalb des Lagers, wobei sie Beschwörungsformeln in Haussa, der Sprache der Magier, murmelte. Er würgte an seinen Tränen, und sie besprengte ihn mit Ginsterblütenwasser. Ein Regenbogen liess sich auf seinem Gesicht nieder, und da fielen ihr die Skorpione ein. Es fiel ihr ein, dass sie keinen Skorpion mit ihrer Milch genährt und dass sie ihm verboten hatte, sich mit diesem treuen Tier zu verbrüdern. Der Skorpion war nicht verräterisch und treulos wie die Schlange. Wenn er sich mit dem Kind über die Muttermilch verbrüdert hätte, wäre er seinem Milchbruder auf immer treu. Aber sie hatte keinen Tropfen von der Milch ihrer Brust in das Maul des Skorpions geträufelt, und deshalb beschloss wohl das Tier, sich an dem Kind an seinem dritten Geburtstag zu rächen. Sie inspizierte hastig die um die Beine des Jungen gewickelten Windeln, untersuchte sie mit zitternden Händen, Zauberformeln murmelnd, und sie versprach den Göttern Weihgaben und Opfer.

Sie fand den Skorpion nicht.

Das Kind begann zu würgen. Es wurde totenbleich. War drauf und dran zu sterben. Da fiel ihr das Amulett ein. Sie nahm ihm das Band aus Schlangenhaut vom Hals und warf es weg. Sofort hörte das Kind auf zu schreien und schlief tief und fest, während sie lange neben ihm weinte. Schliesslich raffte sie sich auf und ging, um sich bei dem aus Kano zurückgekehrten Seher des Stammes Rat zu holen.

Dieser fixierte sie mit hohlen Augen und verlangte von ihr, die drei Ausgangspunkte der Heimsuchung herbeizuschaffen: den Ehemann, das Amulett und den Jungen. Sie ging und kam am Abend mit dem Kind wieder; der Mann begleitete sie mit dem Amulett. Der in Windeln gewickelte Junge schlief noch immer. Der Seher betrachtete ihn im Licht des Feuers und machte ihr mit dem Finger ein Zeichen, ihn nicht zu wecken.

„Hat dich der Fakîh nach dem Namen der Mutter des Kindes gefragt?“ wollte der Seher vom Ehemann wissen, der mit seiner Frau einen Blick wechselte, bevor er ja sagte.

„Hast du ihm eine falsche Antwort gegeben?"

Wieder wechselte er mit seiner Frau einen Blick, bevor er verneinte.

„Hat er einen Lohn verlangt?"

„Ja."

„Hast du ihn reichlich beschenkt?"

Der Ehemann schwieg. Er rekapitulierte, was geschehen war, und bestätigte dann: „Ja. Ich habe ihm einen Sack voll Gerste und zwei Handvoll grünen Tee gegeben."

Der Seher schwieg. Er nahm das Amulett und drehte es in seinen Händen. Dann zeigte er auf die Schlangenhaut und fragte: „Was ist das?"

„Ein Band aus Schlangenhaut."

„Schlangenhaut?"

„Ja."

„Ist das auch ein Geschenk des Fakîh?"

„Nein. Ich habe es aus einer alten Haut geschnitten, die mir einmal ein Händler schenkte."

Der Seher starrte ihn missbilligend an. „Wie kannst du Schlangenhäute verwenden, ohne einen Zauberer zu Rate zu ziehen?"

Der arme Mann schüttelte einfältig den Kopf und murmelte beschämt: „Ich verstehe nicht."

„Weisst du nicht, dass sie in der Magie verwendet werden?"

„Davon habe ich noch nie gehört."

Der Seher wandte sich an die Frau und hiess sie, den Jungen zu wecken.

Im Licht des Feuers deckte sie sein Gesicht auf. Ihre Finger spielten mit seinen Lippen und seinen Wangen, aber er wachte nicht auf. Mit geübter Bewegung drückte sie ihm den Daumen aufs Ohr, da öffnete er die Augen. Der Seher löste das Amulett des Fakîh von dem Band aus Schlangenhaut, trat zu dem Jungen und bewegte die gefleckte Haut vor seinem Gesicht. Da schrie der Junge auf wie ein wildes Tier, verkrampfte sich wieder und schien dem Tode nahe.

„Hast du gesehen?“

Dann warf er die Schlangenhaut ins Feuer.

Der Junge beruhigte sich und schlief wieder ein.

„Der Junge ist vom Schlangengeflüster befallen“, erklärte der weise Seher. „Ich werde ihm ein anderes Amulett schreiben.“

3

Nie hatte er ein Amulett um den Hals getragen, das demjenigen des weisen Sehers an Wirksamkeit und Schutz gleichkam. Seine Mutter wies bis zu ihrem Tod immer wieder darauf hin. Das Amulett diente gegen das Schlangengeflüster. Es wischte das Gespenst der Schlangen aus seinem Kopf, und der Junge streckte seine Hand nach Stock und Seil aus, um damit zu spielen. Er sah darin nicht mehr gefleckte Schlangen und sich ringelnde Vipern. Seine Mutter erzählte den Nachbarinnen, er schlafe tief und schrecke auch nicht mehr angstvoll aus dem Schlaf auf wie früher. Und während der ganzen sieben Jahre, die er das Amulett trug, traf ihn weder der Böse Blick noch sah er sich feindseligem Dschinnentreiben ausgesetzt. Doch als er zehn Jahre alt war, ging das Amulett verloren. Er verlor es, während er mit anderen Kindern die ungezogenen Zicklein hütete. Die Mutter war entsetzt. Sie schlug sich auf die Brust, rannte zu der Weide und suchte gemeinsam mit einigen Nachbarinnen danach. Sie durchkämmte die Weite und die Wadis, aber das Amulett blieb verschwunden. Die Dschinnen hatten es versteckt und überliessen den Jungen einem elenden Schicksal mit den Schlangen.

Gleich nach dem Verlust des Amuletts kehrte die Schlange zu ihm zurück. Mitten in der Nacht erwachte er entsetzt und schrie: „Die Schlange. Die Schlange. Die Schlange hat mich gebissen."

Die Mutter rannte zu ihm und zog die Decke weg. Der Vater erhob sich von seinem Lager und entfachte das Feuer. Doch so sehr sie auch nach der Schlange suchten, sie fanden sie nicht. Der Junge hockte zitternd neben dem Zeltpfosten und würgte an den Tränen der Angst.

„Mach dir keine Mühe mit der Suche", beruhigte der Vater die Mutter. „Die Schlange, von der er spricht, ist in seinem Gehirn."

Die Mutter nahm ihren Kopf zwischen die Hände und jammerte: „Weh uns, nun beginnt alles von vorn."

Tatsächlich fing das Geflüster wieder an. Der Junge ging Seilen und Stöcken und allen anderen Dingen, die aussahen wie Schlangen, aus dem Weg. In seinem Kopf zischte es, und die Schlangen bissen ihn in die Ferse und wickelten sich um seinen Hals, wenn er schlafen ging.

Seine Mutter suchte mit ihm einen vorbeiziehenden Fakîh auf, der, unterwegs nach Marrakesch, im Lager Halt machte. Die Nachbarinnen sagten ihr, er sei kühn wie ein Löwe und verbringe die ganze Nacht im Kampf mit Dämonen und Dschinnen. Doch der Fakîh erläuterte nicht die Ursache seiner Feindschaft mit den Bewohnern des Unsichtbaren. Und die Weisen des Stammes sahen in dem Kampf ein vergebliches Tun, das durch nichts zu rechtfertigen war, zumal die Provokation der Dschinnen durch Abenteurer oftmals Unheil für die Bewohner des Ortes nach sich zieht.

Sie erzählte ihm die Geschichte des Jungen mit den Schlangen von seiner Geburt an bis zu dem Abend, als er das Amulett verlor. „Der weise Seher ist schon vor Jahren nach Kano gezogen", schloss sie weinend, „und im Lager findet sich niemand, der den Mut besitzt, der geheimnisvollen Schlange den Kampf anzusagen. Gott hat dich mir geschickt."

Der Fakîh erhob sich: „Ihr werdet nie Erfolg haben, ihr Bewohner der Wüste, solange ihr Amulette von den Zauberern entgegennehmt und der Religion dieser Magier folgt. Besuch mich morgen mit dem Jungen."

Als sie ihn am folgenden Tag mit dem Jungen wieder aufsuchte, sass er mit gekreuzten Beinen vor der Feuerstelle auf der Erde. Er nahm den Jungen bei der Hand und machte ihr ein Zeichen hinauszugehen und sie allein zu lassen. Sie ging in der Wüste in der Nähe spazieren. Plötzlich hörte sie ihren Sohn wie wahnsinnig schreien, ihr Herz machte einen Satz, und sie rannte zurück zum Zelt, wo er, neben dem Feuer auf dem Boden liegend, mit dem Tod rang. Zu seinen Füssen wand sich eine echte Schlange. Erst war sie vor Schreck wie gelähmt. Danach verliess sie der Verstand, sie stürzte sich auf den verbrecherischen Fakîh und schlug mit Holzstücken und dem Feuerhaken auf ihn ein. Als der Feuerhaken zersplittert und die Holzstücke zerbrochen waren, grub sie ihm ihre Nägel ins Gesicht und kreischte: „Du hast ihn umgebracht, du Unglücksfakîh! Du hast mein Kind vergiftet, um es als Opfer für Schätze von Gold zu bringen. Du bist ein elender, habgieriger Mensch, der nach Gold lechzt. Du bist ein falscher Fakîh und ein böser Mensch."

„Gott schütze dich, Weib!" rief der Fakîh aus, während er weglief. „Ich habe alles bedacht. Die Schlange beisst nicht; ihr Maul ist mit Nadel und Faden zugenäht."

Das Maul der Schlange war tatsächlich mit Nadel und Faden zugenäht, doch der Schock liess den Jungen auf immer erblinden.

4

Von jenem Tag an richtete er sich in der Finsternis ein. Durch diesen Gang lernte er seinen Weg in die finstere Tiefe kennen. Mit einundzwanzig verlor er den Vater, drei Jahre später die Mutter. Bevor sie dahinging, versuchte sie, sein Schicksal an eine Frau zu binden, weil sie glaubte, eine solche würde ihm die Glückseligkeit garantieren. Sie organisierte eine Begegnung zwischen ihm und dem ausersehenen Mädchen, doch er empfand ihren Geruch als widerlich und abstossend wie den eines Marders.

Er gab den Gedanken an die Ehe auf, und immer wenn er bei einem Mädchen sass oder einer Frau näherkam, drängten seine Eingeweide nach oben. Seine Mutter war die einzige Frau, die nicht diesen Mardergeruch hatte.

So begann er, alltäglich im Abendschatten zu sitzen, der erhabenen Stille zu lauschen und in den Gang der Finsternis vorzudringen. Er begriff, dass es der Blick ist, der die Frau mit Pracht kleidet und sie in den Augen des Mannes begehrenswert macht. Aber die Finsternis entdeckte ihm die Wahrheit und entblösste vor ihm ihr hässliches Inneres. Vierzig Jahre lang registrierte er in der Frau die Quelle dieses abscheulichen Geruchs. Lange Zeit hatte er nachgedacht, bis er zu der Vorstellung vom schmutzgefüllten Balg gelangte. Insgeheim lachte und mokierte er sich alltäglich über die grossmäuligen Reiter, deren kranker, ja blinder Blick ihnen die Frau als einen himmlischen Engel, als eine Paradiesjungfrau darstellte, die um Frauengunst buhlten und sich mit Kriegszügen in den Dschungel ins Verderben stiessen, um ein paar gefangene Abessinierinnen heimzuführen oder ein paar Negermädchen zu erbeuten. Der Tor, der sich in Erfüllung des Wunsches einer Frau ins Feuer stürzte, meinte, ein edler Reiter zu sein, und wusste nicht, dass er eine törichte Kreatur war, fasziniert von einem glänzenden, mit Schmutz gefüllten Gefäss. Einem Balg, aus dem Würmer, Blut, Urin und Kot quellen. Und obwohl der Mann ein nicht viel anderer Balg war, hatte ihn doch der Geruch, der ekelerregende Geruch des Weibes, diesen Balg im Gang der Finsternis allein in der Frau erblicken lassen. So empfindlich war er dabei geworden, dass er Männer und Frauen auf sehr grosse Entfernung unterscheiden lernte. Gleichzeitig liebte er den Gesang und bildete in der Höhle der Finsternis seine Stimme zum schönen Vortrag aus.

5

Nun, nach vierzig Jahren der Gefangenschaft in der Finsternis, brachte ihm der heilige Skarabäus Hoffnung auf Erlösung. War das möglich?

„Wann beginnen wir?" fragte er ihn beim folgenden Besuch.

„Morgen, bei Tagesanbruch, nimmst du mich in die Hand. Entferne das Mitleid aus deinem Herzen und drücke mit aller Kraft den Saft aus mir in deine Augen. Du brauchst keine Angst zu haben. Der Verlust des Saftes wird mich nicht töten. Danach schliesst du die Augen und öffnest sie dann wieder. Sobald du die Morgendämmerung, die Trennung des Körpers der Nacht vom Körper des Tages, siehst, verbinde deine Augen und lass sie so für vierzig Tage. Für jedes Jahr, das du in der Gefangenschaft der Finsternis verbracht hast, wirst du einen Tag bezahlen. Am vierzigsten Tag öffne die Binde und töte die Schlange, die du um den Zeltpfosten geringelt findest. So hast du dich und mich gerächt. Vierzig Tage. Und mach keinen Fehler beim Zählen!"

Am folgenden Tag kam der Käfer zur vereinbarten Zeit. Der Herold streckte seine Hand aus und nahm ihn von seinem Ohr, wohin er gekrabbelt war. Er ging hinaus und stellte sich an die Zeltöffnung, wandte sich in die Gebetsrichtung und wartete auf das Zeichen. Die Geburt des ersten Frühlichts. Der Augenblick kam, und er drückte den Saft des heiligen Käfers in seine Augen. Er schloss seine Lider und warf die schwarze Schale fort, die sich ins Zelt schleppte.

Dann setzte er sich. Blieb ruhig und hielt den Atem an. Spürte ein Brennen in beiden Augen. Der unappetitlich klebrige Saft verwandelte sich in eine Glut, die in seinen toten Pupillen ein Feuer entfachte. Er schob das Gesichtstuch von der Stirn und drückte mit den Händen auf die Augen. Saft, Tränen und eine eitrige Flüssigkeit quollen hervor. Er nahm den fauligen Geruch wahr mit seiner Nase, die gewohnt war, in der Höhle der Finsternis eine Frau auf zwei Meilen Entfernung zu erkennen. Die Zeit kam, und er begann mit dem vorgeschriebenen Ritual. Öffnete die Augen. Von seiner Stirn troff der Schweiss, die Glieder bebten. Er holte tief Luft, beruhigte sich, hielt inne und wartete. Lauschte der Stille und stiess dann wieder das Tor der Finsternis auf. Der harzige Saft klebte ihm die Wimpern zusammen. Er drückte nochmals, da öffneten die Tränen eine Bahn. Wimper trennte sich von Wimper, die Wand der Höhle spaltete sich. Das keusche Licht zerriss den vierzigjährigen Scheier. Er sah das jungfräuliche Morgenlicht, das die Liebenden entblösst, das Lager aufdeckt und die beiden Körper voneinander trennt. Der Himmel erhebt sich von der Erde, und aus der Nacht wird der Tag geboren. Sein Herz machte einen Satz. Freude füllte seine Brust. Die Dschinnenfrauen auf dem Îdenan stiessen Jubeltriller aus. Und dann, plötzlich, zog ein Gespenst vorüber. Es kam von Süden und hastete nach Norden. Sein Atem ging rasch. Es war, ja, er war es. Der Imam. Er kam aus dem Nachbarzelt.

Dem Zelt der Seherin. Was er wohl, keuchend zu dieser Stunde in sein Zelt hastend, an seiner Brust barg?

Er riss ein Stück Tuch ab und schloss seine Lider, wie der Käfer ihn geheissen hatte, legte eine feste Binde um seine Augen und zog das Tuch über sein Gesicht. Schleppte sich zurück ins Zelt und legte sich neben die Zeltstütze.

Kaum war er eingenickt, da weckten ihn Schritte. Er stand auf, und der Geruch einer Frau drang ihm in die Nase. Seine alte Nachbarin suchte ihn auf mit unheilvoller Botschaft: „Têmet ist uns vorangegangen."

Er verkündete dem Stamm die unheilvolle Nachricht, und doch konnte er in seiner Brust nicht die Freude darüber töten, dass er dabei war, aus der Höhle der Finsternis hinauszutreten.

6

Bei Tagesanbruch versammelten sich die Leute auf dem Platz, um den Bestrafungsritualen beizuwohnen. Schon bevor es hell wurde, fand sich der Stamm nach und nach ein; er durchquerte die Mauern. Die Frauen kamen herbei mit weiten, schleifenden Gewändern und zogen ihre schlaftrunkenen Kinder hinter sich her. Aus Furcht, sie könnten das Ritual der Enthauptung verpassen, hatten einige Männer des Stammes die Nacht in Wâw verbracht; es waren zumal jüngere Männer, die noch nie mit den Karawanen in die Oasen des Südens gezogen waren, wo die Leute sich daran gewöhnt hatten, den Scharfrichter am Morgen in aller Frühe Bestrafungen vollziehen zu sehen.

Auf dem Platz wimmelte es von Gestalten.

Doch nicht allein auf dem Platz drängten sie sich in Scharen. Die Frauen von Wâw stiegen auf die Dächer, die Buben erklommen die rauhen salz- und lehmverschmierten

Mauern von beiden Seiten und liessen ihre nackten Beine baumeln. Mitten auf dem Platz stand ein hünenhafter schwarzer Scharfrichter vor einem runden Palmstammblock, der, von seiner Wurzel abgehauen und von der fernen Oase herangeholt, sich auch der mühsamsten Bearbeitung widersetzte; deshalb hatte der Richter al-Schankîti vorgeschlagen, ihn als Block zur Enthauptung von Rebellen und zur Hinrichtung von Sündern zu verwenden.

Der Richter blieb angesichts des Richtblocks stehen und schaute sich um. In langer Reihe standen seine Helfer und sein Sekretär, der die weisen Urteile aus seinem Mund aufschnappte, um sie mit der Rohrfeder dem vergilbten Papier anzuvertrauen.

Angeführt vom Hauptmann der Wache, schleppten die Wächter den Gefangenen heran. Im Gesicht des Derwischs bemerkte der Richter trotz der noch herrschenden Dunkelheit eine geheimnisvolle Freude. Ein überraschender Glanz lag darauf. Die Fahlheit und der Schmerz waren verschwunden und hatten einem anderen, unerklärlichen Ausdruck Platz gemacht. Die Haut war glatt und weich, wie mit dem pharaonischen Olivenöl eingerieben, das die Händler vom Dschebel Nefûssa mitbringen. Die Augen leuchteten geheimnisvoll, Zeichen der Freude und der Hoffnung auf Erlösung. Selbst das schielende Auge sprach von der Glückseligkeit. Auf den Lippen sah der Richter ein vieldeutiges Lächeln, weder spöttisch noch hasserfüllt. Ein klares, fernes Lächeln, das nicht auf Hiesiges gerichtet war. Ja, es war nicht provozierend, nicht irdisch. Aber der Richter, der nichts von den Almoraviden wusste und auch nichts von den Sufiorden, der Richter Bâba al-Schankîti, der noch nie mit Derwischen und noch nie mit Verzückten zu tun gehabt hatte, trat vor den Gefangenen hin und fragte gereizt: „Warum lächelst du?“

Der Derwisch antwortete nicht. Er blickte nach innen, dorthin, wo sein Herz lag, und das seltsame Lächeln verschwand nicht von seinen Lippen, ja, es überflutete sein ganzes Gesicht. Der Richter schaute ihn einige Augenblicke an, ohne jedoch seine Frage zu wiederholen. Einer der Helfer trat zu ihm und flüsterte ihm etwas ins Ohr. Er lauschte mit Interesse und wandte sich dann nochmals dem Gefangenen zu. „Alle Gesetze sehen vor, dass man den Verurteilten nach seinem letzten irdischen Wunsch fragt", erklärte er ihm, „und der Sultan hat sich verpflichtet, dir jedweden Wunsch zu erfüllen, wie gewaltig oder schwierig zu erfüllen er auch sei. Ich glaube, er tat das auf besonderen Rat deiner Freundin, der Prinzessin. Äussere dich also und sei gewiss, dass dein Wunsch ...."

Das Engelslächeln auf dem Gesicht des Derwischs wurde gequält. Es ging zurück, verschwand schliesslich völlig und machte einer irdischen Spannung Platz. Die weltliche Sorge kehrte zurück, aus dem Auge sprachen Elend und ... Zorn. Dann, plötzlich, brach Mûssa in hysterisches, unbändiges, teuflisches Gelächter aus, das in völligem Widerspruch zu seiner würdigen, göttlichen Haltung stand, die ihn noch kurz zuvor gekleidet hatte. Der Derwisch wurde wieder ein armseliges, irdisches, hiesiges Wesen. Und niemand verstand den Zusammenhang zwischen dieser Verwandlung und der Frage nach seinem letzten Wunsch. Niemandem war es vergönnt, die Verbindung zwischen diesen beiden Dingen herzustellen.

Dann hielt er inne.

In diesem Augenblick bahnte sich der Herold einen Weg durch die Menge, die den Verurteilten auf dem Platz umringte. Vor dem Richter warf er sich auf die Knie. Die Helfer lauschten seinem keuchenden Atem und wechselten mit Bâba in der Dunkelheit Blicke.

„Hier ist der Beweis“, rief der Herold. „Der Derwisch hat Têmet nicht getötet; es war der Imam, der sie umgebracht hat.“

Totenstille. Man hörte die Leute atmen. Man hörte die Herzen pochen. Und fast hörte man die Gedanken, die den Leuten durch den Kopf gingen.

„Der Imam?!“ Die Stimme des Richters zerriss das Schweigen.

„Ja.“

„Und wo ist der Beweis?“

„Ich habe ihn am Morgen des Verbrechens aus dem Zelt der Seligen kommen sehen. Er eilte in sein Zelt und hielt etwas fest, ich glaube, es war das Kästchen mit dem Gold.“

„Seltsam. Du bist blind. Du hast ihn also im Traum gesehen?“

Der Herold schwieg einen Augenblick, schluckte und sagte dann: „Nein, ich habe ihn gesehen.“

„Gesehen?“

Keine Antwort.

„Ist das ein weiteres Rätsel der Zauberer?“

„Ich habe vierzig Jahre lang in der Höhle der Finsternis gelebt“, begannt der Herold mit gequälter Stimme, „und in dem Augenblick, da der Himmel mir meinen Blick erleuchtete, habe ich den Mörder gesehen. Dann schloss ich meine Augen wieder in Erfüllung einer Verpflichtung, die ich mir selber auferlegte habe, eines kleinen Gelübdes für den Himmel, ich würde noch vierzig Tage hinter einer Augenbinde verharren, um völlig zu gesunden und meine Sehkraft wiederzuerlangen. Aber du hast es abgelehnt, mir die vierzig Tage zu gewähren, und so habe ich beschlossen, die Sehkraft für die Wahrheit hinzugeben. Ich opfere das Licht für den Derwisch, denn was nützte es, wenn ich die Sehkraft gewönne, während du den Derwisch köpfen lässt? Das finstere

Gewölbe ist gnadenlos, hoher Richter, aber der Tod des Derwischs wäre ein noch gnadenloseres Unrecht."

Mit einer einzigen Bewegung zog er das Gesichtstuch beiseite, und mit zitternden Händen löste er den Knoten der Augenbinde. Dann erhob er sich, barhäuptig, mit offenen Augen. Rannte unter den Umstehenden herum wie ein Wahnsinniger und rief unablässig: „Das bist du, hoher Richter. Das ist dein blaues Gewand über deinen Schultern. Das ist dein verehrter Sekretär mit dem Papier und dem Schreibrohr in der Hand. Und das ist Karîmo, der Hauptmann der Wache. Und das ist der Derwisch in seinen blut-, fett- und staubverschmierten Kleidern. Und da ist auch der Richtblock aus dem Palmstamm. Willst du noch einen weiteren Beweis dafür, dass Gott sein Licht in meine Augen gesenkt hat?"

Ein Getümmel erhob sich.

„Ergreift den Imam!" befahl der Richter mit lauter Stimme der Wache. „Bringt den Imam mit dem dicksten Seil gefesselt!" Hektisch und nervös schritt er im Kreis umher. Er spürte, dass ein himmlischer Schlag sein Gewissen als Richter, seine Ehre als Richter, seinen Ruf als Richter getroffen hatte. Mit seinem Armstumpf fuchtelte er in der Luft herum und befahl dem Scharfrichter: „Lass diesen Elenden gehen!"

Die Frauen des Stammes stiessen Jubeltriller aus.

Das Getümmel war ungeheuer.

Die Morgendämmerung atmete. Neues Licht drang herein und überflutete den Platz. Die Nacht trennte sich vom Tag, und der Himmel beendete seine Vereinigung mit der Wüste.

Der Hauptmann der Wache löste dem Derwisch die Fesseln. Auch der bestialische Palmfaserstrick war blutverschmiert; er hatte das Blut des Derwischs geleckt.

Die Jubeltriller hielten an.

Die Wächter kehrten zurück. Sie traten mit dem Richter beiseite und flüsterten ihm eine wichtige Neuigkeit ins Ohr. Über sein Gesicht legte sich ein Schatten, er blickte finster und trat mit gesenktem Haupt zu seinen Helfern. Dann schaute er auf die Menge und teilte ihr die Neuigkeit mit: „Gestern wurde auch der Imam getötet!" Es klang, als wolle er sie beschimpfen.

In dem Augenblick, als der Richter seinen Satz vollendet hatte, sprang der Derwisch auf und stürzte sich auf den Herold. Der Wahnsinn brach ihm aus den Augen, der Schaum stand ihm auf den Lippen, und der Speichel troff ihm aus dem Mund. Er warf sich auf seinen Retter und umklammerte seinen Hals mit beiden Händen, wild entschlossen, ihn zu erwürgen. Mit zornbebender Stimme brachte er hervor: „Du Idiot! Wer hat dir erzählt, ich wollte leben? Wer hat dir erzählt, mir läge daran, unter diesen Bestien zu bleiben? Hast du deine Sehkraft zurückbekommen, um deine Einsicht zu verlieren, Elender? Wärst du doch einsichtig geblieben. Du warst sehend und bist erblindet. Jetzt bist du blind! Ja, blind!"

Die Wachen zogen ihn fort, doch er widersetzte sich. Er versuchte, sich aus ihren Händen zu befreien. Der Schaum auf seinen Lippen wurde dichter, sein Blick noch wahnsinniger, die Augen traten hervor. Der Herold aber kroch verzweifelt auf dem Boden umher und suchte sein Gesichtstuch.

„Verzeih mir!" brachte er weinend hervor.

Der Schleier der Dunkelheit senkte sich über seine Augen. Er stürzte zurück in das Gewölbe.

7

Der Sultan bestellte ihn zu sich. Als er in den Palast ging, um der Aufforderung Folge zu leisten, hielt ihn der Kämmerer auf und liess ihn unter dem Vorwand, der Sultan sei gerade in einer Besprechung mit den Kaufleuten, in der finsteren Halle warten. Mit nervösen Schritten ging er auf und ab und dachte über den Fluch nach, der ihn verfolgte, entschlossen, ihn seiner richterlichen Tätigkeit zu berauben. Im Lande Schankît hatte es begonnen, dann hatte ihn dieser Fluch durch die ganze Wüste verfolgt und ihn jetzt auch in Wâw eingeholt. Kaum hatte der Sultan von Schankît ihm das Richteramt anvertraut und er das erste Urteil – Handabhacken für den elenden Wegelagerer – gefällt, da verlor er auf dieselbe Art und durch eben diesen Wegelagerer seine eigene Hand. Doch hier endete der Hohn des Schicksals nicht. Nein, der elende Verbrecher bediente sich desselben Richterspruchs, mit dem er sein Urteil begründet hatte: „Auge um Auge, Zahn um Zahn." Und diese Bestie von Mensch fügte diesem der Richtertradition entnommenen Spruch noch einen gnadenlosen Satz hinzu: „Ich werde dich lehren, was es heisst, die Urteile der Magier in der Wüste zu verbreiten." Wieder auf dem Weg der Genesung ging er zu einem Fakîh, der für sein Wissen und seinen asketischen Lebenswandel bekannt war, und erkundigte sich bei ihm, ob das Rechtsprinzip „Auge um Auge, Zahn um Zahn" seinen Ursprung bei den Magiern habe. Seines Wissens, erklärte der Asket, entstamme es den Schriften der Juden. Doch Gott wisse es am besten. Die Antwort überraschte ihn und war ihm unverständlich. Er fällte weiterhin Urteile nach demselben Leitsatz, bis sich der Zauber gegen den Zauberer wandte, und die Klinge seine eigene Kehle traf. Er hatte einen vorüberziehenden Händler zu dreizehn Peitschenhieben verurteilt, weil er einen Mitreisenden in der Karawane tätlich angegriffen hatte, nachdem er sich mit ihm nicht auf den Reisepreis hatte einigen können. Doch schon am Tag nach der Vollstreckung des Urteils fand sich der Richter an einen Palmstamm gefesselt und seinen Rücken mit einer Peitsche traktiert. Die Helfer des Händlers peitschten ihn aus und liessen ihn, blutend, dort zurück. Als man ihn am folgenden Morgen fand, waren der Händler und seine Helfer schon weit.

Wegen eines Urteils, das sein letztes dort sein sollte, wurde er schliesslich aus dem Lande Schankît verjagt.

Ein reicher Notabler wurde ihm übergeben, der in die Tötung eines Widersachers, eines Nebenbuhlers um das Herz einer Frau von zweifelhaftem Ruf, verwickelt war. In der Begründung seines Urteils erwähnte er die Gesetze der Erde und die Gesetze des Himmels gemäss der Sitte, und er liess die versammelten Notabeln sein altes Prinzip hören: „Auge um Auge, Zahn um Zahn; und wer tötet, soll getötet werden." Dann sprach er das Urteil. Enthauptung des Angeklagten durch das Schwert.

Das Urteil überraschte die Notabeln, und in der Nacht schickte der Sultan einen Boten zu ihm und liess ihm mitteilen, sie hegten die Absicht, ihn zu überfallen und zu töten. Sein Leben sei in Gefahr, teilte ihm der Gesandte mit, und er sehe keinen anderen Weg, das Schlimmste abzuwenden, als dass er unverzüglich Schankît verlasse und in die Wüste gehe.

Er floh in selbiger Nacht.

Während seiner langen Reise durch die Wüste versuchte er, den Zauber zu lösen und das Geheimnis des Fluchs zu verstehen. Er erinnerte sich an seine Kindheit und folgte dabei dem Rat seines respektgebietenden Lehrers, der ihm einmal sagte: „Wenn du je unfähig bist, etwas zu verstehen, so suche nach der Erklärung in deiner Kindheit." Wo in seiner Kindheit könnte man nachforschen? Wo wäre eine Rechtfertigung dafür, dass ihn der Fluch verfolgte? Was gab es damals denn anderes als Sorge, Blutvergiessen und Stammesmetzeleien? Eine Stammesmetzelei hatte ihn zur Waise gemacht, sie war schuld an der Tragödie, die ihm als noch nicht sechsjährigem Jungen den Vater nahm. Das war ein weiterer Schlag, den er nicht vergessen würde. Ein feindlicher Stamm überfiel ihr Lager wegen einer alten Blutrachegeschichte. Sie töteten die Männer und führten die Frauen in Gefangenschaft. Auch seine Mutter war darunter. Die Krieger führten sie wie eine Herde weg ins Lager des feindlichen Stammes. Sie liessen sie im Freien stehen und machten sich an die Verteilung von Beute und Vieh durch das Los.

Seine Mutter gehörte zum Anteil eines Notabeln, der mit dem Stammesscheich verwandtschaftliche Beziehungen hatte. In der Nacht nach der Teilung machte ihm seine Mutter ein üppiges Abendessen und richtete ihm ein warmes Bett in einem speziell von dem Mann errichteten Zelt. Mitten in der Nacht schreckte er auf. Die Auseinandersetzung hatte ihn geweckt. Seine Mutter kauerte weinend neben der Zeltstütze, und der bestialische Mann drosch mit dem Ledergürtel auf sie ein. Er schrie auf und warf sich in ihre Arme, aber der Mann hörte nicht auf, sie mit dem Gürtel zu traktieren.

Am Morgen verzichtete die Bestie zugunsten des Stammesführers, seines Verwandten, auf sie. Also zogen sie um in ein neues Zelt, das ihnen der Stammesführer errichtet hatte. Nach weniger als einem Jahr verzichtete auch dieser auf sie, oder vielleicht schied er sich auch von ihr, und sie verband sich mit einem anderen, alten, Mann, der draussen auf den Weiden wohnte, weit entfernt von den Zelten des Stammes.

Seine Mutter blieb ihm nur als eine elende, weinende, verzweifelte Frau in Erinnerung, die unter der Bestialität fremder Männer litt. Und da er die Ungerechtigkeit verabscheute, beschloss er, sich der Billigkeit anzunehmen und das Haupt der Gerechtigkeit zu heben.

Von den Fakîhs lernte er den Koran, und in den Oasen eignete er sich die religiösen Rechtswissenschaften an. Sein Lehrer förderte ihn, und so konnte er die Grundlagen der Jurisprudenz in Marrakesch studieren. Danach kehrte er nach Schankît zurück, um dort den gottwohlgefälligen Beruf auszuüben. Könnte etwa in der Bestrafung des Unrechts und in der Etablierung der Gerechtigkeit etwas liegen, was die Götter erzürnt und das Schicksal provoziert?

8

Der Kämmerer liess ihn eintreten. Der Sultan erhob sich nicht, ihn zu begrüssen. Er schüttelte ihm die Hand, ohne seine Haltung zu verändern. Rechts des Sultans sass ein würdiger alter Mann, an dessen Bewegungen, Blick und Vitalität der Richter einen Kaufmann erkannte. Der Sultan liess ihn auf einem Kelim neben sich Platz nehmen.

„Mir sind da allerhand Dinge zu Ohren gekommen, die sich auf dem Platz abgespielt haben“, begann er in rätselhaftem Ton; „ausserdem die Nachricht vom Tod des Imams.“ Er wechselte einen Blick mit seinem Besucher, dem Kaufmann, und fuhr dann fort: „Ebenso sind mir deine unbarmherzigen Urteile zu Ohren gekommen.“

„Unbarmherzig?“ ereiferte sich Bâba überrascht.

Der Sultan wechselte einen weiteren Blick mit seinem Gast. Sein Tonfall blieb geheimnisvoll: „Ich kann sie kaum barmherzig nennen. Ich wüsste nicht, welches Urteil unbarmherziger sein könnte als die Hinrichtung.“

Dem würdigen Kaufmann entschlüpfte ein spöttisches Lachen. Bâba starrte ihn hasserfüllt an. Der Richter spürte intuitiv, wie die Schlinge enger wurde. Er setzte zur Verteidigung an: „Auge um Auge …“

Der Sultan unterbrach ihn angewidert. „Ich weiss, ich weiss. Auge um Auge, Zahn um Zahn. Ich weiss auch, dass wer tötet, getötet werden muss, nach dem Gesetz des Himmels und dem Gesetz der Erde. Aber beantworte mir eine Frage: Was würdest du antworten, wenn du dem armen Derwisch schon den Kopf abgehauen hättest? Was würdest du mit deinem Gewissen machen, das mit dem Triumph der Gerechtigkeit jubiliert, wenn der elende Herold sich nicht eingeschaltet und dich davor bewahrt hätte, das Blut einer unschuldigen Seele zu vergiessen? Beantworte mir diese Frage!“

Bâba sagte nichts. Schweigen herrschte, bis der Sultan wieder das Wort ergriff. „Ist nicht dieser Herold zu dir geeilt und hat um einen Aufschub von vierzig Tagen gebeten? Hat sich nicht der alte Bakka eingeschaltet und für den Derwisch Bedenkzeit und Barmherzigkeit und die Entfernung dieser schrecklichen Folterstäbe erbeten? Weisst du eigentlich, dass der arme Herold sein Gelübde gebrochen hat und deshalb wieder blind geworden ist? Was sagt dir dein Gewissen als Richter jetzt?“

Die Schlinge schloss sich immer enger um seinen Hals. Er hub zum Plädoyer für sich selbst an, um die gegen ihn gerichtete Anschuldigung zurückzuweisen. „Ich gebe ja zu, dass das Schicksal die Hinrichtung des Derwischs verhindert hat.“

Der Sultan unterbrach ihn mit Magierzorn. „Das reicht jetzt. Dieses Zugeständnis reicht mir, dich zu fragen, seit wann sich Richter bei der Rechtfertigung ihrer Urteile auf das Schicksal stützen.“

„Der Sultan möge mir festzustellen erlauben, dass alle Beweise gegen den Derwisch sprachen. Er hat gestanden,

den Dolch gestohlen zu haben. Er hat auch eine Feindschaft gestanden ..."

„Aber er hat nicht gestanden, das Verbrechen verübt zu haben, sondern er hat mit Nachdruck abgestritten, irgend etwas mit der Geschichte zu tun zu haben. Wie kannst du die Todesstrafe verhängen, ohne irgendwelche Zeugen zu haben, ohne ein Geständnis zu haben, ohne einen schlüssigen Hinweis zu haben? Was ist das für eine Richterei, die man dir da in Marrakesch beigebracht hat, die diese Bedingungen nicht berücksichtigt? Oder haben dich die feindlichen Stämme speziell geschickt, um Zwietracht in Wâw zu säen und den Stamm gegen den Sultan aufzuhetzen?"

Der Richter erschrak. Seine Augen traten hervor, Unterwürfigkeit und Ablehnung mischten sich in seinem Ausdruck. „Gott bewahre! Da sei Gott vor! Wenn der Sultan mir sein Vertrauen entzieht, so biete ich angesichts dieses Gastes meinen Nacken."

Der Sultan zog sein Gesichtstuch über den Lippen zurecht. Auf seiner Brust blinkte der goldene Schlüssel. „Wenn der Imam nicht getötet worden wäre, welche Strafe hättest du über ihn verhängt?" fragte er.

Der Richter zögerte nicht. „Natürlich die Todesstrafe."

Der Sultan wechselte mit seinem Gast einen raschen, bedeutungsvollen Blick. „Ist das Trotz?"

„Gott stehe mir bei. Das ist Gerechtigkeit, nicht Trotz."

„Und was ist der Beweis?"

„Das Zeugnis des Herolds."

„Ist denn sein Zeugnis zulässig, wenn man weiss, dass zwischen den beiden eine Feindschaft bestand?"

Bâba dachte einen Augenblick nach. „Ich gebe zu", sagte er dann, „dass dies die Angelegenheit etwas verändern würde."

„Ich hatte erwartet, du würdest sagen, dass dies die Angelegenheit völlig verändern würde. Aber warte! Weisst du schon, wer den Imam umgebracht hat?"

„Ich habe meine Nachforschungen noch nicht begonnen."

„Kannst du dir vorstellen, dass ein vorzüglicher Mann, ein würdiger Scheich, ein angesehener Kaufmann, der überdies noch ein alter Freund von mir und von ganz Wâw ist, eine solch abscheuliche Tat vollbringt? Bist du fähig, dir vorzustellen, dass Hadsch al-Bikâj mit seinem weissen Bart und seiner ehrfurchtgebietenden Haltung bei Nacht heranschleicht, einen Dolch zückt und den Imam auf seinem Lager meuchlings ermordet?"

„Nein!"

„Weisst du auch warum? Die beiden Räuber gerieten in Streit. Sie hatten abgemacht, die Seherin mit dem Dolch aus dem Weg zu räumen, den der Derwisch gestohlen und dann im Akazienwadi verloren hatte. Dann wollten sie sich ihres Goldes bemächtigen. Doch es kam zum Streit um die Beute, der ehrenwerte Mann griff zum Dolch und floh dann nach Mursuk."

„Nein!"

„Sag mir, welches Urteil hätte Hadsch al-Bikâj zu erwarten, wenn ich ihn dir in Ketten zur Bestrafung vorführen würde?"

„Die Todesstrafe", beeilte sich der Richter zu antworten. „Welches andere Los könnte eine Kreatur erwarten, die Wasser und Salz verraten hat?"

„Aber warum bist du so hastig mit deinen Urteilen. Kannst du dir nicht vorstellen, dass die Menschen elende Geschöpfe in dieser Welt sind, dass sie nur einen schwachen Willen haben und dass ihnen die erbarmungslosen Umstände des Lebens das Rückgrat brechen? Fühlst du denn diesen Geschöpfen gegenüber keinerlei Mitgefühl?"

„Das Mitgefühl dem Sünder gegenüber ist das Grab der Gerechtigkeit. Der Richter, der einem Mörder gegenüber Mitgefühl zeigt, verrät sein Gewissen, vergreift sich an der Gerechtigkeit und wird so selbst zum Mörder."

„Jetzt hör mir mal zu, hör mal gut zu. Du kennst die Geschichte von al-Bikâjs Bankrott, du weisst, dass er von mir Gold geborgt hat, um mit seinen Finanzen wieder ins reine zu kommen. Aber du weisst nicht, wie ihm das Schicksal danach mitgespielt hat. Sie haben das zweite Geschäft, in das er sein Herz gelegt und an das er sein Haupt geknüpft hatte, in die Hände der Gläubiger gegeben. Aber dieses Pack hat sich damit nicht begnügt. Im Gegenteil, sie haben sogar noch den Gouverneur überredet, seine Frau und seine Kinder auf dem Sklavenmarkt zu verkaufen, um ihren alten Feind gründlich zu erniedrigen. Da kehrte er in die Oasen des Südens zurück, um, gleichgültig wie, genügend Gold zusammenzubringen, um seine Frau und seine Kinder zurückzukaufen, bevor die Christen mit ihnen über alle Meere verschwunden wären. Verdient ein solcher Mann kein Mitgefühl im Herzen des Richters?"

„Er verdient entschieden das Mitgefühl von Bâba, aber er verdient es nicht vom Richter. Es ist das Recht aller, ihm Sympathie zu erweisen und über die Unbarmherzigkeit seines Schicksals zu weinen. Das Richteramt aber, Herr Sultan, anerkennt diese Sprache nicht, es versteht diese Sprache nicht. Der Richter verurteilt ihn unter allen Umständen zum Tode."

Der Sultan schaute ihm lange in die Augen. Dann sagte er rätselhaft: „Lass mich dir sagen, dass das, was dir fehlt, die Barmherzigkeit ist." Dunkelheit schlich sich in seine Augen, als er traurig fortfuhr: „Ich kenne jetzt die Ursache für dein Elend als Richter. Ich weiss auch, warum der Wegelagerer dir die Hand abgeschnitten hat und warum dich die

Notabeln aus dem Lande Schankît verjagt haben. Die Ursache ist deine Unbarmherzigkeit. Du bist ein Mann, der eine elende Kindheit verbracht hat und der in den Leuten nichts anderes sehen will als die brutalen Männer seiner Mutter. Du hast dieses Leben mit dem Studium des Rechts verbracht, nicht um das Haupt der Gerechtigkeit zu heben, sondern um dich an den bestialischen Männern deiner Mutter zu rächen. Jawohl. Du hast dieses ganze Leben gelebt, um in deinem Herzen allein die Rachsucht zu pflegen. Du bist ein hasserfüllter Mensch!“

Der Richter zuckte nicht mit der Wimper, senkte nicht den Kopf. Er starrte weiter auf den Sultan und erklärte: „Keine Macht kann mich dazu bringen, auf die Strafe zurückzukommen.“

Der Sultan unterbrach ihn ein weiteres Mal. „Das ist der Unterschied zwischen dir und mir. Ich will nicht, dass die Leute um mich herum verjagt werden.“

„Es betrübt mich, Herr Sultan“, sagte der Richter tapfer, „dass wir uns trennen, aber dies wird nie meine Anerkennung für Euch als Person beeinträchtigen, und ich versichere Euch, dass es auch nie meine Überzeugung beeinträchtigen wird.“

Es folgte ein bedrücktes Schweigen.

Als der Richter sich zu gehen anschickte, richtete zum erstenmal der Gast das Wort an ihn. „Vergib mir meine Aufdringlichkeit, aber weisst du nicht, dass die Welt aus Mördern und Ermordeten besteht? Und wenn wir nicht mit dem Mörder Erbarmen haben, so ist es nicht ausgeschlossen, dass die Menschheit völlig ausgerottet wird. Was hält der Richter von diesem Standpunkt?“ Der Besucher blickte erwartungsvoll.

„Wisset, vorzüglicher Scheich, dass die Gerechtigkeit das Gesetz Gottes auf Erden ist; sie legt keine Rechenschaft ab, auch nicht für die weitestgehende Strafe. Und selbst wenn die Verhängung der Strafe zur Auslöschung der menschlichen Gattung führen sollte, ist es trotzdem nicht am Richter, sich in die von Gott festgelegten Strafen einzumischen. Was mich betrifft, so werde ich den Mörder zum Tod verurteilen, selbst wenn er der letzte Vertreter der Menschheit in der Wüste wäre."

Er ging hinaus. Niemand begleitete ihn.

9

Das Fieber warf ihn nieder. Er lag auf der rechten Seite, die Hand unter dem Kopf. Seine Augen brannten, sein ganzer Körper glühte. Am Abend stieg das Fieber noch weiter. Es peitschte ihn, und mit fortschreitender Nacht zitterte er immer stärker. Irgendwann kam der heilige Skarabäus. Er schleppte seinen mageren, armseligen Körper über den Sand, diesen gequetschten Körper, ausgezehrt durch den Verlust des heilenden Saftes. An der Zeltstütze blieb er sitzen und weigerte sich, näher zu kommen. Er kroch ihm nicht auf den Arm, und er spielte nicht auf seinem Gesicht herum. Er krabbelte ihm nicht ins Ohr. Auch er zitterte. „Du hast die Abmachung gebrochen", sagte er traurig.

Ein heiseres Aufstöhnen war die Antwort, ein fiebriger Seufzer.

„Du hast dich zugrunde gerichtet", fuhr er, jetzt drohend, fort, „und mich mit dir. Warum hast du die Abmachung gebrochen? Warum hast du mich und dich selbst zugrunde gerichtet?"

Er wollte sprechen, wollte dem Käfer erklären, dass er es tat, um mit seinem Augenlicht das Blut des Derwischs zu retten, da es nichts Gutes in der Wüste gibt, wenn der Gottesmann aus ihr verschwindet. Er wollte ihm erzählen, er hätte es nicht ertragen, das Schwert der Ungerechtigkeit auf den Nacken des unschuldigen Einsiedlers niederfahren zu sehen. Aber das Fieber lähmte seine Zunge. Er sank ins Gewölbe hinab, kehrte nach innen zurück, spähte in die Finsternis. Er kroch in die Höhle, würgend, aber entschlossen, den Tunnel bis zum anderen Ende zu durchschreiten, bis zum Licht. Er raffte sich auf, kroch weiter. Ein Fels versperrte ihm den Weg. Er versuchte ihn beiseite zu schieben. Es war ein grobes Stück von einem Berg, das ihm den Durchgang zur anderen Seite verwehrte.

Er hörte das widerliche Zischen in der Finsternis, ein Schauder entflammte seinen Körper. Er raffte alle Kraft zusammen, die er in seinen fiebrigen Gliedern fand, und machte sich an den barbarischen Felsblock. Doch der Bergbrocken war stärker. Die Schlange holte ihn ein, holte ihn ein nach einer über vierzigjährigen Verfolgung. Sie schlug ihren Giftzahn, der nach Menschenblut lechzte, in seinen Körper und sog zum dritten Mal das Leben aus ihm. Das erste Mal, das war damals, als sie seinen Ahn im Garten zu dem verbotenen Bissen verführte, das zweite Mal, als sie ihm die Sehkraft raubte, und das dritte und letzte Mal nun als Strafe, weil er das Vermächtnis nicht einhielt und die Losung der Wüste nicht respektierte, wonach die Schlange zu dir mit ihren Giftzähnen eilt, wenn du nicht mit einem Knüppel zu ihr gehst.

Schliesslich erschütterte ein Erdbeben die Höhle. Der Fels rollte beiseite und stürzte in die Tiefe. Er stürzte hinter ihm her, stürzte durch die Leere und die Finsternis, bis am anderen Ende ein Licht aufleuchtete. Und mit dem ersten Morgenlicht sah er den Behälter, den mit Abfall gefüllten Balg, ausgestreckt hinter sich in der Dunkelheit. Er ging weiter und erreichte das Licht.

10

Der Südwind erwachte, und drei Tage lang blies er den Staub.

Er verzieh sich nicht seinen wilden Zornesausbruch gegen den Herold, und so ging er hinaus in die weite Wüste. Im Akazienwadi blieb er und inspizierte seine Mütter, die Bäume. Wanderte von einem zum anderen und sah, wie bleich die Zweige da und dort geworden waren, wie welk ihre Blätter aufgrund des langen Dursts. Er schwebte zwischen ihnen umher, tändelte mit ihnen und sprach ihnen Geduld zu. Er versprach ihnen auch, ein Gelübde zu machen, damit Gott dem Südwind und der Dürre Einhalt gebiete.

Zwei Nächte verbrachte er dort und wartete auf das Wolfsrudel. Er schlief unter Sternentrauben und erwartete das schmerzvolle Heulen, das hungrige Lachen, das satte Weinen. Die weise Klage. Den Ruf seiner Ahnin, der weisen Wölfin, die seinen Ahn gesäugt und zwischen ihm und dem Wolfsrudel Brüderschaft hergestellt hatte. Die barmherzige Mutter, die ihn gewarnt hatte, ins Gehege der Menschen zurückzukehren, während er sich vom Zauber einer Eva leiten liess und so in ihm der Ruf der Lust über den Ruf der Weisheit siegte und er den Fluch über seine ganze Nachkommenschaft brachte. So komm doch, alte, weise Frau! Komm doch, wahre Mutter, barmherzige Ahnin, und höre das Geheimnis deines irregegangenen Enkels! Nimm ihn in dein Rudel auf, denn jedes Geschöpf muss zu seiner Wurzel zurückkehren, wie der Zugvogel in sein Nest, wie lange auch immer die Irrfahrt in Gottes ewiger Wüste gewesen sein mag. Nimm, gute alte Frau, deinen Enkel in das Rudel auf, damit er dir von der Irrfahrt deines Sohnes im Gehege der Menschen berichten kann. Von seiner erbarmungslosen Fremdheit unter ihnen. Nimm mich auf in das

Rudel und verzeih meinem Ahn, dass er in die Irre ging und dass er die Bestialität der Menschen nicht kannte. Nimm mich auf, damit ich dir erzählen kann, was sie mit ihm und mit seiner Nachkommenschaft getan haben. Nimm mich auf, bei Gott, damit ich dir erzählen kann vom tödlichen Gift, das er getrunken hat von den Lippen Evas, der Schlange.

Doch statt den traurigen Ruf zu vernehmen, pfiff ihm der Südwind in die Ohren, und der Staub hüllte ihn ein.

Er kehrte ins Lager zurück, um den Herold zu besuchen. Sein wilder Magierzorn über seinen Retter fiel ihm wieder ein, und das betrübte ihn und liess sein Herz mit Traurigkeit bluten. Auf dem Barsach* hatte er gestanden und auf die ewige Erlösung geblickt, als der Herold ihn auf die bestialische Erde zurückholte. Er zog ihn herab von dem aus Lichtfäden gewirkten himmlischen Thron, und plötzlich war er wieder in der Herde wilder Tiere, die sich mit Messer und Schwert um ein Stück jenes Unglücksmetalls bekämpfen. Er war ein Lichtpunkt im weiten, ewigen Raum und wurde, nach seiner Rückkehr vom Barsach und seinem Einzug in den Behälter, zu einem Stück Fleisch, das auf den kleinsten Schmerz reagiert. Einen Kratzer an der Stirn, einen Schnitt im Finger. Und wie erst auf das Ighâjighan, das selbst den Nerv ausbluten lässt.

Doch woher sollte der Herold wissen, dass er ihm durch sein Opfer die Erlösung versagt und ihn in das Gefängnis der Sinne und das Gefäss des Schmerzes zurückgeholt hatte?

Er verzieh ihm, weil er es nicht wusste. Er wollte ihn besuchen, um ihm vom Barsach der Erlösung und von der

* Koranisches Wort für eine „Schranke, die sie nicht überschreiten" (55, 20). Oft verstanden als Zeitraum zwischen Tod und Jüngstem Gericht und, übertragen, als Barriere zwischen zwei Dingen. (Anm. d. Übers.)

weglosen Weite des Lichts zu erzählen. Doch der Derwisch wusste nicht, dass ihm der Herold dorthin vorausgegangen und schon Teil der weglosen Weite geworden war.

11

Die Verwesungswoge überfiel ihn, und er hielt sich die Nase mit seinem Gesichtstuch zu. Er näherte sich dem Zelt von Norden her, von der Seite, die zum Îdenan führte. Der Wind trug ihm zum Willkomm die Verwesungswoge entgegen. Ihm wurde schwindlig und übel. Er ging ums Zelt herum. An den Pflöcken, von Norden her, kroch der Sand empor, ein hartnäckiger Hügel erhob sich in der Verlängerung des Zeltes. Am Eingang umlagerte der Sand auch den Holzhaufen und hatte sich auf Tee- und Essgeschirr gelegt. Die Asche war aus der Feuerstelle geblasen und als Staub herumgeweht worden. Nur die grossen Holzkohlestücke und ein paar halbverbrannte Zweige hatte der Wind in der Grube gelassen. Am Eingang erstreckte sich eine flache Sanddüne mit scharfem Grat und gieriger Zunge. Sie strebte, die Öffnung des Zeltes zu verschliessen und sich mit dem anderen, verborgenen Ende zu vereinigen, um bösartig das Halsband zu vollenden und den Grabkreis zu schliessen.

Der Wind schubste ihn mit Gewalt, mit barbarischen, wahnsinnigen Stössen auf das Grab zu.

Vorne an der Düne krochen ekelerregende Würmer in langer Reihe langsam aus dem Zelt. Aber hier nahm er den Verwesungsgeruch nicht wahr, da ihn der Wind in die entgegengesetzte Richtung forttrug.

Er schritt über die niedrige Düne und schob die Zeltplane beiseite. Sein Blick fiel auf den Balg. Der Körper lag ausgestreckt im rechten Teil des Zeltes. Der Kopf wies nach Osten, in die Gebetsrichtung, die Füsse streckten sich zur

Zeltstange. Auf der Erde, rings um den Körper, eine Mischung aus Fett, Blut und Verwesungssekreten. Darauf hockten dichte Scharen riesiger, fetter grünlicher Fliegen.

Der ganze Körper war mit Würmern übersät.

Das widerliche Getier kroch aus dem geöffneten, bläulichen Mund heraus und in die Nase hinein, aus den Nasenlöchern heraus und in die Augen hinein. Das linke Auge war aufgedeckt, über das rechte hing das Gesichtstuch hinab. Die Insekten tummelten sich in dem leeren, verloschenen Augapfel und frassen seinen nackten Überzug, der in Finsternis gefangen war und immer davon geträumt hatte, das Frühlicht und die Sonne zu sehen.

Auch aus den entblössten Gliedern quollen die Säfte, aus den Fingern der beiden Hände, die sich in zwei Handvoll Sand verkrallt hatten, und von den staubüberhäuften Füssen.

Neben der rechten Ferse erblickte er ihren Kopf. Den Kopf einer hässlichen Schlange, die ihn drohend anstarrte; ihr abscheulicher Körper war im Staub verborgen. Er spürte, wie ihn ein Schauder überlief. Instinktiv sprang er zurück, packte neben dem Brennholzhaufen einen staubbedeckten Knüppel. Ging zurück ins Zelt. Völlig von Sinnen. Erfüllt von einem unsäglichen Rachegefühl. Jenem uralten Rachegefühl, das er von seinen Vorfahren in einem uralten Vermächtnis geerbt hatte, das ihm gemeinsam mit dem Leben im Blut floss. Ein Rachegefühl einer Kreatur gegenüber, die den Ahn verraten, ihn zum Verbotenen verleitet, zum verbotenen Bissen verführt hatte, um so den ewigen Fluch des Exils und des Elends über seine Nachkommenschaft zu bringen.

Als er zurückkehrte, hatte sie ihren Körper aus der Erde hervorgeholt und den Kopf erhoben, bereit, sich zu verteidigen. Er liess den Knüppel auf sie niedersausen und schlug auf sie ein, bis der Kopf sich in einen Blutklumpen verwandelt hatte. Doch selbst dann war er noch nicht beruhigt. Die ewige Feindschaft hatte ihn gelehrt, dass die Schlange erst dann wirklich tot ist, wenn der Kopf vom Rumpf getrennt wurde. Sie kann sich totstellen, und wenn man sie verlässt, kommt sie hinterher und beisst einen bei der ersten Gelegenheit. Ohne ihre Hinterlist hätte sie den Ahn nicht betrügen und ihm den Garten nehmen können.

Er hängte sie über den Knüppel und trug sie hinaus zum erstbesten Stein. Legte den blutigen Kopf darauf und trennte ihn mit mehreren fanatischen Hieben mit einem scharfen Stein vom Körper. Das Blut verschmierte ihm die Hand und verspritzte ihm die Kleidung. Mit dem scharfen Stein scharrte er ein Loch, warf den abscheulichen teuflischen Kopf hinein und schüttete Erde darüber. Dann streckte er seine Hand nach dem Seilkörper aus und ergriff ihn am gezackten Schwanz.

Ein Schauder überlief ihn. Aber er beruhigte seine furchtsame Seele mit dem Gedanken, dass der Kopf der Schlange abgeschlagen und dies nur ein klebrig-hässlicher Strick aus Fleisch sei.

Zurück im Zelt legte er den abscheulichen Körper neben den toten Mann. Die Fliegen schreckten auf, und er roch das tödliche Gift. Er wankte hinaus. Sank neben der Feuerstelle zusammen und erbrach sich. Alle seine Eingeweide waren in Bewegung und drängten nach oben.

Die Sonne verschwand hinter der Staubwolke, aber die Scheibe war auch hinter dem Schleier noch hin und wieder sichtbar. Sie hatte schon eine weite Strecke auf ihrer Reise zurückgelegt und begann, sich nach Westen zu neigen.

Er trug Haufen von Brennholz zusammen und legte es auf die beiden Leichname. Entzündete das Feuer. Verliess das Zelt und stand andächtig da. Er nahm den Rauch nicht wahr. Der Wind entfachte das Feuer, gierige Flammenzungen wanden sich hoch und blickten von den Winkeln des Zeltes herab wie eine gereizte Schlange, die die Gelegenheit zur Attacke abwartet. Die Fackel loderte. Die Flamme schlug höher und höher. Das Zelt brannte lichterloh.

Die Leute rannten herbei.

Doch der Derwisch sah nichts, hörte nichts und antwortete auf keine Frage. Als die Flamme sich gelegt hatte, näherte er sich dem Aschehaufen und starrte lange in die gewaltige Feuerstelle. Die Windwogen reinigten unablässig die Glut und befreiten das Holz von der Asche. Niemand bemerkte das gedämpfte, traurige Zischen, das wie schmerzvolles Jammern aus dem grossen, runden Glutstück emporstieg, von dem nur er wusste, dass es der Schädel des Herolds war. Und in der Dunkelheit spürte niemand, dass die Tropfen, die aus seinen Augen quollen, um den gleissenden Knochen zu netzen, seine heissen Tränen waren. Nur der Schädel reagierte auf das fiebrige Nass mit schmerzvollem Stöhnen und freudig-trauriger Klage.

V. Das Geheimnis des Durstes

Wasser, du hast weder Geschmack noch Farbe, noch Aroma. Man kann dich nicht beschreiben. Man schmeckt dich, ohne dich zu kennen. Es ist nicht so, dass man dich zum Leben braucht: Du selber bist das Leben.
Antoine de Saint-Exupéry, *Wind, Sand und Sterne.* Der Durst

1

Das Verschwinden des Herolds soll den Zauber gebrochen und die Wirkung des Amuletts aufgehoben haben.

Alles wurde offenbar, als die Mädchen des Stammes ein rauschendes Fest organisierten, um den Abzug des „Todesrichters" aus der Ebene zu feiern. Dieses beehrte völlig überraschend die Prinzessin mit ihrer Anwesenheit. Interessanterweise behaupteten manche, diese „Ehrung" sei das Zauberwort gewesen, das den Amulettschutz aufhob, den der Herold vor seinem Tod für Ocha bewerkstelligt hatte. So soll Ochas hübsche Cousine die Magie zu Hilfe genommen haben, um sich seiner mit den Fesseln des Gesangs zu bemächtigen. Zu diesem Zweck habe sie das Fest organisiert. Aber sie hielt sich nicht an die erforderlichen Einzelheiten und war nachlässig bei der Durchführung der Rituale, wodurch sich der Zauber in sein Gegenteil verkehrte. Die Dschinnen machten sich die Nachlässigkeit zunutze. Sie eilten nach Wâw und schafften flugs die Prinzessin herbei, deren unheilvoller Besuch alles auf den Kopf stellte. Tênere gewann Ocha zurück, der in seine alte Krankheit verfiel und wieder zu ihrem Sklaven wurde.

Doch der Schlag brach der schönen jungen Frau nicht das Rückgrat. Sie wollte den Derwisch im Zelt seiner alten Amme besuchen, wo die Negerin ein Klagelied über Gelenkschmerzen, nachlassende Sehkraft und das Verschwinden des Derwischs anhob. „Er wohnt nicht hier", erklärte sie. „Er wohnt überall, nur nicht hier. Er lebt in jedem Haus, nur nicht in seinem eigenen. Wenn es anders wäre, wäre er kein Derwisch. Gott sei gepriesen!"

Die Sonne erhob sich ein paar Spannen über die fernen Gipfel im Osten. Die junge Frau ging fort, da vertrat er ihr draussen im Freien den Weg. Er lächelte. „Es heisst, du suchst nach mir."

Sein Gespür erstaunte sie. Sie hatte mit niemandem über ihre Absicht gesprochen, ihn zu besuchen, und er kam aus der entgegengesetzten Richtung. Auch sie lächelte. „Woher weisst du das?"

„Von deinen Augen. Von deinem Gang. Könnte einem Derwisch dergleichen verborgen bleiben?"

Sie lachte ihn an. Auch er lachte sie an. Er offenbarte ihr sein Herz: „Du bist das schönste Mädchen in diesem Stamm, in Wâw und vielleicht in der ganzen Wüste, Tamîma."

Sie zwinkerte ihm zu. „Schöner als Taffâwut?"

Er lachte.

„Ich weiss, dass du geschickt bist, wenn es darum geht, die Herzen der Jungfrauen gefangenzunehmen. Beabsichtigst du, dich in mich zu verlieben?"

„Wer würde sich in eine schöne Frau wie dich nicht verlieben? Du bist höher gewachsen als der grösste Dämon des Îdenan. Aber Ocha ist stolz und blind."

„Alle Mädchen des Stammes sind hochgewachsen, alle Mädchen der Wüste sind hochgewachsen. Die jungen Männer des Stammes kümmern sich nicht um die Statur. Die Statur ist nicht alles."

Plötzlich zuckte Mûssa zusammen. „Warte! Warte! Was fehlt dir? Ich weiss, dass du mich mit deinem Charme fesseln willst, jenem Rätsel, dem alle mit einem Stoffpanzer aufgeplusterten stolzen Männer erliegen. Jenem geheimnisvollen Schatz, ohne den keine Frau in der Wüste auskommt. Aber ich schwöre, dass dir dieses wertvolle Etwas nicht fehlt. Der Grund liegt nicht im Charme, im Schatz. Er liegt bei ihm, ja, bei Ocha. Er ist stolz und blind."

„Er sieht nur den Charme der Prinzessin. Das Fest hat in seiner Brust den alten Dämon geweckt, und nun rennt er hinter ihr her wie ein Jagdhund."

„Weil er blind ist. Das ist ein weiterer Beweis."

Sie trat ein paar Schritte auf ihn zu, schickte ihren Blick voraus. Dann tat sie eine geheime Absicht kund. „Sag mir, sag mir, hast du den Balg gesehen? Hast du den Balg wirklich gesehen?"

Er bestätigte es mit einer Kopfbewegung. Erinnerte sich an das Feld von Würmern, Fett und giftigen Sekreten; da senkte er den Kopf.

„Erzähl mir von dem Balg", bat sie kokett. „Ich bin gekommen, etwas darüber zu erfahren. Haben die Würmer das Fleisch des Toten verschlungen? Haben ihn die Fliegenschwärme gefressen, wie man erzählt? Ist aus seinem Fleisch gelblicher und grünlicher Saft gequollen?"

Er schaute auf und sah die Schlange. Er spürte einen Schauder, ohne zu wissen, wie jenes widerwärtige, ekelerregende Tier in dieses liebliche Geschöpf gekrochen war und sich darin eingerichtet hatte. In der hübschen Tamîma. Wie es sich in ihrem Körper festgesetzt und ihre Gestalt angenommen hatte. In ihr eingezogen war. In ihrem ovalen Gesicht, ihren neugierigen, lüstern glänzenden Augen, in ihrer hohen, schlanken Gestalt. Tamîma war eine Schlange. Die Frau war eine Schlange. Die Frau hatte den Herold getötet. Das Weib hatte ihn gebissen. Sich an ihm gerächt. Gerächt, weil er mit der Einsicht eines Blinden in ihr Inneres gesehen und über den Schmutz, den er sah, gesprochen hatte. Die sogenannte Schönheit hatte er für banal erklärt und so ihrem Stolz einen Schlag versetzt. Jetzt verstand er, dass der Herold nicht durch den Biss einer Schlange gestorben war. Er war gestorben, vergiftet vom Weib. Der Prinzessin oder Tamîma. Vielleicht von beiden gemeinsam. Sie hatten sich der ewigen Gefährtin bedient, hatten sie dirigiert, den Herold in die Ferse zu beissen. Die Magie von Aïr war imstande, die Schlange zu dirigieren. Die Schlange war der Bote der Prinzessin. Jetzt verstand er, warum Ocha ins Fieber gefallen und wieder zu Têneres Sklave geworden war. Ganz plötzlich offenbarte sich ihm etwas, das Gott nur den Propheten oder den auserwählten Heiligen zu wissen gab: Die Schlange war die Frau. Ha.

„Ja", sagte er ernst, „ich habe die Verwesung gesehen. Aber … warte! Diese Schlange hatte Têneres Züge."

2

Er begab sich nach Wâw, um die Prinzessin aufzusuchen. Sie begrüsste ihn herzlich. In ihren zauberhaften, klugen Augen sah er aufrichtige Freude. Sie liess ihn auf dem Kelim Platz nehmen. „In Aïr nennen wir deinesgleichen die gefährlichsten Zauberer", begann sie. „Die gefährlichsten Magier." Sie hielt ihm ihre hennagefärbten Hände vors Gesicht und begann, mit Hilfe der Finger seine Erfolge aufzuzählen. „Mit einem Schlag hast du mehrere Feinde zu Fall gebracht: erst die Seherin, dann den Imam, dann … dann sogar den Richter Bâba al-Schankîti. Wer imstande ist, alle diese mit einem Schlag zu erledigen, sollte der nicht der grösste Zauberer sein?"

„Hätten Zauberer denn den Mut, mit dem grössten unter ihnen zu wetteifern, demjenigen, der ihnen die Zauberei beigebracht hat?"

„Gibst du etwa zu, der grösste unter ihnen zu sein, derjenige, der ihnen die Zauberei beigebracht hat?"

„Gott behüte! Der grösste Zauberer ist Gott. Er stellte sich neben Mûssa und hauchte den Geist in seinen Stab, damit er sich in eine Schlange verwandelte, die eifrig die Schlangen aller anderen Zauberer verschlingt. Gott hat mir bestimmt, gegen alle ihre Stäbe aufzustehen, aber eine Schlange ist noch übrig, die mein Stab bisher nicht verschluckt hat."

„Erzähl mir, welche Schlange das Derwischreptil bisher zu verschlingen unfähig war. Sag es mir, bevor ich vor Neugier platze."

Mûssa lachte und sagte boshaft: „Tênere. Die Schlange der Zauberin Tênere."

Auch sie lachte und warf mit einer charmanten Bewegung den Kopf zurück. „Du weisst, dass ich keine Magie praktiziere."

„Alle Töchter Aïrs tun das."

„Wirklich?"

„Ja. Wenn nicht mit dem Zauber der Zauberer, dann mit dem der Schönheit."

„Deine Zunge ist wie Honig. Aber sie ist gespalten wie die Zunge der Schlange, und sie weiss wohl zu reden für die Ohren der Frauen. Es überrascht nicht, dass sich, wie ich sehe, alle Frauen des Stammes in dich verlieben."

Er lachte laut.

„Lach nicht, ich meine es ernst."

„Dieser armselige Mensch, den alle Frauen lieben, hat sich in seinem ganzen Leben in eine einzige Frau verliebt, und diese hat ihn als Boten zu ihrem Geliebten in die Berge geschickt." Er lachte.

Sie erschrak. Zog sich auf die andere Seite des Raumes in die Dunkelheit zurück. Dort blieb sie stehen und sagte, ohne sich umzudrehen: „Sei nicht grausam. Vergiss. Der wahre Held ist derjenige, der die Fähigkeit hat zu vergessen. Die Frau unterwirft sich nur dem Mann, der Vergangenes vergisst."

„Lasst die Liebe und erzählt mir von der Schlange, die Ihr geschickt habt, den Herold zu töten."

Sie wandte sich um. Seine Augen leuchteten im Dunkel der Ecke. „Die Schlange?" rief sie ärgerlich.

„An seiner Schwelle habe ich eine hübsche Schlange gefunden, mit Augen wie Euren und einem Gesicht wie Eurem, einem Kopf wie Eurem und einem Körper wie Eurem. Ha ..."

Sie unterbrach ihn. „Zwischen ihm und mir gab es keinen Grund zur Feindschaft."

„Doch, es gab einen", erwiderte er erbarmungslos. „Hat er Euch nicht Ocha genommen?"

„Wer hat dir gesagt, dass ich Ocha noch liebe? Hast du mich nicht gerade daran erinnert, dass du die Rolle eines Boten gespielt hast, der dem Mufflon der Berge meine Botschaft überbrachte?"

„Aber Ihr wollt Euch auch nicht von Ocha trennen. Gebt zu, dass Ihr Euch nicht von ihm trennen wollt. Ihr möchtet gern beide festhalten. Ihr seid eine Frau mit zwei Herzen. Eines auf den Bergen und eines auf der Ebene. Ha ..."

„Verlierst du den Verstand und kehrst zur Sprache der Derwische zurück?"

„Ich habe nie mein Paradies verlassen", brauste er auf. „Ich habe nie das Paradies der Derwische verlassen. Nur ein einziges Mal. Und Ihr wisst, wann das war. Aber ich wurde wiedergeboren und konnte in mein Paradies zurückkehren, das ich fast für immer verloren hatte. Und keine Frau der Wüste wird mehr imstande sein, mich mit irgendwelchen Verführungskünsten daraus hervorzulocken. Ihr seid eine

Schlange! Ihr wart nie etwas anderes als eine Schlange! Ihr habt den Herold gebissen, weil er Ocha von Eurem Weg abgebracht hat. Und Ihr werdet keine Ruhe finden, bevor Ihr nicht auch Ocha und Udâd mit denselben abscheulichen Zähnen gebissen habt. Aber Ihr habt etwas übersehen, das die Frau, die mit zwei Herzen liebt, von anderen Frauen unterscheidet. Also hört gut zu, wenn Ihr Euch retten wollt." Sein Atem ging hastig. Sein schielendes Auge war weiss überzogen. Aus seinem Mundwinkel quoll der Schaum. „Die Flut hatte das Wadi völlig gefüllt", fuhr er wie wahnsinnig fort. „Die Leute hatten sich auf den Erhebungen in Sicherheit gebracht, alle, bis auf die Jungfrau. Sie stand mitten im tosenden Wadi und lauschte den Rufen zweier junger Männer, die um ihr Herz buhlten. Einer von ihnen stand auf einem Hügel auf der Ostseite des Wadis, der andere auf einer Anhöhe genau gegenüber. Jeder lockte sie zu sich herüber, weil seine Seite höher sei als die andere und sicherer vor der verräterischen Flut. Die Jungfrau konnte sich für keine der beiden Seiten entscheiden. Sie rannte zum Hügel nach Osten, machte auf halbem Wege kehrt und lief zur Anhöhe in die andere Richtung. Dann hielt sie inne und wandte sich wieder zurück. Im Wadi aber stieg die Flut. Sie riss sie schicksalsgleich von der Erde und floh mit ihr auf immer dahin. Die Männer, wie die Dinge, wie Gott, ertragen es nicht, dass, wer sie liebt, sein Herz anderswo ablegt. Ihr seid in Gefahr, Tênere, Ihr seid wirklich in Gefahr." Sie folgte bestürzt seinen Worten. „Ihr seid in Gefahr. Das ist das Geheimnis." Er setzte sich und fuhr traurig fort: „Ich dagegen habe mein Paradies gefunden. Ich bin jetzt in meinem Wâw. Im wirklichen Wâw, nicht in eurem irdischen. Im ursprünglichen Wâw, nicht im sogenannten. Ja, ich kann mich rühmen, angekommen zu sein. In unserer Sprache gibt es etwas, das ‚Bescheidung' heisst. Kennt Ihr das Wort ‚Bescheidung'? Ich habe die Bescheidung mit dem Dolch erreicht. Der Dolch der Seherin hat der Schlange den Kopf abgeschnitten. Ha. Das ist eine Heldentat, die Ihr nie verstehen werdet. Das ist ein Bekenntnis, das Ihr nie verstehen werdet."

Sie unterbrach ihn ein weiteres Mal. „Nun verlierst du dich wieder in der Sprache der Derwische. Lassen wir die Bescheidung und die Bekenntnisse. Sag mir lieber, warum ich in Gefahr bin."

„Weil Ihr Euer Herz an zwei Männer gebunden habt. Weil Ihr noch immer zwischen dem Hügel und der Anhöhe hin und her rennt, ohne wahrzunehmen, dass Ihr mitten im Wadi seid. Das Herz an die Anhöhe und an den Hügel zu binden ist, als begehre man Himmel und Erde gleichzeitig. Eine Gier, die das Schicksal nicht verzeiht. Jawohl."

„Du kennst die Frau nicht. Du hast nie die Frau kennengelernt. Du sollst ja nicht einmal deine Mutter gekannt haben. Wie kannst du da behaupten, etwas über Frauenherzen zu wissen?"

Im Licht der untergehenden Sonne färbten sich ihre Wangen rot. Die Traurigkeit wich aus ihrer Schönheit, die aber nicht ihren Zauber verlor.

„Lass dir sagen", fuhr sie fort, „dass Gott die Frau geschaffen hat, damit sie sich der Herzen aller Männer bemächtigt. Die Schönheit der Frau ist der Besitz aller Männer. Eine göttliche Gabe auch für den entferntesten Mann in der Wüste. Die Männer müssen Gott für seine Gnade danken und sich vor ihm niederwerfen, weil er in der kahlen Wüste das schönste aller Geschöpfe geschaffen hat. Wie kannst du mir da zwei Herzen missgönnen? Wie kannst du für eine schöne Frau zwei armselige Männer für zuviel halten?"

Der Derwisch brach in schallendes Gelächter aus. „Das ist das seltsamste, was ich je gehört habe. Das ist Derwischerei."

„Weil du heute zum erstenmal eine Frau aus Aïr hörst. Was wissen denn die Männer eurer Wüste von den Frauen Aïrs? Oder eher, was wissen sie von Aïr? Sie glauben, da gäbe es nichts anderes als Gold, Zauberei und Magier."

„Da hast du Recht. Da gibt es Gold, Zauberei und Magier."

„Der wahre Schatz Aïrs sind seine Frauen. Sein eigentlicher Zauber liegt in seinen Frauen. Und auch das Credo der Magier liegt in seinen Frauen. Was meint also der Derwisch?"

„Mich interessiert weder das Gold, noch die Zauberei, noch die Religion der Magier. Ich habe Euch gesagt, die Frauen sind Schlangen, die ich mir aus dem Herzen geschnitten habe."

„Das werde ich dir nie glauben. Selbst wenn du ins Feuer sprängst, um es mir zu beweisen. Ich werde es dir nie glauben. Es gibt in der Wüste keinen Mann, dessen Herz nicht bebt und dessen innerstes Gemüt nicht zu tanzen beginnt, kaum dass sein Auge auf eine Frau der Wüste gefallen ist."

„Ha!"

„Der Derwisch ist keine Ausnahme. Der Derwisch ist ein Geschöpf der Wüste. Zweifelst du etwa daran, dass der Derwisch ein Geschöpf der Wüste ist?"

Er lachte. „Ich stimme Euch bei, dass der Derwisch ein Geschöpf der Wüste ist", kommentierte er spöttisch. „Aber er ist kein Mann. Jawohl."

„Du machst dich lustig über mich. Du spottest. Wann wirst du endlich aufhören zu spotten?"

Der Zorn verstärkte die Macht ihrer Schönheit. Doch die Würde war verschwunden.

3

Sonnenuntergang. Er traf sie beim Ziegenpferch.

„Du sollst die Prinzessin erbost haben“, schimpfte sie sofort.

„Ha.“

„Das gehört sich nicht.“

„Liebst du Tênere?“

„Zwischen uns gibt es keine Feindschaft.“

„Hat sie dir nicht Udâd weggenommen?“

„Ich weiss nicht, wer wem wen weggenommen hat.“

„Natürlich, die Frau ist es, die den Mann wegnimmt. Die Fesseln liegen immer in der Hand der Frau.“

„Fesseln?“

„Ja, Fesseln. Die siebzig Ellen lange Kette. Der Palmfaserstrick. Die Instrumente zur Versklavung. Die Frau will so viele Männer wie möglich zu Fall bringen, weil sie so viele Sklaven wie möglich verlangt.“

„Sklaven?“

„Die Frau sieht im Mann nichts als den Sklaven.“

„Das ist Narretei. Die Sprache der Derwische.“

„Ja. Der Stammesführer sagte, er hätte das von einem weisen Narren gehört. Die Weisheit liegt im Munde der Narren. Ha. Aber ich habe mich aus der Schlinge gerettet. Ich habe mich vor der Schlange gerettet.“

„Der Schlange?“

„Ich sagte ihr, ich hätte die Schlange mit dem Dolch der Seherin zerschnitten. Ich hätte die Schlange getötet; jetzt sei ihr Zauber wirkungslos und hätte sich gekehrt; er hätte sich gegen Ocha gekehrt, weil dieser nicht den Mut besitzt, die Schlange zu töten, wie ich es tat. Er wird nie Erfolg haben, ausser er tötet.“

„Das verstehe ich nicht. Das ist eine andere Sprache.“

„Ich sagte ihr, sie wäre in Gefahr.“

Taffâwut unterbrach ihn mit plötzlichem Eifer. „Genau das hat man erzählt. Du sollst ihr mit dem Schicksal gedroht und gesagt haben, sie wäre in Gefahr."

„Ja, das habe ich gesagt, und das sage ich weiterhin. Die Frau, die sich nicht zwischen zwei Männern entscheiden kann. Die Frau, die zwischen dem Hügel im Osten und der Anhöhe im Westen hin und her rennt, wird unweigerlich von der Flut weggerissen. Muss man sich dafür schämen? Aber sie hat über ihr Gesicht einen Schleier aus einem Regenbogen gelegt und erbost gesagt, die Männer von Asdschirr würden die Frauen von Aïr nicht kennen. Sie würden glauben, in Aïr gäbe es nichts anderes als Schätze, Zauberei und Magier, während sein eigentlicher Schatz die Frauen seien. Denn die Frau dort weihe sich, kaum geboren, allen Männern. Ja. Das hat sie gesagt. Die Frau ist ein Geschenk für die Männer der Wüste. Das Schicksal der Frau ist es, alle Männer zu lieben. Aber ich meine, dass es das wahre Schicksal der Frau ist, die Männer zu versklaven. Ihr Ziel ist es zu versklaven, nicht zu lieben. Die Liebe ist ein Köder. Ein Mittel zur Verführung, zu nichts anderem als zur Verführung. Ich habe ihr gesagt, ich würde mich nicht für die Frau interessieren. Das hat sie noch mehr erbost."

Sie folgte seinen Worten mit einem geheimnisvollen Lächeln. „Sie hat ja recht, erbost zu sein. Sagt man denn sowas einer Frau? Ich hatte dich für weiser gehalten."

„Nun, die Weisheit liegt im Mund der Narren. Da waren wir uns doch einig. Das würde der Narr des Stammesführers an meiner Stelle sagen. Aber vergiss die Prinzessin und hör mal, wie Tamîma dich in deiner Abwesenheit gelobt hat."

„Wirklich?"

„Sie sagte, du seist das schönste Mädchen auf der Ebene. Sie hat nicht nur gesagt, im Stamm, sondern auf der

Ebene. Ich bin sicher, du wirst auf dieses Kompliment stolz sein, zumal es aus dem Mund eines Notabelnmädchens stammt."

„Du bist ein Fuchs. Du behauptest, Frauen seien dir gleichgültig, und dann kitzelst du ihre Herzen mit süssen Worten."

„Ha."

„Aber hat Ocha wirklich die Leiche gegessen?"

„Es war dieser Hirte da, der ihn gesehen hat, nicht ich."

„Aber er ist wieder krank wegen Tênere; hat der Tod des Herolds etwas mit diesem Rückfall zu tun?"

„Das weiss Gott allein."

„Ist der Zauber der Frauen von Aïr so stark?"

„Das weiss Gott allein."

„Wie schlimm muss es um Ocha stehen, wenn er völlig umsonst von dem Leichnam gegessen hat."

„Gott wird es schon richten."

„Was wird er jetzt tun?"

„Das weiss Gott allein."

Sie begriff, dass er sich schon weit entfernt hatte und nach innen entschwebt war.

4

Achmâd war verzweifelt. Ganz Wâw sprach darüber, dass er Udâd im Tâdrart aufgesucht hatte, um ihn zu überreden, von der Prinzessin abzulassen und zu Ochas Gunsten auf sie zu verzichten. Doch der verliebte Mufflon weigerte sich standhaft, worauf Achmâd zur Massnahme des Ighâjighan griff. Er setzte drei seiner Helfer aus dem Kreis der Gefolgsleute auf ihn an und schleppte ihn an einem Palmfaserseil zwischen die Berge und die Höhlen. Er schlug die Adern seines Gehirns mit den Blitzen, die aufschienen, kaum dass die Schläge auf die Folterstäbe fielen. Doch da geschah etwas, das die Leute erstaunte und überraschte und von den Bewohnern von ganz Wâw wieder und wieder erzählt wurde. Mit jedem Schlag, der auf einen der Stäbe niederging, sprang Udâd wie ein echter Mufflon in die Höhe und lachte laut und frohlockend, und die Gipfel der Berge und die Mäuler der Höhlen warfen sein Gelächter als Echo und als geheimnisvolles Rumoren zurück. Die drei Gefolgsleute, die gemeinsam die Folterung durchführten, berichteten, Achmâd habe Schwindel und Verzweiflung gepackt, er habe den Strick weggeschleudert wie eine Schlange, die sich an ihm festhielt, und habe das Weite gesucht. Sie wüssten aber immer noch nicht, ob der Grund dafür Udâds provozierendes Gelächter gewesen sei oder ob das rätselhafte Rumoren aus den Höhlen eine Rolle gespielt habe, Achmâd das aber nicht zugeben wollte.

Einige Tage später versammelten sie sich in Ochas Zelt. Sie entzündeten ein Feuer und scharten sich darum. Einer der Gefolgsleute machte sich lustig über Achmâd.

„Du bist durcheinander. Hast du ihn für den Derwisch gehalten?"

„Was ist der Unterschied zwischen ihnen?" fragte Achmâd einfältig. „Ist etwa der Derwisch aus Licht und Udâd aus Feuer? Beide sind aus Wüstensand gemacht."

„Du weisst, dass wir Gefolgsleute vor langer Zeit Sklaven eurer Vorfahren waren."

„Ja, ich weiss."

„Weisst du auch, dass das Sklavenvolk von der Wiege an auf das Ighâjighan vorbereitet wird?"

„Wie das?"

„Das Ighâjighan wurde von euren brutalen Ahnen als Methode erfunden, um aufsässige und unbotmässige Sklaven zu bestrafen. In diesem Fall hat der Sklave das Recht, sich etwas auszudenken, um die Strafe der erbarmungslosen Herren erträglicher zu machen. Also begannen sie, die Adern des Kopfes abzutöten, indem sie sie ausbrannten und von Kindheit an mit einem Knüppel schlugen. Wenn das Kind dann älter wird, kann es die Folterung aushalten und die Bestrafungen der Herren ertragen."

Achmâd trank einen Schluck Wasser. Dann legte er den Gesichtsschleier über den Mund und rief: „Willst du damit sagen, dass Udâd von Kindheit an gegen die Sklavenfolter gefeit ist?"

Der Gefolgsmann lächelte und fuhr dann unbestimmt fort: „Wenn ihn seine Mutter nicht als Kind gefeit hat, muss er es von Natur aus sein. Und das ist die stärkste Art. Schon eine Art Zauber. Der Derwisch dagegen ..."

Als er verstummte, schauten ihn die Anwesenden neugierig an. Auch Achmâd war gespannt. Schliesslich fuhr der Gefolgsmann fort: „Das Ighâjighan ist die brutalste Folter, die die Wüste kennt. Nur bei seiner Anwendung wünscht man, nicht geboren zu sein. Allein das Ighâjighan zwingt den stolzen Reiter auf die Knie und lässt alle Scham vergessen. Ihr habt es nie erlebt, dankt Gott dafür. Ich dagegen ..." Plötzlich stand ihm der Schweiss auf der Stirn. Er senkte den Kopf. Zog das obere Ende des Gesichtstuchs über die Augen. Es herrschte ein gespanntes Schweigen. Dann ermannte sich der Erzähler: „Nicht die eigentliche Folter ist das Brutale beim Ighâjighan, sondern der Geschmack der Demütigung. Das Ighâjighan erniedrigt und demütigt den Menschen. Und wer die Demütigung erfahren hat, verachtet sich selbst. Und wer sich selbst verachtet, der sollte wirklich lieber sterben. Jeder Schlag, der auf einen Stab niedergeht, durchbohrt den Knochen und berührt die Ader mit Feuer. Die Ader des Gehirns. Dort, wo die Derwische wohnen. Ihr Zufluchtsort soll dort sein. Die Derwische von Serdlis nennen jenen Ort ‚das Innere'. Deshalb ist jeder Knüppelschlag ein Blitz, der ihre Zufluchtsstätte erschüttert. Versteht ihr jetzt die bestialischen Schreie des Derwischs?"

Niemand äusserte sich. In der Ecke des Zeltes war Ochas Jammern zu hören.

„Wisst ihr", fuhr der weise Gefolgsmann fort, „warum der teuflische Richter sich dieser Magierfolter bedient hat? Der Richter aus dem Lande Schankît wusste um das Geheimnis der Derwische. Er wusste, dass das Ighâjighan für die Derwische erbarmungsloser ist als der Tod. Dieser Richter ist eine schlaue Bestie. Und der Sultan ist das einzige Geschöpf in dieser Gegend, das sein Geheimnis verstanden hat. Ich weiss nicht, was dieser Satan Bâba mit uns getan hätte, wenn er noch länger hier gewesen und Richter in Wâw geblieben wäre. Möge die Religion des Sultans siegen."

„Möge die Religion des Sultans siegen", wiederholten die jungen Männer einstimmig.

5

Achmâd suchte nochmals Hilfe bei der schwermütigen Saite. Die Dichterin kam. Auch die jungen Mädchen strömten herbei. Die Dichterin nahm ihr trauriges Instrument und spielte allein während der ersten Hälfte der Nacht. Die Saite schluchzte auf. Füllte die weite Ebene mit wehmütigen Weisen. Der Gequälte wiegte sich zu den Klängen der einsamen Melodien, kummervoll berauscht. Als sie ermüdete, hielt sie inne. Sie wechselte ein paar Worte mit einem der jungen Mädchen; sie einigten sich insgeheim auf etwas. Dann strich sie wieder die Saite über die Saite und mordete die Herzen. Sie spielte eine klagende Melodie, und dazu sang das Mädchen ein Lied, das noch nie jemand gehört hatte. Es begann mit den Worten:

Keiner weiss, warum sie immer verdächtig, die Frau,
wenn sie allein
Keiner weiss, warum er immer heilig, der Mann,
wenn er allein

Das Gedicht endete mit einer schmerzvollen Zeile, die seither Losung der Wanderer ist:

Ukalân mân en mâîn
Idammâtagh ed ûmasagh ghâsîn
Arm und elend, so bin ich
Sterben, ach, sterben werd ich allein

In diesem Augenblick bekam Ocha einen schrecklichen Schüttelanfall. Das Weiss legte sich über seine Augen und beherrschte die Augäpfel. Im Licht des Feuers verloren seine hervorstehenden Wangen ihre Farbe. Der Kranke verfiel in einen Fieberwahn. Er wand und verkrampfte sich, und das Gesichtstuch rutschte von einem Mund, auf dem der Schaum stand. Achmâd eilte zu ihm, einige Burschen halfen ihm. Er zog einen Dolch aus dem Ärmel und begann, ihn dem Delirierenden über die Glieder zu ziehen, um die Dschinnen zu töten und Ocha zu befreien.

Der Derwisch kam und blieb in einiger Entfernung stehen, um das Befreiungsritual zu beobachten.

„Pass auf, Achmâd!" schrie jemand. „Er wird dir den Dolch entreissen."

Als Achmâd den Dolch wegsteckte, lachte der Derwisch laut und boshaft. „Warum befürchtest du etwas von dem Dolch für ihn?" fragte er spöttisch. „Wenn er wirklich im Zustand der Verzückung ist, wird er ihm nichts anhaben können, selbst wenn er sich tausendmal träfe."

In diesem Augenblick entkam der Verzückte. Er rannte hinaus in die Finsternis, die Menge hinterher. Die Sängerin hielt inne, die gespannte Saite zu morden.

„Fasst ihn, bevor er sich etwas antut!" rief Achmâd hinter

den Burschen her. „Haltet ihn fest, bevor er in den Brunnen springt!“

Ocha kämpfte mit den Burschen in der Finsternis, der Derwisch lacht ein weiteres Mal schallend. Achmâd trat zu ihm und fuhr ihn an: „Was gibt es da zu lachen? Warum lachst du? Zweifelst du etwa daran, dass er in Verzückung ist? Los, sag schon …“

„Wenn seine Verzückung echt wäre, müsste man keine Vorsichtsmassnahmen treffen. Der wahre Verzückte fliegt über Brunnenöffnungen hinweg, ohne hineinzufallen, er durchquert die ganze Wüste, ohne zu ermüden, er bleibt einen Monat wach, ohne den Wunsch nach Schlaf zu verspüren.“

„Das ist Derwischgeschwätz.“

„Ich rede von der Verzückung. Bei der wahren Verzükkung ist nichts zu befürchten.“

„Glaubst du, er tut nur so?“

„Ich glaube überhaupt nichts. Ich spreche ganz einfach von der wahren und von der falschen Verzückung.“

„Behauptest du, seine Verzückung sei eine falsche?“

Ein weiteres Lachen als Antwort.

6

Mûssa schwebte um Achmâd herum wie Molla-Molla um die Mutter von Tânis’ Nebenfrau. Er lief hinter ihm zwischen den Zelten durch, verfolgte ihn auf die Weiden, schlenderte neben seinen Kamelen draussen in der Wüste. Er folgte ihm sogar, wenn er ging, sein Bedürfnis zu verrichten. Achmâd störte und verdross das. Er wurde wütend und ging auf den Derwisch los. „Was willst du von mir?“ schrie er. „Warum folgst du mir wie ein Schatten? Bist du ein Mensch oder ein Dschinn?“

Er lachte. „Ich wollte dir etwas Gutes tun mit einem Geheimnis, für das du mir sehr dankbar sein wirst."

„Ein Geheimnis?"

„Ein Geheimnis, das den Liebenden auf ewig heilt."

„Scherzest du? Oder spottest du?"

„Leider werde ich es dir nicht anvertrauen können."

„Und warum nicht?"

„Weil es um Ocha geht."

„Zwischen mir und Ocha gibt es keine Geheimnisse."

„Ich fürchte, er hätte es lieber, wenn es ein Geheimnis zwischen mir und ihm bliebe. Ein dritter würde es nur ausplaudern."

„Dies ist der Stamm der Geheimnisse. Jeder, der hier den Mund aufmacht, behauptet, ein Geheimnis mit sich herumzutragen. Und dennoch sind alle Geheimnisse sofort auf aller Zunge. Sie verbreiten sich schon in der ganzen Wüste, während sie noch Gedanken im Herzen sind."

„Aber mein Geheimnis ist ein echtes. Ein Mittel gegen die Liebe, das zunichte wird, wenn man darüber spricht, das wirkungslos wird, wenn man sich darüber äussert. Trotzdem bin ich bereit, es dir mitzuteilen, wenn Ocha es erlaubt. Ich bin aber überzeugt, er hätte es lieber, dass es ein Geheimnis zwischen ihm und mir bliebe. Frag ihn doch, wenn du's nicht glaubst." Achmâds Zweifel waren nicht zerstreut. Mûssa ermutigte ihn: „Er wird todsicher geheilt werden. Er wird Tênere auf ewig vergessen."

„Tênere vergessen? Wer hat dir denn gesagt, dass er Tênere vergessen will?"

„Aber die Heilung kommt nur durch das Vergessen. Gibt es etwa eine andere Art der Heilung?"

„Warum nicht durch die Liebe. Er wird seine Sorge los sein, wenn die Prinzessin seine Liebe angemessen erwidert. Wie eine Liebende."

„Ha. Da machst du aber einen Fehler. Du sprichst von Besitzergreifung. Aus der Besitzergreifung entsteht Elend, nicht Heilung."

„Nun sind wir wieder beim Derwischgeschwätz. Ocha wird niemals dein Geheimnis akzeptieren, wenn es darum geht, die Prinzessin aufzugeben."

„Nicht einmal, wenn das seine Heilung bedeuten würde?"

„Es gibt keine Heilung fern von der geliebten Person. Es gibt keine Rettung fern von ihr. Das ist das Gesetz der Wüste."

„Lästere nicht die Wüste! Das ist das Gesetz der Sklaven, nicht das der Wüste. Aber warum setzt du dich eigentlich als Fürsprech für Ocha ein? Ist das nicht seine eigene Sache? Hast du das etwa aus seinem Munde, er wolle nicht geheilt werden?"

„Ich kenne den Charakter der Edlen. Ich weiss besser Bescheid als Ocha selbst."

„Nur Gott der Erhabene kann zu behaupten wagen, dass er besser Bescheid weiss als der Mensch selbst. Und ... aber warte! Du hast vom Charakter der Edlen gesprochen. Das ist das letzte Eingeständnis, das ich erwartet hätte. Der Charakter der Stolzen ist die Ursache, nicht das Gesetz der Wüste."

„Was nützt die Heilung, wenn er den geliebten Menschen verliert? Was soll er mit der Gesundheit anfangen, wenn die Frau entfleucht und sich dem Mufflon der Berge in die Arme wirft? Einem aus dem Stamm der Gefolgsleute! Was ist der Nutzen eines Lebens, wenn der Mann nicht elendiglich hinter einer Frau her rennt? Was ist die Wüste wert ohne die Liebe?"

„Das ist die Sprache der Sklaven."

„Und deine Sprache ist die der Derwische."

„Euch eure Religion, mir die meine!“

Mûssa traf Anstalten zu gehen, doch Achmâd hielt ihn auf. „Das ist die Religion des Verzichts. Jetzt erinnere ich mich. Das ist die Lehre des Stammesführers. Du hast seine Rolle übernommen. Die Heilung liegt im Verzicht. Die Erlösung liegt im Verzicht. Die Glückseligkeit liegt im Verzicht. Und ... die Freiheit. Natürlich liegt auch diese im Weiterziehen. Willst du leugnen, dass der Stammesführer Âdda diese Religion propagiert hat? Willst du wetten ...“

Aber Mûssa war schon hinter dem Hügel verschwunden.

7

Achmâd war gebrochen. „Ocha ist verzweifelt. Er wird den Verstand verlieren. Er möchte dich gern sehen.“

Gemeinsam gingen sie durch die weite Wüste. Der Wind schlug ihnen Steinchen und Sandkörner ins Gesicht.

Ocha lag im Zelt. Er seufzte schmerzvoll und gequält. Als Mûssa sich neben ihn hockte, richtete er sich ein wenig auf, stützte seinen ausgemergelten Körper auf seinen rechten Ellbogen und begrüsste den Derwisch mit einem matten Lächeln. Er nickte Achmâd zu, damit er hinausgehe und sie allein lasse.

„Du hättest ein Geheimnis für mich“, begann er vorsichtig.

„Ja, ein Geheimnis. Ein Geheimnis ist wie ein Schatz von Gold, der sich auflöst, wenn du ihn aufdeckst, ohne ein Opfer zu bringen.“

„Das verstehe ich nicht.“

„Ich möchte gern eine Belohnung.“

„Das hatte ich erwartet. Auch der Imam hat eine Belohnung verlangt.“

„Der Imam?“

„Lassen wir ihn. Was verlangst du?“

„Dass du Udâd in Ruhe lässt. Er hat euch die Ebene überlassen und ist in die Berge geflohen. Warum verfolgst du ihn bis dorthin?“

Ocha öffnete den Mund zu einem nervösen Lachen. „Ich weiss nicht recht, wer von uns den anderen verfolgt. Er ist in die Ebene herabgekommen und hat Têneres Herz geraubt. Wer ist da der Angreifer? Wenn er ein Notabler wäre, würde ich ihn im Zweikampf töten. Davor rettet ihn nur, dass er den Stämmen der Gefolgsleute angehört.“

„Versprichst du mir, dass du ihn in Ruhe lässt, wenn du geheilt bist?“

Ocha liess ein spöttisches Lachen hören. „Wenn ich geheilt bin, ist das ganze Wunder hinfällig. Wenn ich geheilt bin, wozu müsste ich dann weiter sein grünes Gesicht sehen? Seine grüne Haut ist ekelerregend. Er ist wie die Eidechse.“

„Ich habe noch nie eine grüne Eidechse gesehen.“

„In Massâk Satfat sind die Eidechsen grün. Hast du je eine Eidechse von Massâk Satfat gesehen?“

Mûssa schwieg.

Ocha hänselte ihn. „Du kriegst die Belohnung, die du verlangst. Ich werde ihn zum zweitenmal freilassen, nachdem beim erstenmal mein Grossvater den seinen freigelassen hat. Wenn du mir die Heilung garantierst, werde ich ihn auf ewig freilassen. Nun gib mir deinen Zauber, Zauberer!“

Mûssa schwieg einen Augenblick. Draussen pfiff der Wind. Die Zeltplanen flatterten.

„Gut“, sagte Mûssa rätselhaft. „Was ich dir zeigen werde, hat Zauberwirkung. Es ist stärker als der Zauber.“

Ocha folgte ihm neugierig. Aufrichtiges Interesse leuchtete in seinen Augen. Der Derwisch zog den geheimnisvollen Dolch aus seinem Ärmel. Den Dolch der ermordeten

Seherin. Das Interesse in Ochas Augen verwandelte sich in Erstaunen. Mûssa zog den Dolch aus der Scheide. Die gefrässige Klinge leuchtete im Schein des Feuers. Eine geheimnisvolle Klinge. Doppelschneidig, gierig, wie die Zunge der Schlange. Der Derwisch hielt die Waffe fest an dem mit magischen Symbolen verzierten Griff und fuchtelte damit Ocha bedrohlich vor dem Gesicht herum, als wollte er ihm den Hals durchschneiden.

„Damit wirst du auf ewig geheilt“, fuhr er im selben rätselhaften Ton fort. „Allein dieses Dschinnenweib kann dich von deiner Heimsuchung befreien. Sie kann den Kopf der Schlange mit einem Schlag abtrennen. Nie wird der Mann glücklich sein, solange er die Schlange in seiner Hose trägt.“

Ocha verstand nicht. Verblüfft folgte er dem Dolch und fragte einfältig: „Was soll das heissen?“

„Die Schlange ist der Grund für das Elend deines Urahns. Sie schlich sich zwischen seine Beine und entflammte seine Begierde. Wegen ihr ass er vom Verbotenen und wurde aus dem Paradies Wâw hinaus in die Wüste vertrieben. Und nie wird der Mann glücklich sein, solange er nicht die Schlange mit Stumpf und Stiel entfernt hat. Zu diesem Zweck ist der Dolch der Seherin gefertigt worden. Ich will damit sagen, dass aller Schmerz vergangen sein wird, wenn du erst einmal rein bist. Die Erlösung liegt in der Reinheit. Der vollkommenen Reinheit, nicht einfach der Beschneidung. Schneide dem Elend den Kopf ab!“

Ocha sprang auf. Seine Augen traten hervor. Sein Gesichtstuch rutschte von seinen Lippen. Schaum stand auf dem rechten Mundwinkel. Eine Woge von Bleichheit überspülte ihn. Dann ... dann begann er zu zittern, ja, alle seine Glieder gerieten in Aufruhr, und der Derwisch erwartete, er werde in Verzückung geraten. Doch er schrie mit tierischer

Stimme, gepresst, heiser, wie ein Ziegenbock, der geschlachtet wird: „Gottloser! Zauberer! Du Spross der Magier!“

Er stürzte sich auf ihn. Riss in einem Anfall von Wahnsinn einen Zeltpfosten heraus und ging auf ihn los. Der Derwisch wich aus und rannte fort. Er verfolgte ihn weit hinaus in die staub- und nachtbedeckte Wüste.

8

Beim ersten Frühlicht war Achmâd schon damit beschäftigt, den Mehri zu satteln. Er richtete zwei riesengrosse Kamele und lud ihnen einen gewaltigen Vorrat an Wasser auf. Der Derwisch kam und blieb in einiger Entfernung im Finster des frühen Morgens stehen. Hinter ihm zog, auf dem Weg zu den Mauern von Wâw, eine stattliche Karawane vorbei. Die Karawanenkamele liessen einen Paarungsruf hören, die anderen antworteten darauf. Mûssa trat ein paar Schritte näher. Achmâd ermutigte ihn. „Du streichst noch immer um mein Zelt wie ein Wolf um die Herde. Komm doch näher! Warum kommst du denn nicht näher?“

Der Derwisch blieb stumm wie ein Gespenst im Dunkeln stehen.

„Ich bin daran gewöhnt, von dir Seltsames zu hören, jedesmal wenn du mit mir streitest“, sagte Achmâd nachsichtig. „Komm näher und öffne deine Brust.“

Mûssa trat näher. „Auf den Steinplatten der Höhle steht geschrieben“, flüsterte er, „dass die Wüste niemals ein geeigneter Ort sein wird für ein Geschöpf, das seine Mutter durstig zur Welt brachte.“

„Ich höre schon wieder etwas Seltsames.“

„Mit uns allen wird bei unserer Geburt unser Schicksal wie ein Zwilling mitgeboren. Aber der Unterschied zwischen uns und dir ist, dass unser Schicksal unbekannt ist und wir nicht wissen, wie und wo wir sterben. Für dein Schicksal dagegen gibt es einen klaren Hinweis. Du hast Glück."

„Ist das eine Prophezeiung?"

„Der angenehmste Tod ist der durch Verhungern, weil man dabei verschwindet, berauscht vom Genuss der Erlösung von der Sorge um den Körper. Der abscheulichste Tod ist der durch Verdursten, weil man dabei hinter einem Schleier verschwindet und alles verschwimmt."

„Habe ich dir was Böses getan, dass du mich am frühen Morgen so etwas hören lässt? Wann hätten sich die Wüstenbewohner je mit Gedanken über den Tod von jemand verabschiedet?"

„Der Tod ist der Begleiter der Wüstenbewohner. Das Geheimnis des Wüstenbewohners ist, dass er den Tod nicht fürchtet. Man sagt, jemand tritt in Begleitung des Todes ins Leben. Und wenn er zu atmen beginnt und die erste Luft durch seine Nase einzieht, hält der Tod inne und weigert sich, in den Menschen einzudringen. Er sagt ihm: Ich bleibe lieber hier und warte, und gräbt sich eine Zufluchtsstätte zwischen Nase und Oberlippe. Dort wartet der Tod. Auf diesem Lager ruht und rastet der Lebensgefährte ..." Der Derwisch hob in der Dunkelheit seinen Finger und tastete nach der Todesfalte. „In dieser kleinen Rinne", fuhr er fort, „schläft der garstigste Dämon in der Geschichte der Wüste. Und niemand weiss, wann er erwacht. Wenn er aber erwacht und in die Nase eindringt, entfliegt der Atem, und der Mensch kehrt mit seinem Lebensgefährten zum Ursprung zurück, von dem sie gekommen sind. Warum fürchtest du deinen Gefährten, Achmâd? Warum verleugnest du deinen Freund, der mit dir in die Wüste kam?"

Achmâd hatte den Sattel auf dem Mehri festgemacht. Er ging ins Zelt, kam mit einem grossen, völlig unbehaarten Wasserbalg zurück und machte sich daran, ihn dem riesigen

Kamel aufzuladen, wobei er sein rechtes Knie zu Hilfe nahm. „Es ist nicht, weil er das Schicksal fürchtet oder vor dem Tod die Augen verschliesst, dass der Mensch das Omen des Morgens meidet. In früher Stunde plappern nur die Dschinnen oder ihre Gefolgsleute, die Magier aus dem Dschungel. Ich bedaure wirklich, dass ich dich aufgefordert habe, deine Brust zu öffnen."

„Nein, nein, du brauchst das nicht zu bedauern. Ich bin nur gekommen, dich davor zu warnen, Udâd zu verfolgen. Wenn du ihm nochmals etwas antust, werden dich auch noch so viele Wasserschläuche nicht vor dem Verdursten retten."

„Ist das noch eine Prophezeiung?"

„Nie wird glücklich, wer einem Heiligen Böses antut."

„Bisher habe ich nicht gewusst, dass er ein Heiliger ist."

„Es wäre besser für dich, umzukehren und nachzugeben."

Achmâd schwieg. Der erste Strahl des Frühlichts spaltete den Horizont. Es legte einen rötlichen Schimmer über den Gipfel des Berges in der Ferne. „Aber Ocha", brachte Achmâd fast flehentlich hervor, „hast du kein Mitleid mit Ocha? Er ist nur noch ein Gespenst. Er wird umkommen. Wenn wir nichts unternehmen, wird er sterben. Wäre dir das recht, Mûssa?"

„Ich habe getan, was ich tun musste, um ihn zu retten. Ich habe ihm den Weg der Heilung gewiesen, und er hat mich mit dem Zeltpfosten verfolgt."

„Aber was hast du ihm denn gezeigt, dass er so die Beherrschung verloren hat? Er hat sich geweigert, es mir zu sagen."

„Ein Geheimnis. Der Schlüssel zur Wahrheit muss ein Geheimnis bleiben, ein Gedanke im Paradies des Inneren. Wenn es in die Finsternis der Münder gelangt, ist es verloren."

„Da sind wir wieder bei der rätselhaften Sprache der Derwische."

„Ocha lehnt die Rettung ab, weil er stolz ist. Für die Stolzen gibt es keine Rettung."

„Ich kann mich nicht von ihm trennen. Vergiss nicht, dass ich ihm mein Leben verdanke seit dem Überfall der Schakale. Hätte er sich nicht eingeschaltet, hätte ich das vergiftete Wasser getrunken."

„Ich schätze deine Treue. Das Feuer frisst nie die Knochen der Treuen. Aber beweise sie nicht, indem du einem unschuldigen, einem heiligen Geschöpf etwas antust!"

Da sprach Achmâd das Losungswort, um das Unheil abzuwenden.

9

Auf der Reise ins Tâdrart folgte er dem Weg der Ebenen, der durch die Wadis Richtung Serdlis führt und die vier alleinstehenden Hügel überquert, die die Hirten, wegen der aschegekrönten Gipfel, Spuren alter Vulkanaktivität, „Mägdetitten" nennen.

Es war Mittag, und die Wüste stand in Flammen. Aus der Tiefe kam die Fata Morgana und überflutete die Erde, soweit das Auge reichte. Sie tanzte und tändelte mit Lebendigem und Totem, brach aus den Steinen hervor, fegte die Akazienbäume hinweg und liess die Gipfel der Bergkette im Süden hinter einer silberfarbenen Flammenfackel verschwinden. Die ganze Wüste trieb Schabernack und übernahm das Spiel des klaren Wassers und der Wogen des trügerischen Meeres. Kurz nach Sonnenaufgang war er zum erstenmal vom Mehri gestiegen. Seit Beginn der Reise troff er von Schweiss. Die Kehle war ausgetrocknet, und der Magen stiess bitter auf. Er ging zum Lastkamel und trank direkt von der Öffnung des Wasserbalgs, netzte sich das Gesicht und befeuchtete sich die Brust und das Gesichtstuch. Dann stieg er wieder auf seinen Mehri. Er erklomm ihn im Stehen und setzte sich in den Sattel. Am Nachmittag war er gezwungen, in jedem Wadi einmal abzusteigen. Der alte Brand brach aus und versengte ihm das Innere. Der Dämon des Durstes erwachte, und er sprang zum Wasserbalg, um ihn zu bestechen. Die Prophezeiung des Derwischs fiel ihm ein, das Schicksal habe dem das Elend bestimmt, der in der Wüste nach Wasser dürstend geboren ist. Und nun begann die Hölle, noch bevor die Reise eigentlich angefangen hatte. Auch der Himmel unterstützte den Derwisch. Seit dem Morgen atmete er sengende Hitze, und noch nicht der halbe Tag war vergangen, da brannte die Wüste lichterloh. Und wenn das Feuer die Erde mit dieser Gefrässigkeit weiter verschlang, würde er wohl bald das andere Feuer nicht mehr zu löschen wissen, das in seinem Inneren loderte, seit er zu dieser Reise aufgebrochen und Gast der Wüste geworden war.

Die erste Nacht verbrachte er in einem tiefeingeschnittenen Wadi, wo genügsame Akazien und wildes Gras standen, das im Widerstand gegen die Dürre unterlegen, vertrocknet und verwelkt war. Er band den Kamelen die Vorderbeine zusammen und liess sie sich an den gelben Pflanzen gütlich tun.

Die Dunkelheit kroch heran. Er entzündete ein Feuer und machte sich daran, Brotteig zu kneten. In diesem Augenblick vernahm er das Heulen: „A…a…a…a…a… u…u…u…u…“ Ein langgezogener Schrei, ein elendes, schmerzvolles Geheul, wie es der Wolf als Hungerlachen hören lässt. Das wissen die Weisen und alle Menschen, die die wilden Tiere kennen. Und die alten Hirten versichern, dass sich der Schmerzenston im Geheul des Wolfes nur zu

Hungerzeiten offenbare; das sei es, was die alte Generation als „Hungergelächter“ bezeichne. Die Fachleute in Sachen Stimmen erklären, dass der Wolf in dieser Situation masslos bösartig wird; und sein spöttisches Gelächter sei nicht anderes als eine Schlinge, um törichte Menschen irrezuführen, denn seine Dreistigkeit kenne keine Grenzen; er greife sogar Kamele an, ja oft verliere er jede Selbstbeherrschung und attackiere auch die mutigsten Hirten, dies in Jahren der Dürre, wenn lange Zeit Hungersnot herrschte. Doch es war Achmâds zweite Tragödie, neben dem Fluch des ewigen Durstes, dass er sich nie um das Verständnis der Stimmen gekümmert hatte und dass er sich nicht vorstellen konnte, dass ein Wolf der Mittleren Wüste, der gerade einmal so gross ist wie ein Fuchs, den Mut besitzen sollte, ein riesiges Tier wie das Kamel oder ein heiliges Geschöpf wie den Menschen anzugreifen. Denn wie die meisten stolzen Notabeln wusste Achmâd nicht, dass der Hunger ebenso wie der Durst und auch das Ighâjighan den Nerv trifft und den Verstand angreift.

10

Das Klagen der Wölfe hielt an, als bedrohliches, schmerzvoll-spöttisches Lachen. Er eilte zum Gestrüpp und kehrte mit einem Bündel Brennholz zurück, um die Flammen zu füttern und die Bestien zu schrecken. Das Feuer frohlockte und dehnte sich aus. Es spuckte Funken und spaltete die Finsternis mit dem Flammenschwert. Als er ein weiteres Mal losrannte, um noch mehr Brennholz heranzuschaffen, bemerkte er bei den Kamelen eine gewisse Unruhe. Sie hielten beim Verzehr des trockenen Gestrüpps inne, reckten misstrauisch und ängstlich den Hals, wie sonst nur, wenn sie Hyänen wittern. Sie schnaubten unwirsch und schlugen nervös mit den Vorderhufen auf die Erde. Er häufte das Brennholz neben dem Feuer auf und beschloss, sich abzulenken, indem er Tee kochte. Er lauschte. Das spöttische Gelächter und das schmerzvolle Rufen entfernten sich. Er lehnte sich gegen den Sattel und nickte ein. Schlief einen von Traumbildern unterbrochenen und von Alpträumen und Gespenstern durchsetzten Schlaf. Und jedesmal wenn er aufwachte, legte er Holz nach und schürte das Feuer.

Am frühen Morgen setzte er seine Reise fort.

Er wandte sich nach rechts und legte ein Stück Weg zurück. Dann zeigten sich ihm die hochaufragenden Gipfel, durchzogen von Schriften, Symbolen und den Vermächtnissen der Urahnen. Er hatte den Raum der Mythen, der Ahnen und der Rätselhaftigkeit betreten. Die Sonne stieg einige weitere Spannen. Als am Horizont der Staub aufwirbelte, meinte er, es sei ein plötzliches Aufstöhnen des Südwinds. Doch die Staubwolke zerstob, und er sah ein Rudel Wölfe, mitten auf der kahlen Weite, auf seinem Weg zu den Gipfeln der Ahnen, die zu sehen, wie er wusste, nicht heisst, sie zu erreichen. Mehrere Tage müsste er noch reisen, um an den Westrand des Tâdrart zu gelangen. Die Entfernungen in der Wüste sind wie die Fata Morganas. Sie erscheinen und verschwinden, sind nahe und weit. Und der Reisende muss gewappnet sein, nicht zu glauben, wenn etwas erscheint, und nicht zu verzweifeln, wenn etwas verschwindet.

Das Rudel verschwand hinter einem langgezogenen Hügel im Süden. Die Kamele schreckten auf und scheuten. Der Mehri bockte und trotzte. Als er ihn zum Weitergehen trieb, rebellierte er, machte sich frei und versuchte umzukehren. Auch die beiden an seinem Schwanz angebundenen Lastkamele widersetzten sich und wollten nicht mehr weitergehen. Da sprang er vom Sattel und führte die Karawane zu Fuss weiter. Der Mehri folgte unwillig, und auch die beiden mit den Wasserschläuchen beladenen Kamele folgten nur widerwillig und verängstigt. Er erwartete, die Wölfe würden nach einiger Zeit aus ihrem Versteck hervorkommen. Als sie nicht kamen, beruhigten sich die Kamele, und er sah, wie die Ruhe in ihre sanften Augen zurückkehrte. Da wusste er, dass das Bestienrudel sich entfernt hatte.

Der Tag wurde heiss, und die Wüste liess silbrig kokette Fluten hervorbrechen. Er trank vom Wasserschlauch und nässte sich Gesicht, Brust und Kleider.

Dann stieg er auf den Mehri und ritt weiter.

11

Zwei Tage lang liessen sie ihn in Ruhe. Am dritten Tag, in der schlimmsten Mittagshitze, sah er sich von einem Heer verzweifelter, zottiger, magerer Wölfe unterschiedlicher Grösse umzingelt, manche aschgrau, andere blassbleich oder gelblich. Sie versperrten ihm den Weg in der baum- und felslosen Weite, in der es weder eine Höhle noch sonst einen Ort gab, wo er sich hätte verteidigen können. Die Kamele versuchten umzukehren und wegzulaufen. Sie schleiften ihn am Zügel über den steinigen Boden. Aber plötzlich hielten sie inne und gaben nach. Auch der Weg zurück war von drei Wölfen versperrt. Unvermittelt standen sie da, als hätte die erbarmungslose Erde sie ausgespuckt, die in der Mittagshitze loderte. Sie hockten auf den Hinterpfoten, die Schnauze in die Höhe gereckt, und stimmten ein schreckliches Geheul an: „A…a…a…a…a…u…u…u…u…“

Da verloren die verstörten Kamele die Beherrschung. Sie drehten sich in dem Ring aus Bestienköpfen, und stampften völlig verängstigt auf den Boden. Sie hoben die Köpfe, als wollten sie ihre Klage zum Himmel richten und dort um Rettung nachsuchen. Aus ihren schönen Augen war die

Milde geflohen und die Ruhe verschwunden. Das Entsetzen schien darin auf. Nun klang in den Stimmen der Wölfe ein bestialisches Gelächter mit, kollektiv und spöttisch; die hungrigen Tiere taten eine Drohung kund, die sie eine Ewigkeit verborgen hatten. Achmâd wusste nicht, warum ihm ihr Geheul jetzt noch unheilvoller klang als zuvor. Er versuchte, die Kamele zu beruhigen. Nahm sein Schwert, das am Sattel hing, und zückte es beunruhigt. Eine alte Wölfin kam vorsichtig auf ihn zu. Nach jedem Schritt beugte sie sich vornüber, aufmerksam schnüffelnd, bevor sie zum nächsten ansetzte. Die Kamele waren völlig verstört, halb wahnsinnig. Achmâd hielt den Zügel noch fester und sprach ihnen gut zu.

Die Wölfin kam näher. Sie hob einen abscheulichen Kopf. In ihrem rätselhaften Blick lag ein geheimnisvoller Wink. Er starrte ihr in die Augen. Versicherte sich des Schwertgriffs. Zog mit der Linken am Halfter. Was war da in ihren Augen? Was teilte ihm die weise Wölfin mit? War es Bitte oder Drohung? Oder beides zugleich? Ah! So war es zu verstehen: Wir sind ein Rudel Wölfe, hungrig seit Monaten. Was schadete es, wenn du uns eines deiner Kamele überliessest? Und dann fügte sie noch hinzu: Du weisst, wir können es uns auch mit Gewalt nehmen, wenn du dich weigerst, es freiwillig herauszugeben. Ein Schaudern überlief ihn. Er zitterte. Fasste den Griff noch fester und verliess sich auf das Schwert. Doch kaum blitzte die Waffe in der Mittagssonne, als die Wölfin auch schon eine noch bösartigere Waffe einsetzte. Sie entblösste fingerlange Zähne. Auch sie blitzten in der Sonne. Und das war für die Bestien das Zeichen zum Angriff. In einem Augenblick waren sie da und attackierten von allen Seiten. Die Kamele rissen Achmâd das Halfter aus der Hand und rannten davon. Sie stoben hinaus in die Weite, die Wölfe hinter ihnen her. Das Gepäck löste sich, die Wasserschläuche fielen herab und zerplatzten auf dem Boden. Die durstige Wüste schlürfte den Strom. Das Wasser gurgelte in die Poren der Erde, der Rest stieg als Dampf auf, um auch den weiten Raum zu tränken, und zischte weiter im Leib der Wüste. Entsetzt stand Achmâd da. In seinem Herzen loderte das legendäre Feuer und verbrannte sein Inneres. Die Trockenheit stieg ihm in die Kehle, und Bitterkeit füllte seinen Mund. Er blickte verzweifelt zum Horizont, wo die erschreckten Kamele rannten, gehetzt von der Meute.

Die fliehenden Kamele und die verfolgenden Wölfe wurden zu Gespenstern, die mit dem Strom der Fata Morgana verschmolzen.

12

Der Wüstenbewohner lebt seit urdenklichen Zeiten auf du und du mit dem Durst. Seit er die Gärten Wâws verlassen und die Reise durch die Weglosigkeit der öden Erde angetreten hat. Er, Achmâd, kannte dieses Gesetz wie jeder andere. Er wusste, das dies ein Schicksal war. Eine Strafe für die Sünde. Aber wenn der Wanderer mit einem Feuer in der Brust geboren wurde, so wurde ihm der „Brenndurst" zum Schicksal, sobald die Reise begann. Dieser Fluch, der ihn begleitete, machte ihn zum Brennholz für das Wüstenfeuer, zum Weihgeschenk für den Tod. Und da er nun einmal nicht an den Ufern des Koko-Flusses geboren war, würde ihn niemand tadeln, wenn er die Bewohner des Tâdrart beneidete, die Gott gegen die Heimsuchung des Durstes feite und ihnen Gazellenkörper schuf, damit sie noch länger ohne Wasser auskamen als die Kamele. Ocha, der ihre grünlichen, ausgemergelten Körper abstossend fand und behauptete, sie glichen überhaupt nicht menschlichen Körpern, wusste nicht, dass das Geheimnis gerade in ihrer Farbe und darin lag, dass sie Menschen so wenig ähnlich waren. Er wusste nicht, dass Udâd ein Teufel war, der über das Geheimnis der Vorfahren schwieg, den Tag, an dem sein Ahn (der Ahn der Gefolgsleute) sich am Wasser verging, indem er in dem Teich badete, den der Regen in den Felsspalten der Berggipfel hinterlassen hatte. Doch bei einem Mal liess er es nicht bewenden. Nein, am folgenden Tag kam der törichte Mensch nochmals und wusch seinen hässlichen schmutzigen Körper mit dem klaren, kühlen Wasser, das blitzte wie ein Stück Fata Morgana in der weiten Wüste. Er wusste nicht, dass der Mond, hoch über seinem Kopf schwebend, sein unreines Tun beobachtete und es am siebten Tag schliesslich nicht mehr ertrug. Er weinte schwarze Tränen und wandte sein Gesicht ab; und da fiel Finsternis über die Wüste. Seine schwarzen Tränen tropften in den Teich, der sich in einen schlammig wabbelnden Morast verwandelte. Auf allen vieren kroch der törichte Ahn heraus und wurde an selbigem Tag zu einer Eidechse. Und zwischen seinen Nachfahren und dem Wasser entstand eine Feindschaft, die bis auf den heutigen Tag währt. Oft provozierten die Edlen die Gefolgsleute, indem sie ihnen Wasser ins Gesicht spritzten. Dann standen diese wie betäubt da, um gleich darauf, wie von einer Schlange gebissen, in die Höhe zu springen und wie wahnsinnig zu kreischen. Die meisten von ihnen sollen den Geschmack des Wassers nur vom wilden Gras kennen. Dieses teuflische Gebaren führte dazu, dass die Stämme der Wüste sie mieden und die Überzeugung gewannen, es handle sich um Bewohner des Unsichtbaren.

Er taumelte. Auf den Gipfeln entzündete sich das Feuer. Die erhabene Stille der Wüste wurde zur gewaltigen, geheimnisvollen Drohung. Er las auf ihrem von Erbarmen geprägten Gesicht Erbarmungslosigkeit, Zorn und Strenge.

Die Wüste war nie ohne Grund erbarmungslos. Nie liess sie grundlos Feuerqualen leiden. Nie entledigte sie sich des Wanderers ohne Grund. Was also war der Grund? Was war der Grund? Der Derwisch. Die Prophezeiung des Derwischs war der Grund. Die Offenbarung senkte sich in seine Brust wie das erste keusche Frühlicht, und der Gedanke, der einer Offenbarung wie das Frühlicht gleicht, er ist ein Wink aus dem Reich der Wahrheit. Ein Hauch aus dem Reich der Wahrheit. Was hatte der Derwisch gesagt? Er hatte gesagt: „Wenn du ihm nochmals etwas antust, werden dich auch noch so viele Wasserschläuche nicht vor dem Verdursten retten." Also war schon sein Besuch eine Prophezeiung. Sein unerklärlicher frühmorgendlicher Besuch und seine rätselhaften Andeutungen. Warum war es ihm nicht schon früher in den Sinn gekommen, dass dieser Besuch durchs Tor der Prophezeiung ging? Er hatte niemandem von seinen Reiseabsichten erzählt und von seinem sinistren Vorhaben, Udâd zum Zweikampf zu fordern. Wie konnte der Derwisch davon wissen, wo er doch sein Geheimnis absichtlich nicht einmal Ocha offenbart hatte? Was für ein Satan war dieser Derwisch? Oder was für ein Engel? Und diese Wölfin? Wie konnte er vergessen, dass die Wölfin seine Ahnin, ganz sicher also nichts anderes als seine Botin war? Er hatte ihn gewarnt, und als die Warnung nichts fruchtete, hatte er seine Ahnin geschickt, um seine Kamele zu vertreiben und ihm die Wasserschläuche zu zerstören. War er nun ein vermaledeiter Satan oder ein himmlischer Engel?

Er taumelte. Dann stürzte er. Kroch auf allen vieren weiter. Der Boden war brennend heiss. Er rollte sich zusammen wie ein Igel und wälzte sich über die lodernden Kieselsteine. In seinem Kopf wuchs der Druck, der Schwindel. Er beugte sich vornüber und fand ein Körnchen Dung zwischen seinen Lippen, das beim Kauen zerkrümelte. Es schmeckte nach nichts. Sein Mund nahm nichts anderes mehr wahr als Trockenheit und Bitterkeit. Ein paar Schritte entfernt erblickte er einen toten Grashalm und schob sich wie ein Wahnsinniger darauf zu. Der Halm entfernte sich. Je näher er kam, desto mehr entfernte er sich. War es eine Fata Morgana? Hatte der fürchterliche Brenndurst schon begonnen, seine Vorstellungen zu verweben? Wehe ihm, wenn der Brenndurst kam! Der Brenndurst war die abscheulichste Art zu verenden. Sonst kam der Tod plötzlich und brachte die Erlösung. Der Brenndurst dagegen war nur Tod. Er wälzte sich. Erreichte das armselige Pflänzchen. Schob seinen Kopf zu den trockenen Blättern und verscheuchte einen Waran, der vor der Mittagshölle bei ihm Schutz gesucht hatte. Das Tier zog sich ein Stück weit zurück und blieb dann keuchend und beobachtend stehen. Er kroch hinter ihm her, doch es zog sich noch ein Stück weit zurück. In seinem Inneren loderte es. Die innere Flamme verband sich mit der äusseren. Der Körper wurde Teil des Feuers. Er schob sich zurück zu dem armseligen Kraut und begann, seine zusammengerollten dürren Blättchen zu essen. Doch der Südwind hatte ihnen jedwedes Wasser des Lebens ausgesaugt und sie der Gluthitze und dem Vergehen anheimgegeben. Seine Augen drehten sich in den Höhlen. Es wurde finster. Der Schleier der Finsternis begann sich zu senken. Und wenn sich die Finsternis senkt, ist die Stunde der Erlösung nahe. Die Stunde der Befreiung und des Aufbruchs. Die Stunde der Flucht. Er liess sich auf den Rücken fallen und öffnete die Augen. Sah nicht die Sonne. Sah nicht das Erbarmungsloseste in der ganzen Wüste. Auch das ist ein Anzeichen der Erlösung. Wenn die Sonne am hellichten Mittag verschwindet, dann klopft das Ende an die Tür. Doch die Erbarmungslosigkeit des letzten Atemzuges drängte ihn, sich in die Adern der Hand zu beissen. Er wollte die Adern zerreissen, um die Flamme zu löschen, und wäre es mit einem Tropfen Blut. Doch seine Kräfte liessen ihn im Stich. Der Brenndurst zog die Macht sogar aus den Zähnen. Er gab auf. Die Finsternis wurde dichter.

Als er die Augen weit öffnete, erblickte er nicht die Sonne. Doch plötzlich ... Es geschah plötzlich, wie alles Unerhörte. Plötzlich wurde sein Kopf klar. Klar und gleichzeitig berauscht wie in Verzückung. Der Brenndurst war verschwunden, die Finsternis hatte sich verzogen. Er hob den Kopf und erblickte den mythischen Gipfel. Einen der majestätischen Gipfel des Tâdrart. Den Gipfel, der die Vermächtnisse der Ahnen bewahrt und sie den Nachfahren zuflüstert, wenn sie auf dem Pfad des Irrtums ausgleiten. Er war nicht mehr erbarmungslos oder streng. Er war gütig. Sprach majestätisch und barmherzig. Knie nieder! wies er ihn an. Und er kniete nieder. Küsse die Erde! sagte er ihm. Und er küsste die Erde. Bitte um Verzeihung und lass dir vergeben! sprach er. Und er murmelte die Bitte um Verzeihung und Vergebung.

Der Vorhang der Finsternis löste sich auf. Er sah Udâd, der sich über ihn beugte.

VI. Die Wette

Was hülfe es dem Menschen, so er die ganze Welt gewönne, und nähme doch Schaden an seiner Seele.
Das Neue Testament. *Das Evangelium des Matthäus* 16,26

1

Als er die Augen aufschlug, lag er in einer Höhle voller Schriften und Figuren. Auf die Wände waren dunkel Tifinâgh-Symbole gezeichnet.

Sie zogen sich die gewölbten Wände hinauf bis an die Füsse der mit Schakalköpfen maskierten Hünen, die Speere und Pfeil und Bogen in der Hand hielten und ihre Köpfe nach oben richteten, zum Berggipfel, der kunstfertig in den Scheitelpunkt der Höhle eingefügt war. Dort scharte sich ein Trupp Mufflons, fünf verschiedenfarbige Tiere: zwei hellweiss gemalt, die sich auf dem Gipfel des Berges gegenüber standen, so dass ihre geschwungenen Hörner sich fast berührten; zwei andere rot, die einen riesigen aschgrauen Mufflon einrahmten. Der Gipfel war hoch. Vielleicht ja, weil die Decke der Höhle so hoch war.

„Ich habe noch nie einen weissen oder einen roten Mufflon gesehen", bemerkte Achmâd.

Udâd hockte am Eingang der Höhle, völlig damit beschäftigt, den Tee zwischen der Kanne und einem Holzbecher hin und her zu giessen. Er trank einen Schluck, um die Süsse zu testen. Dann erklärte er: „Das ist meine heilige Herde. Sieh nur die Absichten der Menschen der armen Herde gegenüber. Ohne den himmlischen Gipfel hätten die bestialischen Schakale die geweihten Schafe umgebracht. Einen weissen Mufflon zu verzehren ist wider das göttliche

Gesetz. Der rettende Gipfel ist es, der die Herde vor dem Untergang bewahrt hat. Und wie du siehst, sind die Schakale auch meine Feinde." Er lachte.

Achmâd war der Grund der Heiterkeit nicht klar. Er folgte der majestätischen Herde und nahm in den Masken die Verzweiflung der Jäger wahr. „Ich verstehe, warum sie sich an den Gipfel klammern", murmelte er. „Wenn ein Udâd-Mufflon vom Berg hinab auf die Ebene steigt, ist sein Leben immer in Gefahr."

Er schaute auf, blickte nach rechts und sah den Abgrund. Plötzlich kam ihm in den Sinn, er könnte noch immer bewusstlos vom Brenndurst sein. Überrascht fragte er: „Wie hast du mich hier hoch gebracht?"

Kichern. „Ich habe die Dschinnen um Hilfe gebeten."

Achmâd ging darauf ein und fragte scherzend: „Du traust den Dschinnen?"

Kichern. „Warum nicht? Wenn du ihnen dein Vertrauen schenkst, vergelten sie es dir mit noch mehr. Wenn du ihnen gegenüber aufrichtig bist, sind sie es dir gegenüber auch. Ganz im Gegensatz zu den Menschen."

„Fürchtest du nicht, dir könnte etwas passieren?"

„Die Dschinnen sind nie die ersten, die einem etwas tun. Das Unrecht geht immer von den Menschen aus. Ich fürchte höchstens, dass mir die Menschen etwas antun. Schau mal zur Decke und sieh dir an, wie die Schakale ihre bestialischen Zähne wetzen, bereit, meine heilige Herde umzubringen. Doch es wird ihnen nicht gelingen. Der himmlische Gipfel ist ein Vorhang, der zwischen ihnen steht."

Er reichte seinem Gast den Tee in einem Holzbecher.

Achmâd schlürfte davon und fragte: „Empfängst du auch den Paradiesvogel in dieser Grotte?"

Die Heiterkeit verschwand aus Udâds Augen. „Ich habe dich an einen Ort gebracht, den kein anderes Geschöpf je betreten hat. Aber ich habe nicht die Absicht, dir vom Paradiesvogel zu erzählen."

„Entschuldige meine Neugier. Ich habe nicht gedacht, dass du das geheimhalten willst."

„Ich halte überhaupt nichts geheim."

„Er hat dich doch das Singen gelehrt. Oder etwa nicht?"

„Das ist ganz meine Sache."

„Du hast dein Herz der Prinzessin verpfändet. Der Liebende muss zum geliebten Wesen eilen. Du wirst in die Ebene hinabsteigen, und der geheimnisvolle Vogel bleibt auf dem Gipfel. Er wird dich verlassen."

Keine Antwort.

„Das ist das Gesetz der Liebe. Er wird es nicht ertragen, dich mit einer anderen Person zu teilen. Er wird deiner Brust entschlüpfen, und du wirst ihn für immer verlieren. Und dann verlierst du auch die Prinzessin. Tênere liebt an dir ausschliesslich deine Stimme. Sie hat sich von Ocha abgewandt am Tag des Festes, als sie deine Stimme hörte."

„Hat Ocha dich geschickt, um mir das mitzuteilen."

„Nein, ich bin ohne sein Wissen gekommen, um dich zum Zweikampf zu fordern."

„Du weisst, dass ich nicht gut mit dem Schwert umgehen kann. Ich kann nur die Berge gut erklimmen."

„Und das Singen? Bist du etwa nicht gut im Singen, du Zauberer."

Keine Antwort.

„Am frühen Morgen kam dein Freund, der Derwisch, zu mir und warnte mich, dir etwas anzutun. Er äusserte eine unheilvolle Prophezeiung, danach zerriss seine Ahnin mir die Schläuche mit dem Wasser und gab mich dem Feuer preis. Du hast mir das Leben gerettet. Ich bin gekommen, um Ocha gegenüber meine Schuld zu begleichen und mich zu befreien, und nun finde ich mich in doppelter Schuld."

„Das verstehe ich nicht."

„Ocha hat mir einmal das Leben gerettet. Er hat mich bei unserer Strafexpedition gegen die Schakale daran gehindert, vergiftetes Wasser zu trinken. Darum habe ich beschlossen, dich zum Zweikampf zu fordern, um die alte Schuld zu begleichen, und nun hast du mir eine weitere Schuld an den Hals gehängt."

„Die zweite Schuld kannst du als getilgt betrachten."

„Das sagt man so. Aber die Schuld bleibt für immer am Halse hängen. Und der Grund für all das? Jedesmal ist der Durst der Grund. Also verzeih mir."

„Ich habe längst verziehen. Hätte ich dir sonst von meinem Wasser zu trinken gegeben?"

„Hattest du meine Absicht auch erraten, wie der Derwisch?"

Keine Antwort.

„Ich habe niemand etwas von meiner Absicht erzählt, aber Mûssa, dieser Satan, hat in meinem Herzen gelesen."

„Für einen Derwisch ist es nicht schwierig, in den Herzen zu lesen."

„Wirklich? Aber du bist auch ein Derwisch. Du kannst auch in den Herzen lesen." Achmâd liess sich auf den Rücken sinken und wiederholte verzweifelt: „Jetzt stehe ich in eurer beider Schuld. In der Schuld von zweien, nicht nur von einem. Du weisst nicht, wie hässlich das ist, in Schuldknechtschaft zu sein. Wie brutal das ist, Sklave anderer Männer zu sein. Jedesmal, wenn ich das Haupt hebe, stösst mich der verfluchte Durst in ihre Hände."

Plötzlich richtete er sich auf und kroch zu Udâd hin. Seine Augen leuchteten im Abendlicht, als er eifrig sagte: „Du hast gerade gesagt, du wärst nur im Erklettern der Berge gut. Wenn nun Ocha mit dir eine Wette abschlösse, einen Berg zu erklettern, würdest du annehmen?"

„Ich verstehe nicht."

„Wenn du auf den Îdenan klettertest und oben auf der Felswand stündest, würde er zu deinen Gunsten auf die Prinzessin verzichten."

Udâd überlegte einen Augenblick, dann sagte er überzeugt: „Ich nehme die Wette an."

„Aber hast du keine Angst vor den Dschinnen? Der selige Imam sagte, du würdest niemals hinaufklettern."

„Ich werde hinaufklettern. Wenn er mit mir um Tênere wettet, werde ich hinaufklettern. Die Wette ist angenommen."

„In der Brust des Imams schlummern noch andere Geheimnisse. Ich habe dich gewarnt."

„Die Wette wird dich von der doppelten Schuld lösen, derjenigen mir gegenüber und derjenigen Ocha gegenüber." Er lachte. „Die Wette gilt."

Die Sonne sank gen Westen auf die Knie. Das Licht zog sich vom Eingang der Höhle zurück. Die heilige Herde verschwand in der Dunkelheit.

2

Der Derwisch trat ihm entgegen. Er rannte. Trug einen Wasserschlauch und eine Wasserflasche. Keuchend blieb er einige Augenblicke stehen. Wischte sich mit dem Handrücken den Schweiss von der Stirn.

„Ich hatte nicht erwartet, du würdest die Wette annehmen", sagte er bedrückt.

Gemeinsam gingen sie weiter auf die fernen Anhöhen, die nördlich vom Berg des Unbekannten und der Dschinnen lagen. Mûssa stiess mit seiner alten Sandale spitze Steine fort und sagte mit derselben bedrückten Stimme: „Du hättest die Wette nicht annehmen dürfen."

„Mach dir keine Sorgen", beruhigte ihn Udâd. „Ich werde hinaufklettern. Ich werde die Wette gewinnen."

„Was nützt es, wenn du die Wette gewinnst und deine Seele verlierst?" murmelte der Derwisch in seiner rätselhaften Sprache.

„Du bist der letzte, von dem ich erwartet hatte, er würde an mir zweifeln."

„Ich zweifle nicht an dir, aber ich kenne das Geheimnis der Felswand."

„Das Geheimnis der Felswand?"

Der Derwisch schaute ihn mit seinem schielenden Auge an. Schwieg eine Zeitlang. Kickte ein paar Steine umher, die das Wasser vor Urzeiten glattpoliert hatte, als die Flüsse im Wadi nie versiegten. Er beobachtete die Reste der Fata Morgana, die über dem Sand tanzte und im Angriff des Abends ihr Ende erwartete.

„Von der oberen Felswand blickt man in den Tunnel der Finsternis. Wer die Wand erreicht und den geheimnisvollen Tunnel sieht, verliert sich selbst und kann nie in seiner ursprünglichen Gestalt zu den Menschen zurückkehren."

„Willst du mich mit der Hölle des seligen Imams das Fürchten lehren?"

„Der Imam hat von Ocha Kamele und Gewänder verlangt für den Rat, dich mit einer Wette herauszufordern, aber Ocha hat in dir die Talente des Mufflons gesehen und sich nicht darauf eingelassen. Der Imam kannte das Geheimnis des finsteren Tunnels."

„Der Tunnel der Finsternis ist in seinem Kopf, in seiner Brust, nicht aber im Berg. Bis zum letzten Tag seines Lebens hat er nicht aufgehört, den Leuten Angst einzujagen. Braucht es dafür noch einen anderen Beweis als die Tatsache, dass er mit dem Messer in der Hand gestorben ist? Oder dass er

Têmet erdolcht hat, damit man dir diese hässliche Tat anhängen kann? Ohne sein abscheuliches Treiben hätten sie dir nicht die Schläfen verbrannt."

„Ich habe ihm das längst verziehen. Er wusste nicht, was er tat. Wer Gold liebt, wird mit Blindheit im Auge und im Herzen geschlagen."

„Ich weiss nur eines: Ich habe eine einzige Gelegenheit, Tênere zu gewinnen. Wenn ich nicht hinaufkomme, bin ich ihrer nicht würdig. Verstehst du mich?"

Der Derwisch kehrte zu seiner rätselhaften Sprache zurück: „Was nützte es dir, Tênere zu gewinnen, wenn du dich selbst dabei verlierst?"

„Hör auf, mir mit den Rätseln des Imams Angst einzujagen", scherzte Udâd.

„Der Imam hat nie auf diese Art gesprochen", entgegnete Mûssa ernst. „Wem das Herz mit Gold versiegelt ist, der kann nicht die Sprache der Liebe sprechen."

Udâd lachte. „Das ist die Sprache der Derwische."

Mûssa blieb unter der einzigen Tamariske weit und breit stehen. Er legte seine mit einem Tuch umwickelte hölzerne Wasserflasche auf den Boden, den ledernen Wasserschlauch daneben. Dann setzte er sich zum Gepäck und beobachtete die Rituale des Sonnenuntergangs. Eine rote Scheibe warf sich nieder, mit gebrochenem Stolz. Je näher sie dem Vergehen kam und die finstere Weglosigkeit vor Augen sah, desto mehr weinte sie rote Tränen und bereute ihre Überheblichkeit während des Tages, ihre Tyrannei am Mittag. Auch Udâd setzte sich. Mûssa fand seine Offenbarung in den Zeichen der Natur. In der Stille. Im Sonnenuntergang. In der Ausdehnung der ewigen Wüste und ... in der viereckigen Felswand, die sich hoch oben auf dem Gipfel des Besessenen Berges erhob. Die Felswand sprach die traurige Offenbarung.

„Du solltest die Nacht bei der alten Frau verbringen“, forderte Mûssa seinen Freund auf. „Sie wird sehr traurig sein.“

Keine Antwort.

„Du tust so, als ob du völlig allein wärst. Als ob du niemand hättest.“

„Ich bin völlig allein. Jeder, der keine Sprache mit den Leuten findet, ist allein. Du auch.“

„Ja. Ich streite es nicht ab.“

„Ich meine nicht, dass du keine Eltern mehr hast. Ich rede davon, dass man unfähig ist, mit anderen eine gemeinsame Sprache zu finden. Das ist die schlimmste Art, allein zu sein.“

Der Derwisch war anderer Meinung. „Das stimmt nicht. Ich verstehe ihre Sprache. Ich versuche, sie zu verstehen. Ich lebe unter ihnen.“

„Aber verstehen sie dich?“ unterbrach Udâd ihn unwirsch. „Verstehen sie deine Sprache?“

Mûssa zog sich zum Horizont zurück. Dort ergab sich die Sonne in ihr Schicksal und warf sich demütig nieder.

„Das ist ihre Sache“, murmelte er und fügte nach einer Weile des Schweigens hinzu: „Sie sind armselig, elend und unfähig. Sie verdienen nichts anderes als Mitleid. Hab Mitleid mit ihnen, sei nicht hart gegen sie! Wenn sie deine Sprache nicht verstehen, sei nicht unbarmherzig mit ihnen und verzeih ihnen.“

„Was soll denn jemand tun, der unfähig ist zu verzeihen? Weisst du, was er tun sollte?“ Er lachte rätselhaft spöttisch, bevor er fortfuhr. „Er geht auf den Berg. Er flüchtet sich ins Tâdrart. Und wenn alles zuviel wird, nimmt er den unerreichbaren Berg in Angriff und erklimmt die geheimnisvolle Felswand, um in den Tunnel der Finsternis zu schauen.“ Er lachte.

Mûssa wandte sich zu ihm und betrachtete ihn neugierig. Dann wurde aus seiner Neugier Überraschung. Udâd verbarg seine plötzliche Heiterkeit hinter seinem Gesichtstuch und betrachtete den roten Horizont. Die Dunkelheit kroch heran.

3

Udâd stimmte ein trauriges Assâhar-Lied an. Beide lagen auf dem Rücken und betrachteten den Himmel, wo Scharen unbekannter Sterne blinkten. Sie lauschten der erhabenen, keuschen Stille, die zu ihnen in der rätselhaften Sprache der Ahnen von rätselhaften Dingen sprach. Sie flüsterte ihnen das Geheimnis der Wüste, des Lebens und des Todes zu. Und als Udâd auf seine eigenartige Weise zu singen begann, entsprach das auch Mûssas Stimmung. Er empfand das Lied als Antwort auf das Flüstern der Stille, als Vollendung eines noch ungesagten Textes. Es war die Fortsetzung des Liedes der Stille. Was diese in ihrer geheimnisvollen Sprache gesagt hatte, sagte Udâd nun laut mit seinem Lied. Was die Stille in ihrem Schweigen verborgen hatte, tat Udâd nun mit dem Lied der Liebe, des Verlangens und der Sehnsucht kund. Das ewige Geheimnis der Wüste, das in der heiligen Stille kauerte, enthüllte die schmerzvolle, traurige Stimme. Mûssa hörte die Jubeltriller der Dschinnenfrauen auf dem unerreichbaren Berg. Er sah die Paradiesjungfrauen in der offenen Weite tanzen, getaucht in die Strahlen des silbernen Mondes. Sein Herz entflog, er tanzte mit ihnen.

Und auch als die Paradiesesstimme innehielt, flossen die Tränen der Verzückung weiter aus seinen weit offenen Augen, heisse, brennende Tränen.

„Du wirst also gehen und den Tunnel der Finsternis schauen, ohne mich das Singen gelehrt zu haben."

„Das einzige, was kein Mensch einem anderen beibringen kann, ist das Singen."

„Wenn ich singen könnte, würde das mein Elend um vieles erleichtern. Wenn ich singen könnte, könnte ich glücklich leben. Wie elend ist doch der, der nichts kann! Wie elend ist doch der, der nicht singen kann!"

„Aber du kannst doch etwas, um das dich alle Leute beneiden. Du kannst das Wertvollste, das es im Leben gibt: du kannst lieben."

„Lieben? Ist Lieben eine Fertigkeit?"

„Ja, es ist die schwierigste aller Fertigkeiten. Es ist schwieriger als singen oder Gedichte vortragen. Es wäscht doch Körper und Herz?"

„Wie kann jemand, der nichts hat, etwas geben? Ein Mensch kann nichts geben, das er nicht besitzt. Nur du besitzt den Schatz." Mûssa lächelte. „Willst du sie bei mir für das Singen eintauschen?" schlug er vor. „Machen wir doch ein Geschäft wie die Händler auf den Märkten von Wâw."

Udâd seufzte. „Ich wollte, ich könnte. Ich wollte, ich besässe ein Herz wie deines", flüsterte er.

Wieder herrschte Stille. Und plötzlich bat der Derwisch: „Sing mir noch mal was! Ich möchte noch mal den Paradiesvogel hören."

Er musste lange warten, bis er die Stimme aus dem Garten Eden vernahm.

4

In der Nähe zog schwer beladen eine Karawane auf dem Weg nach Norden vorbei. Einige Reisende thronten hoch oben auf den Kamelen, zwischen Waren und Säcken. Voraus zog ein einzelner Mann. Selbst zu Fuss, führte er das erste Kamel.

Von Zeit zu Zeit stimmte er ein altes Lied an. Menschen nutzen gern für die Reise die mondklaren Nächte, um so dem Terror der Sonne am Tage zu entgehen.

Insgeheim absolvieren sie jene kostbaren Distanzen, die sich die Sonne am Mittag mit Gewalt nimmt. Sie verzichten auf nächtlichen Schlaf, lassen sich vom geduldigen, sanftmütigen Mond leiten und vertrauen auf die Sterne als Führer.

Die Karawane entfernte sich. Sie liess einen Geruch nach Kamelen zurück. Dann herrschte wieder Stille. Eine bodenlose Stille, deren Geschichten nur die alten Männer zu lauschen vermögen. Nicht alle, nur jene Hochbetagten, die von der Welt nichts anderes als Ruhe wünschen oder denen vielleicht nichts anderes mehr als Ruhe bleibt. Mûssa hatte bemerkt, dass die Männer im Stamm sich mit zunehmendem Alter immer mehr der Wüstenstille zuwandten. Gemeinsam setzten sie sich abseits von den anderen, um einen ganzen Tag lang der Stille zu lauschen, der „Stimme Gottes", wie das mancher gern nannte. Vereint enthielten sie sich ebenso des Redens wie jedweder Bemerkungen oder auch der simpelsten Zeichen. Ihre Rituale beim Erlauschen der Stille waren gottesdienstliche Handlungen, heiliger sogar als das Gebet.

Mûssa versuchte, die geheimnisvolle Sprache aufzunehmen, die unbekannten Geschichten, den himmlischen Ruf, der aus dem Schweigen der Wüste spricht, doch seine Ausbeute war nichts als ohrenverletzendes Gebrumm. Lasen die Alten in diesem scharfen, verletzenden Gebrumm eine Metapher oder erjagten sie darin ein Symbol? Oder bestand das Verborgene aus Geheimnissen, die sie im Verlauf ihres langen Lebens erhalten hatten und die zu tragen allein ihnen zukam?

Wieder horchte er; Udâd atmete gleichmässig.

„Schläfst du?“ fragte er vorsichtig.

Als keine Antwort kam, murmelte der Derwisch zu sich selbst: „Ich wollte doch noch sagen, dass es auch Taffâwut schmerzen wird.“

„Es wird sie nicht schmerzen“, entgegnete Udâd nach einigen Augenblicken überzeugt.

Keine Antwort.

„Taffâwut hat dich gewählt. Sie gehört dir.“

„Aber sie steht unter deiner Obhut.“

„Das bedeutet überhaupt nichts.“

Sie horchten, hörten aber nichts ausser ihren Atemzügen und dem Klopfen ihrer Herzen.

„Das bedeutet überhaupt nichts“, wiederholte Udâd.

Die Stille kehrte zurück. Mûssa folgte der Reise des Mondes. Udâds Atemzüge wurden wieder regelmässig. Seine Worte klangen in Mûssas Ohr nach. Das bedeutet überhaupt nichts. Es war das letzte, das er von seinem alten Freund hörte. Er erhob sich. Stand neben ihm. Betrachtete ihn im Mondlicht, wie er da so friedlich lag, das dürftige, aschgraue Gesichtstuch über die Augen gezogen, die magere Hand unter dem Kopf, schlafend wie ein Kind. Mûssa trat zwei Schritte zurück, dann drehte er sich um und ging weg in die Wüste hinaus. Seine Wasserflasche und seinen Proviantbeutel liess er Udâd zurück für den Aufstieg zum Tunnel der Finsternis.

Als er zum Mond hinaufschaute, blinkte in seinen Augen etwas wie Tränen.

5

Tamghart ging zwischen den Scharen der Schaulustigen hin und her. Sie begann ihre Suche auf der Westseite, dort, wo sich Männer und Frauen versammelten und drängten, um das abenteuerliche Unternehmen ihres Sohnes Udâd mitanzusehen, der im Begriff war, sich an der Heiligkeit des unerreichbaren Berges zu vergreifen und sich gegen die Unsichtbaren aufzulehnen. Einige Jungen bewarfen sie mit Steinen, und einige Väter schickten ihre frechen Söhne vor.

„Dein Sohn greift die heiligen Dinge an", riefen sie ihr hinterher. „Er beschmutzt mit seinem Blick den Eingang des Tunnels. Siehst du nicht, was die Bewohner des Unsichtbaren mit der Seherin und dem Imam getan haben? Diese beiden haben den alten Pakt verraten und sich Gold angeeignet, und dafür wurden sie bestraft. Auch dein verblendeter Sohn wird seine Strafe erhalten."

Sie klatschten missbilligend in die Hände und marschierten lange hinter ihr her. Doch sie drehte sich zu ihnen um und fragte sie nach dem Derwisch. Als keiner darauf reagierte, öffnete sie den Schlitz ihres schwarzen Umhangs und lockte sie mit ein paar Datteln. Sie würden noch mehr bekommen, versprach sie, wenn sie ihr den Derwisch suchen hülfen. Er sei der einzige, der Udâd überreden könnte, von seinem frevelhaften Tun abzulassen und seine sündige Unternehmung einzustellen. Sie hörten auf, ihr nachzulaufen, und verteilten sich in der Weite, um nach dem Derwisch zu suchen. Auch Tamghart setzte ihre Suche fort und begab sich auf den Markt von Wâw, wo sich Händler, Besucher und Kunden versammelten und ihre Hälse zu dem majestätischen Berg reckten, als betrachteten sie den Horizont des Sonnenuntergangs, um die Mondsichel zu erspähen, die das Ende des Fastenmonats und den Beginn des Festes anzeigt.

Auf den Dachterrassen drängten sich die Frauen von Wâw, um den Aufstieg zu beobachten und ihre Neugier zu befriedigen. Die alte Frau ging auf dem Markt umher und fragte Fremde nach dem Derwisch, bis die Männer schliesslich glaubten, sie sei geistesgestört. Dann lächelte ihr das Glück, sie sah Achmâd, der in einem Laden mit dem Händler um den Preis von Tee und Zucker feilschte. Sie trat näher und lauschte einige Augenblicke der hitzigen Debatte. Dann sagte sie im Tonfall alter Frauen, wenn sie die Moral einer langen Geschichte zum besten geben: „Und so ging der Anstifter des bösen Geschäfts Zucker und Tee kaufen, um seinen Sieg zu feiern."

Achmâd drehte sich um, erblickte sie und erbleichte; in seinem Herzen erwachte der Dämon des Durstes. Sein Inneres entflammte, und der letzte Tropfen Wasser in seiner Kehle verbrannte. Er versuchte, seine Zunge zu befeuchten, bevor er zu seiner Verteidigung ansetzte, aber die alte Frau entband ihn der Mühe, indem sie hinzufügte: „Man erzählt, du wärst ihm in sein Exil gefolgt und hättest dort die Arglist eingefädelt."

Er befeuchtete mit grösster Anstrengung seine Lippen und versuchte, seine Verlegenheit zu verbergen: „Ich bin nichts als ein Verbindungsmann. Ich habe ihm die Wette überbracht und ihn vor der Prophezeiung des Imams gewarnt. Ich bin nur ein Bote. Gott sei mein Zeuge!"

Sie zog das schwarze Tuch fester um ihr Gesicht und sagte traurig: „Als ob du nicht wüsstest, dass noch kein Geschöpf, das die Felswand erklommen hat, von dort wieder auf die Erde herabgekommen ist! Als ob du nicht wüsstest, dass jemand, der zum Himmel gelangt und in den Schlund der Finsternis blickt, niemals mehr auf die Ebene zurückkommt! Als ob du nicht wüsstest, dass der Himmel die Anmassung nicht vergibt und sich jeden nimmt, der das Geheimnis geschaut hat!"

Achmâd wappnete sich mit seinem Gesichtstuch und murmelte: „Woher sollte ich diese Weisheit haben? Woher sollte ich das Unsichtbare kennen?"

„Du tust gerade so, als hättest du nie hier auf der Ebene gelebt“, sagte sie, noch immer bedrückt. „Du redest, als wärst du nicht in der Wüste geboren.“

„Ich leugne nicht, aus der Wüste zu stammen. Aber das Geheimnis zu schauen verlangt eine andere Weisheit. Ich bin sicher, du wärst davon überzeugt, dass er es schafft, wenn du seine Selbstsicherheit sähest. Sollte der Mufflon nicht imstande sein, den Berg zu erklimmen, selbst wenn es ein unerreichbarer wäre?“

Sie sah ihn lange an. Starrte geistesabwesend auf ihn. Dann legte sich ein dunkler Schleier über ihren Blick. Ungehorsame Tränen quollen ihr aus den Augenwinkeln, und ihre Augen blitzten in majestätischem Glanz. „Der Mufflon ist imstande, den Berg zu erklimmen“, murmelte sie rätselhaft, „aber ob er je wieder herabkommt?“

6

Als das erste keusche Frühlicht durchbrach, begann er den Aufstieg. Auf der Nordseite erklomm er zunächst einen Bergrücken mit scharfem Grat, bedeckt mit einem Friedhof aus runden Ahnengräbern. Und wieder empfand er bei ihrem Anblick Bewunderung für diese Helden, für ihre hartnäckige Art, Wege zu finden gegen die Fluten und das trügerische Leben auf der Ebene. Unvorstellbar, wie sie ihre Toten zu den fernen Hängen und den hohen Bergen zu bringen vermochten. Schon früher hatte er bei seinen Aufstiegen zu den Gipfeln bemerkt, dass die alten Wüstenbewohner ihre Gräber nicht an Orten anlegten, die im Bereich trügerischer Fluten und jahreszeitlich bedingter Flüsse lagen, mit denen die Wüste reichlich gesegnet war, bevor sie den Namen „Grosse Wüste“ erhielt. Immer fanden sie einen Weg, ihre Toten hoch oben bei den sicheren Felsen zu betten, neben den Falkenhorsten. Alle Hänge in der Wüste sind bedeckt mit Ahnengräbern, die Berge sind ein ungeheurer Friedhof, der die Wüstenwelt vom einen Ende bis zum anderen überzieht. Und was ihn bei diesen Entdeckungen am meisten überraschte, das war die Widerstandsfähigkeit der Schädel und der Knochen angesichts der Sonne, des Windes und des gierigen Staubes. Schädel, die Tausende von Jahren begraben und dennoch fest, hell und glatt waren, wie die von nie versiegenden Fluten polierten Steine auf der Ebene. Wind und Staub führen einen dauernden Krieg um den Besitz der Knochen der Toten. Der Staub versucht, sie für sich allein wie einen Schatz, wie eine Beute zu verbergen. Doch der Wind weht ständig darüber, unternimmt hartnäckige Angriffe, um die sterblichen Überreste der Hand des gierigen Widersachers zu entwinden und die Knochen freizulegen. Dann reibt sich die Sonne die Hände und zielt mit ihren Strahlen, um sich ihren Anteil vom Opfer zu holen.

Einmal, das war ihm unvergesslich, hatte er an einem Hang der Berge des Tâdrart neben einem Grab einen Haufen Knochen gefunden, einen mittelgrossen Schädel, einen Armknochen und den Hüftknochen; ausserdem noch einige kleine Knochenstücke, halb zerfallen, von denen der Wind seinen Anteil abgefressen und der gierige Staub die Ränder abgenagt hatte. Armselige Reste eines erbarmungswürdigen Geschöpfs. Und er konnte sich nicht vorstellen, dass das Schicksal derart erbarmungslos spöttisch mit seinem Skelett verfahren sollte. Als er nähertrat und den Haufen mit dem Ende seines Stabes inspizierte, drang ein abscheuliches Zischen aus dem Schädel, und der Urfeind des Menschen streckte einen garstigen Kopf hervor, mit furchteinflössenden, hässlichen Augen. Jedes Haar an seinem Körper stand auf, und langsam wich er zurück. Dann rannte er los, den

Hang hinab. In einem Seitentälchen weiter unten wurde ihm übel; er beugte sich vornüber und erbrach sich. Als er den Vorfall später einem lebensweisen Hirten erzählte, erklärte ihm dieser, in den Schädeln der Ahnen könne man jede Art von Getier antreffen: Schlangen, Skorpione, Käfer, Warane. Er berichtete ihm auch von den elenden Schatz- und Goldsuchern, die die Gräber besudelten und die sterblichen Überreste der Toten freilegten; ihnen folge dann alles mögliche Getier, das sich in den Knochen einniste und verstecke.

Er stieg weiter.

Nachdem er die Wette eingegangen war, hatte er sich einen Plan zurechtgelegt. Seine lange Erfahrung mit den Gipfeln hatte ihn gelehrt, dass man senkrechte Bergwände nur bezwingen kann, wenn man sie auf eine bestimmte Weise angeht und sie horizontal, spiralförmig besteigt. Daher hatte er entschieden, seinen Kampf mit dem ehrfurchtgebietenden Îdenan von der Nordseite her zu beginnen, in der Hoffnung, er werde, wenn ihm das Glück hold war und der Südwind kein böses Spiel mit ihm trieb, den unteren Gürtel gegen Mittag erreichen. Er erwartete auch, zu diesem ersten Gürtel auf der Süd- oder der Westseite, im Blickfeld der Bewohner der Ebene, zu gelangen. In den Spalten und Höhlen dort könnte er Unterschlupf finden, die Passanten und die Schaulustigen betrachten, den Mittag verbringen und danach seinen Weg fortsetzen. Wenn er die Nacht über weiterkletterte und sich vom Mond führen liesse, konnte er hoffen, den zweiten Gürtel, den letzten Umlauf, zu erreichen, kurz vor der senkrechten Felswand ganz oben. Den ersten Gürtel, den unteren, hatte die zweite grosse Flut gegraben, von der in uralter Zeit die Wüste für lange Jahre überspült worden war. Den zweiten, den oberen, hatten die Wasser jener Grossen Flut gemeisselt, die alle

Geschöpfe, Mensch und Tier, verschlungen hatte und der niemand entkommen war.

Die Sonne stieg höher. Er näherte sich der Südseite, die einen Blick über die bewohnte Ebene erlaubte. Den Gürtel würde er auf der Südwestseite erreichen. Zum erstenmal hielt er inne. Er hing an einem scharfen Felsvorsprung und griff nach der Wasserflasche des Derwischs. Mit einer Hand zog er den Pfropfen heraus und trank drei Schlucke. Er betrachtete den fernen Horizont, der ins Tâdrart führte. Die Bergköpfe waren in einen Schleier aus Morgennebel gehüllt. Seine Atemzüge wurden ruhiger, die Schläge seines Herzens regelmässig. Aus dem Proviantbeutel stieg ihm Brotduft in die Nase. Er dachte an den Derwisch. Gestern, als ihn die Müdigkeit übermannt hatte und er weggedöst war, hatte Mûssa die Gelegenheit ergriffen, sich fortgestohlen und ihm den Proviant überlassen. Er wollte nicht bis zum Morgen bleiben, um keine langen Abschiedsrituale vollziehen zu müssen. Auch er selbst wollte diese Rituale umgehen. Er hatte gemerkt, dass Mûssa sich davonstahl, sich aber weiter schlafend gestellt, um eine Situation zu verhindern, die auch den härtesten Wüstenbewohnern ans Gemüt geht und ihre Herzen brennen und bluten lässt. Keiner weiss um diese geheime, geheimnisvolle Macht des Abschieds, die den Stolz der Stolzen besiegt und die auch die Hochmütigsten in die Knie zwingt und ihnen Blut und Tränen abpresst.

Im Tâdrart hatte er einmal einen jähzornigen, brutalen Hirten kennengelernt, der bei der kleinsten Ursache aufbrauste und sich mit seinen Kollegen prügelte, sie beschimpfte und nie ein freundliches Wort für sie hatte, einen Mann, der nie lachte. Er begleitete ihn nach Massâk Satfat, wo sie gemeinsam ihre Kamele weideten. Dieser Hirte stand mit dem ersten Morgengrauen auf und drosch mit Knüppel und Peitsche auf seine widerspenstigen Kamele ein. Und es war diese wahnsinnige Brutalität, mit der er die armen Tiere züchtigte, die Udâd am meisten überraschte. Doch als er ihn darauf ansprach und ihn beschwor, nachsichtig und freundlich mit den Tieren umzugehen, fuhr der Hirte ihn an und erzählte ihm eine Geschichte nicht ohne Weisheit über die Rolle von Stecken und Strafe bei der Erziehung und der Ausbildung. Danach schnitt er ihn und wechselte drei Tage lang kein Wort mit ihm. Einige Wochen später kam dann die Stunde des Abschieds, als Udâd mit seinen Kamelen zu seinen alten Weidegründen im Tâdrart zurückkehren wollte. Der Hirte verabschiedete sich von ihm mit strengem, finsterem Gesicht. Als Udâd ein Stück gegangen war, bemerkte er, dass er seine Amulette auf einem abgestorbenen Busch vergessen hatte, an der Stelle, wo sie die vorangegangene Nacht verbracht hatten. Er kehrte zurück und fand dort den Hirten, mit herabgelassenem Gesichtstuch schluchzend wie ein Kind. Udâd konnte es nicht glauben; er blieb stehen, verstört und gelähmt. Der Hirte kehrte ihm den Rücken zu und versuchte, seine Schwäche zu verbergen und Herr über seine Tränen zu werden. Aber seine Schultern hörten nicht auf zu beben. Plötzlich sprang er auf und umarmte ihn. Udâd spürte eine tiefe Traurigkeit, und er sah in dem Vorfall einen Hinweis auf den Abschied für immer. Tatsächlich erfuhr er wenige Monate später von einigen Hirten, er sei auf der Suche nach seinen widerspenstigen Kamelen, die er mit dem Stecken zu erziehen versuchte, in der weiten, weglosen Wüste von Massâk Mallat umhergeirrt; dabei habe er sich verlaufen und sei Beute des Durstes geworden. Seit jenem Tag wusste Udâd, dass auch diejenigen, die anderen als brutal und streng erscheinen, in ihrem Herzen eine Güte, eine Barmherzigkeit und eine Wärme hegen.

Es war der Augenblick des Abschieds, der ihm den geheimen Kern offenbart hatte.

Doch das Herz des Derwischs brauchte ihm nicht offenbart zu werden. Das Herz des Derwischs war das einzige im Stamm, ja in der ganzen Wüste, das offen dalag, von keinem Tuch verhüllt, von keinem Körper verborgen, von keiner Brust umschlossen. Und es waren die weisen alten Frauen, wie immer mit den tiefsten Einsichten über die menschliche Seele, die erklärten, wo das Herz des Derwischs lag. „Das Herz des Derwischs liegt auf seiner Hand", sagten sie und fügten dem gleich eine weitere, eine schreckliche Erkenntnis hinzu: „Wehe dem, dessen Herz auf der Hand liegt." Die Leute begriffen, dass die Tragödie des Derwischs und seine Konflikte mit anderen Menschen genau darin ihren Ursprung hatten. Der Derwisch selbst war der einzige, der das nicht begriff, der das nicht wusste. Oder vielleicht begriff und wusste er es ja sogar besser als alle anderen, aber er trug die Last wie ein herabgesandtes Schicksal. Denn wer Gott kennt, dem ist ein Geheimnis aufgebürdet, das grösser ist als dasjenige, das die Menschen kennen. Udâd erfasste immer ein unerklärliches Gefühl gegenüber Mûssas Art. Ein Gefühl, das sich im Laufe der Zeit zu einer fixen Idee entwikkelte, dann zu einer Gewissheit. Das Gefühl, Mûssa sei fähig, in das Herz einzudringen und in den Körpern anderer zu verweilen. Doch wurde ihm nie ganz klar, ob Mûssa diesen Zauber bei allen Menschen praktizierte oder nur bei seinen Freunden und denen, die er liebte.

Es konnte geschehen, dass der Derwisch, wenn er, Udâd, ihn irgendwo sah und keine Lust verspürte, mit jemandem zu reden, kehrt machte oder nach rechts abbog und tat, als habe er ihn nicht gesehen. Und wenn er ihn traf und dann weitergehen wollte, verabschiedete sich der Derwisch immer schon ein klein wenig früher, gab vor, in Eile zu sein und etwas Unaufschiebbares erledigen zu müssen. Und wenn man sich nach ihm sehnte, kam er plötzlich auf einen zu, als hätte er den geheimen Ruf des Herzens vernommen. Ja, er erschien, wenn man ihn brauchte, sogar ungerufen. Und jener Tag war ihm unvergesslich, als ihm seine Mutter etwas zu essen vorsetzte, in das die elende Seherin einen Zauber gemischt hatte, der ihm das Leben in der Ebene angenehm machen und ihn zum Bleiben veranlassen sollte. In dem Augenblick, als er den ersten Happen in den Mund schob und zu kauen begann, tauchte Mûssa auf. Und im letzten Augenblick, gerade als er schlucken wollte, flüsterte er ihm das Geheimnis zu. Ja, etwas Speichel davon war ihm schon in den Magen gelaufen, und er beugte sich zur Seite und erbrach sich. Hätte sich damals der Derwisch nicht eingeschaltet, könnte er heute nicht oben auf diesem Berg stehen und gegen die hochmütigsten Gipfel der ganzen Grossen Wüste antreten. Ohne Mûssas Eingreifen würde er ein miserables Leben auf der Ebene führen, wie andere blinde Kreaturen, die sich, aus Furcht vor dem Licht, weigern, den Kopf zum Himmel zu erheben.

Ein weiteres Mal verspürte er dem Derwisch gegenüber Dankbarkeit. Er hatte sich den Pflichten der Traurigkeit entzogen, bevor sich die Finsternis auflöste. So ersparte er ihm und sich selbst einen leidvollen Abschied. Die alten Frauen berichten ja von der Überzeugung der weisen Ahnen, dass Freunde sich ganz sicher wiedersehen würden, wenn ihr Abschied nicht von einer Umarmung gekrönt gewesen sei.

7

Am Ring der ersten grossen Flut vernahm er vages Gemurmel. Bevor er die Grotten erreicht hatte, von wo aus er die Leute betrachten wollte, wirbelte der Südwind Staub über die Ebene und entzog ihm die Sicht. Am Abend schob er sich weiter, spiralförmig, im Kreis. Ein vorüberziehendes „Staubgefährt" brachte sie und liess sie an den Hängen aussteigen. Als sich der Wind beruhigt hatte, hörte er hinter sich ihr rätselhaftes Gemurmel. Sie folgten ihm.

Auf einem Felsen stehend, hielt er sich an einem Vorsprung und wartete. Das Getöse entfernte sich, das Gemurmel verschwand. In der Sorge, die Steine könnten ihn im Stich lassen, untersuchte er die Stelle und rüttelte mit aller Kraft an dem Felsvorsprung, um seine Festigkeit zu testen. Dann trat er gegen den unteren Felsen und sprang mehrere Male darauf, um auch seine Verlässlichkeit festzustellen. Er war beruhigt. Holte sich ein Brot aus dem Proviantbeutel, ohne ihn von der Schulter zu nehmen. Die Dunkelheit des ersten Abends kroch heran.

Der Staubschleier entzog noch immer die Ebene seinem Blick. Er verzehrte sein Mahl, kaute, lauschte. Die Bewohner des Berges waren verschwunden und hatten die Einsamkeit und das Schweigen zurückgelassen. Er wischte seine fettverschmierte Hand an dem Lederbeutel ab, öffnete die Flasche und hob den Kopf, um zu trinken. In diesem Augenblick grollte der Berg, und der Felsen unter seinen Füssen zitterte. Ein Beben erschütterte den Ort, und das gesamte Massiv wankte. Das Wasser lief ihm über die Brust, er drückte die Flasche an sich, um die wertvolle Flüssigkeit zu retten. In diesem Augenblick sah er, wie ein Felsbrocken seinen Unterschlupf zertrümmerte, den Vorsprung zerschlug und in die Tiefe flog. Er rollte lange, und der Berg antwortete darauf mit einem langen Stoss. Nun fand er nichts mehr, woran er sich hätte festhalten können. Der Felsblock hatte den rettenden Vorsprung gestreift und abgebrochen und ihn zwischen Himmel und Erde hängen lassen. An der senkrechten Wand haftend, bewegte er sich vorsichtig, um an der rauhen Felsplatte von links vorbeizukommen. Mit angehaltenem Atem und strömendem Schweiss. Er verschwitzte alles Wasser, das er in den vorangegangenen zwei Tagen getrunken hatte. Musste seine Finger und seine Zehen, ja selbst die Nägel seiner Finger und seiner Zehen einsetzen. Sogar seine Zähne nahm er zu Hilfe, um sich an den winzigen Vorsprüngen im Fels festzuhalten. Wie lange er wohl auf diese barbarische Weise weiterkroch? Nur daran erinnerte er sich noch, dass die Finsternis den ganzen Berg einhüllte, als er die Falle hinter sich gebracht hatte und zum zweiten Ring gelangt war. Jetzt konnte er sich, als Traum oder als Alptraum, einiges von dem ins Gedächtnis zurückrufen, was auf dieser schrecklichen Reise geschehen war. Einer so kurzen und doch so bösartigen Reise. Schon oft hatte er sich an die Berge gewagt. Immer wieder hatten ihn die Felsen getrogen, und schon viele Male war er von den Gipfeln hinabgerollt. Mehr als einmal hing er festgekrallt über gähnenden Schlünden, doch noch nie hatte er ein so furchtbares Erlebnis gehabt wie heute. Vielleicht weil er überrascht wurde, vielleicht weil er zum erstenmal ein Erdbeben erlebte. Was sah er denn, während er verzweifelt um sein Leben kämpfte? Er vernahm ein abscheuliches Zischen über seinem Kopf. Das Zischen einer Schlange, wie sie die Wüste nicht kannte. Einer Schlange aus dem Dschungel oder direkt vom Himmel. Sie blies ihn an, so dass sein Gesichtstuch flatterte und der Knoten sich löste. Doch er konnte sie nicht erkennen, nicht wegen der Dunkelheit, sondern wegen seines Wunsches, sich in Sicherheit zu bringen. Mit dem Instinkt eines Tieres hatte er begriffen, dass er in die Tiefe stürzen würde, sollte er den Kopf heben und nach oben schauen. Also trat er auf sein Herz und hielt dem Zischen, hielt der Natter stand. Dann plötzlich kreischte irgendwo eine Unglückseule ganz hässlich. Es kam ihm vor, als hätte er für eine Zeit das Bewusstsein verloren, während er, an die glatte Wand gekrallt, um sein Leben kämpfte. Als er sich dem Ende der ungastlichen Wand näherte, hörte er sie ein weiteres Mal. Sie murmelten in undeutlichem Kauderwelsch miteinander. Dann brach er auf den scharfen Steinen zusammen und versuchte zu vergessen, zu verschwinden, einzuschlafen. Doch die Steine, die das Erdbeben gelöst hatte, purzelten weiterhin den Abhang hinab und rollten hinter dem respektablen Felsblock her.

8

Er schlummerte ein. Und erwachte in einer klaren Nacht, in der ein verschämter Mond am Himmel entlangkroch. Alle seine Glieder waren blutverschmiert. Hände, Füsse, Beine und sogar der Mund. Er spürte die Bitterkeit, und er stellte fest, dass sein Zahnfleisch blutete. Er untersuchte seinen Kopf und tastete mit dem Ende seines Gesichtstuches nach Prellungen. Der Kopf blutete nicht, war aber übersät mit Beulen unterschiedlicher Grösse. Die Steine, die dem Felssturz folgten und dem Block hinterherrollten, hatten ihn an vielen Stellen am Kopf getroffen. Sein Körper war erschöpft, seine Gelenke wie mit einem Messer zerhackt. Er befeuchtete einen Zipfel seines Tuchs mit ein paar Tropfen Wasser, beugte sich über sein Bein und fuhr mit dem feuchten Stoff darüber. In diesem Augenblick bemächtigte sich seiner ein geheimnisvolles Gefühl, dasselbe Gefühl, das ihn überkommen hatte, als er das Gemurmel hörte, das dem Erdbeben vorangegangen war. Er schaute auf, und da traf sein Blick auf den ehrfurchtgebietenden Gast. Sein Kopf war gekrönt von zwei majestätischen, nach hinten geschwungenen Hörnern, wie die Hörner von Ziegenböcken. Von seiner Schnauze hing ein Spitzbart herab, auch dieser wie der Bart von Ziegenböcken. Der vordere Teil seines Körpers war kräftig und stolz, während der hintere Teil eher dürftig und mager schien, wie der Körper der Sandgazelle. Seine Augen leuchteten im Mondlicht, klug, geheimnisvoll, traurig.

Er stand nur wenige Schritte entfernt und schaute ihn an, neugierig wie ein menschliches Wesen. Udâd betrachtete ihn und sah in seinen glänzenden, rätselhaften, tränenfeuchten Augen eine geheime Sprache.

„Wer bist du?" fragte er unwillkürlich.

Der Mufflon rührte sich nicht von der Stelle. Er verengte ein wenig seine Lider, als denke er angestrengt über eine Antwort nach. Die Tränen lösten sich und blieben in den langen Wimpern hängen, die Frauenwimpern ähnelten. Er senkte den Kopf wie eine verschämte Jungfrau, und Udâd fragte weiter: „Bist du der Besessene? Bist du der geweihte Mufflon? Sag mir dein Geheimnis!"

Das Tier schaute hinauf zur fernen Felswand, hoch oben auf dem Gipfel. Dann sah es sich wieder um, gemessen wie die Weisen und die Betagten.

„Was willst du mir sagen?" scherzte Udâd. „Willst du mir etwas anvertrauen? Bist du ein Bote?"

Der Mufflon trat einen Schritt näher. Blieb direkt über ihm stehen, majestätisch und stolz. Sein charakteristischer Geruch verbreitete sich, jener Geruch, der jedem in die Nase steigt, der am Eingang einer Höhle im Tâdrart verweilt. Mit dem rechten Bein begann er, in der mit garstigen Steinen bedeckten Erde zu scharren.

„Hast du gesehen, was mir passiert ist?" wollte Udâd wissen und fügte dann eifrig hinzu: „Sag ihnen, ich wäre nicht gekommen, die Gräber zu schänden oder die Schätze zu rauben. Ich bin nur wegen einer Wette gekommen. Wissen sie von der Wette? Sag ihnen, sie sollten aufhören, den Berg zu erschüttern und mir mit Schlangen und Eulen Angst einzujagen."

Der Besucher scharrte ein weiteres Mal mit dem Huf. Udâd liess die Erinnerungen an sein langes Zusammenleben mit diesem edlen Stamm an sich vorüberziehen und rief aus: „Du willst mir sicher ein Geheimnis mitteilen. Du willst, dass ich … was? Was hast du gesagt? Sag es noch mal!“

Das majestätische Tier warf ihm einen raschen Blick zu. Dann setzte es sich in Bewegung und kletterte weiter hinauf. Auf einem Felsen blieb es aufrecht stehen und beobachtete ihn. Sein zerzaustes Haar leuchtete silbrig im Mondlicht. Schliesslich machte es einen Satz und verschwand im Schatten zwischen den Felsen.

9

Am Abend des dritten Tages stieg er in die stolze Wand ein. Am Tag zuvor, als er den letzten Ring erreichte, löste er sich endgültig von der Ebene. Die Erde verschwand. Sogar die Abhänge weiter unten verschwanden. Es begann der Weg, der allein zum Himmel offen war. Immer dichter wurde der ewige Schleier, der den höchsten Gipfel umhüllte und die Sicht auf die Welt tief unten verhinderte. Die Akakûs-Berge verschwanden, ebenso die Gipfel des Betrogenen Gefährten. Sogar die Wüste verschwand. Nie hatte er erwartet, dass der Îdenan so hoch war, und es überraschte ihn, dass er von der Erde aus nicht so märchenhaft, so unerreichbar erschien. Doch das Geheimnis lag in dem dichten Staubschleier, mit dem der Himmel das Haupt des Berges wohlbedacht umhüllte und von dem die Bewohner der Wüste die Sitte entlehnt hatten, das Haupt hinter einem Tuch zu verbergen.

Auch die Spuren der Kreaturen hörten auf. In den Spalten stiess er auf Reste von Falkenhorsten, an denen der Wind zerrte und die Sonne und die Zeit nagten. Am Eingang der

Höhlen hatten die Ahnen Symbole in Tifinâgh hinterlassen, hatten die Felswände mit Schriften und Zeichnungen gefüllt, auf denen sich eine Staub- und Erdschicht abgelagert hatte. An einer kleinen Höhlenöffnung fand er die gelungene Zeichnung eines Mufflonkopfes. Er nahm einen Stein und säuberte damit den Fels. Der Lehm krümelte ab und flog als Staub davon. Offenbar hatte die Zunge der grossen Flut die Zeichnung mit Lehm versiegelt. Er folgte den roten in den Stein geritzten Linien, und plötzlich stand er einem majestätischen Mufflon gegenüber, einem riesigen Tier mit stolzgeschwellter Brust, magerem Körper, zerzaustem Fell und einer weissen Haarkrone. Auf dem Haupt trug er ein Gebilde aus zwei geschwungenen Hörnern, unter der Schnauze einen Spitzbart.

Mein Gott! Er war es. Derselbe geheimnisvolle Mufflon, der ihn nach dem schlimmen Erdbeben besucht hatte. Dieselben Einzelheiten. Dieselbe ehrfurchtgebietende Statur. Ja, derselbe geheimnisvolle, traurige Blick. Unter seinem rechten Huf standen, in pechschwarzer Farbe, einige Tifinâgh-Symbole eingeritzt. Er versuchte, sie zu entziffern. Stellte fest, dass ein Teil noch unter der Lehmschicht verborgen war, und nahm einen Stein, um sie freizulegen. Er entschlüsselte die Symbole. Las die alte Botschaft. Das Vermächtnis der Ahnen. „Halt ein und höre!" forderten die Ahnen ihn auf. „Wer niedersteigt, wird sich erheben, wer sich erhebt, wird niedersteigen." Er las es zweimal. Dreimal. Lächelte. Dieselbe Sprache wie in den Mahnungen auf den Felsen des Tâdrart. Die vage, andeutungsschwere Sprache, die die Weisheit in einem Satz ausdrückt, um sie im folgenden Satz zu verrätseln. Die spielerische, verschleiernde Sprache, die mit dem Bild spielt und mit den Symbolen winkt. Dieses Spiel beherrschten die Ahnen aufs beste. Sie gebrauchten es für ihre Karten von Brunnen und Schätzen.

Und wenn der Lesende nicht klug, geschickt und weise ist, so wird er verdursten, obwohl sein Kopf auf einem Brunnenrand liegt. Um die Sprache der Väter zu lesen, musst du wach sein. Das hatte er von den Felswänden des Tâdrart gelernt.

Hier also benutzten sie dieselbe Art. „Halt ein und höre: Wer niedersteigt, wird sich erheben, wer sich erhebt, wird niedersteigen." Was sollte das bedeuten? Er hatte Buchstaben und Worte entschlüsselt. Jetzt musste er noch den Sinn erfassen. Doch den tieferen Sinn der Amulette der Ahnen zu ergründen verlangt längere Zeit als die Entzifferung und die Entschlüsselung der Schrift.

Sie hatten ein bemerkenswertes Talent, Weisheiten als Kindersätze zu formulieren. Das war nicht zu leugnen. Ja. Er hatte schon viele solcher Sätze gelesen, die ihm einfach und kindlich erschienen. Doch wenn er sie den weisen Hirten vorlegte, zeigten sie ihm darin Wüstenweisheiten, die wertvoller waren als alle Schätze. Ja, die wahren Weisen der Wüste suchten in den Höhlen nicht nach Karten des Goldes, nein, sie legten die weitesten Entfernungen zurück auf der Suche nach den Karten der Lebensweisheit. Ein Hirte hatte ihn gelehrt, es sei töricht, einem Ausdruck keine Aufmerksamkeit zu schenken, nur weil er rätselhaft oder kindlich schien; für eine solche Torheit könne er mit dem Leben bezahlen. Doch wenn er ihm Aufmerksamkeit schenke, könne er sein Leben retten und den Brunnen finden.

Worauf also wollten sie ihn hinweisen? Was wollten sie ihm mit der Zunge des weisen Ahnen mitteilen, des uralten geheiligten Mufflons? Was für ein Geheimnis lag hinter dem Spiel mit Worten? Sollte es heissen, wer niedersteigt, wird auf der Ebene gerettet, und wer sich erhebt, wird auf dem Gipfel verloren sein? Folgte dem Aufstieg der Sturz in den finsteren Abgrund? In den Tunnel der Nacht? Ja. Was den Vätern am meisten gefiel, waren sprachliche Gegensätze. Der Hinweis auf etwas durch sein Gegenteil. Diese Kunst praktizierten sie im Tifinâgh-Alphabet, um Nichteingeweihten den Zugang zum Verständnis und zur Interpretation zu verbauen. Die Hirten hatten ihn das verschlüsselte Alphabet gelehrt. Das müsse er kennen, um Brunnenöffnungen und Rettungswege zu finden. Und nach den Kenntnissen, die er von ihnen erworben hatte, hiess das zu Füssen des Mufflons eingeritzte Vermächtnis: „Wer niedersteigt, wird sich erheben, wer sich erhebt, wird niedersteigen.“ So lasen sich die Textzeichen. So musste es heissen. Doch welche Rolle spielte dabei der Mufflon? Warum hatten sie den Spruch neben dem Huf des ehrfurchtgebietenden Urvaters eingeritzt? Bedeutete das etwas Zusätzliches? Gab das dem Text einen weiteren Sinn?

Die Hirten sagten, allem, was die Ahnen hinterlassen hätten, liege eine Absicht zugrunde. Sie hätten nichts auf den Fels geschrieben, das nicht eine Weissagung enthalte.

10

Nun hatte er die Hälfte geschafft. Fand sich umhüllt von ewigen Wolken. Er presste sich an den stolzen, senkrechten Fels und holte Atem. Der Staubschleier liess ihn nicht weiter als vier Ellen sehen. An Rissen und Vorsprüngen auf der Oberfläche des Felsens festgekrallt, schaute er nach unten, um zu sehen, wieviel er schon zurückgelegt hatte. Die Wolkenhülle umkränzte die Formation und verhüllte den letzten Nacken, den die Wasser der ersten Grossen Flut geleckt hatten. Der zweite Ring war das Höchste, das irdische Geschöpfe je erreicht hatten, die äusserste Grenze des Lebens. Jenseits davon war der Übergang zur Ewigkeit. Der Barsach, der zum Himmel führt. Dort war er jetzt. An der sperrigen, brutalen, bestialischen Grenze, die den Blick auf das Heil und auf die Freiheit erlaubte. Doch er konnte sich noch nicht zum Erfolg beglückwünschen, solange er nicht zum Gipfel selbst gelangt war, zum Ende des Barsach, dorthin, wo Seligkeit und Ruhe beginnen. Nie, wenn er sich diese göttliche Klause betrachtete, hatte er geglaubt, dass sie so fern sein könnte, so ungeheuer hoch. Er hatte auch nie vermutet, sie könnte so unzugänglich und so glatt sein. Einen ganzen Tag lang kroch er auf bleichweissem Fels voran, auf dem eine Schicht von fahlgelblichem Lehm lag. Ein seltener Stein von seltener Farbe, dergleichen er auf den Bergen der Wüste noch nie gesehen hatte. Und das Schlimmste daran war, dass er nichts zum Festhalten fand als diese Lehmschicht, die aber an den meisten Stellen schon von Zeit, Sonne und Wind angegriffen und brüchig geworden war und jederzeit abfallen konnte. Mehr als einmal liess sie ihn im Stich, und ohne allergrösste Wachsamkeit wäre er gestürzt. Wachsamkeit in allen Gliedern des Körpers, in den Nägeln der Finger ebenso wie in denen der Zehen. Die Nägel verwandelten sich in Krallen, die sich in den Poren des glatten, trügerischen Felsens festklammerten. Die Wachsamkeit seiner Sinne half ihm, an der Wand zu haften, mit dem Stein eins zu werden, den Fels zu umfangen, mit ihm zu tändeln, ihn zu streicheln, ihn heiss wie eine Frau zu lieben.

Er umfing den Stein mit seinem ganzen Körper. Umfing ihn mit allen seinen Gliedern, den Händen, den Füssen, der Brust, dem Bauch, den Lippen und, ja, auch den Nägeln. In dieser fiebrigen Umarmung mit dem Stein schob er sich langsam vorwärts. Seine Atemzüge wurden hastiger, die Hitze nahm zu. Er keuchte. Seine Sinne verschmolzen mit den Sinnen der Felswand. Verschmolzen mit der Umarmung des Steins, wurden eins mit dem Geliebten, dem fremden himmlischen Stein. Er näherte sich dem Paradies. Ein Rausch überkam ihn. Eine Betäubung durchfloss ihn.

Ein Rausch, wie er ihn nicht kannte, eine Betäubung, wie er sie noch nie erlebt hatte. Das war die Seligkeit. Das war der Höhepunkt. Wie beglückend doch der Weg zum Himmel war! Wie köstlich die Reise zum Ursprung! War diese Seligkeit mit der Umarmung einer Frau vergleichbar? Hatten diese Empfindungen in seiner Liebe zu Tênere ihresgleichen? Tênere! Wo bist du nur, Tênere? Plötzlich liess ihn der himmlische Stein im Stich und warf ihn, an ein Stück Lehm gekrallt, in die Grube. Er hatte nach einem Vorsprung gegriffen, ihn geprüft, zweimal daran gerüttelt, bevor er sich rührte und seine Füsse über den fiebrigen Körper bewegte. Den Körper des fiebrigen Steins. Am geliebten Körper haftend, hatte er sich weitergeschoben. Da schälte sich ein Stück Lehm vom Leib des Steins und liess den Liebenden stürzen. Er flog hinab. Einen Augenblick, einige Augenblicke. Dann packte er irgendwo an einer unbekannten Stelle der himmlischen Klause etwas Hartes. Klammerte sich an etwas fest. Ein vorragender Stein, ein knorriges Stück Brennholz, ein göttlicher Haken zog ihn und hielt ihn gegen die Felswand. Die Felswand! Er war also nicht weit hinabgefallen. Nicht bis zum Ring. Er zitterte, alle seine Glieder schlotterten, brannten. Er wusste nicht, ob es die Erregung war oder die Sonne oder das Blut. Er hielt sich an dem unerwarteten Haken festgekrallt. Öffnete die Augen. Der Wolkenschleier war noch dichter geworden. War das die Finsternis der Nacht? War es der Südwind? Oder war es eine neue Woge des ewigen Staubs? Er tastete den Felsen ab. Es war kein Fels. Ein weicher Körper, bedeckt mit etwas wie Haaren. Er strich nochmals mit der Hand darüber. Haare. Er öffnete nochmals die Augen. Starrte in die Dunkelheit. Er baumelte, festgeklammert an die stolzen, geschwungenen Hörner des Mufflons.

11

Der rettende Engel, der ihn vor dem Verderben bewahrt hatte, bewegte sich. Er schleifte ihn über den erbarmungslosen Stein. Seine Glieder wurden noch mehr zerrissen. Er schleifte ihn ein weites Stück über den harten, senkrechten Fels hinauf, den Fels, der in der Umarmung vertraut, gnädig und liebevoll war und der jetzt so böse, bestialisch, grausam wurde. Was war der Grund für diese Verwandlung? Was der Grund für diese Härte? Für diese Feindseligkeit?

Der Retter hielt inne. Udâd öffnete die Augen. Er lag auf dem Gipfel. Den Kopf bedeckt mit dem Himmel, die Welt zu Füssen, die Wüste unten auf den Knien. Weit hinten warf sich auch die Sonne auf die Knie, andächtig den Staub unter seinen Füssen küssend. Sie verbreitete blutrotes Licht am Horizont.

Die Ebene war von den ewigen Wolken verhüllt. Von hier oben konnte er nichts sehen als die Wüste, die sich weithin erstreckte. Nichts als die Wüste. Für immer die Wüste, auf ewig.

Das Blut in seinen Adern begann abzukühlen, und der Brand wurde stärker. Sein ganzer Körper war mit Blut verschmiert, war zerrissen von Wunden, Schrammen und Prellungen. Die Wasserflasche des Derwischs hatte er bei seinem Sturz verloren. Er schaute auf. Der ehrfurchtgebietende Mufflon stand noch immer neben ihm und beobachtete den Horizont, wo die Sonne ihr tägliches Gebet vollzog.

„Sag mir, Amghâr*, was ist geschehen? Erzähl mir alles!"

Aber der weise Alte reagierte nicht. Er stand da, fasziniert von dem in blutroten Schleier gehüllten Horizont, als wolle er sich am Gebet und Gottesdienst der Sonne beteiligen.

* Tamâhak-Wort mit der Bedeutung: alter Mann, Scheich, Vater, Ahn, Stammesführer

„Erzähl mir, weiser Alter", wiederholte Udâd mit kindlicher Beharrlichkeit. „Du musst mir alles erzählen. Ich will es wissen … das Geheimnis", wollte er fortfahren, doch der ehrfurchtgebietende Amghâr brachte ihn mit einem plötzlichen missbilligenden, tadelnden Blick zum Schweigen. Dann kniff er die Augen zusammen. Seine Brauen senkten sich, und da sah er auf seinen Wimpern einige Tränentropfen. Es waren dieselben geheimnisvollen Verhaltensweisen wie bei ihrer ersten Begegnung überhalb der Schlangenhöhle. Dann … plötzlich machte er einen Satz und verschwand in der Staubwolke.

12

Er begriff, was sich ereignet hatte. Er machte sich das Geheimnis des Sturzes klar. Auf dem Rücken liegend, verbrachte er die ganze Nacht, hoch oben auf der himmlischen Felswand, betrachtete die Sterne und dachte über das Wunder nach, darüber, wie der Stein ihn im Stich gelassen, der Lehm sich abgeschält hatte und er in die Tiefe gestürzt war. Auch über die Rettung.

Er erinnerte sich, dass der Stein ihn in dem Augenblick zurückgestossen hatte, als er an Tênere dachte. Er hatte ihn fallen lassen, als er der Frau Zutritt zu seinem Herzen gewährte. Er war undankbar für die Umarmung gewesen, für die Liebe, er hatte sein Herz der Ebene gegeben, ihr, die die Ebene bewohnt. Der eifersüchtige Stein aber wollte ihn mit seinem Herzen gegenwärtig, nicht abwesend und irgendwo gefangen. Der Derwisch hatte ihn oft gewarnt, sein Herz nicht zweien zu geben. Es werde immer schiefgehen, sagte er, wenn er sein Herz auf zwei Wesen verteile.

Das Herz aufzuteilen war Undankbarkeit. Das geteilte Herz war ein leeres Herz. Das geteilte Herz war nicht als

Opfer geeignet. Die Götter verboten die Zusammenarbeit mit einem geteilten Herzen. Das geteilte Herz zog das Unheil an. Hätte sich der gewaltige Mufflon nicht eingeschaltet, hätte der Urahn, der rätselhafte Amghâr, nicht Mitleid verspürt, so hätten die gefrässigen Steine sein Fleisch zerteilt, bevor er den Gipfel des Paradieses erreicht hatte. Der kindliche Spruch der Ahnen fiel ihm wieder ein: „Halt ein und höre: Wer niedersteigt, wird sich erheben, wer sich erhebt, wird niedersteigen." Er drehte den Spruch um: „Halt ein und höre: Wer niedersteigt, wird sich nicht erheben, wer sich erhebt, wird nicht niedersteigen." Die Väter hatten das nicht umsonst neben den gewaltigen Mufflon geschrieben. Er musste den geheimen Faden finden zwischen dem umgekehrten Spruch und dem weisen Alten, der ihn gerettet hatte.

Am nächsten Morgen wollte er den Ort untersuchen. Und er würde auch nach dem unbekannten Schlund der Finsternis suchen.

Der Mond ging erst spät auf. Die Sternscharen blinkten. Die Hülle des Berges schien ihm wie ein weiches Bett, das mit ihm durch die Luft schwebte. Mit ihm in den Himmel flog. Er näherte sich den geheimnisvollen Sternen. Die Sterne näherten sich seinem Bett. Sie wuchsen und wuchsen und waren bald so gross wie die Monde. Sie hingen wie helle Trauben über seinem Kopf. Flüsterten ihm in geheimnisvoller Sprache ins Ohr. Der Schlaf tändelte mit ihm. Er schlummerte auf seinem Wolkenbett ein, unter einer Decke, bestickt mit den Gestirnen des Unerreichbaren.

VII. Der Behälter

... dass die Stimme der Mühle leise wird, und man erwacht, wenn der Vogel singt, und gedämpft sind alle Töchter des Gesangs; wenn man auch vor Höhen sich fürchtet, und sich scheut auf dem Wege; wenn der Mandelbaum blüht, und die Heuschrecke beladen wird, und alle Lust vergeht (denn der Mensch fährt hin, da er ewig bleibt, und die Klageleute gehen umher auf der Gasse); ehe denn der silberne Strick wegkomme, und die goldene Schale zerbreche, und der Eimer zerfalle an der Quelle, und das Rad zerbrochen werde am Born. Denn der Staub muss wieder zu der Erde kommen, wie er gewesen ist, und der Geist wieder zu Gott, der ihn gegeben hat. Es ist alles ganz eitel, sprach der Prediger, ganz eitel.
Das Alte Testament. *Der Prediger Salomo 12,4–8*

1

„Er hat es geschafft! Er hat es wirklich geschafft." Die frohe Botschaft wanderte über die Ebene. Die Menschen tauschten die Nachricht aus wie eine magische Formel: „Dieser Dschinn ist ins Reich der Dschinnen hinaufgestiegen."

Als man Tamghart die frohe Botschaft brachte, vergrub sie ihren Kopf und weinte. Als man es dem Derwisch erzählte, floh er ein weiteres Mal ins Akazienwadi. Man brachte die frohe Kunde auch Taffâwut, damit sie auf ihren Ehemann stolz sei; doch sie lächelte nur ein rätselhaftes weiblich-listiges Lächeln. Die Verkünder der Nachricht zogen weiter. Verliessen das Lager und trugen sie in die immer finsteren Gassen von Wâw. Sie flüsterten Tênere den Triumph ins Ohr, als verrieten sie ihr ein Zauberwort aus Aïr. Sie tanzte und frohlockte und krönte den Erfolg mit freudigen Jubeltrillern. Zum erstenmal hörte man auf der Ebene einen Freudentriller aus der Kehle der Prinzessin.

Auf der kahlen Weite zwischen Wâw und dem, was vom Lager noch übrig war, stand eine Gestalt in weiten blauen

Kleidern und betrachtete finster, wie es die Art der Alten ist, die Überbringer der Botschaft und die Schaulustigen.

Die Macht der Sonne war gebrochen; sie sank dem Untergang entgegen. Es begann die Stille, die dem Augenblick des Sterbens vorausgeht.

Achmâd kam. Blieb neben ihm stehen. Gemeinsam wanderten sie in der nördlichen Ebene umher. Entfernten sich von den eitlen Menschen und traten in die Stille ein. Achmâd bemerkte, wie Ocha insgeheim Blicke zu dem in Wolken gehüllten himmlischen Gipfel hinaufwarf, aber keiner von ihnen wagte, das feierliche Schweigen mit einem Wort zu verletzen. Und sogar als sie sich irgendwo weit draussen einander gegenüber hingesetzt hatten und Achmâd den Vorfall mit einem „Er hat es geschafft" ansprach, sagte Ocha nichts, sondern wechselte plötzlich das Thema und forderte Achmâd auf, Vorbereitungen für das Fest zu treffen und Burschen und Mädchen zu informieren. Achmâd hörte ihm traurig zu und sagte dann geknickt: „Der Imam hat uns reingelegt und macht sich noch im Grab über uns lustig. Es gibt kein Geheimnis in der Brust der Imame. Nun bin ich sicher." Und als Ocha nichts erwiderte, fuhr er fort: „Du hättest ein Opfer bringen sollen. Du hast ihm seine Belohnung nicht gegeben. Wenn du ihm eine Kamelstute geschlachtet hättest, hätte er diesen Dschinn nicht hinaufsteigen lassen. Warum hast du kein Opfer geschlachtet? Ein Versprechen ist kein Scherz. Ein Versprechen ist eine schwere Schuld, und was den Toten versprochen ist, gehört Gott."

Ocha sagte nichts, und erst nach einer Weile nahm er das Thema des Festes wieder auf.

2

Musikliebende und andere Besucher des Festes fanden sich auf dem weiten Feld zuhauf ein. Es waren Menschen vom Stamm, von Wâw oder von den Karawanen auf der Durchreise.

Die Frauen bildeten einen inneren, um sie herum die Männer einen äusseren Kreis. Am Horizont, hinter den Bergen, erschien das erste jungfräuliche Licht des Mondes. Die Saite klagte. Die Kehlen antworteten mit rauschhaften Seufzern und ekstatischen Rufen. Zarte, hennagefärbte Finger streckten sich aus, geschmückt mit Ringen aus dem Metall des Mondes, und schlugen freud- und leidvoll die Trommeln.

Die beiden Freunde kamen und blieben in einiger Entfernung stehen. Ihre blauen Festgewänder liessen sie noch rätselhafter und majestätischer erscheinen. Die Würde verlieh ihnen das Aussehen von Wüstenidolen oder nächtlichen Gespenstern. Sie verharrten geduldig, schweigsam und abwartend. Überliessen sich ganz der Macht der Melodie. Durchtanzten und überschwebten während dieses kurzen Verweilens die gesamte Grosse Wüste. Die Prinzessin kam mit ihrem Gefolge und gliederte sich in den Kreis der Frauen ein. Ochas Herz tanzte und entschlüpfte seinem Käfig. Er neigte sich zu seinem Gefährten. Die Turbane näherten sich, stiessen aneinander. In das Götzenbild kam Leben. Das Gespenst bewegte sich und trennte sich von seinem majestätischen Gefährten. Gliederte sich in den Kreis der Männer ein.

Er zog einen barhäuptigen Jungen beiseite. Der Junge rannte los zum Kreis der Frauen. Der Mond hob das Haupt. Trat über den Gipfel des Berges. Goss sein verschämtes, mattes Licht über die Weite.

Schliesslich kam die Prinzessin.

Sie trat allein aus dem Kreis, ohne Gefolge. Nicht eine einzige Sklavin war bei ihr.

Die Männer wichen zur Seite und gaben ihr den Weg frei. Sie überquerte den Platz des Festes. Das Götzenbild setzte sich in Bewegung und trat zu ihr.

Gemeinsam schritten sie weiter, nebeneinander, schweigend. Wanderten ein weites Stück Richtung Norden. Das Mondlicht wurde klarer und dreister. Das milde, runde Gesicht befreite sich von den Fesseln der Verschämtheit und zerriss den Schleier von Geburt und Jungfräulichkeit.

Schliesslich sprach sie: „Wenn der Vollmond mit einem Schleier aus Schamhaftigkeit und Staub aufgeht, sagt das etwas über den Südwind für den nächsten Tag und über so manches andere. So sagen die Seher in Aïr."

„Unsere Seher dagegen, die Hirten, sagen, der Südwind hört nicht auf, solange die Menschen mit Gold handeln. Und was so manches andere angeht, so reissen die Nachrichten nicht ab, seit sich die Mittlere Wüste in einen Markt für feilschende Händler verwandelt hat."

Die Provokation verletzte sie. Sie setzte an, Wâw zu verteidigen. „Es war ein totes Land, das wir mit Wâw auferstehen liessen, das wir dem Handel geöffnet und dem wir Leben eingehaucht haben."

„Es war eine Jungfrau, die ihr durch den Handel entehrt habt. Nichts entehrt so sehr wie der Handel."

„Im Handel liegt das Geheimnis des Lebens. Handel heisst Tausch, und Tausch ist das Leben. Willst du leugnen, dass das Leben aus Tausch besteht?"

„Hätte ein Geschöpf den Mut, das Geheimnis der Kreaturen zu leugnen? Könnte der hilflose Mensch, der aus dem Unbekannten nichts als diesen Tausch mitgebracht hat, es wagen, das göttliche Geheimnis zu schmähen? Aber vergiss nicht, dass der Unterschied zwischen menschlichem und göttlichem Tausch der zwischen dem Geschöpf und dem Schöpfer ist."

„Dem Geschöpf bleibt nichts anderes, als den Schöpfer nachzuahmen. Etwas anderes zu tun ist dem Menschen unmöglich, seit ihn der Allgewaltige aus seinem Reich vertrieben und in die irdische Tiefe geschickt hat. Der Allgewaltige hat der Lehmgestalt den Pakt um den Hals gehängt, damals, als er sie in die Fremde trieb. Er soll dem Menschen versprochen haben, alle seine Schritte zu segnen und ihn nicht zu verlassen, solange er daran festhält, dem Schöpfer in seinem Tun zu folgen. Darin liegt die Liebe zum Allgewaltigen und das Geheimnis der Verbindung der Lehmgestalt zum Ursprung, zum himmlischen Reich. Ohne das hätte Er ihn nicht zu Seinem Stellvertreter in der Wüste eingesetzt."

„Das ist fast schon lästerliche Magierlehre. Das sind Aussagen, die der Religion der Magier entstammen."

„Wenn die Bewohner von Asdschirr nicht imstande sind, etwas Schlüssiges zu erwidern, werfen sie uns Magierlehren vor. Gibt es etwa im Koran nicht auch Stellen, an denen der Mensch zum Stellvertreter Gottes auf Erden gemacht wird?"

„Hier lauern die Listen der Magier. Sie nehmen sich einen Korantext und verschwinden damit im Dschungel. Und wenn der Text dann aus den unbekannten Dschungelgegenden wieder hervorkommt, trägt er eine andere Maske, die Maske der Neger und der Magier."

„Der Vorwurf des Magiertums ist die Waffe der Hilflosen."

„Ich gebe zu, ich bin kein Gelehrter, was die Religion der Muslime angeht, aber ich kann sagen, dass das ketzerische Geschöpf das Vermächtnis allein dadurch entstellt hat, dass es in die Wüste herabgekommen ist. Es hat das Vermächtnis verraten. Und wenn die Nachahmung des Schöpfers die

Verbindung mit dem himmlischen Ursprung bezeugt, so hat der Mensch sie verfälscht, als er dem Dämon der Gier erlaubte, ihn zum Tausch zu führen, um aus Gold Geld zu machen und zu handeln, statt zu lieben. Die Wüste hat uns gelehrt, dass der Mensch nichts anderes braucht als die Liebe, wenn er die Erinnerung und die Gattung verewigen will. Sie, diese weise alte Frau, die wir Wüste nennen, zeigt uns jeden Tag, wie das Leben weitergeht, allein durch die Unterordnung unter den Himmel. Wenn sich die Dürre ausbreitet und die Geschöpfe klagen, erbarmt sich der Himmel und sammelt die Wolken und ergiesst sie in Liebe über die Erde. Die Samen erwachen und die Pflanzen leben auf. Der Ginster blüht, und aus dem Boden brechen die Trüffelschätze hervor. Gazelle und Mufflon werden gesättigt, und die Vögel pflanzen sich fort. Der Wind trägt den Blütenstaub dahin und dorthin. Die durstigen Bäume greifen danach in Liebe und schaffen daraus das Leben. Das Leben, dem zu folgen uns der Herr der Himmel und der Wüsten aufgefordert hat. Würden wir etwas verlieren, wenn wir uns darauf beschränkten und jenen teuflischen Tausch aufgäben, von dem du gesprochen hast? Hätte es auf das Leben einen Einfluss, wenn wir aufhörten, dieses Metall zirkulieren zu lassen und Güter und Waren zu tauschen? Ich möchte wetten, dass Gott sich diejenigen Geschöpfe als Stellvertreter auf Erden vorgestellt hat, die sich auf die ursprüngliche Nachahmung beschränken, die die Fortsetzung des Lebens durch den Austausch von Liebe garantieren, nicht die teuflischen Geschöpfe, die Tag und Nacht nicht schlafen, nur um ein Geschäft zu tätigen."

„Und ich möchte wetten, dass dir die Liebe nicht genug wäre, wenn du dir klarmachtest, dass du vergänglich bist und dass die Tränen mit dem Tod auf immer verschwinden. Und nicht nur sie, auch die Erinnerung an dich verschwindet. Deine Nachkommenschaft. Die Spur von dir. Es ist, als hätte es dich nie gegeben. Als hättest du nie existiert. Dieser bedrückende Tag kommt bald. Du siehst ihn jeden Morgen näherrücken. Du gehst zu den Gräbern, und die Gebeine erzählen dir, dass sie gestern noch Geschöpfe waren, die liefen und liebten und von einem besseren Morgen träumten. Sie alle haben von einem grossartigen Morgen geträumt. Sie alle haben im Morgen die Glückseligkeit gesehen. Und sie machten sich nicht klar, dass das Morgen nichts anderes bereit hält als das Vergehen. Als das Nichts und den Staub. Nur die ewige Ruhe unter der Erde hält es bereit. Die entsetzliche Erde, das ist das Morgen. Und da das nun das Schicksal ist, da die Reise zur Erde führt, warum willst du dem elenden Geschöpf nicht gönnen, die Wohltaten seiner Tage zu geniessen? Warum missbilligst du es, dass der Mensch auf dem Markt ein paar Geschäfte tätigt und sich mit Nahrung, Öl und Fleisch versorgt? Warum missgönnst du es ihm, Geld anzusammeln und Gold anzuhäufen, wenn ihn das ablenkt und ihn das erbarmungslose Morgen ein wenig vergessen lässt? Ist das Vergessen nicht nützlicher als Träume, die ihm die Erde und der Tod wegfressen?"

„Aber das ist doch genau der Geist der Magier, den ich gerade kritisiert habe." Ocha wurde seines Zorns nicht mehr Herr. „Willst du denn leugnen, dass das aus dem Geist der Magier stammt? Jetzt verstehe ich, warum du mich all diese Jahre im Ungewissen gelassen hast. Jetzt ist mir das Geheimnis deines mörderischen Zögerns klar. Du liebst niemanden, weil du alle Männer lieben willst. Du wirst niemals das Geheimnis der Liebe verstehen. Das Geheimnis des göttlichen Tauschs, weil du dich aller Männer bemächtigen möchtest. Das ist der Händlergeist. Und es ist ein Irrtum zu glauben, die Liebe könne verstehen, wer Händlergier an sie heranträgt."

„Und warum nicht?“ entgegnete sie, weder zornig noch missbilligend, nur spöttisch. „Ich glaube, dass die Frau zur Freude aller Männer geschaffen ist, als Geschenk für alle Männer. Das ist das Schicksal des Weibes!“

„Die Lästerung der Magier.“

„Ich weiss nicht, warum das koranische Gesetz diese Seligkeit für verboten erklärt.“

Ocha begann zu zittern. „Ich habe geglaubt, du wüsstest nicht, was du willst. Viele Frauen zögern ihre Entscheidung hinaus, weil sie nicht wissen, was sie wollen. Hätte ich gewusst, dass du diese lästerliche Ansicht in dir verbirgst, hätte ich mich nicht an den Himmel gewandt und das Schicksal zum Richter angerufen. Eine Wette abzuschliessen heisst, das Schicksal zum Richter anrufen.“

Er schaute auf. Der Vollmond zeigte ihm ein spöttisches Lächeln.

3

Er holte Achmâd vom Fest. Zusammen gingen sie zu den Zelten, sattelten ihre Mehris und kehrten auf den Tieren zum Fest zurück. Achmâd zügelte sein Kamel und blieb in einiger Entfernung stehen. Ocha ritt tänzelnd weiter zum Kreis der Frauen. Zweimal überquerte er den Platz hin und her. Dann spornte er den Mehri an und galoppierte auch zweimal um den Tanzkreis. Drei Frauen stiessen Jubeltriller aus. Der Imsâd klagte laut auf. Das Tier reagierte auf die Begrüssung und liess sich auf die Knie seiner Vorderbeine nieder. Tanzend umschritt es den Kreis, den gebeugten, langen Hals wiegend, den ein Halfter schmückte, von dem, Frauenhaar gleich, bunte Lederfäden herabhingen.

Nochmals spornte er es an. Da erhob es sich behende und tanzte langsam und majestätisch über den weiten Platz.

Stolz und edel schritt es weiter, bis es hinter dem Hügel im Norden verschwunden war, begleitet vom unermüdlichen Trommeln der mit silbernen Ringen geschmückten Finger. Derart geschmückte Finger haben einen besonderen, einen magischen Schlag auf der lederbespannten Trommel. Aus allen Kehlen brachen Jubeltriller hervor.

Die Saite klagte weiter auf der Saite. Stimmen erhoben sich: „Der Mehri ist gegangen! Ocha ist fortgezogen!"

Die Nachricht wanderte vom Kreis der Frauen mit den Kindern als Boten und erreichte die Männer: „Der Mehri ist gegangen! Ocha ist fortgezogen!" Und obwohl der Reiter mit seinem Kamel die Tanzarena verlassen und fortziehen muss, zwang doch der majestätische Ton der von Mund zu Mund gehenden Nachricht die Männer, sich zum Hügel zu begeben, um dem fortziehenden Reiter nachzuschauen. Oben auf dem Hügel drängten sie sich. Der Vollmond erlaubte einen weiten Blick über die Wüste, aber der Reiter war verschwunden. Verschwunden war auch Achmâd, der ihm folgte. Vielleicht waren sie hinter den Hügeln verschwunden, vielleicht auch in die Akazienwadis hinabgestiegen, oder sie waren schon so weit entfernt, dass die Wüste sie verbergen konnte.

Beim Fest gerieten die Melodien ins Wanken, und die Begeisterung strauchelte. Die Stimmen erstickten, und die Saite wurde träge. Niemand kannte den Grund für die Abkühlung. War es der Kummer oder war es die Traurigkeit über das Verschwinden des Reiters?

4

Im Akazienwadi liess er den Mehri anhalten. Wartete nicht, bis das Kamel völlig auf die Knie gegangen war, sondern sprang schon vorher vom Sattel. Er holte aus dem Beutel einen Palmfaserstrick und band dem Tier die Vorderfüsse zusammen. Das verwöhnte Tier war jedoch von der unzimperlichen Behandlung und dem groben Strick überrascht und protestierte klagend. Er nahm ihm Sattel und Gepäck vom Rücken und tätschelte liebevoll seinen schlanken Hals. Tastete die eleganten Kiefer entlang. Spielte mit den herabhängenden Lippen und liess seine Finger über ihre Ränder gleiten. Die borstigen Härchen piksten ihn, und der Mehri rieb sich an seinen Händen. Er tastete ihm mit den Nüstern über Hände und Finger. Dann begann er, den Reiter zu lecken. Ein Schauer überlief dessen angespannten Körper, und er schloss den sanften, länglichen Kopf in die Arme und drückte ihn an die Brust. Der Mehri wurde ruhig und ergab sich in die Umarmung.

Aneinandergeschmiegt standen sie da, fest miteinander verbunden, und lauschten dem Pochen ihrer Herzen. Als Ocha sich hinunterbeugte, spürte er Feuchtes an Armen und Brust. Er untersuchte seinen Freund und sah in den langen Wimpern seiner grossen, schwarzen, traurigen Augen schwere Tränen hängen, die im Mondlicht wie Perlen blinkten. Mit zitternder Hand wischte er sie fort. Dann …

Dann drückte er sein Herz, bis es blutete, zog den Zügel nach hinten und band das Halfter am Schwanz des Kamels fest, das schäumte. Er suchte in dem Beutel, der vorne am Sattel hing, nach der Waffe. Suchte lange mit zitternden Händen und spürte, wie ihn die Schwäche beschlich. Er schluckte den Kloss, der ihm die Kehle blockierte, und vermeinte, ein Messer zu schlucken, ein Messer, das ihm Kehle, Schlund und Brust zerriss. Doch der Kloss liess nicht locker. Da machte er sich in wildem Zorn über den Beutel her, drehte und schüttelte ihn heftig. Die Waffe fiel in den Sand. Er zog den Dolch aus der Scheide, die bestialische Zunge glänzte im silbernen Licht. Aber seine Kräfte verliessen ihn, er taumelte zweimal, stützte sich auf den Mehri und kämpfte gegen den Schwindel.

Eine dunkle Wolke legte sich über seine Augen; er schloss sie. Seine Eingeweide drängten nach oben. Sein Brustkorb wurde zu eng, er war unfähig zu atmen. Schweiss überströmte ihn, sein ganzer Körper war nass. Einige Augenblicke lief ihm der Schweiss aus allen Poren. Er stand noch immer auf den Mehri gestützt da und betrachtete die Weite. Dann schob er mit zitternden Fingern den Dolch zurück in die Scheide.

Achmâd kam.

Noch bevor sein Mehri stillstand, sprang er ab und rannte zu Ocha. Er stürzte sich auf ihn und entriss ihm den Dolch. Da erwachte der Dämon des Stolzes, die Scham regte sich. Um sich den Dolch zurückzuholen, sprang er Achmâd an, der sich wehrte. Sie gerieten in eine wilde Rauferei. Achmâd versuchte, sich die Schwäche seines Kameraden zunutze zu machen und ihn mit Hilfe seines rechten Fusses zu Fall zu bringen. Doch Ocha, der seine Kräfte zurückgewann, bemerkte die Absicht. Mit der Behendigkeit eines Dschinnen sprang er in die Luft und wich der Falle aus, ohne sich aber von Achmâds Schultern zu lösen. Vielmehr nutzte er den Sprung, um seinen Gegner zu sich heranzuziehen, kaum dass er mit seinen Füssen wieder die Erde berührte. Achmâd taumelte und fiel in den Sand, doch die Waffe liess er nicht los. Zu einem einzigen Klumpen geworden, rollten die beiden über den Wüstenboden. Ocha versuchte, den Dolch zurückzubekommen. Er hielt den Griff umklammert, Achmâd die Scheide. Beide kämpften. Die Verknäuelung löste sich. Der Dolch trennte sich von der Scheide. Ocha gewann den Dolch, die Scheide blieb in Achmâds Hand.

„Ich muss es mit eigener Hand tun“, röchelte Ocha, „allein, wie wir es abgemacht haben.“

Achmâd keuchte. „Ich habe gesehen, wie du es tust", brachte er hervor. „du bist nicht dazu imstande. Warum lässt du mich das nicht auch machen? Du bist in einem Zustand, der dir nicht erlaubt, es zu tun. Warum willst du das Tier quälen?"

In Ochas Brust stieg wilder Zorn auf. „Willst du behaupten, du wärst stärker? Willst du, dass ich es zurücklasse? Oder dass mein Herz ein Frauenherz ist?"

„Gut, dann zeig mir's. Zeig mir, wie du es machst, ohne das Tier zu quälen. Einen Mehri mit dem Dolch abzuschlachten ist nicht wie einen Schakal mit dem Schwert zu erschlagen."

Ocha näherte sich dem Mehri. Der Saum des Gesichtstuchs war ihm von den Lippen gerutscht, auf denen Achmâd Schaum sah.

„Du brauchst mir nicht beizubringen", stiess er heiser hervor, „wie man einen Mehri umbringt, genausowenig wie du mir zuvor beibringen musstest, wie man Schakale erschlägt. Geh!"

Er fuchtelte mit der Hand, und Achmâd zog sich zwei Schritte zurück. Ocha hob den Dolch. Die gefrässige Klinge leuchtete im Licht des Vollmonds kurz auf, durstig nach Blut, hungrig nach Fleisch. Der Reiter liess die gierige Waffe niedersausen und pflanzte sie in die Brust seines Mehris. Das Tier bäumte sich auf. Es versuchte, seinen Hals zu befreien, der durch den Zügel mit dem Schwanz zusammengebunden war. Es mühte sich verzweifelt, seine mit dem bestialischen Palmfaserstrick zusammengeschnürten Beine zu befreien. Blut quoll ihm aus dem Hals. Es schrie, schnaufte, japste, röchelte und würgte am Blut. Es klagte und heulte fassungslos und schmerzvoll auf.

Plötzlich liess Ocha den Dolch los, sank auf den Sand und vergrub sein Gesicht in der Erde. Dickes, heisses Blut lief ihm auf den Kopf. Das Tier röhrte gequält. Achmâd rannte herbei, schob Ocha zur Seite, der in den Sand rollte, sich mit beiden Händen in der Erde verkrallte und sich wie von einer Schlange gebissen wand.

Achmâd ergriff den Dolch. Er zog den rechten Ärmel hoch und schob die gierige Klinge tief in die Brust. Das Blut strömte. Es verschmutzte ihm Kleidung und Gesicht. Doch er hielt nicht inne. Die Wunde wurde tiefer und tiefer. Und je weiter die Klinge sich in die Brust schob, desto heftiger quoll das Blut. Langsam wurde das Tier ruhiger. Die Muskeln erschlafften. Die Klage hörte auf.

Nur noch die Haut bebte. Das Zittern der Haut ist ein Hinweis auf das letzte Aufflackern des Lebens und auf die Intensität des letzten Kampfes. Selbst als der Körper sich schon der Stille ergeben und das Blut zu fliessen aufgehört hatte, zitterte die Haut auf der linken Seite weiter und zuckte nervös mehrmals rasch hintereinander.

Die dunkle Lache aus Blut blinkte im Mondlicht. Dampf stieg auf.

5

Sie sassen nebeneinander. Ocha hatte sich gefasst und schaute ergeben in die Weite. Achmâd dagegen war gespannt. Er versuchte, sein Zittern zu verbergen, indem er sich Sand auf den blutverschmierten Arm streute. „Ich fürchte, ich werde es nicht können. Ich fürchte, ich werde nicht dazu imstande sein."

Ocha starrte mit geistesabwesendem, stumpfem Blick unverwandt ins Leere. Erst nach langem Schweigen erwiderte er mit einer Ruhe, die fast gleichgültig klang: „Du scherzest. Dir gefällt es, in einem völlig unpassenden Augenblick zu scherzen."

„Ich scherze nicht. Den Mehri umzubringen hat mich fertiggemacht."

„Wer hat dich gezwungen, dich einzumischen. Ich habe dir gesagt, dass für so etwas der Reiter selbst verantwortlich ist, dass ich die Abschiedsrituale selbst vollziehen muss. Ich wollte ihn allein auf seinen letzten Weg führen."

„Aber du hast versagt", unterbrach ihn Achmâd. „Zweimal hast du versagt und hast ihm nur Schmerzen zugefügt. Das wird er dir nie verzeihen. So etwas verzeiht ein Mehri nicht einmal in der Stunde seines Todes."

Ocha kehrte in die Leere zurück. Achmâd sah, wie das Weiss seine Augen überzog. Dann murmelte Ocha flüsternd: „Ich habe ihm nicht lange Zeit gelassen. Die Zeit hat mir nicht erlaubt, lange Vorbereitungen zu treffen. Ich habe alles in Eile getan. Du hast nicht den Schmerz in seinen dunklen Augen gesehen. Nicht die Feigheit ist die Ursache für den Schmerz, sondern die Überraschung. Ja, die Überraschung. Ich habe ihn überrascht. Ich habe ihm keine Gelegenheit gelassen. Ich habe ihm meine Absicht nicht offenbart. Die Eile. Die Eile ist schuld. Die Eile hat ihn verwirrt, und mich auch." Er wiegte nach rechts, dann nach links, wie es die Verzückten tun und diejenigen, die ins Fieber der Ekstase fallen. „Also gut, schliessen wir die Sache ab", fuhr er fort. „Nun ist Eile geboten. Jetzt ist Eile eine Wohltat."

„Ich sagte dir, ich bin erschöpft. Ich fürchte ..."

„Du hast nichts zu fürchten. Zögere nicht. Du hast schon viel getan, und jetzt bleibt nur noch weniges."

„Das nennst du weniges?"

Keine Antwort.

„Was noch zu tun ist, ist das grösste."

Keine Antwort.

„Ich habe alles getan. Ich habe keine Mühe gescheut. Ich war insgeheim im Tâdrart, um Udâd zum Zweikampf aufzufordern, und diese Reise hätte ich fast mit dem Leben bezahlt. Ich habe Udâd überredet, die Wette anzunehmen, genau wie ich zuvor den Imam überredet habe, sich einzuschalten. All das habe ich getan, um mich zu befreien und eine alte Schuld abzutragen."

„Du redest wie sie. Auch du redest vom Tausch, vom Handel; aber vom anderen Tausch, vom wirklichen Austausch will niemand reden. Niemand will die Liebe verstehen, die Freundschaft. Du bist durch nichts in meiner Schuld, und was du jetzt tust, tust du im Namen der Freundschaft, der Kameradschaft, der Wüste, nicht im Namen des Handels und jenes satanischen Tauschs, zu dem die Religion der Magier aufruft."

„Aber das, was du von mir verlangst, sieht die Religion der Muslime nicht vor."

„Belehre mich nicht darüber, was in den Religionen vorgesehen oder nicht vorgesehen ist. An dir ist es, deine Verpflichtung mir gegenüber zu erfüllen. Die wahre Religion besteht darin, ein Versprechen einzulösen. Das Versprechen ist Schuld und Religion."

Von fern war ein Heulen zu hören. Die Hungrigen reagierten auf den Ruf des frischen Blutes; die Wüste gab die Botschaft weiter, der Wind trug die freudige Nachricht vom Opfer und den Geruch des Blutes hinaus, und die Wölfe waren die ersten, die darüber frohlockten und auf den Blutruf reagierten. Die Wölfe erheben ihre Stimme nur zu heulendem Klagen, wenn ein Festmahl in Aussicht steht.

„Es wäre besser gewesen, du hättest einen Sklaven mit der Aufgabe betraut", sagte Achmâd.

„Sollte sich ein Sklave an seinem Herrn vergreifen? Würde es dich nicht stören, wenn ich meinen Nacken einem Sklaven darbieten würde?"

„Was kümmert es das Schaf, mit welchem Messer es geschlachtet wird?“

„Das Schaf ist nicht bedacht darauf, nach seinem Tod in Erinnerung zu bleiben. Für den Reiter dagegen, den Edlen, zählt nur das. Er lebt für die Erinnerung. Während seines ganzen Lebens ist sein Trachten darauf gerichtet, dass man sich seiner nach seinem Tod erinnert. Das ist der Unterschied zwischen ihm und dem Sklaven, der nur für den Tag lebt und dafür, sich den Wanst zu füllen.“

Die weise Sippe rief mit klagenden Stimmen. Der Ruf kam näher. Achmâd stand auf und ging zu seinem Kamel, das, noch immer gesattelt, in einer Senke kniete. Es hatte aufgehört zu kauen und sah sich beunruhigt um, seit die Wölfe sich angekündigt und auf den Ruf des Blutes reagiert hatten. Er trank ein paar Schlucke aus dem Wassersack, der am Sattel hing, und besprengte sich das Gesicht mit einigen Tropfen. Mit dem Palmfaserstrick in der Hand kehrte er zu der Erhebung zurück. Ocha bemerkte den bestialischen Strick. Er stoppte Achmâd missbilligend.

„Nicht mit dem Strick. Ich will nicht, dass du mich mit dem Strick berührst.“

„Kümmert es das Schaf, wenn es nach seinem Tod abgehäutet wird?“

„Ich will aber nicht, dass du mich mit dem widerlichen Strick berührst; ich bin kein Schaf. Ich bin ein Geschöpf, das wohlgestaltet und als Zeichen Gottes auf die Erde kam. Ich will den Bund mit meinem Herrn erfüllen und den schönen Behälter unversehrt dem zurückgeben, von dem ich ihn erhalten habe. Ich möchte keine Beschädigung am Behälter, keinen einzigen Kratzer.“ Er schluckte. Stellte sich auf. Taumelte und wäre fast auf den Rücken gefallen. „Wenn ich dem Behälter hätte Schaden zufügen wollen“, fuhr er fort, „hätte ich keine Hilfe gebraucht. Wenn mich Kratzer und

Wunden nicht gestört hätten, hätte ich es mit eigener Hand, mit meinem eigenen Schwert erledigt. Aber mir ist der Behälter anvertraut, und ich muss ihn zurückgeben, wie ich ihn erhalten habe. Für Anvertrautes zu sorgen ist ein Charakteristikum der Edlen."

„Nun redest du in der Sprache des Derwischs."

„Halt mir diese gefrässige Schlange vom Leib."

„Bist du eigentlich ein kleines Kind?" fragte Achmâd verzweifelt. „Willst du wirklich, dass ich das Abscheuliche mit meinen blossen Händen tue?"

Ocha zog sich den Turban vom Kopf. Mit einer einzigen, raschen Bewegung. Das Stoffrad fiel in den Sand. Er stand da, entblösst und barhäuptig. Zum erstenmal sah Achmâd sein Gesicht und seinen Kopf, einen länglichen Kopf, bedeckt mit grauen Haaren, die im Mondlicht glänzten. Auch sein kegelförmiges Gesicht war länglich. Doch dann erblickte er das Abscheulichste an der Gestalt, das Abscheulichste an dem Behälter, zwei lange Ohren, Ohren wie die eines Esels, die ziemlich weit oben angewachsen waren, dann abbrachen und nach unten baumelten. Zwei Ohren, deren Lage ebenso seltsam war wie ihre Form und die Ähnlichkeit zu Eselsohren. Und plötzlich erkannte Achmâd die Weisheit dessen, der einst den Gesichtsschleier erfand und den Turban auf den Kopf setzte.

Er starrte auf das lange Tuch, das auf der Erde lag und aussah wie ein Schlangenknäuel.

„Du wirst das alles mit meinem Tuch machen", sagte Ocha, „dem Wertvollsten, das ein edler Mann besitzt. Mit dem Tuch, der seinen Mund vor der Schande der Sünde und des Verbotenen geschützt hat. Dem heiligen Gesichtstuch. Dem ersten Leichentuch, das das erste Böse verhüllt hat. Es war mein Leichentuch und wird es bleiben. Mach mir aus diesem Tuch mein Leichentuch und meinen Begleiter."

In seinen Augen blitzte der Wahnsinn auf. Glänzte der Irrsinn. Achmâd trat zu dem Leichentuch. Er beugte sich über das Schlangenknäuel. Das Vipernknäuel. Der Stoff war weich wie ein Schlangenkörper. Weisslich. Schweissgeruch entströmte ihm. An einigen Stellen war er blutverschmiert.

Er zerriss das Tuch in drei Teile. Sah sich um. Rief die Wüste auf, Zeugin zu sein. Erhob sein Haupt zum sinkenden Mond. Rief auch ihn auf, Zeuge zu sein. Trat zu seinem Freund und fesselte ihm die Hände auf dem Rücken mit dem ersten aus dem Tuch gerissenen Stück.

Doch der Mond weigerte sich, schamhaft, als erster, Zeuge des Vorgangs zu sein. Er wandte sich ab und beschloss, sich aus der Wüste zurückzuziehen.

6

Ocha begann zu delirieren. Ein fiebriges Zittern bemächtigte sich seiner, er bebte und wankte hin und her.

Achmâd band ihm auch die Füsse zusammen. Stellte sich neben den Liegenden. Das jammervolle Heulen kam näher. Achmâd blickte über die schlummernde Wüste. „Wie schön die Wüste doch ist!“ murmelte er. „Hat sie es wirklich verdient, dass wir sie um einer Frau willen verlassen?“

Ocha erwiderte nichts. Er delirierte weiter, ruhiger geworden. Seine glänzenden Augen starrten ins Leere. Seine langen Ohren hingen pendelnd herab; sie zitterten. Achmâd begann ebenfalls zu zittern. Das Summen der Stille erhob sich. Der Sand spielte seine Melodie, und die Wüste schlug die nächtlichen Trommeln dazu. Er kniete vor dem Entrückten nieder, vor seinen Augen, die sich weiss und leer drehten. Riss die Amulette vom Hals. Umgab sie mit dem Fangseil aus dem Tuch, dem Fangseil aus dem Leichentuch. In seinem Herzen regte sich der Brand. Der Dämon des

Wahnsinns und des Durstes erwachte. Er stiess seinen Kameraden so heftig, dass dieser auf den Rücken fiel. Dann zog er die Enden des Fangseils, das mehrfach um den Hals des Verzückten lag, gnadenlos fest. Das Trommeln verstärkte sich. Die Melodie des Sandes wurde lauter. Das Heulen der Wölfe kräftiger. Das Gesicht des Mondes schwärzte sich. Die beiden Männer zitterten in fiebriger Verschlingung. Für einen Augenblick öffnete der treue Freund die Augen und sah auf den Lippen des anderen dicken Schaum. Da senkte er wieder die Lider und zog weiter an dem Seil um den Hals. Ein Röcheln wurde hörbar. Es vermischte sich mit dem Geräusch der Wesen und dem Geheul der Wolfssippe. Doch der Behälter beruhigte sich nicht. Der Begleiter, der mit dem ersten Atemzug gekommen war und den Spalt über der Lippe als Ruhestätte gewählt hatte, erwachte nicht. Erst wenn er erwachte und sich in die Nase schob, war alles zuende. Der böse Begleiter zeigte ein seltsames Verhalten. Manchmal erwachte er und schob sich in die Nase aus den trivialsten Gründen, manchmal weigerte er sich und blieb in tiefem Schlummer, auch wenn der Behälter heftigsten Angriffen ausgesetzt war. Nun zerstörte er sein Heim, und jener reagierte nicht. Wie seltsam die Bestie sich doch verhielt! Wie seltsam das Verhalten des Gefährten doch ist! Du, Tod, bist das Geheimnis aller Geheimnisse.

Achmâd begann zu würgen. Der Durst brannte ihm in der Brust. Kehle und Mund waren ausgetrocknet. Er hob die Lider. Vor seinem Gesicht zog sich eine Zunge dahin, lang wie eine Schlange. Auf Ochas Gesicht standen Flocken von Schaum. Ein Blutfaden lief ihm aus der Nase. Die Zungenspitze berührte das Kinn. Ein Schauder überlief Achmâd. Schwäche überkam ihn. Seine Muskeln erschlafften. Der Griff um das Seil lockerte sich. Auch der andere Griff. Hässlich laut begann er sich zu erbrechen. Kroch auf allen vieren zum Sattel. Gab auf und fiel vornüber auf sein Gesicht. Er leckte die Erde und das Erbrochene.

Er schaute auf und kroch weiter. Rollte den Abhang hinunter bis zur Mulde, erreichte aber nicht den Wassersack, der vorn am Sattel hing. Das Trommeln wurde lauter. Auch die Melodie der Wesen. In der Wüste tobte ein Fest. Der Schwindel hüllte ihn ein. Als er aus seiner Ohnmacht erwachte, zum Sattel gelangte und von dem Wasser trank, tauchte vor seinen Augen die bestialische, lange Zunge auf, die sich wand wie eine Schlange, sich dehnte und dahinglitt und sich um seinen Hals legte. Sie war klebrig, glatt, widerlich.

Er sprang in den Sattel. Der Mehri erhob sich und galoppierte in die weite Wüste, die jetzt, nach dem Verschwinden des Mondes, in völlige Dunkelheit gehüllt war.

7

Er hörte, wie die Wölfe das Kamel zerrissen. Um das Fleisch kämpften. Waren es wirkliche Wölfe oder war es Teil der Ohnmacht? Er öffnete ein Auge. Dunkelheit. Über ihm stand eine Gestalt, gehüllt in Dunkelheit und Rätselhaftigkeit. War es ein Wüstendschinn oder der Todesengel aus der anderen Welt? War die Zeit der Abrechnung gekommen?

„Weh dem, der den Behälter mehr liebt als den Vogel des Lichts“, sprach der Engel der Abrechnung.

„Wer bist du?“

„Jeder, der den vergänglichen Behälter aus Lehm dem geheimnisvollen Juwel der Seele vorzieht, leugnet die Wohltaten seines Herrn und wird schlimme Feuerqualen erleiden.“

„Bist du der Engel der jenseitigen Welt? Bist du der Todesengel, der Engel der Abrechnung?“

„Weh dem, der dem Hochmut der Satane erlaubt, seine Seele zu rauben. Der Hochmut schluckt den Vogel und scheidet eine hässliche Schlange aus."

„Bist du der Derwisch?"

„Ich habe dir die sichere Nachricht gebracht und habe deine Augen geöffnet, die blind waren für den Ursprung der Heimsuchung. Aber du warst ungläubig und bist hinter deinem grössten Teufel hergelaufen – dem Hochmut."

„Du bist der Derwisch. Bist du ein Engel, Derwisch?"

„Jetzt bezahlst du den Preis für den Hochmut. Nur die Hochmütigen schlachten unschuldige Mehris und wecken die schlafende Bestie, weil sie dem Behälter keinen Schaden zufügen wollen. Sie opfern den Vogel des Lichts und ehren den vergänglichen Lehmklumpen. Du hast den Kopf der Schlange behalten, unter dem Vorwand, den mit Begierde vergifteten Behälter unversehrt zu bewahren."

„Du hast mir nie den Schlag verziehen. Ich weiss, dass ein Derwisch nie etwas verzeiht. Es ist aber eines Gottesmannes unwürdig, einem Geschöpf, das im Sterben liegt, einen Schlag vorzuwerfen, den er in der Kindheit erhalten hat."

„Ich habe dir den ersten Schlag verziehen, aber nicht den zweiten. Ich habe dir nicht verziehen, dass du den Pfad jenes Satans gewählt hast, der da Hochmut heisst. Ohne deinen Hochmut müsstest du dich nicht im Staub wälzen, verschmiert mit Blut, mit Schaum und mit den Säften dieses widerlichen Behälters."

„Verzeih mir!"

„Bitte die Wüste, dass sie dir verzeiht! Küsse den Leib der Wüste. Küsse die Erde, Hochmütiger."

Die Gestalt bewegte sich. Trat näher zu dem im Sand liegenden Körper. Packte die grossen Schlappohren und presste den Kopf in den Staub. Drückte ihn mit aller Kraft, bis das Gesicht im weichen Sand versunken und verschwunden war. Dem Körper entwich ein fernes, schmerzhaftes Stöhnen, ein Stöhnen wie aus einem tiefen Abgrund.

Die schlafende Bestie regte sich. Der Behälter bäumte sich auf und klammerte sich an Atem und Leben. Die Gestalt lockerte ihren Griff und liess die Ohren los. Der Behälter hob ein staubverschmiertes Gesicht zum rätselhaften Himmel, bestückt mit Sternentrauben. Die Gestalt löste das Band von den Händen, dann das von den Füssen. Riss das Seil vom Hals. Packte dann mit Eifer und Sorgfalt die Reste des Gesichtsschleiers zusammen.

„Das ist mein Geschenk an die Frauen des Stammes", sagte er erbarmungslos zu den Resten des Behälters. „Das wertvollste Geschenk. Drei Stücke des stolzen Gesichtstuchs. Eines für die Prinzessin, eines für Cousine Tamîma und eines für die Dichterin, damit sie ein Schmähgedicht auf dich verfasst."

„Das wirst du nicht tun", flehte der Behälter. „Ein Gottesmann kann nichts so Schändliches tun."

„Nicht ich bin es, der Schändliches getan hat. Du bist es, der dreifach Schändliches begangen hat: vor Gott, vor dem Vogel des Lichts und vor dem Stamm. Du bist auf immer mit Schande umhüllt."

„Du lügst. Du bist ein Satan. Der Derwisch ist ein vermaledeiter Satan."

„Ich werde den Mädchen die Einladung überbringen. Ich werde sie zur Besichtigung des Schamteils einladen. Zur Besichtigung der Eselsohren. Ich kann mir schon jetzt vorstellen, welch abscheuliches Gedicht in der gesamten Wüste die Runde machen wird."

Die Gestalt entfernte sich. Verliess das Wadi und ging hinaus auf die Ebene. Der Behälter erhob sich, der Lehmklumpen bewegte sich, und er torkelte hinter ihm her, blutend und zerstört. Er fiel. Stand auf. Fiel wieder. Kroch über die scharfen Steine. Rollte die Abhänge hinab. Kauerte sich zusammen und leckte den Staub. Die brutalen Steine zerrissen den Behälter. Die Ohren baumelten noch weiter herab. Die Zunge hing heraus, und die Schlange entwich durch den Mund. Die Schlange, die den sanften Vogel des Lichts verschluckt hatte. Den Vogel des Derwischs, der in der Brust des Behälters gefangen war. In seiner Ohnmacht flehte er: „Vergib mir!“

Und er vernahm die Antwort des Unsichtbaren mit der Stimme des Derwischs: „Bitte die Wüste um Verzeihung! Flehe zur Erde und iss den Staub!“

Er gab die Hoffnung auf. Erreichte den Ort des Festes. Sank auf die Knie und machte sich bereit, die Rituale der Verzeihung zu vollziehen. Aber da plötzlich tauchten Gespenster auf. Die Gespenster der Dschinnen. Die Gespenster der Frauen. Der Frauen des Stammes. Die Prinzessin. Tamîma. Die Dichterin. Die Jungfrauen. Ein langer Zug von Jungfrauen. Der verlorene Gesichtsschleier fiel ihm ein. Der Schamteil. Da verschlang ihn der Brunnen der Schande, bevor ihn der Brunnen der Erde verschlang und bevor er die Rituale der Verzeihung vollzogen hatte.

8

Als ihn die Hirten aus dem Brunnen zogen, war sein Mund mit einem Fetzen zugebunden. Er hatte ihn aus seiner Hose gerissen, bevor er in die Tiefe gesprungen war, im Versuch, den Schamteil zu verhüllen, der ganz zu Beginn den verbotenen Bissen aufgenommen und so den Vorfahren die Seligkeit versagt hatte, in Wâw zu leben.

VIII. Der Gesichtsschleier

Und das Weib schaute an, dass von dem Baum gut zu essen wäre, und dass er lieblich anzusehen und ein lustiger Baum wäre, weil er klug machte; und sie nahm von der Frucht und ass, und gab ihrem Mann auch davon, und er ass. Da wurden ihrer beider Augen aufgetan, und sie wurden gewahr, dass sie nackt waren; und flochten Feigenblätter zusammen, und machten sich Schürzen.
Das Alte Testament. *Das Buch Genesis 3,6–7*

1

Nachdem er den Bissen des Verbotenen gekostet hatte, wurde sein Körper von der Begierde vergiftet. Er verlor die Ruhe. Rastlosigkeit überfiel ihn.

Er strich durch Gehölz und Gebüsch und erklomm Palmen. Er stieg zu den Quellen hinab und trank vom Milchfluss, in der Hoffnung, so den Brand zu löschen, der in seiner Brust loderte. Doch das geheimnisvolle Feuer in seinem Innern brannte nur um so stärker. Er wälzte und krümmte sich im Staub der Erde.

Die Flamme schlug hoch in seinen Schlund. Sie spaltete ihn wie die Klinge eines Messers und erreichte seinen Mund. Verwandelte sich in ein wirkliches, loderndes Messer, das den Mund aufschlitzte und ihn in zwei Hälften teilte. Die Lippe, zuvor eine feine, liebliche Öffnung, wurde in zwei Lappen zerschnitten, hässlich wie die Scham der Frau. Er tastete daran herum, und sein Elend wuchs. Am Ufer des Milchflusses krümmte er sich weiter. Das Feuermesser versank in der Tiefe, und er stöhnte qualvoll auf. Tief unten wechselte das Messer seine Haut und wurde zur Feuerschlange, die Gift in den Körper spie und Begehr entflammte. Er bäumte sich auf, zitterte, jammerte. Die Schlange regte sich und sank tiefer, wanderte hierhin und dorthin, ehe sie sich zwischen den Beinen festsetzte. Noch immer lag er da, stöhnend und sich krümmend, als seine Frau kam und ihm mit ihrer zärtlichen Hand über die schweissnasse Stirn strich.

„Das sind die Wehen", scherzte sie, „die einmal zum Mann kommen, um dann auf immer zur Frau zu wandern."

„In meinem Inneren hockt ein Feind", klagte und flehte er. „Zwischen meinen Beinen liegt eine Schlange. Ich habe die Ruhe verloren. Der Bissen hat mir die Sorglosigkeit genommen." Die Lippen hatte das Gift des Bissens gespalten. War der Bissen aus dem Garten vergiftet?

Die Frau wiegte ihn wie ein Kind. Sie bettete seinen Kopf auf ihren nackten Schoss und tröstete ihn mit weiblicher Koketterie. „Der Bissen birgt ein Geheimnis, das prächtiger ist als alles andere. Das Gift der Wahrheit ist delikater als jede Speise. Die Wahrheit ist der Schatz, den der Bissen birgt. Das Feuer ist der Preis der Wahrheit. Der Preis des Verbotenen."

„Versagt einem das Verbotene die Ruhe? Ist das Verbotene so bitter?"

„Nichts ist delikater als das Verbotene."

„Aber mir ist elend zumute. Meine Lippen sind hässlich geworden, und zwischen den Beinen ist mir eine Schlange gewachsen."

„Das ist die Strafe dafür, dass du das Verbotene gekostet hast. Der Preis der Wahrheit ist das Feuer."

„Wiegt der Gewinn die Bestrafung auf? Lohnt die Wahrheit ein solches Elend?"

„Warte! Sprich nicht von Elend; dieses hat noch gar nicht begonnen."

„Mir ist elend zumute. Mein Körper ist vergiftet von der Lust."

„Die Lust ist das, was du für die Qual erhalten hast. Die Lust ist der Preis des Elends."

„Das ist abscheulich."

„Warte! Ich zeige dir, dass das gar nicht so abscheulich ist."

Sie nahm seinen Kopf in die Arme und beugte sich über ihn. Küsste seinen abscheulichen, gespaltenen Mund. Ihr langes pechschwarzes Haar bedeckte sein Gesicht und fiel über seinen Oberkörper. Es koste seine rechte Brust, und sein Körper erschauerte. Sie legte sich neben ihn und presste ihren Körper an den seinen. Die Spannung in ihm wuchs, seine Muskeln bäumten sich fiebrig auf. Die Schlange regte sich und streckte sich zwischen seinen Beinen. Sie kroch und schob sich weiter, bis sie zwischen den weissen Schenkeln der Frau verschwand.

2

Im Fieber der Umarmung schwollen die Lippen, blähten sich auf, wurden zu Ungetümen. Ein Schauer schüttelte ihn, und der Vereinigung folgte die Leere. Eine geheimnisvolle Leere, die ihn in Verzweiflung stürzte. Das Weib tröstete ihn mit dem süssen Spiel ihrer Finger. In diesem Augenblick kollerte ein Lachen durchs Gehölz, das sie beide samt der Erde unter ihnen erbeben liess. Sie sprangen auf, voneinander gerissen. Das Weib rannte fort und versteckte sich hinter einem Feigenbaum. Sie riss Blätter davon ab und legte sie sich kokett um die Hüfte. Er kletterte auf eine Palme, sammelte Palmfasern und flocht daraus einen Gesichtsschleier. Nachdem er seinen hässlichen Mund verhüllt hatte, stieg er wieder hinab. Aus dem Gehölz tauchte, boshaft zwinkernd, der Kämmerer des Sultans auf; er krümmte sich vor Lachen. Beim Milchfluss kniete er nieder und befeuchtete sich den Mund. Er wandte sich an Mandâm* und drohte ihm mit dem Zeigefinger. „Wenn der Bissen des Verbotenen einmal durch den Mund hineingegangen ist, wird er auf ewig nicht aus dem Innern herauskommen."

„Ich habe meinen Körper mit Feuer vergiftet", klagte und stöhnte Mandâm.

„Dem Feuer der Begierde!"

„Und wenn es gelöscht ist, senkt sich Leere in mein Herz."

„Der sündigen Begierde folgt nur die Leere."

„Ich will aber Ruhe. Ich will Zufriedenheit. Ich will, dass ich nichts will."

„Nichts zu machen! Von heute an wirst du nie mehr Ruhe und Zufriedenheit geniessen. Von heute an wirst du alles wollen und nichts bekommen."

Mandâm erhob klagend seine Stimme. Er wand sich auf der Erde. „Ich will vergessen", flehte er. „Ich gebe dir mein Leben, wenn du mir das Siegel des Vergessens auf mein Haupt setzt."

„Nichts zu machen! Von heute an wirst du durch das Wissen elend sein und wirst kein Vergessen kennen. Das Geheimnis liegt im Wissen."

„Hab Erbarmen mit mir! Erlaube mir, dass ich meinen Herrn, den Sultan, aufsuche."

„Nichts zu machen! Der Sultan hat befohlen, dir ab heute kein Tor mehr zu öffnen."

„Aber ich muss ihm mein Problem vortragen. Wem soll ich mein Leid klagen, wenn nicht meinem einzigen Herrn?"

„Nur durch einen Vorhang. Nur durch Vermittlung."

„Erbarmen! Sein Herz ist gross und wird Erbarmen mit mir haben."

* Mandâm heisst „ich"

„Du kennst nicht den Zorn der Sultane, weil du unerfahren bist. Es gibt nichts Grausameres als den Sultan, wenn er zürnt."

„Erbarmen, o Kämmerer des Sultans. Bis heute habe ich nichts als Erbarmen erfahren."

„Die Zeit des Erbarmens ist vorüber, seit du das Verbotene verzehrt hast. Der Vorhang ist eine letzte Strafe für den Ungehorsam."

Mandâm schlug sich auf das hinter dem Palmfaserschleier verhüllte Gesicht. Er verfluchte seine Frau und knurrte ihr ins Gesicht: „Du bist schuld!"

Das Weib sprang auf wie eine Löwin und zeigte mit anklagendem Finger auf den Kämmerer: „Du bist schuld!"

Der Kämmerer lachte schallend. Dann erhob er drohend seinen Zeigefinger und sagte boshaft: „Habe ich etwas Ungehöriges getan, als ich dir mitteilte, dass der Sultan verboten hat, dass wir uns dem Gazellengarten nähern? Habe ich etwas Ungehöriges getan, als ich mich bemühte, euch von dem Fehler fernzuhalten, und als ich dir, Schlange, die Augen für das Geheimnis der Macht geöffnet habe?"

Mandâm klagte und wand sich neben dem leuchtendweissen Fluss: „Weh mir! Weh mir! Warum hast du es ihr mitgeteilt, wenn du doch weisst, dass sie eine Schlange ist? Warum hast du nicht mir von dem Verbot erzählt? Weisst du nicht, dass die Schlange im Inneren des Weibes erst ruht, wenn sie ihre Neugier befriedigt, das Geheimnis ergründet und das Verbotene angetastet hat?"

„Versuch nicht, dich reinzuwaschen", fuhr ihn der Kämmerer an. „Du hättest ja nicht in den Garten einzubrechen brauchen."

Mandâm weinte und wälzte sich im Staub: „Sie hat mir den Bissen schmackhaft gemacht. Sie hat mir ein Gedicht von der Schönheit der Gazellen ins Ohr geraunt. Sie hat auf der magischen Saite gespielt und das schönste Lied über ihren grazilen Wuchs gesungen. Du weisst, wie schwach ich werde bei Poesie, Musik und Gesang."

Der Kämmerer schloss die Diskussion: „Ihr werdet aufhören, euch zu beschimpfen und zu beschuldigen. Das Bedauern macht die Gazellen nicht mehr lebendig, und der Bissen des Verbotenen kommt durch Reue nicht aus dem Inneren zurück. Und du, Mandâm, versuche nicht, deine Schande mit dem Schleier zu verhüllen. Der Gesichtsschleier wird den Schamteil nicht verbergen." Dann runzelte er die Stirn und zog die Brauen zusammen. Er hob die Hand und strich sich über die Haare, die hochstanden wie ein Hahnenkamm. „Nimm deine Frau und geh, Mandâm!" sprach er.

Die Frau schluchzte, und der bestürzte Mann protestierte: „Wie das?"

„Der Bote überbringt nur die Nachricht", erwiderte der Kämmerer ungerührt.

„Ist das das letzte Wort des Sultans?"

„Ich bedaure, es ist endgültig. Kein Wenn und kein Aber."

„Aber ich bin unerfahren und kenne keine Heimat ausser Wâw."

„Geh hinaus auf die Erde. Verdien dein täglich Brot im Schweisse deines Angesichts. Geh in die Wüste!"

„Die Wüste?"

„Vor dir liegt nichts als die Wüste. Sie ist grenzenlos. Niemand weiss, wo sie beginnt, und niemand, wo sie endet."

„Ist die Strafe so hart?"

„Die Strafe der Sultane ist immer hart. Du kennst die Sultane nicht."

„Aber Er ist barmherzig. Lass mich vor Ihn treten, und du wirst schon sehen."

„Von heute an wirst du Ihm nicht mehr von Angesicht zu Angesicht gegenübertreten."

„Ich flehe dich an."

„Dein Mund ist mit Sünde besudelt. Der Gesichtsschleier vermag das Sündige nicht zu verhüllen."

„Erzähl Ihm von meiner Reue, vielleicht wird Er dann meiner Angelegenheit noch einen Blick schenken."

„Unmöglich. Die Federkiele sind weggenommen, die Seiten geblättert."

Eine Stunde später befand sich Mandâm ausserhalb der gewaltigen Mauern. Er zog den Schleier fest um das Gesicht. Die Frau legte sich den Schurz aus Feigenblättern um. Vor ihnen erstreckte sich die Wüste, überflutet von der Fata Morgana.

Die Reise durch die Weglosigkeit begann. Und seit jener Zeit kennzeichnet sich der Wüstenbewohner mit dem Gesichtsschleier, hinter dem er den Schamteil Mund versteckt.

IX. Amghâr, der weise Alte

Ich kenne keine grössere Glückseligkeit für den Menschen, als dass er sich selbst entschwindet.
Fariduddîn al-Attâr, *Das Gespräch der Vögel*

1

Das streitsüchtige Frühlicht schob sich heran und deutete die Auflösung der Umarmung von Wüste und Himmel an. Der Gast schob die Sternendecke von sich, und unter ihm zog sich der Wolkenteppich zurück. Er lag auf dem Grat der Formation, schwebend zwischen den beiden Liebenden, aber die vergängliche Wolke hatte sich zum unteren Ring zurückgezogen und hielt die irdische Ebene verhüllt. Er bewegte sich über der Klause.

Der Nebel zerriss und öffnete Schlünde in die Tiefe. Gewaltige, finstere Schlünde, aus denen Dämpfe wie Rauchsäulen aufstiegen. Die Öffnung war eingefasst von einem Viereck aus gewaltigen, senkrechten Tafeln. Er schritt nach rechts und betrachtete die Felswand. Ging lange über den steilen Grat. Die Wand war mal glatt, mal uneben und scharf, die Oberfläche des Steins meist sanft und glänzend. Doch der Wille der Zeit war stärker, sie hatte manche Enden angefressen und Stücke von dem stolzen Felsen genagt.

Die Wand führte zu einer Kluft, die die östliche Tafel von ihrem nördlichen Nachbarn trennte. Die Öffnung zwischen beiden war so breit und so tief, dass man unmöglich mit einem Sprung auf die andere Seite gelangen konnte. Es überraschte ihn, dass diese Pfade verborgen und von unten dem Auge nicht zugänglich waren, weshalb er sich den Berg riesig vorgestellt hatte. Er kehrte um und erkundete die linke Seite. Auch dort war die Wand gespalten, und ein Weg führte hindurch. Die Tafeln waren also einzelstehende Wände, die der Himmel dort in Form einer trutzigen Märchenburg hingestellt hatte. Er ging um den Schlund herum, entschlossen, den Abgrund der Finsternis zu erkunden. Doch noch immer zogen die Nebelschleier in der Tiefe vorbei und gaben nur von Zeit zu Zeit finstere Öffnungen in der schrecklichen Tiefe frei. Er wanderte hin und her, ohne auf die Spur eines Lebewesens zu stossen. Keine Bilder. Keine Schriftzeichen. Kein Kot eines Raubvogels oder eines anderen Tieres.

Aus dem Schlund der Finsternis stieg ein Gemurmel empor. Oder war es die Sprache des Windes in den Klüften? Er blieb stehen und lauschte. Die Stille kehrte zurück und redete in der Sprache der Vergänglichkeit. Er beugte sich über den Abgrund und betrachtete die Schleier, die wie gefangene Wolken über der Tiefe schwammen. Sie zerrissen und zerteilten sich, trafen wieder zusammen und verbanden sich aufs neue. Die beklemmende Öffnung spuckte immer wieder Dampf empor. Fetzen davon stiegen hinaus und wurden zu einem Schleier, der träge um den Gipfel wanderte und die Öffnung verhüllte. Die Sonne wurde heiss. Der Südwind blies ihm Feuerhitze ins Gesicht. Noch immer umkreiste er die Öffnung und stellte fest, dass der Abstieg durchs Innere des Felsenbaus, durch den Schlund, nicht senkrecht verlief, wie es von der Ebene aus den Anschein erweckte, was den Abstieg auf diesem Weg leichter machte als die Rückkehr an der Aussenwand der Formation.

Auf der Suche nach einer geeigneten Stelle für den Einstieg wanderte er an der Ostseite entlang und fand, dass der Gipfel dort stolzer und höher wurde und der Felsenbau an allen Seiten ungeheuer steil aufragte. Die einzige niedrige Stelle war die, wo er aufgestiegen war. Die Stelle, wo ihn der alte Amghâr geführt hatte, der weise Alte, der ihn vor dem Sturz bewahrte.

Dort versuchte er den Abstieg.

Er klammerte sich an den glatten Felsen und musste feststellen, dass sein Körper abrutschte und er in Gefahr war abzustürzen. Der Wind oder die Zeit hatte den Stein geglättet und jedwede Unebenheit und jedwede Rille beseitigt. Es war ausgeschlossen, sich daran festzuhalten. Irgendwie kam es ihm vor, als sei der Stein beim Aufstieg nicht so schrecklich glatt gewesen. Oder erschwerten Hitze und Müdigkeit ihm das Gespür für den Felskörper? Oder hatte der geheimnisvolle Amghâr ihn so getragen, dass ihm gar nicht bewusst geworden war, wie glatt der obere Teil des Felsenbaus war? Oder hatten die Dschinnen gar über Nacht die Oberfläche geglättet, um ihn für sein frevelhaftes Tun zu strafen, zu dem heiligen Ort emporzuklettern und seine Jungfräulichkeit zu verletzen?

Er riss ein Stück aus seinem Gesichtstuch. Zerteilte es in vier Fetzen, die er sich um Hände und Füsse wickelte. Dann umarmte er den Stein. Vorsichtig stieg er an derselben Stelle hinab, darauf bedacht, sich bei seinem Abstieg schräg geneigt weiterzubewegen, um Ärger mit dem Felsenbau zu vermeiden und sich vor seinem Zorn und seiner Gewalttätigkeit zu schützen. Er bewegte sich langsam. Haftete mit seinem ganzen Körper an der Wand. Spannte alle Sinne ein. Das Blut schwand, er wurde ganz Dornen und Klauen, glich einer Eidechse. Beschwor den Ahn, ihm die Fähigkeit zu verleihen, sich an der Wand festzukrallen und am verräterischen Stein zu haften. Schräg geneigt kroch er tiefer. Schweissüberströmt. Der Fetzen um seine rechte Hand zerriss. Gleich darauf derjenige um die linke. Das beunruhigte ihn. Wie konnte der Stoff zerreissen, wo die Wand doch dermassen glatt war? Welche geheimnisvolle Hand ausser derjenigen der Dschinnen hätte den Fetzen zerschneiden können? Die entblösste Hand wurde heiss. Die Hitze wanderte auch in die linke Hand. Dann durchzog sie den gesamten Körper. Eine verdächtige Hitze, die in ihm Feuer- und Fieberglut entzündete. Ein Feuer, das vom Stein ausging und sich auf seinen verräterischen Körper übertrug. Es war noch nicht Mittag. Der Felsenbau konnte also dem Henker der Wüste noch nicht ein solches Höllenfeuer entzogen haben. Er spürte keine Wärme, die den Stein so früh eine solche Hitze ausspeien lassen könnte. Waren ihm die Finger der Unsichtbaren gefolgt? Hatten sie die Schlangen durch Flammen ersetzt? Haben sie beschlossen, ihn mit dem Feuer der Steine zu verbrennen, nachdem er der Lähmung durch die Schlangen entkommen war? Was verbargen die Dschinnen? Was heckten die Bewohner des Unsichtbaren aus?

Sein einer Fuss rutschte ab, der andere folgte. Er schlitterte ein erbarmungsloses Stück über den blanken Steinkörper. Die Wand schnappte nach seinem Fleisch. Leckte sein Blut, zeichnete ihn mit Wunden. An einer Unebenheit krallte er sich fest. Schweratmend. Schweisstriefend. Die Bestialität der Wand erschreckte ihn. Die Rohheit der Wand. Wenn sie doch glatt und eben war, wie konnte sie dann so erbarmungslos nach seinem Fleisch schnappen? Wenn sie doch poliert war, woher kamen dann die Zähne, mit denen sie seinen Körper zerriss, um die Tropfen seines Blutes zu schlürfen? Warum behandelte ihn der nackte Stein mit so viel Hass? Gehörte das auch zur Arglist der Dschinnen? Jawohl. Der Stein war besessen. Der Stein wurde von den Bewohnern der Finsternis benutzt. Er musste sich die Unsichtbaren gewogen machen, wenn er das Herz des Steins erweichen wollte. Wenn er sicher hinabsteigen wollte. Er schaute auf. War überrascht, noch immer um dieselbe Stelle zu kreisen. Erst wenige Schritte war er weitergekommen. All diese Mühe ein verlorener Kampf! All das vergossene Blut, der verströmte Schweiss, das zerschnittene Fleisch. All das verloren im Nichts! Und er fand sich selbst den Flügel des Felsenbaus umkreisen. Er fand sich an der Schwelle der linken Spalte der Tafel, wo die Kluft begann, die sie von der Südseite trennte. War auch das eine Arglist der Dschinnen, oder lag der Verrat in seinem Rutschen? Oder war es einfach ein Beispiel für die Weisheit der alten Frauen, wonach der Aufstieg zu den Gipfeln nie so schwierig ist wie hinterher der Abstieg?

Sein Körper loderte. Er schaute nach unten. Der Berg war in ein Nebelmeer gehüllt, das um den Nacken schwebte, den die erste Flut eingegraben hatte. Die Nebelschleier waren heiss wie Feuerzungen. Sie waren es, die im Körper der Wand das Feuer entfachten.

Vorsichtig kroch er zurück auf das Plateau.

2

Er vergoss den Schweiss. Erschöpfte den Vorrat. Die Wasserflasche war schon während des Aufstiegskampfes verlorengegangen. Und selbst wenn er sie nicht verloren hätte, sie war geleert und nur am Boden hatte es noch ein paar Tropfen gegeben. Noch immer loderte sein Körper mit dem vom Stein übernommenen Feuer. Was war nur aus dem zärtlich glatten Liebenden geworden, ihm, der am Anfang der Reise von grenzenloser Liebenswürdigkeit und Freundlichkeit gewesen war? Was war der Grund für die Verwandlung im Verhalten des Steins? Er versuchte, sich zu erinnern. In seiner Erinnerung blitzte es auf. Das Geheimnis der groben Abweisung. Beim ersten Mal hatte ihn der fiebrigheisse Körper weggestossen, kaum dass er in seinem Herzen Tênere aufleben liess. Er hatte die Umarmung verraten und mit seinem Herzen wieder von der Prinzessin Besitz ergriffen. Er hatte vom irdischen Weibe Besitz ergriffen, und sie nahm ihn und löste ihn aus sich selbst heraus. Sie betrat sein Herz, und er wurde sich selbst fremd. Er verlor sich und wurde treulos der Liebe, der Umarmung, dem Stein. Deshalb bestrafte ihn dieser durch Abweisung, gab ihn auf, aus Eifersucht und Rachsucht. Er gab ihn auf für immer. Ohne Amghâr, den heiligen Ahn, läge er schon zerfetzt am Fusse des Berges. Der Stein des Himmels weigerte sich, nicht einzig zu sein, er war eifersüchtig auf die Irdischen. Der stolze Stein hatte ihm diesen Fehler noch nicht verziehen. Was also konnte das Feuer, das durch seinen Körper zog, anderes sein als die Bestätigung der Abweisung und der Beweis für die Trennung? War seine Sünde so gross, dass sie diese Strafe verdiente? War die Liebe zu einer Frau so verabscheuenswert? Verachteten seine stolzen Berge die Geschöpfe der Tiefe so sehr? War es ihm bestimmt zu verzichten? War es ihm versagt, sich dem eifersüchtigen, erzürnten Körper zu nähern? Oder war alles, was geschah, nur eine arglistige Machenschaft der Dschinnen?

Trotz seiner Erschöpfung dachte er über ein Weiteres nach: Wer niedersteigt, wird sich erheben, wer sich erhebt, wird niedersteigen. Das sollte tatsächlich heissen: Wer niedersteigt, wird sich nicht erheben, wer sich erhebt, wird nicht niedersteigen. So sagte es das Vermächtnis der Ahnen. Und so interpretierte er es umgekehrt, wie man es mit allen ihren Symbolen und allen ihren Überlieferungen tun sollte. Jetzt hatte er begriffen, jetzt, da er hilflos auf dem Gipfel des verräterischen Berges lag, dass der richtige Weg zum Verständnis des Satzes seine Umkehrung war. Die Ahnen kannten alle Geheimnisse, doch sie versteckten sie hinter Vagheiten und Andeutungen. Hatte ihn der steinerne Leib allein aus Eifersucht so hart behandelt oder gab es da noch ein anderes Geheimnis? Hatte der durchtriebene Imam einen Hinweis auf die Unmöglichkeit des Abstiegs besessen, wie Achmâd mit seiner Warnung angedeutet hatte? Aber die Warnung aus dem Mund des Derwischs war klarer. Der Abschied des Derwischs war stärker als jeder Hinweis. Mûssas Abschied enthielt eine Todesankündigung. Wie hatte er das nur übersehen können? Wer dorthin kommt, dem wird ein Anblick zuteil, hatte er gesagt. Dieser Anblick, der Anblick des finsteren Weges, weist auf die Unmöglichkeit der Rückkehr. Er hatte mit ihnen auf den Hinweg, den Aufstieg, gewettet. Aber sie, sie hatten mit ihm auf den Abstieg, die Rückkehr, gewettet. Nun hatten sie beide die Wette verloren. Weder hatte er gewonnen, noch hatte Ocha gewonnen. Aber sie hatten nicht die Wette verloren, sondern, und das war besonders schlimm, sie hatten die Prinzessin verloren. Das Schicksal hatte sich eingeschaltet und sie beide zu Verlierern gemacht. Er hatte verloren. Ocha hatte verloren. Und sogar Tênere, auch sie hatte verloren. Sie hatte sie beide verloren. Allmählich begann er, die Zusammenhänge zu verstehen. Wenn die Zusammenhänge vom Schicksal gewebt sind, übersteigen sie das Fassungsvermögen des Verstandes, denn dann sind sie nicht mehr menschlich.

Udâd, der Bedauernswerte, hatte nicht gewusst, dass er Position gegen einen Widersacher bezog, der noch aus jedem Kampf siegreich hervorgegangen war.

3

Der Südwind blies. Hitze, Sonne und Dampf verbrannten den Gipfel. Er vergoss den letzten Tropfen Schweiss, dann machte er es wie die Eidechsen. Wieder überflutete die

Wolke die Wände und umhüllte den hohen Felsenbau. Und wieder hörte er sie, sie unterhielten sich deutlich murmelnd. Ein nahes Murmeln, so klar, dass er die einzelnen Wörter unterscheiden und ganze Ausdrücke verstehen könnte, wenn er genau im richtigen Moment aufpasste und zuhörte. Dann entfernte sich das Getöse allmählich und verschwand schliesslich ganz. Es schien eine vorüberziehende Schar gewesen zu sein, eine ihrer Karawanen. Schon oft hatte er im Tâdrart diese Art Reisenden getroffen. Ja, ihre Karawanen monopolisierten alle Wüstenwege, die das Tâdrart passierten. Die Hirten erzählen, sie folgten diesen Routen, weil sie so unwegsam und so weit weg von den Wegen der Bewohner der Wüste sind.

Nie würde er seine erste Begegnung mit ihnen vergessen.

Damals begleitete er einen alten Hirten, der kein anderes Zuhause hatte als die Höhlen des Tâdrart. Er war dort geboren und aufgewachsen in den Wadis und zwischen jenen legendären Felsen, die mit den Schriften der Vorfahren beschrieben waren. Er hing an seiner Heimat, wie Kinder am Rocksaum ihrer Mütter, und es wurde sogar behauptet, er weigere sich, mit seinen Tieren nach Massâk Satfat oder nach Massâk Mallat zu ziehen, wenn der Himmel sich dieser Region erbarmte und Fluten auf sie niederströmen liess, er bleibe vielmehr, aus Treue dem Land der Ahnen gegenüber, auf seinem trockenen Flecken. Diesem Hirten schloss er sich an und begleitete ihn während der ersten Jahre, um von ihm das Erklettern der Berge zu lernen und die Erfahrung mit der Wüste zu übernehmen. Eines Tages schickte der Hirte ihn ins Wadi, um vor Einbruch der Dunkelheit die Kamele von der Weide zu holen. Die gebrochene Scheibe sank auf die Knie, und die Abenddämmerung nahm das Rot des Todes an. Er stieg hinunter ins Wadi, wo es von Männern und Kamelen wimmelte. Einige kreisten ums Feuer und bereiteten das Essen. Andere kümmerten sich um das Gepäck und entluden die Kamele. Noch andere waren müssig und sassen plaudernd unter den Akazienbäumen, während weiter weg sich die Burschen rauften und balgten.

Ein würdiger Scheich trat ihm entgegen, von dessen Oberlippe ein schlohweisser, prächtiger Schnurrbart hing. Er schüttelte ihm lange beide Hände zur Begrüssung und lud ihn unter die Akazie in den Kreis der Verständigen ein. Sie plauderten mit ihm, klagten über die Dürre und fragten nach Neuigkeiten über den Regen. Dann wurde eine grosse Schüssel aufgetragen, und man lud ihn ein, Speisen mit ihnen zu teilen, dergleichen er noch nie in seinem Leben gekostet hatte. Der Abend zog sich hin. Sie erzählten hübsche Geschichten und wetteiferten im Vortrag von Gedichten, wie er sie noch nie schöner gehört hatte. Ein verzweifelter Mond ging auf, geteilt in zwei Hälften und gekrönt von einem bleichen Ring. Irgendwie war er dann eingeschlummert.

Als er im ersten Morgenlicht erwachte, sass der alte Hirte bei ihm, unter der Akazie, und kochte Tee. Auf seine Frage nach der Karawane lächelte der Alte geheimnisvoll. Er hielt sich mit dem Aufgiessen des Tees beschäftigt und erzählte schliesslich in einer geheimnisvollen Sprache, die Karawane sei weitergezogen. Er schaute sich um, sah aber keinerlei Spuren, die auf das abendliche Festmahl hindeuteten. Der Hirte beobachtete ihn verstohlen und ohne das geheimnisvolle Lächeln auf seinem Gesicht zu löschen. Dann sagte er überraschend streng: „Du solltest ihnen nicht so viel Aufmerksamkeit schenken. Wenn sie dich treffen und dich begrüssen, so finde einen noch schöneren Gruss. Wenn sie dich bewirten, so iss mit Appetit, denn sie sind unschlagbar beim Zubereiten von Speisen. Wenn eine ihrer Frauen dich liebt, so liebe auch du sie. Denn das musst du wissen, sie sind die liebeskundigsten Weiber auf Erden. Sie sind Kreaturen wie wir, die Gutes mit Gutem belohnen und Liebe nur mit Liebe vergelten. Ja, sie sind sogar besser als wir, weil sie Gutes niemals mit Bösem erwidern."

Er rieb sich die Augen und kratzte sich am Kopf. Dann rückte er zu dem Alten und fragte ihn erstaunt, von wem er denn rede und warum er in dieser Sprache mit ihm spreche. „Ich bin gestern keinen Dschinnen begegnet. Ich habe die Nacht mit hochanständigen Leuten verbracht. Es waren Kaufleute, die mit ihren Waren auf dem Weg von Timbuktu nach Gadames waren. Sie haben ihr Essen mit mir geteilt ..."

Der alte Mann unterbrach ihn lachend. „Ich weiss. Sie haben dir so gute Dinge zu essen gegeben, wie du sie noch nie gekostet hast. Ich sagte dir ja, ihr Essen ist so köstlich, weil Frauen es gekocht haben, mit denen keine Frau in der Liebe wetteifern kann. Die magische Kraft liegt in den Fingern der liebenden Frau. Und ihre Frauen sind immer Liebende."

Udâd kratzte sich nochmals am Kopf, bevor er sagte: „Ich kann nicht glauben, dass sie aus dem Reich des Unsichtbaren gewesen sein sollten. Aber ... ich sage dir, ihr Essen hatte wirklich Dschinnenqualitäten. Doch ich habe keine einzige Frau unter ihnen gesehen."

Der alte Mann lachte ein weiteres Mal. „Musst du sie wirklich sehen? Sie zeigen sich den Guten. Sie geruhen, aus dem Unsichtbaren herauszutreten und sich denjenigen Irdischen zu zeigen, denen sie sich zeigen wollen. Wenn keine Frauen zu sehen waren, heisst das nicht, dass keine dabei waren." Er schwieg eine Zeitlang und fuhr dann mit Überzeugung fort: „Ihre Frauen verlassen sie niemals. Ich erkläre mir das so, dass kein Mann Frauen wie diese verlassen muss."

„So ideale Frauen sind das? Hast du Erfahrungen mit ihnen?“ Er wollte ihn necken und mit der Frage provozieren, doch der Hirte warf ihm einen traurigen Blick zu, zog sein Gesichtstuch fester und verbarg seine Augen. Er schaute schweigend zu den verborgenen Gipfeln empor. Danach vermied er es, über Dschinnenfrauen oder auch nur von der Liebe zu sprechen. Doch die ungeschlachten Hirten erzählten Udâd von seiner Liebesvergangenheit. Als junger Mann habe er sich in eine Dschinnenfrau verliebt, erzählte einer. Andere wollten wissen, er habe sie sogar geheiratet und einen Sohn von ihr gehabt, ein dämonisches Dschinnenmenschenkind, das seine Mutter, als sie sich trennten, mit ins Reich des Unsichtbaren genommen habe. Niemand kenne den Grund für die Trennung. Doch alle Hirten wussten, dass der Alte sich nie wieder verheiratete, ja nie einer irdischen Frau näherte, sondern ganz für sich allein blieb.

Nach dieser ersten Begegnung hatte Udâd immer wieder mit den Bewohnern des Unsichtbaren Kontakt. Er traf sie häufig, zu verschiedenen Zeiten und an unterschiedlichen Orten. Doch so köstliche Speisen wie bei jenem ersten Festschmaus ass er nie wieder.

4

Er unternahm drei weitere Versuche. Und mit jedem Versuch wurde ihm deutlicher, dass sein Aufstieg ein reines Wunder gewesen war, und dass der Abstieg ein weiteres Wunder erfordern würde. Er dachte über die Stelle nach, wo das Wunder geschehen war. An der Stirnseite der Felswand, wo er den Pakt gebrochen und mit seinem Herzen in die Ebene zurückgekehrt war, wurde er abgewiesen und stürzte. Durch das Eingreifen des weisen Ahns gelangte er aber nicht einfach nur zum Ausgangspunkt zurück, sondern überquerte sogar den Barsach und wurde hinauf auf den Berg gebracht, zum Gipfel, zum Himmel. Das Wunder lag im Eingreifen des alten Tieres. Jetzt aber würde er nicht darauf zu wetten wagen, dass es nochmals eingriff. Das Vermächtnis sagte: Um den Nachkommen zurück auf den Weg zu helfen, greifen die Vorfahren nur ein einziges Mal ein. Jetzt war es an ihm, die Ärmel hochzukrempeln und die Sache selbst in Angriff zu nehmen. An ihm, allein und nackt das Schicksal zu bekämpfen. Er beschloss zu singen. Der Gesang würde den Durst, die glühende Hitze und … das Schicksal besiegen. Der Gesang war der Zauber der Liebenden, ihre Waffe. Er stand da und beobachtete die fliehende Sonne. Umfasste seine Brust mit beiden Händen und zog die geschmolzene Luft ein. Er schloss die Augen und rief ein kummervolles Lied hinaus. Ein Assâhar-Lied. Und zu seiner Überraschung vernahm er eine Stimme, die nicht die seine war. Eine andere Melodie. Eine andere Weise. Das Lied kam verworren heraus, dünn und falsch. Der Berg warf das Echo zurück, als wollte er ihn quälen. Der Missklang drang ihm ans Ohr, und nun war er überzeugt, das Schicksal beabsichtige, ihn auch noch der Waffe der Liebenden, der letzten Waffe, zu berauben. Dem Echo folgte ein gepresstes, hämisches Lachen, das, als Kichern entschlüpft, sich in ein hasserfülltes röhrendes Gelächter verwandelte. Machten die Dschinnen sich über ihn lustig? Verspottete ihn das Schicksal? Wo war der Paradiesvogel? War er mitsamt dem Gesang aus seiner Brust entflohen? Achmâds Warnung fiel ihm ein. Der Vogel und die Prinzessin hätten nicht zusammen in einem Herzen Platz. Der geheimnisvolle Vogel, der das Herz der Prinzessin gefangennahm, hatte sich befreit und war weggeflogen, kaum dass Tênere sein Herz besetzt hatte. Der Vogel teilte das Herz mit niemandem. Sobald das

Weib in das Herz des Mannes eingeht, flieht er und verlässt es. Wen eine Frau besitzt, bei dem ist kein Platz mehr für die Nachtigall des Paradieses. Das ist seit je die Wahl: Wenn der Mann sein Herz der Geliebten schenkt, so verliert er den Vogel der Seligkeit. Den Vogel der Freiheit. Dann muss er aber auch feststellen, dass er alle Vögel verliert, ohne etwas dafür zu bekommen. Kann der etwas bekommen, der sich selbst verliert?

Sein Widersacher bestand darauf, ihm alles zu nehmen. Sogar sich selbst. Aber warum hatte ihn die Strafe ereilt? Wann hätte er die Sünde begangen, für die er jetzt bezahlen musste? Wann wäre er in das Spiel geraten, in dem er jetzt Partei war? Doch dann fiel ihm ein, wo er gefehlt hatte. Er konnte bestimmen, wann und wie es geschehen war. Er hatte ein Wanderleben zwischen den Berggipfeln geführt. Verliess einen Berg nur, um sich an den Hals eines anderen zu hängen. Er schlief in den Höhlen und erkundete an den Felswänden die Vermächtnisse der Ahnen. Er las die Weisheit und versuchte, die geheimnisvollen Symbole zu entschlüsseln. Er trank am Euter eines Mufflonschafes und wurde so auf immer mit dieser Gattung verbunden. Er befreundete sich mit den Vögeln, die dort wohnen, und er lernte von ihnen Weisen und Gesang. Als seine Mutter sich an die Zauberer wandte, um ihn zum Leben auf der Ebene herabzuholen, fand sie nur die Frau, um ihn zu fesseln. Sie verheiratete ihn mit Taffâwut, um ihm das Fangseil um den Hals zu legen. Die Frau erfüllte ihre Aufgabe. Sie gebar ihm ein Püppchen, mit dem er sich in seiner Einsamkeit amüsieren und das ihn die Liebe zu den Bergen vergessen lassen sollte. Dann entdeckte er, dass das Fangseil mit jedem Tag gieriger, gröber und gefrässiger wurde. Es nahm die Gestalt einer siebzig Ellen langen Kette an. Jener bestialischen Kette, die die Fakîhs den Sündern für den Jüngsten Tag androhen. Er drohte zu ersticken, und die Sehnsucht nach dem Paradies im Tâdrart peinigte ihn. Er befreite sich von dem Fangseil, wies das Püppchen zurück und … floh. Er kehrte zurück in sein Paradies und hatte wieder das Gefühl, ein Vogel zu sein, ein Grashalm, der sich am Abhang festklammert, eine frische Brise, ein heller Strahl in der keuschen Morgendämmerung, ein ungebundener Samen, der auf die regenfeuchte Erde fällt, ein Mufflon, der die Spalten kennt und die Gipfel des Unmöglichen bezwingt. Er ging unbeschadet aus dem Abenteuer hervor, gewann sich selbst zurück und verlor durch seinen Abschied vom Lager nichts als das Seil der Sklaven und die Kette der Sünder. Wenn er im weichen Sand lag, tändelte der frische Nordwind mit ihm, die Gipfel der Berge erzählten ihm vom Leben der Ahnen, und die Sterne tanzten in Scharen vor seinem Gesicht. Rudel von Mufflons umringten ihn, und er sah die Freude in ihren rätselhaften Augen. Die jungfräulichen Strahlen durchdrangen ihn und nahmen Wohnung in seinem Herzen.

Auch die Nachtigall hörte nicht mehr auf zu singen. Sie beschloss, das Wiedersehen ebenfalls zu feiern, und erhob freudig ihre Stimme, und Lieder voller Sehnsucht erklangen.

Die Wüste vergab ihm diesen Fehltritt und nahm seine Reue an. Nicht so den zweiten. Die Stolze betrachtete seinen Abstieg in die Tiefe als eine kränkende Provokation. Nochmals beschritt er denselben Weg und verpfändete Herz und Nacken an eine Frau, schenkte sich ihr in Liebe, verriet den Pakt und versetzte so dem Tâdrart einen weiteren Schlag. Das erste Mal hatte er nachgegeben und sich die Fessel angelegt, ohne sein Herz zu verlieren, ohne seine Seele zu verpfänden. Er ergab sich dem Fangseil, doch sein Herz blieb frei und gehörte weiterhin allein der Wüste. Doch beim zweiten Mal verwandelte die Liebe das Abenteuer in Undankbarkeit. Der alte Satan liess sich im Körper des Weibes nieder, und sie zwang ihn, wie einstmals seinen Ahn, in den heiligen Bereich einzubrechen und vom Verbotenen zu essen. Vertreibung und Strafe waren die Folge. Auch ihn ergriff die Liebe, und er gab sich selbst um einer Frau willen auf. Er vertauschte die Wüste mit Tênere, und die Stolze liess ihn fallen und überantwortete ihn dem gewaltigen Schicksal.

Er verhökerte das himmlische Symbol und diente dem irdischen Götzen. Die Wüste aber verzeiht keine Götzenliebe, keine Liebe zu irdischen Geschöpfen. Jetzt begriff er, wo das Geheimnis lag. Es lag in der Liebe. Die Gefahr liegt in der Liebe. Der Fluch liegt in der Liebe. Die Sünde liegt in der Liebe. Die Strafe liegt in der Liebe. Der Tod liegt in der Liebe.

5

Eine weitere Finsternis senkte sich. Eine weitere Dunkelheit, die er nur allzugut kannte. Die jeder kennt, der die Wüste durchquert: die Wolken des Durstes, der an seine Grenzen stösst. Der Körper erschlafft. Das Herz schrumpft, vertrocknet, versteinert und zieht alles Blut und alles Leben aus den Adern. Der Blick wird trübe, über die Augen legt sich ein Vorhang aus Finsternis. Dann tauchen die Visionen auf, und die Gespenster erscheinen.

Beim Schlund der Tiefe brach er zusammen. Verfolgte die Gespenster. Kein Unterschied mehr zwischen Tag und Nacht. Der Vorhang hatte begonnen, Licht und Finsternis miteinander zu versöhnen. Immer beginnt die Reise mit diesem Schlag. Das Wasser verdampft, die Finsternis kommt. Der Tag wird zur Nacht. Die Gespenster erscheinen. Sie schleifen ihn durch die Nacht. Durch die Finsternis, auf der Reise der Finsternis. Er folgt ihnen durch den langen Tunnel, bis das Vergessen sich einstellt und der Unterschied zwischen etwas und nichts verschwindet. Das Vergessen erleichtert den Übergang zum Nichts. Wenn der Durstige sich selbst vergisst und nicht mehr weiss, wer er ist, wird es ihm leicht, den Sprung in den Brunnen zu wagen, denn das Vergessen, das Wegtreten lässt die Furcht vor dem Abgrund verschwinden und verwischt den Unterschied zwischen Leben und Sterben. Alle, die je in einen Brunnen sprangen und gerettet wurden, berichteten übereinstimmend, sie hätten das getan, nachdem sie sich schon lange ihrer selbst nicht mehr bewusst waren, und keiner von ihnen konnte sich irgendwie an den Sturz in die Tiefe erinnern. Ebenso berichteten sie übereinstimmend, dass sie, indem sie das Gefühl für ihren Körper verloren und den Barsach des Schmerzes überwanden, zu Klarheit und Ekstase gefunden hätten. Ein Anhänger des Kadirîja-Ordens in Serdlis hatte ihm erzählt, die Derwische wollten diesen Zustand herbeiführen, indem sie Messer zückten und sich diese in die Brust stiessen. Im Leben gebe es nichts Erbarmungsloseres als den Schleier und die Last des Körpers. Damals hatte er diesem Kadirîja-Jünger nichts vom Geheimnis der Wüstenbewohner berichtet, hatte ihm nicht erzählt, dass die Hirten diesen Zustand auf einem weniger beschwerlichen, einfacheren Weg erreichen: dem des Durstes. Wenn die Derwische des Kadirîja-Ordens dieses Geheimnis kennten, bräuchten sie nicht mehr ihre Brust mit Messern zu zerfetzen. Sie müssten nur ohne Wasser hinaus in die Wüste gehen.

Ein Hirte, den man gerettet und zurück ins Leben geholt hatte, erzählte ihm einmal, er habe sich, als er den Barsach hinter sich gelassen hatte, in einem Zustand der Transparenz und der Rauschhaftigkeit befunden, den er nicht mit Worten beschreiben könne. Er habe das Gefühl gehabt, eine Handvoll Licht zu sein, ein Windhauch, ein Engel ohne Körper und ohne Gewicht. Danach seufzte er elendiglich, weinte, klagte und rief, während er sich die Kleider zerriss, immer wieder: „Wäre ich doch auf immer in diesem Zustand geblieben. Hätte man mich nur in diesem Zustand gelassen!" Er wankte und wälzte sich im Staub wie ein Verzückter, bis er ermüdete und einschlief. Als er wieder erwachte, hatte der Mond seine Reise schon begonnen. Gegen Ende der Nacht erzählte er ihm noch etwas. Er habe nie eine solche Verzweiflung gespürt und nie ein solches Elend empfunden wie in jenem Moment, als er seine Augen öffnete und erfuhr (er sagte wirklich „erfuhr"), dass er zu sich selbst, in seinen Körper, in seine Erinnerung zurückgeschickt worden war. Als er erfuhr, dass es ewige Existenz nur in der Auslöschung gibt, dass es Übergang und Vollkommenheit nur gibt, wenn man seine Haut abwirft, nach der Art der Schlange, die den Urahn betrog und ihn um sein ewiges Leben brachte. Sie hatte diese Art übernommen und sie sich ganz zu eigen gemacht. Danach waren sie die Nacht über aufgeblieben und hatten miteinander über das Abwerfen der Haut gesprochen. Er hatte die Zügel übernommen und von den zahlreichen Malen erzählt, da er Schlangen ihre Haut abwerfen und in ein neues Gewand schlüpfen sah, einen neuen Körper, eine neue Jugend, ein neues Leben.

Jetzt musste er standhaft sein, musste ausharren, warten. Er musste auf die Auslöschung warten. Sie bewirkte ein Vergessen, das den Unterschied zwischen Berg und Ebene tilgte, zwischen Himmel und Erde, zwischen Gipfel und Tiefe, zwischen Licht und Finsternis, zwischen Leben und Vergehen. Die Wohltat der Erlösung würde nicht ohne die Auslöschung gewährt. Er liess sich auf den Rücken fallen. Öffnete die Augen und richtete den Blick in die Finsternis, die aufriss. Der dunkle Vorhang verschwand von Klüften von der Farbe rötlicher Wolle. Träge und locker schwebten die Flocken an seinem Gesicht vorüber. Die Finsternis überflutete sie, zerkrümelte sie und riss sie in kleine Stückchen. Doch die unbeirrbaren Flocken kehrten zurück, vereinigten sich und schwebten in der Luft. Über der Öffnung des Unbekannten. In den Spalten erschien ein zerzauster Kopf, mit schwarzen Augen (oder waren sie honigfarben?) und einem Spitzbart. Er kam näher. Udâd erblickte die beiden majestätischen, nach hinten geschwungenen Hörner. Er schloss seine Lider, öffnete sie wieder. Der ehrfurchtgebietende Kopf war noch immer über ihn gebeugt, schaute ihn mit seinen Menschenaugen an. Udâd nahm alle seine Kräfte zusammen, bewegte seine Lippen und murmelte mit einer Stimme, von der er selbst nicht wusste, ob sie hörbar war oder ob es sein Herz war, das sprach: „Amghâr? Bist du hier, mich zu holen? Ist die Zeit gekommen, Amghâr? Wohin sollen wir gehen?“

6

Der Mufflon, den die Bewohner der Ebene gern den „Besessenen“ nennen, soll tagelang um die Zelte gestreift und geschlendert sein, bevor der Derwisch zu ihm hinausging. Er traf ihn in der Abenddämmerung bei dem Hügel, von dem aus man auf das Zelt des Stammesführers blickte, und begleitete ihn durch die Senke. Die Leute sahen die beiden nach Osten gehen, hinaus in die kahle, flache Weite, die zu den fernen Gipfeln führte. Manche sagten, der Derwisch habe das besessene Tier „Udâd“ genannt. Darauf erwiderten andere, solche, die immer alles besser wissen: „Ja und? Wie sollte der Derwisch seinen Gefährten, den Mufflon, denn sonst nennen?“

„Aber wenn der Derwisch einen echten Mufflon begleitet, wieso lacht und scherzt und spricht er dann mit ihm?" fragten die ersteren zurück, die sich nach Geschichten über die Bewohner des Unsichtbaren sehnten und die Verwandlungen der Dschinnen verfolgten. „Wir haben die beiden miteinander lachen, sprechen und scherzen hören. Wir haben gehört, wie das im Mufflon versteckte Geschöpf mit Sprache, Stimme und Tonfall des seligen Udâd sprach."

Die Besserwisser gaben nicht klein bei, sondern hatten auch schon einen Beweis parat: „Ein dschinnenbesessener Mufflon kann in tausend Sprachen und auf tausenderlei Arten reden. Dschinnen wären keine solchen, wenn sie nicht einmal zu so etwas imstande wären. Auch dass er mit dem Derwisch spricht und scherzt, ist nicht befremdlich. Der Derwisch wäre kein solcher, wenn er sich nicht mit den Dschinnen unterhalten könnte. Schliesslich haben wir Mûssa schon mit den Akazien reden und mit den Gebeinen in den Gräbern Gespräche führen hören. Sollte er da nicht imstande sein, sich mit den Bewohnern des Unsichtbaren zu unterhalten, die sogar mit den Hirten plaudern?"

Doch der Derwisch blieb dem Lager fern. Tage vergingen, dann Wochen. Die Leute suchten nach ihm im Akazienwadi und in den umliegenden Wüsten. Aber keine Spur. Einige Tage danach brachten ihn die Hirten aus der Wüste des Tâdrart. Sie hätten ihn hoch oben in einer Höhle schlafend angetroffen.

Man befragte ihn, doch er weigerte sich, etwas über seine rätselhafte Reise zu erzählen. Die Mutter des Toten folgte ihm hinaus in die Wüste. Als sie mit ihm allein war, stellte sie ihn zur Rede und verlangte Auskunft: „Schluss jetzt mit der Geheimniskrämerei. Beantworte mir die eine Frage: Was hat dir der Mufflon gesagt?"

„Der Mufflon?"

„Jawohl, der Mufflon. Udâd. Glaubst du, ich kenne das Geheimnis nicht? Hast du vergessen, dass ich seine Mutter bin?“

Der Derwisch versuchte, ihrem Blick auszuweichen. Er wandte sein Gesicht zum Horizont. Beobachtete die Sonnenscheibe, die im Feuer der Abenddämmerung badete. Die alte Frau folgte ihm und versperrte ihm den Blick.

„Kann der elende Mufflon etwas sagen?“ flüsterte er beklommen.

Sie trat noch einen Schritt näher. Schaute ihm mit einem seltsamen Blick in die Augen. Sie schien zu zittern. Es klang etwas drohend, als sie mit rauher Stimme sagte: „Ich kenne das Geheimnis. Ich bin eine Mutter.“

Er war verwirrt. Zögerte.

Da sagte sie streng: „Lüg nicht!“

Schliesslich bekannte er: „Wer seine Augen auf den Schlund der Finsternis richtet, wird bestraft für das, was er sieht. Wer sieht, wird mit Blindheit und Stummheit geschlagen.“

Als er wegzugehen versuchte, stellte sie sich ihm nochmals in den Weg. „Dieses Bekenntnis löscht nicht meinen Durst. Ich lass dich nicht gehen, bevor du mir nicht sagst, was er dir erzählt hat.“

„Wer sieht, wird nie etwas erzählen. Wer sieht, verliert die Zunge.“

„Hast du begonnen, zu mir in der Sprache der Derwische zu reden?“

Mûssa stand da, ratlos, unfähig, zögernd. Er fand keine andere Sprache als die der Derwische geeignet, über das Geheimnis zu sprechen, die Auslöschung, die Verwandlung.

X. Die Klagelieder

Wer ein Geheimnis birgt, liebt; wer liebt, ist in Gefahr.
Abdaldschabbâr al-Niffari

Das Klagelied derer, die ein Geheimnis bergen

Sie war elend bei der Bitte, wie sie elend war beim Verlust. Ja, als sie mit der Bitte um ihn zum Himmel und zur Erde flehte, zu den Steinen und den Bildern, konnte sie nicht ahnen, dass der Erfüllung ihres Wunsches ein Elend folgen würde, das die Bitte übertraf. Dass ihr der Verlust folgen würde. Denn sie wusste nicht, dass die Gabe des Schicksals an dieses gebunden bleibt, dass das Geschenk des Schicksals diesem zugehört, dass das dem Schicksal Geweihte von diesem genommen wird. So ging sie wie jedwede Frau, die zu ihrem Schrecken entdeckt, dass sie nicht mit Nachkommenschaft gesegnet ist, und nachdem seit dem Eheschluss ein Jahr vergangen war, ohne dass sie schwanger wurde, auf die Jagd nach den Zauberern, die mit den Karawanen zogen, kaufte ihnen die Talismane der Magier ab, hängte sich die Amulette der vorbeiziehenden Fakîhs um den Hals und tauschte Koransprüche gegen Reittiere ein. Doch die Bitte ging nicht in Erfüllung. Sie folgte den Ratschlägen der Seherinnen und besorgte sich bei den Drogisten allerhand Tinkturen und nahm allerhand Mittel ein, doch die frohe Botschaft kam nicht. Da gab sie die Hoffnung auf und folgte klagend dem Ruf der Ahnen und schlief auf den Gräbern.

Die Gräber der Ahnen gaben ihr den Rat, sich an den heiligen Mufflon im Felsen von Matchandûsch zu wenden.

Nicht dass es sie schmerzte, der Wüste ohne Kind entgegenzutreten; auch die gerunzelte Stirn ihres Mannes oder

der hoffnungslose Blick, mit dem er sie als unfruchtbare Frau ansah, peinigte sie nicht. Sie quälte, dass sie sich selbst nicht mehr als Frau empfand. Gab es doch in der ganzen Wüste kein elenderes Geschöpf als eine Frau, die sich selbst nicht als eine solche empfindet. Und eine Frau war nur eine Frau, wenn sie vielen edlen Söhnen das Leben schenkte. Ja, es reichte nicht, zahlreiche Kinder zu haben, sie musste ihrem Mann Söhne schenken. Bei ihrem Besuch beim majestätischen Mufflon, der da im Felsen hing, flehte sie, er möge ihr doch einen Sohn schenken. In der Wüste waren allein Söhne eine Bestätigung für eine Frau. Nach dem Besuch bei den Gräbern ersann sie eine List. Sie sagte ihrem Mann, sie habe einem Heiligen im Wadi von Matchandûsch ein Gelübde geleistet und wolle dieses nun erfüllen. Er stieg mit ihr ins Wadi hinab, und am Morgen sorgte er sich um die Kamele, während sie zum Felsen ging. Am Huf des Mufflons klagte sie und flehte, er möge ihr gnädig den Samen des Weiterlebens gewähren und ihr Nachkommenschaft schenken, er möge sich erweichen lassen und ihr einen Sohn geben.

Sie gelobte ihm eine Kamelstute.

Danach wartete sie einige Wochen, doch nichts veränderte sich. Da unternahm sie nochmals den Weg zum Felsen und fiel vor dem Mufflon auf die Knie. Gelobte ihm eine weitere Kamelstute. So ging es, bis sie ihm sieben Kamelstuten geweiht hatte. Dann besuchte sie in einer finsteren Nacht derselbe Bote der Ahnen, der ihr erschienen war, als sie sich das Grab zum Kopfkissen genommen hatte. Der Mufflon wolle die Kamelstuten nicht, erklärte er, er werde ihr aber einen Sohn schenken, wenn sie ihm diesen gelobe. Entsetzt sprang sie auf, jammerte bis zum Morgen und danach noch mehrere Tage. Wiegte sich klagend, als ob sie Milch butterte, vergoss aber nur schweigend Tränen des

Schmerzes. Dann, dann besuchte sie der gewaltige Mufflon selbst. Nie würde sie seine Gestalt, seine Haltung und seinen furchterregenden Blick vergessen. Und nie seine Worte: „Das Leben ist nur im Geben. Schenken ist das Geheimnis der Existenz. Nur der verliert, der nach Besitz giert."

„Aber wozu ihn bekommen, wenn ich ihn doch weggeben müsste?" fragte sie klagend.

„Was mit der einen Hand genommen, wird mit der anderen gegeben", sagte er. „Alles, was ein Gelübde bringt, gehört dem, der es gibt."

„Aber er ist ein Kind. Ein Stück Körper."

Er wurde lauter: „Ein Kind ist nichts als eine Puppe, also ein höchst angemessenes Geschenk."

Sie weinte: „Eine Frau lebt nicht ohne Nachwuchs. Eine Frau existiert nicht ohne einen Sohn."

Er wurde nochmals brutal: „Das ändert nichts an der Tatsache, dass er eine Puppe ist. Die glückliche Frau ist die, welche die Puppe dahingibt, um die Götter zu befriedigen."

Sie jammerte laut. Ihr Mann wachte auf. Der Mufflon verschwand.

Sie zogen fort von Matchandûsch.

Noch ein paar Monate wohnten sie im Tâdrart. Bei Tag und Nacht machte sie sich Gedanken. Er würde in jedem Fall verschwinden, sagte sie sich. Wenn ihn die Götter nicht nehmen, die ihn gegeben haben, nimmt ihn der Staub der Erde. Und dem Mufflon geweiht zu sein ist gnädiger, als von der Erde verschlungen zu werden. Sie ging zu den Gräbern und liess den Boten der Ahnen wissen, sie nehme das Angebot an.

Einige Wochen später war sie schwanger.

Während der Schwangerschaft und bei der Geburt litt sie sehr. Aber die Zierde ihres diesseitigen Lebens entschädigte sie für den Schmerz und liess sie die Prophezeiung vergessen.

Sie freute sich über den Sohn, und er weckte in ihr das Gefühl der Fruchtbaren und den Stolz der Frau als Mutter. Die Puppe gab ihr das Selbstvertrauen zurück; sie entspannte sich und hörte auf, an das Versprechen zu denken. Sie gab dem Neugeborenen den Namen Udâd, um den gewaltigen Mufflon gnädig und geneigt zu stimmen, doch ihre Glückseligkeit liess sie die Bedeutung vergessen, die an diesem Namen hing. Sie vergass das Gelübde, doch der Mufflon vergass es nicht. Der Junge wuchs heran und rannte auf den Weiden hinter den Zicklein her. Einmal kam er von dort mit etwas zurück, das sie an das ungeheure Versprechen erinnerte. Er hatte ein Mufflonlämmchen gefangen und brachte es nachhause, entschlossen, es grosszuziehen. Doch kaum hatte sie das Tier erblickt, da kehrte die Offenbarung in ihr Herz zurück. Sie sah das böse Omen, und insgeheim weinte sie. Das Lämmchen gedieh in den Händen des Jungen, und beide verband eine innige Freundschaft. Monate später, an einem kühlen Wintermorgen, floh das Tier. Es lief in die Berge und schloss sich den Mufflonherden an. Udâd weinte mehrere Tage lang. Er ass nichts und trank nichts und starrte nur finster zu den Gipfeln. Als sich sein Kummer in die Länge zog, beschlich die Mutter ein rätselhaftes Gefühl. Sie sah in der Flucht des Lämmchens ein Zeichen vom Vater-Mufflon. Sicher wollte er ihr mitteilen, dass der Zeitpunkt nahegerückt war. Wollte er das Seinige so bald schon zurückhaben? War das ein Hinweis auf das Ende der Glückseligkeit? Würde das Püppchen ihren Händen entfliehen?

Sie musste nicht mehr lange warten. Udâd begann auf den Weiden zu verschwinden. Und als sie gemeinsam mit ihrem Ehemann diesem seltsamen Verschwinden nachging, entdeckten sie, dass der Junge die Tiere auf der Ebene zurückliess und auf der Suche nach dem verschwundenen Lämmchen die Berge erklomm. Sie vermochte nicht, ihn von diesen Unternehmungen abzubringen und sie scheiterte auch darin, ihn von der Vergeblichkeit der Suche nach dem Lämmchen zu überzeugen, das sich der Herde angeschlossen habe, gewachsen und zu einem grossen Mufflon geworden sei, den er gar nicht wiedererkennen könnte. Doch das machte ihn nur noch eigensinniger und erhöhte sein Verlangen, das Tier wiederzufinden. Er wurde immer gewandter im Erklettern der Berge und fand Geschmack am Leben in den Höhlen. Und weder die Talismane der Zauberer noch die Losungen der Fakîhs vermochten ihn von den Gipfeln herab auf die Ebene zu holen. Jahre vergingen, bevor ihr der weibliche Instinkt offenbarte, dass die Frau das einzige Geschöpf, der einzige Talisman ist, der einen Mann in die Knie zwingen und ihn vom siebenten Himmel herabholen kann. Sie präparierte das Fangseil für ihn und band ihn an die reizende Taffâwut. Doch schon nach kurzer Zeit rebellierte er gegen das Angebundensein, und nun war sie sicher, dass sie dem alten Mufflon trotzte, dem trotzte, der ihn gegeben hatte, den Göttern trotzte. Sie fand zur Gewissheit, auf ihn zu verzichten und sich zu fügen sei leichter zu ertragen, als ihn zu verlieren. Weniger schlimm, als den Mufflon-Vater zu provozieren und ihn zu erzürnen. Darin, dass sie sich fügte, sah sie die Erfüllung des Vertrags.

Das war das erste Geheimnis.

Das zweite Geheimnis war, seit aller Ewigkeit, in dem viereckigen Felsen hoch oben auf dem Gipfel des unerreichbaren Berges verborgen. Sie hatte sich zwar drein gefügt, dass der Berg sein Schicksal wurde, aber als sie von der Wette hörte, war sie entsetzt. Sie begriff, dass diese nichts anderes war als ein Hinweis auf die nahe Trennung; denn die Eidechse, der Ahn der Gefolgsleute, war einst zum Berg gelaufen und hatte sich in seinem Jammer an den Mufflon gewandt.

Der Eidechsahn erzählte ihm, wie er mit dem Bad im Teich und der Verunreinigung des Wassers den Zorn des Himmels geweckt habe und sich entstellt fand, auf allen vieren kriechend. Er bat den Mufflon, ihn bei den Bewohnern der Wüste zu rächen, die ihn verraten und seine Verwandlung in eine elende Eidechse bewirkt hätten. Der gewaltige Mufflon kam ihm in seiner Heimsuchung zu Hilfe und versprach, ihn bei den elenden Wüstenbewohnern zu rächen. Damals begann er seinen Angriff, und seither bringt er die Menschen auf den unerreichbaren Gipfel und wirft sie mit der Hilfe der Dschinnen hinab in den finsteren Schlund. Seit jenem Tag verschwand auf immer jeder, der den Gipfel erstiegen, das Haupt des Felsenbaus gesehen und in den Schlund geblickt hatte. Die elende Eidechse dagegen erhielt ewige Jugend, entschädigt vom Mufflon für ihren Verlust mit einem Gewand, das sie, wenn sie sich alt fühlt, immer auswechseln kann, um ihre Jugend zurückzuholen.

Nun lockte der Mufflon Udâd in den finsteren Abgrund, um ihn sich auf ewig zu nehmen. Wenn er die Wände erklomm und sich auf den Felsenbau setzte, würde er nie mehr herabsteigen. Es war ein Fehler gewesen, ihrem Sohn nie die Wahrheit zu bekennen. Nie hatte sie ihm vom Blut des Mufflons erzählt, das in seinen Adern floss. Nie hatte sie ihm das schreckliche Geheimnis offenbart. Die Vaterschaft jenes Tieres, das in den Felsen von Matchandûsch gehauen ist. Jetzt musste sie allein den Preis bezahlen. Allein trauern. Aber … Aber könnte das Bekenntnis etwas an der Sache ändern? Könnte sie sich gegen ein Los wappnen, das ihm das Schicksal schon vor seiner Geburt bestimmt hatte? Könnte sie das Püppchen gegen den Willen dessen behalten, der es geschenkt hatte?

Das zu versuchen wäre eine Herausforderung der Ahnen, des Mufflons, ja, der Prophezeiung.

Alle Menschen weinen. Alle Kreatur fragt sich, warum die Menschen nicht zurückkehren. Warum sie an der Finsternis Gefallen finden und sich auf ewig verborgen halten. Ist es die Abscheulichkeit unserer Welt? Oder die Pracht des Verborgenen und die Stille der Finsternis? Kann das Verborgene so prächtig sein? Kann man vertraut werden mit der Einsamkeit der Finsternis? Ist etwa der Anblick des Irdischen so hässlich? Ist die Wüste so erbarmungslos und elend, dass die Wanderer es über sich bringen, sie auf immer zu verlassen? Und ist das Wehklagen ein Ausdruck des Schmerzes über den Verlust der Wanderer oder die Unfähigkeit, das Rätsel zu verstehen, und das Scheitern, die Wahrheit des Schicksals zu begreifen?

So ist die Situation der Kreatur. So ist die Zunge der Menschen.

Doch er konnte das Geheimnis schauen. Und er hielt erst inne, gegen die Verhüllung anzukämpfen, als er das Geheimnis kannte. Die brutale Erlösung aus dem finsteren Behälter, das bestialische Leiden im Augenblick, da der Käfig verlassen wird. Die Befreiung des geheimnisvollen Vögelchens und seine Rückkehr zum strahlenden Ursprung, zur himmlischen Fülle. In diesem schwierigen Augenblick verwirklicht sich die Schau, erfolgt die Geburt. Die Geburt erfolgt nur durch das Überqueren der schmalen Brücke der Schau. Aber dem Vögelchen wird der Eintritt durch das Tor des Paradieses erst gewährt, nachdem es einen langen Weg aus Wechsel, Wandel und Veränderung zurückgelegt hat. Die Gunst der Seligkeit erlangt nur, wer durch die Hölle der Auferstehung gegangen ist. Udâd legte den ersten Teil zurück und ging in den Mufflon ein.

Als der Derwisch ihm unten am Berg entgegentrat, fragte er ihn nach dem Wechsel: „Sag mir, hast du viel gelitten?

War die Auferstehung grausam? Hat dich die Verwandlung geschmerzt? Sag mir: Wie geht es dir jetzt? Ist der Behälter des Mufflons nicht gnädiger als das Skelett des Menschen? Ist der Zufluchtsort des Tieres nicht wohltätiger als die letzte Ruhestätte des Menschen? Aber ... Aber warum werfe ich dir die törichten Fragen ins Gesicht? Du bist ja doch von Anbeginn ein Mufflon. Du bist seit Ewigkeit einer. Du warst schon immer einer. Glaubst du etwa, ich kenne das Geheimnis nicht?"

Er begleitete ihn durch die Wüste. Unterwegs fragte er weiter: „Das beste wäre es, du erzähltest mir vom Tunnel der Finsternis. Wie ist sein Schlund beschaffen? Ist er furchterregend? Und sag mir, warum die Wanderer auf immer dort bleiben wollen? Warum brechen die Nachrichten von ihnen ab? Warum verbirgt man vor uns, wie sie im Verborgenen leben? Warum verbietet man uns, ihr Los kennenzulernen? Warum versagt man uns, all das zu erfahren und macht ihr Verschwinden in der Dunkelheit noch rätselhafter? Warum vergrössert man unser Elend? Warum? Warum?"

Der mächtige Mufflon wurde bedrückt. Er ging langsamer. Traurigkeit überzog seinen honigfarbenen, leuchtenden Blick. Eine kleine Träne quoll ihm aus dem rechten Auge. Sie blieb in den langen Wimpern hängen und blinkte wie ein Tautropfen im Licht der Sonne, deren oberster Rand sich eben zeigte. Sein Begleiter bemerkte nicht sein gequältes Stöhnen.

Der Derwisch fuhr mit seiner Befragung fort: „Sei unbesorgt. Ich weiss, dass die Stummheit die Strafe für die Schau ist. Ich weiss, dass die Unfähigkeit zu sprechen den trifft, dem die Schau zuteil wurde. Ich weiss, dass du nie wieder sprechen wirst, solange du lebst. Aber fürchte nichts. Das ist der Preis, den jeder bezahlt, der einen Blick auf das Verborgene wirft. Die Tilgung ist das Schicksal der Kreaturen. Das

Gedächtnis wird getilgt, die Zunge abgeschnitten. Das ist der Weg, dem Menschengerede Einhalt zu gebieten. Andernfalls wäre das Wunder zunichte gemacht und das Unbekannte hörte auf, unbekannt zu sein. Ohne diese Tilgung, ohne die Stummheit würde das Geheimnis der Wüste enthüllt. Und wenn das Geheimnis bekannt würde, verwandelte sich der Planet – das Innere erschiene sichtbar, das Gleichgewicht würde gestört, und die Ruhe wäre dahin. Damit das Chaos nicht kommt, die Wüste nicht mit zwei Schwingen davonfliegt und der Himmel sich nicht auf die Erde senkt, trag geduldig die Strafe. Trag geduldig die Stummheit und die Tilgung. Versprichst du mir, die Strafe geduldig zu ertragen?"

Die Sonne stieg höher.

Sie beschleunigten ihren Schritt. Sie eilten. Die stolzen Berggipfel erschienen mit ihren aschgrauen Häuptern und ihrer ewigen Majestät. Und ohne innezuhalten, rief der Derwisch: „In meinem Herzen ruht ein Geheimnis über die schmale Brücke, die zur Auferstehung führt. Ich werde es dir nie offenbaren, um es nicht zu verderben. Du ahnst ja nicht, wie sehr die hässliche Zunge die Dinge entstellt, wenn sie sie ausspricht. Du weisst nichts von der Abnutzung durch Reden, von der Macht der Stimme, des Buchstabens, bei der Antastung des Unantastbaren, bei der Zerstörung der Jungfräulichkeit des Unantastbaren. Das Reden ist verbrecherisch, es zerstört, beschmutzt, entehrt. Es ist eine satanische Besudelung. Du bist der glücklichste Mensch, da du unfähig bist, zu reden. Das Schweigen ist dein heiliger, das Reden dein gottloser Raum. Du bist jetzt ein Engel und ich bin ein vermaledeiter Teufel. Ich beneide dich, obwohl ich versuche, der Besudelung Widerstand zu leisten und zu schweigen. Und wenn ich unfähig bin zu schweigen, gehe ich zum Berg oder zur Akazie und spreche mich dort aus. Aber dann kommt der Wind und fragt die Akazie und erkundigt sich beim Berg. Er entlockt ihnen das Geheimnis und trägt es hinaus an jeden Ort. Du sei glücklich in deinem heiligen Raum, bis Gott ein Einsehen hat und mir zuteil werden lässt, was er dir schon zuteil werden liess. Dann wirst du wissen, wie es um mich bestellt ist, auch ohne Reden, auch ohne dass ich gezwungen bin, alles zu besudeln und zu zerstören."

Die Augen des Mufflons leuchteten freudig, und da wusste der Derwisch, dass ins Herz seines Freundes Glückseligkeit eingekehrt war.

Das Klagelied derer, die in Gefahr sind

Er nahm sie mit dem Vogel gefangen, mit dem Gesang. Ohne die Neigung der Bewohner der Wüste zu Poesie und Musik hätte der Satan nicht Besitz von ihrem Herzen ergriffen. Die Schwäche der Wüstenbewohner für den Gesang, die Liebe der Wüstenbewohner zu diesem heiligen Bereich war es, was ihm Macht über sie, über ihr Herz gab und ihm erlaubte, das in ihrer Brust gefangene Vögelchen zu rauben. Diese unbekannte, lodernde, wahnsinnige Liebe, deren Glut ihre abessinische Herkunft vielleicht sogar noch stärker entfachte. Das wallende abessinische Blut verstärkte ihre Neigung zur Poesie und … auch zur Liebe. Bei der echten Wüstenbewohnerin hemmt die Scham den Überschwang des in der Brust begrabenen Vögelchens. Doch aus ihr machte das abessinische Blut in ihren Adern diesen kühnen Mischling, über den man schliesslich in der ganzen Mittleren Wüste sprach. Dieses Blut war die Wurzel des leidenschaftlichen Ungestüms, das sie von den Himmeln der Herrschaft und der Macht herabsteigen liess, um sich in einen armseligen Hirten aus dem Stamm der Gefolgsleute zu verlieben, dessen Heimat die Höhlen und die Gipfel der Berge waren. Die alten Männer von Wâw führten diese Verwegenheit auf ihre seltsamen Verhaltensweisen zurück, und die Notabeln des Stammes, die sich nicht von ihrer alten Animosität gegenüber den Schwarzen aus dem Dschungel zu befreien vermochten, fanden die Ursache in der Verrücktheit und der Unbedarftheit, die den Sklaven eigen ist. Sie erfuhr, dass man ihre Neigung für Udâd missbilligte, darin eine Abwendung von Ocha und eine Erniedrigung für alle Notabeln sah, und dass man sagte: „Was kann man schon von einer zweifelhaften Frau erwarten, in deren Adern Negerblut fliesst? Da schlägt die Rasse durch." Sie gingen zum Sultan und versuchten, ihn gegen sie einzunehmen, aber er widersetzte sich. Er habe ihnen gesagt, erfuhr sie, er könne sie nicht gegen ihren Willen zu etwas bewegen, und zwar aufgrund eines Versprechens, mit dem er sich kurz vor der Abreise Sultan Oragh gegenüber gebunden habe. Das werde er nie brechen, um nicht die Lebenden auf Kosten der Toten zufriedenzustellen. Einige Diener erzählten ihr, er habe befohlen, ein paar Tiere zu schlachten und ein Festmahl für die Abordnung der Notabeln zu richten, um sie sich geneigt zu machen. Gegen die Wand gelehnt, trug er ihnen die ganze Nacht Bestimmungen vor, von denen er sagte, sie seien dem Anhi entnommen, ausserdem hübsche Geschichten über die Macht der Frau von Aïr und ihre hohe Stellung schon seit alter Zeit. Ja, die Männer dort hätten diese rätselhafte Kreatur geheiligt und sie auf eine Stufe mit den Göttern gestellt. Diese Bestimmungen seien der Tradition der Ahnen entnommen, habe er ihnen erklärt, die die Bewohner von Asdschirr während all ihrer Kriege gegen die Schakale und ihrer Angriffe auf die Bewohner des Dschungels vergessen hätten. Eine glaubwürdige Sklavin erzählte ihr, wortwörtlich habe er gesagt: „Wissen denn die vorzüglichen Notabeln, warum sie mich ohne Ehefrau sehen? Wissen die Vornehmen, warum ich nie die Schwelle zu dieser geheiligten Kreatur überschritt? Weil ich ein Geheimnis kenne, das all die Toren nicht kennen, die leichtfertig diesen Schritt tun. Ich weiss, dass es die Pflicht eines Mannes ist, wenn er einmal beschlossen hat, sein Geschick mit einer Frau zu verbinden, sich ihr ganz zu geben, seine Existenz in ihren Dienst zu stellen, vor ihr auf die Knie zu gehen, ihr zu dienen, sie zu umfliegen wie die Motte das Feuer. All dies, weil dieses Geschöpf, diese Göttin, ihn andernfalls hart bestrafen wird. Sie wird seine Seligkeit umkehren und ihn mit Feuer verbrennen. Er wird elend sein und an seinem Leben weder Geschmack noch Sinn finden. Da ich mich nun unfähig sah, mich ihr in dieser Weise auszuliefern, zog ich es vor, mich zurückzuziehen und mich dem Handel zu widmen. Der Handel ist ein ungleich ungefährlicheres Spiel als die Frau. Im Handel kann man bei einem Geschäft verlieren, auch bei mehreren Geschäften, aber man kann den Verlust durch viele Gewinne wieder wettmachen. Bei der Frau verliert man ein einziges Mal. Glaubt mir, es ist ein einziges, endgültiges Mal." Sie lachte über seinen Scharfsinn. Seine Ansicht über das rätselhafte Geschöpf gefiel ihr ebenso, wie es ihm behagte, sie zu preisen. Sie begriff auch, warum er es vermied, seine Ansichten in ihrer Gegenwart kundzutun. Ihr wurde klar, dass sein Festhalten am Grundsatz familiären Anstands nicht der einzige Grund dafür war, dass er mit seinen Ansichten über das Leben, die Frau und den Handel zurückhaltend war. Der Sultan verbarg ein grösseres Geheimnis, eine grössere Erfahrung, von der sie ebensowenig wusste wie von vielen anderen Dingen in seinem Leben.

Seine kluge Art, die Klage der Notabeln zurückzuweisen, verstand sie als Erlaubnis, in aller Freiheit ihre eigene Wahl zu treffen. Eine Wahl, die sie in Fesseln ganz anderer Art legte. Die Fesseln der Verantwortung, die, entsprechend der Sitte der Wüste, Privileg der Notabeln, Kette um den Hals der Freien ist. Die Sklaven waren weiser, da sie die Knechtschaft wählten und die Zügel ihren Herren überliessen. Die Herren waren hundertmal törichter, weil sie zufrieden waren, die Zügel zu übernehmen, und sich täuschen liessen. Von der Schwierigkeit, die Zügel zu führen, und der Erbarmungslosigkeit des Pfades der Freiheit kann man sich erst ein Bild machen, wenn die Tragödie geschehen und es zu spät ist. Die Wahl führte auch sie in die Irre und verdarb ihr Leben. Und wenn dieser Dämon das Leben des stärksten Reiters zu zerstören und den anmassendsten Herrn in den Untergang zu stossen vermochte, wie sollte er da nicht das Leben einer einzigen Frau ruinieren können, einer Waise, einer Fremden unter Fremden, die ihr Sachwalter unter dem Vorwand der Freiheit dem Schicksal überliess? Diese Freiheit war es, die sie bei Ocha den Edelmut, den Stolz und das Festhalten an den Etiketten lieben liess, bei Udâd das Herz und die Neigung für den Gesang und die Berge. Wie oft hatte sie sich Ocha mit Udâds Herz gewünscht, wie oft Udâd mit Ochas Haltung, sich gewünscht, dass Udâds Herz in Ochas Körper gelangte. Dadurch wäre die Vollkommenheit erreicht worden. Dadurch hätte sich die Schönheit vollendet, der Mythos, das alte Wüstenideal von Männlichkeit, Reitertugend und Heldentum. Was sie zwischen beiden unschlüssig sein liess, eine Unschlüssigkeit, die den Leuten schimpflich und schändlich vorkam, das war nichts anderes als die Frucht dieses Traums. So sah sie beide. So liebte sie beide. So verband sie beide. Sie wurden zu einem Mann, einem Geliebten, einer durch den anderen vervollkommnet. Ohne diese Kühnheit, von der sie inzwischen wusste, dass sie nichts anderes war als eine Illusion, eine

Dreistigkeit, eine Ketzerei, entstanden aus der Qual der Wahl, wäre sie nicht jetzt schon, vor der Hochzeit, Witwe geworden, hätte sie nicht jetzt schon, bevor sie fand, verloren. Hätte der Sultan die Sache für sie in die Hand genommen, wie es seines Amtes gewesen wäre, hätte er für sie die Wahl getroffen, wie der Herr für den Sklaven oder die Sklavin, wäre das Entsetzliche vermieden worden und sie hätte gewusst, was tun. Sie erinnerte sich an die Worte des Derwischs, als er sie vor der Gefahr warnte. Es sei gefährlich, hatte er gesagt, das Herz gleichzeitig in zwei Behälter zu legen. Das Herz ertrage es nicht, an zwei Geliebte verpfändet zu werden. Es sei Undankbarkeit, das Herz zu halbieren, selbst wenn jede Hälfte einem Gott geweiht würde. Sie spottete über die Worte, und nun hatte sie die Rechnung erhalten, die Wette verloren.

XI. Das Schicksal

Eines aber gibt es, das stärker ist als die Götter: das Schicksal.
(Antwort des Gottes von Delphi auf die Frage des Königs Krösus)
Herodot, *Historien*

1

Abba unterschied sich von allen anderen. Die alte Haussa-Frau war anders als alle, die sie in der Kindheit umgeben hatten. Noch immer bewahrte sie ihrer weisen Amme einen besonderen Platz in ihrer Erinnerung. Die Mutter hatte sie mit einer an Grobheit und Unfreundlichkeit grenzenden Gleichgültigkeit behandelt. Diesen Eindruck vermochte sie nicht aus ihrem Herzen zu tilgen, und bis zum heutigen Tag konnte sie ihr diese Herzlosigkeit nicht verzeihen, obwohl Abba versucht hatte, ihr darüber hinwegzuhelfen und ihr die fehlende Mutterliebe zu ersetzen. Die Ursache für dieses Verhalten blieb ihr, schon als Kind, nicht verborgen, denn das Getuschel der naseweisen Sklavinnen senkte in ihre Brust Argumente, die die Mutter entschuldigten. Oft hörte sie sie tuscheln, die Abessinierin habe dem Sultan, dem der Nachwuchs versagt geblieben war, einen Sohn schenken wollen, der ihr helfen sollte, sein Herz zu gewinnen und die Herrschaft an sich zu reissen. Wie jede Abessinierin nahm sie an, ein Sohn sei das solideste Fangseil, mit dem eine Frau einen Mann an sich binden könnte. Als sie dann Tênere gebar, jenes Kind, das ein Sohn sein sollte, war sie zutiefst enttäuscht und jammerte und zerkratzte sich, noch im Kindbett, das Gesicht.

Die neugierigen Zungen verbreiteten eine Geschichte, wonach sie erst zu lamentieren aufgehört habe, nachdem sich ebendiese Abba eingeschaltet und ihr zugeflüstert habe, der Sultan hätte beschlossen, sich von ihr zu scheiden und sie in ihr Land zurückzuschicken, wenn sie weiterhin jammere.

Der Vater behandelte Tênere ungleich liebevoller. Den hässlichen Gerüchten, die im Palast kursierten und ihn beschuldigten, die Waffen verräterisch gegen seinen Onkel erhoben zu haben, schenkte sie keinen Glauben. Das herzliche Band zwischen Vater und Tochter blieb bestehen. Aber der Vater war Sultan, und Abba sagte ihr, das kluge Mädchen, die Prinzessin, müsse sich mit einem begrenzten Mass an Zuneigung vom Vater begnügen, der ja Sultan sei. Die Kinder der Sultane könnten nicht erwarten, mehr Aufmerksamkeit zu erhalten, als den Vätern ihre Zeit erlaube. Vaterschaft und Sultansherrschaft gingen nicht zusammen. Das trichterte ihr die Amme ein. Wenn sie an ihre Kindheit dachte, so kam ihr fast nur die dürre alte Frau mit den ausgemergelten Wangen in den Sinn. In ihrer Erinnerung fand sie in den Hallen des Palasts nur Abba. Sie fand weder Mutter noch Vater, nur eine alte Frau aus Kano, die sie ihr Kauderwelsch lehrte. Nicht allein Haussa lernte sie von ihr, nein, sie brachte ihr auch Tamâhak und sogar Amharisch bei. Sie lehrte sie die Sprachen, wie sie sie auch das Leben lehrte. In jeder Sprache gebe es ein eigenes Leben, erzählte sie. Wer eine Sprache lerne, lebe einmal, wer drei lerne, lebe dreimal. Auch dass die Sprache den Kopf öffne, behauptete sie, und die Frau habe einen geöffneten Kopf am allernötigsten zur Bewältigung des Lebens. Sie würde nie vergessen, wie die alte Frau sie bei der Hand genommen und sich mit ihr an Wintertagen auf den hinteren Hof gesetzt hatte, um die Morgensonne zu geniessen. Sie brachte Tinkturen und Parfüme und heisse Asche mit, um die Rituale der Haarpflege in Angriff zu nehmen. Sie wusch das Haar mit warmem Wasser, bürstete es sorgfältig, kämmte es und liess die Sonne darauf scheinen. Dann rieb sie die Asche hinein und wusch es danach nochmals mit warmem Wasser. Trocknete es und liess es die Morgenstrahlen aufsaugen. Zum Schluss nährte sie es mit Tinkturen und Pflanzenpräparaten, um es danach in lange, dünne Zöpfe zu flechten, die das Gesicht auf beiden Seiten rahmten, sich dann nach hinten wandten und sich um den Hals legten. Zu Beginn langweilten sie diese Rituale, und sie versuchte, zu rebellieren und sich zu wehren. Doch die weise Abba erzählte ihr, einer Frau müsse das Kämmen des Haares gefallen, sie müsse Genuss finden an ihrer Schönheit, da ihr nun mal das Schicksal hold war und sie als Frau geschaffen hatte. Während der ganzen Prozedur unterhielt die alte Frau sie mit allerhand Geschichten, und mit der Zeit und mit fortschreitendem Alter stieg sie allmählich aus den Himmeln der Vergangenheit herab und näherte sich der Gegenwart. Sie erzählte ihr vom Leben der klugen und der törichten Frauen. Ein Tag war dem Leben einer törichten, ein anderer der Erzählung vom Leben einer klugen Frau gewidmet. Und mit all diesen Geschichten gelangte sie schliesslich zu einer Einsicht, die sie ihr lange und gründlich auseinandersetzte.

„Der Mann“, so erzählte sie, „ist das Schicksal der Frau. Für eine Frau kann es kein anderes Ziel im Leben geben als ihn. Alle Frauen, die nach etwas anderem suchen, einem anderen Ziel, einem anderen Geheimnis, haben ihr Leben auf Abwegen vergeudet. Gott hat im Universum nichts ohne einen Sinn geschaffen. Und als er die Frau als schönes Wesen schuf, hat er dem Mann bestimmt, diese Frucht zu pflücken. Diese Frucht, die welkt und verschwindet, wenn sie nicht zur rechten Zeit gepflückt wird. Die kluge Frau ist diejenige, die bereit ist, sich pflücken zu lassen. Die wirkliche Frau ist diejenige, die sich schmückt und sich schön macht, um die prächtigste und die begehrenswerteste zu sein, entsprechend dem Gesetz des Universums und im Gehorsam dem Willen der Götter gegenüber. Darum ist die kluge Frau immer glücklich. Die andere Frau dagegen, die im Leben nach etwas anderem als dem Mann sucht, ist ein törichtes, elendes Geschöpf." Abba beschränkte sich nicht darauf, aus dem Mann einen Gott für die Frau zu machen, sie gab auch einen anderen, noch aufregenderen Gedanken zum besten. Die Frau sei geschaffen, so sagte sie, Eigentum aller Männer zu sein, oder, genauer, die Männer seien geschaffen, um Eigentum der Frau zu werden. Die kluge Frau, diejenige, die Gott entsprechend dem Gesetz des Universums gehorsam ist, sei darum bemüht, sich möglichst zahlreicher Männer zu bemächtigen. Im Gegensatz dazu sei die törichte, die schwache und die elende Frau diejenige, die sich mit einem einzigen Mann begnügt und es dabei bewenden lässt. Eine solche Frau sei elend, weil sie am Rande des Abgrunds stehe, denn das Leben nur einem einzigen Mann zu widmen sei ein riskantes Unterfangen, bei dem immer die Frau verliere. Die wirkliche Frau dagegen sei wie ein Fuchs, der sieben Höhlen grabe, damit er sich im Falle der Belagerung in der einen durch die Geheimöffnung hinausschleichen und in die andere zurückziehen könne; und wenn es auch dort gefährlich werde, renne er in den dritten Bau. Die Frau müsse ähnliche Vorsichtsmassnahmen treffen wie der Fuchs. Sie müsse sich den Wanderer in der Wüste zum Vorbild nehmen, der nicht aufbricht, ohne die Lage des Brunnens zu kennen, den er ansteuern will. „Doch nur einen einzigen Brunnen im Auge zu haben ist gefährlich. Eine Frau braucht auf ihrer Reise durch die Wüste, die Reise durch das Leben ganz sicher mehrere Brunnen. Zwei, das ist das Minimum. Diese weise Massnahme ergreift sie nicht aus Leidenschaft oder aus Interesse für den Mann; es ist vielmehr ein notwendiger Schritt, um sich gegen die Launenhaftigkeit der

Männer zu sichern. Die Frau, die sich selbst schützen will, darf niemals dem Mann vertrauen. Sie muss ihn lieben, mit ihm tändeln, ihn zärtlich wie ein grosses Kind behandeln, doch sie muss wissen, dass sie in dem Augenblick den kürzeren gezogen hat, da sie ihm Vertrauen schenkt. Das Vertrauen ist ein wertvolles Juwel, das man nicht einem Kind in die Hand legt, selbst wenn es behauptet, ein Mann zu sein. Die Frau wird niemals erfahren, warum diese unartigen Kinder, genannt Männer, unbekümmert das Vertrauen verraten, weil sie selbst den Grund nicht kennen." Höchstwahrscheinlich sei das eine Reaktion auf jenen Ruf aus dem Unbekannten, der sie auffordere, sich aus den Fesseln zu befreien, und ihnen die Illusion schenke, so würden sie Wâw finden, das doch weder in der Wüste noch im Himmel existiere. Wâw, sagte sie, existiere nur in der Einbildung der Männer, in ihrem Kopf. Wâw sei, ihrer Meinung nach, nur eine Ausgeburt des kindlichen Gehirns, der kindlichen Ungezogenheit. Die Sehnsucht der Männer nach dieser Oase, ihre zügellose Suche danach, sei nur ein Beweis dafür, dass die Männer der Wüste nichts als grosse, ungezogene Kinder seien. Darum sei es an der Frau, die Zügel zu übernehmen und auf die Männer wie eine gnädige, weise Mutter achtzugeben. „Das Kind ist verloren, wenn die Mutter sich nicht seiner annimmt und es von gefährlichen Abenteuern zurückhält. Die Suche nach Wâw ist eines dieser gefährlichen Abenteuer. Der Verrat des Vertrauens, die Lossagung von der Pflicht der Frau gegenüber ist ein weiteres, ein noch gefährlicheres, dessen Preis die Frau bezahlt, die törichte Frau. Die kluge dagegen, die gerissene, diejenige, die denkt und die Waffe der Schlauheit zückt, sie muss …"

Hier hielten die mageren, tätigen Finger beim Spiel, der Massage und dem Ziehen der Haarsträhnen inne. Sie hob mit dem Zeigefinger den gesenkten Kopf des Mädchens, betrachtete sie mit furchterregenden, roten Augen und setzte zur Belehrung an. Ebenso rätselhaft wie nachdrücklich vollendete sie den Satz: „... das ungezogene Kind festbinden, sie muss den treulosen Mann halten, und zwar durch zwei Dinge, diese beiden ..." Sie schlug sich mit der Faust an den Kopf, sprang dann mit einer Leichtigkeit, die nicht zu ihrem Alter passte, auf ihre Füsse und haute sich mit der Hand dreimal hintereinander auf den rechten Schenkel, bevor sie sich beruhigte und wieder setzte: „Kopf und Schenkel sind die Fangnetze für den Mann. Mit Kopf und Schenkeln kann die Frau das ungezogene Kind, den abenteuernden Mann bändigen. Damit hindert sie ihn, leichtsinnig und treulos zu sein." Aber dann sprach sie auch wieder von den Vorsichtsmassnahmen, vom zweiten Brunnen und davon, wie man von anderen Männern Besitz ergreift. In dieser Massnahme sah sie eine Wachsamkeit, eine Kampfbereitschaft, einen vergrabenen Schatz, dessen sich die Frau zu gegebener Zeit bediente.

Anfangs lauschte Tênere den Ausführungen mit kindlicher Gleichgültigkeit. Später fing sie an, Interesse und Verwunderung zu zeigen und zu lächeln. Als sich in ihr dann die Weiblichkeit zu regen begann, als sich ihr Gesäss wölbte und ihre Brüste rundeten, fand sie Spass daran und lauschte der alten Frau mit dem Genuss eines erblühenden jungen Mädchens, voller Verlangen, das Rätsel des Lebens und der Männer zu ergründen. Doch dann schaltete sich ein Mann aus der Gefolgschaft ein und lenkte ihren Blick in einen anderen Tunnel, der in tiefer Finsternis lag. Ihm waren die Schatzhäuser unterstellt, und er überwachte die Versorgung. Er war grossgewachsen, hager, das Haupt bedeckt mit einem weissen Turban, auf dessen Sauberkeit er grossen Wert legte. Er zog ein mageres Bein nach, das von einem giftigen Pfeil getroffen worden war, als er einmal an einem Dschungelkampf im Heer des Sultans teilgenommen hatte. Seine Kämpfertalente sollen ihn dem Sultan nähergebracht haben, weshalb ihm dieser die Schlüssel zu den Schatzhäusern anvertraute, damit er die Versorgung des Palastes überwachte. An sich hiess er Dudu, aber der Sultan nannte ihn, zum Zeichen seiner besonderen Wertschätzung und in Anerkennung seiner militärischen Verdienste, scherzhaft Amnôkal, Prinz. Eines Tages kam dieser Amnôkal zu ihr und führte sie an der Hand in eine Ecke, um mit ihr allein zu sein. Abba hatte ihr eine erstaunliche Lektion darüber erteilt, wie man das böse Kind (mitunter nannte sie den Mann das böse statt das ungezogene Kind) von der garstigen Krankheit befreien könne, an der alle Männer litten, von der hässlichen Illusion, die eine Ursache für das Elend der Frau war, die Illusion von der Freiheit. Es war unleugbar eine hörenswerte Lektion gewesen. Aber Amnôkal warnte sie vor den Lehren der alten Frau und behauptete, alles, was sie von jener gelernt habe, seien die Lehren der Magier. Als sie wissen wollte, was denn das sei, die Lehren der Magier, sagte er hastig wie jemand, der sich von Spitzeln umgeben fühlt: „Die Magier glauben nicht an Gott, sondern an das Gold. Ihr Gesetz ist der Goldstaub, nicht der Koran.“ Diese Erklärung liess sie die Auseinandersetzung verstehen, die sich im Palast zwischen den muslimischen Dienern und den anderen abspielte, die Anhänger der Magier waren, und die desto heftiger wurde, je mehr Gold sich der Sultan von den Häuptlingen des Dschungels borgte, um den Handel im Sultanat in Bewegung zu halten.

Sie beobachtete die Konfrontation zwischen den beiden Seiten, die sich immer mehr verhärtete und in Hass und Intrigen umschlug, und so überraschte es sie auch nicht, dass eines Tages Amnôkal aus dem Palastleben verschwand. Sie schloss daraus auf den Sieg der Golddiener und die Machtübernahme durch die Magierreligion, diese Religion, die innerhalb des Palastes erst siegte, nachdem sie ausserhalb, im Sultanat, die Oberhand gewonnen und ganz Timbuktu in die Knie gezwungen hatte. Und nicht allzu lange Zeit nach dem Besuch des Häuptlings der Bambara in der Oase tuschelten die naseweisen Sklavinnen in den Gängen des Palastes vom Traum des Sultans. Denn trotz der Verschwiegenheit und obwohl ihr Vater jegliche Äusserung über die Prophezeiung verboten hatte, machten es doch die Neugier der Sklavinnen und ihr Durst nach Getratsche unmöglich, Geheimnisse im Palast als solche zu bewahren. Ihre abessinische Sklavin erzählte ihr von dem Traum. Danach war ihres Bleibens nicht mehr lange. Und als der Augenblick des Aufbruchs gekommen war, verabschiedete sich Abba weinend von ihr und legte ihr ans Herz, ihre Ermahnungen nicht zu vergessen. Doch etwas hatte die alte Frau nicht vorhergesehen. Während sie damit beschäftigt war, dem jungen Mädchen die Zöpfe zu flechten und es gegen die Männer zu wappnen, hatte ihm das Schicksal einen ganz anderen Lebensweg bestimmt.

2

Sie entkam dem Abgrund des Amanâj, doch dessen Bote, der Südwind, folgte ihr nach Asdschirr. Die schlaue Têmet war die erste, die von dem Geheimnis erfuhr, und auf Anraten von Anâj brachte Tênere sie zum Schweigen. Sie erkaufte ihre Verschwiegenheit mit Goldstaub und einigen Stücken dieses Metalls, getreu dem Credo der Magier, das auffordert, den Puls des Menschen im Glanz des Goldes zu fühlen. Wenn man eine Neigung zu diesem wertvollen Metall in seinen Augen sehe, so sei sein Gewissen käuflich. Es fiel ihr nicht schwer, sich die Seherin geneigt zu machen und mit Hilfe der Macht des Goldes ihre Freundschaft zu kaufen. Auf dieselbe Art kaufte der Sultan den Imam und bediente sich seiner Unterstützung beim Bau von Wâw. Der erste Satan, der all das durchschaute, war der Derwisch. Er war es, der, veranlasst durch die Ansichten seines Freundes, des Stammesführers, als erster auf die Gefährlichkeit des Goldes für die Ebene hinwies. Der Derwisch und der Stammesführer waren die gefährlichsten Personen auf der Ebene. Denn das lernte sie später, dass die gefährlichsten Menschen für den, der nach Gold giert, diejenigen sind, die es ablehnen und es für ein unheilvolles Metall halten. Alle warnten sie vor solchen Menschen, allen voran der Sultan selbst.

Als sie dem Derwisch als Lohn für seine Botendienste den goldenen Armreif geschenkt hatte, begriff sie ihren Fehler. Sie begriff, dass sie die Ermahnung leichtfertig in den Wind geschlagen hatte, als ihr die Diener erzählten, wie hässlich er mit dem Ring umgesprungen war, wie er sich über sie und ihr Geschenk lustig gemacht hatte. Dieser Satan (oder war er ein Engel?) soll seine Aversion gegen das Metall von seinen Vorfahren geerbt haben, jenen Almoraviden, die den Dschungel eroberten, zu Enthaltsamkeit aufforderten und gegen die Gold- und Götzendiener vorgingen. Der Stammesführer hegte dem Gold gegenüber eine tiefe Abneigung, da es, wie man behauptete, beim Tod seiner Grossmutter durch die Hand der Dschinnen eine Rolle gespielt habe, jener Dschinnen, in denen die Bewohner der Mittleren Wüste die ursprünglichen Goldbesitzer sehen. Für Têmet und den Imam war dieses Metall verhängnisvoll, wie zuvor schon für Tausende von Bewohnern der Südlichen Wüste. Ihr selbst dagegen näherte sich das Verhängnis durch ein anderes Tor, nicht das des Goldes. Ihr Verderben war es, sich nicht zwischen den beiden Männern entscheiden zu können, auf eine Weise zwischen den beiden Gegensätzen zu zögern, die der satanische Derwisch als „mörderisch" bezeichnete. Sie entwickelte eine Neigung für das zarte Vögelchen, das in Udâds Brust sang und sich nirgends niederliess als nur auf den Gipfeln in Himmelsnähe. Und sie liebte in Ocha die Pracht der Edlen und die Männlichkeit der Kämpfer. Zu ihm wurde sie durch das Auge ihrer Wurzel in Asdschirr gezogen, auch durch das Auge der Prinzessin, das Auge des Stolzes und den Traum der Stolzen. Das Blut von Asdschirr und die Zugehörigkeit zu den Oraghen, denen ihr Vater entstammte, führten sie zu Ocha, die stolze Haltung band sie mit einem Strick aus Palmfasern, mit einer Kette aus Eisen. Gleichzeitig führte sie ein anderes Blut, eine andere Zugehörigkeit, die der Mutterseite, geheimnisvoll, abessinisch, ungebunden, zum Paradies der Ungebundenen, zum Raum der Erlösung, zum Spiel der Luftspiegelung, zur Unsterblichkeit und zur Freiheit, zum Paradiesvogel voller Poesie und Sehnsucht, zu Udâd, der in seiner Brust das Juwel des Lichts trug.

Diese Gespaltenheit entdeckte sie erst spät. Ihre Wurzel entdeckte sie erst jetzt. Sie hatte nicht erwartet, dass der Mischling in ihr in dieser Sprache sprechen würde. Hatte nicht erwartet, dass sich die Stimme des Blutes, der Rasse, der Wurzel in ihr mit diesem Ungestüm erheben würde. Sie hatte die in den Winkeln des Herzens, in der Finsternis des Behälters schlafenden Wesen verkannt. Hatte nicht geglaubt, dass dieser kleine Käfig die ganze grosse Wüste zwischen seinen Rippen beherbergen könnte. Hatte nicht geglaubt, dass in dem Käfig ein geheimnisvoller Engel ist, der die Gegensätze vereint und die vergessenen Erinnerungen festhält. Hier lagen die Wurzeln der Unentschlossenheit. Hier begann das mörderische Zögern. Hier schlug der Stein den gefährlichen Funken.

3

Sie erlebte den Zusammenbruch in einer einzigen Nacht. Das Ideal stürzte ein. Das stolze Denkmal fiel plötzlich in sich zusammen. Dieses närrische Gespräch. Der Abschiedstanz. Das entblösste Haupt. Der nackte Schamteil. Die hässliche Blösse. Der abscheuliche, offene Mund. Die garstigen Ohren, die herabhingen wie bei einem jungen Esel. Die tierisch geröteten Augen. Das blut- und rotzverschmierte Gesicht. All das in einer einzigen Nacht, in der zweiten Hälfte der Nacht des Festes. Das Tuch zerriss, und die Gestalt wurde sichtbar. Der Schleier verbrannte, und die Nacktheit trat zutage. Der Behälter erschien. Die Gestalt, die sie getäuscht hatte und von der sie angezogen worden war. Der Behälter, der sie fasziniert hatte, ohne dass sie die Farbe des Wassers darin erkannte. Die Maske des Stolzes, die vor ihr das andere Gesicht der Reitergestalt verborgen hatte. Das Tuch hatte den Mythos verhüllt. Das Tuch hatte den Mythos erst geschaffen.

Jetzt verstand sie das Geheimnis des Gesichtstuchs. Fand die Erfindung jenes Ahns gerechtfertigt. Begriff die Weisheit, die den Vorfahr bewegt hatte, die Maske zu erfinden. Die Scham zu verbergen war obligatorisch für ein Geschöpf, das sich selbst respektieren will. War legitim für einen Mann, der seine Nacktheit verhüllen möchte. Die falsche, die andere Maske, die das majestätische Gesichtstuch verbarg, hätte sie nicht anschauen können, wenn das Gesichtstuch nicht zerrissen wäre. Sie sah, dass das elende Stück Tuch einen falschen Stolz verhüllte, einen trügerischen, satanischen Stolz. Dieser Stolz war es, der sie irregeführt und ihr den wahren Ocha verborgen hatte. Er war es, der sie verführt, der sie veranlasst hatte, jeden ihrer Füsse auf einen anderen Pfad zu setzen. Der Stolz war der eigentliche Schleier. Der Schleier der Seele, des Geistes und der Wahrheit. Der

Derwisch sprach immer von diesem Schleier, aber sie verstand ihn erst jetzt. Der Derwisch, der Engel, hatte immer davor gewarnt, aber niemand hatte ihn verstanden. Die Leute konnten ihn nicht verstehen, weil sie alle auf ihrem Herzen die gleiche Maske trugen. Weil über ihrem Herz das gleiche Tuch lag. Der Derwisch hatte ihr das Schreckliche erzählt, als er ihr das blutige Stück Stoff brachte. Er war es, der ihr mitteilte, Ocha habe Achmâd überredet, seine Seele von seinem Körper durch Erwürgen zu trennen. Er habe das Erwürgen gewählt, um nicht den Körper, den Behälter, das leere Gefäss, zu zerstören. Er schätzte den Käfig und zog ihn dem Vögelchen des Lichts vor. Ochas Häresie lag darin, dass er die leere Kiste dem Vögelchen des Lichts vorzog. So berichtete der Derwisch von seinem Tod. Mit dieser Erbarmungslosigkeit trug er ihnen die Geschichte vor.

Jetzt, nachdem sie die abscheuliche Erscheinung gesehen hatte, war sie überzeugt, dass der Derwisch recht hatte. Sie spürte einen Schwindel, Schweiss brach aus ihrem Körper und überflutete sie. Sie wankte, und ihre Sklavin stützte sie. Sie lief weg, stolperte über die Steine, stürzte und erbrach sich. Diener trugen sie ins Haus, und die alten Frauen wachten bei ihr während der Nacht. Nach Sonnenaufgang suchte der Sultan sie auf, und in seinen Augen las sie alles, Kummer, Sympathie und Trost. Er sagte ihr mit dem Blick, dass sie nun zu leben angefangen und den Preis für die Wahl bezahlt habe. Allein mit seinen Augen erklärte er ihr, er habe nicht für sie entscheiden wollen, da er nicht ihr Leben für sie führen wollte. Sie begann zu verstehen, was es heisst, zu wählen, sich nicht entscheiden zu können und ... zu leben.

4

Aber das Schicksal kannte kein Erbarmen mit ihr. Es befreite sie von der Illusion, aber es gab ihr nicht die Wahrheit dafür. Es nahm ihr Ocha, aber es gab ihr nicht Udâd. Schickte ihr nicht Udâd vom Himmel herab. Drei Tage hatte sie sich auf die Begegnung vorbereitet. Hatte von der Aura des Lichts geträumt. Von diesem Geschöpf, ungebunden wie die Luft, vom wilden Mufflon, der die Freiheit als Losung auf dem Kopf trägt, als Merkmal im Gesicht, als Zeichen aus Licht. Sie wollte zu ihm eilen und ihm erzählen, was die Wahl aus ihr gemacht habe, der Kampf der beiden Seiten, die sie in ihrem Blut geerbt hatte, in ihrer Rasse, in der Zweifaltigkeit des Mischlings. Auch vom Satan des Stolzes wollte sie ihm erzählen. Dem Schleier des Stolzes, der sie so lange getäuscht und geleitet habe. Und sie wollte ihm die frohe Botschaft bringen und ihm sagen, mit Ocha sei Schluss. In ihrem Herzen habe sie mit ihm abgeschlossen, schon bevor er im Brunnen endete. Sie hätte ihn sich aus der Brust gerissen, selbst wenn er die Wette gewonnen hätte. Sie habe sich von der Illusion gelöst, sich vom mörderischen Zögern befreit. Habe endlich ihre Wahl getroffen. Sie hätte ihn gewählt, auch wenn er den Berg nicht erklommen hätte. Auch wenn er die Wette verloren hätte. Aber … aber dann hinderte sie das satanische Geflüster im Palast, sich zu freuen. Gerüchte bewegten sich hin und her über die Zungen der naseweisen Sklavinnen, denen nichts verborgen bleibt. Getuschel, das sich in böse Andeutungen verwandelte. Sie hörte ein Geheimnis herumgeflüstert, Udâd sei nicht zurückgekehrt. Er werde nie zurückkehren. Er könne unmöglich zurückkehren. Alle Weisen wüssten, hiess es, dass der Abstieg von dem unerreichbaren Berg etwas anderes ist als der Aufstieg. Der Weg herab unterscheide sich vom Weg hinauf. Dabei wurden sie so unverschämt, dass sie sogar vor

Lästerungen nicht zurückschreckten. Sie behaupteten entschieden, in der Geschichte der Mittleren Wüste sei nie ein Geschöpf, das den Gipfel erklommen habe, wieder zur Erde herabgekommen. Wer zu den Felswänden hinaufsteige, sei für immer verloren. Über dem Gipfel liege ein Geheimnis. Er wache über den Schlund der Finsternis. Wer diesen erreiche und in die Finsternis blicke, verschwinde auf ewig. Das war es, was die bösen Frauen erzählten, diese Teufelsweiber, die Sataninnen, die Dienerinnen, die Dschinninnen der Paläste. Die Diener sind die Satane der Paläste.

Die Hitze liess nach. Das Fieber ging zurück. Sie fühlte sich besser. Raffte sich auf und erhob sich. Sie lud die Seher zur Beratung, doch diese entschuldigten sich damit, die Mittlere Wüste nicht zu kennen. Sie waren im Bunde mit der ganzen Dienerschaft und hielten die Wahrheit über den Berg vor ihr geheim. Têmet fehlte ihr sehr. Sie liess den Derwisch kommen, der sich nach anfänglichen Ausflüchten schliesslich in seiner rätselhaften Sprache äusserte: „Wer die Dschinnen schaut, kehrt nicht ins Gehege der Menschen zurück."

Die Derwischsprache provozierte sie mehr als der Ausdruck selbst, und wütend fuhr sie auf: „Gehört den Dschinnen der Gipfel etwa allein? Gehört den Dschinnen der Berg etwa allein? Die ganze Wüste ist die Heimat der Dschinnen. Sie schnüffeln in jedem Ort herum."

Er zögerte lange, bevor er sich in ein Gespräch über die Einzelheiten mit ihr einliess. „Wahrlich, die Wüste ist ihre Heimat, und wir sind nichts als ihre Gäste. Und hier liegt das erste Problem, in unserem Verhalten als Gäste. Wir benehmen uns wie die Herren der Erde, wie die Eigentümer der Wüste. Wir sind die schlimmsten Gäste, die die Wüste je gesehen hat. Und dann kommt auch noch ihr aus Aïr und habt keine Ahnung von dem Abkommen."

„Dem Abkommen? Welchem Abkommen?"

„Ja, dem Abkommen. Dem unverbrüchlichen Pakt zwischen ihnen und uns. Vor langer Zeit haben sie sich zusammengetan und beschlossen, die verschiedenen über die Wüste verstreuten Gruppen auf jenem Îdenan zu vereinen, der vor dem Herannahen des Sandes floh. Sie trennten ihn von seinem Gefährten im Süden und wählten ihn zur Herberge. Im Gegenzug dafür sicherten sie ihm den Schutz vor dem Südwind zu. Am Ende wählten sie sich ihn zur Heimat und begnügten sich nicht damit, dort zu wohnen, sondern holten auch ihre in der Wüste verstreuten Schätze zusammen und brachten sie dorthin. Mit unseren Vorfahren schlossen sie einen Pakt, wonach wir, im Interesse gutnachbarschaftlicher Beziehungen, auf den Umgang mit Gold verzichten. Ihr habt das Gold aus Aïr mitgebracht und habt damit gehandelt. Jeder, der mit dem verbotenen Metall handelt, hat Strafe zu gewärtigen. Jeden, der Gold erwirbt, trifft das Unglück, und das Los der Seherin und des Imams ereilt ihn."

„Aber Udâd hat niemals Gold erworben."

„Udâd hat sich zu ihrer Heimstätte erhoben. Er hat sich an ihnen mit den Augen vergriffen, hat betrachtet, geschaut. Udâd hat in der Heimat der Finsternis spioniert und herumgeschnüffelt."

Sie beobachtete ihn voller Zweifel und Neugier, als wollte sie aus seinen Augen ein anderes Geheimnis ablesen, eines, das er auf immer zu bewahren beschlossen hatte.

5

Ungesehen von den Wachen, schlich sie sich aus dem Palast hinaus in die Finsternis. Sie lenkte ihre Schritte dem Berg zu. Schlief im Freien. Trieb sich bei der Niederung herum.

Inspizierte den Fuss des Berges. Kletterte auf allen vieren hinauf. Kämpfte mit den scharfen Steinen, die ihr die Hände zerschnitten und ihr die Füsse blutig rissen.

Aus ihrem Körper quoll heisse Flüssigkeit, und sie wusste nicht, war es Schweiss oder Blut. Sie erreichte die Befestigung, die den Brunnen schützen sollte.

Dort hockte sie sich nieder und lauschte dem Summen der Vergänglichkeit, der Sprache des Todes, der Stille der Wüste. Wie erhaben doch die Stille in der Wüste ist. Sie hatte erwartet, ein Getöse zu hören, das Getöse der Dschinnen, das Rumoren der Bewohner des Unsichtbaren, die bei Tag schlafen und bei Nacht wachen. Aber sie standen mit der Vergänglichkeit im Bunde und unterhielten sich in der Sprache der Stille. Der verschlossenen Stille, die etwas verbirgt, die sich schützend vor ein Geheimnis stellt, die das Klagelied singt, die die Totenbotschaft stammelt, mit einer Stimme, die niemand vernimmt, die aber alle spüren. Sie sprach die Totenbotschaft in einer Sprache, deren Wörter niemand versteht, die aber alle erfassen. Die Stille der Wüste ist die Totenbotschaft der Lebenden, aller Lebenden. Die Stille der Wüste ist das Klagelied der Kreatur. Erzähl, Stille: Wo hast du den Paradiesvogel versteckt? Sag, du Stolze: Wo ist die wilde Gazelle? Der Mufflon der Berge? Die Brise des Nordens? Die Handvoll Licht? Der Menschengel? Dieses Wesen aus Engel und Mensch?

Sei gnädig, Himmelstafel! Gib mir mein Schicksal zurück, an dem ich mich nicht erfreuen durfte. Mein Schicksal, das starb, bevor es geboren war. Das ich verlor, bevor ich es fand. Das mir geraubt wurde, bevor ich seiner habhaft wurde. Der aufgeblähte Satan hat mich verlockt, mich in die Irre geführt und mich auf einen anderen Pfad geleitet, um mich von ihm zu entfernen. Den Menschengel, den du als mein Schicksal in deinen Händen hieltest, bevor ich noch geboren war, bevor ich noch ins Leben gerufen wurde. Die Liebe zwischen uns besteht seit Anbeginn. Wir waren eins und wurden einander fremd, wurden voneinander getrennt, irrten durch Gottes weite Wüste. Suchten uns seit Ewigkeit. Suchten einander, um unsere Einheit wiederherzustellen, unsere Vereinigung, unsere Verbindung. Während der ganzen bisherigen Reise suchte ein Teil den anderen. Ein Stück das andere. Die Rippe den Käfig. Die Rippe sehnt sich nach dem Käfig der Brust. Habt Erbarmen, Dschinnentafeln. Gebt mir meine Wurzel zurück. Führt mich an meinen Ursprung zurück. Lasst mich wieder Rippe in der Brust des Geliebten sein. Und ... verzeiht mir meine Undankbarkeit. Meinen Fehlgriff. Ich wollte zwei Männer besitzen und habe sie beide zugleich verloren, und mit ihnen alle Männer. Der Durst nach zwei Männern ist die Sünde der Rippe. Wer alles will, wird nichts bekommen. Der Grund für meinen Fehlgriff ist das Vermächtnis der Magier, an das ich gekettet bin.

6

Der Körper war verwüstet. Das Innere ausgebrannt. Die Glieder zitterten fiebrig. Der Schweiss troff. Sie stieg den Hang hinunter. Erreichte die Niederung. Sie hatte die Wette verloren. Die Hoffnung aufgegeben. Es gab nichts mehr zu hoffen. Sie würde die Einheit nie wieder herstellen. Würde sich nie ins Ganze einfügen. Nie die Verbindung zur Wurzel wiederaufnehmen. Nie zur Brust gelangen. Nie das Paradies finden. Nie von den Milchflüssen trinken. Sie hatte Wâw verloren und war verloren. Das Schicksal hatte ihr Verlust und Irrfahrt bestimmt. Im Augenblick der Verzükkung hatte es ihr die Hoffnung aus der Hand gerissen. Und was durch die Hand des Schicksals entrissen wurde, kehrte nie zurück. Kam nie wieder. Ihres war das Elend jener, denen versagt ist aufzuerstehen, die Verbindung zum Ganzen herzustellen, sich mit der Wurzel zu vereinen. Sie erntete die Früchte derer, die in Gefahr sind. Sie brachte die Ernte der Prophezeiung ein. Der Prophezeiung des Derwischs. Mûssa war ein Prophet, ein Engel, ein Seher, ein Herold. Auch er liebte sie. In seinen Augen hatte sie die Liebe gesehen. Für die Rippe war es nicht schwer, in den Augen des Liebenden das Verlangen zu sehen. Das Auge der Rippe sieht unfehlbar das Blinken der Sehnsucht nach dem von der Wurzel verbannten Teil. Doch sie hatte das Zeichen ignoriert, und der Engel entschwand und löste sich in den Strahlen der Sonne auf. Die geheimnisvolle, schicksalhafte Kraft verstörte sie und brachte sie völlig durcheinander. Sie hatte den Wink missachtet und zahlte den Preis. Aber warum sollte sie nicht flicken, was ihre Hand kaputt gemacht hatte? Warum sollte sie nicht ihren Mut zusammennehmen und den irrenden Engel zurückholen? Warum? Wer war das? Das Gespenst des Derwischs? Kam der Engel vom Himmel? Der Derwisch war wie ein Dschinn, der erscheint, wenn man an ihn denkt. Der Derwisch war ein Engel, der herabkam, wenn sie nach Hilfe verlangte. Sie nahm ihren Mut zusammen und fragte ihn: „Bist du der Derwisch?“

Gelächter als Antwort. Es liess die Stille erbeben. Es war der Derwisch. Sein Herabsteigen war ein Zeichen. Sein Erscheinen eine Prophezeiung.

Sie nahm ihren Mut zusammen und sprach zu ihm geheimnisvoll in der Sprache der Liebe: „Es steht geschrieben in den Texten auf den Felsen, dass die Erlösung derer, die in Gefahr sind, durch niemanden erfolgt als nur durch die Menschen des Lichts.“

Die Gestalt kam näher. Sie reagierte auf das Gesagte: „Hahaha! Die Prinzessin spricht die Sprache der Derwische.“

„Die Sprache der Derwische ist die Sprache der Erlösung. Wer das Vögelchen auf dem Berg verloren hat, muss anderswo nach dem Weg suchen, in einer anderen Sprache."

„Die Erlösung liegt nicht in der Sprache."

„Im Ordensweg? Liegt die Erlösung im Orden?"

Gelächter als Antwort. „Weder im Orden, noch an den Orten."

„Wo liegt sie dann?"

„Wehe dem, der sie nicht hier gefunden hat."

Er schlug sich mit der Hand gegen die Brust. Sie trat zwei Schritte auf ihn zu.

„Wieso also reagierst du nicht auf meinen Ruf?" fragte sie flehend. „Wieso antwortest du nicht auf mein Angebot?"

Keine Antwort.

„Ich wollte mich dem Käfig verbinden. Wir werden gemeinsam weitergehen. Wir werden ein einziges Ganzes. Das Teil verbindet sich mit dem Ganzen, und die verlorene Rippe kehrt zur Wurzel im Käfig zurück. Ist das nicht eine Seligkeit?"

Gelächter als Antwort.

Die Weite erbebte. Die erhabene Stille wurde verletzt von wildem Gelächter. Einem satanischen Gelächter, das nicht zu einem Derwisch passte. Nicht zu einem Engel. Ein Wahnsinnsgelächter, schamlos. Ein Gelächter voller Gottlosigkeit und Schadenfreude. Sollte sie sich getäuscht haben? War die Gestalt ein vermaledeiter Teufel? War die Gestalt ein Dschinn?

Das Gelächter verstummte erst, als die Gestalt in der Finsternis verschwunden war. Sie ging hinter ihr her, irrte durch die kahle Weite. Und plötzlich stand sie am Brunnen.

7

Am Morgen zogen die Hirten sie heraus. Aufgedunsen und mit hervorquellenden Augen trieb sie auf dem Wasser. Ganz Wâw kam heraus und füllte die Ebene. Der Sultan trat heran, nahm die Tote auf seine Arme und schritt langsam, finster, majestätisch in den Palast. Dahinter, ebenfalls schweigend, die Gefolgschaft. Er betrat die traurig-dunklen Gassen. Beim Palast angekommen, verschwand er mit dem Leichnam. Später erzählten die Sklavinnen, er habe die Tote auf einen Kelim gebettet und lange mit ihr Zwiesprache gehalten. Einige wollten wissen, er habe schweigend neben ihr gekniet. Wieder andere behaupteten, sie hätten gehört, wie er seine Verantwortung für ihr Ende eingestand. Er sei der Mörder, habe er gesagt. „Ich habe das angezettelt. Dein Blut lastet auf meinem Nacken. Ich wollte dich vor dem Abgrund des Amanâj retten und habe dich zum Abgrund des Schicksals geführt. Ich bin es, der den Traum falsch ausgelegt hat. Ich bin es, der ohne Kompetenz eine Deutung vornahm. Ich bin es, der die Rolle des Sehers übernahm, ohne etwas von der Laune der Götter oder vom Verhalten des Schicksals zu wissen. Ich wollte dich retten, aber ich habe es falsch angestellt. Ich habe dich bei der Hand genommen und mit dir die Wüste durchquert, um dich in den Brunnen zu werfen, den dein Vater im Traum sah. Wie soll ich nun die Leere der Wüste ohne dich ausfüllen? Wie soll ich meine Einsamkeit in der Fremde vertreiben? Was soll mir Wâw, was bedeutet mir das Paradies ohne dich, meine Kleine?“

Gleich nach Beendigung der Bestattungsfeierlichkeiten und Ausrufung der Trauer habe der Sultan, so berichteten einige Verständige aus dem Kreis seiner Gefolgschaft, sich eingeschlossen und drei Tage lang einen unbekannten Feind beschimpft und ihm Vergeltung angedroht. Die Vertrauenswürdigen flüsterten, dabei die Finger in den Staub stekkend, um die Gefahr zu verringern, der unbekannte Feind sei niemand anders als das Schicksal selbst.

8

Nachdem die Prinzessin im Staub der Erde verschwunden war, vernahmen die Menschen ein Rumoren, wie sie es seit Jahren nicht gehört hatten, ein geheimnisvolles Getöse, eine unbekannte Bewegung, ein himmlisches Zeichen. Lautes Grollen kam näher, und die Leute hegten allerhand Befürchtungen. Die Ebene lauschte, und die Wüste reagierte auf den Ruf mit Erwartung, Sehnsucht und Spannung.

Das legendäre Grollen kam näher. Die Wüste suchte Schutz hinter dem Vorhang der Dunkelheit, hinter der Verhüllung der Scheu, dem Schleier der verlassenen Braut. Sie färbte sich mit dem Henna der Scham, um freudig den Herrn zu feiern, den Boten der Männlichkeit, den Gott des fruchtbaren Samens.

Am Horizont schlug der Stein den ersten Funken.

Ein gewundener Feuerfaden leuchtete auf und streute die frohe Botschaft über die Wüste. Ihm folgte das unterdrückte Brüllen des legendären Kamelhengstes. Das Herz der darbenden Erde flatterte, und die Gipfel wurden noch finsterer. Die jungen Mädchen zerrissen sich die Kehlen mit Jubeltrillern. Sie wirkten mit ihren jungfräulichen Stimmen dem Südwind ein Leichentuch und kündeten so vom Tod des Feindes, der schwer auf den Schultern der Wüste gelastet hatte. Der Gott der Südwüste zog sich zurück. Der Gesandte der Magier erlebte eine Niederlage und kehrte ins Unbekannte, in den Dschungel zurück. Der Wind verschwand.

Die Front rückte näher. Der Horizont machte sich durch Wolken sichtbar. Der legendäre Kamelhengst grollte erregt. Feuerfäden zerrissen den Horizont. Die Wüste wurde ruhig. Die Ebene dehnte sich aus. Alles jauchzte mit Verlangen, Sehnsucht, Erwartung. Die ersten Tropfen fielen. Grosse, gierige Tropfen, durstig nach der Umarmung der Erde. Jungfräuliche Tropfen, die auf die Begegnung brannten, die die Vereinigung mit den durstigen Sandkörnern ersehnten. Ihnen folgten weitere. Das Wasser fiel, da rief die Erde verlangend um Hilfe. Ein Zischen entwich ihr. Das in der Brust der Erde seit tausend Jahren festgehaltene Feuer wurde gelöscht, die Bestie begann zu verenden: die Bestie der Dürre, der Trockenheit, des Südwinds. Die Wüste atmete auf und öffnete ihre Arme, den lang vermissten, den lang erwarteten Geliebten zu empfangen.

Dämpfe stiegen von der Erde auf, die undenkbare Begegnung zu feiern, das triumphale Wunder. Die Buben rannten hinaus in die kahle Weite. Sie rissen sich die Kleider vom Leib. Tanzten in den Wogen des Dampfes, unter den Fäden des Wassers. Nackt sprangen sie herum. Und sie jubelten die Regenhymne, Erbe der Ahnen:

Fall, Regen, Regen, Regen!
Das Zelt braucht deinen Segen.
Die Früchte der Dattelhaine
Sind nurmehr noch Steine.

Die Wolken entsprachen dem Vermächtnis der Ahnen, dem Ruf der Enkel. Der Regen wurde stärker. Und da fiel alles in der Wüste in den Gesang der Jungen mit ein.

Vierter Teil

I. Die Arglist

Es ist das Schicksal der Menschen, keines ungetrübten Glücks teilhaftig zu werden.
Claude Lévi-Strauss, *Das wilde Denken*

1

Nach seiner Rückkehr aus Tripolis verbrachte er nicht mehr als drei Tage in der Abgeschiedenheit seines Hauses. Entgegen den Erwartungen der Diener, Helfer und Neugierigen in Gadames verliess Hadsch al-Bikâj es am vierten Tag. Auf seinem Gesicht lag eine geheimnisvolle Ruhe, wie sie die Leute auf dem Gesicht eines Mannes befremdlich fanden, der an einem einzigen Tag all die Seinen verloren hatte und nun allein, ohne Frau und Kinder, dastand. Die Neugierigen gaben zum Besten, er habe, als er auf dem Weg zur Pferdequelle ausserhalb der Mauern den belebten Markt der Oase durchquerte, die Grüsse der Notabeln erwidert und das Feixen der Widersacher ignoriert.

Am düsteren Tor der Mauer trennte er sich von den Dienern und ging allein ins Gehölz. Er trat in den dichten Palmenwald und lauschte dem Zirpen der Grillen und dem Gurren der Tauben hoch oben in den Palmen, die die Quelle umstanden, um sie vor dem garstigen Südwind zu schützen. Hinter der flachen Sanddüne färbte die Sonne den Horizont und hinterlegte, sterbend, einen langen, dunklen Schweif.

Die Wüste wurde still.

Zum erstenmal spürte er die Stille, den Geschmack der Stille. Er hatte den Wüstenkontinent von Nord nach Süd, von Ost nach West durchmessen, Dutzende von Malen, und hatte nie gemerkt, dass es hinter seiner düsteren Stille eine geheimnisvolle Sprache gab, hinter der traurigen, gnadenlosen Ruhe eine Zärtlichkeit, ein Verlangen, eine Liebe. Vielleicht hatte er die Stille nie gehört, weil er nicht lauschte. Hatte nicht gehört, weil er nicht aufmerkte. Hatte nicht aufgemerkt, weil ihm die Liebe fehlte. Und die Liebe fehlte ihm, weil eine andere Sorge sein Herz beherrschte. Eine Sorge, die in seinem Herzen war, noch bevor sie seinen Kopf erreichte. Es war die Sorge um Gold, um Handel, um Geschäft. Wie sollte er da dem Lied der Stille lauschen, dem Spiel der Endlosigkeit, der Sprache der Ewigkeit, er, ein Geschöpf, das sich nicht gelöst hatte vom Getriebe der Märkte und dem Klirren des Goldes.

Heute nun, nachdem all das geschehen und die Illusionen zerstoben waren, heute, nachdem er sicher war, dass die Kinder mit ihrer Mutter das abscheuliche Meer überquert hatten und für immer Beute der Christen geworden waren, erfuhr er, dass es in der Grossen Wüste eine majestätische Stille gab, die die Sprache des Unsichtbaren, die Sprache Gottes sprach und das Geheimnis der Ahnen offenbarte. Er erlebte, dass der kahle Kontinent ein märchenhafter Körper war, an dem er während all der Jahre weder den weiten Wuchs, noch die keusche Erscheinung, noch die freudige Grossmut, noch … den Geist der Liebe und der Sympathie zu sehen imstande gewesen war. Er war durch die Wüste gestapft, hatte aber in ihrem Innern nichts als die Schätze gesehen.

Ihn verlangte nach den unheilvollen Schätzen der Wüste, und er wies die wertvolleren Schätze zurück, die sie ihm jeden Morgen und jeden Abend schenkte. Er lebte auf einem anderen, magischen Kontinent und spürte während seiner verrückten Jagd nicht, dass er sich über die Wüste bewegte. Dieselbe Wüste. Er hob keinen Kopf zu den Sternbildern, sah nie einen Mond von Angesicht, öffnete kein Auge auf die

Weite und hörte nie die Sprache der Stille. Er hatte nie den Anblick einer Gazelle oder eines Mufflons genossen, auch nie den zauberhaften Geschmack des Wassers gekostet. Denn das Wasser, das Wasser ist ein weiteres Wunder der Wüste. Jetzt lauschte er dem Plätschern der Quelle und entdeckte, dass der Gang des Wassers durch die Steine keck ist, beharrlich, verführerisch, dass es etwas Kokettes und Verlockendes an sich hat, wie ein hübsches junges Mädchen.

Aber dann … konnte jemand mit dem Wasser sprechen, der einem Geschöpf einen Dolch ins Herz gestossen hatte? Hatte ein Mörder den Mut, aus dem Exil ins Land, in die Wüste zurückzukehren? Verzieh die Wüste, von der er sich immer ferngehalten hatte, die er gegen ein Metall verhökert hatte, das noch nie etwas anderes gewesen war als der Ursprung von Feindschaft und Unglück? Vergab die Erde, die Mutter, dem auf Abwege geratenen Sohn, der sie mit dem Blut eines Menschenopfers getränkt hatte? Besass er den Mut, sich niederzuwerfen, sich im Staub zu wälzen, um Verzeihung nachzusuchen und als Entschuldigung die Rettung und den Fortbestand seiner Nachkommenschaft anzuführen? Verziehen Himmel oder Wüste dem Tauben, dem Stummen, dem Blinden? Verziehen sie denen, deren Herzen und Augen mit Finsternis versiegelt waren? Wurde die Reue angenommen? Geschah das Wunder, nachdem er die Hand erhoben und Blut vergossen hatte? Er hätte auf Verzeihung hoffen können, wenn es nur für den ersten Schlag gewesen wäre, wenn er dem ersten Hinweis Beachtung geschenkt hätte. Doch er hatte weitergemacht, auf Verderben gesonnen, immer mehr verlangt und die Wette verloren. Einmal hatte der Gedanke zu ihm gesprochen, aber er hatte es nicht gewusst und nicht wissen wollen und weiter gegen den Strom gekämpft. Er glaubte, das Gold der Seherin genüge, um seine Frau, seine Kinder und ausserdem seine verlorene Ehre zurückzugewinnen. Und als der Imam mit ihm zu streiten begann, setzte er einen Helfer gegen ihn ein, der ihn beseitigte. Danach verlor er den Kopf und verwandelte sich in eine Strömung und einen Strom und brach nach Gadames auf, um es seinen Feinden heimzuzahlen, musste aber feststellen, dass ihm das Schicksal schon zuvorgekommen war und die Familie den Ungläubigen in die Hand gestossen hatte. Er folgte ihnen nach Tripolis, aber das Christenschiff hatte sie schon übers Meer gebracht. Da kehrte er mit seinem blutbefleckten Reichtum zurück und verkroch sich in seinem Haus.

Und jetzt entdeckte er, dass es auf Erden eine Wüste gab. Und in der Wüste Stille. Und dass über der Stille eine grosse, seltsame Scheibe aus Licht schwebte. Ein Halsband aus Silber schwamm am Horizont, bist du das, Mond? Er entdeckte, dass er mehr als ein halbes Jahrhundert herumgerannt war, ohne einen Mond zu sehen, ohne an einer Ginsterblüte zu riechen, ohne sich zur Erde zu beugen und eine Trüffel aufzuheben, ohne dem Plaudern des Wassers im Gestein zu lauschen, ohne dem Gedränge der Wolken zuzuschauen, die sich sammeln und anhäufen, um Regen zu senden und sich mit der kahlen Hammâda zu vereinigen, ja, ohne seine Frau zu sehen und mit seinen Kindern zu spielen, sogar ohne sich selbst kennenzulernen. Der Handel auf den Märkten der Oasen hatte ihn vergessen lassen, dass Gott die Waren schuf, um Sicherheit zu gewähren und die Bedürfnisse zu decken. Das Unglücksmetall war dazwischengetreten und hatte ihn von seiner Welt, seinen Kindern und sich selbst weggerissen.

Er hockte unter einer stolzen Palme und spielte mit dem freundlichen nächtlichen Sand. Folgte dem Mond und lauschte dem Zirpen der Grillen und dem Plaudern des Wassers in den Steinen des Kanals. Die Wüste und was darinnen war, trug ihn weit fort. Er trat zurück in den Raum der Kindheit, rannte barfüssig durch die staubigen Gassen und spürte den heissen Boden mit den scharfen Steinen. Er lief in den nahegelegenen Wadis hinter den ungezogenen Zicklein her, und ihre Unart machte ihm genauso zu schaffen wie allen anderen Kindern. Und wenn es regnete, riss er sich die Sachen vom Leib, stand unter den belebenden Güssen und sang dabei die Hymne der Fruchtbarkeit:

Fall, Regen, Regen, Regen!
Das Zelt braucht deinen Segen.
Die Früchte der Dattelhaine
Sind nurmehr noch Steine.

Und die durstige Wüste nahm den Ruf auf und gab ihn flehentlich an den Himmel weiter. Doch dann …

Im Käfig regte sich ein Vögelchen. Ein hübsches Mädchen tauchte aus der Erde auf wie eine Dschinnenfrau, und das Vögelchen im Käfig flatterte verliebt. Sie zogen hinaus mit den Zicklein, und sie neckte ihn in den Gassen. Sie warf ihm sein langgezogenes Gesicht vor, seine Frisur, die einem Hahnenkamm gleiche. Und als er sich das Haar schnitt, meinte sie nur, gegen sein Gesicht könne er nie und nimmer etwas machen. Da wollte er nichts mehr von ihr wissen. Er verliess sie. Er vermied es, sich weiterhin mit ihr zu unterhalten, doch sie stellte ihm nach und setzte ihm zu und bettelte, er möge ihr ihre Ungezogenheit verzeihen. Er vertraute einer Versöhnung, die aber nicht lange währte. Denn sie kehrte ihm den Rücken, wie jedwede erfahrene Frau, kaum dass er ihr vergeben hatte. Sie befreundete sich mit einem dicken Burschen, der bei ihrem Vater im Handel tätig war. Das Wichtigste an einem Mann sei, erklärte sie, dass er Geld habe. Damals beschloss er, reich zu werden. Er lernte, dass das Gold eine Falle der Mädchen und der Marktherren ist. Er stürzte sich in den Handel und wurde ein gewiefter Kaufmann. Und diese Reise, die zu jener Zeit begann, damals, als er ein junger Bursche war, dauerte bis heute an.

Er war erfolgreich im Metier und verlor sich selbst. Er war erfolgreich im Handel und vergass das Leben. Weil er nicht wusste, dass das Metier seit Urzeiten auf einem Wechselspiel aufbaut, das besagt, dass das Gold sich dir nicht gibt, ohne sich dafür dich zu nehmen. Dieses kluge Wort hatte er aus dem Mund eines weisen Magiers in Kano gehört, doch die Spekulation mit dem teuflischen Metall hatte ihn vergessen lassen, darüber nachzudenken. Sie hatte ihn vergessen lassen, dass der Seher der Magier genau ihn damit gemeint hatte. Hätte er damals darüber nachgedacht, wäre er noch zu retten gewesen, hätte er noch aus dem Spiel ausscheiden können. Aber er steckte schon zu tief drinnen, und wie konnte auf Rettung hoffen, wer sich schon selbst verloren hatte? Konnte sich ein Mensch denn zweimal verlieren?

Der einzige Verlust, dem kein weiterer folgen kann, ist dieser Verlust.

Jetzt war er in der Lage, sich die Einzelheiten wieder vor Augen zu führen, die Glieder, aus denen die Kette zusammengesetzt war. Das Mädchen drängte ihn zum Gold und zum Handel. Das Gold schuf ihm Feinde und Widersacher. Diese beraubten ihn seiner Ehre, und unversehens war seine Familie verpfändet. Da blieb ihm nichts anderes übrig als die Flucht nach vorn. Er verlangte noch mehr, um sich selbst, seine Ehre und seine Familie zu retten. Und so versank er im Morast und geriet immer tiefer in Schwierigkeiten. Beging unverzeihliche Verbrechen. Er dachte an die Verluste. Den Verlust der Kinder, der Ehre, seiner selbst. In seiner Brust loderte eine Flamme auf. Sie stieg ihm in die Kehle. Wie Eiter quollen Tränen aus seinen Augen.

Die Wüste tröstete ihn. Der Mond verdüsterte sich. Die Palme über ihm klagte heiser. Das Wasser hörte auf zu plaudern und massierte das Gesicht der Steine mit liebender Zärtlichkeit. Tröstend sprach die Wüste zu ihm: Nichtig. Alles ist nichtig. Die Nachkommenschaft ist nichtig. Die Ehefrau ist nichtig. Und du selbst bist nichtiger als alles andere.

Aber kann denn die Stimme der Wüste vernehmen, wer sich von ihr seit Kindertagen ferngehalten und sein Herz an das Glitzern verkauft hat?

2

Man brachte ihm Matâra, eine dünne, alte Mulattin mit edlen Gesichtszügen, die sich auf einen hübschen Stock aus abessinischem Ebenholz stützte. Hadsch al-Bikâj liess sie auf der weichen Decke neben sich Platz nehmen. Diener servierten Teller mit Kuchen, Brot und dem getrockneten Fleisch von Wüstentieren, ausserdem Becher mit Dickmilch und Dattelwein. Sie knabberte an dem Kuchen und betrat dann die Arena der Höflichkeiten: „Ich preise Gott, der es mich erleben liess, dieses Haus zu betreten, dessen Glanz sein Herr ist. Doch so sehr mich das auch beglückt, so sehr verspüre ich Bitterkeit darüber, dass nicht Frau und Kinder es füllen. Ist doch kein Heim schmuckvoll, dem die Familie fehlt."

„Recht hat Tante Matâra, und Gott schenke ihr ein langes Leben und lasse sie eine grosse Familie im Haus sehen."

Sie haute sich mit ihrer mageren Hand auf den vertrockneten Hintern und rief: „Das zu hören macht mich glücklich. Und es würde mich glücklich machen, dich glücklich in den Armen eines siebzehnjährigen Mädchens zu sehen."

„Ich fürchte", warf Hadsch al-Bikâj ein, „die ehrwürdige Tante hat mich nicht richtig verstanden. Es ist nicht meine Absicht, eine Frau ins Haus zu führen, die dessen Herrin würde."

„Ich verstehe nicht."

„Du weisst, dass mich als Kind eine Satanin aus der Oase weggeführt und mich um den Verstand gebracht hat, und so will ich auch mit einer Frau in die Wüste zurückkehren."

„Vielleicht weisst du ja nicht, dass die alles besiegende Zeit mir das Haupt mit einem Band gesiegelt hat, dessen Fäden der Satan aus Vergesslichkeit und Erinnerungsschwäche wob, und so habe ich begonnen, die Sprache der Herren und der Vornehmen zu vergessen."

Hadsch al-Bikâj lachte nachsichtig. Er versuchte, den Weg abzukürzen: „Höre also meine Erklärung und antworte mir auf meine Frage. Was tut der edle Mann, wenn ihm mit seiner Frau und seinen Kindern Schlimmes widerfahren ist? Was tut er, wenn er sich allein findet, umgeben von Menschen, die ihm übel wollen, Menschen, die arglistig seine Frau und seine Kinder auf dem Sklavenmarkt an die Christen verkauft haben?"

„Wenn mich meine Erinnerung nicht trügt, so muss der Mann ihnen die Arglist vergelten."

„Das hast du schön gesagt! Aber ich kann ihnen die Arglist nicht vergelten, wenn ich nicht einen alten Freund um Hilfe bitte. Und dieser Freund, das bist du."

Die alte Frau schlug sich mit der Hand auf die Brust. „Ich?" Und als Hadsch al-Bikâj einige Zeit verstreichen liess, fuhr Matâra mit echter Überraschung fort: „Ist es denn denkbar, dass der alte Schlaukopf, der grosse Kaufmann von Gadames, Herr über Gold und Karawanen, bei einer alten Frau Hilfe sucht, die mit Zauberformeln die Zeit überlistet, damit Gevatter Tod nicht ihr Haus betritt."

„Du bist die einzige."

„Sagtest du: die einzige?"

„In Gadames gibt es niemand ausser dir, der mir helfen könnte, mich zu rächen."

„Werde deutlicher, bevor mich die Neugier umbringt."

„Also hör zu!"

Nochmals liess er einige Zeit verstreichen.

„Ich will die Frau des Oberhaupts der Kaufleute haben", sagte er plötzlich.

Die alte Frau schrak zusammen und wandte entsetzt ihr Gesicht ab. Sie presste ihre Hand auf die Decke, um das Unheil abzuwehren. Murmelte einige Zaubersprüche.

„Und zwar seine jüngste Frau", fuhr Hadsch al-Bikâj unerschrocken fort. „Die letzte seiner vier Frauen. Du bist die einzige, die dabei eine Vermittlerrolle spielen kann. Ich werde dich reich mit Gold belohnen, mit viel Gold. Ihr werde ich ..." Er schwieg einen Augenblick. Schloss die Augen, öffnete sie plötzlich wieder und nannte die astronomische Zahl: „... fünfundzwanzig Mass rohes Gold und drei Mass verarbeitetes Gold schenken, Goldschmuck von solcher Schönheit, wie ihn sich eine Frau nur erträumen kann."

Ein Blitz leuchtete in den Augen der alten Frau auf. Das Blut kehrte in ihr fahles Gesicht zurück. Hadsch al-Bikâj zuckte zusammen, als er den Wink in ihren Augen erkannte.

„Ich gebe zu, erhabener Herr", sagte sie mit veränderter Stimme, „dass dieses Angebot ausreichen würde, die Frauen der ganzen Welt zu kaufen, aber ..."

Er unterbrach sie und hielt ihr Verlockungen vor Augen: „Ich werde dir viel bezahlen. Ich werde mir die Vermittlung etwas kosten lassen. Glaub mir!"

Das Blitzen in ihren Augen wurde stärker. Sie lächelte auf eine Weise boshaft, die Hadsch al-Bikâj kannte.

3

Sein Bursche Dahschûn sagte mit lüsternem Frohlocken: „Die jüngste Frau des Oberhaupts der Kaufleute ist die süsseste Frau in ganz Gadames. Was sage ich, in der ganzen Wüste. Um ihre Hand haben die reichsten Notabeln angehalten. Aber er hat sie nicht allein wegen seinem Geld bekommen."

Er bemerkte in Hadsch al-Bikâjs Miene nichts, was auf besonderes Interesse deutete, und so fuhr er fort: „Mein Herr hat gut gewählt. Das Oberhaupt der Kaufleute hat sie auch durch Matâra, diese Dschinnenfrau, bekommen."

„Wirklich?" rief Hadsch al-Bikâj plötzlich. „Das habe ich gar nicht gewusst."

Dahschûn lächelte listig: „Die Erfahrung meines Herrn mit den Geheimnissen des Handels ist es, die ihn zum Schlüssel geführt hat. Die Frau ist wie der Handel. Um erfolgreich zu sein, ist ein Geheimnis erforderlich, mit dem Gott nur die Auserwählten beglückt."

„Da bin ich völlig einverstanden mit dir. Die Frau ist ein Fallstrick für Handel und Händler. Oder vielmehr sind Handel und Frau identisch. Ich bin damals in den Handel eingestiegen, um eine Frau zufriedenzustellen."

„Morgen wird die Freude beginnen. Morgen wird die Freude enden." Dahschûn rieb sich in kindlichem Verlangen die Hände.

Aber Hadsch al-Bikâj sagte mit plötzlicher Entschiedenheit: „Ich will sie vor Zeugen. Meine Freude wäre ohne Zeugen nicht vollkommen."

Dahschûn schrak zusammen, und Hadsch al-Bikâj wurde deutlicher: „Er hat mich vor Zeugen erniedrigt. Er hat meine Kinder und meine Frau vor allen Leuten auf dem Sklavenmarkt verkauft. Ich will ihn auch vor Zeugen erniedrigen. Vor allen Leuten. Auge um Auge ..."

Der Bursche, überrascht und erschreckt, erkühnte sich, ihn zu unterbrechen: „Aber dies ist doch das einzige auf der Welt, das die Leute nur im Verborgenen tun. Die Gesetze der Erde und des Himmels haben dafür die Heimlichkeit verordnet. Oder etwa nicht?"

„Heute gelten meine Gesetze. Die Rache ist keine wirkliche, wenn der Rächende, kommt die Zeit der Rache, nicht seine eigenen Gesetze einführt." Dieser Bemerkung liess er ein trübes und rätselhaftes Lachen folgen.

Der Bursche starrte ihn an.

„Du wirst mir ein paar Edelleute aussuchen", fuhr Hadsch al-Bikâj ganz ernsthaft fort. „Sorge dafür, dass sie neben dem Schlafgemach warten. Dann, wenn ich deinen Namen rufe, bring sie herein." Er lachte.

Noch immer erstarrt, schaute ihn der Bursche an. Er runzelte fragend die Stirn, und sein Gesicht wurde bleich.

„Sorge auch dafür", fuhr Hadsch al-Bikâj mit seinem Plan fort, „dass all meine Widersacher kommen: Êdir Daabâsch, Bu Habba, al-Dakrâs. Es wäre auch nicht schlecht, wenn der Imam dabei wäre. Ein richtiges Fest ist ohne die Fakîhs unvollständig." Er lachte wieder.

Ein solch bösartiges Lachen war Dahschûn von seinem Herrn nicht gewohnt, aber er führte sein seltsames Verhalten auf die seltsame Redeweise zurück. Unbeweglich wie ein Götzenbild starrte er seinen Herrn an, bis dieser beschloss, die Geschichte zu krönen. „Du wirst sie zu einem veritablen Festmahl einladen. Heute abend wirst du mit den Vorbereitungen beginnen. Glaubst du etwa, ich scherze? Hast du nicht selbst gerade von Freude gesprochen?" Und abermals lachte er.

Nun lachte auch Dahschûn. Ja, wenige Augenblicke später brüllte er wahrhaft laut und hässlich vor Lachen. In Hadsch al-Bikâjs Augen blitzte ein Anflug von Irrsinn auf.

„Warte!“ rief er. „Gerade hat mir der Teufel etwas noch Tolldreisteres und Hübscheres eingegeben.“ Er neigte sich Dahschûn zu; sein Gesicht war jetzt völlig vom Irrsinn gezeichnet. „Warum lockst du nicht auch das Oberhaupt der Kaufleute selbst zum Festmahl?“ brachte er gepresst hervor.

Dahschûn zuckte zusammen; er glaubte, nicht recht gehört zu haben. „Das Oberhaupt der Kaufleute?“

„Das Festmahl ist die Falle der Notabeln. Die Festmähler sind Schlingen, vom Satan gefertigt, um Dummköpfe wie das Oberhaupt der Kaufleute zu verführen.“ Lachen. Er unterbrach sein hässliches Gelächter und verwob weiter die teuflischen Fäden: „Du wirst ihn mit dem Festmahl locken. Du wirst ihn mit dem Friedensangebot verführen. Du wirst ihm sagen, ich lade ihn zu einem Friedensmahl ein. Jawohl. Sag ihm, ich sei reumütig geworden und hätte beschlossen, von Feinden, Widersachern und dem Handel abzulassen. Sag ihm, ich übte Reue und hätte mich den Derwischen des Kadirîja-Ordens angeschlossen.“ Er lachte und lachte. „Sag ihm, ich würde aus der Arena abtreten, sobald er mir verziehen hätte. Ich würde Stolz und Halsstarrigkeit aufgeben und mich sofort ins Kloster zurückziehen, wenn er mir vergeben hätte.“ Lachen.

Der Plan überstieg in seiner Arglist alle Vorstellungen Dahschûns. Er war nicht mehr imstande, seinem Herrn zu folgen. Er glotzte ihn nur völlig entgeistert mit grossen Augen an.

4

Matâra brachte sie durch die hintere Tür herein. Sie führte sie an der Hand und liess sie neben ihm auf dem Bett Platz nehmen. Ein paradiesisches junges Mädchen. Eine Braut in bräutlichen Kleidern. Sie verbarg ihren Charme hinter einem silbergestreiften Umhang. Ihre schwarz geschminkten Augen hielt sie schamhaft gesenkt, und diese jungmädchenhafte Scheu verstärkte noch ihren Zauber. Ihre Hände waren hennagefärbt. Kleine, mit den Linien der Kamille und den Symbolen des Paradieses gezeichnete Hände. Ihre Finger waren mit goldenen Ringen bestückt, in denen Edelsteine blühten. Auf der kecken, stolzen Brust sah er eine seltsam gewirkte goldene Kette. Bei ihrem Eintreten verbreiteten sich im ganzen Haus die Wohlgerüche des Paradieses. Ein schwindelerregendes, himmlisch berauschendes Gemisch aus Weihrauch, Parfümen und Kräuteressenzen.

„Mein Gott, mein Gott!“ murmelte er benommen.

„Mein Herr wollte eine Braut, und ich habe eine solche gebracht“, erklärte Matâra. „Habe ich mein Versprechen erfüllt?“

Doch er wiederholte nur: „Mein Gott, mein Gott.“

Sie wechselte einen Blick mit der Braut und suchte nochmals um Anerkennung nach: „Ich habe doch wohl mein Versprechen erfüllt. Glaubt mein Herr, dass ich mein Versprechen erfüllt habe?“

Hadsch al-Bikâj kam aus seiner Welt hervor. „Wie kann die weise Matâra eine solche Frage stellen, wo sie doch weiss, dass ich sie um ein Mädchen von dieser Welt bat, sie mir nun aber ein Zeichen des Paradieses gebracht hat, einen Engel vom Himmel?“ Er streckte eine zitternde Hand nach der kecken Brust aus, tändelte mit der vorspringenden Brustwarze und spürte eine Benommenheit durch seinen Körper ziehen. Ein weiteres Mal stiess er hervor: „Mein Gott, mein Gott!“

Das Mädchen errötete und senkte den Kopf. Matâra schaltete sich ein: „Mein Herr sollte den Engel nicht durch die Anwesenheit von Fremden erschrecken. Der Engel ist nur in intimer Zurückgezogenheit gefügig."

„Was soll ich denn tun, wenn mich der Engel Verstand und Würde verlieren lässt? Ist Tändeln eine Sünde?"

„Zwischen Mann und Frau gibt es keine Sünde. Gott hat sie geschaffen, dass sie einander anhangen und sich umfangen. Hätte er sie für etwas anderes schaffen können?"

„Mein Gott, mein Gott!"

„Wenn ein Mann und eine Frau beisammen sind, ist die Anwesenheit eines Dritten die Sünde. Erlaubt mir, mich zu entfernen, Herr."

„Wirst du nicht mit uns zu Tische kommen?"

„Mein Tisch besteht in meiner Belohnung."

Er klatschte in die Hände und lächelte. Eine schwarze Sklavin erschien und blieb demütig bei der Tür stehen. „Begleite die Tante in den Hof", sagte Hadsch al-Bikâj, noch immer geistesabwesend, „und sag Dahschûn, er soll ihr geben, was sie will."

„Ich habe auf der anderen Seite ein Getöse gehört, das mich erschreckt", sagte Matâra im Weggehen.

„Das sind meine Gäste. Ich habe Gäste eingeladen. Es ist doch so, dass ich ein Bräutigam bin?"

Matâra lächelte boshaft, bevor sie durch die Tür verschwand.

5

Obwohl das Weib die Ursache für sein langes Elend war, gehörte er doch nicht zur Schar jener lüsternen Männer, die nicht nur von den Frauen gefangen werden, sondern die im Leben kein anderes erstrebenswertes Ziel sehen. Auch wenn er sich erlaubte, ein paar flüchtige Abenteuer mit Frauen zu haben, die ihm der Zufall bei seiner Durchreise in den Oasen zuführte, so sah er sich doch jener anderen Gruppe Männer zugehörig, die ganz im Gegensatz dazu stand. Dabei musste er aber zugeben, dass die Ursache dafür nicht Enthaltsamkeit gegenüber Frauen war oder eine Abneigung gegen flüchtige Beziehungen, war es doch nicht zu leugnen, dass er wegen einer Frau den Gang in die Fremde angetreten hatte. Der Grund lag vielmehr in der im Laufe der Tage und der Reisen erfolgten Umkehr und Veränderung des Mittels in ein Ziel. Als er die Oase verliess, folgte er dem Glanz des Goldes, nicht aus Liebe zum Gold an sich, nein, er wollte es erwerben, um damit die Frau zu erjagen, die ihn erniedrigt hatte. Er besass tiefe Einsichten in die Geheimnisse der Frau, aber das Geheimnis des furchtbaren Metalls war ihm unbekannt. Die Weisheit trog ihn, und die Währung der Magier und der Satane verlockte ihn und führte ihn an der Nase herum. Mehr als ein halbes Jahrhundert hatte er nicht gemerkt, dass er es war, der in die Falle getreten war, die er zu Beginn seines Weges in die Fremde aufstellen wollte, um die Herzen der Frauen zu gewinnen.

Ein einziges Mal hatte er eine ernsthafte Beziehung zu einer Frau gehabt.

Es war eine dämonische Mulattin aus Kano, schlank und mit glatter ebenholzfarbener Haut, dazu zwei pechschwarze, leuchtende Augen, rätselhaft und rollend. In ihren Armen kostete er eine Vielfalt der Leidenschaft, wie sie ihm weder von seiner ihm rechtmässig angetrauten Frau noch von den flüchtigen Beziehungen in den Oasen bekannt war. Wenn er von einer Reise zurückkam, schmückte sie sich, parfümierte sich und verwendete allerlei Räucherwerk. Sie rieb ihren glatten Körper mit verschiedenen Kräuterölen und Blütenessenzen ein und legte sich ein weites Gewand um, das sie noch schöner, rätselhafter und geheimnisvoller erscheinen liess. Sie empfing ihn in einem mit Tierlederkelims ausgelegten Haus, durch das die Wohlgerüche der Zauberinnen des Urwalds schwebten, und reichte ihm die Opiumpfeife. Dann zog er, zum Duft von geröstetem Fleisch, den Hauch des Paradieses ein. Und wenn der Mond des Dschungels schüchtern sein Haupt hob, begannen andere Magierrituale, Rituale, die die Mulattin aufs beste beherrschte. Sie hoben ihn hinaus aus der harten Wüste, der Wüste des Lebens, der Menschen und des Handels, und geleiteten ihn durch ein anderes, geheimnisvolles Tor, das zur Seligkeit führte.

Mehrere Jahre währte die zauberhafte Beziehung. Doch einmal kommt der Tag, an dem der undankbare Mensch des göttlichen Paradieses überdrüssig wird und nach einer Hakke sucht, um den heiligen Bezirk zu zerstören. Seine Händlerfreunde lockten ihn in ein flüchtiges Abenteuer mit ein paar leichtsinnigen Abessinierinnen, was der Mulattin rasch zu Ohren kam. Als er eines Nachts zurückkehrte, fand er sie fieberkrank. Sie besprengte ihre üppige Brust mit kaltem Wasser und faselte in Haussa. Die Rätselhaftigkeit des Urwalds war aus ihren grossen Augen verschwunden, und auf ihren Lippen stand Schaum. Als er sie fragte, was ihr so plötzlich zugestossen sei, wandte sie sich ab. Er versuchte, mit ihr zu tändeln, doch sie zeigte sich abweisend und fauchte ihn wie eine Löwin an. Und als er ihr mit der Hand übers krause Haar strich, fuhr sie zusammen. Er nahm sie in die Arme und versuchte, sie zu verführen, doch sie wurde unwirsch und stiess ihn zurück. Er bemerkte ihre geschwollenen Lider und ihr bleiches Gesicht. Da war es für ihn nicht mehr schwer, die Ursache zu erraten, obwohl er sich nicht vorgestellt hatte, dass die Frau so empfindlich, sensibel und eifersüchtig war. Am folgenden Morgen überraschte sie ihn ein weiteres Mal. „Glücklicherweise bin ich keine Zauberin“, sagte sie, „sonst hätte ich eine Kette besorgt, die dich an mich bindet. Auch habe ich kein Geld, eine Zauberin zu bezahlen, um dies für mich zu erledigen. Da ich ausserdem den Vater ebenso wie den Bruder verloren habe, können sie dir nicht das Genick brechen, um mich zu rächen. Du bist ein Glückspilz, ein Liebling der Götter. Ich dagegen bin elend und besitze keine Waffe als mein Herz, das ich dir geschenkt habe und das du verraten hast."

Aus ihren grossen Augen quollen die Tränen, als sie ihre Anklage fortsetzte: „Wie elend ist doch jemand, der in dieser Zeit ein Herz verschenkt! Wie elend ist doch jemand, der in diesen Tagen nur sein Herz besitzt."

Er bemerkte, dass sie diese erbarmungslosen Worte dreimal hintereinander aussprach. Es klang wie eine Zauberformel der Magier, die sie von ihren weisen Ahninnen geerbt hatte. Danach ging sie hinaus.

Endgültig.

Sie floh. Er suchte nach ihr in ganz Kano, konnte sie aber nicht finden. Er schaltete Händler, Freunde, Seher ein. Doch niemand war in der Lage, ihm einen Hinweis zu geben. Was ihn am meisten schmerzte, war seine Nachlässigkeit. Es war eine Nachlässigkeit, die aus der Unkenntnis der dämonischen Urwaldfrauen stammte, die die geheimnisvollen, paradiesischen Rituale nur durchführen konnten, wenn sie liebten. Er verzieh sich seine Unkenntnis vom Reichtum dieses sensiblen Herzens nicht, und nie vergass er den Brand, der in seiner Brust entfacht war, und den Schmerz, den er noch immer mit sich trug.

6

Diesen Augenblick vergegenwärtigte er sich einige Wochen später, als er seinen Hals der Gnade des Scharfrichters überantwortete. Und wäre dieser Augenblick nicht so einzigartig gewesen, hätte er ihn nicht gegen eine atemberaubende Reise namens Leben eingetauscht, indem er sein Haupt dem Henker übergab, bereit für die Fahrt auf die andere Seite.

Der mythische Augenblick begann wie jeder vergleichbare Augenblick zwischen einem Mann und einer Frau, ja zwischen jedwedem männlichen und weiblichen Wesen.

Er suchte bei der Opiumpfeife Zuflucht, wie es ihn die verlorene Mulattin gelehrt hatte, um Mut zu schöpfen und die Feigheit zu töten. Denn, was auch immer er an Mut für sich behauptet, ist der Mann von Natur aus feige, wenn es darum geht, das Heilige zu zerstören und die Hand nach den Früchten des verbotenen Baumes auszustrecken. Damit die Hand nicht wackelt, und damit er das feige Zittern unter Kontrolle bekommt, sucht er Hilfe beim Mohn und ... bei der Dreistigkeit. Ihre seidige Haut erinnerte ihn an die Haut seiner Dämonin. Was er aber nicht kannte, was ihn an nichts erinnerte und woran er sogar noch dachte, als er am Rande des Todes stand, das war das, was nach der ersten Berührung geschah, nach der ersten Antastung des jungfräulichen Mädchens. Der Eindruck, der den Mythos schuf und ihm den Mut gab, den himmlischen Augenblick gegen ein Leben einzutauschen, von dem er nie geglaubt hatte, irgend etwas anderes könnte es aufwiegen, nicht einmal das Paradies und das ewige Leben. War er eine Illusion? Oder ein teuflischer, wahnsinniger Augenblick? Ist ein sanftmütiges, in Scham und Scheu gehülltes Geschöpf in der Lage, ein Wunder zu wirken, das die Erfahrung von Hadsch al-Bikâj verbrennt und die Weisheit der Grossen Wüste in Staub und Asche sinken lässt? Oder ist es dieser Augenblick, um den unser Urahn das Reich Gottes verhökert hat, um dessentwillen er auf Paradies und Glückseligkeit verzichtete und für den er das Elend der Erde in Kauf nahm? Das ist die nächstliegende Erklärung. Das ist die einzige Erklärung, diejenige, die diesem grossartigen Augenblick am ehesten gerecht wird.

Bei seiner Berührung entflammte diese Dschinnenfrau mit tausend Fackeln. Scham, Scheu und Sanftmut verwandelten sich in ein Feuer, und er, den die Erfahrungen seiner Reisen gelehrt und den die Wüste mit Weisheit und Würde versorgt hatte, wurde zur harmlosen Motte, die im Feuer verbrannte. Er tauschte mit dem schüchternen Weib, mit dem er gerade noch gespielt und das er wie ein Kind behandelt hatte, die Rollen. Er wurde zum ahnungslosen Kind, und sie nahm den Platz auf dem Thron der Erfahrung und der Weisheit ein.

Dieser Wahnsinn liess ihn fast das Stichwort vergessen. Der Augenblick trug ihn davon, und er war drauf und dran, den Schlüssel des Planes zu vergessen und die Arglist zunichte zu machen. Wäre nicht das Rachegelüst stärker gewesen als alle Leidenschaft, wäre er nicht mehr aus dem Traum erwacht. Hätte er nicht die Frucht seines Lebens und alle Schätze der Erde dafür hingegeben, hätte er nicht im letzten Moment, der der Auflösung des Augenblicks vorausging, gerufen: „Dahschûn! Dahschûn! Dahschûn!" Der Ruf löste sich wie das Röcheln eines geschlachteten Tieres, wie das Gebrüll eines Stieres. Aber der wachsame Dahschûn, der gelangweilt schien und dem die Zeit des Wartens im Nachbarraum lange geworden war, reagierte umgehend auf den Ruf; er eilte zu ihm, begleitet von einer Schar Notabeln. Sie kamen herein im Augenblick des Höhepunktes, des Keuchens, des Lebensschreis oder vielleicht des Todesstöhnens und des Flehens in letzter Agonie. Er starrte sie an mit abwesendem Blick, langsam, verblüfft. Liess das Leben und die Atemzüge an sich vorüberziehen und psalmodierte wie jemand, der von einer Reise in die Vergänglichkeit zurückgekommen ist: „Gepriesen sei Gott!"

Neben ihm auf dem Lager begann das feurige Geschöpf mit weitaufgerissenen Augen das lederne Kissen zu zerfetzen. Unter den Männern, die sich am Eingang versammelten, erkannte er auch das Oberhaupt der Kaufleute, und nach und nach entdeckte er alle seine Widersacher, einen nach dem anderen.

Dann herrschte Wüstenstille.

Noch einmal betrachtete er sie. Hielt inne bei ihrem Oberhaupt, ihm, der sie die Arglist, die Feindseligkeit, die Zauberei gelehrt hatte. In seinem Gesicht sah er die Farben des Regenbogens. Und jetzt erst begriff er wirklich, was sich abspielte. Er kehrte zum Leben zurück, in die von Sandbergen umkettete Oase, und da überkam ihn eine Glückseligkeit, wie er sie für kein Geschöpf auf Erden für möglich gehalten hatte. Eine rätselhafte und geheimnisvolle, gleichzeitig aber auch traurige Glückseligkeit. Er verletzte die erhabene Ruhe, als er nochmals psalmodierte: „Gepriesen sei Gott." Währenddessen fuhr das feurige Geschöpf fort, die Lederriemen zu verschlingen, die von dem Kissen hingen. Auf ihre entzückenden Lippen war dichter Schaum getreten.

7

Bâba al-Schankîti hob den Kopf von dem Stapel vergilbter Blätter. Wie es seiner Gewohnheit entsprach, fuchtelte er mit dem Armstumpf in der Luft herum und fragte den Angeklagten: „Gibst du die hässliche Tat zu, derer man dich beschuldigt?"

Hadsch al-Bikâj lächelte. Er schwieg lange, bevor er antwortete: „Braucht der Richter noch weitere Beweise, um die Anklage zu erhärten? Braucht es denn ein Geständnis, um ein Verbrechen zu beweisen, bei dem alle Notabeln gegen mich als Zeugen auftreten?"

Der Richter folgte ihm neugierig. Er musterte ihn mit weitaufgerissenen Augen. „Und was sollte einen angesehenen, ehrenwerten Mann wie dich dazu veranlassen", fragte er weiter, „eine solch hässliche Tat zu begehen?"

Ein spöttisches Lachen entschlüpfte dem Angeklagten. Er spielte am Ansatz seines silbergrauen Bartes herum, bevor er antwortete: „Und was sollte einen angesehenen, ehrenwerten Mann wie dich dazu zwingen, die Wüste vom Lande Schankît bis nach Timbuktu und von Timbuktu bis nach Wâw und von Wâw bis nach Gadames zu durchqueren, wenn nicht die Lust auf Rache?"

Die Anwesenden wechselten bedeutungsvolle Blicke. Einige Notabeln flüsterten miteinander. Die Helfer des Richters berieten sich. Dieser selbst zog sich fuchsschlau aus der Affäre. Er lachte und betrachtete den Vorwurf als einen Scherz. Fuchtelte mit seinem Handgelenkstumpf in der Luft herum und bemerkte mit giftiger, gekünstelter Nachsicht: „Der ehrenwerte Angeklagte irrt, wenn er dem Richter diesen monströsen Vorwurf macht. Die Wüste ist Zeuge meiner Absichten. Und wenn mir das Schicksal bestimmt, elendiglich zwischen den Oasen hin und her zu ziehen, so geschieht das, um der Gerechtigkeit Nachachtung zu verschaffen, und nicht, um auf irgendwelche Art mit illusionären Feinden abzurechnen, die Ausgeburten der Phantasie der Neugierigen und der Nichtsnutze sind. Hadsch al-Bikâj mag das glauben oder nicht: Ich habe keine Feinde in dieser weiten Wüste." Einen Augenblick lang beugte er sich über den Stapel Blätter, dann schaute er plötzlich auf und fuhr tadelnd fort: „Aber ich leugne nicht, dass ich die Missetäter verfolge, wo immer sie sich aufhalten, um sie der Gerechtigkeit zuzuführen. Siehst du in der Wüste eine heiligere Aufgabe als diejenige, Gottes Gerechtigkeit Nachachtung zu verschaffen?"

Hadsch al-Bikâj unterbrach nicht das Spiel mit seinem Bart, von dem das Tuch gerutscht war. Er lächelte, als er spöttisch bemerkte: „Dagegen ist nichts einzuwenden. Da sei Gott vor, dass ein Angeklagter gegen das Urteil des Richters Einwendungen vorbrächte."

Bâba al-Schankîti reagierte heftig: „Immer langsam! Ich habe noch kein Urteil gefällt."

„Ich weiss, dass du noch kein Urteil ausgesprochen hast. Aber ich weiss auch, dass das Urteil schon lange fertig ist. Es war fertig, schon bevor ich die Seherin in Wâw erledigte, auch bevor ich die Rechnung mit dem Imam beglich. Du hast es gefällt, als du deine Mutter von einem Mann zum anderen ziehen sahst, und du hast ihm einen Rechtsanstrich gegeben, indem du in die Madrassas von Marrakesch eintratst. Jawohl, ich möchte wetten, dass das Studium der Rechtswissenschaften nichts anderes war als ein kleiner Trick, um eine ordentliche Formulierung zu finden für die Vorstellungen aus deiner Kindheit, um dich zu rächen und diese Lust zu befriedigen, der, da stimme ich dir zu, keine andere Lust gleichkommt. Du hast dir die Hände gerieben, als das erste Verbrechen in der Oase von Asdschirr geschah, und du hast dir gesagt: Gepriesen sei Gott, der mich nach Wâw geführet und mir die Gelegenheit bescheret hat, Köpfe rollen zu lassen. Aber der Täter entkam. Und ich möchte wetten, dass dein Richterinstinkt dich nicht trog und du wusstest, dass ich der Täter war. Als ich dann floh, wolltest du deiner angeblichen Gerechtigkeit ein weiteres Opfer darbringen, der Gerechtigkeit deiner Magiergötter. Also hast du deine Hand an den Nacken des armen Derwischs gelegt, und wenn Gott ihm nicht den Herold geschickt hätte, wenn er ihm nicht das Opferlamm präsentiert hätte, dann hättest du ihn geopfert, um den Gott der Rache zufriedenzustellen. Aber der Vorfall mit dem Opferlamm, das Wunder mit dem Herold, das war ein himmlisches Zeichen, das dem Sultan nicht entging, der sein ganzes Leben lang mit den Prophezeiungen der Seher und den Symbolen der Zauberer zu tun hatte. Der Sultan sah in dem Vorfall einen göttlichen Wink, der sein Reich bedrohte, weswegen er dich entfernen musste. Doch das ist eben unmöglich, dass sich jemand vom Pfad des Blutes entfernt, der schon in der Kindheit zur Abscheulichkeit disponiert war. So hast du deinen Stab genommen und bist mir nach Gadames nachgereist."

„Du willst also behaupten, ich hätte das Richteramt in der Oase nur übernommen, um mich an dir zu rächen", unterbrach ihn der Richter. „Siehst du denn nicht, dass du mit dieser Behauptung die Verfügung des Gouverneurs angreifst und die Unbescholtenheit des Stellvertreters des Osmanensultans in Zweifel ziehst?"

„Ich sehe darin keinerlei Angriff auf irgendeine Verfügung und keinerlei Zweifel an der Unbescholtenheit des Stellvertreters des Osmanensultans. Woher sollten diese beiden denn wissen, was es mit dir wirklich auf sich hat? Woher sollten sie denn von der Leidenschaft erfahren, die in deinem Herzen wohnt?"

„Vergiss nicht, dass du gerade, angesichts dieser versammelten Zeugen, noch ein weiteres, ja zwei frühere Verbrechen gestanden hast, die zur Unzucht noch hinzukommen."

„Der Richter mag getrost sein, ich habe das Geständnis nicht blindlings und achtlos gemacht. Ich habe es bewusst gemacht, um dir zu beweisen, dass es einen Menschen nicht berührt, dreier Verbrechen angeklagt zu sein, von denen schon eines zu einem Urteil reicht, das ihm den Kopf von den Schultern trennt. Du, Herr Richter, kannst mich nur für ein einziges Verbrechen bestrafen, da du mich wohl nicht dreimal umbringen kannst." Er lachte. „Oder kann die Rachebestie den Richter zwingen, mich dreimal zu schlachten, mir dreimal den Kopf von den Schultern zu trennen?"

„Es überrascht mich nicht, dass du auch die Strafe schon ausgewählt hast. Es überrascht mich nicht, dass du an meiner Statt das Urteil gefällt hast."

„Wenn du mir für den ersten Anklagepunkt den Kopf abhaust, kannst du mir für den zweiten nur noch die Haut abziehen. Für den dritten musst du dann meine Leiche schänden. Aber das Schaf, einmal geschlachtet, kümmert sich nicht darum, wie ihm die Haut abgezogen wird. Hast du das vergessen?" Hadsch al-Bikâj lachte nochmals.

Plötzlich stoppte er sein nervöses Lachen und legte sich eine andere Maske auf. Er liess einen Turban von Trübsal über sein Gesicht herab. „Das Herz des Richters ist gross", sagte er. „Er wird mir meine groben Scherze nachsehen. Aber was ich mir wirklich wünsche, ist, dass er bis zum Ende nachsichtig bleibt und mir ein weiteres, letztes Geständnis erlaubt."

Als die versammelten Notabeln murmelten, fuhr Hadsch al-Bikâj fort: „Wenn ich jetzt um Verzeihung bitte für alles, was vorausging, so heisst das nicht, dass ich das, was ich gerade über die Rache gesagt habe, zurücknehme. Vielmehr wird mein Geständnis jetzt dieser satanischen Leidenschaft eine besondere göttliche Heiligkeit verleihen, durch die sie sich über alle anderen hässlichen, irdischen Leidenschaften erheben soll. Euer Gnaden der Richter möge nicht überrascht sein, aus meinem Munde zu vernehmen, dass ich ihn überhaupt nicht habe beleidigen wollen, als ich von seinem Geheimnis sprach. Ich bekenne vielmehr, dass ich mich als Kollege von ihm betrachte, als Teilhaber und als Stütze in allen Rachefragen."

Er richtete sich auf, betrachtete die Reihe der Notabeln, wandte sich dem hünenhaften schwarzen Kerkermeister zu, als wollte er ihn um Erlaubnis bitten. Er holte tief Luft und begann sein Plädoyer mit einer Frage: „Glaubt der Richter, ein Mensch könne, selbst wenn er verrückt wäre, das Guthaben der irrsinnigen irdischen Reise auf einmal opfern, für einen einzigen flüchtigen Ausbruch?“

Bâba al-Schankîti gebot ihm mit einem Wink seines Armstumpfs Einhalt: „Warte! Gott strafe mich, wenn ich auch nur das geringste verstanden habe.“

„Der Richter hat viel Langmut gezeigt mit meinem Geplapper. Gott möge es ihm vergelten, wenn er noch ein wenig Geduld für mich aufbringt. Ich will damit sagen, dass kein Mann, wie töricht er auch sei, die Frucht seiner Mühsal im elenden Leben der Wüste hingibt, einfach um eine Frau zu bekommen. Wenn er das tut, so muss es da ein tieferes Geheimnis geben. Und ich will nicht verhehlen, dass es sich um eines handelt, das uns beiden, soweit ich sehe, gemeinsam ist. Es ist dasselbe Geheimnis, das du von den Windeln der Kindheit mitgenommen und auf den Reisen durch die Wüste bei dir getragen hast, Reisen zu Sündern, denen du Strafe auferlegt hast. Es ist das Rachegefühl, Herr Richter. Der Wunsch, sich zu rächen, ist es, der mich gedrängt hat, in Wâw meine Hände in Blut und in Gadames meinen Körper in der Sünde zu baden. Glaube nicht, dass ich die Seherin Têmet getötet habe, um meine Frau und meine Kinder zurückzugewinnen. Ich will nicht leugnen, dass das eine schlaue Rechtfertigung wäre, geeignet, um sich vor Richtern zu verteidigen, die nach Rechtfertigungen suchen. Aber ich weiss auch, dass es als Rechtfertigung ungeeignet ist vor einem Richter, der, wie Bâba al-Schankîti, in seinem Herzen ein Geheimnis birgt. Dies festzustellen bedarf keiner besonderen Scharfsicht. Es erfordert auch keine Seher- oder Zauberertalente. Es verlangt lediglich, dass man ein Herz wie seines besitzt und daraus eine Höhle macht, als

Versteck für geheime Absichten, genau wie die Eremiten in der Wüste. Auch sie verbergen ihre Niederlage in den weiten Wüsten und in den Höhlen, und sie töten sich durch jahrzehntelanges Fasten, um den Dämon der Rache an der Welt zu nähren. Den Dämon der Feindseligkeit den Menschenkindern gegenüber. Jawohl. Der Dämon der Rache war es, der Hadsch al-Bikâj den Verstand verlieren liess, der ihn Säcke mit Gold hingeben liess, die Früchte von Mühsal, Reisen und Verbrechen, das Guthaben eines irren Lebens, nur um die Frau des Oberhauptes der Kaufleute zu gewinnen!"

Er wandte sich der Reihe der Notabeln zu. Sein Blick traf auf das Oberhaupt der Kaufleute. Der erniedrigte Widersacher senkte den Kopf, und Hadsch al-Bikâj sprach wie berauscht weiter: „Ich könnte schwören, dass Gott nichts Köstlicheres geschaffen hat als den Augenblick der Rache. Ich könnte schwören, dass das Paradies im Augenblick der Rache liegt."

Unwillige Stimmen wurden laut. Hadsch al-Bikâj vernahm den Protest des Fakîhs: „Ich bitte Gott um Verzeihung für die Lästerung der Magier. Ich suche Zuflucht bei Gott vor dem Eid der Ehebrecher."

Der Richter brachte ihn mit einer Bewegung seines Armstumpfs zum Schweigen.

Hadsch al-Bikâj setzte sein Plädoyer fort. „Du glaubst, Herr Richter, ich hätte die Strafe als meine letzte Niedertracht gewählt. Ich bedaure, dir sagen zu müssen, dass der Erfolg dieses Mal nicht dein Bundesgenosse geworden ist. Ich habe meine Strafe schon vor langer Zeit gewählt. Das war damals, als ich mich der ersten Verführung hingab und mich so von mir selbst und von der Wüste entfremdete, damals, als ich hinausging auf der Suche nach dem unheilvollen Metall. Begriffen habe ich meine Wahl aber erst jüngst und meine Sünde erst, als es zu spät war. Der Verlust von Frau und Kind war nur ein kleines Glied in dieser Schicksalskette. Davon wurde ich endgültig erst überzeugt, als ich jüngst nach Tripolis kam. Ich kam dorthin, beladen mit viel Gold, um meine Familie freizukaufen. Und ich will dir nicht verhehlen, dass ich auf der Reise versucht habe, eine unbekannte Stimme abzuwürgen, die ständig zu mir sprach, jedoch vergeblich. Als ich ankam und feststellte, dass das Schiff schon in See gestochen war, hat mich das nicht sehr überrascht. In jenem Augenblick beschloss ich, den Weg weiterzugehen, den mir mein Schicksal vorgezeichnet hatte, und ich begann, meine kleine Arglist zu weben." Er lachte. „Ich beschloss, mich selbst für die Mühen zu belohnen und dem Dämon der Rache sein Recht zu geben. Und wenn ich gerade so dreist war, von der Köstlichkeit der Rache zu sprechen, so möge mir der Richter ein letztes Geständnis gestatten."

Er schaute sich in aller Ruhe um. Fixierte seine Widersacher mit einem siegessicheren Blick. Setzte sich gerade. Und als der Richter ihm ein Zeichen machte fortzufahren, schien in seinen Augen ein boshaftes Leuchten auf. Er kratzte sich am Kopf und starrte seinen Nebenbuhler an, bevor er fortfuhr: „Gott verzeihe mir, aber der Köstlichkeit der Rache kommt nur eine einzige Köstlichkeit gleich, die mir gar nicht in den Sinn gekommen war, als ich mich mit meinem Plan beschäftigte. Ich war nie gross den Leidenschaften zugetan, und Frauen haben mich, seit ich das Ziel mit dem Mittel vertauscht und den Zweck der Anhäufung von Gold vergessen hatte, nie mehr entzückt. Aber die Frau des Oberhaupts der Kaufleute, dieses kleine, scheue, sanftmütige Geschöpf, hat meinen Plan über den Haufen geworfen und mir gezeigt, dass es etwas anderes gibt, das dem Rausch der Rache gleichkommen kann. Etwas namens

Umarmung! Ich spüre Scham, denn ich spreche vor meinem alten Widersacher über sein ehrbar Weib. Aber das Wunderbare ist, dass sie mir eine Glückseligkeit geschenkt hat, die sogar die Glückseligkeit der Rache übertrifft. Ich offenbare kein Geheimnis, wenn ich sage, dass sie mich in einem einzigen Augenblick für alle Mühsal der Reise entschädigt hat. Sie bezahlte mir einen Preis, der den Wert der Säcke mit Gold weit übersteigt, die ich für sie bezahlt habe. Ich verkehrte den alten Tauschhandel, als ich bei meiner Suche nach der Waffe der Verführung den Weg zur Frau verlor, und sie brachte mich, zufällig, zurück zum Herz der Gleichung. Ich fand die wirkliche Eva, die ich verloren hatte, als ich damit beschäftigt war, den Fallstrick der Rache zu drehen. Aber der Mensch erhält die Glückseligkeit erst, wenn es zu spät ist."

Er wandte sich an das Oberhaupt der Kaufleute und fuhr flüsternd fort: „Glaub mir, grosser Edler, dass du eine Frau dein eigen nennst, wie es sie sonst nur in den Paradiesen gibt. Und sei getrost, ich werde ihrer gedenken bis an den Tag, da ich auferstehen werde von den Toten. Das ist meine Schuld."

Er schwieg und fragte dann plötzlich: „Aber sag mir, verschlingt sie noch immer Lederkissen?"

Er liess der Frage ein böses, teuflisches, hässliches Lachen folgen.

8

Keiner in der Oase war überrascht, als sich zwei Tage später die Nachricht verbreitete. Nachdem das Oberhaupt der Kaufleute die Gerichtsverhandlung verlassen hatte, ging er nachhause. Er verriegelte die Tür und erhängte sich. Auch den Richter ereilte drei Tage, nachdem er das Urteil gegen Hadsch al-Bikâj gesprochen hatte, sein Schicksal.

Was die Leute jedoch überraschte, war, dass er genau das Ende nahm, das der Angeklagte prophezeit hatte, und zwar genau an dem Tag, den er vorhergesagt hatte. „Wir teilen nicht nur das Geheimnis der Rache“, soll er am Ende seines Plädoyers gesagt haben. „Die Sterne haben uns auch mit demselben Schicksal zusammengebunden. Du wirst drei Tage nach mir dahingehen, auf dieselbe Art und Weise.“ Als daraufhin der Richter wissen wollte, ob das eine Prophezeiung sei und ob er nun auch unter die Seher gegangen sei, begnügte Hadsch al-Bikâj sich mit einem geheimnisvollen Lächeln, als wollte er Bâba al-Schankîti an sein früheres Erlebnis mit jenem Wegelagerer erinnern, dem er, entsprechend der Bestimmung des islamischen Gesetzes – Auge um Auge, Zahn um Zahn –, die Hand abhauen liess.

Drei Tage später, zum festgesetzten Zeitpunkt, erfüllte sich die Prophezeiung.

Drei – nach anderer Version vier – Elende griffen ihn an, als er auf dem Weg nachhause war. Sie fesselten ihm die Hände auf den Rücken und schlachteten ihn wie ein Stück Vieh ab. Über das, was auf diese abscheuliche Tat folgte, wurden viele Geschichten erzählt. So soll er blutend und röchelnd hinter den Mördern hergerannt sein. Einige behaupteten, er habe sogar das Gerichtsgebäude erreicht und seine Seele dort ausgehaucht.

Die neugierige Oase, bekannt für ihren schon historischen Durst nach Geschichten und Gerüchten, redete noch lange über die Gerichtsverhandlung und deren blutige Folgen. Auch über die Prophezeiung sprach man und behauptete, der durchtriebene Hadsch al-Bikâj habe die Wegelagerer vor seinem Tod mit Gold gedungen, damit sie sich den Richter vornähmen, wenn er an ihm die Todesstrafe vollzöge. So heckte er im Grab eine noch ruchlosere Niedertracht aus als zu Lebzeiten.

II. Die Diaspora

Zu jener Zeit zogen herauf die Knechte Nebukadnezars, des Königs zu Babel, gen Jerusalem, und kamen an die Stadt mit Bollwerk./ Und Nebukadnezar kam zur Stadt, da seine Knechte sie belagerten./ Aber Jojachin, der König Juda's, ging hinaus zum König von Babel mit seiner Mutter, mit seinen Knechten, mit seinen Obersten und Kämmerern; und der König von Babel nahm ihn gefangen im achten Jahr seines Königreichs./ Und nahm von dannen heraus alle Schätze im Hause des Herrn und im Hause des Königs, und zerschlug alle goldenen Gefässe, die Salomo, der König Israels, gemacht hatte im Tempel des Herrn, wie denn der HErr geredet hatte./ Und führte weg das ganze Jerusalem, alle Obersten, alle Gewaltigen, zehn tausend Gefangene, und alle Zimmerleute und alle Schmiede, und liess nichts übrig denn geringes Volk des Landes.

Das Alte Testament. *Das zweite Buch von den Königen* 24,10–14

1

Die Verständigen und die Chronisten sind fast übereinstimmend der Meinung, dass in der Wüste kein Mythos dauerhaft sein kann, an dessen Schaffung nicht die Dschinnen beteiligt sind und in den nicht ihr Geist eingehaucht ist. Obwohl darin eine grosse Übertreibung zu liegen scheint, zwingt uns doch all das, was von Generation zu Generation über die Ereignisse weitergereicht wurde, die zum Verschwinden von Wâw führten, jenem mythischen Bericht zu glauben, den die Menschen mit Wissen für richtig gehalten und die Chronisten überliefert haben.

Doch die Bewohner des Unsichtbaren haben sich nicht nur der Schaffung des Mythos angenommen, sondern haben auch an den Vorgängen mitgewirkt und an der Beseitigung des Goldtempels und seiner Tilgung von der Mittleren Wüste Anteil gehabt. Laut einer anderen Überlieferung sollen sich die elenden aufgesplitterten Schakale zusammengetan und vereinigt haben, um sich an Asdschirr zu rächen. Aber auch diese Version schloss die Beteiligung der Dschinnen an dem Überfall nicht aus. Der Häuptling der Schakale soll sie um Beistand angegangen sein und sie an einen alten Pakt aus den Tagen ihrer Vorfahren erinnert haben. Daraufhin seien sie zu Hilfe geeilt, verkleidet mit der Maske des Schakals, jener falschen Bestie, bei der der elende Stamm Segen suchte und deren Kopf er als Krone bei Kriegszügen und Festen trug, ja, die er auch als Vorfahr, als Ahn, als Gott betrachtete, der durch die Opferung von Schlachttieren gnädig gestimmt wurde. Aber die Liebenden der Wüste, die von den Anhängern des Kadirîja-Ordens Eremiten oder Gottsucher genannt werden, waren sich einig, dass die Kämpfer der Schakale, selbst wenn sie teilgenommen haben sollten, nur eine kleine Minderheit waren, da sie, in welcher Zahl auch immer, nie in der Lage gewesen wären, das mächtige Bauwerk von Wâw binnen weniger Stunden dem Erdboden gleichzumachen. Sie führten die Heimsuchung auf die Einmischung der Dschinnen zurück. Und sie fügten hinzu, dass das Gemisch in der Mitte der Nacht aus dem Schlund der Finsternis aufgestiegen sei, der sich satanisch gehörnt zum Himmel erhebt. Gespenstern gleich hätten sie sich auf der gesamten Ebene verteilt, bevor sie losstürzten und den Angriff begannen.

Dagegen berichteten die Hirten und die Bewohner der Höhlen in der Nähe eine hübsche Version der Überfallgeschichte. Die Allianz habe sich aus drei Arten von Wüstenbewohnern zusammengesetzt: den Dschinnen, den Menschen und den Tieren. Die Schakale hätten erst die Dreistigkeit gehabt, den alten Pakt zu brechen und die Grenzen zu überschreiten, nachdem sie sich bei ihrem geheiligten Tier Mut geholt hätten. Dieses sei zu ihnen aus dem Dschungel gekommen und habe die Führung übernommen, entschlossen, sich selbst der Angelegenheit anzunehmen und sich für den Stamm am alten Feind zu rächen. Die Hirten und die Liebhaber von Legenden erzählten viele Einzelheiten über die Riten der Magier, die der Stamm absolvierte, bevor er den Segen des Gott-Schakals erhielt. Sie behaupteten sogar, der Führer des Stammes habe als Opfer für den Gott der Treulosigkeit selbst sieben Jungen und drei Jungfrauen geschlachtet, bevor er die Zustimmung des Tieres erhielt und die Erlaubnis bekam loszuziehen. Die Bewohner des Unsichtbaren übernahmen die Aufgabe, sie vor den Blicken zu verbergen, und führten sie durch den schrecklichen Tunnel, der im Îdenan beginnt und zu den an den Dschungel angrenzenden Wüsten führt. Und kaum waren sie auf die Ebene hinuntergelangt, da nahmen in ihnen die Dschinnen Wohnung, worauf die Schakalbestien die Menschen bissen und die Körper zerrissen, während die Dschinnen und die Menschen Köpfe abschlugen, Tore und Türen zerschlugen und in Häusern, Läden und Gassen Brände legten.

Doch die Liebenden Gottes und der ewigen Wüste ersannen Entschuldigungen für die Dschinnen und fanden Rechtfertigungen für den Überfall. Sie, die weltlichen Dingen gegenüber skeptisch, ja gleichgültig sind, erklärten, die Bewohner des Unsichtbaren seien gekommen, ihre Schätze zurückzuholen und ihre alten Reichtümer mitzunehmen, die auf dem geheimnisvollen Berg zusammenzutragen sie sich gelobt und derentwegen sie mit den Bewohnern der Wüste einen Pakt geschlossen hatten, damit letztere darauf verzichteten. Als nun die Bewohner der Wüste das Versprechen brachen und den Pakt verrieten, sei die Strafe über sie verhängt worden und das Schicksal habe die Heimsuchung über sie gebracht.

2

Nie in ihrer Geschichte hat die Wüste einen Kampf erlebt, bei dem es keine Heldentaten gab.

Bemerkenswert bei diesem letzten Kampf war, dass der Sultan selbst zum Helden wurde. An sich hätte die Dichte der Kämpfer und die Entschlossenheit der Angreifer genügt, um Wâw innerhalb von Stunden hinwegzufegen, doch der Mut des Sultans bei der Verteidigung seines Paradieses auf Erden zwang die Feinde zu weichen und trieb sie bei Sonnenaufgang zurück zum Berg der Finsternis. Es sei ihnen nicht gelungen, so hiess es, ihn während des Kampfes auch nur zu verwunden. Sie versuchten es mit Speeren und Schwertern und sogar mit vergifteten Pfeilen, doch dieser Dschinn Anâj blieb unverletzt. Sie hetzten einen Schakal auf ihn, der ihn mit den Zähnen zerfetzen sollte, aber durch einen bestialischen Hieb des Sultans verlor die Bestie nicht nur ihre Zähne, sondern auch ihr Leben. Die Dreierallianz, das Menschen-, Tier- und Dschinnengemisch, umzingelte ihn, konnte ihm aber nichts anhaben. In der folgenden Nacht kehrten sie zurück und setzten den Kampf fort. Doch mit seinem legendären, in einem anderen Bericht goldenen, Schwert wütete er unter ihnen und tötete Dutzende, ja Hunderte. Sie wurden mit ihm erst fertig, nachdem sich sein alter Widersacher, der pockennarbige Idikrân, eingeschaltet hatte.

Der Magierseher wandte sich an die Führer der drei Gruppen und befahl, mit dem Kampf innezuhalten. Anâj stand auf dem Hügel, schaumspuckend, schweissüberströmt, umringt von den Bestien der drei Stämme, während Idikrân sich mit den Führern allein beriet.

„Ich kenne das Geheimnis seines Schutzzaubers“, erklärte er. „Der Sultan ist gefeit gegen alle Waffen; er wird nur durch den Strick sterben.“

Danach begann der Kampf mit den Palmfaserstricken. Die Kämpfer schleuderten ihm Fangseile über den Nacken, aber es gelang ihm immer, sie mit seinem seltsamen goldenen Schwert zu treffen und sie in kleine Stücke zu hauen. Als sich der Tag näherte, flohen die Angreifer und suchten den Schutz des Berges auf, nur um in der Nacht wiederzukommen, bewaffnet mit einem neuen Plan. Idikrân wies sie an, wie beim Einfangen ungebärdiger Kamelhengste vorzugehen. Die wildesten Krieger umgaben ihn, aufgeteilt in zwei grosse Abteilungen. Sie spannten lange Stricke aus frischen Palmfasern. Geführt von Idikrân, bewegten sie sich auf den Hügel zu. Als der Sultan ihnen mit seinem gezückten legendären Schwert entgegentrat, umwickelten ihn die Bestien rasch mit den gefrässigen Seilen. Viele vermochte er zu zerstören, aber die Bewegung des Schwertes in seiner Hand konnte mit dem Tun seiner Feinde nicht Schritt halten. Sie überwanden ihn und wickelten ihm einige Stricke schlangengleich um den Hals. Er gab den Kampf nicht auf und zerschlug weitere Stricke. Aber die Angreifer hatten vorgesorgt und griffen ihn mit weiteren Seilen an, mit denen sie ihn immer fester und enger umwickelten. Der Sultan liess nicht ab, sich zu wehren, und die Bestien liessen nicht ab, ihn mit den Seilen zu würgen, bis Idikrân rief: „Aufhören, jetzt überlasst ihn mir."

Mit blossen Händen stürzte er sich auf ihn. Das Schwert fiel dem Sultan aus der Hand. Er taumelte mit weitaufgerissenen Augen. Sein Tuch rutschte von einem Schaummund und einem weissen Bart herab. Im Mondlicht konnte niemand unterscheiden, ob das Weiss des Bartes vom Schaum des Mundes stammte oder ob es ein Zeichen der Zeit war. Auf seiner Brust, zwischen furchterregenden Amuletten, leuchtete der legendäre Schlüssel der Schatzkammern; scheue Silberstrahlen brachen sich auf der Oberfläche des verruchten Metalls. Die beiden Dschinnen kämpften miteinander. Der Kampf dauerte die ganze Nacht. Es scheint nämlich, dass der Ringkampf, dass jeder Ringkampf erbarmungslos wird, bestialisch, unmenschlich, wenn er schicksalhaft ist, wenn es dabei um Leben und Tod geht. Doch trotz dieser Erbarmungslosigkeit, dieser Bestialität und dieser Unmenschlichkeit gibt ihm die Vergänglichkeit etwas von ihrem Geist und verleiht ihm eine Majestät und eine Heiligkeit, wie sie keine andere Art Kampf kennt.

Die Soldaten der drei Gruppen blieben stehen. Keiner schaltete sich ein. Keiner sagte etwas. Schliesslich legte der gewaltige Idikrân seine Hände an den Hals des Sultans und erwürgte ihn. Danach sagte er: „Es ist dir wohl entgangen, dass das Gold die Schutzwirkung aufhebt. Kein Geschöpf wird vor dem Untergang gerettet, das sich das Gold zum Gott gemacht hat. Es ist dir entgangen, du Elender, wie vor dir vielen anderen, dass, wer an das Gold glaubt und es verehrt, dem Einen Gott und dem Koran gegenüber ungläubig wird. Wer von uns ist nun also der Magier, du Goldsultan?"

Er riss ihm den goldenen Schlüssel von der Brust und warf ihn in die Luft. Er blinkte im Licht des Mondes, ein Kämpfer aus den Reihen der Dschinnen fing ihn auf.

3

Im Dunkel des Tagesanbruchs setzte sich die Karawane in Bewegung. Die Männer schritten, die Hände gefesselt und mit Palmseilen aneinandergebunden, in langer Reihe dahin, bewacht von jungen Schakalen mit vergifteten Speeren. Ihnen folgten die Frauen, ebenfalls in langer Reihe und bewacht von Dschinnensoldaten. Dahinter kamen die Jungen und Mädchen, auch sie gefesselt und von bestialischen

Schakalen getrieben wie eine Ziegenherde. Die Hirten und die Bewohner der Höhlen, die behaupteten, den Zug gesehen zu haben, versicherten, die meisten Gefangenen seien Stammesangehörige gewesen. Den Grund dafür sahen sie darin, dass es in der Stadt Wâw, wegen der Vorräte an Gold und weil die Bewohner ihr Metall nicht aufgeben wollten, zu Zerstörung, Gemetzel und Plünderung kam. Der Stamm dagegen erhielt trotz des Eifers seiner Männer beim Widerstand gegen die Angreifer eine weniger harte Lektion. In der Darstellung der Liebenden der Wüste heisst es, die Oase der Magier sei völlig vernichtet und zerstört worden, weil sich die wilden Dschinnen der Sache angenommen hätten. Doch die Verständigen meinen, dass in dem Angriff, wie es im Märchen ist, ein Geheimnis zurückbleibt, für das noch viele Generationen nach einer überzeugenden Erklärung suchen werden.

4

Die Überreste von Wâw waren auf der Ebene noch für mehr als ein Jahrhundert zu sehen. Ein Trümmerfeld, in dem die Nomaden ein böses Omen erblickten, da sie überzeugt waren, Geister und Dschinnen würden darin hausen. Doch schliesslich riss die berühmte Flut des Jahres 1913 alles hinweg. Auch die letzten Spuren verschwanden, und kein Stein blieb auf dem anderen.

5

Die Weisen der Wüste führen zahllose Bräuche auf jenen geheimnisvollen Gang durch den Tunnel der Finsternis zurück, der mehrere Monate, oder laut anderen: Jahre dauerte. Nach einigen Tagen Marsch brach unter den drei

Gruppen schon Streit über die Aufteilung der Beute aus. Die Schakale wollten alle Frauen behalten, doch dem widersetzten sich die Dschinnen, die die Frauen für ihren Anteil hielten. Dem widersprach der Häuptling der Schakale und argumentierte, das Gold und die Frauen zusammen seien ein ungerechtfertigt hoher Anteil. Doch der König der Dschinnen erinnerte ihn daran, dass der Löwenanteil im allgemeinen an den fällt, der die Hauptrolle beim Kriegszug gespielt hat. Und die Beteiligung der Dschinnen habe den Ausschlag gegeben. Am Ende blieben den Schakalen als Anteil nur die Männer; die Jungen- und Mädchenschar gab der Dschinnenkönig der Schakalbestie. Die Frauen dagegen blieben Ehefrauen in der Finsternis. Sie nun vermieden die Nennung der Namen ihrer Ehemänner; ausserdem verboten sie ihren Dschinnenmenschenkindern, über ihre Herkunft aus dem Reich des Unsichtbaren zu sprechen. Auf diese Weise etablierte sich in der Wüste die Tradition der verwandtschaftlichen Beziehung auf die Mutter. Ausserdem hinterliess diese Reise einen Schatz an Geschichten, die bis heute unter den Wüstenbewohnern weitererzählt werden.

III. Das Leichentuch

Und der HErr sprach zu Abram: Gehe aus deinem Vaterlande und von deiner Freundschaft und aus deines Vaters Hause in ein Land, das ich dir zeigen will.
Das Alte Testament. *Das Buch Genesis 12,1*

1

„Ich bin nur ins Akazienwadi gegangen", erzählte der Derwisch, „und habe dort ein Nickerchen gemacht. Es ist doch nicht möglich, dass ich ganze fünf Tage geschlafen habe?"

„Ich bin mit den Zicklein hinaus in die südlichen Wadis gegangen", berichtete Taffâwut. „Als ich müde geworden bin, habe ich mich in eine Höhle gelegt. Ich kann aber nicht glauben, dass ich dort ein paar Tage gewesen sein soll."

Sie trafen sich inmitten der Verwüstung. Er kam von Osten, sie von Süden. Beide waren kreuz und quer zwischen Trümmern und Leichen umhergegangen. Sie stiessen aufeinander wie zwei Gespenster. Sagten nichts, betrachteten nur schweigend die Toten. Und sie dachten nicht an das Goldopfer, das sie einmal gemeinsam den Dschinnen gebracht hatten, auch nicht als sie sich dann unterhielten und nach der Erklärung ihrer Rettung suchten.

2

Sie durchquerten das Lager, das in Schutt und Asche lag, und erreichten das Tor der Stadt. Den linken Flügel hatte das Feuer zerfressen, aber er klammerte sich noch immer wie ein riesiges Stück Holzkohle an der Mauer fest. Dagegen war der obere Teil des rechten Flügels herausgerissen und die Tür hing nur noch an ihrem unteren Ende. Um den Brunnen waren die Toten verstreut. Über einige Leichen krochen die Würmer, andere lagen in Lachen von Blut, Fett und Körpersäften. Noch andere hatte die Sonne mumifiziert, und den Körpern der dergestalt Auserwählten war kein Leids geschehen. Aus keiner Wunde bluteten sie; kein Fett, kein Saft floss aus ihnen. Sie lagen da, mit aufgerissenen Augen ins Leere starrend, als hätten sie sich nur zum Mittagsschlaf hingelegt. Ja, Mûssa bemerkte auf den Lippen jener ein mal spöttisches, mal glückliches Lächeln, als wären sie froh, endlich Erlösung gefunden zu haben.

Über Wâw kreisten die Raben, Rauch stieg auf, und Verwesungsgeruch waberte.

Taffâwut übergab sich dreimal. Sie klagte über Schwindel und Kopfschmerzen und schlug vor, den Ort zu verlassen. Sie gingen nach Südosten. Der Betrogene Îdenan betrachtete sie traurig, und sie schöpften Trost. Taffâwut setzte sich auf einen Stein, das Trümmerfeld erstreckte sich zu ihren Füssen. Ihr Gesicht wechselte die Farbe, es wurde fieberbleich.

„Schon als kleines Mädchen habe ich immer von einem Sohn geträumt", begann sie gedankenverloren. „Ich verfolgte meine Mutter mit der Bitte um einen Sohn. Sie schimpfte mich aus. Sie schlug mich. Sie sah für mich eine Zukunft in Liederlichkeit voraus. Wenn ein Mädchen in meinem Alter sich einen Sohn wünscht, bringt sie Unheil und Schande über die Wüste, behauptete sie. Doch dann tröstete sie sich selbst und sagte, das Weib wäre schliesslich für die Schande geschaffen. Für den Mann. Für alle Männer. Wenn das Weib in diese Wüste kommt, ist sie Besitz aller Männer. Es ist ihr Schicksal zu verführen und alles Männliche in Besitz zu nehmen. Irgendwann sagte sie ‚alle Männer' statt ‚alles Männliche'. Aber ich habe nicht aufgehört, mir einen Sohn zu wünschen. Unsere alte Nachbarin ersann eine List. Sie fertigte mir ein klägliches Kind aus Ton und Holzstücken. Es hatte rote Augen, wie die von Dschinnen. Die schlaue Alte hatte es aus roter Erde hergestellt. Ein paar Tage habe ich mich darüber gefreut. Dann habe ich es kaputtgemacht, als ich merkte, dass es kein richtiger Junge war, bloss eine Puppe, wie sie alle Kinder besassen. Ich protestierte bei meiner Mutter, die mich schlug und mit einem Strick am Zeltpflock festband. Einige Tage gab sie mir nichts zu essen. Aber die Strafe hat mir nichts ausgemacht und hat mich auch nicht veranlasst nachzugeben. Ich habe ein Kind verlangt, bis meine Mutter überzeugt war, ich wäre ein Dschinnenmädchen, das die Bewohner des Unsichtbaren gegen ihr Töchterchen ausgetauscht hätten, als sie einmal nicht achtgab. Das wäre passiert, behauptete sie, als sie eines Morgens auf die Weide ging und die Tochter allein und ungeschützt zurückliess. An jenem Tag hatte sie vergessen, das Messer neben ihr in den Boden zu stecken, um die Dschinnenräuber einzuschüchtern, ausserdem hatte sie versäumt, ihr den Beutel mit Beifuss ans Handgelenk zu binden. Da wurde die Tochter ausgetauscht. Sie rannte allen möglichen Fakîhs hinterher und schleppte Zauberer heran, um mit ihrer Hilfe die echte Tochter zurückzubekommen. Aber in der Wüste fehlten damals wegen der Dürre und weil keine Karawanen mehr durch Massâk Satfat kamen die fähigen Zauberer."

Sie hielt inne. Lauschte dem Krächzen der Raben. Schaute einem Schwarm Vögel nach, die von Norden heranflogen und über der Ebene kreisten.

„Als ich älter wurde", fuhr sie fort, „habe ich gelernt, dass ich ohne Mann niemals einen Sohn bekommen würde. Ich erfuhr, dass mein Weg über einen Mann führen müsste. Also begann ich, mich für die jungen Männer zu interessieren, und wählte schliesslich Udâd aus. Ich habe ihn nicht ausgewählt, weil er mit mir verwandt oder versippt ist. Nein, es war die grünliche Farbe, die mich anzog. Ich wollte ein grünhäutiges Kind, weil bei uns die alten Frauen sagen, das wäre die Farbe der Ewigkeit und grünhäutige Kinder wären unsterblich. Sie würden, wie ihr Urahn, die Eidechse, nur hinter den Steinen verschwinden, um dann wieder hervorzukommen. Ich bekam, was ich wollte. Udâd schenkte mir das Kind, die echte Puppe. Dann, dann ist er geflohen. Er ist in die Berge zurückgekehrt. Er war ein Heiliger wie du, der wusste, was in der Brust der Menschen vor sich geht. Er hat mein Ziel begriffen, mir das Geschenk gegeben und sich zurückgezogen. Aber glaub nicht, dass wir irgendwann darüber gesprochen haben. Alles ergab sich wie nach einem geheimnisvollen Plan, als hätte sich das Schicksal eingeschaltet. Und ich widersetzte mich nicht, als er sich zurückzog. Ich rannte nicht hinter ihm her. Ich verlangte auch nicht die Scheidung. Er hat mir mein Kind geschenkt, und ich hab ihm seine Freiheit gegeben. So lief das Geschäft ab."

Sie schwieg ein weiteres Mal. Ein frischer Nordwind wehte. Am fernen Horizont zeigten sich Wolken. Die Sonne erklomm den Thron hoch oben am Himmel. Mûssa folgte ihr schweigend.

„Aber auch mit mir hat das Schicksal gespielt", erzählte sie weiter. „Es hat für mein Kind einen anderen Weg verfügt. Ich gebe heute zu, dass es ein Weg ist, wie er mir nie eingefallen wäre. Elend ist, wer bequem wird und seine Angelegenheit dem Schicksal überlässt."

Sie jammerte nach Art der Gefolgsleute, wiegte sich wie in Verzückung, jedoch ohne eine einzige Träne zu vergiessen. Allein ihr bleiches Gesicht wies auf ihren Kummer.

„Warum nur kommen die Verschwundenen nicht zurück?" fragte sie. „Warum kehren sie nicht in die Wüste zurück?"

„Die Gefangenen werden zurückkehren“, versuchte er sie zu trösten.

Sie zuckte zusammen, als hätte sie diesen Trost erwartet: „Wann wäre je ein Gefangener zurückgekehrt, den die Dschinnen weggeführt haben? Hast du je von jemand gehört, der aus dem Tunnel der Finsternis zurückgekommen wäre?“

Keine Antwort.

„Antworte mir!“

Der Derwisch schwieg. Das Schweigen provozierte sie, und sie nahm ihre klagenden Fragen wieder auf: „Warum kehren sie nicht zurück? Warum verschwinden sie auf immer? Wohin gehen sie denn? In den Stein? In den Erdboden? In die Leere? Ins Licht? In die Sandkörner? In die Stille der Wüste?“

Der Derwisch ergriff die Gelegenheit: „Du hast doch gerade gesagt, sie würden hinter den Steinen verschwinden, wie die Eidechse, um dann wieder hervorzukommen. Hast du nicht gesagt, die alten Frauen erzählten das? Wissen die alten Frauen nicht mehr als wir?“

„Sie kommen in anderen Kleidern zurück, in neuer Gewandung, und das erst nach vielen Jahren. Wenn ich längst verschwunden bin, wenn ich weggegangen bin, um nach ihnen zu suchen. Ich will mein Kind jetzt. Mein grünhäutiges Kind. Mein armes Kind! Warum antwortest du nicht? Warum hast du mich verlassen? Warum wohnst du lieber in der Höhle der Finsternis? Warum hast du dich von deiner Mutter getrennt und sie gegen eine kokette Dschinnenfrau ausgetauscht? Jawohl. Ich weiss, dass der Sohn seine Mutter nur verlässt, wenn ihn eine Frau lockt, wenn eine Dschinnenfrau seine Aufmerksamkeit weckt. Aber nimm dich in acht! Der Speichel einer Dschinnenfrau ist rasch wirkendes Gift. Im Munde des Weibes ist Gift, selbst wenn sie keine Dschinnenfrau ist. Nimm dich in acht!"

Mûssa folgte erstaunt ihren Worten. Er hielt sich zurück. Vermied es, sie aufzuregen. Überliess sie ihrem Kummer. Aber sie vergoss keine Tränen. Die Unglückliche weint mit dem Herzen, dachte er. Er litt. Spürte die Erbarmungslosigkeit des Schicksals. Weinte für sie. Verbarg seine Augen hinter seinem Gesichtstuch und hatte den Eindruck, die Flüssigkeit zerreisse ihm die Wangen. Er hörte, wie sie ergeben murmelte: „Was soll's?! Mein Jammern wird ihn nicht zurückbringen. Auch mein Kummer nicht. Er hat mich verlassen und ist seinem Vater gefolgt. Ich hatte vergessen, dass der Sohn eines Tages seinem Vater folgen muss. Meine Glückseligkeit über ihn hat mich vieles vergessen lassen. Aber das Schicksal vergisst nicht, es ist wachsam."

Dann liess sie ihrer Litanei einen plötzlichen Protest folgen: „Rede! Sprich mir von der Ursache. Antworte mir: Warum kommt der Wanderer nicht zurück?"

Er antwortete ihr nicht.

„Hast du nicht eine besondere Beziehung zu Gott?" schleuderte sie ihm ins Gesicht. „Bist du nicht sein Lieblingsheiliger?"

„Ich bin kein Heiliger."

„Was bist du dann?"

„Ich bin ein Derwisch."

„Und was ist ein Derwisch, wenn nicht ein Heiliger?"

„Ich weiss nicht. Ich weiss nichts."

Die Sonnenscheibe machte sich bereit, hinter den Wolken zu verschwinden. Sie verhüllte sich trist und traurig mit einem Schleier wie der Mond hinter dem Dunst seines Hofs.

„Du hast einmal meinen Antrag abgelehnt", nahm sie ihr Thema wieder auf, „und hast die Prinzessin vorgezogen.

Aber das Schicksal, das mir meinen Sohn genommen hat, hat dich nicht mit ihr zusammengebracht. Es hat ihrem Leben einen anderen Verlauf bestimmt, und dich hat es zu mir zurückgebracht. Wohin also willst du fliehen? Du bist in meiner Hand. Der Stamm wird verschwinden, wenn wir nicht heiraten. Ist es dir recht, dass der Stamm ausstirbt?"

Er zuckte zusammen. Spürte, wie sich die Schlange um seinen Hals wand. Die Melodie der Koketterie weckte in ihm Bestürzung und Übelkeit. Fast hätte er sein Geheimnis preisgegeben. Fast hätte er ihr gestanden, was er sogar bewahrt hatte, als sein Nacken unter dem Schwert des Richters Bâba al-Schankîti lag. Mit grossen Schritten ging er die Anhöhe hinunter. Sie rannte hinter ihm her. Fasste ihn an seinem Gewand. Ihre Blicke begegneten sich, und da sah er in ihren Augen die Härtnäckigkeit der Satane. Die Hartnäckigkeit der Frau, die ihr Kind verloren hat und entschlossen ist, Nachkommen zu haben und Leben zu schaffen.

„Glaubst du, ich renne aus Liebe hinter den Männern her?" rief sie erregt, animalisch. „Glaubst du, irgendeine Frau könnte einen Mann lieben, wenn dieser nicht das Geheimnis, die Nachkommenschaft, in seinen Lenden trüge? Glaubst du etwa, es gebe im Mann etwas anderes, wofür die Frau ihre Liebe einsetzen könnte? Du bist ebenso verblendet wie alle anderen Männer. Alle sind sie hochmütig und schwachsinnig. Sie haben alle die Illusion, die Frau sei eine Puppe, geschaffen zu ihrem Vergnügen und ihrer Unterhaltung." Sie lachte laut. „Ach, ihr aufgeblähten Luftblasen. Schwachsinnige. Auch du bist einer von ihnen. Der Derwisch ist hochmütig und schwachsinnig." Sie lachte nochmals.

Es riss sich los von ihr. Lief zu den Stätten der Verwüstung. Sie rannte hinter ihm her. Packte ihn nochmals.

Stellte sich ihm in den Weg. Die Augen blitzend, rätselhaft, wahnsinnig. „Hab Erbarmen mit mir", flehte sie heiser, „wenn es dir schon nichts ausmacht, dass der Stamm verschwindet. Gib mir das Kind, dann mach, was du willst. Ich halte dich nicht, wenn du mir den Nachkommen schenkst. Ich verspreche es. Gib mir den Sohn und nimm dir die Freiheit. Es gibt keinen anderen Weg." Sie sank auf die Knie und begann, Erde hochzuwerfen. „Schau diese Erde an! Schau den Staub an! Wir alle gehen dahin wie der Staub, wenn wir keine Spur hinterlassen. Unsere Körper werden verschwinden in den Staubkörnchen. Auch wir werden verschwinden und nicht zurückkehren. Ist es dir recht, dass auch wir in der Finsternis verschwinden?"

Er bemerkte den verzerrten Mund, die gespannten Lippen. In den Augen sprach das Elend eine andere Sprache.

3

Im Morgengrauen stieg er den Hang hinauf und begann, mit der Hacke das Grab zu öffnen. Als die Sonne aufging, grub er noch immer, traurige Lieder in der Sprache der Bambara summend. Von Zeit zu Zeit nahm er seine pockennarbigen Hände zu Hilfe, um die Erde wegzuschaffen. Schliesslich stiess er auf die Gebeine. Zunächst holte er das Handgelenk hervor, dann den Brustkorb, schliesslich den Schädel. Er war glatt, glänzend und abscheulich. Der Staub hatte ihn blankgerieben, die Erde hatte alles Fleisch vom Gesicht gefressen. Er drehte ihn um, Sand fiel herab. Er betrachtete die Öffnung, aus der die Erde rieselte. Inspizierte sie. Ein grosser schwarzer Käfer kam heraus. Er warf ihn aus dem Grab und untersuchte den Schädel weiter. Ein langer, kummervoller Seufzer entrang sich seiner Brust, bevor er das Zwiegespräch begann. „Ist das das Ende des Weges, Prinzessin der Grossen Wüste? Bist das du, die Königin von Timbuktu und Wâw? Ist dieser taube Schädel jenes stolze Haupt, das die Herzen der jungen Männer vernichtet und selbst das Herz des Derwischs verbrannt hat? Ist dieser hässliche Knochen wirklich die Geliebte des Gottes Amanâj? Ist es denkbar, dass die Götter ein vergängliches Geschöpf wie dieses lieben? Ist es denkbar, dass sie mir das Herz stahl, mir, dem Gesandten des Gottes? Wohin ist die Bosheit in dieser Hirnschale verschwunden?"

Er hielt inne. Blieb im Grab stehen und inspizierte seinen Schatz. Dann fuhr er fort: „Doch wer hat gesagt, ich hätte sie geliebt? Wer wagt es zu behaupten, Idikrân, der Seher, könnte ein vergängliches, weibliches Geschöpf lieben, das Amanâj, die Gottheit des Südwinds, für sich zur Braut erwählt hat? Wie konnte Idikrân den Gott verraten und sich in ein kleines Mädchen verlieben?"

Seine Finger zitterten, seine Stimme wurde unsicher.

„Aber Idikrân, der Seher, muss seine Niederlage eingestehen. Er muss sich lösen von seinem verlogenen Stolz und seine Liebe zugeben. Jawohl. Ich habe mich in die Steinbraut verliebt. Wäre sie doch auch aus Stein! Sie ist ein trauriger Schädel. Ein Knochen. Staub. Den stolzen Idikrân hat ein kleines Mädchen erniedrigt. Ein Schädel. Ein Knochen."

Mit zitternden Händen drückte er den Schädel an die Brust. Drückte seine Lippen darauf. Flüsterte mit fiebriger Stimme: „Ich werde nie von dir lassen. Ich werde nie zugunsten des Gottes Amanâj auf dich verzichten. Nicht einmal der Gott bekommt dich von mir."

„Wie der Liebende der Steinbraut hinter der Geliebten ins tiefe Tal gesprungen ist, so ist der Seher der Dschungels hinter ihr ins Grab gesprungen." Über ihm stand der Stammesführer. Er sprach, als setzte er eine nie unterbrochene Unterhaltung fort. Idikrân schaute auf und warf ihm einen geistesabwesenden Blick zu. Da er nicht aus seiner Trance erwachte, fuhr Âdda fort: „Aber ich muss zugeben, dass der Seher mir gegenüber aufrichtig war. Ohne sein Bekenntnis hätte ich jetzt geglaubt, er sei nicht ganz klar im Kopf."

Idikrân schob sich den Schädel unter den Arm und versuchte, das Grab zu verlassen. „Ja, ja, der Stammesführer hat ja recht", murmelte er. „Ich wusste von Anfang an, dass der Stammesführer immer recht hat. Die ausgewogenen Menschen sind es, die die letzte Runde gewinnen."

Der Wind spielte mit dem Gewand des Stammesführers. Idikrân nahm den Schweissgeruch wahr, den Schweiss des Weitgereisten. Er streckte ihm seine pockennarbige, mit dem Sand und der Erde des Grabes verdreckte Hand hin. Der Stammesführer schüttelte sie und erwiderte: „Sie gewinnen die letzte Runde. Die Runde der Ruinen, der Verwüstung und des Todes. Die ausgewogenen Menschen gewinnen die Luft und greifen nach dem Wind."

„Alles hat seinen Preis."

„Manchmal ist mein Verstand nicht in der Lage, die Symbole der Seher zu verstehen."

„Bis jetzt habe ich mich gar keines Sehersymbols bedient. Ich wollte nur sagen: Dass du nach dem Wind greifst, ist der Lohn dafür, dass deine Feinde verschwinden. Willst du den Kampf gewinnen, ohne etwas zu verlieren?"

„Ich habe meinen ganzen Stamm verloren. Das ist ein Verlust, den der Sturz des angeblichen Feindes nicht aufwiegt."

„Ist der Sultan ein angeblicher Feind?"

„Ich leugne nicht die Meinungsverschiedenheit, aber ich habe ihn nicht als Widersacher betrachtet."

„Die ganze Wüste ist für den Stammesführer erfüllt vom Geist der Versöhnlichkeit. Die Versöhnlichkeit aber ist die

Waffe der Auserwählten und das Geheimnis der Ausgewogenen."

„Du übertreibst wirklich."

Idikrân riss ein Stück Stoff von seinem weiten Ärmel und wickelte den Schädel sorgsam ein. „Das ist das Opfer für Amanâj", rechtfertigte er seinen Eifer vor dem Stammesführer. „Um es lebendig zu bekommen, bin ich gekommen, und als Knochen nehme ich es mit zurück." Dann erläuterte er sein Geheimnis: „Mögen die Götter mir meine Dreistigkeit verzeihen. Aber der Schädel wird niemals Amanâj gehören."

„Warst du in der Fremde, hast dich abgequält und hast diesen ganzen Kampf gekämpft, um mit einem Schädel nach Timbuktu zurückzukehren?" fragte der Stammesführer, als läse er seine Absichten.

Der Seher lächelte. „Die Heldentat besteht darin, dass es ein Schädel ist. Sie besteht darin, dass du dein Leben für einen vergänglichen Knochen gibst." Er lachte unsicher. Dann ergänzte er: „Der Held ist der einzige, der sein Leben opfert, um sich die Gebeine mit dem Staub zu teilen."

Nochmals küsste er den in das Tuch eingewickelten Schädel und lachte rätselhaft wie die Seher.

4

In der Dunkelheit des Tagesanbruchs schlich sich Mûssa in den Palast. Er stieg über die Leichen der Neger, der Händler und der Soldaten des Sultans. Verwesungsgeruch lag über allem, und er zog sein Tuch über die Nase. Er kam ans Tor der Halle; es war zerstört. Er stieg eine finstere Treppe hinab, die zu einem Gang führte, in den durch eine kleine Luke an der Decke ein Lichtstrahl fiel. An der Wand entlang tastete er sich weiter. Stiess gegen etwas und fiel zu Boden.

Der kühlfeuchte, modrige Geruch wurde stärker. Mit Hilfe seiner Hände inspizierte er den Gegenstand. Es war eine staubbedeckte Truhe. Er tastete sie ab, bis er den Henkel fand. Daran zog er sie hinaus aus dem Raum. Auf dem Weg zum zerstörten Tor stürzte er mehrfach. Die Truhe hinter sich her schleppend, durchquerte er Hallen und Bögen. Von den Hallen gingen dunkle Gänge ab. Er blieb stehen, um Atem zu schöpfen, setzte sich mitten in einem Gang auf die Truhe, wischte sich Schweiss und Staub von Gesicht und Händen. Untersuchte eine Prellung am rechten Ellbogen, die er sich bei seinem ersten Sturz zugezogen hatte. Sein Atem wurde ruhiger, eine Woge von Verwesungsgeruch drang ihm in die Nase. Er zog den Gesichtsschleier fester und lauschte der Stille der Ruinen, durch die nur die Geister der Toten schwebten. Er dachte an die Vergangenheit, an damals, als er auf dem Weg zur Prinzessin war.

In der Stille hörte er das Hämmern der Schmiede in der geheimnisvollen Halle, wo das unselige Metall bearbeitet wurde. Die Stille redete zu ihm, jetzt, da er allein war, in der Sprache der Wüste, der Sprache des Todes. Wâw war ins Unbekannte zurückgekehrt, nichts war von ihm übrig als allein die heilige Stille. Es war, als spottete die Wüste über das stolze Bauwerk, als erklärte sie, dass alles vergänglich und nichtig sei ausser ihr. Existenz gab es nur für die Wüste. Ewigkeit gab es nur für die Stille.

Er setzte seinen Weg fort. Schleifte die Truhe zum Westtor. Bevor er den Brunnen erreicht hatte, hielt er inne und begann, den Staub abzuwischen. Es war eine grosse, viereckige Holztruhe. An den beiden Schmalseiten waren Messinggriffe angebracht. Auch die vier Ecken waren mit hübschen Messingstücken verziert. Ein grosses, ebenfalls aus Messing gefertigtes Schloss hütete den Inhalt. Und während er dieses betrachtete, fiel ihm der geheimnisvolle Schlüssel ein, des Sultans goldener Schlüssel, den sich anzueignen die Händler geträumt und über den die Bewohner der Ebene alle möglichen Geschichten gewoben hatten. Am Tag zuvor war er Taffâwut entkommen und zum Hügel gegangen. Dort hatte er die sterblichen Überreste des Sultans untersucht und die Amulette und Talismane gefunden. Doch der Schlüssel war verschwunden.

In seiner Brust entflammte die Neugier. Er beschloss, nicht auf halbem Wege stehenzubleiben. Nahm einen festen Stein und klopfte damit auf das solide Messingschloss.

Die Sonnenscheibe erschien. Und plötzlich stand der Stammesführer neben ihm.

Der Derwisch sprang auf und wich ein paar Schritte zurück. Den Stein aber liess er nicht los. Seine Wangen wurden bleich. „Du weisst ja", stammelte er beschämt, „die Neugier in der Brust des Menschenkindes ist eine nicht totzukriegende Schlange. Im Herzen jedes Menschen wohnt ein Satan."

Der Stammesführer lächelte. „Hat dich der Zweifel erfasst? Hast du gedacht, ich könnte eine schlechte Meinung von dir haben?"

Als Mûssa den Kopf senkte, ermutigte ihn der Stammesführer: „Du brauchst dich nicht zu rechtfertigen. Ich habe nicht die Absicht, dich der Habgier zu zeihen. Hast du vergessen, dass du der erste warst, der das Geheimnis des Metalls entdeckt hat, und dass du den Unglücksring dem Berg geopfert hast?"

„Ich kann mir selbst die Neugier nicht verzeihen."

Der Stammesführer lachte. „Du bist ein grosses Kind, Mûssa. Weisst du, dass es genau das ist, was ich bei dir am interessantesten finde und was mich am meisten zu dir hinzieht?"

Der Derwisch lächelte. Der Stammesführer gab sich einen Ruck und scherzte weiter: „Jetzt werden wir uns beide mit der Moral des Satans schmücken und der Neugier freien Lauf lassen. Zertrümmere das Schloss mit dem Stein!"

Die scherzhaft spöttischen Worte des Stammesführers ermutigten den Derwisch.

„Wir haben darauf für die Lebenden verzichtet", fuhr Âdda fort, als richte er seine Ansprache an das Schicksal, „und wir nehmen es von den Toten. Warum auch nicht? Es ist wie die Frau, wankelmütig. Feind gegenüber dem Freund, und Freund gegenüber dem Feind. Warum auch nicht? Andernfalls hätte das Anhi nicht gesagt, es sei das Metall der Dschinnen. Wenn es nicht kokett wäre, wäre es nicht Besitz des Satans."

Er beugte sich über den Derwisch und folgte dessen Anstrengungen, das störrische Schloss aufzubrechen. Als es Mûssa schliesslich geglückt und der Hüter des edlen Metalls zerbrochen war, wechselten die beiden unsichere Blicke. Der Derwisch trat zurück und überliess es dem Stammesführer, die Aufgabe zu vollenden, die Decke vom Schatz zu ziehen. Als verberge die Truhe anderes als Gold, als beherberge sie Schlangen, als wäre es eine Flasche mit einem Dämon darin. Der Derwisch fürchtete die Flasche. Er hatte Angst, die Hülle wegzuziehen und den Dämon freizusetzen. Sogar der Derwisch fürchtet die Dämonen.

„Los, Mûssa", scherzte der Stammesführer, um ihn anzuspornen, „warum willst du nicht, dass wir unser Glück versuchen. Haben die Eremiten und die Derwische nicht auch das Recht, irgendwann einmal ihr Glück mit Schätzen und Gold zu probieren? Lass auch uns unser Glück versuchen!"

Ihre Blicke trafen sich nochmals. Der Stammesführer sah die Strahlen der Sonne in dem schielenden Auge des Derwischs. Der Derwisch bemerkte im Blick des Stammesführers eine geheimnisvolle Unruhe. Die Unruhe übertrug sich auf ihn, steckte ihn an. Er fürchtete, seine Hände könnten ihn verraten, und verschränkte sie auf dem Rücken. Die Bewegung war ihm unangenehm, weshalb er seine Hände vors Gesicht hielt, als entdeckte er sie zum erstenmal. Er begann, sie nervös zu reiben.

„Zieh die Decke weg", rief der Stammesführer, der seine gewohnte Ruhe verloren hatte. „Was wartest du?"

Mûssa trat zwei Schritte vor, schloss die Augen und zog die Hülle von der Flasche. Hielt die Augen geschlossen.

Erwartete, die Erde werde beben und der Berg einstürzen. Erwartete, die Wüste werde vom kollernden Lachen des mythischen Dämons widerhallen. Er öffnete die Augen erst wieder, als der Stammesführer sagte: „Das ist es, was geschieht, wenn törichte Eremiten vom rechten Weg abweichen wollen und beschliessen, ihr Glück zu versuchen und sich Schätze anzueignen."

Dann hörte er ihn lange, laut und locker lachen und öffnete die Augen, vorsichtig, um seine Pupillen vor der grellen Spiegelung der Sonnenstrahlen im Gold zu schützen. Aber die Truhe leuchtete nicht. Warum? Doch, etwas leuchtete. Ein hellweisses Gespenst ruhte darin. Ein in Weiss gehüllter Leichnam? War es wirklich ein Leichnam?

„Was ist denn das?" fragte der Derwisch mit der Arglosigkeit seines Standes.

„Du weisst im Ernst nicht, was das ist?" spottete der Stammesführer. „Du bist wirklich ein Derwisch. Wolltest du nicht den Satan Neugier zufriedenstellen? Haben wir nicht gerade beschlossen, uns in die Schar der Reichen einzureihen? Greif zu! Das ist dein Schatz. Das ist unser gemeinsamer Schatz. Warum trittst du nicht vor und nimmst dir den Schatz?" Er lachte laut.

Zum erstenmal hörte Mûssa den Stammesführer Âdda so laut und hässlich lachen. Es war ein satanisches, abstossendes, wieherndes Gelächter. Was meinte er nur damit? Hatte er Würde und Verstand abgelegt? Was liess den geachteten Stammesführer derart die Haltung verlieren? Mûssa stürzte sich auf den in der Truhe aufgebahrten Stoff, verkrallte sich mit beiden Händen darin und zog ihn von der Flasche, von der Bahre. Er warf ihn auf die Erde, inspizierte seine Falten und untersuchte seine Würfe. Der Stoff roch neu. Er hatte den reinen Geruch bewahrt, obwohl er jahrelang in der Lade begraben war. Aber jetzt hatte er seine Unschuld und seinen Glanz verloren. In Mûssas Händen hatte sich seine strahlende, leuchtende, glänzende Gestalt in einen elenden Haufen verwandelt.

Der Stammesführer unterbrach sein Gelächter mit einer scheusslichen Erklärung: „Das ist ein Leichentuch, das für uns alle reicht! Der Sultan war sehr weise."

„Leichentuch?" fragte Mûssa kindlich erstaunt zurück.

Die Überraschung in den Augen des Stammesführers wuchs: „Oder etwa ein Brautkleid? Glaubst du etwa, Eremiten könnten auf etwas anderes stossen als auf ein Leichentuch?" Er lachte ein weiteres Mal. Dann hielt er inne und fügte hinzu: „Das ist die älteste List in der Hand des Teufels. Er flüstert immer weiter und sucht hundert Jahre seine Feinde zu verlocken. Es gibt in der Wüste niemanden, der eifriger und geduldiger wäre als der Teufel. Und wenn die hundert Jahre vorbei sind und der Eremit schwach wird, kommt er herab auf die Erde, um sein Glück zu versuchen. Meist tritt er dabei durch das Tor der Ablenkung oder, sagen wir, der Neugier, um deinen scharfsinnigen Ausdruck zu verwenden. Da findet der Teufel Gelegenheit, sein Opfer zu hintergehen, und er streckt ihm die Zunge heraus, wie er es mit uns gemacht hat." Ein weiteres Lachen folgte.

„Aber du hast gerade gesagt", protestierte der Derwisch, „du zweifelst nicht an meinen Absichten. Hast du wirklich geglaubt, ich suche nach einem Schatz?"

Der Stammesführer wischte sich mit dem Ärmel seiner Gallabija die Tränen ab. Er schob sein Gesichtstuch über die Nase hoch und gewann seine Würde zurück. „Was sollte der Derwisch mit Schätzen anfangen? Aber wie konnte ich vergessen, dass auch die Neugier eine Leidenschaft ist, die der vermaledeite Satan zu seinem Vorteil nutzen kann!"

„Folgt denn der Vermaledeite unserem Tun und Lassen so genau?"

„Hat er denn etwas anderes zu tun? Er hat sich ganz dieser Aufgabe gewidmet, seit er die erste Runde gewonnen und uns aus Wâw vertrieben hat. Gott verfluche ihn!"

Mûssa zögerte einige Augenblicke, dann erklärte er seine Zweifel: „Tatsächlich habe ich nie geglaubt, dass der Sultan ein Weiser ist."

„Auch ich gebe zu, dass ich ihn falsch eingeschätzt habe. Vielleicht hat mich ja mein Disput mit ihm geblendet."

„Was genau wollte er sagen?"

„Weisst du das noch immer nicht? Kann er mehr sagen, als er gesagt hat?"

Keine Antwort.

„Tatsächlich hat er dem nichts Neues hinzugefügt, was zuvor schon das Anhi gesagt hat. Keinen Schatz besitzt der Mensch ausser dem, was er ins Grab mitnehmen kann. Und was anderes nimmt er vom Leben mit als das Leichentuch?"

„Wir haben eine schlechte Meinung von ihm gehabt."

„Den Bau von Wâw hat er aufrichtig gemeint, die Errichtung seines irdischen Paradieses. Doch bei der Einschätzung der Tauglichkeit des Goldes hat er sich getäuscht."

„Aber nun hat er uns einen weiteren Beweis geliefert."

„Tatsächlich ist dieser Beweis eine Überraschung für mich." Der Stammesführer betrachtete das reine Tuch und fügte deprimiert hinzu: „Das ist ein weiterer Beweis, dass der Mensch ein ewiges Geheimnis ist. Wer könnte künftig so dreist sein und die Verantwortung auf seine Schultern laden zu behaupten, er kenne den Menschen?"

Im Norden tauchte hinter den Hügeln die Gestalt des Sehers auf. Er sass auf seiner mageren Kamelstute zwischen den Wasserbälgen. Er hing am fernen Horizont, ritt am Brunnen vorbei. Schon am Abend hatte er sich mit Wasser versorgt, und so hielt er nicht an. Zog weiter, ohne sich umzuschauen. Der Wanderer, einmal aufgebrochen, blickt nur noch zum Horizont. Über ihm kreiste ein Rabe.

„Das ist ein Vermächtnis", begann der Stammesführer wieder, indem er das Leichentuch an sich nahm. „Und an den Lebenden ist es, die Vermächtnisse der Toten zu erfüllen. Die Pflicht gebietet es, den Körper in das Leichentuch zu hüllen und ihn der Erde zurückzugeben, die ihn einst gegeben hat."

Er drückte das Leichentuch an sich und schritt zum Hügel, wo der Sultan lag.

5

Der Stammesführer lag auf dem Rücken, und der Derwisch beobachtete die Geburt des Vollmondes.

Sie hatten sich am Fuss des Betrogenen Berges gelagert und die Ebene den Dschinnen und den Gespenstern überlassen. Wenige Schritte entfernt züngelte ein Feuer, um das Taffâwut kreiste und das Abendessen kochte. Der Stammesführer betrachtete die Sterne, als der Derwisch sagte: „Sie will um alles in der Welt ein Kind haben. Sie sagt, das Schicksal des Mannes wäre es, der Frau Kinder zu schenken.

Wenn er keine Nachkommenschaft in seinen Lenden trüge, würde sich niemand nach ihm umsehen. Stimmt das?"

Der Stammesführer blieb unverändert liegen und folgte den geheimnisvollen Sternen.

Mûssa hockte zusammengekauert da und spielte im Sand herum. „Ich habe Angst. Niemand ausser dir wird mich schützen können." Als Âdda nicht reagierte, fuhr der Derwisch flehentlich fort: „Sie ist furchtbar. Du weisst gar nicht, wie furchtbar sie in ihrer Sehnsucht nach einem Kind ist!"

Keine Antwort.

„Du wirst mich nie im Stich lassen. Wirst du mich je im Stich lassen?"

Keine Antwort.

„Du kennst das Geheimnis. Du bist der einzige, der das Geheimnis kennt. Was soll ich mit ihr tun? Was tut ein Mann, der ein Geheimnis hat, mit einer Frau, die ein Kind will?"

Der Stammesführer antwortete nicht. Er regte sich nicht. Doch seine Augen blieben offen, aufmerksam, und folgten den Hinweisen aus dem Unbekannten.

Mûssa schob sich näher heran. Beugte sich über sein Gesicht und sagte mit seltsamer Stimme: „Ich habe einen Vorschlag." Er folgte den Atemzügen des Stammesführers und fuhr dann fort: „Sie sagt, der Mann hätte gar keine andere Wahl mehr, wenn es um den Fortbestand des Stammes geht, um die Rettung des Stammes vor dem Aussterben."

Keine Antwort.

„Dieser Ruf ist an dich, nicht an mich gerichtet. Gott selbst hat dich auserwählt, die Wurzel vor dem Verschwinden zu retten. Gott selbst hat sie in der Höhle versteckt und sie gerettet, damit du bei ihr eingehen kannst."

Der Stammesführer hob den Kopf. Die Seite seines Gesichtstuches fiel herab. Er starrte den Derwisch mit Abscheu an.

Mûssa zog sich zurück und rechtfertigte seine Dreistigkeit mit einem Hinweis auf den Koran: „Warum eigentlich nicht? Hat nicht unser Herr Ibrahîm seinen Sohn Ishâk auch erst am Ende seines Lebens gezeugt? Hat er sich nicht auch erst fortgepflanzt, als er schon über hundert war?"

Im keuschen Licht betrachtete er ihn einige Augenblicke, und Mûssa hatte den Eindruck, er lächle, bevor er sich wieder zurückfallen liess. Auch er lächelte, und in ihm wuchs die Überzeugung von der Wirksamkeit koranischer Lehren.

6

Mitten in der Nacht erwachte der Stammesführer an einem Ruf. Es war das rätselhafte, alte, kummervolle Heulen, wie es in der Wüste nur ein Stamm beherrscht, der der Wölfe. Mit geschlossenen Augen lauschte er. Die Sippe näherte sich. Der Ruf ertönte über ihm: „A...a...a...a... a...u...u...u...u..."

Er öffnete die Augen und suchte nach den Boten von Muchâmmads Stamm. Der Mond neigte sich gegen Westen. Der Horizont versprach die Geburt des Frühlichts. Doch keine Spur von den Boten. Die feierliche Stille ergriff wieder Besitz von der Wüste, und ihn überraschte die Geschwindigkeit, mit der die Boten verschwunden waren. Wenn er nicht hellwach gewesen wäre, hätte er sich Lügen gestraft und wäre überzeugt gewesen, alles nur im Traum gehört zu haben. Waren sie dem Geruch der Leichen gefolgt? Er stützte sich auf die Ellbogen und schaute sich um. Taffâwut lag auf der anderen Seite neben dem Mehri. Aber da, der

Platz des Derwischs war leer! Seine Brüder, die Wölfe, hatten ihn wohl geweckt, überlegte er, und er war gegangen, sein Bedürfnis zu verrichten. Er dachte noch ein wenig über die verwandtschaftliche Beziehung nach, die den Derwisch mit der Sippe der Wölfe verband. Dann schlief er ein.

7

Am Morgen entdeckte er, dass der Platz des Derwischs immer noch leer war. Taffâwut brachte ihm einen Becher Tee. Er schlürfte ihn langsam. Wartete, bis die Sonne aufging. Dann stand er auf und folgte der Spur. Zunächst wandte er sich zum westlichen Berghang, dann machte er eine halbe Drehung und fand die letzten nächtlichen Schritte. Bog ab Richtung Osten, in eine mit Sand gefüllte Schlucht. Dort stiess er auf die Spuren der Boten. Der Derwisch hatte sich der Sippe seiner Brüder angeschlossen. Sie waren nach Osten gegangen. Er folgte ihnen bis zu der Stelle, wo sie das Akazienwadi erreicht hatten. Dort fand er Mûssas Spur um seinen Lieblingslotosbaum. Dreimal hatte er ihn umkreist und war dann der Sippe gefolgt. Sie hatten das Wadi verlassen, waren gemeinsam dem Berg zugestrebt. Er folgte der Spur. Über den Abhang zog sich eine schwarze Wüste aus Steinen und scharfen Steinsplittern. Er verlor die Spur.

8

Er kehrte zurück. Hiess Taffâwut das Gepäck richten. Machte den Sattel auf dem Mehri fest. Legte Decken darauf und richtete für die Frau einen bequemen Sitzplatz. Sie half ihm, die Wasserbälge am Sattel festzumachen. Er tätschelte das Kamel und massierte ihm liebevoll den Nacken. Das kluge

Tier reagierte auf die Zärtlichkeit, indem es ihm die Hand küsste. Dann reckte es den Hals zum Horizont. Es war bereit für eine lange Reise.

Auf einen Wink von ihm kam Taffâwut. Er half ihr, hinter dem Sattel Platz zu nehmen, und gab dem Mehri ein Zeichen, worauf er sich behend erhob.

Er setzte sich in Bewegung.

Er führte ihn über die Ebene. Danach bog er nach rechts ab, um die Ruinen zu umgehen. Im Norden, nicht weit entfernt, stand der Îdenan, als grüsse er ihn zum Abschied. Er hielt inne und betrachtete ihn lange, dann setzte er seine Reise fort.

Vor ihm lag die weite Wüste, kahl wie die Vergänglichkeit.

Anhang

Die Welt des Ibrahim al-Koni ist inzwischen bekannt, der arabischen Leserschaft ebenso wie der deutschsprachigen. Ersterer liegen mehrere Dutzend Titel vor – hauptsächlich Romane, dazu Erzählungen, Aphorismen und Essays. Letzterer sind immerhin drei kürzere Romane verfügbar – *Blutender Stein, Goldstaub, Nachtkraut**. Deren Schauplatz ist vornehmlich die Wüste im Süden des heutigen Libyen, reicht aber häufig darüber hinaus und umfasst den gesamten Lebensraum der Tuareg, von Gadames bis Timbuktu, vom Dschebel Nefûssa bis Agades. Ihr Horizont ist bestimmt durch die Denk- und Vorstellungswelt jener Tuareg.

Dadurch ist die Welt all dieser Werke aber anders als die gewohnten Welten, und das nicht nur, weil jene Region sowohl den meisten Arabern als auch Nichtarabern nicht oder höchstens andeutungsweise bekannt ist. Denn die Welten der Araber – real bewohnte und literarisch beschriebene –, das sind Dörfer oder, meistens, Städte, kleine und besonders grosse. Casablanca und Rabat, Kairo und Alexandria, Beirut, Damaskus, Bagdad und Amman gehören ebenso dazu wie Tanger, Kairuan, Tripoli oder Port Said. Wüste ist selten, wenngleich sie die westliche Vorstellung über die arabische Welt und zum Teil auch die Vorstellung von Arabern über ihre eigene Welt prägt.

Was die Welt des Ibrahim al-Koni auch von anderen Welten unterscheidet, ist ihre Grenzenlosigkeit im wörtlichen Sinn, das Fehlen von Trennlinien. Es gibt keine Staatsgrenzen, nur Ortsnamen oder Regionsbezeichnungen. Letz-

* *Blutender Stein* (1995), *Goldstaub* (1997), *Nachtkraut* (1999); alle im Lenos Verlag erschienen.

tere sind im allgemeinen älter als die Namen der heutigen Nationalstaaten Libyen, Mali, Niger, Nigeria oder Algerien, gleichzeitig sind die so bezeichneten Gebiete – Asdschirr, Aïr, Adrâr, Ahaggâr, Tassîli u.a. – kleiner als die modernen politischen Kreationen, deren Grenzen der Autor bewusst ignoriert.

Auch anderswo fehlen Trennlinien. So bleibt die Unterscheidung zwischen Realität und Irrealität weitgehend hinfällig, ebenso diejenige zwischen dem Sichtbaren und dem Unsichtbaren, und selbst die Grenze zwischen Mensch und Tier wird teilweise verwischt. Allen Werken Ibrahim al-Konis liegt eine tiefe Überzeugung von der Einheit des Universums zugrunde, und diese Einheit anzutasten erscheint als schwerwiegendes Vergehen.

In *Blutender Stein* findet sich auf der Felswand das Bild von Mensch und Mufflon, die brüderlich vereint in Richtung Sonnenaufgang blicken, ein archetypisches Bild, das die in jenem Roman angesprochene Frage nach dem Unterschied zwischen dem Fleisch des Menschen und dem des Tieres müssig erscheinen lässt. Im selben Roman erkennt Assûf, die Hauptfigur, im Blick eines Mufflons seinen Vater wieder, eine an hinduistische Vorstellungen erinnernde Reinkarnation, wie sie sich auch anderswo bei Ibrahim al-Koni findet. In *Goldstaub* ist von einer innigen Beziehung zwischen einem Mann und seinem Kamel die Rede, einer Beziehung, die tiefer geht als jede Freundschaft unter Menschen.

In Essays, Aphorismen und im Gespräch äussert sich Ibrahim al-Koni immer wieder auch über Literatur im allgemeinen und über sein eigenes Schreiben im besonderen. Dabei lässt er keinen Zweifel, dass es ihm bei seinem literarischen Schaffen immer um die Tuareg geht. Die detailgetreuen und minutiösen Beschreibungen von Bekleidung und Behausung, Sitten und Gebräuchen, Festen und Feiern der Tuareg in all seinen Romanen und Erzählungen legen Zeugnis ab vom ausgeprägten ethnographischen Interesse des Autors.

Doch die Lebenswelt der Tuareg ist für Ibrahim al-Kôni nur Ausgangspunkt. Eigentlich und wesentlich geht es um mehr als um jenes „Volk berber. Abstammung in der westl. Zentralsahara und der südlich anschliessenden Sahelzone, von Touat bis Timbuktu und vom Fessan bis Zinder, insges. etwa 1 Mio. (davon je über 400'000 in Mali und in Niger, die übrigen in Burkina Faso, Libyen, Algerien)“, so der Eintrag im Konversationslexikon. Für Ibrahim al-Koni sind die Tuareg Symbol der Menschheit. An ihnen erörtert er die essentiellen Fragen des Menschseins und stellt allgemeine Probleme der Existenz dar: Liebe, Ordnung, Tradition, Tod, Ewigkeit.

Und dazu bietet sich als Ort, als idealer Schauplatz der Lebensraum der Tuareg an, die Wüste, verstanden im mystischen Sinn als weglose Welt, die der Mensch durchqueren muss, um ans eigentliche Ziel zu gelangen.

„Ein Roman, dessen Geheimnis nicht in der letzten Zeile liegt, ist kein gelungener Roman.“ So lautet Ibrahim al-Konis Diktum in einem seiner Aphorismen, die inzwischen neun Bände füllen. Hieran gemessen, ist sein Roman *Die Magier* ein gelungener Roman. Der letzte Satz lautet: „Vor ihm lag die weite Wüste, kahl wie die Vergänglichkeit.“ Es ist die Kurzfassung jener Vorstellung von der Wanderung, der Weglosigkeit, dem Schicksal jedes einzelnen Menschen, diese eigentlich weglose Welt (Weglosigkeit, arabisch *matâha,* ist eines der etwa zehn Wörter, die Ibrahim al-Koni für „Wüste“ verwendet) hinter sich zu bringen. Und die

Hauptaufgabe des Menschen dabei sei es, so der Autor in allen seinen Werken, die Weisheit des Lebens in der Wüste zu finden, die unser Leben versinnbildlicht.

Neben Taffâwut, die die Möglichkeit des physischen Fortbestandes des Stammes verkörpert, sind es zwei Figuren, die sich auch am Ende des Romans noch der Erfüllung dieser Aufgabe gegenübersehen, weil sie dem grossen Gemetzel entronnen sind: Mûssa, der Derwisch, und Âdda, der Stammesführer. Sie sind die zentralen Helden des Romans. Beide spielen durch das gesamte Werk hindurch wichtige Rollen, sie verkörpern die grossen Ideen des Romans, Âdda mit seiner Suche nach einer menschenwürdigen und gottgefälligen Ordnung, Mûssa als Verbindungsglied zwischen Mensch und Tier, als Symbol für die Einheit der Kreatur. Beide überleben, der eine, Âdda, real, der andere, Mûssa, mythisch.

Ibrahim al-Koni betrachtet *Die Magier* als sein Hauptwerk, dasjenige, in dem er seine wesentlichen Anliegen am klarsten ausgedrückt habe.

Der Roman bewahrt die Überlieferung eines verschwindenden Volkes, verschwindend nicht notwendigerweise physisch, sondern als Lebensform. Doch durch dieses Verschwinden geht auch – aufgrund neugezogener politischer Grenzen, sich verändernder gesellschaftlicher Strukturen und anderer wirtschaftlicher Bedürfnisse – die Gedanken- und Vorstellungswelt dieses Volkes verloren. Nichts weniger als ein Epos zu schreiben, das die Erinnerung an dieses Volk und seine Lebensform bewahrt, hat Ibrahim al-Koni sich mit den *Magiern* vorgenommen.

Zentrales Thema darin ist wohl am ehesten das Verhältnis der unterschiedlichen Vorstellungen von Wâw zueinander, jenem Traumort, der sich in zahlreichen Werken al-Konis wiederfindet. Dabei spielen die wirklich existierenden Orte dieses Namens eine eher untergeordnete Rolle. Wichtig für das Denken der Menschen ist das grosse Wâw, das Paradies, aus dem der Urahn vertrieben wurde und in das zurückzukehren sich alle sehnen. Inzwischen aber muss man sich mit dem kleineren Wâw zufrieden geben: dem Ort der Rettung für Irrende, für solche, die, vom Wege abgekommen, am Rande des Todes stehen – jener Stadt, die zu einem kommt, die nicht durch Suchen auffindbar ist. Deshalb auch muss Anâj scheitern, den seine Hybris dazu verleitet, dieses Wâw selbst errichten, den Traum in die Wirklichkeit umsetzen zu wollen. Daneben gibt es immer noch andere, divergierende Vorstellungen von Wâw, beispielsweise diejenige, es handle sich nur um einen Männervorwand, um sich der wahren Bindung zu entziehen, oder diejenige, Wâw sei nichts ausserhalb des Menschen Vorhandenes, sondern nur in seiner Brust zu finden.

Vor diesem Hintergrund von Wâw-Vorstellungen spielt sich eine doppelte Geschichte ab. Da ist einerseits die Auseinandersetzung zwischen sesshaft und nomadisch, zwischen der neu entstehenden Stadt und dem Lager, das eigentlich schon zu lange an dieser Stelle steht und so eine Neigung zur Sesshaftigkeit offenbart. Zu dieser Auseinandersetzung gehören auch der Kampf ums Wasser, das wirkliche „Gold der Wüste", und der Streit um den Handel mit Gold, dem verruchten Metall, vor dessen Gebrauch der Prophet Muhammad gewarnt hat und dessen Besitz sich die Dschinnen vorbehalten haben. Im Rahmen dieser Auseinandersetzung spielt sich eine Liebesgeschichte mit einem fast „klassisch" zu nennenden Dreiecksmuster ab: Ocha liebt Tênere, die Udâd liebt, der zu Ocha ausserdem noch in Klassenkonkurrenz steht. Die Liebesgeschichte endet tragisch: Tênere und Udâd, deren Begegnung den

Roman eröffnet, gehen aus unterschiedlichen Gründen an ihrer Liebe zugrunde.

Stoff genug für einen Roman, den Ibrahim al-Koni jedoch auch als Epos verstanden wissen will, in dem er, unter Einarbeitung zahlreicher Einzelmythen aus dem Mittelmeer- und dem Sahararaum, einen grossen Mythos zu schaffen sich vorgenommen hat. „Der Roman ist der Mythos der modernen Zeit, der Mythos ist der Roman der alten Zeit", so liest man in einem seiner Aphorismen, so definiert er für sich selbst die Gattung seines Werkes, gedacht sozusagen als Verbindung der beiden.

Dabei ist der Mythos für Ibrahim al-Koni nicht einfach eine „Erzählung von Göttern", sondern im Herderschen Sinn eine Geschichte zur Weltdeutung, weshalb auch von profaner Zeit weitgehend abstrahiert werden kann. Diese kommt in den *Magiern* nur andeutungsweise vor, zum Beispiel durch einen Hinweis auf den Gouverneur des Osmanischen Reiches, dessen Zeit spätestens 1912, mit der Besetzung Libyens durch Italien, abgelaufen war, oder ganz am Schluss des Buches durch die datierten Angaben über die Flut, die die letzten Reste der Stadt weggewaschen hat.

Epos, schrieb ein arabischer Kritiker im Zusammenhang mit Ibrahim al-Konis Roman, sei ein schweres, ein schwer wiegendes Wort, da es ein Werk in eine Reihe mit den ganz grossen Werken der Literaturen am Mittelmeer stellt, *Gilgamesch, Ilias, Odyssee, Äneis.* Dennoch hielt er an dieser Genrebestimmung fest, denn (so in Harenbergs Lexikon der Weltliteratur): „In epischer Breite erzählt, hat das Geschehen im E. doch einen zentralen Helden oder Leitgedanken. Dafür sorgen die Wiederkehr von Kernsätzen und Hauptmotiven, gehobene, teils formelhafte Sprache, der Anruf von Göttern, Musen oder Ahnen, der Vorrang bedeutsamer Ereignisse: Stadt- und Staatsgründungen, Feste,

Heerschauen, Ansprachen und Streitgespräche, Kämpfe und Eroberungen, auch Katastrophen."

Das beschreibt, sehr kompakt, auch Stil und Inhalt der *Magier,* wobei sich in al-Konis Werk jedoch das Epos auch im Gewand moderner Prosa zeigt, sich die kosmisch-allegorische Dimension des Epos mit Elementen des neuzeitlichen Romans verbindet, beispielsweise der Erfordernis der Individualisierung der Protagonisten, der perspektivischen Erzählweise und einem linearen, wenn auch nicht unbedingt in chronologischer Sequenz erzählten, auf einen Höhepunkt hin orientierten Handlungsverlauf.

Das wird besonders deutlich bei den Personen. Diese tragen neben ihrer Individualität stark ausgeprägte mythisch-symbolische Züge, was sich oft schon in den Namen zeigt.

Tênere, das ist „die Wüste", aus deren trockenstem und sterbendem Teil die Prinzessin kommt, verfolgt vom Fluch des Windes, nur um dem neuen Ort das Verderben zu bringen und selbst dort zugrunde zu gehen.

Anâj, das ist „der Seher", der zwar vieles sieht und versteht, jedoch unfähig ist, sein Handeln danach zu richten und so den unheilvollen Folgen zu entkommen.

Udâd, das ist „der Mufflon", der Sohn und das Tier der Berge, der um der Prinzessin willen nicht in die Ebene hinab-, sondern frevelhaft gen Himmel hinaufsteigt und so, in gleicher Weise wie die mit Gold handelnden Städter, die Dschinnen herausfordert, jene von Gott zeitlich vor den Menschen geschaffenen vernunftbegabten Wesen aus rauchloser Flamme, die den Menschen unter wechselnder Gestalt erscheinen.

Mûssa, das ist der alttestamentliche Moses, der im Islam die Stellung eines wichtigen Propheten inne hat. Gleichzeitig ist Mûssa hier Derwisch, ein in selbst auferlegter

Armut lebender Asket und Gottesdiener, der mit den Almoraviden in verwandtschaftlichen Zusammenhang gebracht wird, jener nordafrikanisch-berberischen Dynastie (Mitte 11. bis Mitte 12. Jh.), die aus einer streng orthodoxen Bruderschaft in der Wüste hervorgegangen ist. Mûssa ist, als „Sohn der Natur", das eigentliche Zentrum, der eigentliche „Held" des Romans, um den alle anderen angeordnet sind und der mit allen in Beziehung steht.

Der ganze Roman ist durchtränkt von religiösen Vorstellungen und Traditionen, in erster Linie islamischen, „orthodoxen" oder „heterodoxen". Der Koran ist in Zitaten oder Andeutungen allgegenwärtig: Vom „Lotosbaum", dem Paradiesbaum, ist häufig die Rede und von den „beiden Welten", dem Diesseits und dem Jenseits. Der Ausdruck „Was lässt dich wissen, ..." entstammt ebenso dem Koran wie die Redensarten „näher als die Halsschlagader" und „Euch eure Religion, mir die meine" und das immer wiederkehrende Bild von der „Kette von siebzig Ellen".

Hierzu gehören auch spezifische Institutionen und Bezeichnungen aus der islamischen Geschichte, die eine hier mitunter besondere regionale Tönung oder Interpretation durch den Autor erhalten. Deutlich wird das bei der Darstellung der Orden oder des Wirkens ihrer Vertreter. Der Kadirîja-Orden spielt hier eine besondere Rolle als Bruderschaft, die im Prinzip der Verbreitung der Religion und der Einbettung der Gläubigen in Bindungen dienen sollte, die aber auch repressive Tendenzen entwickeln kann. So setzt sich der Scheich angeblich für die wahre Freiheit ein, führt dann aber machthungrig die Menschen in eine neue Abhängigkeit, die gleichzeitig die bestehenden Strukturen aufzulösen droht, eine Idee, die dem Begründer dieses Ordens, dem Mystiker Abdalkâdir al-Dschilâni (1088–1166) eher fremd gewesen sein dürfte.

Dem Kadirîja-Orden steht, im Wettstreit um die rechte Lehre und um die Anhängerschaft der Gläubigen, der erst im 19. Jahrhundert gegründete Tidschanîja-Orden gegenüber, der wegen seiner Zusammenarbeit mit den Franzosen in Nordafrika vielfach angegriffen wurde.

Dann gibt es den Hadsch, eine Person, die die Pilgerfahrt vollzogen hat; den Fakîh, einen Rechtsgelehrten, der selbstverständlich unterschiedlichen Lehren folgen oder solche entwickeln kann; den Scheich, den nicht nur geistigen Führer einer gewissen Gruppe von Gläubigen; und, etwas am Rande des eigentlich Islamischen, den Seher und die Seherin.

Diese Elemente aus der islamischen Tradition und Geschichte verbinden sich mit Mythen, die der Mittelmeerregion entstammen oder speziell bei den Tuareg heimisch sind. Die Geschichte der Ahnen des Derwischs gehört als Variante des Romulus-und-Remus-Mythos ebenso in diesen Zusammenhang wie die Stadtgründung durch Tênere (und ihren Onkel), die nicht nur als solche an die Gründung Karthagos durch Dido erinnert, von der es heisst, „auf der Flucht vor dem leiblichen Bruder kam sie aus Tyriens Stadt" (Vergil, *Äneis*). Sie nimmt auch das Motiv von der Rinderhaut wieder auf, die die Grösse der neuen Stadt bestimmen sollte und die dann – wider Treu und Glauben – in feine Fäden zerschnitten wurde, um die Aneignung eines Gebiets zu rechtfertigen, das viel grösser war als ursprünglich vorgesehen.

Über all diesem liegt die Botschaft des Geheimen, des Unsichtbaren und der Unsichtbaren, die sich mit den Menschen die Welt teilen und ihren Anteil daran eifersüchtig bewachen. Diese sehr spezifische Tendenz im Schreiben Ibrahim al-Konis liess einen arabischen Kritiker feststellen,

Ibrahim al-Koni bringe eine neue Art Phantasie eines alten Volkes in den Roman. Und was einmal über den Roman *Goldstaub* gesagt wurde, gilt sicher auch für *Die Magier:*

„Bei der Lektüre meinen wir, ein verlorenes Buch aus der unbekannten arabischen Überlieferung zu lesen, eines, in dem sich unausgesprochene Geheimnisse finden, dunkel Rätselhaftes, das mit heiligem Feuer das Innere erleuchtet."

Hartmut Fähndrich

PS. Zur Erleichterung der Aussprache arabischer Namen wurden in der Übersetzung betonte lange Silben mit einem Zirkumflex (^) versehen.

Achmâd: Freund Ochas, mit Durst geboren, der ihn in Abhängigkeiten und Schwierigkeiten bringt; leistet Mittlerdienste zwischen den beiden Konkurrenten um Têneres Hand.

Âdda: der Stammesführer, der durch seine Ausgewogenheit mehrmals zu Ehren und mehrmals in Schwierigkeiten kommt. Er überlebt die Vernichtung seines Stammes.

Anâj: Têneres Onkel, der mit ihr im Auftrag seines Bruders Oragh aus Timbuktu flieht und das neue Wâw errichtet. Die Existenz der neuen Stadt gründet er auf den Handel mit Gold, für den Stamm ein Tabubruch.

Hadsch al-Bikâj: Karawanenhändler, dem das Schicksal übel mitspielt und der hofft, mit einem Verbrechen seine Probleme lösen zu können – eine Schuldverstrickung, zu der er sich am Ende klar bekennt.

Idikrân: pockennarbiger Seher im Dienst des Häuptlings der Bambara-Stämme; reist in dessen Auftrag nach Timbuktu, dann weiter nach Wâw, um Prinzessin Tênere zurückzuholen.

Imam: an sich religiöser Führer des Stammes, der sich aber durch das Gold der neuen Stadt blenden lässt und die Seite wechselt. Diese mit Gier gemischte Wankelmütigkeit führt ihn in die Katastrophe.

Mûssa: der Derwisch, der von den Almoraviden abstammt, zu den Wölfen in Milchbruderschaft steht und ein ganz besonderes Verhältnis zur Schöpfung insgesamt hat. Neben Âdda die wichtigste Figur im Roman.

Ocha: Edler aus dem Stamm, durch dessen geplante Eheschliessung mit Tênere die Beziehung zwischen dem Stamm und der Stadt gefestigt werden soll. Für Tênere ist er der Inbegriff von Tüchtigkeit und Anstand.

Oragh: Sultan von Timbuktu, der die Stadt mit Gold zu retten trachtet und dabei die Religion verrät. Bruder Anâjs und Vater Têneres, deren unheilvolles Ende er in einem ihm nicht verständlichen Traum erfährt.

al-Schankîti Bâba: erbarmungslos „gesetzestreuer" Richter, dessen Handlungsgrundsatz die Maxime Auge um Auge ist und der sich dabei in Unmenschlichkeiten verstrickt, denen er schliesslich selbst zum Opfer fällt.

Taffâwut: Udâds Frau und Mutter seines Sohnes, der bei der Zerstörung von Wâw umkommt. Sie überlebt als einzige Frau den Untergang des Stammes, den sie fortzusetzen hofft.

Tamghart: Udâds Mutter, die, um ein Kind zu bekommen, dieses dem „Grossen Mufflon" verspricht, später aber vergeblich alles versucht, um ihren Sohn im Lager zu halten.

Têmet: schwarze Seherin; als solche Gegenspielerin des Imams, was ihr, zusammen mit ihrer Goldgier und ihrem Wissen um Têneres Geheimnis, zum Verhängnis wird.

Tênere: Prinzessin aus Timbuktu, von Amanâj, dem Gott des Südwinds, als Opfer verlangt; verlässt Timbuktu, um ihrem Schicksal zu entfliehen, das sie am Ende aber unerbittlich einholt.

Udâd: „der Mufflon“, auf den Bergen heimisch, Widersacher Ochas um Têneres Gunst. Für sie erklettert er den Besessenen Îdenan und fordert die Unsichtbaren heraus.

Das literarische Werk Ibrahim al-Konis

aṣ-Ṣalât ḫâriǧ niṭâq al-auqât al-ḫamsa
(„Das Gebet ausserhalb der fünf Gebetszeiten", Erzählungen) 1974

Ǧur'a min dam
(„Ein Schluck Blut", Erzählungen) 1983

Šaǧarat ar-ratam
(„Der Ginsterbusch", Erzählungen) 1986

Rubâ'îyat al-ḫusûf
(„Quadrilogie der Mondfinsternis", Roman in vier Teilen) 1989
al-Bi'r („Der Brunnen")
al-Wâḥa („Die Oase")
Aḫbâr aṭ-ṭûfân aṯ-ṯânî („Nachrichten von der zweiten Sintflut")
Nidâ' al-waqwâq („Der Ruf des Kuckucks")

at-Tibr
(„Goldstaub", Roman) 1990

Nazîf al-ḥaǧar
(„Blutender Stein", Roman) 1990

al-Qafaṣ
(„Der Käfig", Erzählungen) 1990

al-Maǧûs
(„Die Magier", Roman in vier Teilen) 1990/1991

Dîwân an-naṯr al-barrî
(„Diwan der wilden Prosa", Erzählungen) 1991

Waṭan ar-ru'â as-samawîya
(„Die Heimat der himmlischen Visionen", Erzählungen) 1991

al-Wâqâ'i' al-mafqûda min sîrat al-maǧûs
(„Die verlorenen Ereignisse aus der Geschichte der Magier", Erzählungen) 1992

Ḫarîf ad-darwîš
(„Der Herbst des Derwischs", Roman – Erzählungen – Mythen) 1994

al-Fam
(„Der Mund", Roman) 1994

as-Saḥara
(„Die Zauberer", Roman in zwei Teilen) 1994/1995

Fitnat az-zu'ân
(„Der Reiz der Spreu", Roman) 1995

Barr al-ḫaita 'ûr
(„Land des Wahns", Roman) 1997

Wâw aṣ-ṣughrâ
(„Wâw, das kleinere", Roman) 1997

'Ušb al-lail
(„Nachtkraut", Roman) 1997

ad-Dumya
(„Die Puppe", Roman) 1998

Ṣaḥrâ 'î al-kubrâ
(„Meine grosse Wüste", Texte) 1998

al-Fazzâ 'a
(„Der Popanz", Roman) 1998

an-Nâmûs
(„Das Gesetz der Ahnen", Aphorismen I) 1998

Fî ṭalab an-nâmûs al-mafqûd
(„Auf der Suche nach dem verlorenen Gesetz der Ahnen", Aphorismen II) 1998

Amṯâl az-zamân
(„Sprüche der Zeit", Aphorismen III) 1998

Sa-usirru bi-amrî li-ḫullânî al-fuṣûl
(„Ich will meinen Freunden, den Jahreszeiten, mein Geheimnis anvertrauen", Romanepos in drei Teilen) 1999
aš-Šarḫ („Die Jugend")
al-Balbâl („Das irdische Treiben")
Barq al-ḫullab („Blitz ohne Regen")

Waṣâyâ az-zamân
(„Die Vermächtnisse der Zeit", Aphorismen IV) 1999

Nuṣûṣ al-ḫalq
(„Texte der Menschen", Aphorismen V) 1999

Dîwân al-barr wal-baḥr
(„Diwan von Land und Meer", Aphorismen VI) 1999

ad-Dunyâ ayyâm ṯalâṯa
(„Das Leben währt drei Tage", Roman) 2000

Nazîf ar-rûḥ
(„Blutende Seele", Aphorismen VII) 2000

Abyât
(„Zeilen", Aphorismen VIII) 2000

Bait fî l-'âlam wa-bait fî l-ḥanîn
(„Ein Haus in der Welt und ein Haus in der Sehnsucht", Roman) 2000

Risâlat ar-rûḥ
(„Die Botschaft der Seele", Aphorismen IX) 2000

Folgende Werke wurden von Hartmut Fähndrich ins Deutsche übertragen und sind im Lenos Verlag erschienen:

Blutender Stein
Roman aus der Sahara
150 Seiten, broschiert
ISBN 3 85787 644 1
Lenos Pocket (LP 44)

Goldstaub
Roman aus der Sahara
167 Seiten, broschiert
ISBN 3 85787 649 2
Lenos Pocket (LP 49)

Die Magier
Das Epos der Tuareg
840 Seiten, gebunden, mit Schutzumschlag
ISBN 3 85787 315 9

Nachtkraut
Roman aus der Sahara
203 Seiten, gebunden, mit Schutzumschlag
ISBN 3 85787 278 0